Schleeger · ... und wo ist das Problem ...?

P H
V

Bruno M. Schleeger, Jahrgang 1948. Verheiratet, zwei Söhne; Volksschule, ein bisschen Humanistisches Gymnasium, wieder Volksschule. Starkstromelektriker, Abendschule, Krankenpfleger, Sozialarbeiter, Psychologe. Ausbildung in Psychodrama; in Gestalttherapie am Hartfort Family Institute in Hartfort, Connecticut. Psychologischer Psychotherapeut und Kinder- und Jugendtherapeut. Buddhistische Praxis seit ca. 40 Jahren. Mitbegründer des Analytischen Gestaltinstituts in Bonn; dort Ausbilder und Psychotherapeut. Leitung einer therapeutischen Wohngemeinschaft mit Drogenabhängigen nach dem „Day Top"-Konzept. Dann Arbeit in einem Erziehungsheim mit schwererziehbaren Kindern und Jugendlichen. Dann in einem Heilpädagogischen Heim mit erwachsenen geistig Behinderten. Dort schwerpunktmäßig Arbeit mit Menschen mit leichter geistiger Behinderung und so genanntem „herausforderndem Verhalten".

Zur Zeit heimübergreifend Teamberatung zu den Schwerpunkten „Teamarbeit – Teamklima" sowie Arbeit mit aggressiven Menschen mit geistiger Behinderung.

Ein weiterer Schwerpunkt sind Fortbildungen zu den Themen „Achtsame Begegnung" und „Umgang mit Menschen mit ‚herausforderndem Verhalten'".

„Mein Leben spielt sich ab zwischen den Sätzen: ‚Alles ist, was es ist' und ‚sometimes something needs to be done' – und das ist gut so."

Bruno M. Schleeger

… und wo liegt das Problem? …

Zen-Buddhismus
und Gestalttherapie

Peter Hammer Verlag
Eine Edition des Gestalt-Instituts Köln
GIK Bildungswerkstatt

Völlig neu bearbeitete und stark erweiterte Neuausgabe
des 1992 erschienenen Buches.

© 1992, 2008 by Bruno Schleeger
© 2008 Edition GIK des Gestalt-Instituts Köln /
Peter Hammer Verlag, Wuppertal
Alle Rechte ausdrücklich vorbehalten
Umschlaggestaltung: Magdalene Krumbeck
Herausgeber der Edition GIK im Peter Hammer Verlag:
Anke und Erhard Doubrawa
Satz: Edition GIK – Buchproduktion
Druck: AALEXX Druck GmbH, Großburgwedel
ISBN 978-3-7795-0180-0
www.peter-hammer-verlag.de

INHALT

Geleitwort 7

Einleitung... 11

Zen-Buddhismus und
Gestaltpsychologie / Gestalttherapie 23

Wir kommen als geschlossene Gestalt zur Welt 75

Hier und jetzt – Wachstum als Prozess 107

Die Überwindung des dualistischen Weltbildes............... 187

Das unerledigte Geschäft 249

Die Suche nach dem Sinn... 265

Transfer 285

Unterstützung 331

Epilog.. 395

Anhang 1: Die Persönlichkeitsstrukturen
in der Gestalttherapie.. 398

Anhang 2: Die Vier edlen Wahrheiten
und der Achtgliedrige Pfad 403

Literaturverzeichnis 407

Anmerkungen 414

GELEITWORT

Im Jahre 50 v. Chr. waren die Gallier nach langem Kampf von den Römern besiegt worden. War ganz Gallien besetzt? Nein! Ein von unbeugsamen Galliern bevölkertes Dorf hörte nicht auf, den Eindringlingen Widerstand zu leisten ...
Aus: Asterix der Gallier

Zu Beginn des 20. Jahrhunderts. In der ersten und zweiten Welt hatten Technik und Politik die Natur unterworfen und die Köpfe der Menschen kolonialisiert. Alle? Nein! Eine kleine interdisziplinäre Gruppe von Wissenschaftlern rund um das Jüdische Lehrhaus an der Universität in Frankfurt am Main hörte nicht auf, sich für eine dialogische Beziehung von den Menschen zur Natur und von Mensch zu Mensch einzusetzen. Darunter Martin Buber, der Philosoph des Dialogs. Aber auch all jene, die später unter dem Namen „Frankfurter Schule der Sozialwissenschaften" bekannt wurden – Max Horkheimer, Theodor W. Adorno, Walter Benjamin ... In Wien, Frankfurt und Leipzig entstand der Versuch, die menschliche Wahrnehmung als Ganzheit – als Gestalt – zu begreifen. Der Arzt Kurt Goldstein, der Versehrte des schrecklichen Krieges – Auftakt eines noch schrecklicheren Krieges – betreute, erkannte die Fehler einer mechanistischen Sicht auf den menschlichen Körper und das Denken. Nicht zu vergessen die Bewegung der Phänomenologen in der Philosophie mit Edmund Husserl an der Spitze. Allesamt waren sie auf der Suche nach einem neuen Umgang der Menschen mit Natur und Mitmenschen, jenseits von Unterwerfung und Ausbeutung.

In ihrer Suche wandten sie ihren Blick auch nach Osten. Sie beschäftigten sich mit Yogatraditionen und (Zen-) Buddhismus. Dabei erschlossen sie den Schatz eines anderen Verhältnisses zu Natur und Mensch. Betrachtung und Begegnung anstatt Unterwerfung und Ausbeutung rückten wieder ins Zentrum der Aufmerksamkeit.

Die Studenten Fritz Perls und Laura Posner besuchten die Vorträge von Buber, Goldstein und Husserl. Als sie später, nach dem zweiten Weltkrieg in den USA, die „Gestalttherapie" entwickelten, machten sie den Buddhismus und die dialogische Philosophie von Martin Buber neben dem gestaltpsychologischen Ansatz von Kurt Goldstein zu einer wichtigen Grundlage ihres humanistischen Ansatzes.

Wir haben Bruno Schleegers Buch, das die Gedankenwelt des Zen-Buddhismus mit der Gestalttherapie zusammendenkt, schon in den 1990er Jahren gelesen und geschätzt. Leider ist es schon lange vergriffen. Als wir im letzten Jahr mit dem Autor Kontakt aufgenommen haben, erfuhren wir, dass er an dem Buch „immer weiter geschrieben" habe. Darum können wir Ihnen, liebe Leserin und lieber Leser, nun nicht bloß eine Neuauflage dieses Klassikers der Gestalttherapie vorlegen, sondern eine neue, stark überarbeitete und vor allem um viele neue Gedanken erweiterte Ausgabe. Das Buch ist inzwischen fast doppelt so dick wie 1992. Noch reicher. Voller Gedanken und Geschichten. Voller Assoziationen und Querverbindungen. Und mit einer Menge an Anregungen für die therapeutische Praxis.

Wir hoffen, dass Sie an dem vorliegenden Buch viel Freude haben und es für Ihr eigenes Wachstum und das Ihrer Klientinnen und Klienten nutzen können.

Anke und Erhard Doubrawa, Herausgeber
Gestalt-Institut Köln GIK
www.gestalt.de

應無所住而生其心

9

Die Kalligraphie auf der Vorderseite lautet:

Pflege einen Gedanken, der an nichts hängt.
Oder: Hege keine Gedanken, die an etwas hängen.

Dies ist eine Zeile aus dem Diamant-Sutra.

Mit „Gedanken" wird allgemein alles gemeint, was vom Geist bewegt wird. Ein losgelöster Gedanke, der an nichts hängt, ist ein Gedanke, der in den Tiefen der Subjektivität zur Leerheit erweckt wird.

Oder mit den Worten Meister Eckharts:
„Dieser leere Geist ist der innerste Kern der Abgeschiedenheit."

Die Kalligraphie stammt von Meister Senyai (1750-1837).

EINLEITUNG

Über Zen zu reden oder zu schreiben, bedeutet einer Schlange Füße anzukleben.
Hui Neng (638-713)

Über Gestalttherapie zu reden oder zu schreiben, bedeutet Elefantenscheiße zu verzapfen!
Friedrich S. Perls (1873-1970)

Zwischen Zen-Buddhismus und Gestalttherapie finden sich sehr viele Parallelen sowohl in Bezug auf das Menschenbild als auch in Bezug auf die Praxis, auch wenn wir uns davor hüten sollen, beide Wege voreilig gleichzusetzen; Meditation ist kein Ersatz für Therapie und eine Therapie kann die spirituelle Suche nicht ersetzen; sie können sich ergänzen, nicht aber ersetzen.

Eine erste sehr markante Gemeinsamkeit zeigen jedoch bereits die beiden kurzen Zitate: Sowohl im Zen-Buddhismus als auch in der Gestalttherapie geht es um Dinge, um Erfahrungen, die sich der theoretischen Beschreibung entziehen, die nur im Tun erfahrbar sind. Zen kann man nicht beschreiben – das, was ich beschreibe, kann kein Zen sein.

Fritz Perls hat sich in seinen Schriften an verschiedenen Stellen mit dem Zen-Buddhismus auseinandergesetzt; durch seine Supervisorin Karin Horney kam er in Berührung mit Zen. Und Zen, zumindest intellektuell, erschien ihm als die Befreiung von all dem pessimistischen und düsteren Dogmatismus der Psychoanalyse, wie er selbst sagte, „von dem ganzen Freud'schen Mist".

Ich will versuchen, wesentliche Berührungspunkte zwischen Zen-Buddhismus und Gestalttherapie zu beschreiben. Damit meine ich:

- die positive Sicht des Menschen, der als Ganzheit geboren wird
- die Betonung des Hier und Jetzt
- das Überwinden des dualistischen Weltbildes
- das unerledigte Geschäft oder die inkomplette Gestalt, die uns daran hindert, in unserer Entwicklung / unserem Prozess weiterzugehen
- die Suche nach einer spirituellen Heimat / die Frage nach dem Sinn
- Transfer: Zen und Praxis des Alltags / Gestalttherapie und Alltag
- Unterstützung durch den Therapeuten bzw. den Meister als Begleitung auf dem Prozess der Selbstwiederfindung

Eine wichtige Gemeinsamkeit besteht in der Betonung spontaner Kreativität als Ausdruck ursprünglicher, direkter, „unverfälschter" Energie. Intellektuelle Logik wird als

Motor des Wachstums abgelehnt. Die Antwort auf einen Koan lässt sich nicht durch intellektuelle Arbeit finden; eine Biographie nicht durch abstrakte Logik erklären.

Meister Mumon: Wenn Du mit Deinen Augen siehst und mit Deinem Ohr hörst, kannst Du es nicht erlangen.

Oder: Der folgende Satz ist falsch. Der vorhergehende Satz ist richtig.

Mein Sohn fragte mit 4 Jahren: „Papa, aus welchem Material ist eigentlich eine Holz-Eisenbahn?" Wenn das kein Koan ist ...

In dieser unlogischen, vermeintlichen Absurdität wächst Zen-Bemühen; ein Versuch, mit neuen Mitteln zu neuen Zielen zu gelangen, dies versucht Gestalttherapie. Perls:

> *„ ... ich glaube nicht, dass Worte überhaupt etwas vermitteln können, besonders über Gestalttherapie. Vielleicht kennen einige von Ihnen eine eigentümliche Philosophie, den Zen-Buddhismus. Wenn Sie etwas über Zen wissen , ... dann wird es mir vielleicht möglich sein, Ihnen etwas zu vermitteln."[1]*

Dies soll weder ein Lehrbuch über Gestalttherapie, noch eines über Zen-Buddhismus werden. Was ich hier auch nicht will – und kann – ist, Gestalttherapie und Zen-Buddhismus zu definieren. Ich möchte voraussetzen, dass sowohl Gestalttherapie als auch Zen-Buddhismus dem Leser – zumindest grundsätzlich – bekannt sind.[2] Die Begriffe Zen-Buddhismus und Gestalttherapie sind allgemein oder bei Interessierten etwas klarer umrissen als der eher schwammige Begriff der ‚Spiritualität'. Statt einer Definition sei hier kurz eine Studie erwähnt, in der der Begriffbereich ‚Spiritualität' anhand von neun Dimensionen erfasst wurde. Ich finde, diese Auflistung beschreibt gut, worüber wir sprechen wollen.

Die neun Dimensionen von Spiritualität entwickelten James Elkins et al.[3] nicht nur qua Literaturstudium, sondern in eingehenden Gesprächen mit spirituellen Führern aus den verschiedensten Religionen. Im Folgenden sind die Dimensionen aufgelistet:

1. Transzendenz: „Es gibt eine transzendente Dimension des Lebens."
2. Sinn- und Zweckhaftigkeit: „Das Bedürfnis nach Sinn- und Zweckhaftigkeit ist eine der stärksten menschlichen Triebkräfte."
3. Lebensmission: „Das Leben ist dann am wertvollsten, wenn es im Dienste einer wichtigen Aufgabe geführt wird".
4. Heiligkeit des Lebens: „Dass die einfachen Völker die Natur als heilig verehrten, ist für mich Weisheit."
5. Materielle Werte: „Obschon Geld und Besitz für mich wichtig sind, finde ich die tiefste Befriedigung durch spirituelle Faktoren."
6. Altruismus: „Ich bin schnell und tief betroffen, wenn ich menschliches Elend und Leid sehe."
7. Idealismus: „In allem, was ich tue, habe ich einen tiefen und positiven Glauben an die Menschheit."

8. Bewusstsein für die Tragik: „Offensichtlich sind Schmerz und Leid notwendig, damit wir unser Leben prüfen und neu orientieren."
9. „Früchte" der Spiritualität: „Der Bezug zur transzendenten, spirituellen Dimension half mir, persönlichen Stress zu verringern."

Ich möchte jedoch einige grundsätzliche Gedanken zur Gestalttherapie und zum Zen-Buddhismus, soweit sie zum Verständnis des Buches hilfreich sein können, im Anschluss an diese Einleitung darstellen.

Dies soll ein Buch vom Suchen sein; Suchen, Wählen und Aufnehmen; und alles immer wieder aufs Neue. Als Dogen Zenji in China Buddhismus studierte, fragte ihn ein Lehrer, warum er buddhistische Schriften läse. Dogen Zenji sagte: „Ich möchte wissen, was die Lehrer der Vergangenheit taten". Der Lehrer fragte: „Wozu denn?" Dogen Zenji sagte: „Ich würde gerne allen Wesen helfen, da sie so viel Leiden zu ertragen haben." Und der Lehrer fragte wiederum: „Wozu denn?" und Dogen Zenji entgegnete: „Früher oder später würde ich gerne zurück nach Japan gehen und den Menschen auf den Dörfern helfen." Der Lehrer fragte weiter: „Wozu denn?" Schließlich schwieg Dogen Zenji und sagte nichts mehr. Es gibt auch nichts zu sagen. Nichts mehr sagen können heißt hier, dass ihn die Fragen in die Enge gedrängt haben; schließlich wusste er nichts mehr zu antworten.

Dieses Leiten in der Suche nach dem Grund des Grundes des Grundes ... ist ein schönes Beispiel. Letztlich haben wir uns nur selbst, hier und jetzt und unsere – immer wieder neue – Entscheidung, irgendetwas zu tun oder zu lassen.

So sind wir alle „Zwiebelschäler": Warum-Schicht für Warum-Schicht tragen wir ab, um zum Kern unserer Persönlichkeit, der geschlossenen Gestalt, die wir einmal waren, vorzudringen. Dies ist nicht einfach und erfordert Zeit und immerwährende Geduld. In der Therapie mit meinen Klienten versuche ich dieses Zwiebelschälen nicht durch „wozu denn, wozu denn – warum, warum ..." zu bewerkstelligen, sondern durch „ ... und ... wo ist das Problem ...?, ... und ... wo ist das Problem ...?" zu erreichen:

„Ich fühle mich im Kreise von mehreren Leuten oft unsicher".

„ ... und ... wo ist das Problem ...?"

„ Dann fange ich an zu stottern und werde rot."

„ ... und ... wo ist das Problem ...?"

„ ... Ich fühle mich dann ständig beobachtet und traue mir nichts mehr zu."

„ ... und ... wo ist das Problem ...?"

„ ... dann werde ich wütend auf mich und auf alle anderen ."

„ ... und ... wo ist das Problem ...?"

„ ... dann ziehe ich mich zurück, werde unzufrieden mit allem und jedem und werde zynisch."

„ ... und ... wo ist das Problem ...?"

... ?

... ?

Davon handelt dieses Buch.

Noch einige Sätze zur Entstehungsgeschichte dieses Buches: Seit vielen Jahren arbeite ich mit Gestalttherapiegruppen. Gerne erzähle ich in diesen Gruppen Geschichten und das, was mir – z. B. durch die Arbeiten ausgelöst – so alles einfällt. Dazu habe ich dann auch mal den einen oder anderen „Spickzettel". Immer wieder kam dann aus der Gruppe der Wunsch „schreib' das doch mal alles auf" „mach' doch mal ein Buch daraus ..." Einige aus den Gruppen haben sogar Mitschnitte angefertigt und zu Papier gebracht. Als dann noch eines der Gruppenmitglieder selber einen Verlag hatte, war es um das Erzählte geschehen; es wurde zum Buch.

Es gibt daher auch kaum einen „roten Faden", alles ist eher assoziativ entstanden. Ich glaube, man kann das Buch immer irgendwo aufschlagen – es ist nicht notwendig, es von vorne nach hinten in einem „Rutsch" zu lesen. Dies war auch nie mein Ziel. Der Leser mag das Buch mal hier, mal da aufschlagen – es entsteht dann immer wieder neu in seinem Inneren, sei es durch Zustimmung, durch „Aha-Erlebnisse" oder durch heftigen Widerspruch ... Vielleicht ist es ja mit diesem Buch ähnlich, wie Perls es in den Vorbemerkungen zu „Gestalttherapie – Lebensfreude und Persönlichkeitsentfaltung" beschrieben hat:

> *„Sowohl für das Schreiben als auch für das gründliche Verständnis des Buches ist eine Haltung unerlässlich, die als Theorie wirklich den Inhalt und die Methode des Schreibens durchdringt. Der Leser wird daher offensichtlich vor eine unmögliche Aufgabe gestellt: Um das Buch zu verstehen, muss er die ‚Gestaltisten' – Mentalität haben, um sich diese aber aneignen zu können, muss er das Buch verstehen."* [4]

Mein Ziel war es auch, Gedanken zusammenzutragen, die sowohl in die Welt des Zen-Buddhismus als auch die der Gestalttherapie passen; am besten also solche, bei denen der Zuhörer zunächst gar keine entsprechende Zuordnung machen kann.

Eines ist mir aber noch ein wichtiges Anliegen: Es kann sein, dass sich in diesem Buch Zitate ohne speziellen Hinweis oder Quellenangabe befinden. Das sind dann Sätze oder Passagen, die ich irgendwann kopiert, abgeschrieben oder aufgeschnappt habe. Da ich nie an eine Veröffentlichung dachte, kann es sein, dass ich diese Notizen und Spickzettel nicht mehr zuordnen konnte. Auf keinen Fall war und ist es mein Ziel, mich mit „fremden Federn" zu schmücken. Sollte also jemand sich ohne speziellen Hinweis zitiert sehen, so ist dies alleine mein – allerdings vollkommen unbeabsichtigtes – Verschulden.

*

Auszüge aus der Gedichtsammlung vom Glauben an den – ursprünglichen – Geist (Shinyinmei) von Meister Sosan, dem Dritten Patriarchen: [5] **„Die Meißelschrift vom Glauben an den Geist"** (chin. „Hsin-shin-ming" od. „Shinjinmei") des chinesischen Meisters Seng-ts'an (jap. Sosan, gest. 606) gehört zu den Basiswerken des Zen-Buddhismus und den großen Schriften der spirituellen Weltliteratur.

Der höchste Weg
ist nicht schwierig,
nur ohne Wahl.

Hasse nicht,
liebe nicht,
dann ist es klar,
und eindeutig.

Gibt es auch nur
die kleinste Unstimmigkeit,
dann entsteht ein Unterschied,
so groß wie der zwischen Himmel und
    Erde.

Wenn man es
vor eigenen Augen haben möchte,
darf weder Richtig
noch Falsch existieren.

Der Kampf zwischen
Verschiedenheit und Übereinstimmung
führt zur Krankheit
des Geistes.

Wer das subtile Prinzip nicht kennt,
müht sich vergeblich,
die Gedanken zur Ruhe zu bringen.

Es ist absolut,
Große Leere,
ohne Zuwenig,
ohne Zuviel.

Wirklich,
nur Ergreifen und Verwerfen
sind der Grund
für Verschiedenheit.

Jage nicht
den Erscheinungen nach,
und verweile nicht
in der Vorstellung von Leere.

Im Einen
ist der Geist in Frieden,
und Verwirrung erschöpft sich
von selbst.

Will man die Bewegung des Geistes
zum Stillstand bringen,
dann führt gerade dies
zur völligen Bewegung.

Wenn man lediglich
diesen beiden Extremen anhaftet,
wie könnte man
das Eine verstehen?

Das Eine
nicht zu durchdringen
bedeutet,
beides zu verfehlen.

Die Erscheinungen verbannen bedeutet
das Zunichtewerden der Erscheinungen;
sich der Leere hingeben
heißt der Leere widersprechen.

Viele Worte,
viele Gedanken –
je mehr es sind,
desto weniger entsprechen sie.

Sind Worte und Gedanken abgeschnitten,
dann gibt es keinen Ort,
der nicht durchdrungen ist.

Kehrt man zum Ursprung zurück,
so erlangt man das Prinzip;
folgt man den Widerspiegelungen,
so verliert man die Essenz.

Ein Moment des Zurückkehrens
von den Widerspiegelungen
übertrifft sogar
das Reich der Leere.

Der Wandel
des Reiches der Leere
erscheint abhängig
von Täuschungen.

Du brauchst nicht
nach der Wahrheit zu suchen;
lass nur unbedingt ab
von Überlegungen.

Verweile nicht
in dualistischen Anschauungen;
vermeide absolut,
ihnen zu folgen.

Existiert auch nur ein wenig
Richtig und Falsch,
dann wird der Geist
in Verwirrung verloren.

Zwei existiert
abhängig vom Einen,
aber man darf auch nicht
bei dem Einen verharren.

Wenn sich kein Geist erhebt,
sind die Zehntausend Erscheinungen
ohne Fehler.

Keine Fehler,
keine Erscheinungen –
Nicht-Erheben,
Nicht-Geist.

Das Subjekt folgt dem Objekt
und vergeht;
das Objekt folgt dem Subjekt
und versinkt.

Das Objekt ist abhängig
vom Subjekt ein Objekt;

das Subjekt ist abhängig
vom Objekt ein Subjekt.

Wer diese beiden Aspekte
verstehen möchte, muss wissen,
dass beides ursprünglich
eine Leere ist.

Die eine Leere
ist gleichzeitig beides
und enthält alle
Zehntausend Erscheinungen.

Es gibt weder
Feines noch Grobes;
warum sollte es
einseitige Anschauung geben?

Der Große Weg an sich
ist ruhig und weit –
weder leicht
noch schwer.

Kleinliches Denken
führt zu Zweifel und Zaudern;
je mehr man eilt,
desto mehr bleibt man zurück.

Anhaften bedeutet,
die Angemessenheit zu verlieren
und auf falsche Wege
abzukommen.

Loslassen ist
Natürlichkeit,
So-heit ist
ohne Gehen und Bleiben.

Sich dem eigenen Wesen anzuvertrauen,
ist Vereinigung mit dem Weg,
und die Sorgen werden zunichte,
als schlenderte man unbekümmert einher.

Wenn sich Gedanken fortsetzen,
widerspricht das der Wahrheit,
man versinkt in Dummheit
und ist unfrei.

Unfreiheit ermüdet den Geist;
wozu
über Entfernung und Nähe
nachdenken?

Will man
das Eine Fahrzeug erlangen,
darf man keinen Widerwillen gegen
die sechs Arten des Staubs hegen.

Gegenüber den sechs Arten des Staubs
keinen Widerwillen hegen,
gerade das ist gleich
der vollkommenen Erleuchtung.

Der Weise tut nicht,
ein Dummkopf fesselt sich selbst.

Im Dharma gibt es
keine Unterschiede;
willkürlich haftet man selbst
an den Dingen.

Mit dem Geist
den Geist anzuwenden –
ist das nicht
ein großer Fehler?

Irrtum erzeugt
Ruhe und Chaos;
Erleuchtung ist ohne
Zuneigung und Abneigung.

Alle dualistischen Anschauungen
beruhen auf willkürlichen
eigenen Erwägungen.

Ein flüchtiger Traum,
ein Augenflimmern –
warum sich erschöpfen in dem Versuch,
diese zu erfassen.

Erlangen, verlieren,
richtig, falsch –
lasst all das
mit einem Mal fahren.

Wenn das Auge nicht schläft,
vergehen die verschiedenen Träume
von selbst.

Wenn der Geist
keine Unterscheidungen trifft,
sind die Zehntausend Erscheinungen
Wie-Eins.

Wie-Eins an sich
ist unergründlich,
unverrückbar und frei
von Verwicklungen.

Betrachtest du
die Zehntausend Erscheinungen gleich,
dann kehrst du zurück
zum Natürlichen.

Sind die Ursachen vergangen,
dann gibt es
keine Vergleiche mehr.

Wird Bewegung angehalten,
so entsteht Nicht-Bewegung;
wird Ruhe bewegt,
so entsteht Unruhe.

Wenn beides schon nicht existiert,
wie könnte es dann das Eine geben?

Letztlich und endlich
gibt es keine Bestimmungen.

Übereinstimmender Geist
ist Gleichheit,
alle künstlichen Handlungen
vergehen zusammen.

Zaudern und Zögern
vollkommen erschöpft,
ist der wahre Glaube
harmonisch und direkt.

Nichts bleibt zurück,
keine Erinnerungen.

Reine Klarheit
erstrahlt natürlich,
ohne Anwendung
der Geisteskraft.

Der Ort des Nicht-Erwägens
ist mit Wissen oder Gefühl
nicht zu ergründen.

Im Reich
der Wahrheit an sich
gibt es weder
andere noch Selbst.

Möchte man unbedingt Entsprechung,
so sage ich nur:
Nicht-Zwei!

Nicht-Zwei,
alles ist gleich –
es gibt nichts,
was nicht enthalten ist.

Die Weisen
aus den Zehn Richtungen
treten alle
in diese Wahrheit ein.

In der Wahrheit gibt es
weder Verkürzung noch Verlängerung,
ein Gedankenmoment
ist zehntausend Jahre.

Es gibt weder
Sein noch Nichtsein,
nur die Zehn Richtungen
vor unseren Augen.

Das Kleinste ist
gleich dem Größten,
die Grenzen zwischen
den Welten verschwinden.

Das Größte ist
gleich dem Kleinsten, es gibt keine
festen Grenzen.

Sein ist gleich Nichtsein,
Nichtsein ist gleich Sein.

Wenn etwas nicht So-heit ist,
braucht man es nicht zu bewahren.

Eins ist Alles,
Alles ist Eins.

Kann man es
auf diese Weise vollbringen,
warum sich dann noch
um Unvollendetes sorgen.

Glaube an den Geist
ist Nicht-Zwei,
Nicht-Zwei ist
Glaube an den Geist.

Der Weg der Worte ist zu Ende –
keine Vergangenheit,
Zukunft und Gegenwart.

Der legendenumwobene Autor dieses Werkes war der dritte Patriarch des Zen in China, und er gab der Entwicklung dieser meditativen Richtung des Buddhismus entscheidende Anstöße. Wie viele große Meister des Zen verstand er es, seine „Spuren in der Welt" so weit zu verwischen, dass kaum etwas über seine Lebensgeschichte überliefert ist.

Sein geistiges Vermächtnis jedoch, das er in den knappen, an Laotse erinnernden Sprüchen dieser Meißelschrift niederlegte, blieb über 1 500 Jahre hinweg in der Zen-Tradition lebendig und gilt bis heute als unschätzbares Mittel zur Schulung des Geistes auf dem Weg des Zen. Deutlicher als in vielen anderen Zen-Texten treten hier auch die taoistischen Wurzeln des Zen-Buddhismus zutage, der in China aus der Verschmelzung von Buddhismus und Taoismus entstand.

Dieser Text ist neben dem Herz-Sutra einer der wichtigsten Texte aus dem Zen-Buddhismus. Beide begleiten mich schon seit nahezu 40 Jahren, ohne dass ich sagen könnte, ich hätte sie erfasst. Ich will auch gar nicht erst den Versuch einer Erklärung machen, dazu ist dieser Text viel zu schade.

Das Faszinierende an diesem Text ist sein Alter: Er stammt vom so genannten Dritten Patriarchen, dem chinesischen Zen-Meister Seng-Ts'an (Sosan), der wahrscheinlich im Jahre 606 verstorben ist. Wie wird man wohl in 1500 Jahren die Werke von Frederick Perls lesen?

Die Kalligraphie auf der Vorderseite lautet:

Der große Weg ist in seinem Wesen großmütig.
Er ist weder schwierig noch leicht.

Wenn ihr versucht,
die Umwelt auszuschalten,
bevor ihr das begriffliche Denken aufgegeben habt,
werdet ihr keinen Erfolg haben;
ihr werdet vielmehr ihre Macht stärken,
euch abzulenken.
Huang Po

Hört gut zu:
Wenn ihr euch selbst nicht vertraut,
müht ihr euch für immer vergeblich ab.
Linji

ZEN-BUDDHISMUS UND
GESTALTPSYCHOLOGIE / GESTALTTHERAPIE

Zen-Buddhismus ist keine Form der Therapie. Gestalttherapie ist kein Weg zur Erleuchtung. Beide können sich ergänzen, nicht aber ersetzen. Früher dachte ich, die beiden Wege seien letztlich gleich und daher auswechselbar; dann dachte ich sie hätten nichts gemeinsam und es sei nur verwirrend, wenn jemand sie gleichzeitig gehe.

Heute bin ich der Meinung: „Es kommt drauf an." Beide Wege können einander ergänzen; und für jeden Menschen kann je nach der Entwicklungsphase – sei es im therapeutischen Prozess oder im spirituellen – eine Kombination beider Wege sinnvoll sein. Beiden gemein ist: Es gibt keinen Weg, keinen Trick, mit dem ich mich um mich selbst herummogeln kann. Was ich zu diesem Thema nächstes Jahr denke, weiß ich erst nächstes Jahr.

Winnicott: Das Fehlen einer psychoneurotischen Krankheit kann zwar Gesundheit bedeuten, jedoch nicht unbedingt Leben.

Freud: Die Psychoanalyse ist für sich nicht in der Lage, ein Ich hervorzubringen, dass stark und flexibel genug ist, um in der Therapie seine Ziele zu erreichen. [6]

Dieser Satz ist weniger erschreckend als es zunächst scheinen mag; trifft er doch sowohl auf den therapeutischen als auch auf den spirituellen Weg zu: Die Persönlichkeit, das Ich am Ende des Weges ist eine deutlich stärkere, integriertere als zu Beginn. Das Ideal in diesem Zusammenhang ist nicht das freie Ich, sondern ein Frei-sein vom Ich. Den ganzen Weg auf einmal würde der Anfänger logischerweise nicht gehen können. Es ist daher die Aufgabe des Lehrers die Schritte so groß zu gestalten, dass sie gerade noch gangbar sind, besser noch: ein wenig darüber liegen. Dieser Gedanke wird uns unter dem Stichwort von der Wachstumsgrenze noch genauer beschäftigen.

Schon alleine aus den beiden obigen Zitaten lassen sich die Verbindung, aber auch die Notwendigkeit der beiden Wege gut herleiten – will man nicht auf halbem Wege stehen bleiben. Was haben sich diese Wege einander zu geben. Viele Jahre bin ich mir schon im Klaren darüber, dass Meditation und Psychotherapie einander wichtiges zu bieten haben und dass viele Menschen beides sehr dringend brauchen. Am Anfang hatte ich den Eindruck, es ergäbe ein lineares Entwicklungsmodell Sinn: zuerst Therapie, dann Meditation; zuerst das Selbst konsolidieren, dann es loslassen. Zuerst das Ich, dann die Ich-Losigkeit. Diese Auffassung war jedoch naiv und wohl das Resultat einer falschen Dichotomie. Fortschritte auf dem einen Weg schienen die Fähigkeit, auch den anderen zu gehen zu steigern. Die Weigerung dies zu tun schien auf beiden Wegen in die Sackgasse zu führen. Ist es vielleicht doch möglich, so frage ich mich, dass beide Hand in Hand arbeiten? Können beide Systeme tatsächlich mit verschiedenen Mitteln auf gemeinsame Ziele (wenn sie diese denn überhaupt haben) hinführen? Noch einmal Freud:

> *„Die analytische Situation besteht bekanntlich darin, dass wir uns mit dem Ich der Objektperson verbünden, um unbeherrschte Anteile ihres Es zu unterwerfen. ... Das Ich, mit dem wir einen solchen Pakt schließen können, muss (allerdings) ein normales Ich sein. Aber ein solches Normal-Ich ist, wie die Normalität überhaupt, eine Idealfiktion. Das abnorme, für unsere Absichten unbrauchbare Ich ist leider keine."*[7]

In diesem Punkt hat der Buddhismus der Psychotherapie am meisten zu bieten, weil die buddhistische Praxis Methoden der mentalen Entwicklung ermöglicht, die direkt auf das einwirken, was Freud hier das ‚abnormale Ich‘ nennt. Mit der Anwendung dieser Methoden macht das Ich eine Metamorphose durch, und die Therapie wirkt dann weniger bedrohlich.

Die beiden Wege haben sich in den letzten Jahren aufeinander zu bewegt. Meine – ganz subjektive – Erfahrung dabei ist allerdings, dass sich die therapeutische Welt weitaus leichter damit tut, auch die spirituelle Dimension zu sehen als umgekehrt buddhistische Kreise mit therapeutischem Gedankengut umgehen. Hierzu auch Oliver Petersen, der Therapeut und buddhistischer Lehrer ist:

> *„Ich glaube, dass es deshalb auch in der buddhistischen Szene starke Widerstände gibt, sich therapeutisch zu beschäftigen. Es geht in dieser Arbeit eben um sehr konkrete persönliche Fragen, die zu oft zunächst sehr schmerzhaft sind und für ein narzisstisches Selbstbild nicht sehr angenehm. Eigentlich möchte man auch nicht an diesen Dingen rühren und etwas verändern, weil sie als Überlebensstrategien benutzt werden. Wenn man aber echte Freiheit anstrebt, geht kein Weg an dieser Aufdeckung vorbei. Leichter ist es natürlich, sich auf der quasi unanfechtbaren Ebene abstrakter Philosophie zu bewegen. Diese ewigen Wahrheiten werden dann nicht auf die konkrete Situation angewandt und dienen als Vermeidungsstrategie gegenüber persönlichen Zumutungen."*[8]

Wenn wir über die Verbindung dieser beiden Wege sprechen, ist es sinnvoll sich auf beiden Gebieten auszukennen. Mir sind jedoch kaum Menschen bekannt, von denen ich mit Fug und Recht sagen könnte, dass sie auf beiden Feldern ausreichend bewandert sind, um sich sinnvoll zu äußern. Das Problem ist ja – wie wir noch sehen werden – eine Ebene tiefer: Was ist Buddhismus, was Zen-Buddhismus, was ist Psychotherapie, was Gestalttherapie? Sprechen wir überhaupt von den gleichen Dingen – auch wenn wir die gleichen Worte benutzen? Was nennen wir ‚krank‘ und was ‚gesund‘? Ich habe da meine Zweifel. Sich auf dem Feld des jeweils anderen – zumindest rudimentär – auszukennen, ist aber eine Grundvoraussetzung zum Dialog. Der Gestalttherapie und den Gestalttherapeuten hat man bislang – meist auch zu recht – eine gewisse Theoriefeindlichkeit nachgesagt. Dies hängt wohl mit der – angeblichen – Theoriefeindlichkeit des Gestalttherapie-Über-Vaters Fritz Perls zusammen. Die Forderung – die sowohl in der Gestalttherapie als auch im Zen-Buddhismus immer wieder erhoben wird, nämlich „nicht zu denken", führt nicht selten zu blinder Naivität und Dummheit und für manche Menschen bedeutet ‚Nachdenken‘ lediglich umsortieren eigener Vorurteile.

„Du hörst zu", sagte der Meister, „nicht um zu entdecken, sondern um auf etwas zu stoßen, was dein eigenes Denken bestätigt. Du argumentierst, nicht um die Wahrheit zu finden, sondern um deine Ansichten zu verteidigen."

Dann erzählte er die Geschichte von einem König, der einmal durch eine kleine Stadt zog und überall Anzeichen einer verblüffenden Schießkunst feststellte. Bäume, Zäune und Wände waren mit Kreisen bemalt und hatten genau in der Mitte ein Einschussloch. Er fragte, wo dieser Meisterschütze sei, der sich bald als ein zehnjähriger Junge entpuppte.

„Das ist doch unglaublich", sagte der König erstaunt. „Wie um alles in der Welt bringst du das fertig?"

„Kinderleicht", war die Antwort. „Ich schieße zuerst und male dann die Kreise."

„Ebenso ziehst du zuerst deine Folgerungen und baust dann deine Prämissen um sie herum auf", sagte der Meister. „Ist es nicht derselbe Weg, den du einschlägst, um an deiner Religion und deinen Theorien festzuhalten?"

In den letzten Jahren sind im Bereich Gestalttherapie und Theorie zwei wichtige Entwicklungen feststellbar: Zum einen finden wir in vielen Fachaufsätzen und Fachbüchern wichtige theoretische, fundierte Beiträge über die Gestalttherapie. Zum anderen wird aber auch mehr und mehr klar, dass Herr Perls so theoriefeindlich, wie er sich – besonders in seiner ‚wilden‘ Zeit – gerne selber darstellte, wohl gar nicht war.

Was bleibt ist, dass theoretisches Wissen kein Motor für organismisches Wachstum aus sich selber heraus ist. Bücher oder Wissen ersetzen nun mal keine Erfahrung, keine Therapie. In diesem Punkt sind sich Gestalttherapie und Zen-Buddhismus vollständig einig.

Frage: „Stellen Sie der anderen Person Fragen über sich selbst oder darüber, wie sie sich fühlt, um ihr damit zu einem besseren Verständnis ihrer Selbst zu verhelfen?"
Lama: „Manchmal tue ich das, aber für gewöhnlich nicht. Einige Leute haben recht spezifische Probleme; In solchen Fällen kann es hilfreich sein, diese zuerst genau zu kennen, damit wir genau passende Lösungen anbieten können. Aber das ist normalerweise nicht notwendig, weil im Grunde alle die gleichen Probleme haben."
Frage: „Wie viel Zeit verbringen sie im Gespräch mit einer Person, wenn Sie herausfinden wollen, welches Problem sie hat und wie man damit umgehen kann? Wie sie wissen, verbringen wir in der westlichen Psychiatrie viel Zeit mit den Pa-

tienten, wenn wir ihnen helfen wollen, die Natur ihrer eigenen Probleme zu er-
kennen. Machen sie das auch so oder anders?"
Lama: „Mit unseren Methoden müssen wir nicht soviel Zeit mit den einzelnen
Menschen verbringen. Wir erklären die grundlegende Natur der Probleme und
die Möglichkeit, sie zu überwinden. Dann lehren wir grundlegende Techniken,
wie sie mit den Problemen arbeiten können. Sie wenden diese Techniken da-
raufhin an ... "
Frage: „Sie sagen, jeder habe grundsätzlich die gleichen Probleme?"
Lama: „Ja, richtig. Ob im Osten oder im Westen, es geht im Grunde um das glei-
che. Aber im Westen müssen alle Menschen zuerst klinisch krank sein, bevor man
sie als krank bezeichnet. Für uns ist das zu oberflächlich. Buddhas Psychologie
und der Erfahrung der Lamas zufolge, ist Krankheit etwas tiefer als die klini-
schen Symptome. Solange es einen Ozean der Unzufriedenheit in euch gibt, ent-
stehen schon dadurch kleinste Veränderungen in eurer Umgebung: Probleme.
Nach unserem Ansatz ist bereits diese Anfälligkeit für künftige Probleme ein
Hinweis darauf, dass der Geist nicht gesund ist. Wir alle gleichen uns darin, dass
unser Geist unzufrieden ist. Deshalb kann uns schon eine kleine Veränderung in
unserer Umgebung krank machen. Warum? Weil das Grundproblem in unse-
rem Geist liegt. Es ist sehr viel wichtiger, das Grundproblem zu beseitigen, als die
ganze Zeit zu versuchen, oberflächliche emotionale Probleme zu bewältigen ..."
Frage: „Ist mein Grundproblem das gleiche wie sein Grundproblem?"
Lama: „Ja, das Grundproblem von allen ist die so genannte ‚Unwissenheit'. Wir
verstehen die Natur des unzufriednen Geistes nicht ..."[9]

Diese drei Frage- und Antwortbeispiele sind sehr interessant. Sie zeigen gut, wo nach
meiner Meinung Unterschiede zwischen beiden Wegen und Schwierigkeiten in der
Verständigung miteinander sein können.

Zunächst wundert es mich, dass ein tibetischer Lama hier das zu tun scheint, was
eigentlich die Aufgabe eines Psychotherapeuten sein sollte. Zu einer solchen Grundhaltung scheint er sich ermächtigt zu fühlen, weil er wohl davon ausgeht, dass sein
Hintergrund, sein Menschenmodell alle Menschen und daher auch deren möglichen
Probleme und Krankheiten umfassend beschreibt. Dies mag auf einem sehr abstrakten Niveau auch stimmen; doch ich habe Zweifel, ob das Abstrakte das Konkrete
heilen kann. Wenn Meditierende einen gewissen Grad der Reife beim Zazen erreicht
haben, bekommt ihr Leben und alles, was sie tun, eine gleich bleibende Klarheit und
Integrität. Diesen Weg zu beschreiten, bzw. davon profitieren zu können, setzt jedoch
eine „Grundgesundheit" voraus.

Die Unwissenheit des Geistes ist bestimmt eine grundlegende Ursache vielen
Übels. Ähnlich können wir ja auch sagen, dass die Aussagen der Vier edlen Wahrheiten auf alle Menschen zutreffen und dass ihnen zufolge die so genannte Anhaftung
das zentrale Problem sei.[10] Auf diesem abstrakten Niveau stimme ich dieser Aussage
ja auch zu. Doch diese generelle Aussage hat für mich noch keine therapeutische Be-

wandtnis. Die entsteht erst dann, wenn wir zusammen herauszufinden versuchen, wie, wodurch, auf welche Art und Weise, unter welchen Bedingungen diese generelle Aussage ganz konkret sich in meinem Leben negativ niederschlägt.

Ich mache es vielen Diskussionspartnern aus der buddhistischen Welt zum Vorwurf, dass sie der Meinung sind, in dem Augenblick, wo sie die Vier edlen Wahrheiten und den Achtfachen Pfad zitieren und beschreiben, sprächen sie schon über Psychotherapie oder diese geschähe sogar schon.

Das wäre als würde ich – psychoanalytisch gesehen – sagen: Es ist ein Grundthema aller Menschen, dass das Über-Ich und das Es ständig im Streit um die Herrschaft über das Ich sind und dass es darum gehe, dass ,wo Es war, Ich werden sollte'. Oder mit dem Modell der Gestalttherapie beschrieben:

> *„Wenn der homöostatische Prozess bis zu einem gewissen Grade versagt, wenn der Organismus zu lange in einem Zustand des Ungleichgewichts bleibt und seine Bedürfnisse nicht befriedigen kann, ist er krank. Wenn der homöostatische Prozess ganz versagt, stirbt der Organismus."[11]*

Beide Aussagen sind vollkommen richtig; nur mit praktischer Therapie haben sie noch nichts zu tun! Sie dienen höchstens dazu, sich mit Abstraktionen um die oft schmerzvolle therapeutische Klein-Klein-Arbeit herum zu stehlen.

Ein Grundirrtum ermöglicht solche Gedanken besonders: Was will, was kann Therapie, und wer braucht Therapie? Ohne sie zu bewerten, möchte ich zwei Schwerpunkte therapeutischer Arbeit nennen:

- **Auf der einen Seite** sehe ich den Bereich, wo es um Verbesserung von Lebensqualität geht. Das Leben des Klienten ist ,im großen und ganzen' in Ordnung, Wohlbefinden, Zufriedenheit und Lebendigkeit wollen sich jedoch nicht einstellen.
- **Auf der anderen Seite** sehe ich diejenigen Klienten, die ohne therapeutische Hilfe zumindest für einen begrenzten Zeitraum kaum (über-) lebensfähig wären.

Könnte man bei der ersten Kategorie noch die beiden Wege in etwa gleichsetzen, so wäre dies im zweiten Fall völlig falsch! Meditation ist keine Therapie und auch kein Therapieersatz. Umgekehrt gilt das gleiche! Der (Grund-) Irrtum beruht auf der ungerechtfertigten Gleichstellung von Meditation und Therapie der zweiten Kategorie.

Bei dem „Wellness-Klienten" stellt sich die Frage der Unterschiedlichkeit der beiden Wege nicht und es ist auch relativ egal, in welcher Phase des Prozesses welcher der beiden Wege beschritten wird. Isadore From, einer der Mitbegründer der Gestalttherapie, betont eine klare Trennungslinie:

> *„... Jedoch auch andere Entwicklungen machten ihm [I. From] Sorgen, z. B. die notorische Affinität der Gestalttherapie zu ,Growth-Centers' sah er geradezu als Untergang der Gestalttherapie als Psychotherapie. ,Gestalttherapie beschäftigt sich nicht mit Wachstum, sondern mit den Auflösungen von Störungen von*

Wachstum', sagte er mit Deutlichkeit. ,Therapie ist eine untergeordnete, triviale Disziplin, notwendig, aber trivial. Die Funktion des human-animalen Organismus' ist es zu überleben. Um zu überleben, wächst es. Dies geschieht durch sich selbst in einem anregenden und ernährenden Feld. Gestalttherapie ist deshalb keine Methode zur Selbstverwirklichung, es ist kein Weg zur Persönlichkeitsgestaltung und zur Erreichung von persönlichem Glück. Sie ist vielmehr einfach Unterstützung zur Auflösung von Hindernissen beim Wachsen, jedoch keine Anleitung zum Wachstum selbst.' Mit dieser unmissverständlich scharfen Abgrenzung verteidigt I. From die Gestalttherapie als klinische, heilkundliche Psychotherapie und bewahrt sie vor einer Verramschung als Wachstums-Allheilmittel im Selbsterfahrungs-Psychomarkt."[12]

Es ist wichtig, dass der Zen-Buddhismus nicht psychologisiert und nicht „therapeutisiert" wird. Der Jesuitenpater Heinrich Dumoulin, einer der Pioniere und einer der besten Kenner des Zen unter den heutigen christlichen Religionswissenschaftlern, der fast zwei Jahrzehnte in Japan verbracht, der die meisten Zenmeister der Gegenwart in ihren Zenklöstern besucht und selber Zen geübt hat, hat sich bereits sehr früh und sehr nachdrücklich gegen die moderne Psychologisierung von Zen gewandt.

Dumoulin, der von seinem katholischen Standpunkt aus Zen durchaus positiv als „natürliche Mystik" bewertet, bemüht sich, Zen vor einer Psychologisierung zu schützen und seine religiöse Substanz zu bewahren. Er weist mit Recht darauf hin, dass man Zen seines eigentlichen Wesens beraubt, wenn man das Zen-Erlebnis des Satori rein psychologisch interpretieren will.

> *„Es mag wohl sein, dass die Psychotherapie aus der Erfahrung des Zen brauchbare Hinweise für die Vervollkommnung ihrer Methoden empfängt. Doch ist dem Zen die Seele genommen, wenn es sein Dasein im psychologischen Laboratorium fristen soll. Aus dem religiösen Urtrieb des Menschen geboren und aus religiösen Quellen genährt, hat das Zen in vielen Jahrhunderten der Geschichte große religiöse Leistungen inspiriert. Die Psychologie kann nicht das letzte Wort über Wert und Brauchbarkeit des Zen sprechen."[13]*

Er wendet sich hier auch explizit gegen C. G. Jung, der sich auch mit dem Zen-Buddhismus beschäftigt hat, aber das Satori-Erlebnis psychologisch und nicht vom Zen-Buddhismus her interpretiert.

Noch einmal Dumoulin:

> *„Auch Jungs Deutung des Satori-Erlebnisses als eines Durchbruchs des Unterbewusstseins scheint eher für einen künstlich erzwungenen seelischen Explosionsvorgang als für eine echte Wirklichkeitserfahrung zu sprechen. Denn das Erfassen ins Unterbewusste gesunkener psychischer Gehalte besagt keine neue Wesensschau oder Geistberührung."[14]*

28

An dieser Psychologisierung des Zen trägt aber auch Daisetz Suzuki, der wichtigste Pionier, der den Zen-Buddhismus in den Westen gebracht hat, eine Mitverantwortung. Er hat, als er das zen-buddhistische Gedankengut seinerzeit nach Amerika brachte, seine Darstellungen anhand der Theorien und Kategorien des ‚Mystischen Erlebens' des amerikanischen Philosophen und Psychologen William James dargestellt. James nennt als Kennzeichen des mystischen Zustandes

- Unaussprechlichkeit,
- noetische Qualität,
- Unbeständigkeit,
- Passivität.

Basierend darauf nannte Suzuki die Merkmale: Irrationalität, Intuitive Einsicht, Autoritativer Charakter, Bejahung, Sinn für das ‚Drüben', Unpersönliche Färbung, Exaltationsgefühl und Augenblicklichkeit. Er vergleicht auch die Ideen Meister Eckhards und des Zen-Buddhismus, wenn er schreibt:

> *„Satori erfahren bedeutet, an oder in diesem Punkt – des ‚Seelenfunken' – Eckharts zu stehen, von dem aus wir in zwei Richtungen sehen können: In die Richtung auf Gott und die Richtung auf das Geschaffene hin. Anders ausgedrückt: Von hier aus wird das Endliche unendlich und das Unendliche endlich."* [15]

Damit hat Suzuki sich dem westlichen Leser zwar begreiflich gemacht, sich aber gleichzeitig vom Zen-Erleben entfernt. Wenn mein Lehrer mir bestätigt, dass ich einen Wachstumsschritt gegangen bin, dann werde ich den Mund halten und mich freuen. In welche Kategorie dieser Schritt nun fällt, ist mir eigentlich recht egal!

Einige Würdenträger der Stadt waren in einem Zenkloster zu einem einfachen Mahl geladen. Um den Zen-Meister zu beeindrucken, unterhielten sie sich über höchst spirituelle Themen, über Wiedergeburt und Karma. Schließlich ergriff der Bürgermeister das Wort: „Verehrter Meister, uns würde vor allem ihre Meinung zum Thema Wiedergeburt interessieren." Der Meister schaute von seinem Teller auf, und sagte: „Haben sie schon einmal gekostet? Der Rettich schmeckt ausgezeichnet."

Taisen Deshimaru Roshi:

> *„Beim Zazen konzentrieren sie sich auf die Haltung und lassen alles Übrige vorbeiziehen. Dann kommt das Unterbewusste hervor, denn wenn man sein bewusstes Denkens anhält, offenbart sich das Unterbewusste. Freud und Jung haben bereits darüber gesprochen. Jung ist ein tiefgründiger Psychologe. Er hat sich mit dem Zen aus den Büchern Professor D. T. Suzuki befasst. Aber jener Suzuki hatte keine Zazen Erfahrung, und es ist unmöglich, Zen zu verstehen wenn man Zazen nicht praktiziert."* [16]

Ich stimme ihm hier zu, habe jedoch erhebliche Zweifel, ob der Roshi weiß, was für Freud und für Jung das Unterbewusste, das Unbewusste ist.

Ich will hier – mit allen Gefahren der Vereinfachung – kurz die grundlegenden Gedanken des Zen-Buddhismus beschreiben, in denen ich Parallelen zur humanistischen Psychologie oder zur Gestalttherapie sehe. Suzuki ist uns hier sehr behilflich, auch wenn mein verehrter Lehrer und Meister Taisen Deshimaru sich eher geringschätzig über Suzuki geäußert hat, weil er Wissenschaftler und nicht Praktizierender gewesen sein soll. Wenn wir also etwas wissen wollen, sind wir bei Suzuki gleichwohl an einer sehr guten Adresse:

- ■ Zen ist keine Religion im üblichen Sinn. – „Denn Zen hat keinen Gott zum Anbeten, hat keinen zeremoniellen Ritus zu beachten, keine Zukunft im Jenseits, der die Toten überantwortet sind ... Zen ist frei von solchen dogmatischen und ‚religiösen' Lasten." [17]
- ■ Zen darf nicht auf die Geistsammlung (dhyana) reduziert werden. – „Wer sich im Zen übt, mag über einen religiösen und philosophischen Gegenstand meditieren, aber der Kern des Zen liegt keineswegs darin. Zen strebt die Übung des Geistes selbst an, auf dass er Meister werde seiner selbst, dann der Einsicht in sein eigenes Wesen." [18]
- ■ Die aus eigenen Kräften gewonnenen Erfahrungen eines Menschen haben für das Zen wegweisende Bedeutung. – „Alle Autorität im Zen kommt von innen" [19] und „Nachahmung ist Sklaverei." [20]
- ■ Zen wendet sich ab vom logischen Denksystem in den letzten Fragen des Lebens. – „Nicht an Regeln gebunden sein, sondern jedem einzelnen seine Regeln schaffen. Das ist die Art zu leben, die Zen uns lehrt. Daher seine unlogischen oder besser überlogischen Aussprüche." [21]
- ■ Das Koan-System des japanischen Zen versperrt die Zugänge zum Rationalismus und erleichtert auf diese Weise den Zugang zu einem „bisher unerkannten Bezirk des Geistes". [22] – Ziel des Zen ist es, eine innere Wahrnehmung zu erreichen, die vom Gegensatzdenken befreit ist und befähigt. den Tatsachen des Lebens unumwunden ins Auge zu sehen (jap.: Satori). Hierin liegt der praktische und soziale Wert des Zen. Suzuki bezeichnet Satori als das Empfindungsvermögen der wahren Wirklichkeit selbst. Die letzte Bestimmung des Satori bezieht sich auf das Selbst. Es hat keine andere Aufgabe, als in das eigene Selbst zurückzuführen. [23]

Bei dieser Aufstellung müssten doch unsere Gestaltherzen höher schlagen, so hervorragend – in das Wortes wahrer Bedeutung – sind die Parallelen.

Eine andere Unterscheidung, die für unser Thema interessant ist, kommt von Dürckheim. Etwas unglücklich spricht er von ‚großer' und ‚kleiner' Therapie; unglücklich, weil diese Wortwohl eine Zweiklassentherapie vermuten lassen könnte – erst die ‚große' ist die ‚richtige'. Dürkheim schreibt: [24]

> *„Man hat in jüngster Zeit den Unterschied gemacht zwischen kleiner und großer Therapie. Unter kleiner Therapie versteht man diejenigen Formen der Therapie,*

in denen es um die Heilung des Neurotikers geht, um die Wiederherstellung eines
seelisch Erkrankten. Das will heißen: den Menschen wieder zu befähigen, sich in
der Welt durchzusetzen und sich als werktüchtig und kontaktfähig (liebes- und
arbeitsfähig wie Freud es nannte) zu bewähren und als Voraussetzung dafür ihn
von seiner Angst, seinen Schuldgefühlen und seiner Kontaktlosigkeit zu befreien.
Diese Arbeit geschieht im Dienst des in natürlicher Weise mit seinem Welt-Ich
identifizierten Menschen. Diese Therapie hat einen rein pragmatischen Charak-
ter. Sie wird immer das erste Anliegen des Therapeuten sein.
Dazu kommt neuerdings eine andere Thematik, die dort auftaucht, wo das Lei-
den des Menschen – sei es physisch oder psychisch – seine Wurzeln in einer Tiefe
hat, die über das noch psychologisch Fassbare hinaus in den Kern seines metaphy-
sischen Wesens reicht, also bis in jene Tiefen des Unbewussten, deren Äußerungen
einen numinosen Charakter haben. Wo das Numinose auftaucht, ist das über-
weltliche Leben im Spiel. ,Heilung' ist dann nur möglich, wenn der ,Kranke' lernt,
sich von dorther zu begreifen und sein Versagen in der Welt als Ausdruck der Blo-
ckierung einer Selbstverwirklichung zu verstehen, in der sein eigenes transzen-
dentes Wesen hervorkommen sollte. Diese Therapie, die der Auszeugung des We-
sens im Welt-Ich und in diesem Sinne der Verwirklichung des wahren Selbstes
dient und nicht nur die Wiederherstellung eines wesensfernen Welt-Ichs im Auge
hat, hat man die große Therapie genannt. Sie hat, wenn sie sich selbst treu bleibt
und sich am Ende nicht doch wieder nur als Umweg zur Gesundung und Ertüch-
tigung für die Welt begreift, einen initialischen (spirituellen) Sinn.“

Ähnliches können wir ja auch bei Viktor Frankl und seiner „Logotherapie“ lesen, in
der es auch in die Suche nach dem Sinn geht.

> *„Alles im allem ist es kein Wunder, dass viele nicht mehr wissen, ob sie spirituel-*
> *le oder psychologische Hilfe benötigen. Die Linie, die den Therapeuten vom spi-*
> *rituellen Meister trennt, ist verschwommen. Ein Beobachter drückt es – halb im*
> *Spaß – so aus: ,Die Seelenärzte hören sich schon wie Gurus an, und die Gurus*
> *hören sich schon wie Seelenärzte an.' Aber lässt sich der Unterschied in der Suche*
> *nach Transformation und dem Wunsch nach Glück so leicht abtun? Ist das nur*
> *eine Frage verschiedener Annäherungen an ein und dasselbe Ziel, verschiedener*
> *Konzepte für das Wohlbefinden, seelischen Frieden oder persönliche Erfüllung?*
> *Oder ist es eine Frage zweier verschiedener Richtungen, die das menschliche*
> *Leben einschlagen kann?“*[25]

Dieses Zitat offenbart deutlich das von mir als unzureichend angesehene Therapieverständnis, indem es sich offensichtlich nur auf den von mir (auf Seite 27) an erster
Stelle genannten Arbeitsansatz therapeutischer Arbeit bezieht. Jemand, der sich vor
lauter Ängsten kaum noch aus dem Haus traut, ist sich mit Sicherheit nicht unsicher
darüber, ob er nun spirituelle oder psychologisch- therapeutische Hilfe sucht.

Im Laufe der Jahre bin ich immer mehr zu der Erkenntnis gelangt, dass für Suchende in der westlichen Kultur beides zusammen – sich jeweils ergänzend – sinnvoll und manchmal auch erforderlich ist. Dies hängt auch damit zusammen, dass beide Wege die gleichen „Begleiterscheinungen" haben: Sie machen uns sensitiver, durchlässiger oder dünnhäutiger. Parallel zum dünnhäutig – werden ist es aber auch erforderlich, dass die Kompetenz, mich zu schützen, mich von Schädlichem, Unheilsamem zu distanzieren. Wenn ich das nicht im gleichen Ausmaß lerne, indem meine Sensitivität zunimmt, dann gehe ich nicht schützend, nicht achtsam mit mir um. Dann springe ich als Nichtschwimmer in ein Schwimmerbecken – und das ist wohl nicht so gut ...

Es ist wichtig und gut, durchlässig zu sein, sonst kann ich kein Mitgefühl entwickeln; es ist wichtig und gut, zu zu sein, sich abzugrenzen, sonst spült mich mein Mitgefühl hinweg.

Die Heilkräfte der Zen-Meditation können dem gesunden und auch dem körperlich oder seelisch angeschlagenen Menschen nützen. Kein Mensch ist so gesund, dass nicht irgendwelche Schäden sein psycho-somatisches Befinden beeinträchtigen. Aber – dies muss klar gesagt werden – die Zen-Meditation ist keine Therapie für psychisch Kranke. Vielleicht kann man noch einen Schritt weiter gehen und sagen, dass der Zen-Weg, zum mindesten seine höheren Stufen, nicht für alle Menschen bekömmlich ist. Körperhaltung und Atmung, auch Schweigen können vorbehaltlos allen empfohlen werden. Meditation allgemein birgt Heilkräfte für jedermann. Doch ist bei spezifischen Ausformungen, beispielsweise bei der zenbuddhistischen Koan-Übung oder stundenlanges sitzen in einem Sesshin eher Zurückhaltung geboten. Im Gespräch sagte einmal ein erfahrener Geistesmann scherzend: „Gymnastik ist gut für alle, Akrobatik für wenige."

Es kann ja durchaus hilfreich sein jeden Dienstagabend in eine Selbsterfahrungsgruppe oder eine Meditationsgruppe der nächsten Familienbildungsstätte oder Volkshochschule zu gehen. Doch hat das eine nichts mit einer kontinuierlichen Therapie und das andere nicht mit der Meditation als Lebensweg zu tun. Muss ja auch nicht. Nicht jeder will / muss Akrobat werden.

„Zen ist keine Form von Psychotherapie, Zen ist eine uralte, religiöse Praxis. Wer ihre Prinzipien unmittelbar mit psychotherapeutischen Prinzipien vergleicht, gibt zu, dass er Psychotherapie als Religionsersatz betrachtet."[26]

Meditation ist Suchen ohne zu Finden (finden zu wollen) – bzw. Finden ohne zu Suchen. Das Ziel in beiden Wegen besteht darin, sich des Unbewussten, sich des abgespaltenen Perönlichkeitsanteils, des Schattens oder welche Formulierung wir je nach Schule nehmen wollen, bewusst zu werden. Darum muss in beiden Wegen das Bewusstsein besonders geübt werden. Nur ein sehr sorgfältig gestimmtes Instrument ist in der Lage alle Töne, auch alle Zwischentöne, genau widerzugeben.

Therapie ist oft schwere, aktive und überprüfbare Erarbeitung von Heilung und

Ganzheit. Therapie sucht jemand auf, um durch eigene Anstrengungen ein Ziel zu erreichen, in der spirituellen Meditation liefert sich jemand der Gnade eines Gottes, einer Macht außerhalb seines Selbst bewusst aus. Hier liegt meiner Meinung nach ein sehr bedeutsamer Unterschied zwischen ,allgemeiner' Therapie und ,spiritueller' Therapie: Während erstere eher dahin tendiert, dass letztlich alles machbar ist, ist die zentrale Grundannahme einer spirituell orientierten Psychotherapie, dass es deutliche Grenzen des Machbaren gibt, Grenzen, an denen ich nur noch auf die Gnade Gottes, auf Erleuchtung, oder wie auch immer ich es nennen will, hoffen kann. Es gibt keinen Rechtsanspruch auf Erleuchtung. Die immer wieder neue Akzeptanz der Begrenztheit ist ein wichtiger Bestandteil spiritueller Psychotherapie. Die auf dieser Einsicht fußende Bescheidenheit ist eine der faszinierendsten Eigenschaften wirklicher, großer spiritueller Lehrer.

Der Sufi-Meister Yahya ibn Mu'adh brachte im 9. Jahrhundert diese Grundhaltung wunderbar auf den Punkt:

> *„O Gott, Du hast es gern, dass ich Dich liebe, obgleich Du meiner nicht bedarfst*
> *– wie sollte ich es nicht gern haben, dass Du mich liebst, wo ich Deiner so sehr bedarf?"*
> *„O Gott, ich habe nichts für das Paradies getan, und ich habe nicht die Kraft, die Hölle zu ertragen – nun liegt die Sache bei Deiner Gnade!"* [27]

Es ist eine große Gnade, ein großes Verdienst, beide Wege miteinander verbinden zu können. Das heißt spirituell zu sein und die alltägliche Bodenhaftung dabei nicht zu verlieren. Eine der wenigen Menschen, bei denen ich diese Verbindung sehe ist – neben dem Dalai Lama – Theresa von Avila, die ich sehr verehre; ihre faszinierende Mischung aus Lebendigkeit, Mitgefühl, Konfrontation, Klarheit und Direktheit macht aus ihr eine „Gestalttherapeutin". Diese Verbindung zwischen weit fortgeschrittener Spiritualität und alltäglicher Bodenständigkeit kommt in einem ihrer wunderschönen Gebete zu Ausdruck:

> *O Herr, Du weißt besser als ich,*
> *dass ich von Tag zu Tag älter und eines Tages alt sein werde.*
> *Bewahre mich vor der Einbildung,*
> *bei jeder Gelegenheit und zu jedem Thema*
> *etwas sagen zu müssen.*
> *Erlöse mich von der großen Leidenschaft,*
> *die Angelegenheiten anderer ordnen zu wollen.*
> *Lehre mich nachdenklich (aber nicht grüblerisch),*
> *hilfreich (aber nicht diktatorisch) zu sein.*
> *Bei meiner ungeheuren Ansammlung von Weisheit scheint es mir schade,*
> *sie nicht weiterzugeben – aber Du verstehst, O Herr,*
> *dass ich mir ein paar Freunde erhalten möchte.*

Bewahre mich vor der Aufzählung endloser Einzelheiten,
und verleihe mir Schwingen,
zum Wesentlichen zu gelangen.
Lehre mich schweigen über meine Krankheiten und
Beschwerden.
Sie nehmen zu – und die Lust, sie zu beschreiben,
wächst von Jahr zu Jahr.
Ich wage nicht, die Gnade zu erbitten, mir die
Krankheitsschilderungen anderer mit Freude anzuhören,
aber lehre mich, sie geduldig zu ertragen.
Lehre mich die wunderbare Weisheit, dass ich mich irren kann.
Erhalt mich so liebenswert wie möglich.
Ich möchte kein Heiliger sein –
mit ihnen lebt es sich so schwer –
aber ein alter Griesgram
ist das Krönungswerk des Teufels.
Lehre mich, an anderen Menschen
unerwartete Talente zu entdecken
und verleihe mir, O Herr,
die schöne Gabe, sie auch zu erwähnen.
Theresa von Avila 1515-1582

Der spirituelle oder meditative Weg ist, wenn man sich einmal ‚entschieden‘ hat, eine lebenslange ‚Begleiterscheinung‘ – man kann ihn nicht beenden! Therapie hingegen fügt sich in einen inhaltlich und zeitlich begrenzten Rahmen.

Die Aufgabe von Therapie ist es, Probleme zu lösen bzw. bei der Lösung von Problemen Begleitung anzubieten. Aufgabe des spirituellen Weges ist, es Sehnsucht zu stillen; er soll keine Probleme lösen. Große und bekannte spirituelle Lehrer und Meister sind nicht darum groß und bekannt, weil sie Probleme gelöst haben, sondern weil sie der Sehnsucht einen Namen gegeben haben; darin bestand / besteht ihr Verdienst.

Ich möchte noch auf einen weiteren Unterschied hinweisen: Eine Therapie, so auch die Gestalttherapie, sollte auf eine Persönlichkeitstheorie bezogen sein, die ein Erklärungsmodell für menschliches Verhalten bietet, das sowohl allgemeine Gesichtspunkte als auch individuelle Gesichtspunkte berücksichtigt bzw. beschreiben kann. Ein meditativer oder auch religiöser Weg bezieht sich auf ein Menschenbild, auf eine philosophische Theorie über den Menschen allgemein. Letzterer will den Glauben an das vermitteln, was wir nicht wissen; erstere das Wissen von dem, was wir nicht glauben.

Wer beide Wege gehen will, steht oft vor der Frage der Reihenfolge. Der spirituelle Weg verlangt ein festes Ich; ich rate jedem, der sich in beginnender Therapie befindet, dringend von der Meditation ab. Insbesondere, wenn wir über Therapie sprechen, die „ans Eingemachte" geht; eine Arbeit, die über die Verbesserung der Lebensumstände hinaus geht bzw. diese erst in gesunder Form herstellen will. Sowohl in der beginnenden Therapie als auch in der beginnenden Meditation tauchen die Gefühle und Gedanken oft übermächtig und ungefiltert auf. Die Anleitung der Meditationslehrer ist hier immer die gleiche: „Lass alle Gedanken, alle Gefühle ruhig auftauchen, lasse sie kommen und wieder gehen. Du brauchst dich in diesen Fluss der Gedanken nicht einzumischen." Bis zu dem Punkt, wo ich diesen Ratschlag wirklich umsetzen kann, ist es jedoch oft ein langer Weg: Es ist der Punkt, an dem ich die Gedanken und Gefühle habe und nicht die Gedanken und Gefühle mich haben. Wer sich den Arm gebrochen hat, sollte nicht heben. Die spirituelle Suche ist Teil des Weges der Meditation; das integrierte Ich ist das Fahrzeug auf diesem Weg. Es ist einleuchtend, dass ich mich sinnvollerweise mit einem möglichst intaktem Fahrzeug auf den Weg mache und nicht mit einem, das dringend der Reparatur bedarf.

Spirituell orientierte Psychotherapie bekennt sich, wie oben ausgeführt, zu ihrer Begrenztheit, sie gibt zu, dass ab einer gewissen Grenze für die therapeutische Arbeit im ‚Diesseits' Hilfe / Gnade aus dem ‚Jenseits' erforderlich ist, erbeten (in des Wortes wahrster Bedeutung) werden muss. Die Kirchen, hier insbesondere die evangelische, laufen Gefahr, diesen Aspekt zu vernachlässigen:

> *„Die Abkehr des Menschen vom Jenseitigen und Spirituellen und eine Hinwendung zum Diesseitigen wird auch auf den Einfluss der Ethik des Christentums zurückgeführt. Die jüdische, christliche und islamische Religion als ethische Monotheismen legen den Nachdruck mehr auf die religiöse Pflicht des Menschen, den Willen Gottes in diesem gegenwärtigen Leben zu befolgen, und für sie richtet sich der Wille Gottes mehr auf das moralische Leben des Menschen als auf seine Ausführung von Ritualen. Diese Betrachtungsweise des Willens Gottes ist besonders im protestantischen Christentum stark ausgeprägt, in dem der Mensch Gott durch Arbeit, durch Hingabe an seinen Beruf als Berufung und durch das Ideal des Dienstes am Nächsten wohlgefällig sein soll. Damit hat der Protestantismus von Beginn an den Weg zu einer Lehre geebnet, die das diesseitige Leben betont und in den extremen Ausprägungen des Marxismus und Humanismus behauptet, der Mensch sei im Universum allein."* [28]

Ich nenne das, wovon hier die Rede ist, das ‚Studenten- oder Jugendpfarrersyndrom'; vor lauter Fortschritt und lauter Engagement für die dritte Welt und die Walfische, für Gruppendynamik und Ökologie bleibt der spirituelle Reichtum christlicher Tradition auf der Strecke. Wie kommt es, dass sich jeder – insbesondere evangelischer – Studentenpfarrer nur noch mit einer zusätzlichen Therapieausbildung komplett fühlt? Haben die Herren – oder auch Damen – denn so wenig Zutrauen in das, was sie originär zu bieten haben?

Es ist ein Unterschied für mich, ob sich jemand um meine Seele – glaubhaft – Sorge macht (= Seelsorge betreibt), oder ob jemand meine Seele besitzen will, bzw. als Trophäe seiner Arbeit sich ans Revers hängen möchte.

Erst kürzlich brachte es der Heidelberger Theologieprofessor Klaus Berger in einem Interview zum dramatischen Rückgang der Theologiestudenten in Deutschland auf den Punkt:

„Ursachen sind die weitgehende Verdrängung von Seelsorge durch Psychologie ...
In der Seelsorge finde ich haufenweise Hobby-Psychologen – statt dass man eine
redliche Aufgabenteilung zwischen Psychologie und Seelsorge anstrebt. Statt sich
auf die eigenen Wurzeln der Spiritualität in Bibel und Mönchtum zu verlassen,
führt man den Zen-Buddhismus ein, als hätten wir auf nichts sehnlicher ge-
wartet."[29]

Interessanterweise wünschen sich viele Psychologiestudenten, dass auch religiöse Fragen, mehr noch spirituelle Themen und Wege erörtert werden. Dies umso mehr, als viele die Erwartung haben, auch die Seele profunder kennen zu lernen, die ursprünglich ein religiös – spirituelles Phänomen war. Die Grenzen zwischen diesen beiden Bereichen sind fließend – sie waren es schon immer. Jeder muss hier seinen eigenen Standort, Standpunkt finden. Das erinnert mich an die Zeit meines Psychologiestudiums. Ich hatte vor meinem Psychologiestudium schon in mehreren Berufen gearbeitet und auch die wichtigste Schule, nämlich die Schule des Lebens einige Jahre erlebt. Daher hatte ich recht konkrete, sehr praxisbezogene Vorstellungen, was ich mit meinem Studium der Psychologie anfangen wollte. Der immer wieder gehörte Satz „Ich möchte gerne mit Menschen arbeiten" hatte bei mir ganz konkrete Inhalte. Ich war also hoch motiviert. Und dann wurde ich mit Statistik, Signifikanzen, Hypothesen a und b, Methodenlehre, experimenteller Psychologie und Psychophysik erschlagen! Das hatte doch nichts mit Psychologie zu tun; jedenfalls nicht mit meiner! Dann hatte ich endlich das Grundstudium ,überlebt' und wollte mich nun mit altem / neuen Eifer auf die praktischen Themen, z. B. der klinischen Psychologie werfen, damit ich endlich mit Menschen arbeiten könne. Doch es war interessant: Alles das, was dann an praktischen, klinischen oder therapeutischen Themen kam, war jetzt plötzlich keine ,richtige' Psychologie mehr; es war nicht messbar, nicht wiederholbar usw.. Es war interessant, wie sehr und fast unbemerkt mich die Zeit des Grundstudiums neu sozialisiert, besser: verbogen hat. Im Laufe meiner 35jährigen Psychologen- und Psychotherapeutentätigkeit bin ich, was diesen Punkt anbelangt, wieder in der Zeit am Anfang meines Studiums angelangt; kann aber sagen: „Wer messen will, der soll ruhig messen", „Wer Kennzahlen und Signifikanzen braucht, dem seien sie gegönnt."[30]

„... morgen habe ich ein Gespräch mit unserem Jugendpfarrer, der vor lauter
Fortschritt nicht mehr stehen kann ..."
Hans Dieter Hüsch

Gleichwohl ist es ja sehr bemerkenswert, das in einer Zeit, in der über die intimsten

Details von Familiengeschichten und über Sexualität öffentlich geschrieben und gesprochen wird, die Diskussion über spirituelle Wege, über Psychotherapie und Spiritualität eher ein Randdasein fristet. Freud hat sich zu seiner Zeit in der Fachwelt, aber auch in der allgemeinen Öffentlichkeit unbeliebt gemacht, weil er in einer sehr puritanischen Zeit offen über Sexualität gesprochen hat. Vielleicht ist es ja angebracht, sich wieder einmal unbeliebt zu machen, indem wir in einer atheistischen und agnostizistischen Zeit über Spiritualität sprechen. Genauso wie Freud eine gelungene Sexualität für ein gesundes und eine gestörte für ein neurotisches Leben verantwortlich machte, könnten und sollten wir über gelungene und misslungene, fehlgeleitete Spiritualität und ihre Auswirkungen auf die Gesamtbefindlichkeit sprechen.

Wohlgemerkt: Ich möchte mich nicht gegen soziales Engagement der Kirchen aussprechen, wohl aber gegen Einseitigkeit bzw. fehlende Balance. Rituale und Zeremonien als Ausdruck einer Hinwendung zum oder des Miteinbeziehens des Überpersonellen, in all seinen Formen, in all seinem Reichtum, üben nicht ohne Grund ihre Anziehung aus.

(Ich gebe hier gerne zu, dass es eine meiner Lieblingsbeschäftigungen ist, Kirche, besonders 'Jugendpfarrer' zu ärgern.)

Es ist der buddhistischen Welt sehr zu wünschen, sich nicht mit einer „Angebotspalette für die Herausforderungen der modernen Welt aufzustellen", sondern sich auf das, was sie seit nahezu 2000 Jahren 'zu bieten' hat besinnt. Balance ist aber in beide Richtungen wichtig:

Frage: „Sagen Sie, ist diese Meditation nicht eigentlich eine Form von sublimem Egoismus? Ich habe mich eigentlich wirklich glücklich gefühlt, wenn ich im Stande war, mich um andere Menschen zu kümmern und mich nicht nur auf mich zu konzentrieren. Also ist das eigentlich die Flucht vor den sozialen Aufgaben, die Flucht vor dem Mitmenschen, die Flucht vor der Wirklichkeit?"

Antwort: „Ja, wissen Sie, ich habe Europa vorher nicht gekannt, und jetzt lerne ich es kennen; je mehr ich die Europäer kennen lerne, desto mehr habe ich das Gefühl, denen muss ich von der Meditation eher abraten, denn die haben ja Vorstellungen davon, was Meditation ist, so dass ich sagen würde: dann lieber nicht meditieren. Lesen Sie Ihre heiligen Schriften, Sie werden dasselbe in ihnen finden wie in unseren heiligen Schriften. Da steht nirgends 'Du sollst meditieren'; da steht 'Du sollst Gott lieben und Deinen Mitmenschen'. Und das genügt. Aber freilich, wenn Sie das versuchen zu tun, diese Liebe zu üben, und Sie dann die Erfahrung machen, dass Ihnen dazu die Meditation hilft, dann sollten Sie meditieren!"[31]

In den meisten Formen östlicher, aber auch westlicher Meditation gibt es so etwas wie den 'Großen Zweifel'. Völlig auf sich selbst geworfen, völlig ausgeliefert erfährt man, dass man keinerlei Möglichkeiten hat, die Gnade, die Erleuchtung, oder wie in den verschiedenen Wegen bei allen Unterschieden das jeweilige Ziel auch heißen mag, aus sich selbst heraus zu erreichen. Insbesondere die Möglichkeiten des logischen Denkens erweisen sich als untauglich. Diese Phase wird in der Zen-Meditation vorsätzlich durch so genannte Koans herbeigeführt (z. B. Welche Farbe hat der Wind? Bringe mir den tonlosen Ton!). Der Verstand soll an seine Grenzen und in die Verzweiflung geführt werden. Für eine stabile Persönlichkeit ist diese Zeit, für die kein Zeitraum klar angegeben werden kann, nur sehr schwer zu ertragen – umso schwerer für eine nicht integrierte, ungefestigte Persönlichkeitsstruktur. Hier kann dieser Weg, so er denn mit Anstrengung und Ausdauer gegangen wird, zum Höllentrip werden, der nicht selten in der Psychiatrie endet. Dieser große Zweifel ist zwangsläufiger Bestandteil des meditativen Weges und lässt sich – leider – nicht umgehen.

Aber auch hier kann Therapie den meditativen Weg unter Umständen eher schwerer als leichter machen: Der durch Therapie ‚Gestählte' ist derart abgehärtet, dass er nur noch unter großen Anstrengungen in diese wachstumswichtige Phase kommt.

Auch nach Jahren der Meditation wird die Gefahr des Scheiterns, des Ver-rücktwerdens nicht unbedingt kleiner, sondern unter Umständen noch größer: Je weiter ich in meiner Suche fortschreite, desto mehr bekomme ich eine Ahnung von der Unbeschreibbarkeit dessen, was ich suche, aber auch von der Unerreichbarkeit. Diese Spannung wird größer, je weiter ich suche – an dieser Spannung kann man leicht verzweifeln. Dem Suchenden in einer solchen Phase vermag kein Therapeut zu helfen, da er normalerweise von den Problemen keine Ahnung hat / haben kann; hier muss ein Lehrer oder Meister präsent sein. Im Islam heißt es: „Wer keinen Meister hat, dessen Meister ist Satan". Oder von Rumi stammt der Satz: „Ohne einen Führer braucht man zweihundert Jahre für einen Weg von zwei Tagen". In diesem Zusammenhang fiel mir ein Buch mit dem Titel „Zen ohne Zen-Meister" in die Hand. Der Autor hat nichts vom wirklichen Suchen verstanden und handelt unverantwortlich.[32]

Zur Klarstellung: Als Therapeuten haben wir es immer wieder mit Lebensumständen und Gefühlen zu tun, die uns unbekannt sind. Doch es ist ein Unterschied, ob ich mit einem von Geburt an Erblindeten über Farben sprechen möchte, oder ob ich mit einem Sehenden, der zwar Farben kennt, aber z. B. die Farbe Blau noch nie gesehen hat, über eben dieses Blau sprechen möchte.

Aber auch die endgültige Erkenntnis – nennen wir sie Einheit mit Gott, Wesensschau, Erleuchtung oder Alleinsein ist derart groß, derart überwältigend, dass nur der stabile, durch langjähriges Suchen ‚abgehärtete' Geist sie aushalten kann. Wer ‚zu schnell' findet, auch der wird verzweifeln; aber von einer solchen Art der Verzweiflung habe ich noch nicht gehört. Es ist gut, dass sich jene letzten Erfahrungen jeglicher Beschreibung entziehen. Könnte man sie beschreiben – keiner würde sie aufnehmen können – könnte man sie aufnehmen – keiner würde sie aushalten können. An anderer Stelle habe ich beschrieben, dass der Buddhismus im Laufe seiner Ausbreitung die jeweils vorgefundene Denkenswelt aufgenommen und integriert hat. Wenn wir über das Verhältnis von Buddhismus und Therapie sprechen, tut sich in mir folgende Hypothese auf:

Im (fernöstlichen) Denken sind beide Wege weitaus leichter aneinander angleichbar, ineinander integrierbar. Das Individuum steht dort in einer ganz anderen Rolle, in einem ganz anderen Stellenwert als in dem am „Individuellen Individuum" orientierten westlichen Denken. Vereinfachend, und daher mit der notwendigen Undifferenziertheit gesagt: Dort: Zuerst die Gruppe, dann das Individuum – hier genau umgekehrt: zuerst das Individuum, dann die Gruppe, oder anders: Wir vor Ich *versus* Ich vor Wir.

> *„In Japan zu Beispiel basiert die Identität des Einzelnen vor allem auf seiner Identifikation mit einem Kollektiv, einer identitätsstiftenden Bezugsgruppe, wie der Familie, dem Betrieb, dem Heimatort und letzten Endes der japanischen Nation. Die Identität ist von vornherein einseitig kollektiv geprägt. Sozial und spirituell ist die existenzbestimmende Anforderung an den Einzelnen, sich in Harmonie in das größere Ganze seiner jeweiligen Gruppe einzufügen und jeglichen störenden Konflikt zu vermeiden. Ein übersteigerter Individualismus, wie er heute im westlichen Kulturkreis oft vorherrscht, steht gewiss im starken Gegensatz zum Ziel einer reifen spirituellen Entwicklung. Aber auch ein übertriebener Kollektivismus, wie er in fernöstlichen Gesellschaften anzutreffen ist, tut dies. Es ist m. E. die Aufgabe einer gesunden spirituellen Entwicklung, sowohl den Ansprüchen des individuellen Ichs als auch den Ansprüchen des jeweiligen Kollektivs gegenüber eine flexible, wache, unvoreingenommene Bewusstheit zu erlangen. ... Das Kollektive darf nicht die Individualität verschlingen, und die Individualität darf sich nicht dem Kollektiv gegenüber egozentrisch verschließen. Individuum und Kollektiv sind eine Polarität. Ihr existenzieller Konflikt wird in einer integrierten Identitäts- – Bewusstheit jenseits ihres scheinbaren Widerspruchs gelöst. In den Zen-Traditionen ist m. E. zu wenig kritisches Bewusstsein den Gefahren des Kollektivismus gegenüber entwickelt worden."[33]*

Needelman: *„Eine generelle Unterscheidung zwischen ,dem Osten' und ,dem Westen' erscheint mir als sehr problematisch. Alles, was uns am Osten als besonders bemerkenswert erscheint, kann man auch im Westen finden und umgekehrt. Es gibt auch im Osten sehr aktivistische Tendenzen, beispielsweise sozial orientierte Bewegungen. Wir kennen den Osten ganz einfach nicht besonders gut. Aber ich denke, man kann sagen, dass sich der Osten intensiver mit dem inneren Leben beschäftigt hat und der Westen stärker mit dem Handeln in der Welt. Das ist zwar eine ziemlich grobe Verallgemeinerung, aber vieles spricht für diese Sichtweise. Der Fehler des Westens ist, sich zu sehr äußeren Dingen zugewandt zu haben, der Fehler des Ostens, dass er den inneren Aspekt zu sehr betont hat."[34]*

Salomo Friedlaender, einer der wichtigsten geistigen Väter der Gestalttherapie lehnt das eine (das fernöstliche Denken) wie das andere (das westliche Denken) ab. Beides sind extreme, die unserer Lebensrealität nicht gerecht werden. So schreibt er:

„Der Osten drängt auf die Kultur der Indifferenz, der Westen auf diejenige der Differenz; ich will westöstlich sein, indo-amerikanisch. Ich lehne eine Kultur der bloßen Indifferenz ebenso ab wie eine der bloßen Differenz; beide sind verführerische Scheinbarkeiten."[35]
Und an anderer Stelle: *„Seit alters her hat man beim Polarisieren mehr auf die Pole als auf deren Indifferenz geachtet. In dieser steckt aber das eigentliche Geheimnis, der schöpferische Wille, der Polarisierende selber, der objektiv eben gar nichts ist. Ohne ihn aber gäbe es keine Welt."[36]*

Dies nennt Friedlaender die „Schöpferische Indifferenz". An anderer Stelle werden wir uns nochmals mit dem sehr interessanten Denken Friedlaenders beschäftigen.

Wenn es stimmt, das ein Ziel des Zen-Buddhismus darin besteht, das Vorhandene, das Vorgefunden zu hinterfragen und zu „überwachsen", dann wäre es doch eine interessante Aufgabe für den traditionellen Zen-Buddhismus in Japan daran zu arbeiten, die Kollektivfixiertheit der dortigen Menschen aufzulösen; wie umgekehrt im Westen die Überwindung des unbedingten Individualismus ein wichtiger Schritt auf dem spirituellen aber auch therapeutischen Weg ist.

Ich bin überzeugt, dass Menschen aus dem fernöstlichen Kulturkreis genau aus oben beschriebenen Grund auch weniger Schwierigkeiten mit dem bedingungslosen Gehorsam dem Meister gegenüber haben als wir Westler. Daher – nicht nur, aber auch – die Probleme der Integration dieser beiden Welten bei uns.

Ein anderes Beispiel: Bei einem Treffen östlicher Meister und westlicher Therapeuten war der Dalai Lama sehr verwundert darüber, dass er immer wieder den Begriff geringes Selbstwertgefühl hörte. Er soll daraufhin in dem Raum umhergegangen sein und jeden einzelnen Therapeuten gefragt haben: „Leiden Sie darunter?" Als alle bejahten, soll er ungläubig den Kopf geschüttelt haben.

Diese Reaktion ist nur verständlich vor dem Hintergrund, dass in Tibet ein positives Selbstwertgefühl als etwas Selbstverständliches gilt. Von der Wiege bis zum Sterbebett wird es einem dort vermittelt, während uns Westlern meist eingetrichtert wird, dass wir nur dann wertvoll sind, wenn wir dies und jenes leisten oder besitzen, dies oder jenes tun oder gerade nicht tun. Ich bin liebenswert; nicht für das, was ich tue, sondern für das, was ich bin. Es scheint so zu sein, dass dieser Satz in der einen Kultur alltägliche Selbstverständlichkeit ist, in der anderen offensichtlich nicht.

Deshalb ist das östliche Denken nicht ohne weiteres auf den Westen übertragbar, auch wenn wir letztlich alle das gleiche Ziel haben, das gleiche wollen. Der Weg und die Beschreibung des Weges sind jedoch immer sehr unterschiedlich. Von der absoluten Ebene aus betrachtet mögen die kulturell bedingten Unterschiede, die, die sich aus den verschiedenen Persönlichkeiten ergeben, die Unterschiede, die sich aus dem Standort, je nachdem wie weit sich jemand entwickelt hat, ergeben, irrelevant sein. Für die Begleitung auf dem Schritt-für-Schritt Weg sind sie es nicht. Eine Geschichte aus der Sufi-Tradition:

Es waren einmal vier Reisende: ein Araber, ein Perser, ein Türke und ein Grieche. Sie diskutierten darüber, wie sie ihre letzte übrig gebliebene Münze Geld nutzen könnten. Unterdessen kam ein Fremder und sagte: „Wenn ihr mir die Münze gebt, werde ich euch alles kaufen, was ihr euch wünscht." Am Anfang waren alle misstrauisch, aber am Ende gaben sie ihm das Geldstück. Der Araber sagte: „Kauf mir eine Weintraube!" Der Türke war zufrieden damit, weil es das war, was auch er kaufen wollte, aber er nannte es „uzm". Der Grieche nannte es „stafil" und der Perser „angur". Genauso wollen auch wir alle das Gleiche, aber wir benennen es unterschiedlich.

Und genau wie dieser Sufi ein guter Dolmetscher war, sollte es auch ein guter Therapeut sein. Der eine Mensch sucht die Liebe, der andere versucht den Schmerz zu vermeiden, der nächste will seinen Ehrgeiz sättigen. Jedoch die Sache, die wir suchen, ist die gleiche, aber keiner erkennt mit Klarheit, was das wirklich ist. Ich glaube, jede Therapie, die etwas, „das nicht richtig funktioniert", untersucht, hat etwas gemeinsam mit der größten metaphysischen Suche. Alle spirituellen Traditionen sagen, dass wir in einem Moment unserer individuellen oder kollektiven Geschichte „gefallen" sind. Wir haben das Paradies oder den ursprünglichen Zustand oder den Geist verloren. Und alle Therapieformen versprechen die Wiederherstellung der verlorenen, ursprünglichen Gesundheit.[37]

Die Sehnsucht nach der Ich-Umwelt-Verschmelzung, des All-eins-Gefühls, „ozeanische Gefühle" im Sinne Freuds, Sehnsucht nach dem „Ur-Wir" im Sinne Künkels, oder welchen Namen man der Sehnsucht auch immer geben möchte, ist Teil der spirituellen Suche. Auch hier sind zwischen dem Hintergrund der asiatischen und der westlichen Kulturen deutliche Unterschiede feststellbar. Das Bemühen um Verbundenheit ist in diesem Sinne eine typisch westliche Tendenz. Die Entwicklung von individualistischen Kulturen, die in ihrer Sozialisation und Enkulturation einen scharfen Schnitt zwischen dem Ich und der Umwelt machen, führt zwangsläufig zu Erfahrungen und Erlebissen der Isolation, des Entzweitseins. Ich als Individuum bin einmalig, alles andere ist verschieden von mir. Dieser erkenntnistheoretische Dualismus von Ich und der übrigen Welt führt zu dem ausgeprägten Bedürfnis nach tieferer Verbundenheit mit der sozialen, natürlichen und übernatürlichen Welt. Kollektivistische Kulturen, vor allem der asiatische Kulturkreis, haben diese Probleme viel weniger, denn ihre Grundanschauung ist das Einssein mit der Welt und das Sich-Geborgen-Fühlen in der sozialen Gemeinschaft. Dies erleichtert spirituelle Erfahrungen und macht diese möglicherweise zu einer alltäglichen Escheinung.

An anderer Stelle sprechen wird über das Prinzip „Amae", welches in der japanischen Kultur bereits in der Familie eine Einheitserfahrung grundgelegt.

Ein anderes Beispiel: In einem japanischen Zenkloster liegt in der Meditationshalle ein großer, schön gemaserter Stein. Japanische Besucher sind immer wieder neu von der Schönheit dieses Steines ergriffen; westliche Besucher – so wird berichtet – fragen: „Wozu ist dieser Stein gut?"

An anderer Stelle des Buches wird beschrieben, dass es für mich zunächst fraglich ist, ob Lehrer, seien es nun tibetische Lamas oder japanische Roshis, die direkt aus diesem Kulturkreis zu uns kommen, sich dieser Unterschiede und dem, was sie für die spirituelle Suche bedeuten klar sind.

Ähnliches gilt auch für die formelle Seite. Auch hier besteht die Gefahr einer Überbewertung von Disziplin und methodischer Rigidität. Formelle Inhalte sind wichtig – mit dem Ziel sie zu überwinden. Es war ja gerade das oft recht unorthodoxe Verstoßen gegen die Form, gegen die Gebote, die die alten Meister so bekannt gemacht haben – etwa das Verbrennen der schönen und wertvollen Buddhastatuen mit der Begründung „es war kalt":

Es war Winter, als Ikkyu auf Wanderschaft war und er in einem kleinen Tempel übernachtete. Die Nacht war sehr kalt, und auf dem Tempelaltar standen drei hölzerne Buddhastatuen. Kurzerhand zündete Ikkyu eine der Figuren an, um sich zu wärmen. Zufällig wurde der Vorsteher des Tempels wach, roch den Rauch und lief in die Meditationshalle, um nach dem Rechten zu sehen. Er glaubte seinen Augen nicht zu trauen. Da saß Ikkyu fröhlich vor der brennenden Buddhastatue und wärmte sich die Hände. „Bist du verrückt geworden? Wie kannst du so etwas tun?", schrie der Tempelvorsteher. Ikkyu entgegnete ruhig: „Dem Buddha in mir war sehr kalt. Ich stand vor der Wahl, den hölzernen Buddha dem lebenden zu opfern oder den lebenden Buddha dem hölzernen." Aber der Tempelvorsteher verstand Ikkyus Worte nicht, war voller Wut und schrie: „Mach, dass du hier wegkommst! Du hast einen Buddha verbrannt." Da stocherte Ikkyu in der Asche der inzwischen niedergebrannten Buddhafigur, in Anlehnung an den Brauch, in der Asche Verstorbener nach Shari zu suchen (eine Art mineralischer Niederschlag, der nach der Verbrennung eines menschlichen Körpers in der Asche gefunden wird, und der bei den Buddhisten die Heiligkeit des Verstorbenen misst). „Was machst du denn jetzt!", rief der Tempelvorsteher fassungslos. „Ich suche nach der heiligen Shari des Buddhas." Da lachte der Tempelvorsteher und sagte: „Du bist ja völlig verrückt. Wie kannst du Shari bei einem hölzernen Buddha erwarten?" „Dann bring mir die anderen beiden Statuen auch noch", forderte Ikkyu, „die Nacht ist noch lang, und ich friere noch immer!"

Lin-chi ermahnte seine Schüler, sich Buddha nicht als die höchste Wirklichkeit, sondern als ein Guckloch in der Klotür vorzustellen. Tan-hsia, ein Meister des 8. Jahrhunderts, verbrannte eine Statue des Buddha, um nicht zu frieren, und der Adept Te-shan bezeichnete den Buddha als ein „Stück Scheiße".

In seinem Werk „Dokugo Shingyo" kommentierte der japanische Zen-Meister Hakuin (1685-1768) Passagen aus dem heiligen Kanon der Schriften des Mahāyāna-Buddhismus. Sein Kommentar ist ein Meisterwerk des Zen-Humors und ein lehrreiches Spiel mit dem Feuer. Beispielsweise kommentiert er die wohlbekannte Formel „Form ist Leere, Leere ist Form" aus dem Herzsutra mit den Worten: „Schund! Was für ein nutzloser Haufen Schrott! Versucht nicht, Affen beizubringen, wie man auf Bäume klettert! Diese Ware liegt seit zweitausend Jahren in den Regalen und eignet sich nur als Staubfänger." Zu dem Satz „O Shariputra, alle Dinge sind leere Erscheinungen" bemerkt er: „Das ist so, als würde man sich die Augen reiben, um Blumen in der Luft zu sehen. Wenn alle Dinge sowieso nicht existieren, was wollen wir dann mit leeren Erscheinungen anfangen? Er scheißt und pinkelt den ganzen sauberen Hof voll."

Der Satz „Keine Weisheit, kein Erreichen" wird von ihm wie folgt kommentiert: „Schon wieder lässt er sich in jenem Grab zum Wohnen nieder! So viele verstehen diese Worte falsch! Ein Toter, der glubschäugig aus dem Sarg lugt. Du kannst Prinz Chang dort auf dem Papier anschreien und dich dabei heiser brüllen, und er wird nicht einmal mit den Augenlidern zucken."

Gegen diese und ähnliche Tiraden ist selbst der „schlimmste" Perls noch ein Waisenknabe. Wobei es ja noch ein Unterschied ist, ob ich einer Konvention, einer Regel den Gehorsam verweigere oder ob *coram publicum* und vorsätzlich dagegen verstoße. So kann nur jeder für sich selber entscheiden, ob er die Tatsache, dass Bhagwan Rajneesh 93 Rolls Royces hatte, um sich – jeden Tag in einem anderen – die wenigen Meter von seinem Wohnsitz zu der Vortragshalle fahren zu lasen, als Ausdruck seiner Genialität, mit der er das Absurde der materiellen Gesellschaft entlarvt oder schlichtweg Ausdruck einer Persönlichkeitsstörung, einer Grandiosa, die verachtender gegenüber den – wenige Kilometer weiter unter jeglichem Existenzminimum lebenden Menschen – nicht sein könnte.

Form um der Form willen wird zum inhaltsleeren Kadavergehorsam.

Wer den Inhalt die Form bestimmen lässt, ist formlos.
Wer die Form den Inhalt bestimmen lässt, ist formelhaft.
Wer Inhalt und Form im Gleichgewicht hält, ist ein edler Mensch.
Konfuzius

Noch deutlicher und damit noch schwieriger zu verdauen drückt es der Zen-Meister Ma-tsu Tao-i (jap. Baso Doitsu, 709 - 788) aus: Im *tao* gibt es nichts, worin man sich disziplinieren kann. Wenn irgendeine Disziplin darin ist, bedeutet der Vollzug einer solchen Disziplin die Zerstörung des Tao. Aber wenn im Tao überhaupt keine Disziplin ist, bleibt man ein Unwissender.

Fumon Nakagawa spricht vom „Schäferhund-Zen"; er hat offensichtlich den Eindruck, dass gerade in Deutschland die Gefahr des Schäferhund Zen groß zu sein scheint. Formen sind wichtig, Disziplin ist wichtig, Unterordnung und Gehorsam sind wichtig – doch alles nicht als Endziel und Selbstzweck. Sie sollten wie Wegweiser auf dem Weg sein. Wenn ich am Ziel bin, brauche ich keine Wegweiser mehr – wozu auch.

Ein Mönch fragte: „Warum erlaubt ihr uns nicht, die Sutras zu rezitieren, die Aufzeichnungen der Worte anderer Menschen?" Der Meister sagte: „Das ist, als spräche ein Papagei menschliche Worte nach, ohne zu verstehen, was sie bedeuten. Die Sutras vermitteln das Denken des Buddha; liest du sie, ohne den Sinn zu erfassen, so ist es nur ein Wiederholen der Worte. Deshalb ist Sutra-Lesen nicht erlaubt." Der Mönch fragte: „Kann der Sinn durch andere Mittel als Worte und Buchstaben zum

Ausdruck gebracht werden?" Der Meister sagte: „Was du sagst, ist wiederum ein Wiederholen der Worte anderer." Der Mönch sagte: „Worte sind überall gleich; weshalb seid Ihr so voreingenommen gegen mich?" Der Meister sagte: „Höre, Mönch, ich will es dir sagen. Im Sutra heißt es ausdrücklich: ‚Was ich lehre, beinhaltet Worte voller Bedeutung und nicht bloße Worte. Was aber gewöhnliche Menschen reden, das sind bloße Worte ohne Bedeutung. Die den Sinn kennen, sind über sinnleere Worte hinausgegangen. Die den Grund schauen, haben den Buchstaben transzendiert. Die Lehre selbst ist mehr als Worte und Buchstaben, weshalb also sollten wir sie in diesen suchen?' Wer also zur Erleuchtung erwacht, der erlangt den Sinn und vergisst die Worte; er schaut den Grund und lässt die Lehre hinter sich. Wenn man den Fisch hat, denkt man nicht mehr an die Reuse; wenn man den Hasen hat, denkt man nicht mehr an die Schlinge."

John Blofeld, der vom chinesischen Buddhismus und Taoismus geprägt ist, bemerkt hierzu:

> *„Die Fähigkeit, Schmerzen in frommer Ergebenheit zu ertragen, macht mir, auch wenn sie unter gewissen Umständen nützlich sein mag, nicht den Eindruck, als würde sie im geringsten zu erfolgreicher Meditation beitragen."*[38]

Aber gerade Anfänger neigen dazu, die Strenge der Form als ein Qualitätsmerkmal anzusehen: „Bei uns im Sesshin wird schon um 4.00 Uhr aufgestanden und alle Mahlzeiten formell im Zendo eingenommen!" Die „anderen" stehen ja erst um 6.00 Uhr auf und die Mahlzeiten werden „ganz normal im Essensraum eingenommen" ... Dadurch entsteht oft eine übertriebene Hingabe; Minderwertigkeitsgefühle werden oft durch Identifikation mit einem Lehrer oder der Sangha kompensiert (erliehenes Ego).

Auch hier lohnt es sich, die kulturell geradezu diametralen Hintergründe zu sehen: In einer japanischen Kultur, in der das formell richtige Überreichen einer Visitenkarte eine Wissenschaft für sich ist, in der es ausführliche Kurse darüber gibt, wer sich wann und wem gegenüber in welchem Winkel zu verneigen hat, das richtige Öffnen einer Schiebetür erst sorgsam gelernt werden muss oder wo Ja und Nein für den Westler kaum durchschaubare Kategorien sind – in einer solche Kultur haben Formen und formelle Abläufe einen ganz anderen Stellenwert, eine ganz andere Einbettung in den Alltag:

Um die Harmonie zu wahren, spielen ‚honne' (zu deutsch etwa: der eigentliche Ton) und ‚tatemae' (Prinzip) eine wesentliche Rolle. So gibt es in Japan selten ein „Nein" zu hören, dafür aber zwei Arten von „Ja", die oftmals nicht unterscheidbar sind: Das Honne-„Ja" ist echt gemeint und entspricht einer tatsächlichen Zustimmung. Das tatemae-„Ja" ist hingegen nicht die wahre Meinung oder Absicht.

Ein Manuskript wird abgelehnt: „Wir haben ihr Manuskript mit besonderem Genuss gelesen. Wir fürchten jedoch, sollten wir Ihre hervorragende Arbeit veröffentlichen, dass wir in Zukunft nicht mehr die Möglichkeit hätten, eine andere Arbeit, die nicht diesen von Ihnen gesetzten Standard erreicht, herausbringen zu können. Und wir können uns nicht vorstellen, wie in den nächsten hundert Jahren ein anderes Werk dem Ihren gleichkommen könnte. So sind wir zu unserem tiefsten Bedauern gezwungen, Ihr außerordentliches Essay zurückzuschicken. Zugleich bitten wir Sie tausendmal um Entschuldigung für unsere Kurzsichtigkeit und Ängstlichkeit."

Das Ankommen des Buddhismus im Westen wird ein spannender und bestimmt nicht leichter Prozess sein. Shunryu Suzuki, der den Buddhismus nach Amerika gebracht hat, beschreibt dies: „Den Buddhismus in ein neues Land zu etablieren, ist wie eine Pflanze über einen Stein zu halten und darauf zu warten, dass sie Wurzeln schlägt!"

Die Religion findet sich nicht in Tempeln und Klöstern; man muss sie in den Herzen der Menschen finden ... Vielleicht müssen wir eines Tages die Tempel und Klöster zerstören, um die Religion, den wahren Dharma, zu retten.
Dalei Lama

Roshi Taisen Deshimaru:

„Von Indien nach China, von China nach Japan, und von Japan nach Europa – Zen hat oft seinen Ort gewechselt. Um sich zu entwickeln, braucht es unberührte Erde. Es flieht vor Formalismus und religiöser Sklerose. Die Europäer fragen mich oft, ob es ihnen gelingen wird, Zen wirklich zu verstehen. Und ich antworte immer, dass ihnen das viel besser gelingen wird als den Asiaten, weil sie frisch und unverbraucht sind. Nur eine leere Flasche kann gefüllt werden."[39]

Die Gestalttherapie ist wohl im deutschprachigen Raum angekommen, es gibt gute Autoren und gute Therapeuten; der Buddhismus, insbesondere der Zen-Buddhismus ist noch nicht in diesem Ausmaß – soweit ich das beurteilen kann – hier angekommen.

Wie wird der westliche Buddhismus in einigen Generationen zum Individuum stehen, bzw. mit der kulturell bedingten unterschiedlichen Denkweise Ich *versus* Wir umgehen? Werden dann die Unterschiede zwischen den beiden Wegen weniger? Leider werde ich wohl die Antwort auf diese Frage nicht mehr erleben. Wenn ich aber sehe, wie „therapeutisch" und „formlos" oft mein derzeitiger Lehrer Fumon Nakagawa spricht – ohne dabei den buddhistischen Pfad zu verlassen, dann bin ich guter Hoffnung.

„Zen besitzt eigentlich sein ganz eigenes Terrain und kann nur dort seine volle Wirksamkeit entfalten. Verlässt es diesen Bereich, so verliert es immer mehr den ihm eigenen Geschmack, seine charakteristische Eigenart. Wo versucht wird, etwas mit Hilfe philosophischer Systeme zu erklären, da ist kein reines Zen mehr, da ist Vermischung mit etwas, das ihm letztlich fremd ist. Durch Erklärungen, so klug und rational sie auch sein mögen, wird Zen verfälscht. Aus diesem Grund

haben die Zen-Meister stets eifersüchtig darüber gewacht, dass keine Vermischungen mit metaphysischen Schulen entstanden, seien sie buddhistischer, taoistischer konfuzianischer Prägung."[40]

Ich möchte dieses Zitat von Suzuki ergänzen: ... oder seien sie theoretisch-therapeutischer Natur.

Wir können, sollen und sollten den Buddhismus, den Dharma nicht einfach nahtlos – eins zu eins – übernehmen. Es kann nicht darum gehen, östliche Weisen einfach nachzuahmen; einige wahlweise bevorzugte Züge aus einer Überlieferung in die andere zu übertragen, kann mehr schaden als Gutes bewirken. „Das Dharma eines anderen ist voller Gefahren", sagt schon die Bhagavad Gita, es bringt ein Missverhältnis in Dinge, die in ihrem eigenen dharmischen Zusammenhang zweifelsfrei wünschenswert sind. Wir, die wir heute praktizieren, sind mit der zweiten Generation der so genannten Gastarbeiter vergleichbar. Sie lebten, leben zwischen zwei Welten; hier noch nicht zuhause, dort nicht mehr zuhause. Wir müssen uns erst unsere Heimat erbauen. Große Freiheit und große Verantwortung zugleich!

Wie wird es mit der Form, mit den Ritualen aussehen. Die katholische Kirche hat nahezu 2 000 Jahre gebraucht, bis es möglich war, in der jeweiligen Landessprache statt in Latein zu beten. Werden die Buddhisten das Herzsutra und andere wichtige Sutras, Pujas und andere Texte auf deutsch sprechen? Ansätze sind ja schon da. Zu diesem Prozess gehört dann aber auch, dass sich nicht mehr derjenige als ein besserer oder ‚weiterer' Buddhist fühlt, nur weil er im vollen Lotossitz sitzt und alle Sutras auswendig kann und keinen Zettel zum Ablesen mehr braucht.

Immer wieder hören wir Fragen wie: „Braucht man nicht ein starkes Ego, um es dann zu überwinden? Wie soll man etwas loslassen, das man nicht hat?" Es ist Teil unserer Entwicklung zum erwachsenen Menschen, dass wir bereits in den ersten Lebensjahren ein Selbstbild entwickeln und immer differenzierter ausbauen. Dies geschieht zu einem beachtlichen Teil aus der Wahrnehmung innerer Empfindungen und aus dem Vergleich mit und der Abgrenzung zum Du und der Umwelt. Unterdrückung, Bedrohung und Manipulation in dieser Entwicklungsphase führt zu Stockung und Verdrehung, und bei einer gewissen Intensität nennen wir dies Neurose. In der psychotherapeutischen Arbeit geht es vorwiegend um die Entdeckung verdrängter Inhalte und Gefühle. Sich bewusst abgrenzen zu lernen und klar und deutlich „nein" sagen zu können, um sich dann neu auf die Welt zu zu bewegen in einem neuen „Ja". Freundschaft zu schließen mit schwierigen Emotionen. Unsere Einzigartigkeit wieder zu entdecken, unseren Selbstwert und unsere Durchsetzungskraft. Es besteht also kaum Zweifel darüber, dass auch buddhistisch Praktizierende eine gesunde und integrierte Persönlichkeit als wünschenswert erachten und nicht der Überzeugung sein können, ein möglichst verdrehtes Selbstbild und ein untergrabenes Selbstwertgefühl seien Kennzeichen der Egolosigkeit und damit des spirituellen Weges.

„Evident und ebenso fatal ist, dass sich ein seelisch gehemmter Mensch auch aus Abwehr gegen die Therapeuten Couch, nach etwas wie Meditation sehnt; es wird dann ausprobiert. unter die Neurose ,wegzutauchen' oder auf sie draufzumeditieren, was die Komplexe verschieben, ja verschlimmern kann. Was nützt denn die Integrität des Yogi Maharashi Mahesh, wenn seine transzendentale Meditation statt einer psychoanalytischen Endstufe als therapeutische Vorstufe missbraucht wird.

Auch ein Zen-Mann wie Lassalle, der als Priester der Psychoanalyse gewiss nicht unkritisch gegenübersteht, hat mir gerne zugegeben, dass die Intention, in raum- und zeitlose Innenräume des Unbewussten vorzudringen, einigermaßen psychische Gesundheit voraussetzt. Wer mit Sexus und Tod auf dem Angst- oder Kriegsfuß steht, sollte bloß die Finger von meditativen Sinkversuchen lassen. Meister-Qualifikation vor allem erfordern Yoga-intensive Atemtechniken, die leider auch von belesenen Body Buildern und Amateurgurus unters Volk gestreut werden. Durch solch modischen Humbug hat sich manch einer neurotische Weinkrämpfe, Kopfschmerzen oder gar psychotischen Atommüll der Seele ,angeschnauft'. Umgekehrt ist jedoch auch von einer durchlebten Psychoanalyse der Weg noch weit bis zu höheren Stufen des Yoga, bis zum heiligen Hesychasmus am Berg Athos und noch weiter bis zu den gottlosen Erleuchtungen der Meister des Zen."[41]

„Sicherlich muss nicht jeder Buddhist unbedingt eine Therapie machen, aber es erscheint mir wichtig, dass jeder Einzelne versucht, seine höchst individuelle Persönlichkeit unter den eigenen sozialen und kulturellen Bedingungen zu erforschen, unter denen er nun einmal im Moment z. B. hier in Deutschland bzw. dem Westen existiert. Ansonsten kann das Problem auftreten, dass die mangelnde Erforschung der eigenen Persönlichkeit in die Religionspraxis hineinwirkt und eine tiefere Erfahrung sowie wirkliche Hingabe, z. B. in der Meditation, behindert und auch entstellen kann.

Mit anderen Worten: Die so genannten weltlichen Probleme müssen durchaus erst einmal ernst genommen werden, da sonst die Gefahr der Selbsttäuschung besteht. Diese Täuschung kann so aussehen, dass man eine Art „buddhistisches Ego" entwickelt, obwohl die Lehre des Buddhismus darauf zielt, dass man über eine egozentrische Haltung bzw. eine sehr enge Vorstellung von dem, was man als Person ist, hinauskommt. Wird diese Täuschung vermieden, kann die Praxis des Buddhismus sich voll entfalten und sogar weit über Ziele der Therapie hinausführen."[42]

Die Jungianerin Karin Anderten:

„Eine weitere Berührungsangst finde ich oft gegenüber der Psychotherapie. Zum einen scheint es gelegentlich unter der Würde eines Dharma-Praktizierenden zu sein, sich therapeutische Hilfe zu holen. Zum anderen begegnet mir immer wie-

der das Argument: Die Psychotherapie stärke ja das Ego, und das sei der diame-
trale Gegensatz zur Dharma- Praxis. Stimmt! Ein wesentliches Anliegen der
Psychotherapie ist die Ich- Stärkung. Aber was für ein Ich stärkt sie denn? Ich hof-
fe genügend deutlich gemacht zu haben, dass die Ausgrenzung von Wirklich-
keitsbereichen – auf welchem Gebiet auch immer – eine erhebliche Schwächung
verursacht. Wenn jemand aus Anpassungsgründen Teile seiner Persönlichkeit
ausgrenzen, verdrängen muss, wird die Ich-Stabilität sehr brüchig. Die Lebens-
qualität sinkt, und der Zugang zu den heilenden Kräften im eigenen Geist ist in
der Regel blockiert. Die Psychotherapie hat Methoden entwickelt, die entstande-
nen Blockaden zu überwinden und dem Menschen die Vielfalt seiner Persön-
lichkeit zugänglich oder wieder zugänglich zu machen. Die Psychotherapie bie-
tet keinen geistigen Schulungsweg an. Das kann sie auch nicht, denn ihr fehlen
die Methoden und die theoretischen Grundlagen. Aber sie kann durch die Er-
weiterung des Persönlichkeitsumfangs mit dazu beitragen, dass die Bedürfnisse
nach geistiger Beheimatung und Schulung erlebt oder wieder erlebt werden.
Nicht nur ich mache die Erfahrung, dass Patienten nach durchlaufener Thera-
pie eine spirituelle Praxis beginnen. Der Weg dazu ist frei geworden.
Manchmal wissen sie es auch und benennen es. Was aber wohl nicht bewusst
wird, ist die Tatsache, dass alte, in der Kindheit entstandene Reaktionsmuster, so
lange unbeeinflussbar sind wie die Gefühle blockiert sind, durch die sie verur-
sacht wurden. Der Grundkonflikt ist wie eingefroren, man kommt nicht an ihn
heran. Eingefroren sind an diesen Stellen aber auch Liebe und Mitgefühl, und
diese Tatsache blockiert auch die Fortschritte in der Dharma-Praxis.
Ein drittes und letztes Beispiel: Jemand musste sich als Kind einem sehr autori-
tären Erziehungsstil der Erwachsenen unterwerfen. Eigene Lebensimpulse wer-
den als nicht akzeptabel erlebt, körperliche Bedürfnisse bekommen einen negati-
ven, oft abwertenden Gefühlston, woraus sich Selbsthass entwickeln kann. Wie
mag sich diese Erfahrung auf Achtung, Gehorsam und Vertrauen gegenüber dem
Dharma-Lehrer auswirken? Es besteht die potenzielle Gefahr, dass Spuren von
blindem Gehorsam und kritikloser Unterwerfung dazu führen, dass die Eigen-
verantwortlichkeit aufgegeben und dem Lehrer übertragen wird. Ohne dass es
beabsichtigt ist, versucht man auf diesem Wege, die eigene Selbstwertproblema-
tik, den Selbsthass, die Ablehnung des Körpers aus dem eigenen Erleben auszu-
grenzen, so dass sie nicht mehr gespürt werden. Der Schulungsweg ist damit blo-
ckiert, denn es kann sich keine Anhaftung auflösen, solange das, was man ei-
gentlich loslassen will, unterdrückt und damit festgehalten werden muss.“[43]

Eine weitere Meinung zum Verhältnis Psychotherapie und Spiritualität sei hier noch zitiert; insbesondere, weil hier deutlich gemacht wird, dass die beiden Wege sich nicht ersetzen können – wohl aber ergänzen. Jack Kornfield schreibt – und der Titel, aus dem diese Passage stammt, ist Titel und Programm zugleich – „Selbst die besten Meditierenden haben alte Wunden zu heilen“:

„Auf der einen Seite gibt es diejenigen, die zur Meditation gekommen sind, nachdem sie mit traditioneller Psychotherapie gearbeitet haben. Obwohl die Therapie für sie wertvolle Erfahrungen brachte, haben deren Begrenzungen sie dahin gebracht, nach einer spirituellen Praxis zu suchen. Für mich war es umgekehrt. Während ich außerordentlich profitiert habe von der Übungspraxis, wie sie in thailändischen und burmesischen Klöstern, in denen ich übte, angeboten wird, musste ich zwei beunruhigende Dinge feststellen. Erstens, dass es Schwierigkeiten in wichtigen Bereichen meines Leben gab, die selbst sehr tiefe Meditation nicht anrührte: Einsamkeit, intime Beziehungen, Beruf, Kindheitswunden und Angstmuster. Zweitens: unter den mehreren Dutzend westlichen Mönchen (und vielen asiatischen Meditierenden), die ich während meiner Zeit in Asien traf, war, mit einigen wenigen bemerkenswerten Ausnahmen, für die meisten die Meditation in wesentlichen Bereichen ihres Lebens keine Hilfe. Viele hatten tiefe innere Wunden, waren neurotisch, voller Ängste oder traurig, und sie gebrauchten die spirituelle Praxis häufig, um problematische Teile ihrer selbst vor sich zu verbergen oder ihnen auszuweichen.

Als ich in den Westen zurückkehrte, um klinische Psychologie zu studieren, und dann begann, Meditation zu lehren, bemerkte ich ein ähnliches Phänomen. Mindestens die Hälfte der Schüler, die zum Drei-Monate-Retreat kamen, konnten die einfachen Übungen der „bloßen Aufmerksamkeit" nicht machen, weil sie an einer großen Menge ungelöster Trauer, Angst, inneren Verwundungen und unerledigter Geschäfte aus der Vergangenheit festhielten. Ich hatte auch die Gelegenheit, weit fortgeschrittene Meditierende zu beobachten – darunter erfahrene Zen-Übende und Übende des tibetischen Buddhismus –, die kraftvolles Samadhi sowie tiefe Einsicht in Nicht-Dauer und Selbstlosigkeit entwickelt hatten. Die meisten dieser Meditierenden hatten auch nach vielen intensiven Retreats immer noch große Schwierigkeiten, in wichtigen Bereichen ihres Lebens, etwa bezüglich Angst, Arbeitsproblemen, Beziehungswunden und Herzensverhärtung das Anhaften und die Unbewusstheit aufzulösen. Sie suchten aber weiter danach, wie man den Dharma leben könne, und kamen immer wieder zu Meditationsretreats, um nach Hilfe und Heilung zu suchen. Doch die Sitzpraxis selbst, mit ihrer Betonung auf Konzentration und Loslösung, lieferte oft nur den Weg, sich weiter zu verstecken und den Geist regelrecht von den schwierigen Bereichen des Herzens und des Körpers abzutrennen.

So kommt es häufig vor, dass Meditierende, die eine tiefe Achtsamkeit des Atems oder des Körpers entwickelt haben, nahezu keinen Zugang zu ihren Gefühlen, oder dass solche, die den Geist verstehen, keine rechte Beziehung zum Körper haben.

Meditation und spirituelle Übung können sehr leicht dazu gebraucht werden, Gefühle zu unterdrücken oder zu vermeiden, sowie uns vor problematischen Bereichen unseres Lebens zu drücken. Es ist schwer, an unsere Nöte zu rühren. Viele wehren sich gegen die persönlichen und psychologischen Wurzeln ihres Lei-

dens; wirklich unseren Körper, unsere persönlichen Geschichten, unsere Begren-
zungen zu erfahren, ist schmerzhaft. Es kann sogar härter sein als sich dem uni-
versalen Leiden zu stellen, das beim Sitzen aufsteigt. Wir fürchten das Persönli-
che und seine Nöte, weil wir nicht gelernt haben, wie es uns als Übung dienen
und unser Herz öffnen kann
Es ist nötig, unser Leben als Ganzes anzusehen und uns zu fragen: ,Worin bin
ich wach und was verdränge ich? Benütze ich meine Übung, um etwas zuzude-
cken? In welchen Bereichen bin ich bewusst und wo bin ich ängstlich, hänge fest
oder bin unfrei?'"[44]

Es scheint für viele Menschen auf dem buddhistischen Weg leichter zu sein, eins mit
dem Leiden des ganzen Universums zu sein, als z. B. simpel darüber nachzudenken,
ob der Satz des Gruppendynamikers und Therapeuten George Bach *„coming late is a*
kind of aggression against group" nicht auch auf sie zutreffen könnte, wenn sie immer
wieder zu spät kommen oder immer wieder Termine vergessen. Es ist meine Erfahrung, dass das Thema „Wut" / Aggression für diese Menschen besonders schwer, besonders bedrohlich zu sein scheint. Sie mögen es nicht, auf diesen blinden Fleck in
ihrem erleuchteten Einssein mit allem Leiden des ganzen Universums gestoßen zu
werden. Oft strahlen gerade solche Menschen eine sehr subtile Energie der Scheinheiligkeit bzw. Intoleranz und daraus resultierend eine latente Aggression aus. Im
Englischen gibt es für dieses Phänomen den Begriff „disowned" – d. h. sie haben dieses Gefühl nicht und können daher sich und andere davor schützen, sondern das Gefühl hat sie und kann daher sowohl für sie als auch für ihre Umwelt bedrohlich werden. Darauf gestoßen zu werden, löst entweder manifeste Aggressionen oder aber
„Unschuld" aus: „Ich will doch nur das Beste", „Ich will doch nur verstanden werden",
„Ich praktiziere doch schon seit Jahren, und jetzt das", „Das ist mir noch nie passiert"
und so weiter.

Ich gebe allerdings an dieser Stelle gerne zu, dass der obige Satz von Bach auch für
„normale Psychotherapieklienten" eine harte Nuss ist. Ich brauche ihn gerne bei
Klienten, die häufig zu spät kommen, gleichzeitig aber in den letzten Minuten der
Therapiesitzung von den „großem Themen" `rauskommen, um mich „festzuhalten".
„Ich bin doch nur in einen Stau geraten", „Ich wollte gerade losfahren, da kam noch
dieser Anruf", solche und ähnliche Sätze kommen dann immer. Aus einem Interview
des amerikanischen Zen-Meister Richard Baker Roshi:

Frage: Könnte man sagen, Buddhismus ist eine östliche Methode um den Geist
zu erforschen und Psychotherapie eine westliche? Kann man auf diese Art und
Weise zwischen den beiden eine Verbindung herstellen?
Richard Baker: Nun, nach meiner Erfahrung ist das, was man im Buddhismus
unter Geist (mind) versteht und was man in der Psychologie unter Geist versteht,
etwas ganz anderes. Und das ist gut so, es ist aber auch ein Problem. Das gute da-
ran ist, dass die Psychologie die Menschen für die Sinne geöffnet hat – die psy-

chedelischen Drogen haben das übrigens auch gemacht. Es hat die Menschen in dem Sinn geöffnet, dass sie feststellten, dass es im Leben mehr gibt, als das bloß an der Oberfläche Sichtbare.

Diese Richtung in der Psychologie – den mind anzuschauen und zu studieren, wie wir uns verhalten usw. – unterstützt die buddhistische Praxis und ist ihr ähnlich genug, dass es nahe liegt zu denken, die Psychologie sei eine Art paralleler Praxis oder eine parallele Art den Geist zu untersuchen, ja dass Psychologie und Buddhismus einen gemeinsamen Bereich abdecken.

Die westliche Psychologie und der Buddhismus überlappen aber nur insofern, als beide den Geist (mind) überlappen, aber nur insofern, als beide den Geist (mind) studieren. Ich bin eigentlich der Ansicht, dass es so etwas wie eine buddhistische Psychologie nicht gibt – denn es gibt im Buddhismus keine Psyche. Buddhismus ist eher eine „Mindologie" als eine Psychologie.

Wenn man also erkennt, dass Buddhismus und Psychologie sich auf verschiedene Gebiete erstrecken, dann können sie auch gut zusammen arbeiten. Wenn man jedoch annimmt, dass sie sich ähnlich sind, führt das nur zu einer Begriffsverwirrung. Zum Beispiel gibt es im Buddhismus eben keine Vorstellung, die dem Unbewussten genau entspricht. Ich denke, es ist ein Fehler, die Psychologie oder eine andere Wissenschaft als trojanisches Pferd zu benützen, um den Buddhismus in unsere Kultur zu übertragen. Das macht die Dinge nur kompliziert.

Frage: Könnte es sein, dass für Anfänger, die zum Buddhismus kommen, buddhistische Meditationspraxis und Psychotherapie ähnlich erscheinen und Unterschiede erst erkannt werden, wenn sich die Praxis vertieft, insbesondere wenn „Leerheit" erfahren wird? Kommt es dann zu einer Trennung der Wege?

Richard Baker: Ja, das ist genau der Punkt, wo die Trennung stattfindet. Obwohl ich dennoch denke, dass es auch für den Anfänger eine Hilfe ist, wenn er weiß, dass es diesen Unterschied gibt, denn dann wird er – oder sie – nicht auf den Gedanken kommen, dass Buddhismus und Psychologie in Konkurrenz zueinander stehen oder ein Ersatz für einander sind, sondern sie so benützen, dass sie sich ergänzen.

Frage: Mir hat einmal ein Dharma-Lehrer gesagt, durch Meditation können alle Menschen etwas erkennen – außer Psychotherapeuten. Ist das so? (lacht)

Richard Backer: (lacht auch) Meine Erfahrung in den Vereinigten Staaten in den 60er Jahren war, dass Psychiater und Psychotherapeuten am Buddhismus völlig uninteressiert waren. Die Jungianer hatten ein gewisses Interesse, aber sie sahen Buddhismus als Konkurrenz. Es gab fast kein Interesse, aber es gab Antagonismen. Die Entwicklung ging von völligem Desinteresse und dann Antagonismus zu einer Art von Akzeptanz. Und nun besteht zumindest in der psychotherapeutischen Gemeinde in den Vereinigten Staaten ein recht weit verbreitetes Interesse daran, Buddhismus und Psychotherapie als ähnlich zu sehen oder sie zusammenarbeiten zu lassen. Ich glaube aber nach wie vor, dass generell die wirklichen Unterschiede noch immer nicht herausgearbeitet worden sind. Ich denke, die Therapeuten stellen fest, dass die Meditationspraxis ihre Klienten offener macht und dass dadurch eine fruchtbarere und reichere Basis für die psychotherapeutischen Praktiken entsteht. Es scheint so, dass dies die Psychotherapeuten mehr betrifft als die Psychiater, denn Therapeuten arbeiten mehr mit dem Handwerk der Interaktion und das bezieht sich mehr auf die yogische Seite des Buddhismus als auf die theoretische. Es ist viel umständlicher, die Theorien der Psychiatrie und die Theorien des Buddhismus zu verstehen, als das Handwerk, und im Handwerk sind die Theorien implizit enthalten.

Ein Teil des Problems ist, dass in Asien fast der ganze Buddhismus mit unglaublicher kultureller Unterstützung gelehrt wird. Ein durchschnittlicher asiatischer Lehrer muss vom Buddhismus nicht so viel verstehen, aber er muss wissen, wie die Sache funktioniert. Würde man von ihm jedoch verlangen, das Haus neu zu bauen, also die Sutren selbst neu zu schreiben, würde das seine Fähigkeiten übersteigen. Aber ich denke, im Westen müssen wir anfangen, die Sutren neu zu schreiben. Wir müssen fähig sein, sie nicht nur zu lesen, sondern sie so zu lesen, als ob wir sie selbst hervorbringen würden.[45]

„Ich glaube, dass durch die Kombination von spiritueller und psychologischer Arbeit von Seiten der Therapeuten eine Menge Unfug angestellt worden ist — ebenso, wie die unangemessene Anwendung psychologischer Kenntnisse durch spirituelle Lehrer schon manchen Schaden angerichtet hat. Psychotherapeutisches Wissen und traditionelle spirituelle Arbeit können sich zweifellos gegenseitig ergänzen, aber beides miteinander zu verbinden ist gefährlich. Die spirituellen Wahrheiten sind umfassender als Psychotherapie, und sehr viel älter.

Ich dehne die Grenzen der Psychotherapie soweit in eine spirituelle Richtung aus, wie ich kann, aber ich bleibe ein Psychotherapeut und versuche nicht, diese Grenze zu überschreiten. Ich hatte das Glück, verschiedene wirkliche spirituelle Meister kennen zu lernen, und sie alle stehen ganz woanders als ich. Ich akzeptiere das und versuche nicht, sie nachzuahmen oder es ihnen gleich zu tun. Ich bin Therapeut. Andererseits gibt es natürlich auch ein paar Ähnlichkeiten zwischen der spirituellen und der therapeutischen Arbeit an sich selbst. Eine Sufi-Definition besagt, dass ein Meister jemand ist, der dich solange liebt, bis du dich selbst lieben kannst. Das hat eine gewisse Ähnlichkeit mit dem, was wir als Therapeuten anzubieten haben. James Masterson beschreibt den Therapeuten als jemanden, der das Selbst des Klienten solange verteidigt, bis der Klient selbst dazu in der Lage ist. Kohut hatte die Idee des Spiegelns, Carl Rogers die der bedingungslosen Wertschätzung. Wenn wir jemanden spiegeln, dann tun wir eigentlich nichts. Wir hören zu, aber wir tun nichts. Wenn man auf diese Weise spiegelt, dann entsteht eine Feedback-Schleife, und das kann sich positiv auf das Gewahrsein auswirken. Manchmal sagen die Leute: ‚Ich höre dich‘ oder ‚Ich verstehe‘ oder ‚Ich bin ganz offen, und du löst etwas in mir aus. Du darfst mich berühren.‘

Durch diese Art des Nicht-Tuns bleiben wir wo wir sind, zentriert, berührt vom anderen als dem anderen in der dialogischen Begegnung. Die Wirkung des Berührens und Berührtwerdens wird sichtbar. Das bedeutet spiegeln."[46]

Buddhismus und Therapie, beide sind derart vielgestaltig, dass es schwierig – oder unmöglich – eingrenzbar ist: Was ist noch Buddhismus / Zen-Buddhismus bzw. was ist noch Gestalttherapie und wo haben sich Inhalte oder Praktiken derart von den ursprünglichen Absichten entfernt, dass man nicht mehr von Zen, nicht mehr von Gestalttherapie sprechen kann. Wer sollte mit welcher Autorität diese Grenzen ziehen können. Die dem Zen-Buddhismus eigene Begriffs- und Definitionsfeindlichkeit hat sicherlich mit dazu beigetragen, dass die Gedankengänge missbraucht oder überinterpretiert werden. Die „Wer vieles bringt, wird manchem etwas geben"-Angebote werden weder dem Zen-Gedanken noch der Gestalttherapie gerecht. Zen und Töpfern, Zen und Segeln, Gestalt und Survival Training, Gestalt und Tarot sind nur einige Bespiele aus der endlosen Reihe der Palette – Tenor: „Darf es noch ein Scheibchen Psychodrama oder vielleicht ein kleines Mandala sein?"

In Amerika habe ich Milch mit Coca-Cola-Geschmack, Kaffee mit Walnussgeschmack gesehen ...

Das erinnert mich an eine interessante Unterhaltung, die ich mit einem meiner Capoeiralehrer hatte. Ich hatte ihn gefragt, welche Unterschiede für ihn in seinem Unterricht zwischen Brasilien und Deutschland bestünden: „Wer in Brasilien Capoeira macht, macht Capoeira, Kinder wachsen in diese Welt des Capoeira hinein und Capoeira bestimmt einen Großteil ihres Lebens; der Lehrer ist auch außerhalb des Unterrichts Freund und Ratgeber. Hier in Deutschland habe ich mit Schülern zu tun, die Dienstagabend Capoeira machen, Mittwoch dann Jazzdance, Freitag Kontaktimprovisation und zwischendurch immer noch Wochenenden in Kung Fu oder Bauchtanz. Da fehlt die Bereitschaft, eine Sache, die aber dann wirklich ganz zu machen; hier tanzt man auf zu vielen Hochzeiten und wird daher bestenfalls zum guten Techniker; den Geist des Capoeira wird man auf diesem Weg nicht erfahren können".

Hier liegt für mich ein Grund, warum mir Lehrer aus dem fernöstlichen Kulturkreis zunächst einmal eher suspekt sind; dies gilt insbesondere für tibetische Lamas. Ich möchte mir zunächst einmal einen Eindruck davon verschaffen, wie sie ihren ganz persönlichen Kulturschock überwunden haben. In ihrer Herkunftstradition haben sie es mit Menschen, mit Schülern zu tun, auf die in der Regel folgendes zutrifft:

- ◼ Sie sind Mönche oder Nonnen, mit einer „Vollzeit"-Verpflichtung für den spirituellen Pfad.
- ◼ Sie haben außer Studium und Praxis des Dharma keine wesentliche andere Beschäftigung.
- ◼ Sie beginnen bereits als ungeschulte Kinder Buddhismus zu studieren.
- ◼ Als Folge daraus haben sie als Erwachsene nur eine minimale Schulung auf so genannten „Laiengebieten", wie Mathematik, sozialen Fächern und Wissenschaft.

- Sie akzeptieren die Normen des traditionellen Asiens in Bezug auf die Rolle der Frau und der Sicht in Bezug auf Autoritätsstrukturen – Frauen werden als weniger wert angesehen und Hierarchien sind die Norm.

Hier in der westlichen Tradition treffen sie dann auf geradezu diametrale Gegebenheiten; sie haben es mit Schülern zu tun:

- Sie sind Laien, mit vollen persönlichen und beruflichen Leben.
- Sie haben wenig Zeit übrig, die sie dem Dharma widmen können.
- Sie beginnen das Dharmastudium als ausgebildete Erwachsene.
- Sie fordern Gleichberechtigung und Gleichbehandlung der Geschlechter.

Für jeden Tibeter ist es selbstverständlich, dass der Lama in jede wichtige Entscheidung, wie Heirat, Kindererziehung, Wohnungswechsel etc. mit einbezogen wird. Mit diesem „Split" müssen die Herren erst einmal klar kommen. Dort sind sie zentral und wichtig in allen Bereichen des Lebens, hier sind sie soweit es sich um die Vermittlung der Lehre geht, also auf ihrem ‚Fachgebiet' sehr wichtig, für den Rest der Lebensrealität der Menschen, mit denen sie zu tun haben, sind sie von eher marginaler Bedeutung. Wenn ich den Eindruck habe, dass sie dies realisiert haben und damit auch entsprechend umgehen, dann kann ich auch Vertrauen zu ihnen aufbauen.

Beide, Buddhismus und Gestalttherapie haben eine derartige Bandbreite erreicht, dass es selbst sowohl unter Buddhisten als auch unter Gestalttherapeuten zu Verständigungsschwierigkeiten kommen kann. Zwei Beispiele:

Der amerikanische Psychologe und Psychotherapeut M. Epstein erzählt von einem Treffen bekannter Buddhisten; an der Havard Universität wurden der 70-jährige Kalu Rinpoche aus Tibet und der koreanische Zen-Meister Seun Sahn zu einer Podiumsdiskussion eingeladen. Epstein berichtet:

Als ich anfing, mich für Buddhismus und Psychologie zu interessieren, wurde mir in einer Situation besonders lebhaft demonstriert, wie schwierig es sein würde, eine Integration von beiden zustande zu bringen. Einige Freunde von mir hatten im Haus eines Psychologieprofessors ein Zusammentreffen zweier prominenter Buddhisten, die gerade an der Harvard Universität zu Besuch waren, arrangiert. Die beiden Lehrer hatten einander zuvor noch nie getroffen und stammten aus zwei sehr verschiedenen buddhistischen Traditionen. Vor dem Zusammentreffen von Buddhismus und abendländischer Psychologie war die Begegnung dieser verschiedenen Schulen des Buddhismus geplant. Wir sollten Zeugen dieses ersten Dialogs sein. Die Lehrer, der siebzig Jahre alte Kalu Rinpoche aus Tibet, der jahrelang in völliger Abgeschiedenheit gelebt hatte, und der koreanische Zen-Meister Seung Sahn, der erste, der in den Vereinigten Staaten gelehrt hat, sollten im Interesse der westlichen Studenten ihr jeweiliges Verständnis der Lehren des Buddha vorstellen. Es sollte ein Dharma-Gefecht (Wortwechsel zwischen Menschen, die durch jahrelanges Studium und Meditation ihren Geist trainiert haben) auf hohem Niveau sein, und wir sahen diesem Ereignis mit all der Erwartung entgegen, die solch einem historischen Ereignis gebührt.

Die beiden Mönche betraten den Raum in wehenden Gewändern – das des Tibeters war kastanienbraun und gelb, das des Koreaners streng grau und schwarz – und mit einem Gefolge jüngerer, kahlgeschorener Mönche und Übersetzer. Sie setzten sich wie üblich mit gekreuzten Beinen auf die Kissen, und der Gastgeber erklärte, der jüngere Zen-Meister solle beginnen. Der tibetische Lama saß ganz ruhig da, ließ durch die Finger der einen Hand eine Art hölzernen Rosenkranz (Mala) laufen und murmelte „Om mani padme hum". Der Zen-Meister – er hatte für seine Methode, den Studenten Fragen an den Kopf zu werfen, bis sie ihr Unwissen eingestehen mussten und er dann brüllen konnte: „Bewahrt euch diesen Weiß-nicht-Geist!", bereits eine gewisse Berühmtheit erlangt – griff tief in seine Gewänder und zog eine Orange heraus. „Was ist das?" fragte er den Lama. „Was ist das?" Das war eine typische erste Frage, und wir spürten, dass er bereit war, sich auf jedwede Antwort zu stürzen.

Der Tibeter blieb ruhig sitzen, ließ seine Mala durch die Finger laufen und machte keinerlei Anstalten zu antworten.

„Was ist das?" beharrte der Zen-Meister auf seiner Frage und hielt dem Tibeter die Orange vor die Nase.

Kalu Rinpoche beugte sich sehr langsam zu dem tibetischen Mönch neben ihm, der als Übersetzer fungierte, und sie flüsterten ein paar Minuten lang miteinander. Schließlich wandte sich der Übersetzer mit den Worten: „Rinpoche sagt: ‚Was ist mit ihm? Gibt es dort, wo er herkommt, keine Orangen?'" an das Auditorium.

Der Dialog war damit zu Ende.[47]

Ich erinnere mich an einen Gesprächsabend, den ich zusammen mit Bonner Kollegen mit Gestalttherapeuten aus Wien verbracht habe. Ein Thema war auch jene Grundannahme unserer Richtung der Gestalttherapie, nach der wir in jeder Situation – unter den jeweils gegebenen Randbedingungen – das uns jeweils optimal Mögliche tun. Nicht nur, dass die Wiener Kollegen diese Ansicht nicht teilten; es war mir / uns nach meiner Einschätzung nicht möglich, diese für uns bedeutsame Grundannahme überhaupt ‚rüberzubringen, ohne dass sie als fatalistische Absolution – ‚dann kann ich ja tun, was ich will und nachher immer sagen, dass ich mein Bestes getan habe' – gesehen wird.

Dabei fehlte es auf beiden Seiten nicht an guten Willen, sich in die jeweils andere Position hineinzuversetzen.

„Die Gestalttherapie geht vom Prinzip der guten Gestalt aus. Verhaltenstendenzen resultieren in der ökonomischen, der optimalen Organisation. Im menschlichen Leben heißt das: Jede Person findet die bestmögliche Antwort auf Fragen

*und neue Umstände, wenn man das Gesamte der inneren und äußeren Bedin-
gungen, die in die Situation eingehen, in Rechnung stellt. ... Ich gehe davon aus,
dass der Klient grundsätzlich recht hat, wenn er sich verweigert. Nur ist der Widerstand nach meiner Auffassung übertrieben, nach seiner scheint er angemessen
zu sein.*"[48]

Diese Grundauffassung ist beiden Wegen gemein. Wir haben sehr viel erreicht, wenn
wir diese Überzeugung verinnerlicht haben und leben können. Meine Überzeugung
ist, dass wir dann auch viel eher gehört werden. Leider sind jedoch sowohl auf individueller als auch auf gesellschaftlicher Ebene die destruktiven Kritikgeister – die
Victimizer, der Top Dog – stärker oder zumindest lauter. Wir alle wissen, das es uns
leichter fällt Kritik zu üben als zu loben.

Sylvia Wetzel erzählt:

*Wir tun immer, immer, immer unser Bestes. Lama Yeshe hat zu uns gesagt:
„Was immer ihr jetzt tut, ist gut genug!" Das bedeutet: Wenn ihr die Bedingungen versteht, wie man den Status Quo verbessern und ändern kann und die dafür notwendigen Bedingungen auch schaffen könnt, dann könnt ihr etwas verändern. Aber alles, was ihr jetzt an Übungen, an Einsicht, Mitgefühl, Großzügigkeit, Disziplin, Geduld und Ausdauer leben könnt, ist gut genug. Das war
sein Mantra für uns: „Good enough. Good enough." Ich finde das ein wunderbares Mantra für Menschen, die sehr ehrgeizig sind. Setzt euch einfach einmal auf
die Couch oder aufs Kissen, nehmt die Mala in die Hand und sagt eine halbe
Stunde lang laut oder leise: „Good enough, good enough, good enough, good
enough, good enough, good enough. Gut genug, gut genug, gut genug." Nicht mit
dieser verächtlichen Haltung: „Ja, ja, es ist gut genug. Für mich ist es gerade gut
genug." Nicht so. Sondern: „Es ist wirklich gut."
Wenn wir das wirklich auf uns anwenden und bei unserem Tun immer wieder
denken: „Ich tue immer mein Bestes.", dann wird das Leben sehr viel leichter. Ich
habe natürlich manchmal andere Vorstellungen und meine, dass ich immer so
gut sein sollte wie vor drei Jahren, als ich diese Hochphase hatte und wahnsinnig
inspiriert war. Da war ich natürlich besser. Aber heute bin einfach so, wie ich
heute bin, und alle Leute um mich herum sind auch gut genug. Die tun alle ihr
Bestes, selbst wenn ich denke, wenn die so ticken würden wie ich, würden sie dreimal soviel leisten." Aber sie ticken nicht so wie ich, sie ticken wie sie ticken. Der
Job der Bodhisattvas ist, herauszufinden, wie ich ticke, wie du tickst und das Beste daraus zu machen.*[49]

Lore Perls, die Ehefrau von Friedrich Perls und eine der Mitbegründerinnen der Gestalttherapie hat die Gefahr des Auseinanderdriftens der Ansätze und die theoretischen, aber auch praktischen Schwierigkeiten, die sich daraus ergeben, bereits recht
früh gesehen: Alles und jedes Herumdoktern kann sich Gestalttherapie nennen und

therapeutisches Handeln degeneriert zur blutleeren, auswechselbaren Technik. Kristine Schneider beschreibt die Gedanken von Lore Perls hierzu:

> *„Ihre Sorge gilt dem Durcheinander, das sich im Feld der Gestalttherapie andeutet. Ein grauer Markt zweifelhaft ausgebildeter Therapeuten benutzt Gestaltmethoden, ohne sich im Klaren zu sein, welche Wirkungen sie auslösen können. Die Weiterentwicklung der theoretischen Grundlagen rückt in den USA in die Nähe der Stagnation, falls die geistigen Bindungen zur europäischen Phänomenologie nicht erneuert werden. Die Vielfalt der persönlichen Arbeitsstile von Gestalttherapeuten, von Happenings bis zu existenziell und technisch gut fundiertem Vorgehen, macht die Abstimmung der ‚growing edges‘ des Gestaltansatzes aufeinander schwer. Der Überblick droht verloren zu gehen. Missverständnisse machen sich breit, wenn Gestaltelemente aus dem Ansatz herausgelöst werden und, anderen Methoden angestückt, ihren Dienst tun sollen. Lore fürchtet um den Kern der Gestalttherapie, die vor allem die von dem Existentialismus geprägte Haltung zum Menschen ist, denn ohne die existenzielle Basis verlieren die durchschlagenden Techniken ihren Sinn. Ihre Arbeit der letzten Jahre ist von dieser Sorge bestimmt.. Ihrem Ziel, den tragfähigen Bestand zu erhalten, hofft sie mit ihren bewährten Waffen Zähigkeit, Klarheit und Geduld näher zu kommen.“*[50]

Und Friedrich Perls selber:

> *„In jener freizügigen und lockeren Zeit besuchten die Leute einen Workshop oder zwei, lernten die Schlagwörter, griffen ein paar Techniken auf und nannten sich Gestalttherapeuten, wobei sie wenig oder keine theoretische Orientierung oder klinische Erfahrung hatten, die ihren Anspruch hätten untermauern können. 1969 wurden Perls schließlich die Gefahren für die Gestalttherapie bewusst, und er benutzte das Vorwort zu „Gestalt Therapy Verbatim“, um dies zu beklagen und sich selbst von denen zu distanzieren, die sofortige Heilung anbieten oder spektakuläre Techniken als Reklamegags benutzen.“*[51]

Es gibt eine nennenswerte Gruppe von Psychotherapeuten, die ihre Bindung an eine bestimmte Schule lockern oder sogar ganz aufgeben und die sich mehr oder weniger weit von der jeweiligen Orthodoxie und von den praktisch-therapeutischen Leitlinien einer Therapierichtung entfernen. Das wird in der Regel mit den Bedürfnissen und spezifischen Problemen der Klienten begründet, die eine flexiblere und individuellere therapeutische Praxis erfordern.

Bei Untersuchungen von klinisch tätigen Psychologen in den USA und der Bundesrepublik beschrieb eine Mehrheit ihr praktisches Vorgehen als eklektisch. Eine typische Äußerung lautete: „Mein Eklektizismus ist eher praktisch als theoretisch. Ich versuche, Aspekte von verschiedenen Theorien mit verschiedenen Aspekten des Problems des Klienten zusammenzubringen. Im Prinzip versuche ich, meinen Ansatz und die Theorie dem Klienten anzupassen und nicht umgekehrt."

In solchen Fällen wird eine bestimmte Therapieschule bevorzugt, auf deren Grundlage dann Sichtweisen, Theoriebruchstücke und Praktiken aus anderen Schulen übernommen werden. Das geschieht in der Realität vor allem in bestimmten Richtungen: So sind z. B. Gesprächspsychotherapie, Bioenergie, Psychodrama, Gestalttherapie usw. offensichtlich sowohl für Einflüsse untereinander offener als auch für Anleihen aus verhaltensorientierten Therapieformen, als das für verhaltenstherapeutische Richtungen in der umgekehrten Richtung gilt.

Insgesamt ist ein liberaler Pragmatismus, der sich mehr für die Realität eines Klienten interessiert als für die saubere Umsetzung einer reinen Lehre, im Bereich von Therapie sicher ebenso sympathisch wie die Abkehr von intolerantem Dogmatismus in jedem anderen gesellschaftlichen Bereich. Wenn es dann auch noch gelingt, diese Offenheit und Vielfalt durch sorgfältige Begründung und methodische (Selbst-) Reflexion auszubalancieren und damit reiner Eklektizismus in Richtung auf Integration überschritten wird, ist dagegen wohl kaum etwas einzuwenden. Im Gegenteil:

Je geringer die Integrationskraft einer Therapieform ist, desto größer ist die Wahrscheinlichkeit, dass schon geringfügige neue Einsichten zu neuen Therapieformen führen, anstatt die vorhandenen Konzepte zu modifizieren. Für einen beträchtlichen Teil des inflationären Therapieangebots gilt, dass er geringfügige Veränderung von vorliegenden Konzepten – meistens der klassischen Therapieschulen – als originelle Alternativen anpreist. Der Psychoboom lebt von der mangelnden Integrationskraft in therapeutischen Schulen.

Allerdings ist eine kritiklose Zustimmung zu Integration im allgemeinen natürlich unangebracht. Eklektizismus hat nicht ohne Grund häufig einen negativen Beigeschmack. Abgeleitet von dem griechischen Wort „eklektikos" = ausgewählt, wurde es ursprünglich auf antike Philosophen und Theologen angewandt, die Teile unterschiedlicher philosophischer Schulen nahmen und diese zusammenstückelten, ohne auf die sich daraus ergebenden Diskrepanzen und Widersprüche zu achten. Das Problem unvermittelt nebeneinander stehender Praktiken und Techniken, die aus heterogenen Kontexten und Theorien stammen, ist sowohl ein intellektuelles, als auch ein ästhetisches (nicht jeder mag Patchwork) und ein praktisches.

Der Wunsch nach gesteigerter Effizienz durch Methodenvielfalt kann sich durchaus selber die Erfüllung blockieren: Will ein Therapeut Methoden aus diesen Therapierichtungen kombinieren, um deren Unzulänglichkeit auszugleichen, muss er daher die dabei auftretenden Widersprüche zwischen den unterschiedlichen Aufgabenstellungen psychologisch bewältigen. Oder anders ausgedrückt: Nicht nur viele Köche verderben den Brei, sondern auch ein einfaches Zusammenschütten vieler Gewürze verdirbt den Eintopf – es sei denn, man weiß, wie man sie kombinieren muss.

Da niemand *ex cathedra* bestimmen kann, was denn nun noch Gestalttherapie ist, oder wo die Grenze des vermeintlich Zulässigen überschritten ist, kann man verschiedene gegenläufige Entwicklungen beobachten:

Zum einen sind da Stimmen, die sich um die „klassische Gestalttherapie" Sorgen machen und immer wieder darauf hinweisen, dass sich diese oder jede Strömung von dem, was die Gründerväter und Gründermütter sich unter Gestaltarbeit vorgestellt haben entfernt. Zum anderen sind da jene Therapeuten, die immer mehr „Gestalttherapie und ..." anbieten.

Dann gibt es noch die „Richtigen", die irgendwelche Änderungen hervorbringen und schon ist eine „neue" Therapieform entstanden – für die, ganz zufällig, auch ein kostspieliges Ausbildungsprogramm bereitsteht.

Alf Däumling, bei dem ich „Klinische Psychologie" studiert habe, legte uns immer nahe „eklektisch – synoptisch zu arbeiten: Eklektisch in der Theorie, synoptisch in der Praxis. Genauso viel Wert legte er aber auch darauf, dass das Fundament aller Zusammenschau, sei es nun auf der theoretischen oder der praktischen Ebene eine vollständige Therapieausbildung sein sollte. Also nicht von jedem etwas zu einem privaten Mischmasch zusammenstellen, sondern auf dem Boden einer Überzeugung – als „Heimathafen" – andere Überlegungen, andere Vorgehensweisen darin zu integrieren. Oder anders: ein verlässliches Gerüst, in das alles andere integriert werden kann. Eintopf ja, aber in meinem Topf!

Nach meinem Eindruck war Perls selber ein großer Eklektiker. Wenn man sich sein rastloses Leben ansieht und sich Klarheit darüber zu schaffen versucht, wer und was ihn in seinem unsteten Lebensweg alles beeinflusst hat, so mutet das, was Perls zunächst als Konzentrationstherapie, später als Gestalttherapie entwickelt hat, als großes Patchwork an. Interessanterweise werden je nach eigenem Standort von den vielen Personen und Theorien, die Perls beeindruckt und beeinflusst haben, immer wieder unterschiedliche Gesichtspunkte als besonders bedeutsam hervorgehoben: Mal ist es Buber und sein dialogisches Denken, mal ist es der Zen-Buddhismus, mal der Existenzialismus, mal die Reich'sche Charakteranalyse, mal der Anarchismus, mal die Gestalttheorie, mal die jüdische Tradition, dann wieder heißt es, ohne Friedlaender sei die Gestalttherapie gar nicht denkbar ... usw.

Ich persönlich finde die Frage, was denn nun noch Gestalttherapie sei und was nicht, über weite Strecken akademisch. Wichtiger finde ich die Frage, ob hier Teile integriert werden, die in Geist und Theorie auch zusammen passen, oder ob gemäß der Maxime „wer vieles bringt, wird manchem etwas geben" munter moden- und marktorientiert drauflos kombiniert wird.

Wer alles bloß des Geldes wegen tut, wird bald des Geldes wegen alles tun
Italienisches Sprichwort

Unsägliches Beispiel hierfür ist die sehr in Mode gekommene Kombination von Familienaufstellung nach Hellinger und Gestalttherapie. Zwischen beiden liegen im Menschenbild, in Theorie und Praxis derart große Welten, so dass ich mich wundere, wie sich jemand, der beides gleichzeitig praktiziert, noch Gestalttherapeut nennen kann. Hierzu Richard Picker: [52]

„An dieser Stelle möchte ich auch einige Bemerkungen zu Bert Hellingers systemischer Familienaufstellung machen. Ich beziehe mich auf das erste Drittel von Hellingers Arbeit mit Aufstellungen, die ich durchaus im positiven Sinne als eine Phase der Gestalthaftigkeit des Aufstellungsphänomens sehe, der Hellinger folgt. Dann aber setzte ein erstaunlicher Boom ein, der dazu führte, dass man jedes Problem von Hund und Katz bis Kosovo und Tschetschenien aufzustellen begann. Von dort weg entwickelt mein alter Freund Bert die ‚Bewegungen der Seele‘ und ersetzte die Einsicht des Patienten durch seine eigene innere inspirierte (?) Schau des Phänomens. Das führte dazu, dass das dialogische Element, das für jede Gestalttherapie grundlegend ist, zugunsten eines extrem interpretatorischen Vorgehens eliminiert wurde. Eigentlich muss man den aufstellenden Therapeuten lieben, um auch seiner Interpretation folgen zu können. Denn es kann ja nicht anders sein: Dieser Aufsteller rückt in die Nähe einer absoluten Prophetenfigur. Im ersten Drittel von Bert Hellingers Arbeit war das nicht so. Dort wurde sorgfältig erkundet, was die aufgestellten Repräsentanten in ihrer Position erfahren haben. Jetzt aber wird also diese Erfahrung glattweg übersprungen und der Therapeut macht aus seinen eigenen inneren Bildern die wirklichen Interpretationen, die er über die Aufgestellten drüberstülpt. Als Ausbildner für Gestalttherapie halte ich die Anwendung eines solchen Verfahrens für nicht gut. Es widerspricht dem ursprünglichen Gestaltansatz. Sätze wie ‚Bleib bei deiner eigenen Wahrnehmung‘ haben darin keinen Platz mehr. Man müsste vielen Aufstellern sagen: ‚Maße dir nicht eine Position an, die dir nicht zusteht. Weder bist du ein Prophet noch ein Erzengel oder dergleichen! Du bist ein schlichter Psychotherapeut, der sich irren kann, der verantwortlich ist. der seine Vorgehensweise auch argumentieren muss, der nicht einfach sagen kann, er betreibe eigentliche keine Psychotherapie, denn es sei eine Art Kunst die sich hier abspiele und ein Künstler sei in unserer Gesellschaft praktisch durch niemanden zu belangen.‘ …

Bert Hellingers Videoeinspielungen sind sehr ehrlich. Sie zeigen seine privilegierte, machtvolle, freie Position. Ein Gestalttherapeut aber darf keinen Guru machen und muss bei der Realität bleiben, wie sie von Menschen erfahrbar ist. Dass die Verzauberung der Realität möglich ist, zeigt die Geschichte der Magie, die Geschichte der Ideologie, der Medien und auch die Geschichte der Kunst. Für Gestalttherapeuten gilt der Satz: Alles ist möglich in einer halluzinierenden Welt. Was aber ist real wirklich? Das ist die entscheidende Frage in der Psychotherapie. Vielleicht bin ich zu rigide. Ich möchte aber nicht, dass diese Vorgänge innerhalb und unter ‚Gestalttherapie‘ geführt werden.“

Lore Perls im Interview mit Edward Rosenfeld:

„Was passiert deiner Meinung nach, wenn jemand eine Gestalttherapie mit, sagen wir, dem Feldenkrais-Ansatz verbindet?“

„Dann hat er nicht wirklich verstanden, was Gestalt ist. Ilana Rubenfeld zum Beispiel ‚kombiniert‘ nicht, sie integriert verschiedene Ansätze, die sie lange Zeit studiert hat. Sie hat zwanzig Jahre mit der Alexander-Technik gearbeitet ...“[53]

Zen-Buddhismus und Gestalttherapie sind auch ein Beleg dafür, dass Bekanntheitsgrad und Kenntnisgrad zweierlei Größen sind. Der Satz ‚Der Weg ist das Ziel‘ ist in aller Munde und zum ‚Dabei sein ist alles‘ degeneriert, die durchaus schwer zu verdauende Botschaft des Satzes aus dem Zen ist mundgerecht kastriert worden. Sechs mal gefallen, sieben mal wieder aufgestanden; trotz allen Schmerzes, trotz allen Zweifels den Weg nicht verlassen, mit – wie der Zen-Meister Daido Loori immer sagt – großem Vertrauen, großem Zweifel und ebenso großer Entschlossenheit lernen, unterwegs zu sein und dabei das Ziel nicht aus den Augen zu verlieren; all' das will der Satz ‚Der Weg ist das Ziel‘ sagen.

Auf diesem Weg kommt man nie „an“; dass man dem Ziel näher rückt, merkt man daran, dass es immer ferner rückt, dass die Angst vor dem Ziel immer größer wird. Denn auch hier stimmt die Lebensregel, die so mancher Klient als schweres Gepäck mit sich durchs Leben schleppt: ‚Was ich mir am meisten wünsche, ist auch gleichzeitig das, wovor ich am meisten Angst habe.‘ Oder anders herum: „Aus der Ferne kann ich Nähe sehr gut ertragen.“

Michael Ende beschreibt die Ängste, die umso größer werden je mehr wir uns dem Ziel nähern, sehr treffend:

„Jede Begegnung mit der Wirklichkeit der geistigen Welt ist für den Menschen mit dem Erlebnis des Schreckens, ja des Entsetzens verbunden. Schon die Doppelbedeutung des Wortes ‚Geist‘ deutet darauf hin. Die Begegnung mit Pan verursacht Panik. Jeder Engel sagt als erstes zu dem, welchem er sich zeigt: Fürchte dich nicht! Die Gegenwart eines übermächtigen Bewusstseins ist unserem Bewusstsein fast unerträglich. Etymologisch drückt die Silbe ‚gei‘ in allen indogermanischen Sprachen Schreck und Entsetzen aus. Das erklärt die offene und verdeckte Angst der Menschen, sich der geistigen Wirklichkeit auch nur zu nähern, eine Angst, die sich meist als Skeptizismus, wissenschaftliche Aufklärung oder mehr oder weniger aggressiver Spott tarnt.“[54]

Hinzu kommt ja noch das, was man im Buddhismus den ‚Großen Zweifel‘ nennt; darüber wird an anderer Stelle noch genauer gesprochen. Bis man begreift, dass der Weg selbst das Ziel ist, das heißt eine Verfassung, die das Weiterschreiten garantiert, dass nie endende und darum schöpferisch erlösende, ständig neue „Stirb und Werde“.

Anzuerkennen, dass unsere Daseinsform nicht das Erreichen ist, sondern das Unterwegssein, das ist das Ziel des buddhistischen Weges.

Ich habe den Abt Thubzen Nyadak, des Tsetcho Ling Klosters in Dharamsala einmal gefragt, worin denn nach seiner Erfahrung der Unterschied zwischen tibetischen und westlichen Schülern – von denen es viele in dem Kloster gab – bestünde.

Seine Antwort war: „Die Schüler aus dem Westen, die haben es all so eilig, die wollen die Erleuchtung unbedingt in diesem Leben!"

Der Zenmeister Shunryu Suzuki beschreibt ein schönes Erlebnis: Ein Kind hatte gesehen, wie er in der Zazen Haltung auf seinem Zafu meditiert hatte. Es sagte: „Das kann ich auch." setzte sich auf ein Kissen und sagte dann weiter: „Und jetzt?" Dieses „und jetzt" sei, so Suzuki, die Haltung, mit der viele an die „Meditationsarbeit" herangehen.

Perls hat einige Zeit in Kyoto in einem Zen-Kloster verbracht. Er konnte mit der Strenge, die dort herrschte, wenig anfangen, sie forderte offensichtlich zu sehr seine Neigung, sich gegen vorgegebene Meinungen, Schulen oder Strukturen aufzulehnen, heraus. Ihm fehlten wohl auch das Vertrauen und die Entschlossenheit, von der ich oben gesprochen habe. Der Zweifel an der Zenpraxis war wohl in dieser Trias bestimmend. Über einen befreundeten Arzt, Paul Weisz, hatte er Kenntnis vom Zen-Buddhismus erhalten.

> „Weisz erklärte Perls die Zen Gedanken, der sich in seine Philosophie und seine Methoden zu integrieren versuchte. Perls war sehr erfreut von der Weisheit und nicht-moralischen Haltung des Zen, zumal sie seine Zurückweisung dessen verstärkte, was er bereits als ,schuldorientiertes' Verhalten bezeichnet hatte. Besonders die Zen Übung des Gewahrseins hatte einige Ähnlichkeit mit Perls' Ansicht von der gegenwärtigen Bewusstheit des Hier und Jetzt; und das Zen Konzept des Paradoxen passte auch zu Perls' paradoxer Überzeugung, dass Wandel geschieht, wenn wir aufhören, uns selbst verändern zu wollen."[55]

Die Gestaltpsychologie ist eine der Quellen der Gestalttherapie; auch hier lassen sich Verbindungen zum Gedankengut des Zen-Buddhismus aufzeigen. Wolfgang Metzger, ein wichtiger Vertreter aus den Anfängen der Gestaltpsychologie, empfahl ausdrücklich das gründliche Studium des Zen-Buddhismus – und das zu einer Zeit als dieses Gedankengut noch nicht in aller Munde war. Die Grundannahme der Gestaltpsychologie könnte man folgendermaßen zusammenfassen:

> „Es gibt Zusammenhänge, bei denen nicht, was im Ganzen geschieht, sich daraus herleitet, wie die einzelnen Stücke sind und sich zusammensetzen, sondern umgekehrt, wo – im prägnanten Fall – sich das, was an einem Teil dieses Ganzen geschieht, bestimmt von inneren Strukturgesetzen dieses seines Ganzen."[56]

Leider beläuft sich bei Perls die ausdrückliche Aufnahme der Gestaltpsychologie auf einige wenige Bemerkungen; eine detaillierte Auseinandersetzung findet nicht statt. Die zweite Auflage von „Ego, Hunger and Aggression" 1947 ist Max Wertheimer gewidmet. Perls zitiert Wertheimer in seiner Definition der Gestalttheorie:

„Es gibt Ganzheiten, deren Verhalten nicht durch das ihrer einzelnen Elemente bestimmt wird, sondern bei denen die Teilprozesse selbst durch die dem Ganzen innewohnende Natur bestimmt werden."

Solche Ganzheiten, von denen alle Momente bewegt werden, werden als Gestalt bezeichnet. Der Gestalt-Begriff taucht im ganzen Buch nur fünf Mal auf und wird sonst durchgängig in dem Figur-Hintergrund-Effekt der Struktur von Wahrnehmung gefasst. Figur ist das, was sich vom diffusen, amorphen Hintergrund meiner Wahrnehmung aufgrund der triebgesteuerten Selektivität meiner Apperzeption prägnant abhebt und sinnenfällig wird, z. B. der Harndrang, Hunger oder Zahnschmerz. Gestalt, wiewohl es sie auch als schlechte, defiziente gibt, meint im Sprachgebrauch der Gestalttheorie die gute, vollständige Gestalt eines Strukturganzen, während Figur eher die aufgrund ihrer Defizienz auffällig werdende unvollständige Gestalt meint, die zur Vervollständigung drängt. In solchen Figuren der Wahrnehmung sind Bedürfnisse implizit, die nach Erfüllung treiben.

Perls gab unbefangen zu, dass er sich nicht gerade gründlich mit der Arbeit der Gestaltpsychologen beschäftigt hatte. Was ihn an deren Theorie interessierte und was er übernahm, war vor allem die Vorstellung von der „unfertigen Gestalt" und der Tendenz zur „guten Gestalt". Eine Gestalt, so sagten die Gestaltpsychologen, ist eine Menge von Einzelelementen, die mehr ist als nur die Summe der einzelnen Teile. Eine Melodie zum Beispiel besteht aus einer Reihe von Tönen, ist aber eben mehr als das. Der besondere Zusammenhang, in dem die Töne zueinander stehen, macht erst die Melodie, lässt die Gestalt entstehen. Der gesunde Mensch, sagt Perls, ist im Grunde auch so eine „gute Gestalt": Ein harmonisches Ganzes, in dem alle Wahrnehmungen, Gefühle, Erfahrungen und Handlungen zueinander in einem fließenden Gleichgewicht stehen, integriert sind.

Nur gibt es leider nicht so viele gesunde, oder wie Perls sagen würde, reife, vollständige Menschen auf der Welt, dafür sehr viele neurotische. Der neurotische Mensch ist wie die unfertige Gestalt, er ist nicht mehr ganz: Aufgrund von Erfahrungen und Einflüssen in der Kindheit hat er Teile seiner selbst, seines „authentischen Selbst", abgespalten, weggedrängt, von seiner Wahrnehmung ausgeschlossen. Gefühle wie Hass, Traurigkeit, Wut zum Beispiel oder Bedürfnisse nach Nähe, Kontakt, aggressive oder sexuelle Wünsche: Der neurotische Mensch hat gewissermaßen Lücken: Lücken in seinen Empfindungen und in seiner Wahrnehmung, er nimmt sich selbst nur noch auszugsweise wahr und ebenso die Umwelt.

Er ist auch nicht in der Lage, seine gegensätzlichen Strebungen wahrzunehmen und zu integrieren. Es gibt immer beides in uns, Hass und Liebe, Trauer und Freude, nur schieben wir den „unangenehmen" Partner dieser Paare lieber von uns weg. So ist denn eine Gestalttherapiegruppe ein Übungsplatz, um zu erfahren, dass Leben immer beides ist: gut und schlecht, göttlich und teuflisch, voller Angst und voller Frieden, leicht und schwer, vollkommen und unvollkommen ... Alles das muss gelebt werden – und wenn ein Teil dieser Paarlinge unterdrückt wird ... dann entsteht die neurotische Persönlichkeitsstruktur – die unfertige Gestalt. Die unfertige Gestalt oder auch der „Zeigarnik-Effekt" (so genannt nach der Lewin-Schülerin B. Zeigarnik, die ihn 1926 beschrieb), der besagt, dass unerledigte Aufgaben im Gedächtnis haften bleiben, also nach Erledigung drängen, hat in der Gestalttherapie noch eine weitere Facette. Unerledigte Geschäfte (unfinished business, wie Perls sagte) sind unbewältigte Konflikte und Probleme der Kindheit. Sie wollen erledigt werden, drängen in die Gegenwart, so dass wir das Hier und Jetzt nicht richtig erleben, dass wir es nur verzerrt und lückenhaft wahrnehmen können, entsprechend der Sicht, die uns die alten Probleme diktieren. Wer noch immer auf der Suche nach der nicht erreichten Liebe von Vater oder Mutter ist, der sieht jeden Partner, jede Beziehung (unbewusst) nur unter diesem Aspekt: Krieg ich von dir die Liebe, die ich damals nicht bekam? Wer immer noch die Auflehnung gegen den übermächtigen Vater mit sich herumschleppt, dessen Leben ist von dieser unterschwelligen Trotzhaltung geformt und verengt.

Unerledigte Geschäfte sind alle jene verleugneten und unterdrückten Bedürfnisse des heranwachsenden Organismus, all der zurückgehaltene Protest gegen Verlassenheit, Mangel, Unterwerfung und Missachtung, nicht ausgedrückter Trauer über einen Verlust, und all die damit verbundenen Emotionen von Verzweiflung, Wut und Trauer: Und Perls meint: Das bekannteste der unerledigten Geschäfte ist die Tatsache, dass wir unseren Eltern nicht verziehen haben. Du kannst den Eltern immer die Schuld zuschieben, wenn du das „Du bist schuld"-Spielchen spielen willst, und die Eltern für deine ganzen Probleme verantwortlich machen willst. Du hältst dich so lange im Zustand eines Kindes, bis du willens bist, deine Eltern loszulassen … . Das ist Bestandteil der Therapie – Eltern loszulassen und vor allem seinen Eltern vergeben, was für die meisten das Schwerste ist. Eine Passage aus der Radiosendung „Was ist Gestalttherapie?" beschreibt dies sehr schön:

Fritz Perls:
Der Grundgedanke ist, dass Gestalt etwas Ganzes, Vollständiges ist, ein in sich selbst ruhendes Ganzes. Wenn eine Gestalt nicht vollständig ist, dann haben wir nicht beendete, unfertige Situationen, die darauf drängen abgeschlossen zu werden.
So gibt es Tausende von unvollendeten Gestalten. Wie kommt man an diese Gestalten? Ganz einfach, diese Gestalten tauchen auf, das Wichtigste und Drängendste wird zuerst auftauchen. Wir müssen nicht wie Freud in das tiefste Unbewusste graben, um das Offensichtliche klar wahrzunehmen. Was wir also zu tun versuchen, ist, dass wir das Jetzt, die Gegenwart verstehen und sehen was im Jetzt passiert.

Erzählerin:
Ein Beispiel für eine offene Gestalt und wie Fritz Perls sie selbst in einer Therapiesitzung geschlossen hat, schildert der Gestalttherapeut Victor Chu:

Victor Chu:

Ich habe gelernt bei Jim Simkin, ein Psychologe aus den USA, ein direkter Schüler von Perls; er war am Anfang richtiger Patient bei Fritz Perls; auf der Couch lag er und Fritz Perls saß dann hinter ihm als Psychoanalytiker. Aber er hatte schon die Art mit jemandem zu arbeiten, die sehr direkt war. Jim erzählte, dass er damals den Verlust seines Bruders im 2. Weltkrieg nicht verarbeitet hat und dass er noch verhärtet war. Sie kamen auf diese Geschichte und da bat ihn der Fritz: sag bitte deinem Bruder good bye Bob. Er wiederholte die Worte und brach in Tränen aus und ein Schwall von Schmerz brach aus ihm heraus und floss. Dieses Erlebnis war für ihn so wichtig, dass er später, wenn er eine Gestaltgruppe leitete, dass er Wert darauf legte, dass man sich verabschiedete.

Erzählerin:

Fritz Perls ermöglicht es hier seinem Schüler Jim Simkin, etwas zu tun, was dieser in der Realität nicht tun konnte, nämlich sich von seinem Bruder zu verabschieden: und zwar jetzt hier und gleich. Durch das Verabschieden wird die Gestalt geschlossen.

Boeckh:

Hier wird nicht in der Vergangenheit gegraben und geguckt, woher kommt etwas und warum geht es mir schlecht, sondern es wird geguckt, wohin möchte ich und was steht dabei im Wege, und wie kann ich das, was im Wege steht oder wie ich mir im Wege stehe, wie kann ich das verändern, es ist, wenn man so will, keine problemorientierte Therapie, sondern eine lösungsorientierte Therapie. Fritz Perls spricht vom Here und Now, was man im Deutschen besser mit Gewahrsein übersetzt, weil es darum geht im Hier und Jetzt zu spüren, was ist Vordergrund, was fühle ich, was spüre ich, wohin tendiere ich, was möchte ich erreichen und sozusagen von sich aus ist der Organismus in der Lage zu spüren, was im Moment für ihn Priorität hat, was am Wichtigsten ist. Insofern ist die wichtigste Methode der Gestalttherapie darin zu sehen, jemandes Gewahrsein für sich selbst und für seine Umwelt zu fördern und auf diese Weise wieder den Selbstfluss könnte man sagen, in natürlicher Weise in Gang zu setzen. [57]

Die Phänomene, die als geschlossene Einheiten erscheinen, müssen in ihrer Geschlossenheit respektiert werden und können nur um den Preis der Vernichtung dessen, was untersucht, behandelt werden soll, analytisch in Teile zerbrochen werden. Das heißt, die Eigenschaften der Ganzheit gelten nicht nur als unerklärlich aus den Eigenschaften der Teile und Elemente. Die Ganzheit ist zugleich mehr und anders als ihre Teile. Sie geht ihnen sogar zeitlich voraus und bestimmt die Eigenschaften dieser Teile. So kann man sagen, dass der oben zitierte Satz aus dem Zen, ‚Der Weg ist das Ziel' durchaus ein gestaltpsychologischer ist, insofern als hier ein Ganzes, nämlich das Ziel den Weg, das heißt Vertrauen, Zweifel und Entschlossenheit – definiert.

Wir erinnern uns in Ganzheiten und aufgrund von Ganzheiten. Einige Beispiele sollen das erklären: Ich möchte einen Brief schreiben; zuerst ist da die Ganzheit, d.h. was möchte ich erreichen und ausgehend von diesem Gesamtziel werde ich dann meine Gedanken und Worte wählen.

Ein Film wird gedreht; der Regisseur hat Vorstellungen über die Gesamtaussage, die Gesamtbotschaft des Filmes, dementsprechend werden die einzelnen Szenen der Gesamtaussage zugeordnet.

Ein Mann geht zu einem Rendezvous, das Gesamtziel ist es, eine neue Bekanntschaft zu schließen, die einzelnen Sequenzen seines Verhaltens werden, bewusst oder unbewusst, durch dieses Ziel bestimmt.

Oder Korrekturlesen: Ich nehme zuerst jeweils das ganze Wort wahr, daher wird schnell z.B. ein fehlender Buchstabe übersehen, wenn ich nicht immer wieder genau darauf achte, das jeweilige Wort nicht als ganzes, sondern Buchstabe für Buchstabe wahrzunehmen. Ein sehr prägnantes Beispiel teilt Wertheimer mit:

„Eine Gymnasialschülerin, außerordentlich befähigt, hatte Rätselhafterweise größte Schwierigkeiten beim Übersetzen aus lateinischen Texten; dabei beherrschte sie Vokabeln, grammatische Regeln usw. ausgezeichnet ... Etliches Experimentieren mit ihr zeigte: Die Arme war infolge entsprechender Schuldressur extrem darauf eingestellt, sukzessiv jedes Wort, eines nach dem anderen herzunehmen, an ihm Wortbedeutung, Kasus usw. zu bestimmen, von da aus die Relationen zu anderen Worten zu konstatieren und so fort; und dachte nicht daran (ja, es fehlte ihr die Freiheit dazu), vor allem den ganzen Satz zu überblicken und von da aus das Einzelne als Teil zu sehen. (Ja zunächst schien ihr ein solches Verfahren unwissenschaftlich, ungenau, sie wolle ja nicht ‚raten‘.) Als es ihr dann gelang, von der stückhaften Einstellung loszukommen, und sie die Teile als Teilgehalte ihres Ganzen sah, behob sich das Versagen.“[58]

Ich bin überzeugt, dass wir alle eine Vielzahl gestaltpsychologischer Beispiele aus unserem Alltag aufführen können.

Diesem Gedanken entspricht die synthetische Denkweise im Zen-Buddhismus, also nicht das Ausarbeiten und Ausbreiten von Einzelheiten, sondern das umfassende Begreifen des Ganzen. Dieses ganzheitliche Erfassen schließt alle sinnlichen, emotionalen, geistigen und physischen Erfahrungen mit ein und geht aller Differenzierung voraus. Mit Differenzierung ist hier ein rein intellektuelles Begreifen genannt, das die Begriffe an die Stelle der Wirklichkeit und die Gedanken an die Stelle der Erfahrung setzt. Und eben diese Differenzierung bedeutet im Zen-Buddhismus die Zerstörung der Einheit, die Trennung in Subjekt und Objekt, die Beurteilung in Wahr und Falsch, Verneinung und Bejahung, Trennung in Ich und Du.[59] Dieser Gedanke der Aufteilung wird uns noch ausführlicher beschäftigen.

W. Metzger leitet aus der gestaltpsychologischen Grundannahme der Beachtung des Wesens als nach eigenen inneren Gesetzen sich gestaltendes und verhaltendes

Ganzes sechs Merkmale in der „Arbeit am Lebendigen" ab. Mir ist nicht bekannt, ob Perls diese sechs Merkmale gekannt hat, sie könnten sich nahtlos als Anleitung therapeutischen Handelns lesen lassen.[60]

1. Nicht-Beliebigkeit der Form: Es kann dem Wesen auf Dauer nichts gegen seine Natur aufgezwungen werden. Zur Entfaltung gebracht werden kann nur, was schon im Wesen selbst als Möglichkeit angelegt ist.

2. Gestaltung aus inneren Kräften: Die Kräfte und Antriebe, die das angestrebte Ziel verwirklichen, haben wesentlich in den betreuten Wesen ihren Ursprung.

3. Nicht-Beliebigkeit der Arbeitszeit: Das Wesen hat seine eigenen Gezeiten wie Tätigkeit und Ruhe, von Hunger und Sättigung und alles sonstigen eigentümlichen Verhaltensweisen und Bedürfnissen.

4. Nicht-Beliebigkeit der Arbeitsgeschwindigkeit: Wenn die Geschwindigkeit der Ausbildung von Eigenschaften und Fähigkeiten ebenso wie deren besondere Art wesensbedingt ist, dann kann auch die Arbeitsgeschwindigkeit nicht willkürlich festgesetzt werden.

5. Duldung von Umwegen: Umwege müssen im Umgang mit Wesen in Kauf genommen werden, sofern diese Teil der natürlichen Entwicklung des Wesens sind.

6. Wechselseitigkeit des Geschehens: Das Geschehen bei der Arbeit an Lebendigen ist wechselseitig. Es ist ein Hin und Her zwischen den beteiligten Menschen oder Wesen.

An anderer Stelle schreibt Metzger:

> *„Der Drang, Gestörtes in Ordnung zu bringen und bei Unentwickeltem Geburtshelfer zu sein, gehört zweifellos zu den tiefsten Triebanlagen des Menschen, und ist vielleicht eines der wesentlichen Kennzeichen der besonderen menschlichen Natur."*[61]
>
> *Oder an anderer Stelle: „Nun gibt es aber neben dem Bedürfnis der Trieb-Entspannung auch geistige Leidenschaften, in denen hochdifferenzierte Ziele auftreten, wie die Gesundung eines Kranken für den Arzt, die Vollendung eines Kunstwerkes für den Künstler, die Lösung eines wissenschaftlichen Problems für den Forscher, der Aufbau und das Funktionieren einer Organisation für den Manager, das Gedeihen eines Kindes für die Mutter"*[62] *(... und das erfolgreiche Begleiten des Klienten durch den Therapeuten – möchte man anfügen).*

Ich finde es sehr schön, wie fließend die Übergänge von diesen durch gestaltpsychologische Überlegungen gewonnenen Gedanken zu denen der Gestalttherapie – hier aber wohl eher der unterstützenden Richtung – sind. Metzger selber hat sich in späterer Zeit auch sehr der therapeutischen Arbeit, allerdings nicht der Gestaltarbeit, sondern der Individualpsychologie zugewandt.

> *„Die Würde des Menschen wird nicht durch sklavische Pedanterie des Denkens befördert, sondern durch eine Willigkeit, den Problemen gerade ins Gesicht zu*

sehen, eine Bereitschaft, sie mutig und gewissenhaft zu verfolgen, ein Verlangen nach Verbesserung", so Max Wertheimer.

Uns erscheinen heute diese Aussagen der frühen Gestaltpsychologen als Selbstverständlichkeit. Um deren geradezu revolutionären Gehalt wirklich würdigen zu können, sollten wir uns vergegenwärtigen, dass diese Psychologen ihren Weg zwischen der Psychophysik, dem Behaviorismus und der Psychoanalyse – oft gegen viele Anfeindungen – finden mussten. Ein Beispiel soll dies demonstrieren: J. B. Watson (1878-1958), der Begründer der psychologischen Schule des Behaviorismus, erklärte, dass es so etwas wie einen (inneren) Geist nicht gäbe; ebenso lehnte er Begriffe wie Denken, Fühlen und Wollen ab. Die Wissenschaft von der Seele (Psychologie) reduzierte sich hiermit auf reinen Maschinismus. Der Philosoph H. Feigl sagte einmal hierzu, dass Watson offensichtlich „mit seiner Luftröhre zu dem Ergebnis gekommen sei, dass er keinen Verstand habe". Die Menschenexperimente – Aufbau einer konditionierten Angstreaktion – an dem 11 Monate jungen kleinen Albert durch J. B. Watson und seine spätere Frau R. Rayner (veröffentlicht 1920) sagen eigentlich alles über Mentalität und Menschenbild dieses Rabenvaters der Verhaltenstherapie.

I ask Kawai what his topic would be for his Fay Lectures and the related book, he answered, „Nonpersonal Psychotherapy." I ask him to explain. Kawai replied, „You people in the West talk about personal, interpersonal, and transpersonal psychotherapy – I'm talking about nonpersonal psychotherapy." Again, I inquired what he meant. At last he answered, „I help my clients to become like a stone."[63]

Einst kam der Erhabene auf seiner Wanderung im Lande der Kosala mit einer großen Bhikkhuschar nach Kesaputta, einem Marktflecken der Kalama. Es hörten nun die Kalama von Kesaputta, dass der Samana Gotama, der Sakya, nach Kesaputta gekommen sei, und dass er im Rufe stehe, der Erhabene, der Heilige, der vollkommen Erleuchtete zu sein; es sei gut solche Heilige zu sehen. So begaben sie sich zu ihm, begrüßten ihn ehrerbietig, setzten sich zu ihm und sprachen: ,Herr, da kommen einige Samanen und Brahmanen nach Kesaputta, die nur ihre eigene Lehre glänzen und leuchten lassen, aber die Lehren anderer bekämpfen, verspotten und verachten. Dann kommen wieder andere, die es ebenso machen. Deshalb sind wir im Unklaren und Zweifel, welcher von diesen verehrten Samanen eigentlich Wahres und welcher Falsches lehrt.'

,Ganz recht, Kalama, dass ihr zweifelt; in einem solchen Fall muss man zweifeln. Richtet euch nicht nach Hörensagen, nicht nach einer Überlieferung, nicht nach einer bloßen Behauptung, nicht nach einer Mitteilung heiliger Schriften, nicht nach bloßen Vernunftgründen und logischen Deduktionen, nicht nach äußeren Erwägungen, nicht nach der Übereinstimmung mit euren Ansichten und Grübeleien, nicht nach dem Schein der Wirklichkeit, denkt nicht: „Der Samana ist unser Lehrer, (darum wollen wir ihm glauben)", sondern, wenn ihr, Kalama, selbst erkennt, dass diese oder jene Dinge schlecht und verwerflich sind und zu Leiden führen, so sollt ihr sie verwerfen."

An einem Beispiel soll der Unterschied zwischen gestalttherapeutischem und Zen-buddhistischen Denken noch einmal verdeutlicht werden: Ein Stein fällt ins Wasser.

Die gestalttherapeutische Sicht: Der Stein fällt ins Wasser, die Homöostase des Wassers wird gestört. Das Wasser hat ein Problem.

Die zen-buddhistische Sicht: Der Stein fällt ins Wasser, das Wasser schlägt Wellen, die Wellen vergehen, das ist alles. Das Ziel im zen-buddhistischen Weg ist es jedoch nicht, derart entrückt zu werden, dass vor lauter Erleuchtung alles gleich, alles egal erscheint; hier gilt der schöne Satz: Wem alles gleich gültig ist, dem wird in der Folge alles bald gleichgültig. Ziel ist es nicht, unbeeindruckbar zu werden, sondern im Gegenteil: Wie das Wasser mitschwingend zu sein, gleichzeitig aber nicht bewertend.

Ich habe zusammen mit einer Kollegin eine Gruppe (Psychodrama und Gestalttherapie) geleitet. Unsere Arbeitsstile waren sehr unterschiedlich; auf der einen Seite standen die Konkretisierung und Lösung von Problemen im Vordergrund; während meine Arbeitsweise im Laufe der Zeit eher darin bestand, „Zeuge zu werden". Mir ging und geht es immer weniger um das einzelne Problem bzw. dessen konkrete Lösung, sondern um die Erschließung von Ressourcen, die aus einem Problem ein simples Faktum machen.

Diese unterschiedlichen Vorgehensweisen haben in dieser Gruppe zu Verwirrung geführt. Ein Klient zum Beispiel, der über Beziehungsprobleme berichtete, stand nun vor der Wahl, entweder psychodramatisch eine Familienszene aufzubauen und in dieser Szene konkrete Handlungsalternativen auszuprobieren oder gemeinsam mit mir zu erkunden, warum das Problem ein Problem ist. Aufgrund dieser Erfahrung habe ich Zweifel daran, ob „normale" Gestalttherapie und „zen-buddhistische" Gestalttherapie vereinbar, vermengbar sind.

Am Ende dieses Kapitels möchte ich den Anfangsgedanken wiederholen: Zen-Buddhismus und Gestalttherapie sind weder gleich noch auswechselbar. Mangelnde Kenntnis von beiden verführt jedoch dazu, sie gleichzusetzen. Bis zu einem gewissen Grad trifft dies ja auch zu. Wenn ich nicht viel von Autos verstehe, sind alle Autos gleich für mich, was ja auch in einem gewissen Abstraktionslevel stimmen mag: alle dienen der Fortbewegung. Doch geht der Weg der Erleuchtung, des Satori über den der Gestalttherapie hinaus. Und wenn ich eine Gitarre stimmen will, dann reicht eine Stimmflöte oder Stimmgabel, ich brauche keine Kirchenorgel. Es führen eben nicht mehr alle Wege nach Rom. Zum Beleg für die vermeintliche Einheit aller Wege, die nur dogmatisch weggeleugnet werde, erzählt man in diesem Zusammenhang gerne die hinduistische und sufistische Fabel von den Blinden, die einen Elefanten abtasten sollten. Der eine, der nur ein Bein abtastete, sagte: ‚Der Elefant ist eine gewaltige Säule'; der den Rüssel in die Hand bekam, meinte: ‚Der Elefant ist ein großer

Schlauch'; der den Schwanz ergriff, behauptete: ‚Der Elefant ist ein Tau'; ein anderer meinte: ‚Eine gewaltige Tonne'; ein weiterer hingegen: ‚Eine spitze Stange', er hatte den Zahn des Tieres in der Hand ...

Doch ich will dieser gewiss schönen Geschichte die Prokrustessage gegenüber stellen: Dieser Riese hielt, so die Sage, für die vorbeiziehenden Wanderer zwei Betten bereit. Wer klein war, kam in das Riesenbett und Prokrustes streckte ihn so lange, bis er zwar in das Bett passte, aber leider den Geist aushauchte. Wer groß war, kam in das winzige Bett und Prokrustes hieb ihm alle überstehenden Gliedmaßen ab; das Ergebnis war dasselbe.

Ich glaube, die Diskussion um die Gleichheit der Wege läuft oft Gefahr, nach dem Muster des Prokrustes zu verlaufen: Man haut zentrale Aussagen ab, andere dehnt man bis zur Profillosigkeit – dann ist natürlich alles gleich.

Im Laufe der Jahre bin ich immer mehr zu der Überzeugung gelangt, dass es wichtig ist, die jeweiligen Unterschiede zuerst deutlich zu machen und dann zu entscheiden, welche Bedeutung man jeweils diesen Unterschieden zumisst.

Ich habe in diesem Zusammenhang auch an bzw. in mir selber einen Wandel festgestellt: Hatte ich in der ersten Auflage dieses Buches die Grundeinstellung, Parallelen und Gemeinsamkeiten herauszuarbeiten, so erscheint es mir inzwischen wichtiger, die Unterschiede zwischen Therapie und Spiritualität zu betonen. Hinter der psychotherapeutischen Arbeit steht ein anders Verständnis von Krankheit, von Behandlungsbedürftigkeit als dies bei der spirituellen Suche der Fall ist. Das Ziel der Therapie ist die Wiedererlangung von Arbeits- und Lebensfähigkeit. Gesundsein ähnelt dem reibungslosen Funktionieren einer Maschine; Kranksein bedeutet, dass ein oder mehrere Teile beschädigt oder ausgefallen sind, diese müssen instand gesetzt bzw. ersetzt werden, damit die Maschine wieder funktionsfähig ist.

Nach der Überzeugung nicht reduktionistischer, nicht materialistischer Ansätze ist die Grundlage der Gesundheit, des ‚Heil-seins' die Verwurzelung in der existenziellen Einheit allen Seins. Derjenige, der diese Einheit nicht in sich hat, nicht in sich spürt, ist der Heilungsbedürftige. Nicht umsonst hängt, etymologisch gesehen, heilen mit ‚heilig' und ‚Heil' zusammen. Getrenntsein im Sinne getrennt sein

■ von der Einheit Körper, Geist und Seele,
■ von der Einheit Familie oder sozialen Gemeinschaft,
■ von Gott.

Die Sufi-Gelehrte Michaela Mihriban Özelsel beschreibt in einem persönlichen Erlebnis sehr gut den Unterschied zwischen den beiden Sichtweisen:

„ ... als Beispiel für diese Sichtweise erlebte ich vor einigen Jahren auf einer AIDS-Veranstaltung in San Francisco. Ich unterhielt mich mit einem von dieser Krankheit sichtbar gezeichneten jungen Mann. Er sagte mir, dass er seit einem Jahr bei einem indianischen Medizinmann in Behandlung gewesen und nun ge-

heilt sei. Ja, er würde wohl bald sterben, aber er habe sich in seinem ganzen (26 Jahre währenden) Leben noch nie so ,heil' gefühlt wie jetzt. Er sei ,im Einklang', führe endlich ein ihm sinnvoll erscheinendes, von innerem Frieden erfülltes Leben. Bis zu seiner Aids-Diagnose war sein Dasein durch Unzufriedenheit und Überdruss geprägt, dem er durch die Welt der Drogen zu begegnen suchte. Die Finanzierung habe zu homosexueller Prostitution und zur teilweisen Kriminalität geführt, die wiederum seine Verzweiflung und seinen Ekel an seiner Existenz verstärkt hätten. Es war, wie er meint, Fügung, die ihn damals zu dem indianischen Heiler führte. Ja, er würde sterben, aber als sinnvolles Mitglied der Gemeinschaft und – endlich! – im Einklang mit dem Sein, mit sich selbst, und darum ,geheilt'. Er wirkte tatsächlich glücklich auf mich, jedenfalls glücklicher, als ein Großteil der organisch ,gesunden' Psychotherapie-Patienten, die ich in meiner Praxis sehe. Ein halbes Jahr später erfuhr ich, dass er gestorben war. Nur Tage vor seinem Tod hatte er noch seinen letzten – und ersten, wie er meinte – Beitrag zur Gesellschaft beenden können: seinen Anteil an einem Dokumentarfilm über Aids, in dem er seine Erfahrungen an Jugendliche weitergab."[64]

おばけ一

Die Kalligraphie auf der Vorderseite lautet:

Alles kehrt zum Einen zurück.

Es ist nichts zu erreichen
alles ist da
alles ist Eines
es gibt nichts zu suchen
wenn sie richtig sitzen
und Gassho machen können
ist alles getan.

WIR KOMMEN ALS GESCHLOSSENE GESTALT ZUR WELT

„I mean ... What have you got to lose? You know, you come from nothing – you're going back to nothing. What have you lost? Nothing!"
Monty Python: Always look on the bright side of life

Der Löwe in uns. Ein berühmter Bildhauer arbeitete gerade an einem Marmorlöwen. Starr vor Bewunderung fragte ihn ein Besucher, worin das Geheimnis seiner Kunst bestehe. Der Meister antwortete: „Das ist gar nicht so schwierig. Ich schlage einfach alles weg, was nicht nach Löwe aussieht."

Fragesteller: „Und Ihre eigenen Lehrer? In den ‚Drei Pfeilern des Zen' schreiben Sie, Sie hatten drei Zen-Meister als Lehrer. Haben die Ihnen nichts beigebracht? Sie haben mit ihnen, glaube ich, dreizehn Jahre verbracht. Um so lange zu bleiben, müssen sie doch das Gefühl gehabt haben, etwas zu lernen."
Roshi: „Wenn ich irgendetwas von ihnen gelernt habe, dann, dass es nichts zu lernen gibt. So habe ich nicht gelernt, sondern verlernt. Ich habe nicht gewonnen, sondern verloren – viel geistige Verwirrung und falsche Vorstellungen."

Der Meister sprach: „Lernen ist eine Tätigkeit, bei der man das Ziel nie erreicht und zugleich immer fürchten muss, das schon Erreichte wieder zu verlieren."
Konfuzius

„Der Psychotherapeut muss sich dieser Kraft (der tiefe Wunsch des Patienten nach Wachstum) in seinem Patienten nur bewusst sein und sie im Auge behalten. Dann wird er Freude an seiner Arbeit haben und nicht in Langeweile versinken. Während die Person vor ihm mit beinahe lähmenden Konflikten kämpft, muss er nur beobachten, ob das, wovon er weiß, dass es da ist, auch auftaucht: die dem Menschen eigene Sehnsucht nach Beziehung und Sinn. Er ist nur Beobachter und Katalysator; es liegt nicht in seiner Macht, den Patienten zu ‚heilen'. Er kann dessen angeborener Fähigkeit, von sich aus gesund zu werden, nichts hinzufügen. Wenn er es versucht, stößt er auf hartnäckigen Widerstand, der die Behandlung nur verzögert. Der Patient hat bereits alles, was er braucht, um gesund zu werden. ... Da er (der Therapeut) nicht für die Heilung ‚verantwortlich' ist, kann er sich in aller Ruhe an dem Schauspiel der fortschreitenden Gesundung erfreuen."[65]

Wir kommen als komplette Gestalt zur Welt heißt, dass das Kleinkind – zunächst – im Einklang mit sich selbst ist. Es lebt kongruent aus dem Zentrum heraus; zwischen innen und außen besteht kein Unterschied. Ein Kind ist noch in der Lage zu schlafen, wenn es müde ist; zu weinen, wenn es traurig ist.

Die Idee der Gestalttherapie ist es, aus Papiermenschen wirkliche Menschen zu machen. Ich weiß, ich nehme den Mund ziemlich voll. Es ist die Idee, den ganzen Menschen unserer Zeit zum Leben zu erwecken und ihn zu lehren, wie er seine inneren Kräfte nutzen kann, um ein Führer zu sein, ohne ein Rebell zu werden, eine Mitte zu haben und nicht Hals über Kopf zu leben. Die Ideen klingen alle ziemlich herausfordernd, aber ich bin überzeugt, dass es möglich geworden ist, sie zu erfüllen, dass wir nicht Jahre, Jahrzehnte und Jahrhunderte auf der Couch liegen müssen, ohne uns wesentlich zu verändern.
F. Perls

Neben meiner tiefen Verehrung für Johann Sebastian Bach bin ich „Dead Head" (so nannten und nennen sich die Grateful-Dead-Fans). Das bedeutet u. a., dass ich, wenn möglich, alle mir erreichbaren Konzerte besucht habe. Eine der Besonderheiten bei den Grateful-Dead-Konzerten war, dass es eine so genannte ‚tapers area' gab, in dem es – im Gegensatz zu anderen Gruppen – erlaubt war, Tonbandaufnahmen zu machen. Ich erinnere mich an ein Konzert in London. Neben mir saß ein Fan aus Miami, der in aller Ruhe zunächst Hausschuhe anzog und dann seine wirklich umfangreiche Anlage mit vier Tapedecks und acht Mikrofonen aufbaute. Nach einiger Zeit – es muss kurz vor Beginn der Show gewesen sein – fragte ich ihn: „Are you ready?" Seine lakonische und wie selbstverständlich kommende Antwort war: „Don't worry, I was born ready."
Schöner kann nicht beschrieben werden, was ich mit „wir werden als geschlossene Gestalt geboren" meine.
Suzuki Roshi:

In our practice the most important thing is to realize that we have Buddha nature. Intellectually, we know this, but it may be rather difficult to accept it. Our everyday life goes on in the realm of good and bad, the realm of duality, while Buddha nature is found in the realm of the absolute where there is no good and no bad. So there is a two-fold reality. Our practice is to go beyond the realm of good and bad and to realize one absolute world. This may be rather difficult to understand.
Hashimoto Roshi, the famous Zen master who passed away in 1967, explained this point. He said it is like the way we cook. We prepare each ingredient separately, so rice is here and pickles are over there. But when you put them in your tummy, you don't know which is which. The soup, rice, pickles, and everything get all mixed up. That is the world of the absolute. As long as the rice, pickles, and soup

remain separate, they are not working. You are not being nourished. This is like your intellectual understanding or book knowledge – it remains separate from your actual life. [66]

Im Laufe unserer Biographie werden wir durch die Reaktionen unserer Umwelt mehr und mehr von uns selbst entzweit, d. h. weg von unserem Zentrum gebracht.

Wir müssen lernen, was falsch und was richtig ist, bzw. was die Umwelt unserer Kindheit als falsch und richtig einstuft. Gut und richtig ist das, was uns die Zuneigung / Aufmerksamkeit von Papa und Mama beschert. Schlecht und falsch ist das, was uns diese Aufmerksamkeit wegnimmt. Nach und nach wird unser Weltbild ‚dualisiert‘.

Dass diese Aufteilung in richtig und falsch eine absolut relative und oft auch absurde ist, zeigt in wunderschöner Weise die bekannte Geschichte „Des Kaisers neue Kleider".

Nach meinem Verständnis von Therapie geht es nicht darum, etwas Neues zu lernen, sondern Altes wieder zu entdecken. Alles das, was ich als Klient in der Therapie suche, ist in mir selbst. Es braucht – es kann aber auch keiner – mir niemand von außen etwas Neues zu geben.

Alles, was ist, ist Teil und Ganzes. Deswegen hat es zwei Tendenzen: Es muss sowohl für seine Ganzheit als auch für sein Teilsein einstehen. Aber seine wirkliche Existenz liegt im Einen und Ganzen. Der Einzelne tendiert zur Selbsttranszendenz. Er tendiert zu immer umfassenderen Organismen, zur Einheit und zum Ganzen. In den Teilen, in den vielen personalen Strukturen, liegt eine starke Sehnsucht nach der Einheit. [67]

Die Überzeugung, dass wir bereits die Buddhanatur in uns haben (Buddhismus), dass wir als komplette Gestalt zur Welt kommen (Gestalttherapie) ist nicht neu und ist auch in anderen Denksystemen enthalten. Am deutlichsten wird diese Überzeugung in der so genannten Mäeutik (= ‚Hebammen-Kunst‘), die darin besteht, durch geschicktes Fragen einen Gesprächspartner zu neuen, durch eigenes Denken gewonnenen Erkenntnissen zu führen. Der Therapeut, der Meister sind in diesem Sinne Geburtshelfer der Dinge, die in uns sind, schon immer in uns waren. Oder ein anderes Bild: Wir alle sind wie Suchhunde auf der Suche nach unserer eigenen Spur, der Lehrer, der Meister, der Therapeut haben die Leine in der Hand, die sie mal enger mal weiter lassen, sie feuern den Suchhund an und bringen ihn wieder auf die richtige Spur, wenn er sich – mal wieder – komplett verrannt hat.

Der – von mir sehr geschätzte – sizilianische Sozialreformer Danilo Dolci (28. Juni 1924 – 30. Dezember 1997) hat in seiner Arbeit mit den Bauern und den Armen Siziliens auf dieser Mäeutik aufgebaut. Auf diese Weise wollte Dolci in wöchentlichen Gesprächskreisen, an denen jeder Interessierte teilnehmen konnte, Bewusstseinsbildung des Volkes erreichen; anfangs kommt jeder zu Wort und dann schließt sich eine freie Diskussion an. In ungewohnter Weise waren auch die Frauen in den Gesprächskreisen gleichberechtigt. Man sprach sowohl über grundsätzliche als auch konkrete Fragen und Probleme. Zum Teil behandeln sie grundlegende Probleme, zum Teil nehmen sich die Gruppen konkreter Probleme an. Sie diskutieren zum Beispiel: „Ist es recht zu töten?", „Was ist Leben?", „Was sind Entwicklungspläne? Sind sie notwendig?", „Was möchten wir beibehalten und entwickeln, und was möchten wir an unserem Leben hier ändern?", „Wie sollte man die Kinder erziehen?", „Wie werden (...) Weinfälschungen gemacht und wie sollte man sie bekämpfen?"

Danilo Dolci, der Mann, der sich in seiner Jugend mit Platon und Sanskrit befasste, diskutiert ganz ernsthaft und geduldig Ansichten und Bewertungen von Hirten und Kindern. Trotzdem behält er immer die Führung. Der große, hellhäutige Mann mit der erstaunlichen Leibesfülle im Kreise der sehnigen Bauern mit gegerbten Gesichtern bleibt nur gemessen an der Zahl der Wörter im Hintergrund. Der Intellektuelle aus dem Norden lenkt durch seine Fragen und Impulse die Gespräche. Seine Grundgedanken stehen in seinem Gedicht „Per educare" (Um zu erziehen):

Um zu erziehen
beginnst du besser nicht
mit der Grammatik, mit dem Alphabet
beginne mit der Suche nach dem tiefen Interesse, das Entdecken zu lernen,
Und vor allem versuche
die notwendige Dialektik zu entdecken
zwischen mäeutischem Eifer und der Pflicht verantwortungsvoller Auswahl.

Die Grundannahme in diesem Abschnitt – Wir kommen als komplette Gestalt zur Welt – findet im Zen seine Entsprechung in der Überzeugung, dass wir alle als Buddha oder besser mit Buddhanatur geboren worden sind. Es geht also – auch hier wieder die Parallele zwischen Zen und Gestalttherapie – nicht darum, die Buddhanatur zu erlangen, sondern besser formuliert: sie wieder zu erlangen (sie freizusetzen). Der Weg zur Meisterschaft besteht daher im Zen nicht darin, klüger oder tüchtiger zu werden und größere Fertigkeiten zu erwerben, sondern vielmehr zu lernen, auf „Es", auf die Buddhanatur zu vertrauen, ihr die Steuerung des eigenen Körpers zu überlassen. „Es" – nicht der Meister ist vollkommen, trifft ins Schwarze, besiegt den Gegner oder erreicht mit dem Pinsel die vollendete Form der Harmonie.

Oder: Bachs Musik ist bereits von himmlischer Schönheit. Jemand lernt ein Instrument und spielt sie zunächst unbeholfen, dann jedoch immer besser. Aber unabhängig von den Fähigkeiten des Lernenden: Jede Note steht schon in absoluter Vollkommenheit da.

Nach langen Jahren der Schulung verlässt der Schüler seinen Meister und bedankt sich aufrichtig mit den Worten: „Danke Meister, dass Du mich nichts gelehrt hast". Wunderbar! Wir kommen als geschlossene Gestalt zur Welt – es gibt nichts hinzuzufügen.

„Ihr müsst den Buddhismus in euch selber finden, nicht in Büchern. Der Weg steht in euch geschrieben, ihr seid der Weg. Doch ihr lest Bücher, geht zur Kirche, geht nach Japan, überall in die Welt, ohne Buddhismus zu finden. Der einzige Weg ist es, nachhause zu kommen, sich hinzusetzen und Buddha in sich selber zu realisieren. ... Wenn ihr dies nicht versteht, fragt ein Neugeborenes: ‚Was ist der Weg des wahren Buddhismus?‘ Das Neugeborene wird mit dem wahren Wort antworten: ‚Wa – a – a – Wa.‘ Wenn ihr den Buddhismus dann nicht findet, werdet ihr ihn nie finden. Vielleicht habt ihr viele technische Ausdrücke gelernt, doch wenn ihr nachhause kommt, stellt ihr aufrichtig fest: ‚Ich habe es nicht verstanden.‘"[68]

Man kann einen Menschen nichts lehren, man kann ihm nur helfen, es in sich selbst zu entdecken.
Galileo Galilei

Ich habe in meinem Büro einen kleinen Müllabfuhrwagen; im Laufe der Therapie ermuntere ich immer wieder meine Klienten dazu, den alten Müll, der das Ursprüngliche im Laufe der Jahre verdeckt hat, zu „entsorgen"; es ist immer wieder neu faszinierend, wie viel spontane Energie dieses kleine Ritual freisetzt.

Eines Tages ging Nasrudin in den Laden eines Mannes, der allen möglichen Kram verkaufte.
„Haben Sie Leder?"
„Ja."
„Und Nägel?"
„Ja."
„Und Farbe?"
„Ja."
„Warum machen Sie sich dann nicht selbst ein Paar Schuhe?"

Hier wird auch die Überzeugung deutlich, dass alle Bestandteile bereits vorhanden sind; ich muss nur – wieder – lernen, sie auch zu gebrauchen.

Es gibt eine Geschichte von einem Mann, der auf einer Busfahrt einen alten und ziemlich schwach aussehenden Mann kennen lernte. Dieser hatte eine braune Papiertüte in einer Hand und warf immer wieder Bissen von Essbarem hinein. Schließlich konnte es der andere Fahrgast nicht länger aushalten und fragte, was er denn in der Papiertüte habe und füttere? „Es ist ein Mungo. Wissen Sie, so ein Tier, das Schlangen töten kann." „Aber warum tragen Sie den mit sich herum?" „Na ja", antwortete der alte Mann, „Ich bin Alkoholiker, und ich brauche den Mungo, um die Schlangen abzuschrecken, wenn ich ins Delirium tremens komme". „Aber wissen Sie denn nicht, dass die Schlangen nur Einbildung sind?" „Oh, sicher", antwortete der alte Mann, „aber der Mungo ist auch Einbildung". In der Arbeit mit Klienten zäume ich „dieses Pferd" (diese Geschichte) von hinten auf: Du bist als komplette Gestalt auf die Welt gekommen. Es ist daher eine Illusion, dass ich Dich befreien, Dir helfen könnte. Aber genauso ist es eine Illusion, die Du über Dich (gelernt) hast, dass Du selbstunsicher, ängstlich etc. bist, denn so bist Du nicht geboren worden. Lass uns also gemeinsam herausfinden: Wer ist das, der selbstunsicher, ängstlich (oder was auch immer) ist.

Laune

Ein Zen-Schüler kam zu Bankei und klagte: „Meister, ich habe eine unbeherrschte Laune. Wie kann ich sie heilen?"
„Du hast etwas sehr Seltsames", erwiderte Bankei, „lass mich sehen, was du hast."
„Ich kann Sie Euch jetzt nicht zeigen", sagte der andere.
„Wann kannst du sie mir zeigen?" fragte Bankei.
„Sie kommt ganz unerwartet", antwortete der Schüler.
„Dann", folgerte Bankei, „kann sie nicht deine eigene wahre Natur sein. Wäre es so, dann könntest du sie mir jederzeit zeigen. Als du geboren wurdest, hattest du sie nicht. Denke darüber nach."

Und Suzuki schreibt hierzu:

„Nach der Grundidee des Zen sollen wir mit den innersten Kräften unseres Wesens in Fühlung kommen, und zwar auf dem kürzestmöglichen Wege, ohne Rückgriff auf irgendetwas Äußeres oder Zusätzliches. Daher verwirft Zen alles, was auch nur eine entfernte Ähnlichkeit mit einer äußeren Autorität aufweist. Zen hegt ein unbedingtes Zutrauen zum innersten Wesen des Menschen. Alle Autorität im Zen kommt von innen. Das gilt im strengsten Sinne des Wortes. Auch der Verstand wird nicht als letztgültig oder vollkommen angesehen. Im Gegenteil, er hindert den Geist an seinem unmittelbarsten Umgang mit sich selbst. Der Intellekt erfüllt seine Sendung, wenn er als Mittler auftritt, und Zen hat nichts mit einem Mittler zu tun, es sei denn in dem Augenblick, wo es sucht, sich anderen Menschen mitzuteilen."[69]

Sowohl im Zen als auch in der Gestalttherapie werden wir immer wieder auf uns selbst zurückgeworfen, denn mehr haben wir letztlich nicht. Alles andere, alles, was „von außen" kommt, kann im besten Fall nur den Charakter vorübergehender Krücken haben, die wir früher oder später wegwerfen müssen. Mehr – aber auch nicht weniger – als uns selber haben wir nicht:

„Es ist immer eine Enttäuschung und doch auch eine Erleichterung, wenn ich sehe, dass ich zwar weniger bin, als ich gerne sein möchte, aber doch so, wie ich nun mal bin."[70]

80

Dieser Aspekt wird uns im Kapitel „Unterstützung" noch näher beschäftigen.

Ein Meister oder eine Meisterin
gibt nicht einfach das eigene Erwachen
an die Schülerin weiter:
Er oder sie hilft der Schülerin lediglich,
das bereits in ihr vorhandene Erwachen wahrzunehmen.
Thich Nhat Hanh

Der berühmte Satz: ,Werde, der Du bist' gehört hierhin, nichts anderes ist Ziel der Therapie.

Alles, was wir suchen, war schon immer da, lange bevor wir es gefunden haben. Wir finden nichts Neues, auch wenn wir uns das manchmal wünschen. Das Neue ist nur, dass das Alte nicht mehr das (gleiche) alte ist.

„Es ist unmöglich, dass diese Einheit von Wissen, Gefühl und Entscheidung, die Sie Ihre eigene nennen, in einem bestimmten Augenblick vor noch nicht so langer Zeit plötzlich aus dem Nichts entstanden ist; vielmehr sind dieses Wissen, dieses Gefühl und diese Entscheidung ihrem Wesen nach ewig und unveränderlich und zahlenmäßig eins in allen Menschen, nein, in allen fühlenden Wesen. Ihr Dasein ist fast so alt wie die Felsen."[71]

In der Gestalttherapie und im Zen-Buddhismus geschieht Veränderung immer dann, wenn ich aufhöre jemand anders sein zu wollen. Je mehr ich der sein kann, der ich bin, desto eher kann ich zu dem werden, der ich gerne wäre. Veränderung geschieht nicht per Knopfdruck. Raum schaffen, was hier und jetzt ist, das ist der wichtigste Schritt im Wachstumsprozess; in beiden Wegen.

Dies wird auch in einem Ausschnitt einer Therapiesitzung deutlich, in der Perls mit einer Klientin, „Ellie" arbeitet:

Ellie: Mein Name ist Ellie ... Also, ich fühle jetzt ein Flattern in meiner Brust, und ich möchte mich gerne lösen
Perls: Das ist ein Programm
Ellie: Was?
Perls: Das ist ein Programm – wenn du sagst: „Ich möchte mich lösen."
Ellie: Ich versuche das, jetzt.
Perls: „Ich versuche es", das ist auch ein Programm. Du verwechselst das, was du sein möchtest, mit dem, was ist.
Ellie: Jetzt – ich bewege meine Arme, damit es mir besser geht. Und ich würde gern über mein ...
Perls: Ich würde dir gerne etwas sagen, Ellie. Die Grundlage dieser Arbeit ist das hier und jetzt. Du bist die ganze Zeit in der Zukunft. „Ich möchte daran arbei-

81

ten", „Ich möchte das versuchen", usw. Wenn du arbeiten kannst, fang jeden Satz mit dem Wort ‚jetzt' an.
Ellie: Jetzt sage ich zu ihnen, Dr. Perls, dass ich mich unwohl fühle. Jetzt fühle ich, wie meine Brust auf und nieder geht. Ich fühle einen tiefen Atemzug. Ich fühle mich jetzt etwas besser.
Perls: Siehst du, statt zu versuchen, in die Zukunft auszuweichen, kamst du in Berührung mit dir selbst in der Gegenwart. Natürlich fühlst du dich dann besser.

Und am Ende der Transkription schreibt Perls:

Wir beschäftigen uns alle mit der Idee der Veränderung, und die meisten Menschen gehen daran, indem sie Programme machen. Sie möchten sich verändern. ‚Ich möchte dies sein' usw. usw. Was tatsächlich geschieht, ist, dass die Vorstellung von absichtsvoller Veränderung nie, nie funktioniert. Sobald du sagst: ‚Ich will mich verändern' – also ein Programm machst – wird eine Gegenkraft hervorgerufen, die dich daran hindert, dich zu verändern. Veränderungen finden von allein statt. Wenn du tiefer gehst in das, was du bist, wenn du das, was da ist akzeptierst, dann geschieht eine Veränderung automatisch, per se. Das ist das Paradoxon der Veränderung.[72]

Es ist die Aufgabe des Therapeuten in der Gestalttherapie nicht auf etwaige Blockierungen im Denken zu achten, sondern auf jedes Flüchten vom gegenwärtigen Gewahrsein ins Denken. An anderer Stelle sprechen wir vom „Dritten Tor" in der bekannten „Unendlichen Geschichte", ein Tor, dass sich nur für denjenigen öffnet, der nicht hindurch möchte.

Eines Tages, als Ananda neben dem Buddha stand und ihm kühle Luft zufächelte, fragte Buddha ihn: „Wird es heute regnen oder nicht? Glaubst du, die Mönche können heute in der Stadt um Nahrung betteln oder nicht?" Ananda antwortete nicht. Stattdessen verließ er den Buddha und mischte sich unter die Mönche. Er sagte diesen, was Buddha ihn gefragt hatte, dann fragte er: „Ist es von irgendeinem Vorteil, solche Fragen zu stellen?"
Der Buddha kam in diese menschliche Welt und belehrte uns während 49 Jahren und bewirkte die Niederschrift von 5048 Bänden von Sutras. Doch von unserem Standpunkt aus ist dies nicht mehr als ein einziger Regentropfen. Folglich lautet Buddhas 49 Jahre dauernde Predigt nur: „Wird es heute regnen?" oder „Ein schöner Tag, nicht wahr?" Während diesen 49 Jahren haben wir von Buddha nicht mehr gehört, als die Frage: „Wie geht es Ihnen?"[73]

Warum sollen wir dann aber dieser Lehre folgen und sie verbreiten? Warum soll ich meine eigenen Wünsche oder meine Familie opfern, Buddhas Gewand anziehen und über Buddhismus sprechen? Was ist der Vorteil davon? Als Ananda die Mönche fragte: „Was ist der Vorteil von solchen Fragen?", antworteten diese: „Durch die Frage nach den Wetterbedingungen oder ob das Betteln um Almosen heute leicht oder schwierig sein wird, können wir, die Mönche, gezielt über das Wetter und das Betteln nachdenken. Und durch dieses konzentrierte und gezielte Denken, in den Himmel schauend, sorgfältig die Bewegungen der Wolken beobachtend, oder die Hand ausstreckend im Versuch, einen Nieselregen zu fühlen, oder sich auf die Zehenspitzen stellend und die entfernte Stadt und die Bewegungen der Leute beobachtend, können wir entscheiden, ob es regnen wird oder nicht, welche Kutte wir tragen und welchen Weg wir gehen, und wir können die Menschen, die uns nachfolgen, warnen. Und indem wir unseren Nachfolgern der zukünftigen Welt dieses Wissen, wie man etwas ganz genau erfährt, übermitteln, können wir ihnen im Erreichen der Erleuchtung nützlich sein. Deshalb denken wir, dass es für uns von großem Vorteil ist, wenn der Buddha uns solche unbedeutenden Fragen stellt."

Es gibt keine Erleuchtung, genauso wenig wie es eine Neurose gibt, sondern es gibt erleuchtete Menschen oder neurotische Menschen. Das ist alles – da gibt es nichts zu suchen, weil beide schon „da" sind.

Als Bodhidharma nach China kam, stellte ihm der Kaiser Wu-Ti aus der Liang-Dynastie dieselbe Frage: „Ich baue viele Tempel; ich erließ ein Gesetz, das Männern erlaubt, Mönche zu werden; und viele Männer und Frauen wurden zum Buddhismus bekehrt. Bringt mein Tun irgendeinen Vorteil?" Bodhidharma antwortete: „Kein Vorteil, da ist keiner."

Wir kauen diese Frage immer noch als Koan. Viele Studenten beschäftigen sich damit. Warum sagte Bodhidharma „Kein Vorteil, da ist keiner"?

Etwas zu tun, um einen Gewinn zu haben, ist eine absolut menschliche Angelegenheit. Doch wenn man etwas vom Buddhismus gewinnt, ist es nicht Buddhismus. Diese Idee von Vorteil ist so kleinlich. Muss es bei allem, was man tut, etwas zu gewinnen geben?

Natürlich leben wir in einer Zeit des Nutzdenkens – wir sind Nutzdenker. Jeden Augenblick erwarten wir, etwas von diesem oder jenem zu gewinnen.

Ein ganzes Leben verbringen und am Ende nichts gewinnen?

Ein wunderbarer Schluss, man möge ihn annehmen und zur Grundlage des menschlichen Lebens machen!

Leerheit oder auch Absichtslosigkeit sind wichtige Voraussetzung spirituellen Wachstums; dies ist nicht leicht einzusehen aber noch vermittelbar. Dass dies allerdings auch auf den therapeutischen Prozess zutrifft, ist – für lange Zeit – im therapeutischen Prozess noch schwerer annehmbar.

Wenn wir im Zen sagen „Wir kommen als Buddhanatur auf diese Welt", dann heißt das, dass wir alle bereits in diesem Sinne erleuchtet sind. Es kommt nicht darauf an, die Erleuchtung versuchen zu erreichen, sondern sie zu praktizieren – oder um es genauer zu beschreiben: Auf die Erleuchtung gerichtet die Erleuchtung zu praktizieren. *Das* ist die so genannte alltägliche Praxis.

Es ist die vierte der „Vier edlen Wahrheiten" dieses edlen Achtgliedrigen Pfades, nämlich: rechte Anschauung, rechte Gesinnung, rechtes Wort, rechte Tat, rechtes Leben, rechtes Streben, rechtes Überdenken, rechtes Sich-Versenken. Über diesen Weg sollen wir nicht nachdenken, über diesen Weg sollen wir nicht meditieren, diesen Weg sollen wir praktizieren. So bekommt der schon mehrfach benannte Satz „Der Weg ist das Ziel" einen guten Sinn. Wir können ihn erweitern: Der Weg ist Ausgangspunkt, Weg und Ziel.

Es gibt zwei Aussagen im Zen, die mich immer verwirrt haben: „Wenn Du es erreichen willst, hast Du es schon verfehlt!" Auf der anderen Seite gibt es die Geschichte von dem Zen-Schüler, der um Aufnahme ins Kloster nachsucht. Der Meister packt ihn und hält seinen Kopf in den Brunnen, bis er fast ertrinkt. „Was hast Du am meisten gewollt, als Dein Kopf unter Wasser war?" fragte der Meister. „Luft" war die Antwort. Wenn du es nicht genauso willst, wirst Du es nie erreichen. Dieser – scheinbare Widerspruch war jahrelang so etwas wie ein Koan für mich, bis mir klar wurde, dass erreichen wollen nicht praktizieren heißt.

„Können wir sagen, dass es hier ein Erreichen oder ein Endziel gibt? Nein! Denn darin ist eben Zazen einzigartig. Wohl müssen wir nach Kräften darauf zusteuern, jedoch wir erreichen den Endpunkt niemals. Anders ausgedrückt: der Mann, der Zazen sitzt, wird niemals wissen, ob er das Ziel erreicht oder nicht. Wer denkt: ‚Mein Zazen ist wirklich ausgezeichnet', oder: ‚Ich habe es nun erreicht!', der bildet sich dies nur ein, und gerade dadurch fällt er von seiner Zazen-Wirklichkeit ab.
Stehen wir tatsächlich vor einem solch ungewöhnlichen Gegensatz? Die meisten Menschen denken: wo es um einen Zweck geht, gibt es ein endgültiges Ziel. Wo kein Ziel vor Augen steht, wird niemand versuchen, sich anzustrengen. Dies ist die gewohnte Denkweise und übliche menschliche Verhaltensweise, die auf logischer Berechnung fußt.
Hier aber, beim Zazen-Sitzen, müsst ihr alle Berechnung fahren lassen, an die ihr im Verkehr mit den anderen gewöhnt seid.
Zazen ist: das Selbst, welches das Selbst ins Selbst hineinbaut.
Zazen macht Zazen.
Zazen bedeutet das Überbordwerfen einer Denkweise, die annimmt, wo ein Weg sei, müsse auch ein Ziel sein.
Hier steht ihr eben im Zentrum des Gegensatzes: Obwohl ihr euch bemüht, auf etwas zuzusteuern, könnt ihr absolut nicht sehen, ob ihr das Ziel erreicht. Ihr steht mitten in einem Gegensatz, der absolut absurd ist, wenn ihr ihn von eurem beschränkten Gesichtswinkel her seht. Wenn ihr nun so Zazen übt und einfach dasitzt, fühlt ihr euch vermutlich ganz im Ungewissen. Ihr fühlt euch unzufrieden und völlig verloren.
Gerade deshalb ist Zazen etwas Unerhörtes!"[74]

Genau so wenig sind die Anmeldung zur Therapie und die regelmäßige Teilnahme an

84

der Therapie noch keine Therapie. Der gestalttherapeutische Prozess kommt nur in Gang, wenn ich „praktiziere", d. h. bereit bin, mich immer wieder neu dem Wagnis der so genannten Wachstumsgrenze auszusetzen.

In der Tradition der Sufi sagt man: Ein Sufi zu sein, bedeutet, das zu werden, was man werden kann und nicht zu versuchen, das anzustreben, was – zum falschen Stadium – Illusion ist.

Der Klient, der sich in Therapie begibt, möchte oft Neues haben; mit dem Alten ist er, aus welchen Gründen auch immer, unzufrieden. Der Therapeut soll ihn heilen. Die Versuchung ist für beide Seiten – Klient und Therapeut – groß, sich in einer Art narzisstischen Symbiose zu treffen: Der Therapeut fügt von außen etwas zu, diese oder jene Übung ergibt „ein tolles Gefühl" und der Klient saugt dieses tolle Gefühl wie ein trockener Schwamm auf. Eine Klient- / Therapeutbeziehung, die diesem Muster folgt, entspricht dem, was der bekannte schweizer Paartherapeut Jörg Willi als narzisstische / komplementärnarzisstische Kollusion" bezeichnet.[75] Der Narzisst will sich bewundern lassen, der Komplementärnarzisst will sich ganz in ihm verwirklichen, indem er sich als eigenständige Person aufgibt. Er will auf sein eigenes Ich verzichten, um das des Partners zu erhöhen, und damit sich selbst. Beide leiden unter einer Störung ihrer Selbstwahrnehmung, und ihres Selbstgefühls und versuchen, auf sich ergänzende Weise unterschiedlich mit ihrer Störung fertig zu werden. Der Komplimentärnarzisst versucht, sich ein besseres als sein eigenes Selbst beim Partner zu entlehnen; der Narzisst dagegen sucht sich durch den Komplementärnarzissten zu bestätigen. Die Verschmelzung mit jemanden, der keine Eigeninitiative, keine Kritikfähigkeit und keinen eigenen „Kern" besitzt, sondern nur ein Ausläufer oder Teil des eigenen Selbst ist, ist für den Narzissten wesentlich leichter erträglich als eine Begegnung mit einem ebenbürtigen Gegenüber.[76] Besonders in der Endphase einer Therapie, in der Klient zunehmend nicht mehr nur dankbar aufsaugender Schwamm ist, sondern sich mehr und mehr abgrenzt, mehr und mehr auch verneint, ist dies ein Phänomen, über das sich der Therapeut sehr genau bewusst sein muss.

Dass sonst eine gegenseitige Abhängigkeit entsteht, in der letztlich beide Seiten unfrei sind, wird oft erst nach langer Zeit klar, nämlich dann, wenn die Einsichten, die (Hoch-) Gefühle aus der therapeutischen Arbeit in der Alltagsrealität wie ein Kartenhaus zusammenbrechen. Der Therapeut in dieser Situation hat den Fehler gemacht, nicht mit dem, was der Klient einbringt zu arbeiten, sondern das, was ihm Ansehen und – vermeintlichen – Erfolg einbringt, von außen hinzugefügt.

Das ist auch der Sinn von Dschuang Tse's merkwürdiger Gleichnisrede vom zersägten Baum:

Ein hundertjähriger Baum wurde zersägt. Man machte Opferschalen aus dem Holz und schmückte sie mit grünen und gelben Mustern. Die Abfälle warf man in einen Graben. Diese Opferschalen und die Abfälle im Graben sind wohl verschieden an Schönheit; darin aber, dass sie ihre ursprüngliche Form verloren haben, sind sie gleich. Die Räuber und die Tugendhelden sind wohl verschieden an Moral; aber darin, dass sie ihre ursprüngliche Form verloren haben, sind sie einander gleich.

Eine chassidische Anekdote meint Ähnliches:

Rabbi Sussja sprach: „In den letzten Tagen wird man mich nicht fragen: Warum bist Du nicht Moses geworden? Man wird mich fragen: Warum bist Du nicht Sussja gewesen?!"

Klienten, die zu mir in Therapie kommen, frage ich immer wieder, was sie nicht verändern wollen; das herauszufinden, ist mir sehr wichtig. Sonst wird aus der Therapie allzuschnell nur Sägespäne zersägen.

„Wahrscheinlich ist es in ein Zeichen dieser Zeit, dass ich einige meiner spirituellen Erkenntnisse Fernseh Talkshows zu verdanken habe. Einmal schaute ich zu, als Larry King einen Swami der Hindu Tradition interviewte. Ich weiß nicht mehr, was der Swami sagte, aber ich erinnere mich genau an sein ruhiges und gelassenes Auftreten. Obwohl die Anrufe von den Zuschauern oft sehr kritisch oder zumindest skeptisch waren, bewahrte der Swami seine klare und selbstsichere Haltung und beantwortete jede Frage offen, präzise und sogar mit stillem Humor. Larry King ist als Interviewer für seine direkten und herausfordernden Fragen bekannt. An einem Punkt lehnte er sich über den Tisch, schaute den unerschütterlichen Swami direkt in die Augen und sagte: ‚Wie haben sie das nur geschafft, innerlich so ruhig zu werden?' Der Swami antwortete: ‚Es ist da drinnen so ruhig. Wir selbst bringen nur oft soviel Unruhe hinein.'" [77]

Eine der (elterlichen) Botschaften, die ein Kind zur Entfaltung seines Potentials braucht, ist: „Du kannst Deinen eigenen Weg haben."
    Diese Botschaft ist besonders für Eltern sehr schwer. Es ist z. B. bitter und schwer, mit ansehen zu müssen, dass der einzige Sohn den elterlichen Betrieb nicht übernehmen will, sondern ausgerechnet Schauspieler werden will!
    Wie keine andere Botschaft ist diese für die Entwicklung von Selbstsicherheit und Selbstvertrauen von Bedeutung. Und wie keine andere Botschaft, verlangt – und legt – sie Grundlagen des Vertrauens zwischen zwei Seiten, denn die Botschaft in der Botschaft lautet:
    Ich (wir) habe(n) das Vertrauen in Dich, dass Du – auch wenn Du suchst – selbst am besten weißt, was gut und was nicht gut für Dich ist.
    Dieses Vertrauen fängt bei ganz alltäglichen Botschaften an: Ich weiß noch genau, wie mein Vater mich immer davon überzeugen wollte, wie gut mir Weintrauben schmecken würden; und ich hasste diese Weintrauben, weil sie furchtbar sauer waren. Das Ergebnis war, dass er ein für alle mal mein Vertrauen verloren hatte, mir irgend etwas als „lecker" anzubieten zu lassen.

Die Botschaft „Du kannst Deinen eigenen Weg haben" ist auch die Grundlage zur Autonomie und Selbstverantwortlichkeit. Diese wunderbare Botschaft „Du kannst Deinen eigenen Weg haben" beinhaltet auch Vertrauen darin, dass die Voraussetzungen – das „Marschgepäck" – bereits da sind.

Das Samenkorn ist da und Aufgabe der Umwelt ist es, die Wachstums- und Entfaltungsmöglichkeiten bereitzustellen. Alles, was an „Hilfen" von außen kommt und nicht auf – um im Bild zu bleiben – Wachstum und Entfaltung des Samenkorns abzielt, schafft lediglich Abhängigkeiten von außen; im besten Falle kurzzeitige Entlastung, längerfristig jedoch das Gefühl, ohne diese „Hilfe" inkomplett zu sein.

Erkenntnisse im Laufe der Therapie wie z. B. „Mir wurde immer das Erforschen, Erproben und Finden des eigenen Weges durch jemanden, der es ‚besser' wusste, der wusste, was ‚gut' für mich ist, abgenommen", haben hier ihre Ursache.

Die Wirkung solcher Botschaften sind Abhängigkeiten, mangelndes Selbst-Bewusstsein und – im übertragenen, aber auch oft wörtlichen Sinne – Impotenz.

Je weniger ich Lebendigkeit und Wertschätzung aus meinem autonomen Selbst heraus realisieren kann, desto abhängiger bin ich von meiner Umwelt, desto mehr bin ich gezwungen, meine Umwelt entsprechend zu manipulieren oder unter Druck zu setzen, damit sie mir das, was ich mir selber nicht geben kann, gibt.

Der Hauptverhinderer des Vorschreitens auf dem Weg – auf beiden Wegen – sind wir selber. Zu diesen Überlegungen über den Weg und seine Beschwernisse möchte ich eine Geschichte stellen, die die Taralehrerin Sylvia Wetzel erzählt hat. Ähnlich wie die persische Geschichte von dem beladenen Wanderer beschreibt sie sehr schön die Wirrnisse, die uns auf dem Weg – sei es nun der therapeutische oder der der Meditation – begegnen. Was sind sinnvolle Wegweiser? Machen sie uns nur deutlich, wie klein und unvollkommen wir im Grunde genommen sind, dann füttern sie die alte, die falsche Seite in uns, weil sie das alte Topdog – Underdog Spiel reinszenieren. Wegweiser stehen auf dem Weg – und zwar genau da, wo wir gerade sind! Und sie weisen auf das Ziel nach vorne, nicht auf das, was hinter uns liegt, auf die Vergangenheit. Sie sollen Mut und Hoffnung machen; wer sich beim Blick auf den Wegweiser klein fühlt, schaut auf den falschen Wegweiser; das gilt auch, wenn wir das Wort Wegweiser durch die Worte Lehrer, Meister oder Therapeut ersetzen.

Wie schon öfter beschrieben dauert es sehr lange, bis wir feststellen, dass Start und Ziel gleich sind, dass wir nach allem Suchen nichts anderes finden, als das, was wir schon immer waren. Und noch viel länger dauert es, bis wir uns mit dieser Erkenntnis abgefunden haben; das „Tüpfelchen auf dem i" ist es, wenn wir uns gegen diese Erkenntnis nicht mehr auflehnen („na toll, wenn das alles ist, wofür habe ich mich denn dann die ganze Zeit dermaßen angestrengt"), sondern uns an ihr erfreuen! Da dies kein intellektueller Prozess ist, hilft es uns überhaupt nicht, wenn wir alle Bücher zu diesem Thema verschlingen. Im Gegenteil: je mehr wir meinen zu wissen, desto schwieriger ist es für uns offen und unvoreingenommen neue Erfahrungen aufzunehmen. Viele der „alten" Meister, die die Entwicklung des Buddhismus nachhaltig mitgeprägt haben, waren Analphabeten.

Oft habe ich Klienten, die „ihren" Perls und „ihren" Riemann schon rauf und runter gelesen haben; es ist meist therapeutische Schwerstarbeit, diese Klienten an ihr Erleben heranzuführen!

Hier die Geschichte:[78]

Was bezwecken wir, wenn wir so tun, als ob wir Tara oder Buddha wären? Eine wunderschöne Geschichte aus Indien kann das veranschaulichen. Sie passt auch nach Tibet. Es ist die Geschichte von den Königskindern: Wir sind alle Königskinder, wir sind alle Töchter des König und der Königin. Wir leben glücklich und zufrieden im Königspalast und spielen den ganzen Tag, drinnen im Palast und draußen im königlichen Garten. Eines Tages kommt eine von uns auf die wunderbare Idee, wir könnten ja einmal Bettelkinder spielen. Das ist bestimmt ganz dramatisch: „Ich hab kein Essen!" Das haben wir als Kinder wahrscheinlich alle einmal gespielt. Man ist auf den Dachboden gestiegen und hat gespielt: Es gibt nichts zu essen, und man hat kein Bett, trägt Lumpen und alte Betttücher, und man spielt Bettelkind.

Dann spielt man Betteln auf der Straße, das traut man sich hier in Europa kaum, aber in Indien schon: „Paisa, Memsahib. Paisa Memsahib." Die Königskinder in dieser Geschichte haben das sehr lange gespielt, denn es war total spannend, ein richtiges Drama und viel interessanter als vom goldenen Tellerchen essen und immer im gepflegten Garten herumspazieren, wo alles schön ist, rein, sauber, edel, teuer und vornehm. Es hat richtig Spaß gemacht, im Dreck herumzusuhlen und sich mit alten Brettern eine Hütte bauen. Es war richtig toll. Das Dumme war nur, die Kinder haben vergessen, dass sie das spielen. Wir haben vergessen, dass wir das spielen. Das ist unsere Situation.

Jetzt hocken wir in unseren Bretterbuden in alten Lumpen und jammern: „Ich bin ein Bettelkind. Jetzt muss ich wieder betteln gehen." Wenn jemand ein bisschen besser gekleidet ist, dann laufen wir hin und sagen: „Paisa! Eine milde Gabe! Haste mal 'ne Mark?" Und jetzt haben wir Glück. Es gibt noch ein paar Küchenmädels und ein paar Gärtner vom königlichen Palast, die uns von früher kennen. Die gehen durch die Straßen und suchen die Königskinder, die sich im Bettelkinderspiel verloren haben. Eines Tages kommt dann eine der Küchenfrauen zu dir und sagt: „He, ich kenne dich! Du bist ein Königskind, und du gehörst in den Palast." Dann sagst du: „Komm, du spinnst. Du hast keine Ahnung! Ich bin ein Bettelkind, ich war ein Bettelkind, und ich werde immer ein Bettelkind sein." Aber die Küchenfrau ist hartnäckig und besteht darauf: „Nein, das stimmt nicht, denn ich kenne dich!"

Man muss nicht dem König oder der Königin selber begegnen, es reicht, wenn man irgendjemand vom Personal begegnet, einem Handwerker oder Stallburschen, einer Kräuterfrau oder einem Küchenmädchen. Die sagen dann: „Komm, ich zeig dir den Palast. Komm, wir gehen einfach mal hin" Sie versuchen uns mit vernünftigen Argumenten oder mit schönen Geschichten, je nachdem wie wir ti-

cken, zu überzeugen, dass wir wenigstens einmal sagen: „Na gut, ich geh mal mit, ich glaub es zwar nicht, aber ich geh mal mit in den Garten, dir zuliebe."
Das Personal aus dem königlichen Palast, das sind die menschlichen Gurus und Gurvis.[79] Sie gehen auf den Marktplatz und verkünden allen: „Du hast Buddha-Natur!" „Ach komm, das haben die Tibeter vielleicht oder die Inder, die Erleuchteten oder die Mönche und Nonnen oder die Schlauen oder die, die nicht so intellektuell sind wie ich, oder die, die emotionaler sind.", was auch immer man so daherfaselt, irgendein Gegenargument hat man ja immer.

Dann geht man vielleicht doch einmal mit in den Garten oder schaut sich das Schloss von außen an. Und plötzlich dämmert uns etwas, ganz, ganz, vage, und dann gehen wir vielleicht mit in den Garten. Irgendwie kommt uns das bekannt vor. Wir haben vielleicht ein Déjà-vu-Erlebnis. Daraus kann man eine schöne, lange Tausend-und-eine-Nacht-Geschichte machen. Der langen Rede, kurzer Sinn ist, dass wir irgendwann sagen: „O.k. es könnte ja möglich sein." Dann sagt die Küchenfrau: „Gut, dann kommt alle wieder in den Palast. Jetzt waschen wir euch, und ihr kriegt schöne Kleider." Dann spielen wir feierliche Prozession wie bei Hildegard von Bingen. Sie ließ ihre Nonnen bei Kirchenfesten Krönchen und Seidenkleider tragen, und sie zogen mit offenen Haaren in die Kirche ein. Wir singen das Tara Mantra und spielen in Taras Garten Ball.

Wir glauben das noch nicht so ganz, aber wir spielen in der Tara-Praxis Königskinder. Ein bisschen Vertrauen haben wir, die Küchenfrau aus dem Palast wirkt nicht völlig bescheuert, und irgendwie macht die Geschichte auch Sinn. Der Palast und der Garten sind sehr schön, und sie kommen uns auch manchmal bekannt vor. Wir gehen dann am nächsten Tag mit ihnen durch die Stadt spazieren, und da kommt eine reiche Dame und verteilt Almosen. Und was machen wir? Wir schreien: „Paisa! Paisa! Bitte eine milde Gabe." Aus alter Gewohnheit machen wir das. Es dauert ziemlich lange, bis diese alten Gewohnheiten verschwinden. Immer wenn jemand edel und reif, klug und schön auftritt, haben wir das Gefühl: „Ich bin ein Bettelkind." Obwohl wir schon begriffen haben, dass wir das nicht sind und eigentlich auch schon daran glauben. Wir hatten bereits ein paar Aha-Erlebnisse, ein paar Ahnungen im Garten: „Irgendwie ist das schon ziemlich vertraut! Irgendwie erkenne ich das wieder." Das ist Praxis.

Wir sind also Königskinder, die glauben, sie seien Bettelkinder. Ein bisschen glauben wir schon an unser wahres Wesen und denken: „Na ja, vielleicht könnte da was dran sein." Wir ziehen uns dann in der Meditation ein schönes Prinzessinnenkleid an und spielen Ball in Taras Garten, und für drei Sekunden glauben wir dann, dass wir Königskinder sind. Aber wir müssen das jeden Tag aufs Neue spielen. Das ist tantrische Praxis. Das ist Tara-Praxis. Das ist Buddha-Praxis. Man nimmt das Ergebnis in den Pfad hinein. Aber eigentlich ist es gar nicht das Ergebnis, sondern es ist schon ein Fakt. Es ist jetzt schon so. Aber man tut jetzt so, als ob es das erst das Ergebnis wäre. Man behauptet jetzt: „Ich bin Tara." Man nimmt das Bild von Tara und spielt Tara, damit man am Ende erkennt: „Ich war schon immer Tara." Da waren nur ein paar Schichten falscher Vorstellungen darüber.

Es heißt, wenn man erwacht, versteht man gleichzeitig, dass alle anderen Buddha sind, mit vielen Schichten der Verwirrung darüber. Aber es gibt kein Erwachen, wenn ich denke: „Ich bin erwacht, und alle anderen sind blöd." Das ist kein Erwachen, das ist Größenwahn.

Erwachen bedeutet Erwachen zur Wirklichkeit, und dann erkennt man in dem Moment, dass die anderen aus dem gleichen Stoff bestehen, und das ist natürlich kein Stoff. Und da endet die Kraft des Bildes. Alle Wesen sind Königskinder, es gibt überhaupt keine Bettelkinder. Es gibt nur das Bettelkinderspiel, aber in Wirklichkeit gibt es keine Bettelkinder.

Das größte Hindernis auf dem Weg sind wir selber. Wir halten an unseren – falschen – Vorstellungen fest; in der Gestalttherapie nennen wir diese falschen Vorstellungen Rollenspiele, Topdog / Underdog-Spiele etc. Wir bilden uns etwas auf die Qualität unserer Spiele ein und konkurrieren untereinander damit: „meine Spiele sind viel besser, viel fortgeschrittener als deine Spiele …", „ich habe erkannt das meine Spiele Spiele sind, Du noch nicht …" letzteres ist nichts anderes als eine – besonders perfide Art des gleichen Spiels.

Was ist der Sinn aller Bemühungen? Ein Tag vergeht und ein neuer beginnt. Das ist alles, mehr gibt es nicht.

Dies ist jedoch eine Sisyphusarbeit, da das auf Wertschätzung von außen angewiesene Selbst ein von ständigem Misstrauen und ständigen (Selbst-)Zweifeln geplagter Nimmersatt ist.

> *„Unzählige Männer und Frauen sind Opfer eines Verhaltensmusters hinsichtlich der Liebeswerbung, dass eine scheinbar unerklärliche Angst vor dem Glücklichsein offenbart. Auch wenn es ziemlich leicht ist, die Angst vor dem Finden eines Partners zu überwinden, scheuen Bräutigame am Altar, und Bräute weinen immer noch vor Angst, wenn die Zeit kommt, vorzutreten und ihr Glück zu beanspruchen. Doch viele leben so jahrelang weiter, mit wechselnden Partnern auf der Suche nach einer Beziehung, die sie nicht benennen können. Sie sind unfähig, sich an irgendjemand so Unbedeutenden zu binden wie einen Mann oder eine Frau, die nicht größer oder wichtiger sind als sie selbst."* [80]

Was das Sammeln von „Beweisen" dafür, im Grunde genommen nicht liebenswert zu sein, anbelangt, so bringen es manche zu grandiosen Meisterleistungen:

Ich achte mich selbst nicht
ich kann niemanden achten, der mich achtet.
Ich kann nur jemanden achten, der mich nicht
achtet.
Ich achte Jack

weil er mich nicht achtet
Ich verachte Tom
weil er mich nicht verachtet
Nur eine verächtliche Person
kann jemanden so verächtlichen wie mich
achten
Ich kann niemanden lieben, den ich verachte
Da ich Jack liebe
kann ich nicht glauben, dass er mich liebt
Wie kann er es mir beweisen?[81]

Eine beachtenswerte Leistung, oder?

I don't know the way to happiness – but I know the way to failure is to please everybody.
Tibetan Children Village – Dharamsala

Im Kern eines solchen – neurotischen – Selbst finden wir oft ein erschreckend tiefes und verfestigtes Gefühl der Wertlosigkeit. Ich bin im Grunde nicht liebenswert. Und der Mensch, der sich mit Selbstvorwürfen herumplagt, ist beherrschbar geworden. Darum sehe ich den Abbau eines sogenannten schlechten Gewissens als ein wichtiges Therapieziel an; dies ist nicht mit dem Verzicht auf einen moralischen, ethischen Standpunkt gleichzusetzen.

Jeder, der mich mag, hat nicht (oder noch nicht) richtig hingeschaut. Nicht mehr lange und er oder sie wird mein „wahres Selbst" wirklich erkennen und sich dann schnellstens von mir abwenden. So lebe ich in ständiger existenzieller Angst, „ertappt", verlassen zu werden.

Wer mich liebt, ist im Grunde dumm, weil er / sie nicht richtig hinschauen kann. Damit ist die nahezu ausweglose Falle beschrieben, in der sich ein Mensch befindet, der sich seines Zentrums, seines Selbst, nie sicher sein konnte.

„Ein lebendiges Gleichgewicht von Stützung und Frustrierung macht das Kind fähig, unabhängig und frei dafür zu werden, sich sein angeborenes Potential zunutze zu machen.
Demgegenüber entwickelt sich eine Neurose in einer Umwelt, die diesen Reifungsprozess nicht angemessen fördert. Entwicklung wird stattdessen pervertiert zu einer Charakterbildung, zu bestimmten Verhaltensmustern, die den Zweck haben, die Umwelt durch Manipulation zu kontrollieren. Das Kind lernt, oft durch die Nachahmung eines Erwachsenen, sich die Unterstützung der Umwelt zu sichern, indem es sich hilflos und dumm stellt, tyrannisiert, schmeichelt, verführerisch zu sein versucht und dergleichen mehr. Somit wird ein hilfreicher und sehr stützender Therapeut oder ein Gruppenteilnehmer, der sich durch die Ma-

nipulationen des Patienten einfangen lässt, diesen Menschen nur noch weiter ruinieren, indem er ihn der Möglichkeit beraubt, seine eigene Stärke, sein Potential und seine Hilfsmittel zu entdecken. Das einzig wahre Instrument des Therapeuten ist hier eine gezielte Frustrierung (skillful frustration).“[82]

Hilflose Klienten sind, wenn der Therapeut nicht gut auf sich aufpasst, sehr mächtig. Sie sind sehr gehorsam, allerdings nur, um anschließend zu beweisen: ‚Meine Krankheit ist doch stärker‘. Würde er für die Aggressionen und die Wut, die diese Hilflosigkeit speisen, Verantwortung übernehmen, könnte ein Therapieerfolg drohen, der natürlich mit aller Macht abgewendet werden muss. Der Hilflose will nie wirklich, was er zu wollen vorgibt. Das wäre viel zu bedrohlich. Gewöhnlich will er sein Spiel mit weniger Angst und Schmerz verfeinern und geschickter spielen. Entlarven wir in der Therapie dieses Spiel, so sind in der Regel große Wut bis hin zur Verachtung auf der einen Seite oder verführerische Unschuld und Unterwerfung „Sie sind der Fachmann ...“ auf der anderen Seite die Reaktionen.

Alles, nur keine Verantwortung. Das sind dann die Klienten, die entweder sich über Jahre bei ein und demselben Therapeuten einnisten, ohne dass nennenswerte Veränderungen eintreten. Oder solche, die von Therapeut zu Therapeut hüpfen und spätestens dann, wenn Veränderung droht, schnell zum nächsten Therapeut gehen müssen, nicht ohne vorher den Therapeuten zu trösten, weil sie ja „wirklich schwere Fälle“ seien.

Anfänger sollten eher nicht mit solchen Klienten arbeiten; die sind einfach besser! Das zuzugeben, können sie allerdings hier gut lernen!

In dem wunderbaren Film aus dem Jahre 1991 „Was ist mit Bob?“ mit Bill Murray und Richard Dreyfuss wird dieser Zirkel herrlich dargestellt.[83] In der Ausbildung der Gestalttherapeuten habe ich diesen Film zum ‚Pflichtprogramm‘ erhoben. Ich kann ihn nur jedem therapeutischen Anfänger – und nicht nur dem – sehr empfehlen!

Als komplette Gestalt geboren zu sein, ist auch Grundlage für das wunderbare Gefühl „Ich bin liebenswert – liebenswert nicht für das, was ich tue, sondern für das, was ich bin“.

Fehlt die Botschaft, komplett zu sein, zu genügen, geliebt zu werden und willkommen zu sein, wie ich bin, muss sich das Kind – wie an anderer Stelle beschrieben – eine Lebenslüge aufbauen, die die Kluft zwischen dem, was es sieht und spürt, und dem, was es – im Auftrag der Eltern – spüren soll, überbrückt.

Diese Lebenslüge wirkt sich auf das Selbstwertgefühl, auf die Fähigkeit, Geben und Nehmen zu können, auf die Beziehungsfähigkeit schlechthin aus, indem sie die wahre Liebe verneint,

„sie hasst sie, weil das eigene Innere für fehlerhaft erklärt worden war. Wahre Liebe wird nicht ertragen, weil man einmal akzeptiert hat, dass das eigene Selbst die Ursache für die elterliche Unterdrückung war, und weil man alles ablehnt,

was dem widerspricht, um nicht die Eltern hassen zu müssen. Einzig die falsche Liebe, die Wohlverhalten belohnt, ist nun das Ziel aller Anstrengungen. Das Bemühen, es denen recht zu machen, die uns als Menschen eigentlich negieren, wird zur treibenden Kraft im Leben. Pflichterfüllung tritt damit an die Stelle persönlicher Verantwortung – ein hervorstechendes Merkmal unserer Zeit. Abstrakte Ideen können dabei die dominierenden Eltern ersetzen, von deren falscher Liebe man Bestätigung erhofft hat. Pflichterfüllung wird zur überpersönlichen Motivation des Handelns und vermittelt ein Ersatz-Gefühl des Lebendigseins. Eine solche Lebenslüge leugnet, dass man sich aus Schwäche dem Willen eines anderen überantwortet und die eigene Authentizität verwirkt hat, um an der Macht teilzuhaben. Machtteilhabe als Überlebensstrategie und Kompensation des Gefühls der Schwäche zwingt ihrerseits zum Festhalten an der Lebenslüge."[84]

Dory Previn beschreibt in ihrem – mich immer wieder aufs Neue zutiefst tangierenden – Lied: „*I dance and dance and smile and smile*" das Gegenstück hierzu, welches nicht Ausdruck der Botschaft: „Ich bin, was ich bin", sondern Ausdruck der Botschaft: „Ich bin, was ich – von außen – bekomme" ist:[85]

I dance and dance
and smile and smile

I am always loving someone
more than he loves me
lord
I wish
just this once
that's not how it would be

I always try too hard
when I find someone new
God
I wish
just this once
you'd need me more
than I need you

I danced
to please my father
just to win one glance
some sign of his approval
I danced and danced
and danced and danced

I smiled
to make my mother
proud I was her child
to gain some small attention
I smiled and smiled
and smiled and smiled
my books and bikes
I bartered to try
to buy a friend
now I'm grown
this heart I own
is the currency
I spend and spend
and spend
and
in the end
I'll give you
everything I own
sure
You'd never want me
for myself alone
how I hate the way I am
always trying to impress
Lord
if I could love me more
I could love you less

and if I could
love you less
I would not
confuse you
dancing
dancing
smiling
smiling
till
of course
I lose you ...

In dieser Verfälschung der Liebe tut man alles, was man tut, im Hinblick auf den anderen, den Ehepartner, den Vater, den Freund usw., aber nicht, um ihm eine Freude zu machen, weil man ihn schlichtweg liebt, sondern, weil man verpflichtet zu sein glaubt, ihm zu imponieren, ihn zu erschrecken, sein Staunen, seine Bewunderung, seine Furcht oder sein Mitleid zu erregen. Anstatt zu lieben, treibt man Politik. Ein solcher Mensch missbraucht sich ständig selber, indem er seinen Gefühlen und dem, was er tut einen Warencharakter gibt in einem Tauschgeschäft, in dem er immer nur der Unterlegene, der Abhängige sein wird.

Hier liegt einer der Gründe, warum ich in der Paartherapie immer sage, die beste Basis für gesunde, auf beiderseitige Autonomie beruhende Beziehung ist die, in der die Partner zueinander sagen können: „Ich brauche Dich nicht." Interessanterweise erregt dieser Satz zunächst immer Widerspruch.

Der Sinn eines Koans besteht in diesem Zusammenhang u. a. darin, dass wir die Begrenztheit der „Krücken" (hier aller Logik, allen Wissens, aller Erfahrung) erkennen. Die „Antwort" ist hinter allem, was uns Wissen, Intellekt und Logik zu geben vermögen.

Das Vertrauen in den Prozess und unsere innere Kraft machen es uns möglich, die Krise so lange auszuhalten, bis sie zur Geburtsöffnung für spontane Wachstumsprozesse werden kann, und dies nicht einmal, sondern regelmäßig, bis die kreative Spontaneität in Empfindungen, Gebärden und Gedanken zum natürlichen Antrieb und Reflex, zum selbstverständlichen Wahrnehmungs- und Leitorgan werden. Daido Loori:

> „Das Meiste in der Arbeit mit dem Koan geschieht durch einfaches Sitzen (Zazen), weil es nichts gibt, was irgendwer uns geben könnte. Es gibt nichts, was uns fehlt. Jeder von uns ist perfekt und komplett, nichts fehlt. Aus diesem Grund wird auch gesagt ‚es gibt keine Zen-Lehrer und nichts zu lernen'. Aber diese Wahrheit muss von jedem von uns erst erkannt werden.
> Größtes Vertrauen, größte Zweifel und größte Beständigkeit sind die drei Bestandteile dieser Erkenntnis.
> Es sind grenzenloses Vertrauen in uns selbst und die Fähigkeit der Erkenntnis, dass nur die vollständige Wahrnehmung des Selbst das Selbst befreit auf der einen Seite und tiefe quälende Zweifel auf der anderen Seite, die uns immer mit Fragen wie: Wer bin ich, Was ist der Sinn des Lebens, Was ist Wahrheit, Wer ist Gott, Was ist Realität? bedrängen.
> Zwischen Vertrauen und Zweifel besteht eine ständige dynamische Spannung. Wenn Vertrauen und Zweifel mit Bestimmtheit und Beständigkeit (sieben mal niedergeschlagen, achtmal aufgestanden) verbunden sind, haben wir die Möglichkeit, unser trügerisches Denken zu durchbrechen und das volle Potential unseres Lebens zu entwickeln."[86]

Es wäre wohl ein spannendes Experiment, Kinder mit Koans zu befragen. Kinder, die noch in der Lage sind, auch die schwierigste Frage nach dem „Warum" mit einem selbstverständlichen „Darum" zu beantworten. Dies ist wohl auch das, was Picasso mit „Es dauert lange, ein Kind zu werden" meint.

Oder um in der Sprache der Gestalttherapie zu bleiben: Es dauert lange, die ursprüngliche geschlossene Gestalt (wieder-) zu entdecken.

Damit soll aber nicht jene Verklärung der „kindlichen Unschuld" gemeint sein, wie sie gerade in Psychokreisen oft der Fall ist. Ich erinnere mich an meine Gestalttherapie Ausbildungs- und Supervisionsgruppe, in der ich ca. zwanzig Jahre war. Eine wunderbare Zeit geteilten Lebens. Diese lange Zeit der Gemeinsamkeit brachte es auch mit sich, dass es immer wieder Babys und Kleinkinder in der Gruppe gab (die heute inzwischen selber Kinder haben). Dies war manchmal recht lebendig, manchmal sehr nervend, wenn wieder mal ein Kind rumschrie und „Radau machte". Aber es war lange Zeit ein Tabu zu sagen, dass die Anwesenheit der Kinder schlichtweg nervig war. Schließlich waren es ja Kinder und wir waren gute Psychologen, die noch bessere Eltern sein wollten. Als dann nach langer Zeit ein Gruppenmitglied zum ersten Mal sagte, dass ihn die Kinder sehr nerven und vor allem ablenken würden, kam die Lawine ins Rollen; die meisten sagten dann ebenfalls, dass sie das auch schon länger so empfunden hätten, sich aber nicht getraut hätten, das zu sagen, denn erstens seien es ja Kinder und zweiten hätten sich die jeweiligen Mütter (!) ja kritisiert fühlen können.

Entgegen einer allzu oft verbreiteten Vorstellung gibt es keine Menschheit ohne Regression, ohne Geistesschwäche, ohne Gebrabbel, ohne Rückfälle in die Dummheit. Das öde Einerlei des Lebens muss, um erträglich zu sein, mit einer Kindlichkeit gepaart sein, die gegen Ordnung und Ernst rebelliert. Aber mit der Unreife muss man richtig umgehen, es gibt eine Art und Weise, sich so nahe wie möglich an die Freuden der Kindheit zu halten. Dies bewahrt uns vor Verknöcherung und Routine. In jedem Lebensstadium erwarten uns zwei Gefahren: einmal die der Resignation, die sich als Weisheit ausgibt und nichts anderes ist als eine Form der Angst; zum andern die der Karikatur, die uns dazu bringt, die Jugend nachzuahmen, einen ewig jungen Enthusiasmus vorzutäuschen. Wie kann man er-wachsen werden, ohne in Resignation, wie kann man sich geistige Frische bewahren, ohne in jugendliche Oberflächlichkeit zu verfallen?

Die begnadeten Augenblicke unseres Lebens, jene wunderbaren Momente, in denen wir in Ekstase geraten, zeigen uns nachdrücklich, dass es in einem Leben zwei Arten von Kindheit geben kann. Die erste endet mit der Pubertät, die zweite wird im Ewachsenenalter spürbar, kurz und heftig, und sie verschwindet, sobald wir versuchen, sie festzuhalten. Diese Form der Kindheit ist eine Art zweiter Unbefangenheit, die wir wieder finden, nachdem sie verloren war, ein wohltuender Ausbruch, der uns mit neuem Blut versorgt und den Panzer der Gewohnheiten zerbricht. Es gibt eine Art, eine kindliche Haltung einzunehmen, die uns erneuert und vor erstarrtem Leben bewahrt, eine Fähigkeit, das Geistige mit dem Gefühl zusammenzubringen, aus dem Dauerhaften auszubrechen, Unbekanntes anzunehmen, über Selbstverständliches zu staunen. Alle seine Kindheiten durchzuleben, wie Franz von Sales forderte, bedeutet, der Fruchtbarkeit der ersten Jahre nahe zu bleiben, die Grenzen des alten Ich zu überschreiten und es in ein reinigendes Bad zu tauchen. Vielleicht ist das ein gelungenes Leben: ein Leben in Dankbarkeit, das sich in immer neuen Sprüngen vollzieht, in dem die Fähigkeit, neu zu beginnen, stärker ist als der erworbene Charakter und das Bestreben, sich zu bewahren, wie man ist. Ein Leben, in dem nichts starr oder unumkehrbar ist und das, selbst bei einem schweren Schicksal, sich einen spielerischen Freiraum bewahrt, den Freiraum der Freiheit. Dann ist Kindheit kein pathetischer Zufluchtsort mehr, keine Verkleidung, die der alte, gebeugte Erwachsene anlegt, sondern ein zusätzliches Geschenk einer schon entwickelten Existenz, die Möglichkeit, dass jemand, der seinen Weg schon gegangen ist, die Spontaneität und den Zauber der ersten Zeit hier und da wiedererlebt. Dann kann die Kindheit wie eine göttliche Gnade das Gesicht des alten Menschen ebenso zeichnen wie verfrühtes Altern das eines jungen Menschen.

Es ist sehr schwierig zu hören, solange wir eine bestimmte Antwort wünschen. Wir sollten nicht vergessen, dass unser Wissen darüber, was das ‚Beste‘ für uns ist, begrenzt ist. Niemand, der meint, es schon zu wissen, wird wirklich fragen können. Viele unserer Fragen wollen gar nicht wirklich beantwortet werden. Sie dienen lediglich dazu, das zu rechtfertigen, was wir bereits glauben. Wie sollen wir die Antwort so, wie sie uns gegeben wird, annehmen können, wenn wir vorher schon entschieden haben, wie sie aussehen soll und wie sie uns betreffen soll.

Auf – hören, hin – hören, zu – hören, an – hören, mit – hören, über – hören; wenn wir uns diese Worte in Ruhe erspüren, werden wir sensibel für das, was wir – z. B. von unseren Klienten – zu hören bekommen. Von Joachim Ernst Behrend stammt ein tiefsinniges Wortspiel, was unsere Sinne schärfen hilft:

> *„Höre auf – zum Beispiel auf ... deine innere Stimme. Dann hörst du auf, aufzuhören! Dann fließen beide Verständnisse des Wortes ‚aufhören‘ wieder zusammen: hört auf (!) was aufhörens-wert ist.“*[87]

Fromm drückt das so aus:

> *„Wir müssen wieder zu Kindern werden, um die Welt unentfremdet und schöpferisch zu erfassen; aber während wir zu Kindern werden, sind wir gleichzeitig keine Kinder, sondern vollentwickelte Erwachsene mit der Handlungskompetenz Erwachsener und – im positiven Fall – ohne das Abhängig- und Ausgeliefertsein der frühen Kindheit.“*[88]

Ich möchte betonen, dass es mir hier nicht um eine romantisierende Verklärung der Kindheit (im Sinne von Rousseau) geht, sondern das Ziel, von dem ich rede, sollte eine gelungene Balance zwischen kindlicher Direktheit und erwachsener, verantwortlicher Handlungskompetenz sein.

Es ist eine gute Voraussetzung für das Wachstum, wenn es uns gelingt, den kindlichen Geist mit seiner Spontaneität, seiner Kreativität und Aufnahmefähigkeit zu erhalten. In der Zen-Praxis wird dies der „Anfängergeist“ – oder auch „ursprünglicher Geist" (shoshin) genannt. Der Anfängergeist ist – ähnlich wie der kindliche Geist – nicht festgelegt, er hat noch viele Möglichkeiten. Der Geist des Experten kann sich oft nicht so frei bewegen; er ist festgelegt. Suzuki schreibt hierzu:

> *„So ist also das Schwierigste für Euch, immer Anfänger-Geist zu wahren. Es ist nicht nötig, ein tiefes Verständnis von Zen zu haben. Selbst wenn Ihr viel Zen-Literatur lest, müsst Ihr jeden Satz mit ursprünglichem Geist lesen. Ihr sollt nicht sagen: ‚Ich weiß, was Zen ist‘ oder ‚Ich habe die Erleuchtung gewonnen.‘ Dies ist auch das eigentliche Geheimnis der Künste: immer ein Anfänger zu sein. Beachtet diesen Punkt gut. Wenn Ihr beginnt, Zazen zu praktizieren, dann lernt Ihr, Euren Anfänger-Geist zu schätzen. Es ist das Geheimnis der Zen-Praxis."*[89]

Die Zen-Meisterin Joko Beck gibt ein schönes Beispiel des Anfängergeistes:

> *„Doch die Menschen, die eine sesshin am intensivsten erleben, sind gewöhnlich die Neulinge. Die sesshin-Gewohnten wissen ihr (der enttäuschten Erwartung, dem Gefühl: ‚Es ist nicht so, wie ich es will‘) aus dem Weg zu gehen, während sie sitzen. Sie wissen, wie sie die Schmerzen in den Beinen vermeiden können, damit es nicht schlimm wird; sie kennen viele raffinierte Tricks, um das Eigentliche zu umgehen. Da die Neulinge weniger geschickt darin sind, werden sie in einer sesshin tiefer getroffen, und deshalb erleben sie meist ganz offensichtliche Veränderungen. Je mehr wir uns unserer Erwartung bewusst sind, desto eher erkennen wir den Drang, lieber das Leben zu manipulieren, als es so zu leben, wie es ist."*[90]

Wichtig ist es, die Balance zwischen der Handlungskompetenz des Erwachsenen auf der einen Seite und der Weltoffenheit, Kreativität und Spontaneität des Kindes auf der anderen Seite zu erhalten. Die Verklärung vermeintlicher kindlicher Weisheit (Kindermund tut Wahrheit kund und wie dergleichen die gerne und viel zitierten Sätze auch alle heißen mögen) ist mir zuwider.

Während die prärationalen Ebenen für die Entwicklung des Säuglings und des Kleinkindes (also phasenspezifisch) notwendig und angemessen sind, sind sie in der Adoleszenz und für Erwachsene in zunehmendem Maße problematisch. Denn wenn ansonsten reife Erwachsene sich auf diesen Ebenen engagieren, verhalten sich diese Menschen nicht ihrer Entwicklungsstufe entsprechend, sondern im Grunde regressiv. Beispielsweise sind ausschließlich orale Bedürfnisse und magisches Denken für ein kleines Kind angemessen, doch bei einem älteren Kind, einem Jugendlichen oder gar bei einem Erwachsenen sind dies Anzeichen für regressive Tendenzen beziehungsweise für Fixierungen – oder sie rufen dieselben sogar hervor –, was stets problematische oder pathologische Entwicklungen zur Folge hat.

> *„Der Einfache ist der, der nicht tut als ob, der nicht auf etwas bedacht ist (auf sich, auf das Bild, das er abgibt, auf seinen Beruf), der es nicht auf etwas abgesehen hat,*

ohne Arg ist, ohne Hintergedanken, ohne Programm, ohne Plan ... Eine Kinder-tugend? Das glaube ich weniger. Eher die Kindheit als Tugend, aber eine wieder-gefundene, wiedererlangte Kindheit, gleichsam freigeworden von sich selbst, von diesem Es-den-Erwachsenen-Nachmachen, von dieser Ungeduld des Erwachsen-werdens, von diesem großen Lebensernst, von diesem großen Geheimnis, sich selbst zu sein ... Einfachheit lernt man erst nach und nach. Hören Sie, wie Clara Haskil Mozart oder Schumann spielt. Kein Kind wird je spielen können wie diese alte Dame, wenn sie die Variationen in C-Dur oder die Kinder-Szenen gibt, mit dieser Anmut, dieser Poesie, dieser Leichtigkeit, dieser Unschuld ... Sie ist Kind im Geiste, wozu Kinder nur selten imstande sind."[91]

Ich erinnere mich an ein schönes Beispiel dieser Balance von Stuart Alpert: In einem Workshop gab er einer Ausbildungskandidatin, die unter seiner Supervision als Therapeutin arbeiten wollte, die Instruktion, sie solle mit dem Geist, mit der Energie eines fünf- bis sechsjährigen Kindes arbeiten. Diese Frau verfügte über ein sehr großes Wissen, d. h. es fehlte ihr die Balance; es war sehr schön mitzuerleben, dass sie, je mehr es ihr gelang, die oben beschriebene Balance zu halten, wunderbare therapeutische Arbeit vollbrachte.

Ein wesentlicher Schritt, sich den Anfängergeist, den ursprünglichen Geist zu bewahren, besteht darin, sich darüber klar zu werden, dass wir immer Anfänger sind.

Oder – wie ich an anderer Stelle ausführlich beschrieben habe – zu sehen, dass es – letztlich – keinen relevanten Unterschied zwischen Meister und Schüler gibt.

Ich glaube, dass auch das bekannte Bibelwort ‚Wenn ihr nicht werdet wie die Kinder, könnt ihr nicht ins Himmelreich eingehen' etwas Ähnliches meint. Aber leider habe ich die Einengungen jahrzehntelanger katholischer Sozialisation noch nicht genug abschütteln können, sodass ich mich nicht (vorurteils-) frei mit diesen Botschaften beschäftigen kann.

Platon:

„Das Beste, was man hoffen kann zu vollbringen, ist, den anderen an das zu erinnern, was er bereits weiß."

So alt kann Gestalttherapie sein. Carl Rogers, der Begründer der Gesprächspsychotherapie:

„Niemals habe ich Psychotherapie oder Gruppenerfahrung als erfolgreich betrachtet, wenn ich versuchte, in einem anderen Individuum etwas hervorzurufen, was nicht in ihm vorhanden war."[92]

Von Petruska Clarkson gibt es einen lesenswerten Beitrag über den roten Faden der Gestalttherapie, der viel, viel älter als die Gestalttherapie ist. Ich finde es sehr schön, wenn es sehr altes Gedankengut gibt, welches unser gestalttherapeutisches Denken untermauert. In der Methodenlehre während des Psychologiestudiums nannten wir so etwas ,Kreuzvalidierung': Clarksons neuer Beitrag besteht darin, dass sie die Kontinuität der Gestaltgedanken vom präsokratischen Heraklit über Perls, Hefferline und Goodman bis zur Quantenphysik und heutigen Chaostheorie aufzeigt. In „2500 years of Gestalt" (Petruska Clarkson, 2500 Years of Gestalt – From Heraclitus to the Big Bang, British Gestalt Journal 2) zeigt sie, wie diese Ideen einen Faden der holistischen, organismischen, zyklischen und beziehungsorientierten Bewusstheit erzeugen, und zwar seit Beginn der westlichen philosophischen Tradition bis zu den Grenzen der Naturwissenschaften, wie wir sie am Übergang zum einundzwanzigsten Jahrhundert wahrnehmen.[93]

Sich zu erinnern ist oft ein schmerzvoller Prozess; oft tauchen in der Therapie längst „vergessene" alte Erinnerungen auf, die wir in uns eingeschlossen und vor uns selber verborgen haben. Dies war auch sinnvoll, denn offensichtlich hätten wir die Wiederbelebung dieser alten Erinnerungen bislang nicht ausgehalten. Dass sich diese Erinnerungen jetzt wieder melden, kann ein Zeichen der inneren Stärkung sein: Nun sind wir stark genug. Das heißt, wir gesunden nicht, weil wir uns erinnern, sondern während wir gesunden, können wir uns erinnern. Dies macht z. B. auch verständlich, warum Mißbrauchserfahrungen oft erst nach einem langen therapeutischen Prozess auftauchen.

Hier grenzt sich Gestalttherapie durch ihre optimistische und vertrauensvolle Grundhaltung (nämlich in das Potential des Klienten) deutlich und wohltuend von der klassischen Psychoanalyse ab. Hierzu C. G. Jung:

> *„Das Ergebnis der Freud'schen Aufklärungsmethode ist eine minutiöse Ausarbeitung der menschlichen Schattenseite, wie sie keine Zeit vor uns je kannte. Es ist das denkbar wirksamste Gegengift gegen alle idealistischen Illusionen über das Wesen des Menschen ... Unrichtig ist nur, wenn wir der Meinung sind, dass das Lichte, weil es von der Schattenseite her erklärt wird, nun nicht mehr besteht. Das ist ein bedauerlicher Irrtum, dem Freud selber verfallen ist."*[94]

Noch deutlicher wird Bruno Bettelheim:

> *„Psychoanalyse ist nicht der Punkt des Archimedes außerhalb der Welt sozialer Phänomene. Bei der Beobachtung des Menschen in dieser ganz bestimmten Umwelt kann man daher nur solche Entdeckungen machen, die dieser speziellen Umwelt entsprechen. Man könnte leicht zu falschen Ansichten gelangen, wenn die in einer psychoanalytischen Situation gemachten Befunde unverändert auf eine andere Situation übertragen würden. Wenn man die Psychoanalyse unter diesen Gesichtspunkten überprüft, dann wird offenbar, wann und in welchem Maße sie destruktive Einflüsse untersucht und warum sie sich nicht ebenso sehr mit positiven beschäftigt hat. Wenn man sich derart auf das Negative und seine Beseitigung konzentriert, gelangt man leicht zu einer Theorie, der zufolge nicht*

das Fehlen des Krankhaften, sondern vielmehr dessen Überwindung zur Norm der gesunden Persönlichkeit wird."[95]

Perls selber hat kaum eine Gelegenheit ausgelassen, um gerade auf diesem Gebiet Freud „eins auszuwischen". Doch wir sollten nicht vergessen: Perls war ‚von Hause aus' Arzt und nicht Psychologe, d. h. seine Sicht der Dinge war ursprünglich eine medizinische. Und sein therapeutischer Ursprung war die Psychoanalyse. Er hat lange und immer wieder um die Anerkennung Freuds gekämpft, doch nie viel mehr als eine kalte Schulter bekommen. Gleich zu Anfang seines ersten Buches schreibt Perls:

„Lange Zeit habe ich selbst zu denen gehört, die zwar voll Interesse waren, aus dem Studium der akademischen Philosophie und Psychologie aber keinen Nutzen ziehen konnten, bis ich auf die Schriften von Sigmund Freud stieß ..."[96]

Es ist ein interessantes „Was wäre wenn"-Gedankenexperiment: Was wäre, wenn Perls die Anerkennung und Wertschätzung durch Freud, um die er so lange gekämpft hat, tatsächlich bekommen hätte? Gäbe es dann heute die Gestalttherapie?

Das oft arrogante Eindreschen Perls' auf Freud und die Psychoanalyse muss wohl auch unter gestaltpsychologischem Blickwinkel – insbesondere dem Figur-Grund-Prinzip – gesehen werden: Immer dann, wenn jemand etwas Neues aus bereits Bestehendem entwickelt, ist offensichtlich die Versuchung groß, sich besonders konturenhaft gegen das Bisherige abzuheben, bzw. von ihm abzugrenzen. In den Ausführungen, die Arthur Janov in seinen ersten Urschreibüchern über die Psychoanalyse geschrieben hat, findet man dieses Phänomen auch wieder: Selber war er – ähnlich wie Perls lange Zeit orthodoxer Psychoanalytiker und meint nun offensichtlich – wieder ähnlich wie seinerzeit Perls – durch besonders viel Geschimpfe zeigen zu müssen, dass er die Psychoanalyse überwachsen hat. Bei Perls kommen wohl noch zwei einschneidende persönliche Erfahrungen hinzu:

Zum einen hat er jahrelang psychoanalytische Behandlungen über sich ergehen lassen, die ihn offensichtlich nicht wesentlich weitergebracht zu haben scheinen. So war er u. a. bei dem ungarischen Psychoanalytiker Jenö Harink anderthalb Jahre in streng asketischer Couch-Therapie, fünf Sitzungen pro Woche. Jenö Harnik ist für Perls zum Schlüsselerlebnis dafür geworden, wie Psychotherapie unter keinen Umständen sein sollte: „Er gab mir die Hand weder wenn ich kam, noch wenn ich ging. Fünf Minuten vor Ablauf der Stunde kratzte er mit dem Fuß über den Fußboden, um anzudeuten, dass die mir zugewiesene Zeit bald um sein würde. Er sprach maximal einen Satz pro Woche." Perls will nach einem Jahr schon von ihm weg, traut sich aber nicht, ihn zu frustrieren. So erzählt er ihm noch ein weiteres Halbjahr amouröse Geschichten. Dabei muss er sich redlich anstrengen, um genug aktuelles Material zu liefern. „Während dieser Zeit drängte Lore auf Heirat. Ich wusste, ich war nicht der Typ dafür. Ich war nicht leidenschaftlich in sie verliebt, aber wir hatten viele gemeinsame Interessen und verstanden uns oft sehr gut. Als ich mit Harnik darüber sprach, kam er mit dem üblichen psychoanalytischen Dreh: ‚Während Ihrer Analyse dürfen Sie keine wichtige Entscheidung treffen. Wenn Sie heiraten, breche ich Ihre Analyse ab.‘ In seiner Verzweiflung geht Perls zu Karen Horney und bittet um Rat. Sie empfiehlt ihm Wilhelm Reich, der seit Herbst 1930 zusammen mit Otto Fenichel von Wien nach Berlin gezogen war, durch sein politisches Engagement als Wiener Kommunist zunehmend unter Druck geraten. Perls geht darauf von Harnik zu Reich und beginnt mit ihm im Sommer 1932 eine Analyse. „Reich war vital, lebendig, rebellisch. Er war bereit, jede Situation zu diskutieren, vor allem politische und sexuelle, und trotzdem analysierte er und spielte die üblichen Entstehungs-Suchspiele." Für Perls werden dabei von den Entdeckungen Reichs bedeutsam der „Muskelpanzer", mit dessen verkrampfender Zusammenballung sich ein Mensch gegen äußere Bedrohung oder auch innere zu schützen versucht, und die Relevanz der körperlichen Reaktionen überhaupt als Ausdruck der Seele. Perls macht daneben bei Otto Fenichel Supervision. „Bei Fenichel fand ich Konfusion; bei Reich Unverschämtheit; bei Horney menschliches Engagement ohne Terminologie."

Zum anderen: 1936 fährt Perls zum Psychoanalytiker-Kongress in die Tschechoslowakei. Er hält in Marienbad einen Vortrag über orale Widerstände und wird heftig abgelehnt, weil er über Freud hinausgeht. Auch in der Psychoanalyse entwickelt sich der soziale Vorgang von Orthodoxie und häretischer Innovation als persönliche Kränkung und diskriminativer Diskurs. Für Perls ist damals eine Wunde gerissen, die er zeitlebens nicht verwunden hat. Ein Besuch bei Freud in Wien im Anschluss an den Kongress endet schroff und abweisend schon nach vier Minuten an Freuds Haustür. Dadurch wird Perls der Theorie des Meisters immer ablehnender gegenüber, seine Kritik der Libidotheorie und der Unterbewertung oraler Vorgänge bei Freuds Lieblingsbeschäftigung mit den Körperöffnungen unterhalb der Gürtellinie durchziehen sein gesamtes Werk.

Die Psychoanalyse sieht den Menschen „von Natur aus" im Konflikt. Freud: „Viel haben wir schon erreicht, wenn wir die neurotische Misere in gewöhnliches Unglücklichsein verändern können." Entgegen dieser pessimistischen Sicht der Psychoanalyse, die daher Leid bestenfalls nur lindern kann, geht es in der Gestalttherapie um wirkliches Heilen durch Versöhnung.

Das Bild vom Menschen bei Freud und in der klassischen Psychoanalyse sieht uns wohl als von unbewussten Lust- und Todestrieben gebeutelten Wesen, die fast nichts von sich wissen und mit Hilfe einer Psychoanalyse möglichst viel ES in möglichst viel ICH umwandeln, d. h. Einsicht gewinnen sollen.

Freud (1927) selbst scheint die Analyse auch nicht als Psychotherapie missverstanden zu haben, wenn er etwa selber sagt: „In Wirklichkeit ist die Psychoanalyse eine Forschungsmethode, ein parteiloses Instrument, wie etwa die Infinitesimalrechnung." Liest man dann noch z. B. bei Ferenczi (Tagebucheintragung 27. 7. 1932):

„Man empfängt den Patienten freundlich, sucht die Übertragung in Sicherheit zu bringen, und während der Patient sich abquält, raucht man ruhig in seinem

Fauteuil seine Zigarre, macht in gelangweiltem Tone konventionelle und phrasenhaft wirkende Bemerkungen, gelegentlich schläft man ein. Im besseren Fall macht man kolossale Anstrengungen, um die gähnende Langeweile zu überwinden, ja, man strengt sich an, freundlich und mitleidvoll zu sein"[97],

so stellt sich natürlich die Frage: Kann man mit solch einer Einstellung, mit solch einem Menschenbild anderen wirklich helfen?

„Gestalt betrachtet den Menschen nicht aus dem ‚medizynischen‘ Blickwinkel des Pathologischen, sondern richtet das Augenmerk auf das freizusetzende Potential und die Lebenskraft, die in jedem Individuum stecken."[98]

Die Werte[99] der Gestalttherapie sind keine abstrakten, von außen übergestülpten Forderungen oder Moralkategorien, die sich – verdeckt oder offen – an der Dimension richtig/falsch orientieren, sondern ergeben und entwickeln sich aus der freien und verantwortlichen Entfaltung und Entdeckung des Selbst, der geschlossenen Gestalt, des Samenkorns.

Giordano Bruno:

„Weißt Du nicht, wie sehr die Glaubensgewohnheit und die Tatsache, dass wir von Kindheit auf in bestimmten Überzeugungen erzogen wurden, imstande sind, uns an der Erkenntnis ganz offenkundiger Dinge zu hindern."[100]

Je weniger ein Kind die Botschaft erhält, so wie es ist, komplett, willkommen zu sein, desto mehr wird dieses Kind – auch später als Erwachsener – auf Botschaften vermeintlicher oder tatsächlicher Wertschätzung von außen angewiesen sein.

Sich selbst als komplette Gestalt zu verstehen ist eine der wesentlichen Voraussetzungen für ein „selbst"-verständliches Handeln aus einer autonomen Persönlichkeit, einem abgegrenzten Zentrum heraus.

Perls hierzu:

„Je mehr ein Charakter eines Menschen auf vorgeprägten Vorstellungen, festgelegten Verhaltensformen und dem ‚Computern‘ beruht, desto weniger ist er imstande, seine Sinne und seine Intuition zu gebrauchen. Wenn ein Mensch versucht, nach vorgefassten Ideen von dem, wie die Welt aussehen ‚sollte‘, zu leben, dann klammert er seine eigenen Gefühle und Bedürfnisse aus. Das Ergebnis dieser Entfremdung von den eigenen Sinnen ist die Blockierung seines Potentials und die Verzerrung seiner Perspektive."[101]

Wer bei uns Hilfe sucht, leidet in irgendeiner Weise an seiner Beziehung zur Welt. Damit sei gemeint – und diese Meinung greift bis zum frühen Buddhismus zurück, der bekanntlich eminent pragmatisch war –, dass er an seinem Bilde der Welt leidet, am ungelösten Widerspruch dazwischen, wie die Dinge sind und wie sie seinem Weltbild nach sein sollten.[102]

Und Perls an anderer Stelle:

„Um den ‚Sollens'-Forderungen der Gesellschaft zu entsprechen, lernt er, seine eigenen Empfindungen, Wünsche und Emotionen zu missachten ... Paradoxerweise kann der einzelne um so weniger seine Funktionen in der Gesellschaft wirksam ausüben, je mehr die Gesellschaft von ihm fordert, ihren Konzepten und Vorstellungen entsprechend zu leben ..."[103]

Noch radikaler als Perls beschreibt Sheldon B. Kopp seine Meinung, nach der wir komplett sind und nach der Erziehung das Wachsen-lassen und das Komplett-sein eher verhindert als ermöglicht:

„,Charakterbildung' ist eine Art der Verleugnung der wahren Natur des Selbst, eine Suche nach einem verbesserten Modell. Ich hoffe nicht mehr länger, einen ‚guten' Charakter zu erreichen, solange dies bedeuten würde, dass ich mich von meiner Buddhanatur entfernen müsste. Mein Ziel ist es nicht, mein Selbst zu verbessern, sondern es klarer zu erkennen und zu lernen, das zu leben, was ich bin. Ich habe es nicht mehr nötig, meine Persönlichkeit durch die ‚Bildung' meines Charakters zu ändern, oder mein Schicksal so zu manipulieren, dass ich so gut bin, damit jemand mich errettet. Ich erinnere mich daran, wie oft ich versprochen habe: ‚Lieber Gott, wenn Du mich diese Klassenarbeit bestehen lässt, oder mir diese Liebschaft ermöglichst, dann verspreche ich von jetzt ab nie mehr zu lügen, zu masturbieren oder meinen Eltern zu widersprechen.'"[104]

Die Kalligraphie auf der Vorderseite lautet:

Stille

Jetzt, Hier
ist
Ewigkeit
Unendlichkeit

HIER UND JETZT:
WACHSTUM ALS PROZESS

Wachstumshilfe für Setzlinge
Im Staate Song glaubte ein Bauer, dass die Reissetzlinge auf seinen Feldern nicht schnell genug wüchsen. Deshalb zog er sie alle ein Stückchen in die Höhe und kam ziemlich erschöpft nach Hause. „Heute bin ich rechtschaffen müde", erklärte er seiner Familie, „habe ich doch den ganzen Tag lang den Setzlingen beim Wachsen geholfen".
Da lief sein Sohn zum Felde hin und fand sie alle verwelkt.

Der Meister wurde gefragt, was er von den Errungenschaften der modernen Technik halte. Seine Antwort war:
Einem zerstreuten Professor fiel in letzter Minute ein, dass er eine Vorlesung halten musste. Er sprang in ein Taxi und rief: „Los, fahren Sie, so schnell Sie können!"
Als das Taxi in voller Fahrt war, merkte der Professor, dass er dem Fahrer gar nicht das Ziel angegeben hatte. „Wissen Sie denn, wohin ich möchte?" rief er ihm zu.
„Nein, mein Herr", sagte der Taxifahrer, „aber ich fahre, so schnell ich kann."

Im Streben nach Gelehrsamkeit kommt jeden Tag etwas hinzu.
Im Streben nach dem Weg wird jeden Tag etwas weniger.
Vermindere und vermindere weiter,
Bis nichts mehr getan werden muss.
Wenn nichts getan wird, bleibt nichts ungetan.
Die Welt wird durch Nicht-Eingreifen regiert.
Sie kann nicht durch Eingreifen regiert werden.
Lao Tse

Mit 15 Jahren widmete ich mich dem Studium;
mit 30 trat ich ins Leben ein;
mit 40 schwankte ich nicht mehr vom einen zum anderen;
mit 50 erkannte ich das mir vom Himmel bestimmte Schicksal;
mit 60 folgte ich dem, was ich hörte;
mit 70 bedurfte ich, dem Zuge meines Herzens folgend, keiner Norm mehr.
Konfuzius

„Alles Wachstum geschieht in einem Schritt-für-Schritt-Prozess. In der Gestalt-
therapie wird damit ein kontinuierlicher Wachstumsprozess beschrieben, „in
dem eine Umweltabhängigkeit (environmental support) in Selbständigkeit (self-
support) verwandelt wird. Bei einer gesunden Entwicklung mobilisiert das Kind
seine eigenen Möglichkeiten und lernt sie zu benutzen. Ein lebendiges Gleich-
gewicht von Stützung und Frustrierung macht es fähig, unabhängig und frei
dafür zu werden, sich sein angeborenes Potential zunutze zu machen."[105]

Der Prozess des Wachstums braucht Zeit, Unterstützung und Begleitung. Du
kannst den Fluss nicht beschleunigen, er fließt von alleine – heißt ein von Perls
oft zitierter Zen-Satz; (aber auch nicht verlangsamen!, müsste man hier ergänzen).
Dies zu erkennen und dieser Erkenntnis auch Raum zu geben, ist sowohl in der Gestalttherapie als auch im Zen von zentraler Bedeutung.

Am 18. April 1987 habe ich in mein Tagebuch geschrieben:

- ◼ Alles, was um mich herum und in mir passiert, ist ein Schritt in meinem Wachs-
  tumsprozess.
- ◼ Jeder Schritt kommt, wenn die Zeit für ihn „reif" ist.
- ◼ Jeder Schritt braucht seine Zeit.
- ◼ Jeder Schritt in meinem Prozess mündet in einen nächsten Schritt.
- ◼ Jeder Schritt muss „gegangen" werden; er lässt sich nicht „übergehen".

Dies ist für mich die Quintessenz nicht nur meiner Therapie, meiner Arbeit als Therapeut, sondern auch meines Zen-Weges. Immer wieder gelingt es mir, aus diesen Sätzen unterstützende Geduld für andere und für mich zu ziehen. Alles Wachstum geschieht in einem ständigen Fluss, ständigen Prozess ohne „money back garantie".

„Ich liebe Dich für immer" (für immer Dein) heißt nichts anderes, als dass ich
Dich hier und jetzt für immer liebe und niemand kann sagen, wie lange „für immer"
dauert – oder präzise formuliert: Wie lange ich das Gefühl, Dich für immer zu lieben, in mir habe.

Ein junger Mann suchte einen Zen-Meister auf: „Meister, wie lange wird es dauern, bis ich Befreiung erlangt habe?" „Vielleicht zehn Jahre", entgegnete der Meister.
„Und wenn ich mich besonders anstrenge, wie lange dauert es dann?", fragte der
Schüler. „In dem Fall kann es zwanzig Jahre dauern", erwiderte der Meister. „Ich nehme aber wirklich jede Härte auf mich. Ich will so schnell wie möglich ans Ziel gelangen", beteuerte der Mann. „Dann", erwiderte der Meister, „kann es bis zu vierzig Jahre dauern."

Eine Klientin erzählte mir, dass sie sich immer wieder in die „falschen Männer"
verliebt. Entweder sind sie schon besetzt oder wollen sich nicht wirklich einlassen.
Interessant war jedoch, dass sie das Gefühl des Verliebtseins sehr genieße. Die
„Schmetterlinge im Bauch", das „Prickeln", das wohlig Unruhige, all das finde sie immer wieder schön. Letzteres ist die Beschreibung des Hier und Jetzt. Ersteres ist die

Beschreibung des „Dort" und „Demnächst" mit dem wir uns immer wieder gerne eine schwierige Zeit bereiten.

Eine der beliebtesten Darstellungen der indischen Kunst zeigt auf einer offenen grünen Wiese den jungen Gott Krishna im erotischen Tanz mit einem Kreis anmutiger Frauen, den Gopis. Die Legende sagt, der Tanz sei immer inniger und leidenschaftlicher geworden. Mit einer Frau nach der anderen tanzte Krishna: den Kreistanz eines einzigen Mannes mit vielen Frauen. Auf einmal aber ist Krishna verschwunden. Verzweifelt suchen ihn die Gopis. In allen steigt das gleiche Gefühl hoch: Sehnsucht nach Krishna. Als ihr ganzes Wesen nur noch Sehnsucht ist, erscheint Krishna wieder und weiter geht der herrliche Tanz.

Weshalb ist Krishna in der Zwischenzeit verschwunden? Während er sich mit der stets gleichen Intensität dem Tanzen hingab, kam jeder Frau, mit der er gerade tanzte, der Gedanke: ‚Er ist mein. Tanzt er nicht unvergleichlich mit mir? Ein für allemal ist er mein, nur mein.' Als im Kreis der Tanzenden keine mehr da war, mit der Krishna noch nicht getanzt, also keine, die nicht gedacht hätte: ‚Er ist mein', war auch Krishna nicht mehr da.

Männer mögen sich diese Geschichte aus einer anderen Perspektive erzählen: Sie tanzen abwechselnd im Kreis mit einer schönen, erotischen Frau, und die süßeste Lust ergreift sie, während sie mit ihr über die leuchtend grüne Wiese tanzen. Sobald aber einem der tanzenden Männer der Gedanke kommt: ‚Diese Frau muss ich unbedingt haben. Ich brauche sie. Sie gehört mir bis zu meinem Lebensende', leert sich sein Herz. Selbst wenn die Frau weiter mit ihm tanzt, wird deren Glanz für ihn trübe. Noch wähnt er, mit ihr zu tanzen, doch es ist ein Phantom, das er in den Armen hält, eines, dass vielleicht noch fünfzig Jahre ‚sein' sein wird: Das Phantom in Gestalt der Illusion, dass Liebe halt-bar ist. Er merkt nicht – will nicht merken –, dass Sehnsucht und Liebe angefangen haben, sich von ihm zu entfernen, – genauer: dass er sich von ihnen entfernt. Zwar tanzt die Liebe immer noch ein wenig in seinem Herzen, aber er spürt sie kaum mehr. Und sollte der Mann eines Tages, der eigenen Frau müde, Sehnsucht nach einer anderen empfinden, weiß er nicht, dass seine Untreue, die an diesem Tag keine mehr ist, in dem Moment anfing, als er gedacht hat: ‚Sie ist mein.' Und solange er es nicht weiß, und auch mit anderen Frauen in Momenten der Glückseligkeit denken muss: ‚Sie ist mein" kann die Liebe in seinem Leben nicht gedeihen.

Das Paradox des Festhaltens besteht darin, dass es Verlust bewirkt, nicht immer im Bereich des Habens, wohl aber des Seins, während umgekehrt das Paradox des Lassens sich darin äußert, dass wir im gleitenden Punkt der stärksten Empfindung bleiben und daher vermutlich in intensiven Partnerschaften leben, die uns lange, vielleicht ein ganzes Leben begleiten.[106]

Dies erklärt mir z. B., warum ich mich zum Ende meiner ersten Ehe, als klar war, dass wir uns trennen werden, als wir also wirklich losgelassen hatten, sehr nahe und verbunden gefühlt habe. Ich glaube, dies ist ein Gefühl der Mischung aus frei- und gleichzeitig verbunden fühlen, welches viele bestätigen können.

Du kannst nichts haben, solange Du es nicht loslässt.
Du kannst nur behalten, was Du weggibst.
Sheldon Kopp

Das Leben ist eine fortgesetzte Linie von Hier- und Jetzt-Punkten; schon allein diese Tatsache verlangt ein ständiges „Goodbye – Hallo" – Aufnehmen und Loslassen – von uns. Die Entwicklung des Wachsens als einen Stufe-für-Stufe-Prozess zu sehen, ist nicht neu. Auch in dieser Hinsicht treffen Zen-Tradition und Gestalttherapie sich.

Die wahrscheinlich aus dem 12. Jahrhundert stammende Bildergeschichte ‚Der Ochs und sein Hirte' beschreibt den Prozess der Suche und des Wachstums klar und faszinierend. Was oben bereits gesagt wurde, wird hier auch unterstrichen: keine Stufe kann übersprungen werden und jede Stufe führt zu einer weiteren. Die Geschichte vom Ochsen und seinem Hirten sollte zur Pflichtlektüre einer jeden Therapieausbildung gehören.

Die Geschichte erscheint mir so komplex – und auch so wertvoll –, dass sie sich dagegen sträubt, zusammengefasst zu werden. Trotzdem – vielleicht um noch neugieriger auf diese Geschichte zu machen – möchte ich die Zusammenfassung von Marilyn Ferguson aus dem Buch „Die sanfte Verschwörung" wiedergeben:[107]

Der Ochse repräsentiert die ‚elementare Natur'.
Zuerst (Bild 1: Den Ochsen suchend) hält der Sucher Ausschau nach etwas, das er nur vage erkennt.
Danach (Bild 2: Die Fährte findend) sieht er in Spuren seines eigenen Bewusstseins den ersten Beweis dafür, dass tatsächlich ein Ochse vorhanden ist.
Nach einiger Zeit (Bild 3: Der erste Schimmer) macht er seine erste direkte Erfahrung und weiß, dass der Ochse allgegenwärtig ist.
Als nächstes (Bild 4: Den Ochsen fangend) übt er fortgeschrittene spirituelle Praktiken aus, die ihm mit der wilden Kraft des Ochsen umzugehen helfen.
Allmählich (Bild 5: Den Ochsen zähmend) erreicht er ein subtileres, intimeres Verhältnis zur elementaren Natur. In dieser Phase verlernt der Sucher viele jener Unterscheidungen, die ihm in früheren Stadien nützlich waren.
Im Stadium der Erleuchtung (Bild 6: Den Ochsen nach Hause reitend) erkennt der ehemalige Schüler, jetzt ein Weiser geworden, dass Disziplinen nicht notwendig gewesen waren; Erleuchtung stand immer zur Verfügung.
Danach (Bild 7: Den Ochsen vergessend; das Selbst ist allein mit sich) und (Bild 8: Ochse und Selbst vergessend) kommt er dem reinen Bewusstsein noch näher und entdeckt, dass es keine solche Person wie die eines erleuchteten Weisen gibt. Es gibt keine Erleuchtung. Es gibt keine Heiligkeit, da alles heilig ist. Das Profane ist heilig. Jeder ist ein Weiser, darauf wartend, es zu sein.

In der vorletzten Phase (Bild 9: Die Rückkehr zur Quelle) verschmilzt der Sucher/Weise mit dem Bereich, der die Welt der Phänomene hervorbringt. Eine Szenerie bestehend aus Bergen, Kiefern, Wolken und Wellen taucht auf. ,Dieses Wachsen und Schwinden von Leben ist kein Trugbild, sondern eine Manifestation der Quelle', lautet der Bildtext. Aber es gibt noch einen Zustand jenseits dieser Quelle.

Das letzte Bild (Bild 10: Den Marktplatz mit helfenden Händen betretend) beschwört menschliche Leidenschaft und Handlung. Der Suchende wird jetzt als fröhlicher Bauer gezeigt, der von Dorf zu Dorf wandert. ,Das Tor seiner Hütte ist geschlossen, und selbst der Weiseste kann ihn nicht finden.' Er ist so tief in menschlicher Erfahrung eingedrungen, dass er nicht verfolgt werden kann. Da er jetzt weiß, dass alle Weisen eins sind, folgt er keinen großen Lehrern mehr. Indem er die wahre Natur des Buddha in allen Menschen sieht, bringt er sie zum Erblühen.

In allen Traditionen, die sich mit dem menschlichen Wachstum beschäftigen, gibt es ähnliche Bilder über die Stufen, die jemand auf seinem Weg der spirituellen Entwicklung durchmacht, insbesondere in den mystischen. Sei es nun das Gilgamesch Epos, die so genannte Vision Quwest, die „Innere Burg" der Theresa von Avila um nur drei Beispiele zu nennen. Ein Beispiel will ich noch kurz beschreiben, weil es – richtig gelesen – so sehr buddhistisch oder auch gestalttherapeutisch klingt, obwohl es mit beiden nichts zu tun hat. Aber gerade darum zeigt es, wie universell die Schritte des spirituellen Wachstums sind. Interessant ist dabei ja auch, dass die meisten dieser „Wegbeschreibungen" der an anderer Stelle beschriebenen Aktivierungs- / Prozess Kurve folgen: Aufstieg, Ernüchterung und desillusionierter Neuanfang. Der Sufi Mystiker Al-Ghasali (1058-1111) beschreibt sieben Täler, die der Suchende auf seinem Weg durchschreiten muss (später hat der persische Dichter Attar diese auch als Grundlage für seine „Vogelgespräche" benutzt, die das gleiche Thema haben):[108]

1. Das Tal der Erkenntnis:
Der innere Monolog führt den Reisenden ins erste Tal. Und er beginnt zu erkennen.

2. Das Tal der Reue:
Mit wachsender Bewusstheit wird es mir klar, dass ich viele Abscheulichkeiten gegenüber anderen begangen habe. Ich war gewalttätig, aggressiv, eifersüchtig, egoistisch. Also setzt die große Reue ein, das große Sich-in-Frage-Stellen. Verweilt man zu lange in diesem Tal, fängt man an, Schuldgefühle gegenüber der Vergangenheit zu haben. Die Vergangenheit wird sehr bedeutsam und verschlingt einen in ihrer Dunkelheit. Wendet man sich der Zukunft zu, verändert sich unser Sein. Das Gute wird normal. Man ist offen und voller Begeisterung. Man hat eine neue Richtung eingeschlagen.

3. Das Tal der Hindernisse:
Es gibt vier Hindernisse, und zwar:
- *Die Versuchung durch die Welt der Dinge*
- *Das Festhalten an Menschen*
- *Satan: der Dämon des Denkens*
- *Das maßlose ‚Ich'*

4. Das Tal der Zerrissenheit:
Hier tritt man ein in das Unbewusste der undurchdringlichen Nächte und dunklen Sphären. Eine seltsame, wilde, unbekannte Welt tut sich auf. Die Qualen der Seele beginnen, der Zweifel macht sich breit. Wozu ist das alles? Habe ich mich im Weg geirrt? Was habe ich getan? Ich habe alles verloren und das Ergebnis ist der Zweifel. Welche Finsternis – Ich habe alles falsch gemacht. Es ist der Abstieg, der Abstieg in die Finsternis. Doch es geht kein Weg an ihr vorbei.

5. Das Tal der Stürme:
Es ist das Tal der Angst und der Hoffnung. Der Angst, die eigene Individualität zu verlieren. Man wird verzehrt, man verliert jegliches Körpergefühl. Man löst sich auf. Man verschwindet, eine ungeheure Angst entsteht, man fühlt sich verschlungen.

6. Das Tal der Unergründlichkeit:
Hier wird einem klar, dass alle guten Taten, die man getan hat, aus dem Wunsch stammten, die eigene Anerkennung oder die Anerkennung der anderen zu gewinnen. Stolz! Man entdeckt, dass der Dämon der Scheinheiligkeit in einem wohnt. Man verzweifelt, die Reise scheint sinnlos zu sein. Man weiß nicht mehr ein noch aus, bis schließlich Aufrichtigkeit aus den eigenen Tiefen aufsteigt, die Zeit der „Entwerdung".

7. Das Tal der Lobgesänge und des Festes:
Dies ist das Tal der Wiedergeburt, der Auferstehung in eine neue Form. Große Freude erhebt sich in einem. Mit Herz und Seele wird man in den „Garten der Liebe" gestoßen. Man wird gewahr, dass das alles schon immer da war, man hat es nur nicht wahrgenommen, man konnte es auch gar nicht!

Je mehr wir in der Lage sind, mit und nicht gegen diese Tatsache, gegen diesen Prozess zu leben, desto mehr an Lebendigkeit, Lebensfreude und Wachstum können wir uns erschließen.

Je mehr ich meinen Partner umklammere, festhalte, desto größer wird sein Bedürfnis nach Freisein (ungebunden – in des Wortes wahrster Bedeutung) sein. Loslassen können heißt hier, die Beziehung durch Freiheit, durch Unangebundensein zu „festigen".

Roshi Taisen Deshimaru sagt:
Auch wenn ihr die Blumen liebt, verwelken sie;
Auch wenn ihr das Unkraut nicht mögt, wächst es.

Das, was ich bin, bin ich Hier und Jetzt, nur im Hier und Jetzt habe ich meine Identität. Trotz allen Wissens, Habens und Könnens bin ich nur Jetzt und Hier real.

Das Beste, was mir in meinen Versuchen, zu wachsen – sei es in der Therapie oder im Zen – passieren kann, ist, dass ich ich selber werde.

Leider wollen viele – sowohl Klienten als auch Zen-Schüler – (zunächst) etwas anderes werden:

Perfekter als ... , größer als ... , besser als ... oder sonst irgendein Komparativ. Immer, wenn ich versuche, etwas anderes zu sein als das, was ich im Augenblick bin, entferne ich mich vom Hier und Jetzt; handeln / verändern kann ich nur im Hier und Jetzt. Ich möchte gerne angstfrei sein – schön und gut – hier und jetzt habe ich Angst; ich möchte gerne lebendiger sein – hier und jetzt fühle ich mich unlebendig.

Nur hier und jetzt kann ich handeln, „damals" nicht mehr und „dann" noch nicht; d. h. der wichtigste Augenblick im Wachstumsprozess ist immer hier und jetzt und der wichtigste Mensch ist mein jeweiliges Gegenüber. Hierzu gibt es die bekannte Geschichte von den „Drei Fragen":

Es dachte einmal ein König, nichts könne ihm missglücken, wenn er nur immer die Zeit wüsste, in der er ein Werk zu beginnen habe, und wenn er immer wüsste, mit welchen Menschen er sich einlassen solle und mit welchen nicht, und wenn er immer wüsste, welches von allen Werken das wichtigste sei.

Es kamen gelehrte Männer zum König und gaben ihm mancherlei Antworten auf seine Fragen.

Auf seine erste Frage antworteten die einen, um für jedes Werk die rechte Zeit zu wissen, müsse man vorher eine Einteilung für den Tag, den Monat und das Jahr aufstellen und sich streng an das halten, was für den einzelnen Tag festgesetzt ist. Andere sagten wieder anderes.

Ebenso verschieden lautete die Antwort auf die zweite Frage. Die einen sagten, die dem König unentbehrlichsten Männer seien die Staatsmänner, andere, die Priester und Seher. Die dritten erklärten, es seien die Ärzte, und die vierten behaupteten, es seien die Krieger.

Auf die dritte Frage, welches das wichtigste Werk sei, antworteten die einen, das sei die Wissenschaft, die anderen sprachen, die Kriegskunst, wieder andere nannten die Gottesverehrung. Alle Antworten waren verschieden.

Daher passte dem König keine einzige von ihnen, und er belohnte niemand. Um aber ganz genaue Antworten auf seine Fragen zu erhalten, entschloss er sich, einen Einsiedler zu befragen, dessen Weisheit in großem Rufe stand. Der Einsiedler lebte im Wald, verließ seine Wohnstätte nie und empfing nur einfache Leute. Darum zog der König ein schlichtes Gewand an, stieg vom Pferd weit vor der Klause des Einsiedlers, ließ sein Gefolge zurück und ging allein durch den Wald. Als der König sich dem Einsiedler näherte, grub dieser vor seiner Hütte die Beete um. Er erblickte den König, begrüßte ihn und grub ruhig weiter. Er war mager und schwach und keuchte schwer, indem er den Spaten in die Erde stieß und die kleinen Schollen umwandte. Der König trat an ihn heran und sprach: „Ich bin gekommen, weiser Einsiedler, um dich zu bitten, mir drei Fragen zu beantworten: ‚Welches ist die Zeit, die man einhalten muss und nicht versäumen darf, um hinterher nichts bereuen zu müssen? Welche Leute sind die unentbehrlichsten? Mit welchen Leuten muss man sich als mehr, mit welchen weniger befassen? ... Welche Werke sind die wichtigsten, und welches von allen Werken muss daher zuerst getan werden?'"

Der Einsiedler hörte dem König zu, antwortete aber nicht. Er spuckte in die Hände und begann wieder zu arbeiten. „Du bist erschöpft", sagte der König, „gib mir den Spaten, und setze dich auf die Erde." – „Danke", erwiderte der Einsiedler, reichte dem König den Spaten und setzte sich auf die Erde nieder. Als der König zwei Beete umgegraben hatte, hielt er inne und wiederholte seine Fragen. Der Einsiedler antwortete nicht, stand auf und streckte die Hände nach dem Spaten aus. „Jetzt ruhe du, ich will nun ..." sagte er. Der König aber gab den Spaten nicht her und fuhr fort zu graben. Es verging eine Stunde, eine zweite, die Sonne begann hinter den Bäumen zu verschwinden, da steckte der König den Spaten in die Erde und sagte: „Ich bin zu dir gekommen, weiser Mann, um auf meine Fragen eine Antwort zu erhalten. Wenn du nicht antworten kannst, so sag es doch, dann will ich nach Hause gehen."

„Sieh einmal, da kommt jemand gelaufen", sprach der Einsiedler, „lass sehen, wer das ist." Der König sah, dass in der Tat aus dem Walde ein bärtiger Mann gelaufen kam. Der hielt sich die Hände vor den Leib, und zwischen den Fingern sickerte Blut hervor. Als er bis zum König gelangt war, fiel er zu Boden, lag unbeweglich da und ächzte leise. Der König und der Einsiedler öffneten die Kleider des Mannes. In seinem Leib war eine tiefe Wunde. Der König wusch sie, so gut er konnte, und verband sie mit seinem Taschentuch und mit einem Handtuch des Einsiedlers. Aber das Blut hörte nicht auf zu strömen, und der König nahm zu wiederholten Malen den mit warmen Blut durchtränkten Verband ab, wusch die Wunde von neuem und verband sie wieder. Als das Blut endlich gestillt war, bat der Verwundete um Wasser. Der König trug frisches Wasser herbei und gab ihm zu trinken.

Inzwischen war die Sonne untergegangen, und es war kühl geworden. Mit Hilfe des Einsiedlers trug der König den Verwundeten in die Klause und legte ihn aufs Bett. Der Verwundete schloss die Augen und wurde still. Der König aber war so ermüdet, dass er, auf der Schwelle zusammengekauert, ebenfalls einschlief, und zwar so fest, dass er die ganze kurze Sommernacht verschlief.

Als er am Morgen erwachte, konnte er lange nicht begreifen, wo er war und wer dieser sonderbare bärtige Mann war, der auf dem Lager ausgestreckt lag und ihn unausgesetzt mit leuchtenden Augen ansah. „Verzeih mir", sprach der bärtige Mann mit schwacher Stimme, als er bemerkte, dass der König erwacht war und ihn anblickte. „Ich kenne dich nicht und habe dir nichts zu verzeihen", erwiderte der König. „Du kennst mich nicht, aber ich kenne dich. Ich bin dein Feind, jener Feind, der geschworen hat, an dir Rache zu nehmen, weil du meinen Bruder hingerichtet und meine Güter genommen hast. Ich habe dich töten wollen, und du hast mir das Leben gerettet. Von nun an, wenn ich am Leben bleibe, und wenn es dir recht ist, will ich dir als dein treuester Gefolgsmann dienen, und auch meinen Söhnen will ich das zu tun befehlen. Verzeihe mir!"

Der König war sehr froh darüber, dass es ihm so leicht gelungen war, sich mit seinem Feinde auszusöhnen, und er verzieh ihm nicht nur, sondern versprach auch, ihm seine Güter zurückzugeben und ihm außerdem seine Diener und seinen Arzt zu schicken.

Als er sich von dem Verwundeten verabschiedet hatte, trat der König hinaus auf die Vortreppe und suchte mit seinen Augen den Einsiedler. Er war draußen bei den Beeten, die er gestern umgegraben hatte, kniete am Boden und säte Gemüsesamen. Der König trat an ihn heran und sprach: „Zum letzten Mal, du weiser Mann, bitte ich dich, meine Fragen zu beantworten!" „Aber du hast ja deine Antwort schon bekommen!" erwiderte der Einsiedler. Er richtete sich auf und sah den König an. „Ich sollte Antwort bekommen haben?" fragte der König. „Natürlich", erwiderte der Einsiedler. „Hättest du gestern nicht Mitleid mit meiner Schwachheit gehabt und diese Beete umgegraben, sondern wärst du allein zurückgegangen, so hätte dieser Mann dich überfallen, und du hättest bereut, dass du nicht bei mir geblieben bist. Somit war die richtige Zeit jene, als du die Beete umgrubst, und ich war der wichtigste Mann, und das wichtigste Werk war, mir Gutes zu tun. Dann, als jener Mann angelaufen kam, war die wichtigste Zeit, seiner zu pflegen, denn sonst wäre er verblutet, ohne dass er sich mit dir versöhnt hätte. Er war für dich der wichtigste Mensch, und das, was du ihm getan hast, war das wichtigste Werk. Merke dir:
- Die wichtigste Zeit ist nur eine: der AUGENBLICK. Nur über ihn haben wir Gewalt.
- Der unentbehrlichste Mensch ist der, mit dem uns der Augenblick zusammenführt; denn niemand kann wissen, ob er noch je mit einem anderen zu tun haben wird.
- Das wichtigste Werk ist, ihm Gutes zu erweisen – denn nur dazu ward der Mensch ins Leben gesandt."

Veränderung kann nur hier und jetzt beginnen, weil das, was jetzt ist, mich jetzt stört, mich jetzt daran hindert, ich selbst zu sein; nicht, weil ich – irgendwann / möglichst bald – angstfrei sein will. Genau diese Differenzierung ist das, was Zen und Gestalttherapie mit Bewusstsein im Hier und Jetzt meinen.

Nur auf das Ziel zu sehen, verdirbt die Lust am Reisen.
Friedrich Nietzsche

Als der Zenmeister Taji (1889-1953) starb, waren seine Schüler bei ihm. Einer der Schüler erinnerte sich daran, dass der Meister einen ganz bestimmten Kuchen gerne mochte. Der Schüler machte sich auf den Weg nach Tokio und einen halben Tag lang suchte er in vielen Läden nach diesem speziellen Kuchen und brachte ihn dem sterbenden Meister. Mit einem freudigen Lächeln nahm dieser ein Stück Kuchen und aß es langsam.

Als der Meister immer schwächer wurde und seine Todesstunde nahte, fragten seine Schüler voller Ehrfurcht und Angst, ob der Meister noch eine letzte Botschaft für sie hätte.

„Ja" antwortete der Meister.

Die Schüler rückten näher, um ja kein Wort zu verpassen. „Bitte, erzähl es uns!"

„Der Kuchen ist wirklich wunderbar!" sagte der Meister und starb.

Ein General, der mit seinen Soldaten zu Pferd unterwegs war, traf auf einen Zen-Mönch, der in Zazen saß. Der General rief ihm zu:

„He, du da! Mönch! Geh mir aus dem Weg."

Der Mönch saß regungslos da und schwieg.

„Bist du denn taub? Hast du nicht gehört? Ich habe dir gesagt, du sollst mir aus dem Weg gehen."

Aber der Mönch blieb weiter regungslos unbeweglich und still.

Von seinem Pferd herunter rief der General ihm drohend zu:

„Ich glaube, du weißt nicht, wen du vor dir hast? Vor dir ist ein Mensch, der dich jederzeit töten kann, ohne mit der Wimper zu zucken."

Da schaute der Mönch auf und antwortete:

„Ich glaube, du weißt nicht, wen du vor dir hast? Vor dir sitzt ein Mensch, der jederzeit sterben kann, ohne mit der Wimper zu zucken."

Der Zen-Schüler Baso (er muss ein sehr guter Schüler gewesen sein) saß und meditierte. Sein Meister Nangaku kam hinzu. Nangaku fragte: „Was machst du?" – „Ich praktiziere Zazen", erwiderte Baso. „Warum praktizierst du Zazen?" „Ich möchte Erleuchtung erlangen, ich möchte ein Buddha werden", sagte der Schüler. Nangaku hob eine Kachel auf und fing an, sie zu polieren.

Wenn man in Japan eine Kachel aus dem Brennofen holt, poliert man sie, um ihr eine glänzende Oberfläche zu geben.

Nangaku also hob eine Kachel auf und fing an, sie zu polieren. Sein Schüler Baso fragte: „Was machst du?" – „Ich möchte diese Kachel zu einem Juwel machen", sagte Nangaku. „Wie ist es möglich, aus einer Kachel einen Juwel zu machen?" fragte Baso. „Wie ist es möglich, ein Buddha zu werden, indem man Zazen praktiziert?" erwiderte Nangaku. „Du möchtest Buddhaschaft erlangen? Es gibt keine Buddhaschaft außerhalb Deines gewöhnlichen Bewusstseins."

... Ein schönes Beispiel dafür wie der Meister den Wunsch, etwas Anderes sein zu wollen, ins Leere laufen lässt. Wir selber – aber auch viele Klienten – wollen immer wieder Kacheln zu Juwelen polieren.

Alles Bewusstsein kann nur im Hier und Jetzt sein, darum ist es wichtig, meine Aufmerksamkeit immer wieder aufs Neue auf das, was ich hier und jetzt bin, zu lenken:

Zuikan war ein Zen-Meister, der die Gewohnheit hatte, sich immer selbst anzureden. „Zuikan?" pflegte er zu rufen. Und dann gab er zur Antwort: „Ja, Zuikan?"

Natürlich lebte er ganz allein in seinem kleinen Zendo, und natürlich wusste er, wer er war, aber manchmal verlor er sich. Und immer, wenn er sich selbst verlor, pflegte er sich zu rufen: „Zuikan?"

„Ja!"

Wie gut wird es mir wohl gehen, wenn die Schmerzen weg sind? Wie wird es wohl sein, wenn ich erst einmal erleuchtet sein werde ...?

Dies sind alles Gedanken und Gefühle, die nicht nur vom Hier und Jetzt weglocken; sie erzeugen nur Unruhe und konservieren meinen Schmerz. Aus diesem Grunde werden die Zen-Schüler auch aufgefordert „ganz Schmerz" zu werden, also ganz im Hier und Jetzt zu sein.

Hoffen heißt, dass mein Bewusstsein mehr auf das, was „hoffentlich" sein wird, gerichtet ist als auf das, was gerade jetzt hier ist.

Gestalttherapie geschieht im Hier und Jetzt.

Zen vollzieht sich im Hier und Jetzt.

Ein bekannter Meister-Schüler-Dialog:

„Was passiert danach?"

„Nichts passiert danach, das ist alles!"

Alles, was geschieht, geschieht hier und jetzt; das, was „Danach" geschieht, geschieht in dem Hier und Jetzt, welches jetzt noch nicht existiert.

Alles Bewusstsein kann nur im Hier und Jetzt sein: Die Verletzung, die Wunde mag alt sein, und es ist eine simple Tatsache, dass es zu spät ist zu verändern, was geschehen ist. Es ist jedoch nicht zu spät, dem Schmerz dieser alten Wunde Raum zu geben. Dieser Schmerz ist real; er ist hier und jetzt.

Genau diese Spannung macht das unerledigte Geschäft, die nicht geschlossene Gestalt aus:

Weil „damals" kein Raum für den Schmerz (die Wut, die Trauer ...) war, musste dieses Gefühl von dem damaligen Ereignis abgespalten und konserviert werden; es dauert bis „heute" an.

Hier geht es um Grenzen, um Grenzverletzung, Grenzüberschreitung und um Abgrenzung. Immer wieder werden wir mit Situationen konfrontiert, in denen uns Verletzung droht. Normalerweise grenzen wir uns ab. Das Kleinkind, dem z.B. der Spinat nicht schmeckt, spuckt ihn wieder aus. Da ist der „Schalter", der zwischen „Durchlässig" und „Abgrenzung" umschaltet noch intakt. Diese Klarheit ist oft gestört. Ich bin oft der Adressat von Verletzungen, aber ob ich auch der Empfänger bin, das ist ausschließlich meine Entscheidung – sollte es jedenfalls sein. Es geht hier um den Schritt vom „das macht mich wütend", „das freut mich", „das verletzt mich" zu: „Ich lasse zu, dass mich dieses wütend macht, jenes freut oder etwas mich verletzt". Dieser Schritt ist oft nicht leicht, hat er doch mit Selbstverantwortung auf der einen Seite und dem Ende von Schuldzuweisungen an die Welt auf der anderen Seite zu tun. Dies ist oft Thema in der Therapie.

So muss der Raucher ja nicht wissen, dass er nicht rauchen sollte. Das brauche ich ihm nicht zu sagen. Das weiß er selber zur Genüge. Wenn er wirklich aufhören will zu rauchen, dann muss er nicht wissen, dass er nicht rauchen sollte, sondern er muss wissen, warum er raucht, warum er mit sich selber so unachtsam umgeht.

Die Suche nach dem Sinn und die Sehnsucht, ihn zu finden, sich dann in ihm ausruhen zu können, ist schwer auszuhalten. Es gibt keine Lösung. Wir verbringen viel Zeit damit, nach etwas zu suchen, was „letzte" Wahrheit ist. Aber so etwas gibt es leider nicht, außer in jeder Sekunde – die „Wahrheit des Augenblicks" -, in jeder Aktivität unseres Lebens. Doch unsere vergebliche Hoffnung auf einen Platz zum Ausruhen, der irgendwo sein soll, macht uns blind für das, was hier und jetzt ist!

> *„So, today, what I want to talk about is having no hope. Sounds terrible, doesn't it? Actually, it's not terrible at all. A life lived with no hope is a peaceful, joyous, compassionate life. As long as we identify with this mind and body – and we all do – we hope for things that we think will take care of them. We hope for success. We hope for health. We hope for enlightenment. We have all sort of things we hope for. All hope, of course, is about sizing up the past and projecting it into the future. Anyone who sits for any length of time sees that there is no past and no future except in your mind."* [109]

So gesehen bin ich gerne ein „hoffnungsloser Fall"!

Das Warten auf den Märchenprinzen, mit dem plötzlich mein Leben wunderbar wird – und sich diese wunderbare Zeit in allen Farben auszumalen – das ist eine beliebte Hoffnungsfalle, die lediglich vom Hier und Jetzt ablenkt. Und wenn der Märchenprinz dann kommt, hat er natürlich auch überhaupt keine Chance, denn ich war so lange mit dem Ausmalen des Bildes beschäftigt, dass selbst der „prinzigste Prinz" diesem Bild nicht gerecht werden kann. Solche Schwärmereien interessieren mich als Therapeut nicht sehr. Hier und Jetzt ist Sehnsucht – das finde ich erzählenswert.

Wir sind dauernd auf der Suche nach Helden. Und wenn der, den wir zu unserem Helden (oder unserer Heldin) gemacht haben, zum realen Menschen wird, verlassen wir ihn (oder sie). Wir verachten ihn fortan.

Noch einmal Joko Beck:

> *„Ich beobachte oft, dass Leute, die vom Tisch im Hof aufstehen, ihre Stühle nicht wieder zurückschieben. Sie kümmern sich nicht um diese Stühle. Sie glauben:*

‚Der Stuhl ist nicht wichtig. Ich muss in den Zendo gehen und etwas über die Wahrheit erfahren.' Aber die Wahrheit ist der Stuhl. Sie ist da, wo wir jetzt gerade sind. ...

Wir suchen nach der Wahrheit, anstatt das Unbehagen und der Kummer zu sein, der da ist, wo wir jetzt gerade sind, der wir sind."[110]

Alles, was wir zu tun haben besteht darin, das, was wir tun, wirklich zu tun, hier und jetzt, denn nur hier und jetzt können wir handeln, nicht gestern und auch nicht morgen. Der berühmte Satz des Zen-Meisters Paichang gehört hierhin: ‚Iss, wenn Du hungrig bist, schlafe, wenn Du müde bist.‘ Wenn wir uns kraftlos, ausgezehrt und ausgebrannt fühlen, lohnt es sich nachzuschauen, inwieweit wir gegen diesen Satz „verstoßen" haben. „Morgen zu sagen, gehört nicht zu den Bedingungen des Pfades" – so ein bekannter Satz des Sufis M. J. Rumi.

„Das unkontrollierte Gemüt verbraucht seine Energie in zahllosen Sorgen, Ablenkungen und schweifenden Gedanken, statt sich zu jeder Zeit nur einer Sache hinzugeben, und darum vollbringt es nie, was es sich vorgenommen; denn kaum beginnt es mit einer Sache, eilt es schon zu andern fort und erschöpft sich so mit einer schrecklichen Menge verschwendeter Tätigkeit. Im Vergleich damit muss die Tätigkeit des Taoisten und Zenmeisters unbeträchtlich erscheinen, aber eben nur weil sie Kraft sparen; ihre Ruhe ist die Frucht einer einspitzigen Haltung des Gemüts; sie nehmen jedes Ding, wie es kommt, erledigen es und schreiten zum nächsten fort. So vermeiden sie all das sinnlose Vor- und Rückwärtsdenken, das Sich-Quälen um Vergangenes und Künftiges, bei dem die Tätigkeit sich eben nur selbst vernichtet."[111]

Die gleiche Grundhaltung ist es auch, die zum Prozess des wirklichen Wachstums und des wirklichen Findens notwendig ist:

„Verwandlung findet nicht statt, wenn man angestrengt versucht, sich zu ändern oder durch angestrengte Versuche eines anderen, Änderung herbeizuführen, sondern sie findet statt, wenn man sich die Zeit und die Muße nimmt, zu sein, was man ist.

Verwandlung findet nicht statt durch Herumprobieren, durch Bemühung, Überredung, ebenso wenig durch Einsicht, Interpretation oder dergleichen mehr. Verwandlung ereignet sich vielmehr, wenn man, zumindest für den Augenblick, vernachlässigt, was man gerne werden würde, und sich darauf einlässt, zu sein, was man ist."[112]

Die Grundhaltung ist nicht mit Fatalismus gleichzusetzen; Vorsorge und Planung sind auch Bestandteile dieser Haltung. Es ist sinnvoll, sich auch im Sommer warme Kleidung zu kaufen, aber nicht, weil ich hier und jetzt friere, sondern weil ich hier und jetzt weiß, dass es kalt werden wird und ich warme Kleidung brauchen werde. Der Zusammenhang zwischen der Hier und Jetzt Grundhaltung und dem Erfordernis, ja sogar der Verantwortung zum Vorausschauenden Denken und Handeln wird deutlich, wenn man sich vergegenwärtigt, dass im Zen „jetzt" Vergangenheit und Zukunft mit einschließt. Es ist das Jetzt, was uns die Anleitung gibt, das Essen für morgen vorzubereiten.

Ein chinesisches Sprichwort verdeutlicht dies noch einmal: ‚Ich weiß nicht, was in diesem Herbststurm geschehen wird, aber ich reiße trotzdem das Unkraut aus dem Reisfeld.'

Hier und jetzt als Grundhaltung ist nicht gleichbedeutend mit der Grundhaltung: ‚Der liebe Gott, Buddha oder der Therapeut wird's schon richten.' Dies ist nicht nur dumm, sondern auch verantwortungslos.

Hierzu gibt es eine schöne Geschichte: Sie handelt von einem Mann, der auf dem Dach eines Hauses saß, weil eine Flutwelle sein Dorf überspülte. Das Wasser war schon bis zum Dach gestiegen, als eine Rettungsmannschaft in einem Ruderboot daherkam. Sie versuchten mühsam, zu ihm zu gelangen und riefen ihm dann zu: „Komm, steig ins Boot!" Er antwortete: „Nein, nein, Gott wird mich retten." Das Wasser stieg höher und höher, und er kletterte höher und höher aufs Dach.

Obwohl die Wellen hochschlugen, gelang es einem anderen Boot, sich bis zu ihm durchzuarbeiten. Auch diese Mannschaft bat ihn, ins Boot zu steigen und sich retten zu lassen. Aber er sagte wieder: „Nein, nein, nein, Gott wird mich retten. Ich bete, Gott wird mich retten!" Schließlich schaute nur noch sein Kopf aus dem Wasser. Da kam ein Hubschrauber geflogen. Er blieb über ihm in der Luft stehen, und man rief ihm zu: „Komm, das ist deine letzte Chance, steig ein!" Aber er sagte immer noch: „Nein, nein, nein, Gott wird mich retten!" Schließlich stieg das Wasser über seinen Kopf, und er ertrank. Als er in den Himmel kam, beklagte er sich bei Gott: „Gott, warum hast du mich nicht gerettet?" Und Gott sagte: „Das habe ich doch getan. Ich habe dir zwei Ruderboote und einen Hubschrauber geschickt."

Tatsächlich im Hier und Jetzt zu bleiben, ist einfach und sehr schwierig zugleich. Viele der Gefühle, in denen wir „sehr geübt" sind, sind sehr dazu angetan, uns von dem, was jetzt und hier ist, wegzuziehen.

Ich will ein Beispiel nennen: Hoffnungslosigkeit ist in diesem Zusammenhang kein Gefühl, sondern eher ein Gedanke an die Zukunft. Im Hier und Jetzt ist tiefe Traurigkeit, erst in dem Augenblick, in dem sich in diese Traurigkeit oder Wut die Vorstellung mischt, dass für dieses Gefühl kein Platz ist, dass dieses Gefühl „sowieso nichts ausrichten" kann, wird aus tiefer Trauer oder Wut Hoffnungslosigkeit und Resignation. Das gleiche gilt entsprechend für das Gefühl der Hoffnung: Hier und Jetzt ist Zazen; mein Hintern ist auf dem Zafu, und meine Knie tun mir weh.

Häufig tauchen solche alten Gefühle erst in der Therapie auf und können erst dann, nachdem sie „ihren Platz" hatten, wirklich in „Vergessenheit" geraten, d. h. die Gestalt zwischen Ereignis und Schmerz kann sich schließen. Ich kann lernen, dass es „normal" ist, Schmerz zu spüren, wenn ich verletzt worden bin.

Das Auftauchen vermeintlich neuer Schmerzen in der Therapie ist für Therapeut und Klient eine Belastungsprobe: Statements wie: „Vor der Therapie ging es mir besser, da hatte ich diese Gefühle nicht, da war ich einfach Elektriker, mein Leben war klar und überschaubar" sind kennzeichnend für diese Phase der Therapie.

Die Verbindung vom Hier und Jetzt mit der Überwindung des dualistischen Weltbildes und dem Zulassen können eines Prozesses ist eine wesentliche Grundlage des Lernens.

Perls sieht den Menschen als einen homöostatischen Organismus von erheblicher selbstheilender Kompetenz. Dieses unbedingte Vertrauen in die „organismische Selbstregulation" ist ein Teil des positiven Menschenbildes der Gestalttherapie. Rogers, der Begründer der Gesprächspsychotherapie spricht von „Selbstaktualisierungstendenz".

Hier findet sich das Figur- / Grundphänomen der Gestaltpsychologie wieder: Sobald zwei verschiedene Figuren (Gestalten, Bedürfnisse, Ziele etc.) den Organismus bedrängen, entstehen Verwirrung und (Ab-) Spaltung. Das Individuum wird sowohl von außen als auch von innen mit Reizen konfrontiert, mit denen es sich identifizieren kann, mit denen es sich nicht identifizieren kann und mit solchen, mit denen es sich identifizieren will, aber aus welchen Gründen auch immer, nicht kann. So entsteht die innere Spaltung,- ein zentrales Problem in der Gestalttherapie.

Der gesunde – hier autonome – Organismus ist in der Lage, durch einen „inneren Dialog" die vorrangige Figur, Gestalt, das vorrangige Bedürfnis oder Ziel zu erkennen und zu realisieren. Die Gestalt, die am besten geeignet ist, die unbefriedigende Spannungssituation zwischen Figur und Grund aufzulösen, tritt in den Vordergrund.

Durch verschiedene (neurotische) Störungen ist dieses organische System der Selbstregulation gestört; Spontaneität und Kreativität des Organismus sind zerstört bzw. können nur noch in bestimmte, durch die jeweiligen Charakterstrukturen diktierte Richtung „denken".

Das Vertrauen in die Fähigkeit und Kompetenz der organischen Selbstregulierung ist einer der Eckpfeiler der Gestalttherapie. Darum – d. h. um das jeweils vorrangige Bedürfnis erkennen zu können – ist es wichtig, im vollen Bewusstsein (awareness) meines Selbst zu leben.

Die bewusste Wahrnehmung des jeweils vorrangigen Bedürfnisses – also der Figur – ist Voraussetzung für ein gesundes Funktionieren der homöostatischen Selbstregulation. Störungen dieser Wahrnehmungen führen zu Ersatzbefriedigungen in des Wortes eigentlichen Sinn, da ein zweit- oder drittrangiges Bedürfnis befriedigt wird. Dies führt dann sehr schnell zu einer endlosen „Bedürfnisschraube", da das vorrangige Bedürfnis unbefriedigt bleibt.

„Die Erschaffung von Figur und Grund ist von Empfindungen steigender Spannungen begleitet. Emotionen entstehen aus der Tendenz, solche Spannungen einem homöostatischen Ausgleich zuzuführen. Erfolgt dieser, so tritt ein Zustand

spannungsloser Sicherheit ein. Der gesunde Mensch vollzieht die Figur-Hinter-
grund-Bildung angstfrei und auf niedrigem Spannungsniveau.
Wenn sich ein Bedürfniskonflikt einstellt, d. h. zwei oder mehr Bedürfnisse von
gleicher Stärke auftauchen, muss das Individuum eine Entscheidung treffen.
Dem Gesunden gelingt dies spontan: Das vorherrschende Bedürfnis ist jederzeit
Figur, die konkurrierenden Bedürfnisse treten vorübergehend in den Hinter-
grund. Dabei scheint der gesunde Organismus mit einer selbständig funktionie-
renden Hierarchie der Werte zu arbeiten (vs. Hierarchie der Triebe oder Hie-
rarchie der Reaktionspotentiale). „Spontane Prioritäten und Entscheidungen
über das, was in der Situation wichtig ist. Sie drücken die Weisheit des Organis-
mus aus. Sie schaffen eine Ethik des Augenblicks. Auf diese Weise setzt der Orga-
nismus sich mit seiner Umgebung auseinander."[113]

Der Organismus hat die Tendenz, unerledigte Gestalten zu erledigen. Dies gilt sowohl für den Gesunden als auch für den Neurotiker. Voraussetzungen, diese Tendenz
in gesunder Art und Weise zu realisieren, sind dabei Wahrnehmungs- und Handlungskompetenz.

Das Schließen der Gestalt erfolgt – so Perls – an der Kontaktgrenze; damit ist die
Grenze zwischen Organismus und Umwelt gemeint. Perls benutzt den Ausdruck
‚Kontakt‘ auch häufig synonym mit ‚Erfahrung‘.

Erfahrung ist die Funktion der Kontaktgrenze. Sie ist ein ständiger, kreativer Prozess von Aufnehmen und Verarbeiten (ich erinnere an das Sutra des Dritten Patriarchen Sosan aus der Einleitung!). Wichtig ist dabei, dass der homöostatische Selbstregulierungsprozess Veränderung sowohl im Selbst als auch in der Umwelt, also innen und außen bewirkt – jedenfalls im „gesunden" Normalfall gelungener Anpassung.

> *„Es können zwei gesunde, gelungene (1. und 2.) und zwei neurotische, misslun-*
> *gene (3. und 4.) Formen der Herstellung des Gleichgewichtes zwischen Organis-*
> *mus und Umwelt an der Kontaktgrenze beschrieben werden:*
> 1. *Das Gleichgewicht zwischen Organismus und Umwelt wird mühelos erreicht.*
> 2. *Nach einem mühsamen Ausgleich zwischen Organismus und Umwelt tritt*
>   *eine besonders beglückende Entspannung ein.*
> 3. *Die Situation der Gefahr: Die Grenze ist überlastet; eine Assimilation er-*
>   *folgt nicht mehr. Die Lernvorgang und Homöostase kennzeichnende Um-*
>   *kehrbarkeit von Figur und Hintergrund ist nicht mehr gegeben.*
> 4. *Die Situation von Elend, Not und Krankheit: Die Kontaktgrenze ist durch*
>   *unbefriedigte Forderungen unerträglich gespannt."*[114]

Ich erinnere mich an eine Paartherapie, in der der Mann ständig zwischen der Sehnsucht nach geradezu symbiotischem Kontakt mit seiner Frau auf der einen und Wut
auf der anderen Seite hin- und her gerissen war. In einem „unbedachten" Augenblick

„verplapperte" (wie er es selber nannte) sich der Ehemann: „Ich habe die Schnauze voll; am liebsten würde ich meine Frau an die Wand klatschen, meine Koffer packen und abhauen ...!"

Danach fühlte er sich deutlich besser, klarer und offener; für ihn selber unverständlicherweise – für mich vollkommen logischerweise – hatte er es sich doch, zumindest für einen Augenblick, erlauben können, den Figur / Grund-Gefühlen Raum zu geben und damit die innere Homöostase wiederherzustellen.

Präsenz mit dem, was real da ist und in der Figur-Grund-Konstellation, in der es da ist, ermöglicht dann auch wieder realen Kontakt. Kontakt unter Umgehung der Figur-Grund-Folge wird immer unbefriedigend – weil nie „komplett" – sein.

Die Figur-Grund Annahme führt Perls auch zu der Maxime ‚Take the obvious' – ‚Nimm das Offensichtliche'.

Das ist auch mit Wittgensteins Maxime: „Denk nicht, schau!" gemeint.

Dieser Satz gilt für beide, Klient und Therapeut. Eine der von mir immer wieder gebrauchte Intervention lautet: „Was wäre für Sie im Augenblick der simpelste und stimmigste Satz, den Sie .... (Ihrer Frau, dem Lehrer, dem Kind, dem Therapeuten oder wer auch immer gerade Thema ist) sagen würden. Dabei geht es mir nicht darum, dass der Klient nachhause geht und seinem Lebenspartner oder wem auch immer „mal kräftig die Meinung geigt" – „was ich dir schon immer sagen wollte ...". Mein erstes Ziel ist es, dass der Klient sich überhaupt erst einmal „erlauben kann", diesen Satz zu haben, zu spüren. Ich habe zwei Ziele mit dieser Intervention:

Zum einen möchte ich den Klienten darin unterstützen, für dieses Gefühl innerlich Raum zu schaffen; es ist ja sowieso vorhanden. Dann ist es immer sinnvoll, diese Befindlichkeit aus ihren „Undercoverdasein" herauszuholen und sie ans Tageslicht zu befördern. An anderer Stelle haben wir in diesem Zusammenhang das Märchen vom Rumpelstilzchen erwähnt. Sobald es mir gelingt, der Gefahr einen Namen zu geben und ihr die Tarnkappe der formlosen Anonymität herunterzureißen, habe ich schon ein großes Stück Weg zurückgelegt.

Zum anderen möchte ich gemeinsam mit dem Klienten untersuchen: Was hindert mich eigentlich daran, diesen Satz auch mitzuteilen? Dieser stimmigste und simpelste Satz muss ja nicht unbedingt barsche Kritik sein. Es kann ja auch simpel der Satz „Ich liebe Dich" sein, den zu sagen ich mich nicht in der Lage fühle. Was ist das Risiko, wenn ich diesen Satz sagen würde? Was müsste ich fühlen – was ich ja offensichtlich nicht fühlen will – wenn ich den Satz mitteile? Wohlgemerkt: Es geht wieder nicht darum, sich zu forcieren, diesen Satz zu sagen („solange ich diesen Satz nicht sage, bin ich nicht offen und nicht wirklich ehrlich ..." – sagt dann oft der *victimizer*). Es geht vielmehr darum, die Widerstände, die Blockaden zu spüren und auch ihnen Raum zu geben und auch sie zu würdigen, denn – so viel dürfte inzwischen klar sein – auch sie haben ihren Wert, haben ihre Daseinsberechtigung. Wenn es denn überhaupt ein Ziel sein könnte (man beachte bitte die zwei Konjunktive!), diese Sätze mitzuteilen, dann ist für mich immer die Reihenfolge: Fühle diese Sätze, schaffe Raum für sie, fühle die Gegenwehr und schaffe Raum für sie; spreche diese Sätze laut für Dich alleine und wenn es sich dann immer noch notwendig anfühlt, diese Sätze zu sagen, dann teile sie mit. Aber erst dann!

Die Arbeit mit dem Offensichtlichen braucht genaue Beobachtung, sie braucht keine Interpretationen. Laura Perls, die ja deutlich filigraner und nicht so spektakulär wie ihr Ehemann arbeitete, sagt hierzu:

Dan: Wenn du sagst „deutlich machen“, meinst du dann mit Hilfe von Interpretation?

Laura: Nicht durch Interpretation, sondern durch Beschreibung, oder noch genauer: durch die detaillierte Beschreibung dessen, was er tut und durch die Förderung seines Gewahrseins für das, was er tut. Es bedarf weder einer theoretischen Diskussion noch einer Interpretation, die bezweifelbar wäre. Nein, dies ist, was du hier und jetzt tust. Was fühlst du dabei? Und welche anderen Möglichkeiten kannst du dir im Augenblick vorstellen, um mit dieser Situation fertig zu werden? ... Du brauchst keine Interpretationen. Du gehst einfach mit dem Offensichtlichen oder mit dem, was dem Klienten unmittelbar gezeigt werden kann. Du beginnst mit dem, was da ist, nicht mit dem, was nicht da ist. Wenn du über das redest, was nicht da ist oder was irgendwo im Hintergrund bleibt, fängst du an, Vermutungen anzustellen und Phantasien zu entwickeln, und dann ist es deine Interpretation, die der Klient dir entweder glauben kann oder nicht. Das aber bedeutet, dass er erneut unzerkautes Material herunterschluckt, und das bleibt ihm entweder fremd, weil er nichts damit anfangen kann, oder – noch schlimmer – er projiziert es nach außen. Bei einem zwanghaften Patienten führt das dann zu einer ausgewachsenen Paranoia.

Dan: Heißt das, er muss es zerkauen?

Laura: Das ist es, was wir in der Sitzung tun: Wir zerkauen das, was hochkommt, wir beschreiben es in allen Details, greifen wirklich jeden möglichen Aspekt auf und arbeiten es durch. Das führt früher oder später zu einem „Aha-Erlebnis“ oder wie Fritz es nannte, zu einem Mini-Satori, wo plötzlich etwas als neue Gestalt deutlich wird, wo sich ein neuer Weg auftut, eine neue Erfahrung.[115]

Immer wieder bereit sein neue Erfahrungen zu machen und mit ihnen schöpferisch, kreativ, spontan und wachstumsorientiert umzugehen, das unterscheidet den „normalen“ vom Neurotiker: Der Neurotiker in diesem Sinne ist ein Mensch, der nicht wirklich neue Erfahrungen macht – die sind ihm zu gefährlich –, sondern sich in neuen Situationen seine alten, meist unbefriedigenden Erfahrungen bestätigt. Bewusstheit ist der Weg, hier neue Erfahrungen zu ermöglichen. Wenn der Gestalttherapeut den Ratschlag „Nimm das Offensichtliche befolgt“,

„kann er auf Deutungen und Interpretationen vollkommen verzichten. Statt zu phantasieren, was alles hinter den Verhaltensweisen des Klienten stecken könnte, vertraut der Gestalttherapeut darauf, dass der Organismus des Klienten die

für diesen zum jeweiligen Zeitpunkt wichtigste offene Gestalt in den Vorder-
grund bringt, und beschäftigt sich daher ausschließlich mit dem, was im Vorder-
grund offensichtlich wird. Das meldet er dem Klienten gezielt zurück und hilft
diesem, dadurch die eingeschränkte Bewusstheit von sich selbst zu erweitern. Auf
diese Weise kommt der therapeutische Prozess in Gang. Phänomenologie (Be-
schreibung des Offensichtlichen) und Existentialismus (Existenz verstanden als
das individuelle, sich prozesshaft in der Zeit vollziehende Dasein) sind die phi-
losophischen Paten dieser therapeutischen Vorgehensweise."[116]

Das Warum des Warums bringt uns nicht unbedingt weiter. Das sagen übereinstim-
mend und immer wieder Gestalttherapie und Zen-Buddhismus. Jede Antwort auf
dieses Warum entspringt immer nur einem Deutungssystem, an das man glauben
kann oder auch nicht. Nicht zuletzt durch die Auswirkungen psychoanalytischen
Denkens glauben die meisten psychotherapeutischen Schulen an die nachhaltige
und oft irreversible Prägung der frühen und frühesten Kindheit. Aber auch das ist ja
nur ein Überzeugungssystem unter anderen; allerdings eines, das die westliche Welt
erheblich mitgeprägt hat. Viele Arbeiten beschäftigen sich damit, diese Glaubens-
überzeugung zu relativieren. Zwei, mit denen es sich lohnt auseinanderzusetzen,
seien hier genannt:

- Rolf Degen: Lexikon der Psycho Irrtümer; hier besonders der Beitrag: Die Persönlichkeit des Menschen wird durch seine Erziehung bestimmt
- Jerome Kagan: Die drei Grundirrtümer der Psychologie; hier besonders das Kapitel 2: Der Reiz des Kindheits-Determinismus.

Sehr interessant ist auch das, was James Hillman hierzu sagt: Der hauptsächliche Inhalt der amerikanischen Psychologie ist die Entwicklungspsychologie: Was dir früher zugestoßen ist, ist die Ursache dessen, was dir später zugestoßen ist. Dies ist die
grundlegende Theorie: Unsere Geschichte ist unsere Kausalität. Wir machen nicht
einmal einen Unterschied zwischen Geschichte als Erzählung und Geschichte als Ursache. Deshalb muss man auf die Kindheit zurückgehen, um herauszubekommen,
warum man so ist, wie man ist. Wenn also die Menschen durchgedreht oder verwirrt
oder einfach fertig oder was auch immer sind, gehen wir in unserer Kultur, in unserer
psychotherapeutischen Welt, zurück zu unseren Müttern und unseren Vätern und in
unsere Kindheit.

„Keine andere Kultur würde so etwas tun. Wenn man in einer anderen Kultur
verwirrt oder ganz durcheinander oder impotent oder fresssüchtig ist, prüft man
nach, was man gegessen hat, wer einen verzaubert hat, gegen welches Tabu man
verstoßen hat, was man falsch gemacht hat, wann man zuletzt vergessen hat, den
Göttern Ehrerbietung zu erweisen oder wann man nicht am Tanz teilgenom-
men hat, gegen eine Stammessitte verstoßen hat. Was auch immer. Es könnten
Tausende anderer Dinge sein – die Pflanzen, das Wasser, die Flüche, die Dämo-
nen, die Götter, der Verlust des Kontakts mit dem Großen Geist. Niemals, nie-

mals würde es an dem liegen, was einem vor vierzig Jahren mit seiner Mutter und seinem Vater zugestoßen ist. Nur unsere Kultur benutzt dieses Modell, diesen Mythos."[117]

Wenn also klar ist, dass wir bei der ach so gerne betriebenen Kindheits – Archäologie in Übereinkünften wühlen, dann wird auch in diesem Zusammenhang der ständige Auftrag Perls' „Betrachte das Offensichtliche" erneut deutlich und verständlich. Die Tatsache, dass meine Mutter mich früher nie voll akzeptiert hat, ist vielleicht von erklärender Bedeutung, mit Sicherheit aber nicht von heilender. Zumal es ja dann erst richtig losgeht: Jetzt, wo ich endlich ‚rausgefunden habe, das meine Mutter mich nie voll akzeptiert hat, muss ich natürlich noch herausfinden, warum sie mich nie voll akzeptiert hat, und sollte ich auf dieses Warum eine Antwort finden, dann kann ich sie natürlich nicht glauben und frage dann „aber warum denn ...?"

„Man könnte nun denken, dass die Leute Fragen stellen, um ihre Zweifel zu zerstreuen, geistige Verwirrungen zu klären und die Wahrheit zu erfahren. Dies trifft zugegebenermaßen in manchen Fällen zu. Meistens aber stellen die Leute Fragen, um keine Antwort zu erhalten. Eine wirkliche Antwort für das Leben wäre das Letzte, was sie wollten. Selbst wenn sie sie bekämen, wüssten sie mit ihr nichts anzufangen. Sie kämen sich wahrscheinlich vor wie ein kleiner Junge, der im Garten ‚Löwen und Tiger fangen' spielt und plötzlich vor einem wirklichen Löwen oder einem aus dem Zoo entsprungenen Tiger steht. Deshalb stellen sie weiter Fragen."[118]

„Das Vorgefundene zunächst einfach hinzunehmen, wie es ist; auch wenn es ungewohnt, unerwartet, unlogisch, widersinnig erscheint und unbezweifelbaren Annahmen oder vertrauten Gedankengängen widerspricht. Die Dinge selbst sprechen zu lassen, ohne Seitenblick auf Bekanntes, früher gelerntes, ‚Selbstverständliches', auf inhaltliches Wissen, Forderungen der Logik, Voreingenommenheiten des Sprachgebrauches und Lücken des Wortschatzes. Der Sache mit Ehrfurcht und Liebe gegenüberzutreten, Zweifel und Misstrauen aber gegebenenfalls zunächst vor allem gegen die Voraussetzungen und Begriffe zu richten, mit denen man das Gegebene bis dahin zu fassen suchte."[119]

Hier kritisiert Metzger den rationalistischen Grundsatz, demzufolge nichts unmittelbar Gegebenes ohne weiteres als wirklich hingenommen werden soll und alles erst begründet werden muss; d.h. nur das Erklärbare auch wirklich ist. Seine Sätze sprechen mir aus meiner „buddhistischen Gestaltseele"! Besser könnte es weder ein Zen-Buddhist noch ein Gestalttherapeut beschreiben. Ich glaube, dass Wolfgang Metzger noch lange nicht den ihm zukommenden Stellenwert in der gestalttherapeutischen Diskussion hat; insbesondere für unser Thema, da er sich – im Gegensatz zu Perls – wirklich mit dem Zen-Buddhismus auseinander gesetzt hat. Und zwar nicht in

Perls'scher Arroganz, sondern in Metzger'scher Erfurcht. Die Arbeit mit dem Offensichtlichen im Hier und Jetzt ermöglicht mir als Therapeut eine Art der Aufmerksamkeit, die es dem Klienten erschwert, „seine Esel" an mir „vorbeizuschmuggeln":

Jeden Tag ging Nasrudin mit seinem Esel über die Grenze, die Lastkörbe hoch mit Stroh beladen. Da er zugab, ein Schmuggler zu sein, durchsuchten ihn die Grenzwachen immer wieder. Sie machten Leibesvisitationen, siebten das Stroh durch, tauchten es in Wasser und verbrannten es sogar von Zeit zu Zeit. Nasrudin wurde unterdessen sichtlich wohlhabender. Schließlich setzte er sich zur Ruhe und zog in ein anderes Land. Dort traf ihn Jahre später einer der Zollbeamten.

„Jetzt könnt Ihr es mir ja verraten, Nasrudin", sagte er. „Was habt Ihr damals bloß geschmuggelt, als wir Euch nie etwas nachweisen konnten?"

„Esel", sagte Nasrudin.

„Bewusstheit per se, durch und aus sich selbst heraus, kann heilsam sein, denn bei voller Bewusstheit wird man sich dieser organischen Selbstregulation bewusst und kann dem Organismus die Herrschaft überlassen, ohne dazwischen zu treten, ohne zu unterbrechen."[120]

Eine der „beliebtesten" Formen des Dazwischentretens, der Unterbrechung ist das Bewerten und Etikettieren. Sobald wir jedoch gelernt haben, auf den Organismus zu hören und uns darauf als Ratgeber zu verlassen, ist es nicht mehr notwendig, sich selbst oder seine Umwelt zu manipulieren und z. B. den Versuch zu machen, der sozialen Umwelt die Herrschaft zu überlassen, weil dadurch das System organischer Selbstregulierung, Selbstherrschaft gestört würde.

In dieser Aussage – „trust the process" – treffen sich Zen und Gestalttherapie vollkommen. Dieses Vertrauen in den – heilsamen – Prozess wird durch eine andere Grundüberzeugung, die beide Wege teilen ermöglicht: nämlich die Überzeugung, dass wir alle über – homöostatische – Selbstheilungskräfte verfügen, die in der Therapie (re-)aktiviert werden können. Hierzu noch einmal Wolfgang Metzger:

„Die Kräfte und Antriebe, die die angestrebte Form verwirklichen, haben wesentlich in dem betreuten Wesen selbst ihren Ursprung ... Ich kann die Formung des Lebendigen nicht zu einem mir genehmen Augenblick erzwingen. Ich kann, wo die inneren Kräfte fehlen, sie nicht durch äußeres Eingreifen ersetzen, ohne zu zerstören, was ich zu bilden vermeinte. Ich muss vielmehr geduldig abwarten, bis die in ihm geweckten oder gestärkten Kräfte von selbst ihre Wirkung entfalten."[121]

Auf „gestaltisch: „Don't push the river – it flows by itself". Das Vertrauen in den Prozess wird, je weiter wir auf dem Weg, sei es nun der therapeutische oder auch der der Meditation, vorankommen, auf harte Proben gestellt. Im Weg der Meditation warten der „Große Zweifel" und zunehmende Erkenntnis, dass alles eins ist auf uns. Alles ist eins heißt in diesem Sinne, dass das Leid meines Gegenübers auch mein Leid wird. Das ist nicht immer einfach und die Grenzen zwischen Mitgefühl und Mitleid – in des Wortes wahrer Bedeutung: Mit – Leid sind fließend. Und körperlich bedeutet dies, dass der Schmerz, den ich in Rücken, Beinen und Schultern fühle, zunächst einmal mehr wird. Es fällt mir schwer zu glauben, dass dieser Schmerz sich eines Tages in Nichts auflösen soll. Das Ziel rückt immer weiter, je näher wir ihm kommen.

Auf dem therapeutischen Weg gilt die schon erwähnte Gleichung „was ich mir am meisten ersehne, ist auch das, wovor ich am meisten Angst habe. Und Altes aufzugeben, was mir bisher bei allem Schmerz gleichwohl Sicherheit gegeben hat, ist doch sehr schwer. Nicht zufällig brechen viele Menschen eine Therapie immer dann ab, wenn Veränderung „droht"! Wie groß die Beharrungstendenz wider besseres Wissen sein kann, zeigt sich mir z. B. immer dann, wenn eine geschlagene Ehefrau nach einer Zeit im Frauenhaus zu ihrem Ehemann zurückkehrt, weil der – mal wieder versprochen hat – sich zu ändern und jeder genau weiß, dass die Halbwertzeit eines solchen Versprechens nahe Null ist. Für mich als Therapeut ist so etwas immer wieder nur sehr sehr schwer auszuhalten!

Perls hat verschiedene Phasen des therapeutischen Prozesses beschrieben, die auch sehr klar machen, dass der Weg immer steiniger wird je weiter wir voranschreiten. Insofern unterscheiden sich Gestalttherapie und Zen-Buddhismus in keiner Weise!

Perls hat bekannterweise ja keine durchgehende Persönlichkeitstheorie geschrieben;[122] d. h. wir müssen uns immer wieder neu durch seine Bücher, Reden und Aufsätze quälen. Isadore From beschreibt, oder besser beklagt auch, dass theoretische Schlüssigkeit und Stringenz bei Perls vergeblich gesucht werden. Aber daran sind schon viele Menschen, die eine durchgängige Theorie oder Persönlichkeitstheorie Perls schreiben wollten, verzweifelt.

> „In den späten Vierzigern hatte Friedrich Perls ein Manuskript, das, um veröffentlich zu werden, der Überarbeitung bedurfte. In den zwanzig Jahren, in denen ich mit Friedrich Perls zu tun hatte, gab es immer irgendein Manuskript, in denen er meistens dasselbe, nur ein bisschen schlechter, wiederholte. Seine Wahl fiel auf Paul Goodman, der durch mich bereits mit ‚Ich, Hunger und Aggression' vertraut war und der sich für ein Honorar von 500 $ bereiterklärte, das Manuskript zu überarbeiten, das heißt in ein adäquates Englisch zu bringen. Im Laufe dieser Arbeit wurde ihm klar, dass dem Perls'schen Manuskript eine schlüssige Theorie fehlte – Schlüssigkeit war nicht eines der großen Talente von Perls. Mit Perls Erlaubnis begann er, diese Theorie auszuarbeiten. Paul Goodman verbrachte damit ein ganzes Jahr, übrigens ohne ein zusätzliches Honorar dafür zu erhalten. Das theoretische Werk, das so entstand, ist der zweite Band des Buches ‚Gestalttherapie' mit dem Untertitel ‚Excitement, Novelty and Growth'."[123]

Bezogen auf die Phasen des Therapieverlaufes hat er vier oder fünf Phasen beschrieben, je nachdem, ob wir Phase eins und zwei als getrennte Phasen auffassen wollen. Er spricht von 1. Klischee-Phase, 2. Rollenspiel-Phase, 3. Impasse-Phase, 4. Implosionsphase, 5. Explosionsphase:

Lasst mich Euch jetzt etwas darüber erzählen, wie ich die Struktur einer Neurose sehe ... Im Moment sehe ich es so an, dass die Neurose aus fünf Schichten besteht:

1. Die erste Schicht ist die Schicht der Klischees. Wenn man jemanden trifft, tauscht man Klischees aus ...all die bedeutungslosen Symbole des Sich-Treffens.
2. Die zweite Schicht, die ich die Eric- Berne- oder Sigmund- Freud Schicht nenne, [ist] die Schicht, wo wir Spielchen machen und in Rollen schlüpfen ... egal in welche Rolle. Diese sind also die oberflächlichen, die sozialen, die Als-ob-Schichten ... diese synthetische Schicht muss zuerst durchgearbeitet werden. Ich nenne sie eine synthetische Schicht, weil das sehr schön in das dialektische Denken passt. Wenn wir Dialektik – These, Antithese, Synthese – in Existenz übersetzen, können wir sagen: Existenz, Antiexistenz, synthetische Existenz. Der größte Teil unseres Lebens ist synthetische Existenz, ein Kompromiss zwischen Antiexistenz und Existenz...
3. Wenn wir nun diese Schicht des Rollenspielens durcharbeiten, wenn wir die Rollen wegnehmen, was erleben wir dann? Dann erleben wir die Anti-Existenz, wir erfahren das Nichts, die Leere. Das ist der tote Punkt, die Blockierung, ... das Gefühl, festgefahren zu sein und verloren... Wenn wir hinter die phobische Schicht, den Widerwillen kommen, so merken wir, dass wir auf die Blockierung (impasse) stoßen. Und in der Blockierung haben wir das Gefühl, nicht lebendig zu sein, erstarrt zu sein. Wir fühlen, dass wir Nichts sind, dass wir Dinge sind. In jedem Stückchen Therapie müssen wir durch diese Implosionsphase gelangen, um an das wahre Selbst heranzukommen...
4. Hinter der Blockierung liegt eine sehr interessante Schicht, die Schicht des Todes oder die Implosionsphase. Diese vierte Schicht erscheint entweder als Tod oder als Todesangst... Sie erscheint bloß als Tod wegen der Lähmung entgegengesetzter Kräfte. Sie ist eine Art Katatonie: wir ziehen und ballen uns zusammen, wir implodieren.
5. Wenn wir einmal wirklich mit dieser Leblosigkeit der implosiven Schicht in Berührung kommen, ereignet sich etwas sehr Interessantes. Die Implosion wird Explosion ...

In den beiden ersten Phasen halten wir uns an Klischees und Rollen fest. Sie geben uns Halt und – zunächst auch Sicherheit. Bei Perls kommen diese Phasen sehr schlecht weg. Dem stimme ich so nicht zu. Wir brauchen die Sicherheit der Rollen und die Überschaubarkeit, die sie uns in sozialen Situationen geben.

Ein guter Freund ist Musiker. Immer wenn ich mit ihm zusammen bin, habe ich es schwer mit seiner amöbenhaften, formlosen und kraftlosen Art und Weise. Sie wirkt auf mich immer wieder schwer zu fassen und erfassen. Mein Bild ist, dass ich eher eine Qualle an die Wand nageln kann, als das ich „richtigen" Kontakt zu ihm aufbauen könnte. Bis zu dem Tag, an dem ich ihm bei seiner Arbeit als Dirigent zuschauen durfte! Ich war begeistert. Statt kraftloser Formlosigkeit sah ich Klarheit, ich spürte Präsens, die sehr genau ausstrahlte: „Ich weiß, was ich will und ich habe hier das Sagen." Das waren alles Saiten, die ich zuvor noch nie habe wahrnehmen können; ich war tief beeindruckt!

Es war offensichtlich die Rolle, die Klarheit, Präsenz und Kraft hervorbrachte. Das gestalttherapeutische Ziel kann es ja nun nicht sein, diese Rolle aufzugeben. Sondern die Frage müsste lauten: Was kann ich tun, um diese Präsens, Klarheit und Kraft auch außerhalb dieser bestimmten Rolle leben zu können. Denn die schöne Botschaft in diesem Erlebnis ist ja, dass die Kompetenz zu allen Eigenschaften offensichtlich vorhanden ist – wir kommen als geschlossene, kompetente Gestalt zur Welt. „Nur" gibt es offensichtlich manche Bereiche, in denen ich diese Kompetenzen leben kann und in anderen Bereichen ist es – aus welchen Gründen auch immer – zu gefährlich, zu bedrohlich in dieser Art präsent zu sein.

Für unser Thema aber besonders interessant sind jedoch die Vorgänge in den Phasen der Blockierung und der Implosion. Die Angst vor dem nächsten Schritt, vor dem Unbekannten ist so groß, so bedrohlich und beherrscht jeden Versuch der Bewegung: Wenn ich noch einen Schritt gehe, dann muss ich implodieren, sterben. Und ich möchte lieber sterben als diesen (alten!) Terror, dieses alte Verloren sein noch einmal zu fühlen. Die Worte geben nur einen kleinen Eindruck von der wirklichen Dramatik einer solchen Situation in der Therapie wider.

Aus dieser Situation heraus führt meistens explosionsartige echte Trauer, orgastische Sexualität, Wut, die plötzlich kongruent, kraftvoll und für den anderen ungefährlich heraustritt oder Lachen und Freude.

Das interessante ist die Vielzahl der Parallelen zwischen den Wegen; angefangen vom Festhalten an den Rollen, über die Blockierung, über die große Angst vor dem nächsten Schritt, die sich manchmal durchaus auch körperlich in langem Zittern und Schütteln äußern kann, bis hin zur explosionsartigen Auflösung durch Lebendigkeit und Lachen. So wird immer wieder berichtet, dass das Kloster tagelang vom Lachen eines Mönches widerhallte, der die Erleuchtung gefunden hatte.

Wichtig ist hierzu auch noch, dass diese Phasen nicht irgendwann fertig sind. Weder in der Therapie noch in der Meditation. Wir durchleben sie immer wieder, wenn wir uns einmal auf den Weg gemacht haben. Wir entwickeln uns spiralförmig in die Tiefe. Die Themen bleiben auch immer die gleichen, sie begegnen uns immer wieder, allerdings immer tiefer. Und – und das ist das tröstliche – unsere Ressourcen, damit wachstumsfördernd umzugehen nehmen im Laufe unseres Wachstums zu.

Erneut: Trust the process:

Kein Gedanke, keine Reflexion, kein Üben, keine Absicht: Lass es sich selbst dartun.   Der Dichter und Zen-Meister Ikkyu Sojun

Verantwortung übt sich nicht in Uniformität, weder am entfernten Ende des Be-
mühens, noch an dem Ende, wo man sich den Moment vorstellt, Verantwortung
in Erwägung zu ziehen ... Das Objekt meiner Verantwortung meinen Maßstä-
ben anzupassen, sie oder ihn in Besitz zu nehmen, unter mein Kommando zu
stellen, ihn oder sie in der einen oder anderen Hinsicht mir identisch zu machen
und ihm oder ihr die Verantwortung zu nehmen, die wiederum ihre Alterität,
ihre Einzigartigkeit konstituiert, ist sicherlich nicht das Ergebnis, das meine Ver-
antwortung anstreben oder erwägen könnte, ohne sich selbst zu verneinen, ohne
aufzuhören, eine moralische Haltung zu sein.[124]

„Was tun Sie", wurde Herr K. gefragt, „wenn Sie einen Menschen lieben?" „Ich
mache einen Entwurf von ihm", sagte Herr K., „und sorge, dass er ihm ähnlich
wird." „Wer? Der Entwurf?" „Nein", sagte Herr K., „der Mensch."
Bertolt Brecht

In einer mittelalterlichen Einführung in die christliche Meditation und in das mystische Gebet, die unter dem Titel ‚Die weiße Wolke des Nicht-Wissens' bekannt wurde, wird vor jeder verbissenen Gottsuche gewarnt:

‚Ich bitte dich, sei vorsichtig und übe nicht krampfhaft. Folge mehr freudiger Nei-
gung als unvernünftigem Zwang. Je froher du übst, umso gelassener und geisti-
ger wird deine Kontemplation sein. Strengst du dich zu sehr an, so wird das Er-
gebnis nur Überspannung sein. Wer sich zwingt, den hohen Berg des kompleta-
tiven Gebetes zu ersteigen, wird mit Steinen davongejagt werden. Du weißt, Stei-
ne sind feste, harte Brocken, die schmerzen, wenn sie treffen. Krankhafter Zwang
ist hart wie Stein, weil ihm der Tau der Gnade fehlt. Darum sage ich noch ein-
mal: Lerne, an Leib und Seele entspannt, heiter und gelassen, dich in dieser
Übung Gott hinzugeben.'[125]

Die ständige Wiederholung des prozesshaften in der Gestalttherapie bedeutet jedoch nicht zielloses herumirren in den Irrwegen der problembehafteten Psyche. Die
Präsenz des Therapeuten dient u.a. auch den impliziten und expliziten Werten und
Zielen der Gestalttherapie, wie sie an anderer Stelle schon dargestellt wurden. Interessanterweise beschreibt Carl v. Clausewitz in seinen Ausführungen zu der Ausbildung zukünftiger Heerführer Gedanken, die nicht nur sehr gestaltpsychologisch,
sondern auch geradezu als Handlungsanweisungen für einen Gestalttherapeuten gelesen werden können: Zunächst warnt er z. B. davor, Maßnahmen, die irgendwo und
irgendwann einmal erfolgreich waren, blind auf andersartige, neue Verhältnisse zu
übertragen.

„Aus diesem Grund verschmäht v. Clausewitz auch den Gebrauch von festen
Fachausdrücken für bestimmte Weisen der Kriegführung. Denn diese verführen,

unter anderem, ganz besonders dazu, diese Verfahrensweisen aus dem Zusammenhang der sachlichen Bedingungen, von denen sie unmittelbar gefordert waren, herausgelöst zu denken und zu Rezepten erstarren zu lassen."[126]

Ich erinnere in diesem Zusammenhang daran, wie F. Perls sich verärgert über den rezept- und schlagwortartigen Gebrauch seiner Sätze durch „Instant-Therapeuten" im Vorwort zu seinem Buch: „Gestalt Therapy Verbatim" äußerte.

Zurück zu den Gedanken von C. v. Clausewitz.[127] Wichtig ist ihm der Hinweis auf die Lebendigkeit des Gegners und der eigenen Streitkräfte (das klingt natürlich etwas makaber von einem Militärstrategen), er weiß damit aber auf die unaufhörlich sich wandelnde Gesamtlage, infolge deren es unmöglich ist, sich beim Lösen irgendwelcher Aufgaben auf diesem Gebiet an ein für alle Mal festliegende Regeln, Formeln und Verfahrensvorschriften zu halten, sich irgendwelcher „Instrumente des Geistes" oder „Wahrheitsapparate" mit Aussicht auf Erfolg zu bedienen. Zwei seiner Gedanken erscheinen mir hier noch besonders hervorhebenswert.

1. Die Vermeidung ablenkender Nebenkräfte, d. h. es muss vermieden werden, dass der Zug des Ziels der Ausbildung selbst: des völligen Sich-Auskennens in dem fraglichen Gebiet und der Fähigkeit, sich darin sicher und ohne Krücken und Hemmungen zu bewegen, durchkreuzt wird durch den Zug von Nebenzielen, deren wichtigstes und am schwersten entrinnbares bei aller höheren Ausbildung für die Befriedigung der persönlichen Eitelkeit ist: die Versuchung, mit der erworbenen Gelehrsamkeit zu prangen, sich mit dem Nimbus des Eingeweihtseins zu umgeben. Hiergegen setzt v. Clausewitz unter anderem ein: die Forderung schlichten Ausdrucks, die Ablehnung von Fachausdrücken, besonders großartig und geheimnisvoll klingenden fremdsprachlichen, deren Hauptwert darin besteht, dass der Benutzer sich mit ihnen schmückt und über die gemeine, ungebildeten Masse erhebt.

2. Die Beseitigung von möglicherweise zielfremden Bahnen und Hindernissen im Bewegungsfeld. Hierher gehören, außer der Ablehnung aller fester Sonderrezepte, besonders die Warnung vor den (in der Politik besonders beliebten) „Grundsätzen" oder vielmehr unsachlichen Festlegungen und Erstarrungen: die des „Konservativen" oder „Reaktionärs": man muss es einfach wie früher machen; was früher zum Ziel führte, muss auch jetzt zum Ziel führen; was früher gut war, ist immer gut; – und die des „Fortschrittlichen" oder „Revolutionärs": man muss es auf jeden Fall anders machen, was früher war, kann unter keinen Umständen gut sein. Beide übersehen die Hauptsache: die Forderung und die Möglichkeiten der gegenwärtigen Lage, der gegenwärtigen Randbedingungen.

Ich finde es wirklich faszinierend, wie viel wir als Gestalttherapeuten auf einem kleinen Ausflug zu Carl v. Clausewitz für unsere therapeutische Arbeit, insbesondere für den hier diskutierten Aspekt der freien, spontanen und zugleich dynamischen Zielerreichung lernen können!

Es war einmal ein König, der wollte sein Königreich aufgeben und ein Murid

(Schüler) werden. Er wollte auf alle seine weltlichen Schätze verzichten und sich ganz spirituellen Gedanken hingeben. Als er nach Buchara zu einem Lehrer ging, gab dieser ihm die Arbeit eines Probanden. Diese Arbeit bestand darin, das Haus der Schüler zu säubern und den Müll fortzubringen. Die anderen Schüler fühlten Mitleid mit ihm und waren schockiert, dass er, der auf dem Thron zu sitzen pflegte und König war, diese Arbeit tun musste. Sie dachten, dass es furchtbar für ihn sein müsste. Doch der Lehrer, der wusste, was er beabsichtigte, konnte nichts anderes tun. Er sagte: „Er muss es tun, denn er ist noch nicht bereit." Eines Tages kamen die Schüler zum Lehrer und sagten: „Wir haben alle Mitleid mit ihm. Er ist so feinfühlig, so freundlich, so kultiviert. Wir wären so glücklich, wenn du ihm seine Pflicht erlassen würdest." Der Lehrer sagte, er wolle ihn prüfen. Als er nun eines Tages den Abfall hinaustrug, stieß jemand mit ihm zusammen, und alles war am Boden verstreut. Er schaute auf und sagte: „Das wäre früher nicht geschehen, das kann ich dir sagen!" Dem Lehrer wurde dies berichtet, und er sagte: „Die Zeit ist noch nicht gekommen." Nach einiger Zeit wurde der Test wiederholt. Diesmal schaute der Mann nur auf, sagte aber nichts. Doch wieder fand der Lehrer, dass die Zeit noch nicht gekommen sei. Aber bei der dritten Prüfung sammelte er nur den verstreuten Abfall auf und trug ihn fort. Da sagte der Lehrer: „Jetzt ist es Zeit, nun ist er bereit."

Eine wunderbare Geschichte; sie könnte auch die Geschichte der ersten Phase einer Therapieausbildung sein: Zunächst kommt es darauf an, die Dinge, mich selbst und andere, offen und unvoreingenommen wahrzunehmen (alles ist, was es ist). Was ist passiert? Der Abfall ist hingefallen und muss wieder aufgesammelt werden. Das ist alles.

Vor langer Zeit soll in Isfahan einmal ein Jüngling gelebt haben, der Diener eines reichen Kaufmannes war. Sorglos ritt der Jüngling an einem schönen Morgen zum Markt; in seiner Börse klimperten die Münzen aus der Schatzkammer des Händlers, mit denen er Fleisch, Früchte und Wein kaufen sollte. Als er auf den Marktplatz kam, sah er plötzlich den Tod vor sich stehen. Der winkte ihm zu als wolle er ihm etwas sagen. Tief erschrocken kehrte der Jüngling um, gab seinem Pferd die Sporen und floh auf der Straße nach Samara. Als die Nacht hereinbrach, erreichte er staubbedeckt und erschöpft die Stadt, ging in eine Herberge, mietete sich mit dem Geld des Kaufmanns ein Nachtquartier und ließ sich todmüde, aber erleichtert auf das Bett fallen. Er glaubte den Tod überlistet zu haben. Mitten in der Nacht klopfte es an die Zimmertüre. Da stand der Tod und lächelte leutselig. „Wie ist es möglich, dass du hier bist?" fragte der Jüngling bleich und zitternd. „Ich sah dich doch heute morgen noch auf dem Marktplatz von Isfahan." Der Tod antwortete: „Nun, ich bin gekommen, dich zu holen, wie dir bestimmt ist. Als ich dich heute morgen auf dem Marktplatz in Isfahan sah, wollte ich dir sagen, dass wir heute Abend eine Verabredung in Samara haben. Aber du wolltest mich nicht zu Wort kommen lassen und flohst."

Bewusstheit, ‚don't push the river', Nicht-Einmischen, Zeuge-sein, – oder wie auch immer ich es nennen will – ist nicht mit fatalistischer Hin- (oder besser) Aufgabe zu verwechseln.

Das Leben mit dem Prozess gleicht einem Getreidehalm im Wind: Er hält seine Festigkeit gerade dadurch, dass er mit dem Wind gehen kann, d.h. übertragen formuliert: die jeweils situativ sinnvollste Anpassung (= Mitschwingung) hervorbringt; während starres Beharren – Leben gegen den Prozess – nur Energieverschwendung wäre und den Halm zerstören würde. Das ist, was ich mit Kampf um Nichts (fight for nothing) bezeichnen möchte.

Das bekannte Gebet: ‚Gott, gib mir den Mut und die Kraft zu verändern, was zu verändern ist; die Geduld und die Gelassenheit zu ertragen, was nicht veränderbar ist und die Klarheit und Sicherheit zwischen beiden unterscheiden zu können‘, gehört hierhin.

Wie wunderbar sinnvoll es doch in diesem Zusammenhang für den Therapeuten erscheint, Nichts zu tun; aber es muss das richtige Nichts an der richtigen Stelle sein, das ist gewiss nicht einfach. Ich kann als Therapeut um so mehr von diesem Nichts realisieren, je größer mein Vertrauen in die Selbstregulation des Klienten ist, aber auch, je weniger ich auf den „Beifall" des Klienten angewiesen bin.

Mit dem „richtigen Nichts" meine ich das kraftvolle, sichere, klare Nichts, das im tiefen Kontakt mit mir und dem Klienten oder der Umwelt entsteht. Einem solchen Nichts braucht nichts hinzugefügt werden, es ist die Eingangspforte zum gemeinsamen Eins-Sein. Im gelungenen Optimalfall werden wir beide – Klient und Therapeut – Zeugen der Heilung des Selbst durch Selbstheilung.

Dieses Nichtstun meint wachsen lassen, was wächst, meint – Unterlassen aller Manipulation. Dieses Nichtstun ist jedoch nicht mit einem fatalistischen Sich-Abfinden zu verwechseln. „Handeln durch Nicht-Handeln" im Zen, „Wuwei" (Nichttun) im Taoismus,[128] „trust the process" in der Gestalttherapie, meinen alle dasselbe.

Nur in der nichts vermeidenden Akzeptanz dessen, was da ist, kann ich Realität voll und ganz erfassen, kann ich frei und autonom neue Bewusstheiten entwickeln und neues Verhalten, neues Sein ausprobieren.

Nur in der nichts vermeidenden Akzeptanz dessen, was ist, kann ich Verantwortung für mich selbst und die Welt, für mich selbst in der Welt übernehmen.

Wachstum und Lernen haben mit Ausprobieren-können zu tun und dies wiederum mit der Freiheit, der Chance, „Fehler" machen zu dürfen. Ich setze das Wort „Fehler" in Anführungszeichen, weil es in diesem Zusammenhang keine Fehler mehr gibt (siehe auch das Beispiel Edisons).

Je mehr ich lerne, mir selbst, aber auch dem anderen immer und immer wieder zu vergeben, mich und andere immer wieder neu anzunehmen, desto mehr Raum kann ich für Wachstum und Entwicklung schaffen.

„Der Psychotherapie geht es um eben diese Art des Nachgebens gegenüber dem, was im Inneren als Problem vorhanden ist, um darin etwas Neues und Fruchtbares zu entdecken. Man kommt in die Therapie eben deshalb, weil man nicht weiß, wie man hinreichend nachgeben kann: beispielsweise einer Zeit des Wandels im eigenen Leben, oder einem Zug zu einer Beziehung hin oder von ihr weg,

134

oder einem Protest oder einem Wunsch. Die Symptome – Angst, Depression, Ver-
wirrung – bedeuten, wie Kafka einmal sagte, ‚Selbstqual aus Angst' vor dem
Nachgeben. Aber dann steht der Betreffende häufig vor einem neuen Problem,
nämlich dem Therapeuten gegenüber nachzugeben, und das will er auch nicht.
Das Problem ist nach außen übertragen worden; wird, wie wir sagen, ein ‚Über-
tragungsproblem'. Was kann der Therapeut bieten? Schweigen vielleicht? Aber
das mag vielleicht dem Patienten bestätigen, dass er Unrecht hat, was einen ver-
härtet und in die Enge treibt. Ein schlichter Einwand vielleicht, dass die Unab-
hängigkeit des Patienten keinen Erfolg gebracht hat. Aber das belässt den Kon-
flikt des Patienten einfach an derselben Stelle. Die Behauptung, dass der Patient
(nicht der Therapeut) das Problem lösen wird? Aber dieses Versprechen wirkt ein
bisschen sophistisch, denn für irgendetwas wird der Therapeut ja offensichtlich
gebraucht. Die Situation nicht verändern, aber sie so strukturieren, dass der Pa-
tient ihr zustimmen kann? Genau das aber ist Wu Wei: man gibt dem nach, was
ist, um darin etwas Neues zu finden. Zu Beispiel: ‚Ich verstehe, dass Sie nicht von
Hilfe abhängig sein wollen. Natürlich wollen Sie auf eigenen Füßen stehen. Aber
was ist mit den Problemen, von denen Sie sprechen, die von anderen gekommen
sind – Vater, Mutter, wer auch immer zu ihrer Unsicherheit und ihrer Verwir-
rung beigetragen hat? Wenn jemand Sie in einen Brunnen geschubst hat, brau-
chen Sie dann nicht auch jemanden, der Ihnen wieder heraushilft?' Es ist nicht
schwer, diese Fragen mit ‚Ja' zu beantworten."[129]

Richtig und falsch: Wenn Bankei seine Meditationswochen in der Zurückgezogen-
heit abhielt, kamen Schüler aus vielen Teilen Japans, um daran teilzunehmen. Während eines dieser Treffen wurde ein Schüler beim Stehlen ertappt. Man trug die Sache
Bankei vor, mit der Bitte, der Täter möge davongejagt werden. Bankei ignorierte den
Fall.

Etwas später wurde der Schüler bei der gleichen Tat ertappt, und wieder übersah
Bankei die Angelegenheit. Dies ärgerte die anderen Schüler, und sie schrieben ein
Gesuch, in dem sie die Entlassung des Diebes forderten und erklärten, dass sie an-
dernfalls alle zusammen fortgehen würden.

Als Bankei das Gesuch gelesen hatte, rief er alle zu sich. „Ihr seid weise Brüder",
sagte er zu ihnen. „Ihr wisst, was recht und was nicht recht ist. Geht woanders hin,
um zu studieren, wenn ihr wollt, aber dieser arme Bruder kann nicht einmal zwischen
recht und unrecht unterscheiden. Wer wird ihn unterrichten, wenn ich es nicht tue?
Ich werde ihn hier behalten, selbst wenn ihr anderen alle geht."

Ein Strom von Tränen läuterte das Gesicht des Bruders, der gestohlen hatte. Jegliches Verlangen zu stehlen war ihm vergangen. Kinder sind Experten und gute Lehrer für dieses Thema:

Im Hier und Jetzt ist Wut: „Ich hasse Dich ... ich will Dich nie mehr sehen ... ich
will nie mehr mit Dir spielen ..." Und kurze Zeit später spielen die beiden Kinder in
wunderschöner Eintracht und wunderschönem Kontakt wieder zusammen.

Alles ist vergeben, da ist kein Festhalten an Wut, aus dem der Drang zu Rache und Revanche erwachsen könnte. Und was mir sehr wichtig erscheint: Weder das erste noch das zweite Gefühl sind falsch oder unecht.

Hier können wir neben dem Vergeben lernen, dass die zeitliche Dauer eines Gefühls kein Indikator für dessen Echtheit / Aufrichtigkeit ist.

Ein schönes Beispiel für den Zusammenhang zwischen Vergeben und Lernen ist immer wieder neu zu beobachten, wenn ein Kind laufen lernt: An der Hand eines Erwachsenen entstehen mehr oder minder perfekte Schritte; nach einiger Zeit kommen die ersten eigenständigen Gehversuche, die meist recht bald „auf allen vieren" enden. Dann wird das Kind aufgehoben, wieder einige Schritte an die Hand genommen, es folgen wieder unbeholfene Bewegungen, deren Ergebnis recht bald wieder horizontal endet. Und wieder von vorne – immer und immer aufs Neue.

Dies klingt selbstverständlich. Doch gleichzeitig macht es mich immer wieder aufs Neue tief betroffen, wie in der Therapie Klienten, mit denen ich mich sehr schnell und sehr problemlos darauf einigen konnte, dass dies der einzige „normale" Weg ist, wie ein Kind laufen lernt, dass genau diese Klienten im Umgang mit sich selber – mit dem Kind in sich – recht herz- und kompromisslos verfahren.

Um im Bild zu bleiben: dem Kind, welches gerade bei seinen Gehversuchen gefallen ist, werden auch noch Vorwürfe gemacht. ... Dass so ein Kind nicht laufen lernt, darüber besteht merkwürdigerweise sehr schnell Einigkeit, aber von sich selber verlangen die gleiche Frau, der gleiche Mann, auf Anhieb perfekte Leistungen: Schade!

Ein zentrales Thema in der Therapie ist die Frage: Wie gehe ich mit mir um – how we parent ourself? Hier gilt der prägnante Satz von Stuart Alpert: „What comes in, has to come out", d. h. wir behandeln uns so, wie wir – als Kinder – von unseren Eltern behandelt worden sind.

Als bedeutendste Berührungsfläche zwischen Psychotherapie und Meditation sieht Welwood die Haltung des „maitri", das heißt, „der voraussetzungslosen Freundlichkeit zu sich selbst"(unconditional friendship to oneself).[130] Im Allgemeinen sind wir zu einem Menschen unter Bedingungen freundlich, nämlich wenn der andere angenehm oder uns wohlgesonnen ist. Und dasselbe gilt auch gegenüber Seiten oder Eigenschaften oder Erfahrungen mit bzw. von uns selbst.

„Maitri" ist (aber) eine Art Freundlichkeit zu uns selbst, die überhaupt an keine Bedingung geknüpft ist. Sie bedeutet, dass wir zu unserer Erfahrung freundlich sind, nicht weil wir sie genießen (in der Tat kann sie sogar schmerzlich oder unangenehm sein), sondern einzig deshalb, weil sie ist. Anstatt zu versuchen, danach zu leben, wie wir glauben sein zu sollen, schließt „maitri" ein, uns voraussetzungslos anzunehmen und erlaubt uns, menschlich zu sein.

Therapie und Meditation können uns lehren, wie wir uns mehr Raum lassen für Blockaden, die in uns aufsteigen, anstatt uns in ihnen zu verfangen dadurch, dass wir mit ihnen kämpfen, sie verdammen oder sie von uns wegstoßen. Unsere Gefühle zu bekämpfen, gibt diesen nur eine größere Energieladung und daher mehr Macht über uns. Indem wir Gefühlen Raum geben, erlaubt uns das im Gegenteil größer als sie zu sein, nicht, dass wir uns über sie erheben, sondern indem wir uns ausdehnen und sie dabei einschließen. Wenn wir Schmerz in unserem Leben Raum geben, dann hat er uns nicht mehr länger im Griff..

Dieses „Raum lassen" ist uns ja auch aus der Gestalttherapie bekannt, wo eine „Gestalt" nur dann „Figur" vor einem „Grund" werden kann, wenn wir nicht sogleich eingreifen und sie mit Bewertungen und Interpretationen fixieren.

Wenn wir „richtige" Gestalttherapie machen, haben wir weder Macht noch sind wir Experten. Die Macht über sich sollte der Klient haben, auch wenn er sie immer wieder gerne dem Therapeuten überlassen würde, auch wenn wir als Therapeut versucht sind diese Macht an uns zu nehmen. Der Klient ist der einzige wirkliche Experte in eigener Sache, auch wenn er immer wieder gerne versucht, den Therapeuten zum Experten zu machen und damit die Verantwortung von sich auf den Therapeuten abzuwälzen. Auch wenn für uns als Therapeuten die Versuchung immer wieder groß ist, uns im Schein des Expertentums zu sonnen. Carl Rogers schreibt:

> *„Diese humanistische personenbezogene Konzeption ist uns inzwischen so vertraut geworden, dass wir manchmal vergessen, welch eine Provokation sie für die damals gängigen Auffassungen darstellte. Ich brauchte Jahre, um zu erkennen, dass der erbitterte Widerstand gegen eine klientenzentrierte Therapie nicht nur auf deren Neuheit und die Tatsache, dass sie von einem Psychologen und nicht von einem Psychiater ausging, zurückzuführen war, sondern in erster Linie darauf, dass sie der Macht des Therapeuten einen so ungeheuren Schlag versetzte. Ich behauptete, dass der Mensch selbst seine Fähigkeiten und seine Fehlanpassungen herausfinden könnte. Diese Ansicht ist bedrohlich für Leute, die sich für Experten halten."*[131]

Sind uns diese Gedanken „in Fleisch und Blut" – in Verstand und Herz – übergegangen, dann haben wir sie alle in uns vereinigt: Gestalttherapie, Zen-Buddhismus, Wu Wei und Lévinas!

Freundlich mit uns zu sein heißt auch, in unserem Körper auf eine wohltuende Art zu leben. Daraus ergeben sich positive Lebensrichtungen aus dem Sich-einlassen auf die Erde – sich mehr und mehr ganz im Körper zu erden... In der Meditation ist die Körperhaltung selber eine „mudra" (symbolische Geste), die unsere Verbindung mit der Erde ausdrückt und eine Bereitschaft, sich einzulassen und unserem Erleben direkt ins Gesicht zu sehen. Das Rinzai-Zen hat das Wort „kufu" für den Vorgang, bei dem ein Koan oder eine Frage in den Unterleib gesendet wird und man auf eine Antwort wartet, die von dort kommt. D. T. Suzuki beschreibt „kufu" als „nicht mit dem Kopf denken, sondern als Zustand, bei dem der ganze Körper einbezogen und verwendet wird, ein Problem zu lösen." Das ist gar nicht so unterschiedlich zu jenen wichtigen therapeutischen Situationen, in denen wir Fragen stellen und auf Antworten warten, die uns die Körperselbstwahrnehmung gibt.

Wenn uns auf diese Weise geholfen wird, die Angst vor unserem Erleben zu überwinden, so können Psychotherapie und Meditation uns zu einem Kern innerer Kraft und Gesundheit unter all unseren Problemen und neurotischen Mustern führen. Wenn ein Klient bei seinen negativen Gefühlen bleiben und sie sich ausdehnen lassen kann, werden sie wahrscheinlich weichen und in eine eher positive, gesündere Richtung, die dahinter liegt, übergehen. In der Meditation baut die Praxis, bei jenen Anteilen zu bleiben, die wir sonst lieber nicht anschauen, ein Vertrauen zu uns selbst auf weil wir erkennen, dass in uns nichts so ungut ist wie unsere Vermeidung solcher Anteile und ihre Zurückweisung. Aber wenn wir nicht vor unserer Erfahrung wegrennen, sondern mit uns selbst ‚durch dick und dünn' gehen, dann fangen wir an, uns in einer neuen Art zu akzeptieren und die grundlegende Offenheit und Feinfühligkeit als die Wurzel unseres Seins wertzuschätzen.

Waren wir für unsere Eltern nie gut genug, so wird, wenn wir diesen Zirkel nicht durchbrechen, Unzufriedenheit unser ständiger Begleiter sein. Etwa: Es ist ja schön, dass Du eine „3" in der Klassenarbeit geschrieben hast, aber „hättest Du Dich mehr angestrengt, hättest Du bestimmt eine „2" schaffen können ..."

Genauso wie wir behandelt worden sind, behandeln wir nicht nur uns selber, sondern auch die Kontakte zu unserer Umwelt folgen diesem Muster.

Es ist wichtig, zu sehen und zu akzeptieren, dass es in jeder Biographie Phasen gibt, in denen wir von der Umwelt nicht das, was wir wollen oder das, was wir brauchen, bekommen. Dies ist kein Problem; es kann aber dann ein Problem werden, wenn uns unsere Umwelt, unsere Eltern glauben lassen wollen, dass wir zu gefräßig sind, zu viel wollen (s.u.), weil sie nicht in der Lage sind, zu sagen: ‚Nein, das, was Du im Augenblick willst / brauchst, habe ich nicht, kann ich Dir nicht geben'.

Dies ist ein Beispiel dafür, dass es offensichtlich einfacher zu sein scheint, den anderen schuldig zu machen, anstatt sich zu der eigenen Begrenztheit zu bekennen.

Anderen an seinem Unglück die Schuld geben, ist ein Zeichen von Dummheit,
sich selbst die Schuld geben ist der erste Schritt zur Einsicht;
Weder anderen noch sich selbst die Schuld zu geben ist ein Zeichen von Weisheit
Epikret

Von dem Kabarettisten Werner Schneyder stammt der Satz:

Ein Kind zu erziehen ist kein Problem, das Problem besteht darin, das Ergebnis
dieser Erziehung zu lieben!

Ab einem gewissen Zeitpunkt kommt es im „Groß-Werden" oft zu einer Phase, in der die Eltern die Schwierigkeiten ihrer Kinder negieren oder verdrängen und nicht mehr sehen (können / wollen), um nicht das Ergebnis ihrer Erziehung – und damit letztlich auch sich selber – in Frage stellen zu müssen. Das Kind ist in einer solchen Situation gezwungen, die Lüge mit aufrechtzuerhalten, will es den Kontakt zu den

138

Eltern nicht verlieren. Ein solches Kind spürt natürlich auf die Dauer, dass nicht es selbst, sondern irgendein überhöhtes Ideal gesehen wird!

Dieses Kind steckt in dem ständigen Dilemma zwischen ‚ich möchte Kontakt zu meinen Eltern haben‘ und ‚ich möchte gesehen werden, wie ich bin‘. Oft können solche Kinder die Spannung eines derartigen Dilemmas nur lösen, indem sie „das ganz große Ding drehen".

Es ist sehr beeindruckend zu sehen, welch großen Preis Kinder oft bezahlen, um ihre Eltern zu schützen. Sie machen sich selber zum vermeintlichen Versager, damit die Eltern auch legitimiert sind, ihr Kind abzulehnen.

D.h. das Kind spürt, dass es – aus welchen Gründen auch immer, oft reicht bereits die bloße Tatsache des Vorhandenseins – abgelehnt wird. Dies geschieht jedoch – zunächst – sehr verdeckt und sehr subtil, da die Eltern nicht in der Lage sind, sich ihre Gefühle – ihr Kind abzulehnen, keine „guten" Eltern zu sein – offen einzugestehen. Je weniger sie jedoch bereit sind, sich zu diesen Anteilen in ihnen zu bekennen, desto mehr sind solche Eltern gezwungen, ihre Gefühle der Ablehnung subtil, unterschwellig und oft unter der Maske der Fürsorglichkeit auszuagieren. Aus dieser Zwickmühle könnten sich die Eltern selbst befreien, indem sie sich simpel eingestehen, manchmal schlechte Eltern zu sein und dies auch wirklich sehen (nicht nur „psychomäßig" damit kokettieren). Sind die Eltern dazu – was wohl meistens der Fall sein dürfte – nicht in der Lage, kommt ihnen das Kind „zu Hilfe", indem es „daneben gerät"; nun können die Eltern mit ruhigem Gewissen offen ihr Kind ablehnen, denn ein solches missratenes Kind kann man ja einfach nicht lieb haben.

Das Heim für erziehungsschwierige, verhaltensgestörte Kinder und Jugendliche, in dem ich viele Jahre gearbeitet habe, ist voll von Kindern, die so ihre Eltern schützen und auch noch „verstehen", dass ihre Eltern sich von ihnen abgewandt haben.

So „helfen" Kinder oft ihren Eltern deren Lebenslüge, gute Eltern zu sein, aufrechtzuerhalten. Offensichtlich scheint dies immer noch einfacher, stimmiger und erfolgreicher zu sein, als von vornherein die Ablehnung zu spüren.

Als Kind hatten wir keine Wahl. Wir haben in frühester Kindheit gelernt, lernen müssen, den Forderungen jener Menschen nachzugeben, von deren „Liebe" wir abhängig waren. Ohne darüber nachdenken zu können, haben wir gelernt, Freisein mit Ungehorsam, Liebe mit Unterordnung gleichzusetzen.

Dies alles ist in den ersten Lebensjahren kein Problem; in dieser Zeit macht das Kind noch keinen Unterschied zwischen Ich und Du, zwischen sich und den Eltern, es lebt in einer Symbiose. Diese Zeit wird – je nach Schule – auch primärer Narzissmuss, Ur-Wir oder wie auch immer genannt. Problematisch wird es dann, wenn das Kind eigentlich dieser Phase entwachsen sollte, diese Form der Loslösung, aus welchen Gründen auch immer, nicht zugelassen wird oder nicht gelingt.

„All dies kann einfach mit dem Versprechen einer Mutter beginnen, dass ihr Kind eine große Bedeutung für sie haben werde, wenn es tut, was sie möchte. Das braucht eine Mutter nicht direkt auszusprechen, die Botschaft wird ge-

wöhnlich auf subtilen, nonverbalen Wegen transportiert. Ein Kind spüren zu lassen, dass es wichtiger ist als jeder andere (auch wichtiger als der Vater), ist die sicherste Methode, ihm das Gefühl zu geben, dass es eine Wichtigkeit hat, die es gar nicht haben kann. Das Versprechen auf solche Macht beziehungsweise Mächtigkeit verschleiert dem Kind das ausbeutende Verhalten der Mutter und seine eigene Hilflosigkeit. Darin liegt das Verführerische der Macht als ein Gegengift gegen die Verzweiflung und das Leid des Kindes. Ist dieser Prozess erst einmal in Gang gekommen, ist das Spiel eröffnet, in dem das Kind selbst den Zugang zu seinem Leid blockiert, das das Fundament für die Entwicklung seiner Empfindsamkeit und Ganzheit sein könnte.

Der Schmerz des Kindes, nicht angenommen zu werden als das, was es ist, ist nicht immer mit direkter Verführung durch die Macht verbunden. Selbsthass entsteht auch, wenn dem Kind Minderwertigkeit und Angst vor Selbstverwirklichung suggeriert werden. In diesem Fall bleibt aber die Chance, dass das Leid und seine Ursachen bewusst werden."[132]

Es entsteht hier ein Zirkel, aus dem es nur sehr schwer einen gesunden Ausgang gibt! Die Selbstunsicherheit, das Unterlegenheitsgefühl, das Minderwertigkeitsgefühl zwingt uns zum Streben nach Geltung, es hindert uns aber gleichzeitig, diese Geltung auch zu verwirklichen, zu leben; Wir trauen uns nicht zu, das zu leisten, was wir zu leisten versuchen müssen, um dem Unterlegenheitsgefühl zu entkommen. Wir müssen es aber immer wieder versuchen, weil wir ja auch nicht zugeben dürfen, dass wir uns etwas nicht zutrauen.

Die Tatsache, dass Kinder sagen, ihre Eltern zu „lieben" hat in diesem Zusammenhang keine positive Bedeutung; sie zeichnet nicht eine gute Eltern – Kind – Beziehung aus, sondern Abhängigkeit und Ausgeliefertsein. Kinder haben keine Wahl, sie müssen das, was sie von ihren Eltern bekommen „Liebe" nennen. In dieser bedingungslosen Liebe, die wir besser bedingungslose Abhängigkeit nennen, liegt die Verantwortung der Eltern. Kinder können sich nicht aktiv gegen die Eltern entscheiden, sie sind lange gezwungen, sich selber und nicht die Eltern infrage zu stellen. Das geht mir auch immer wieder durch den Kopf, wenn Klienten mir von ihrer „schönen Kindheit" erzählen und davon, wie gut das Verhältnis zu Vater und Mutter war.

Je klarer mir dieser beschriebene Mechanismus ist, desto schwieriger fällt mir die so genannte Elternarbeit in dem Erziehungsheim, in dem ich lange gearbeitet habe, weil ich um so sensibler für den Druck der Eltern auf mich bin, ihr Bild – bzw. das Familienbild – entsprechend dem oben beschriebenen Mechanismus zu bestätigen. Und dies läuft meiner Grundüberzeugung zuwider: Die Eltern, mit denen ich beruflich zu tun hatte, waren keine „guten" Eltern, wären sie „gute" Eltern, wären ihre Kinder nicht in einem Erziehungsheim.

Oder ich weiß, wie ich als Kind für einige Wochen im Krankenhaus lag. Ich hatte sehr großes Heimweh, fühlte mich alleingelassen. Meine Eltern haben mich nie besucht – angeblich war die Zugfahrt zu teuer. Und ich weiß, wie sehr ich mich selber

140

unterdrückt habe, um meine Eltern zu schützen: Auf langen Seiten habe ich immer wieder nach Hause geschrieben, wie schön alles sei; alles läuft bestens, ich habe viele neue Freunde, alle sind sehr freundlich zu mir, mir geht es gut.

Kein Wort von alledem war wahr, aber das Gewissen meiner Eltern konnte beruhigt sein.

Manchmal gibt es einen Unterschied zwischen dem, was ich mir wünsche und dem, was ich brauche. Besonders dann, wenn ich mit der alten Realität, der Welt der Kindheit verbunden bin, kann oft das, was ich mir wünsche, das sein, was lediglich das Weltbild meiner Kindheit bestätigt. Dieses zu bekommen ermöglicht jedoch kein Wachstum, sondern Stagnation, aber auch (Schein-) Sicherheit. Es gibt leider immer wieder Phasen in unserer Entwicklung, in welchen Wachstum und Sicherheit in unterschiedlichen Richtungen liegen.

Wir geben das weiter, was wir selbst bekommen haben. Wenn wir in einer Welt unzufriedener, verbitterter Erwachsener aufgewachsen sind, wird es wohl schwer für uns werden, die Welt positiv zu sehen.

Das kleine Kind „nimmt" zunächst alles (warum auch nicht?); ihm fehlen noch die Filter im Kontakt mit der Umwelt; Filter, die anzeigen, dies ist gut für mich und dies ist giftig.

Aufgrund seines Ausgeliefertseins kann das Kleinkind gar nicht anders, als das, was ihm die nächste Umwelt – die Eltern – anbieten, an- und aufzunehmen und die Etikette, unter denen die Botschaften „verabreicht" werden, zu glauben. Erst viel später im Leben, nachdem der Prozess, der häufig mit Erziehung bezeichnet wird, beendet ist, fällt auf, dass viele Dinge glatte Etikettenschwindel waren; dass z.B. das, was unter dem Etikett „elterliche Liebe" verkauft wurde, in Wirklichkeit Manipulation und Machtausüben war. Unglücklicherweise kommt diese Erkenntnis in einem Stadium, in dem es „zu spät" ist:

Gefangen in dem Dilemma Dankbarkeit und Zuneigung auf der einen und Wut und Enttäuschung auf der anderen Seite stehe ich vor der Wahl, meine Eltern anzuklagen, d.h. mich schuldig und undankbar zu fühlen (Du sollst Vater und Mutter ehren, auf dass es Dir wohl ergehe und Du lange lebest auf Erden) oder meine Bedürfnisse und Sehnsüchte zu verleugnen und so zu tun, als bräuchte ich gar nichts, oder würde in maßloser Übertreibung zu viel (Liebe, Wärme, Zuwendung) verlangen.

Diesen durch negative Botschaften in früher und frühester Kindheit aufgebauten Zirkel der Übernahme eines negativen Fremdbildes, welches auf die Dauer tatsächlich geglaubt (bis ich eines Tages wirklich davon überzeugt bin, dass ich zu viel Liebe verlange – was ist das „zu viel Liebe"? –) und so zum Selbstbild wird, diesen Zirkel gilt es, in der Therapie zu durchbrechen.

Es überrascht und berührt mich immer wieder neu, wenn ich sehe, wie wenig liebevoll Menschen mit sich selbst umgehen; die gleichen Menschen, die im Kontakt mit einem kleinen Kind, ein Herz und spontane Zuneigung haben und zeigen können.

Das Selbstbild ‚Ich bin ja ganz okay, aber ...‘ ist nichts anderes als die Folge der – oft sehr verdeckten und subtilen – Ablehnung der Eltern, die in der Botschaft ‚Wir haben Dich lieb, aber ...' versteckt ist: Wir haben Dich lieb, aber wir würden Dich noch viel mehr lieb haben, wenn Du dies und jenes tun und dies und jenes lassen würdest. Das ist die Falle, in die das Kind immer wieder hineintappt in der – aussichtslosen – Hoffnung, dass es eines Tages die Eltern voll zufrieden stellen wird und dann zur Belohnung deren volle Liebe erhalten wird. Doch dies ist eine Schraube ohne Ende und das Kind hat etwa die gleiche Chance in diesem Spiel, wie sie der Hase in der berühmten Fabel vom Hasen und dem Igel hatte.

Auch in dem Heim für schwererziehbare Kinder und Jugendliche, in dem ich 15 Jahre gearbeitet habe, konnte ich diese beschriebene Spirale immer wieder erleben:

Die Kinder möchten gerne wissen, wie lange sie im Heim bleiben sollen, bzw. wann sie wieder nach Hause dürfen. Die Antwort ist dann meistens: Wenn es besser mit Dir läuft – oder: Wenn Du Dich gebessert hast. Und jeder – nur der Jugendliche selber nicht – weiß: dies ist eine Lüge! Die Wahrheit wäre eher: ,Wir sind froh, dass wir Dich los sind und möchten vorläufig nicht mehr von Dir gestört werden!'

Stattdessen werden immer wieder vermeintliche Ziele aufgestellt, die, sollten sie denn tatsächlich einmal erreicht werden, nur in ein neues ,Ja, ... aber ...' münden. Auch dies ist eine – sehr unfaire – Variante des Hase- und Igelspiels.

Der Sinn der Therapie besteht hier darin, den Zirkel von Übernahme und Weitergabe von Regeln und Verhaltensweisen zu unterbrechen. Besonders deutlich wird dies in der Therapie von Klienten, die plötzlich im Laufe der Therapie erstaunt / erschrocken feststellen, dass sie all diese Verhaltensweisen, die sie selber bei ihren Eltern abgelehnt haben, nun an ihre Kinder weitergeben. In dieser Phase ist es wichtig herauszustellen, dass die Eltern des Klienten nicht zur Therapie gegangen sind, d. h. die Bereitschaft, an sich zu arbeiten bzw. sich infrage zu stellen, eben nicht hatten!

Dies ist wichtig, um der Selbsteinschätzung ,Ich bin ja genauso – schlecht – wie meine Eltern ...' oder ,Ich bin ja so, wie ich mir geschworen habe, nie zu werden ...' etwas entgegenzusetzen.

Darum ist es wichtig, diesen Zirkel zu durchbrechen. Der erste Schritt hierzu besteht darin, sich die Gesetze, Botschaften und – oft sehr formlosen – Energien der Kindheit bewusst zu machen. Es ist immer wieder neu ein faszinierender Prozess, wenn jemand feststellt, dass dies die Gesetze der Welt seiner Kindheit waren und dass außerhalb dieser Welt noch etwas anderes existiert: andere Verhaltensregeln, Beziehungsmuster, Werte bzw. Normen.

In dieser Phase gleicht der Klient oft dem Menschen auf dem berühmten mittelalterlichen Holzschnitt, der sich aufmacht, die Grenzen seiner – bisherigen – Welt zu sprengen und mit Erstaunen feststellen muss, dass sein bisheriger Horizont nicht die Grenze der Welt ist.

Ein schönes Bild; ich brauche es häufig in der Therapie.

Der Mensch dringt durch den Erdenhimmel in neue Welträume vor.
Holzschnitt um 1530

Ich will einige Aspekte des Unterschiedes zwischen der bisherigen und der „neuen", offenen Welt nennen:

War die alte Welt gekennzeichnet von der Betonung der Inhalte, die es zu lernen gab – in der Absicht, ein für immer gültiges Raster von Richtig und Falsch zu übernehmen –, so erscheint es in der neuen Welt wichtiger, das Lernen zu lernen, Fragen zu stellen, offen zu sein für neue Konzepte. Lernen zielt nicht mehr auf ein „Ergebnis" ab, sondern ist ein Prozess, eine „Reise". Vorrang ist nicht mehr, „etwas zu machen", zu leisten, sondern das Selbstverständnis – in des Wortes wahrster Bedeutung –, Raum zu schaffen für die ganze Breite des Potentials.

Zusammenfassung: Das Ziel besteht in der Internalisierung des schon an anderer Stelle zitierten Satzes: „Ich bin liebenswert – nicht für das, was ich tue, sondern für das, was ich bin."

Dieser schöne Satz ist ein großer Schritt auf dem Weg zur Autonomie – wenn ich ihn mir selber glauben kann.

Ein schönes lehrreiches Erlebnis hatte ich in der U-Bahn in London: Da ich mein ganzes Geld bis auf den letzten Penny auf dem Flohmarkt ausgegeben hatte, beschloss ich „schwarz" zu fahren. Das war auch zunächst kein Problem. Schwieriger wurde es jedoch als ich die U-Bahn verlassen wollte. In der Londoner U-Bahn ist es so, dass man beim Verlassen der U-Bahn sein Ticket in einen Schlitz stecken muss – erst dann öffnet sich die Ausgangstür Mein „Plan", mit einem Hechtsprung über diese Ausgangstür zu setzen, ließ sich nicht verwirklichen, da mehrere Kontrolleure die Türen bewachten. Was tun?

Ich sprach einen dieser Kontrolleure an und versuchte es mit: „Ich habe leider mein Ticket verloren". Kein Problem, dann müsste ich lediglich ein neues kaufen. Demonstrativ durchsuchte ich meine Taschen nach Geld, – wohlwissend, dass ich keines hatte – in der Hoffnung, als armer orientierungsloser Tourist „so" davongelassen zu werden. Doch auch das klappte nicht. Also: ich mache das Angebot, meinen Ausweis zu hinterlegen, Geld tauschen zu gehen und dann zu bezahlen. Mit diesem Vorschlag konnte ich landen; mehr noch: ich brauchte noch nicht einmal meinen Ausweis zu hinterlegen.

Also wechselte ich mein Geld, ging zurück und bezahlte meine 80 Schilling. (Der Gedanke, nicht zurückzugehen, war – Gott sei Dank – nur als kurze Versuchung in meinem Kopf.) Ich bedankte mich, und dies war mir ein wirkliches Bedürfnis, für das Vertrauen – mit langen Haaren, Grateful Dead T-Shirt und Rasta-Mütze sah ich nicht gerade sehr vertrauenserweckend aus! Die wunderschöne Antwort: „You have to trust anybody, 'cause anybody is different."

Ist das nicht wunderbar? Ein Zen-Meister als Kartenkontrolleur!

Ein wichtiger Aspekt des Hier und Jetzt ist das Bewusstsein. Ich kann um so mehr lernen, je mehr ich mir dessen, was hier jetzt gerade in / mit mir ist, bewusst bin – und dies so simpel wie möglich.

Wir hängen oft großen Zielen in irgendeiner Zukunft an und laufen schnell Gefahr, das Simple im Hier und Jetzt aus dem Bewusstsein zu verlieren:

In der Therapie – und nicht nur da – ist es sinnvoll, die Dinge so simpel wie möglich zu machen:

Sitze ich bequem?
Was brauche ich jetzt?
– etwas zu trinken?
– ein Butterbrot?
– frische Luft?
Drücken mich meine Schuhe?
Ist mir kalt?

In meiner Arbeit als Therapeut komme ich mehr und mehr dahin, Therapie so einfach wie möglich zu machen, denn meine Überzeugung ist, dass unsere Bedürfnisse „im Grunde genommen" ganz einfach sind:

Ich möchte geliebt werden
Ich brauche Kontakt
Ich möchte gesehen werden

Als Fuchou Linghsün sich anschickte, seinen Meister Kueitsung (Kisu) zu verlassen, sagte jener: „Wohin gehst du?"

Fuchou sagte: „Ich kehre zurück nach Lingchung."

Kueitsung sagte: „Du bist eine ganze Weile bei mir gewesen; wenn du zum Aufbruch bereit bist, so komm noch einmal zu mir, denn ich möchte dir sagen, was Buddhismus ist."

Fouchou legte sein Reisekleid an und trat vor den Meister hin. Dieser sagte: „Tritt näher." Der Mönch trat näher, und Kueitsung sagte: „Die kalte Jahreszeit steht vor der Tür. Gib unterwegs gut Acht auf dich."

Erneut sei in diesem Zusammenhang der Satz:
,Schlaf, wenn Du müde bist
Iss, wenn Du hungrig bist'
zitiert. So simpel ist „im Grunde genommen" der Weg des Wachstums. Und ich komme immer mehr zu der Überzeugung, so „simpel" Therapie zu machen.

Ein bekannter Zen-Meister hatte auf alle Fragen seiner Schüler eine simple Antwort: „ ... erst eine Tasse Tee ..."

Je mehr es mir gelingt, Bewusstsein für jeden Augenblick neu zu entwickeln, desto eher kann ich mich von Bewertungen lösen, desto mehr kann ich Wachstum und Veränderung geschehen lassen.

Ich kann den Regen nicht stoppen – ich kann aber einen Schirm aufspannen. Die Versuchung ist immer wieder neu sehr groß, alle Energie in den – aussichtslosen – Versuch, den Regen zu stoppen, zu investieren, anstatt simpel hier und jetzt einen Schirm aufzuspannen ...

Alle Erfahrung ist Selbsterfahrung, denn was kann ich außer meinem Selbst erfahren, mein Selbst ist der Resonanzboden, der Filter, der mich überhaupt erst in die Lage versetzt, Erfahrungen zu machen.

Mich hat ein wichtiger Mensch verlassen; mein Selbst macht aus diesem Fakt ein Gefühl von Trauer, Wut, Enttäuschung oder was auch immer. Darum nenne ich alles „Selbsterfahrung", weil ich mich in allem und in jeder Situation „selbst" erfahre. Die alten Zen-Meister betonen immer wieder, dass auch die größte Umwälzung, die größte – politische – Tat ihren Ursprung im Selbst des Handelnden haben muss. Ähnlich sieht es Konfuzius in seinem berühmten Traktat aus dem „Buch der Riten":

„Das Tao, also der richtige Weg der Großen Lehre, besteht darin, sich Klarheit über die Tugenden zu verschaffen. Es besteht in der Liebe zu den Mitmenschen. Es besteht darin, im rechten Augenblick innezuhalten.

Weiß man, wo man innehalten muss, entsteht geistige Festigkeit.

Gibt es geistige Festigkeit, dann entsteht innere Ruhe. Hat man innere Ruhe, dann entsteht Gelassenheit.
Hat man Gelassenheit, dann entsteht besonnenes Nachdenken.
Gibt es besonnenes Nachdenken, so kommt das Gelingen.

Jedes Ding hat einen Anfang und ein Ende.
Jedes Ding hat ein Prinzip und ein Ziel.
Das Wissen darum ist der richtige Weg.

Immer schon versuchten die Menschen, wenn sie sich um die Dinge der Welt kümmerten, Ordnung im Großen zu schaffen.
Doch will man im Großen Ordnung schaffen, muss man zuerst Ordnung in seiner Familie schaffen.
Will man Ordnung in seiner Familie schaffen, muss man zuerst an sich selber arbeiten.
Will man an sich selber arbeiten, so muss man zuerst im Herzen aufrichtig werden.

Will man im Herzen aufrichtig werden, muss man sich über seine Absichten klar werden.
Will man sich über seine Absichten klar werden, muss man sein Wissen bis zum Äußersten ausschöpfen.
Das aber heißt, den Grund aller Dinge zu erfassen suchen.
Hat man aber den Grund aller Dinge erfasst, so ist das Wissen bis zum Äußersten ausgeschöpft.
Ist das Wissen bis zum Äußersten ausgeschöpft, werden die Absichten klar erkannt.
Hat man seine Absichten klar erkannt, wird man im Herzen aufrichtig.
Ist man im Herzen aufrichtig, so wird man selbst rein.
Ist man selbst rein, so wird auch die Familie in Ordnung sein.
Ist die Familie geordnet, dann tritt Ordnung im Großen ein und Friede wird herrschen unter dem Himmel."[133]

Das Große ist im Kleinen, das Kleine im Großen enthalten! Dies ist auch im Zusammenhang mit dem Thema „Transfer" wichtig. Der Zen-Novize, der nicht in der Lage ist, seine Schuhe ordentlich vor dem Meditationsraum abzustellen, wird die Erleuchtung nie erlangen. Oder anders herum formuliert:

An der Art und Weise, wie der Schüler seine Schuhe abstellt, das Wasser behandelt (spart oder verschwendet), die Blumen gießt ..., sieht der Lehrer den Fortschritt der Übung. Wenn ich das Chaos, was im Allgemeinen auf meinem Schreibtisch oder in meiner Wohnung ist, sehe, muss ich immer wieder feststellen, wie viel noch zu tun ist. Eugen Herrigel:

„Erstaunlich und für den Europäer nahezu unbegreiflich, wie viel Zeit auf die Dämpfung und Beherrschung von Äußerungen verwendet wird, die man höchstens als Schönheitsfehler bezeichnen kann. Man schlägt etwa im Unmut die Türe zu. In Ostasien jedenfalls hält man das nicht für ein Symptom von Charakter, Ausdruck kraftvoller Persönlichkeit, sieht es nicht als Entgleisung an, die man nicht ernst nehmen darf. Wer so etwas getan hat, wird es also nicht, wie der Europäer, für situationsgerecht finden oder bestenfalls wie entschuldigend zu sich sagen: da ist mir halt der Gaul durchgegangen. Sondern: er geht zur Türe zurück, öffnet sie, schließt sie leise und sagt zu ihr: ich bitte um Entschuldigung. Von da ab beachtet er unwillkürlich, wie er Türen schließt. Oder er hat ein Paket erhalten. Neugierig reißt er ungeduldig Schnur und Papier weg. Zu spät fällt ihm ein, wie schlecht ihm Neugier und Ungeduld zu Gesichte stehen. In Zukunft nimmt er sich zusammen, löst Schnur und Umhüllung sorgfältig, legt sie sorgsam gefaltet auf die Seite, um dann erst zum Inhalt überzugehen."[134]

Es ist tatsächlich sehr schwer, auf die kleinen Schritte des Alltags zu achten und Wertschätzung für sie zu entwickeln. Auch in der Therapie ist es oft verlockender und faszinierender, die „großen" Probleme zu besprechen, zu bearbeiten als darüber nachzudenken, wie ich meine Schuhe abstelle. Ich erinnere mich an eine Therapie, in der ich dem Klienten die Hausaufgabe stellte, morgens eine viertel Stunde früher aufzustehen, den Frühstückstisch zu decken und dann – bevor er anfängt zu frühstücken – drei Minuten lang den Frühstückstisch anzusehen. Die spontane Reaktion war: „... und das soll dann Therapie sein ...?"

Es soll und es ist.

In dem wunderschönen Buch „The Clearing" von Alan Arkin gibt es eine Szene, in der der Puma den Bär um eine Aufgabe, einen Test bittet, an der / dem er wachsen kann. Er bekommt die Aufgabe gestellt, zehn Minuten mit leerem Magen ruhig zu sitzen. Nachdem er einige Zeit ungeduldig und daher erfolglos diese Aufgabe zu bewältigen versucht hat, beschwert er sich bei dem Bär: ‚Die Aufgabe ist zu simpel, ich möchte eine wirkliche Aufgabe, eine, die Bedeutung hat, eine, die mir das Gefühl gibt, etwas Großes vollbracht zu haben ...' Dem armen Puma steht offensichtlich noch ein langer Weg bevor.

Das alte Sprichwort „Wer den Pfennig nicht ehrt, ist des Talers nicht wert" kann in diesem Zusammenhang eine Neubewertung erfahren, sofern es gelingt, diesen Satz vom Ballast zurechtweisender und kleinkarierter Besserwisserei zu befreien.

Nur wenn ich mein Selbst genau kenne, kenne ich meinen inneren „Filter"; weiß ich, was er wie filtert. Denn meine Wahrnehmung der Dinge ist nicht die Realität, sondern das Abbild, welches ich in mir erschaffe. Und darum ist es wichtig, sein Selbst zu erkennen. Die Erkenntnis des Selbst ist ein sehr wichtiger Schritt auf dem Weg der Erkenntnis meiner Natur – meines Antlitzes – bevor ich, bevor meine Eltern geboren waren.

Die Auffassung der Gestalttherapie, dass wir als komplette Gestalt geboren werden, hat ihre Entsprechung im Zen: Wir alle haben die Buddhanatur bereits in uns; wir sind komplett. Und auch der Weg, der sich aus dieser Grundeinstellung ergibt, ist ein ähnlicher wie in der Gestalttherapie.

Das Problem besteht darin, dass wir diese Tatsache – unserer bereits vorhandenen Buddhanatur – „nur" glauben, nicht aber realisiert, d.h. zu einem Teil von uns gemacht haben.

Solange wir dies glauben, sind wir unfrei, sind wir abhängig von diesem Glauben. Glauben, Verstehen – all dies sind Worte, die Ideen über die Realität beschreiben, sie sind nicht die Realität. Die Landkarte ist nicht die Landschaft.

Die Kluft zwischen den Begriffen und der Realität auszuschalten, dies ist der Zen-Weg. Es ist ein sehr schwerer Weg.

Ich will ein Beispiel nennen: Von Meister Suhara Osho stammt die Koan-ähnliche Aufgabe: „Wenn Du ein Unkraut siehst, rupfe es aus! Es mag zu schwierig für Dich sein, aber versuche es." Damit ist gemeint, dass zwischen dem Sehen und dem Ausreißen kein Raum sein darf, beides muss eins sein und darf – wie es im Zen heißt – keine Spur hinterlassen: Die Handlung ist abgeschlossen. Was passiert alles in uns, wenn wir ein Unkraut sehen; wie kommt es, dass gerade diese Pflanze an diesem Ort für uns Unkraut ist? All dies sind Prozesse, die dem Satz „Wenn Du ein Unkraut siehst, rupfe es aus" entgegenstehen.

In der Zen-Tradition wird hier oft das Bild von einem Frosch, der eine Fliege fängt, gebraucht:

Der Frosch sitzt da – nicht angespannt, nicht gelassen; er sitzt einfach da, eine Fliege kommt vorbei, die Zunge des Frosches schnellt hervor, fängt die Fliege – und alles ist wieder wie zuvor. Es gibt keine – wie es in der Neurophysiologie heißt – intermittierenden Prozesse.

Sehr treffend beschreibt dies auch eine Geschichte von dem Schwertmeister Bokuden, der seine drei Söhne überprüfte:

Bokudens Meisterschaft war weit mehr als nur Können und Geschicklichkeit. Das zeigt folgende Begebenheit. Eines Tages wollte er sehen, wie weit es seine Söhne in der Meisterschaft des Schwertes gebracht hätten. Er nahm ein kleines Kissen und legte es über den Vorhang am Eingang seines Zimmers. Schon die leiseste Berührung des Vorhangs musste das Kissen zu Fall bringen. Zuerst rief er den ältesten Sohn. Als dieser kam, bemerkte er sofort das Kissen, nahm es herab und legte es wieder an seine Stelle, nachdem er das Zimmer betreten hatte. Nun wurde der zweite Sohn gerufen. Er berührte den Vorhang, und wie er das Kissen fallen sah, griff er danach und legte es sorgsam an seinen Platz zurück. Jetzt kam der dritte Sohn. Rasch trat er ein, das Kissen fiel, aber noch ehe es den Boden erreicht hatte, hieb er es mit dem Schwert in zwei Stücke. Bokuden tadelte ihn streng und nannte ihn ein Unglück der Familie; den zweiten hieß er weiter üben und nur den ersten nannte er einen wahren Meister.

In den beiden Bildern – der Frosch und der Schwertmeister Bokuden – wird auch der Zusammenhang zwischen der kompletten Gestalt, der Buddhanatur und der Bewusstheit in jedem Augenblick, d.h. im ständigen Hier und Jetzt deutlich.

An der Nahtstelle dieser beiden Bereiche macht sich die Fähigkeit zu emotionaler Mitschwingfähigkeit fest. Es kommt darauf an, sich seiner – eigenen – Natur bewusst zu sein, um mit anderen mitschwingen zu können bzw. präziser: um spüren zu können, ob bei dem, was in mir schwingt, jemand – um im Bild zu bleiben – meine Saiten angerührt hat, oder ob mein Resonanzboden die Schwingungen seiner Saiten wiedergibt. An anderer Stelle habe ich ausgeführt, dass dieser Aspekt wichtig als Diagnose des therapeutischen Kontaktes ist.

Der Schritt vom bloßen Wissen um die Tatsache, dass wir komplett sind, dass wir erleuchtet sind, dass wir Buddhanatur bereits haben, hin zu der Realisation, der Integration dieses Wissens ist eine große Gemeinsamkeit zwischen Zen und Gestalt:

Wir alle kennen eine Vielzahl von Situationen, in denen wir wussten, dass dieses oder jenes Verhalten nicht gut für uns ist, aber das Wissen um diese Tatsache hat uns nicht aus dem Dilemma geholfen. Als Therapeut begegne ich diesem Phänomen besonders in der Therapie mit Berufskollegen. Alles Wissen um die Biographie eines Problems, alle Kenntnis der Psychologie ermöglicht noch keine Verhaltensänderung.

Ein Akrobat ließ seinen Schüler auf die Bambusstange steigen, die er selbst auf der Stirn, Schulter usw. balancieren wollte, und er sagte zu ihm: „Jetzt achte auf mich, und ich werde auf dich achten, dann werden wir mit unseren Künsten Erfolg haben." Da sagte der Schüler: „So geht das nicht, Meister. Achte du auf dich, und ich werde auf mich selbst achten. Das ist das richtige Verfahren."

Aus dieser Begebenheit leitet sich auch das Buddhawort ab:

Auf mich achtend – achte ich auf den anderen
auf den anderen achtend – achte ich auf mich.

Die Sache ist doch im Grunde genommen ganz einfach: Als Klient ist mir ein glücklicher Therapeut lieber als ein unglücklicher, einer, von dem ich weiß, dass er gut für sich selber sorgen kann als ein Miesepeter mit heruntergezogenen Mundwinkeln, der weder über die Welt noch über sich lachen kann.

So versuche ich, Therapie zu machen: Ich schenke mir meine Aufmerksamkeit und wünsche mir, dass der Klient sich seine Aufmerksamkeit schenkt. Ich achte darauf, dass ich bequem sitze, und der Klient achtet darauf, dass er bequem sitzt ... und schon geschieht wunderbare Therapie! Mehr ist nicht zu tun. Am Ende einer langen Suche werden wir feststellen: Wir haben nur uns – mehr gibt es nicht. Es gibt nichts Neues; neu wird nur sein, dass wir das, was wir haben, mit (Selbst-) Achtung und (Selbst-) Wert wahrzunehmen lernen. Was haben wir doch für schöne Schuhe (wenn wir uns wirklich mal die Zeit nehmen, sie achtsam anzuschauen):

Die Neuigkeiten, die wir hören, sind voller Jammer für diese Zukunft,
doch die wahren Neuigkeiten hier drinnen sagen, dass es durchaus nichts Neues
gibt.
Rumi

Alles, was ich weiß, kommt von mir – und was ich nicht weiß, kommt von wo-anders.
Karl Heinz Stockhausen

Wachstum kommt aus mir heraus, hat seine Wurzeln in mir, in meinem Erleben, Wachstum ist organisch. Fort-Schritt schreitet fort, fort von mir. Fortschritt kommt von außen. Etwas lässt mich fort-schreiten. Woher? Wohin? Ich möchte immer wieder wachsen, doch ich bin mit Sicherheit kein Fort-Schrittsgläubiger. Das macht mich aber nicht zum „Maschinenstürmer".

Ein Paar Schuhe, bitte!

Eine Frau, wollte sich selbst etwas Gutes tun und beschloss, sich neue Schuhe zu kaufen.
Also ging sie zur Einkaufspassage und betrat den Schuhladen. Eine Verkäuferin begrüßte sie freundlich. Die Frau suchte sich eine Reihe von Schuhen aus, die sie anprobieren wollte. Insgesamt waren es mehr als 15 Paare, die sie anzog und nun standen überall um sie herum Schuhe und Kartons.
Leider schien keiner der Schuhe der Frau wirklich zu gefallen und ihre Stimmung wurde schlechter.
Da fiel ihr Blick auf ein weiteres Paar. Sie zog auch diese Schuhe an und lief in ihnen einige Schritte auf und ab.
„Die gefallen mir! Was kosten die?" fragte sie die Verkäuferin.
„Diese Schuhe kosten gar nichts", sagte die Verkäuferin und lächelte.
„Sie scherzen!" rief die Frau.
„Nein, diese Schuhe kosten wirklich nichts, denn es sind Ihre eigenen."

Die Kinderfassung dieser Geschichte ist die berühmte Janosch-Geschichte „Oh wie schön ist Panama"– ich empfehle sie meinen Klienten immer gerne als höchst therapeutische Fachliteratur! Stichwort: Fortgehen, um zuhause anzukommen.

„Und du vertiefst dich ins Leben, schaust mit sehenden Augen in das gewaltige, belebte Chaos dieses Seins, dann ergreift es dich plötzlich wie ein Schwindel. In allem findest du dich wieder; überall wo du Leben siehst – das bist DU!"
Albert Schweitzer

In dem Buch „Oh, wie schön ist Panama" von Janosch geht es um einen kleinen Bären und einen kleinen Tiger, die in einem schönen Haus wohnen und sich dort sehr wohlfühlen. Sie leben von dem, was sie im Wald finden. Der kleine Bär geht fischen und kocht das Essen.
Als der Bär eines Tages im Fluss eine Kiste mit der Aufschrift „Panama" findet und diese auch noch nach Bananen riecht, beschließen beide, nach Panama zu gehen, denn Panama ist das Land ihrer Träume. Da sie den Weg nicht wissen, bauen sie sich

aus der Kiste einen Wegweiser. Auf ihrem Weg treffen sie die Maus, den Fuchs, die Gans und die Kuh, aber entweder wissen diese nicht den Weg oder sie geben falsche Antworten. Als es anfängt zu regnen, baut der Bär schnell eine Hütte, damit sie sich unterstellen können. Nach dem Regen sammelt der Tiger Pilze, da beide Hunger haben. Danach treffen sie auf den Hasen und den Igel, die den Tiger und den Bären zu sich nach Hause einladen. Dort schlafen sie auf einem Plüschsofa und meinen, dass sie sich auch so ein Sofa kaufen wollen, wenn sie ihr Traumland Panama gefunden haben.

Sie treffen auch auf eine Krähe; diese kann den beiden weiterhelfen. Sie nimmt sie mit auf einen Baum und zeigt ihnen das Land, in dem sie früher gewohnt haben, von oben. Der kleine Tiger und der kleine Bär sind von der neuen Perspektive so begeistert, dass sie nicht merken, dass dies ihr altes Haus ist. Sie finden auch den alten Wegweiser, und so ist für sie klar, dass sie sich in Panama befinden. Sie reparieren ihr Haus, kaufen sich ein Plüschsofa und leben wie zuvor, nur dass sie noch glücklicher sind, denn sie haben ja das Land ihrer Träume gefunden.

Ein französisches Sprichwort sagt: *Plus ça change – plus c'est la même chose* (Je mehr Veränderung – umso mehr ist es das Alte). Bahaudin Nakschband:

> *„Wenn ein Mensch kommt, um dich zu besuchen, dann bedenke, dass sein Verhalten und seine Sprechweise aus verschiedenen Einzelteilen zusammengesetzt sind. Er ist nicht gekommen, um zu kaufen oder zu verkaufen, um dich zu überzeugen, um Trost zu spenden oder zu empfangen, um zu verstehen oder dich verstehen zu machen. Fast stets ist er zu dir gekommen, um alle diese Dinge zu tun oder zu probieren, und noch viele mehr. Wie die Schalen einer Zwiebel wird er Schicht um Schicht abstreifen. Am Schluss wirst du an dem, was er sagt, erkennen, wie viel er innerlich von dir wahrnimmt. Ist dieser Moment gekommen, wirst du den vordergründigen Inhalt seiner Rede völlig außer Acht lassen, weil du die zugrunde liegende Wahrheit erkennst. Achte besonders darauf, dass die andere Person in dieser Zeit gewöhnlich nicht weiß, dass sie gerade die ‚Sprache des Herzens‘ (der direkten Kommunikation) spricht. Sie mag sich einbilden, dass es einen wissenschaftlichen, kulturellen oder welchen Anlass auch immer für ihr Verhalten gibt."*[135]

Dieser Absatz liest sich, als hätte der Sufi-Meister eine Verhaltensanleitung für Therapeuten geschrieben; jedenfalls hat mich das, was er zu sagen hat, sehr beeindruckt. Seit ich dies kenne, versuche ich jede einzelne Therapiesitzung so zu gestalten, als „käme mich jemand besuchen".

Ich merke, dass mich diese Grundhaltung – wenn sie mir gelingt – sehr frei, abgegrenzt und gleichzeitig sehr aufmerksam macht!

Weiter zeigt dieser Abschnitt auch so schön, dass Kontakt einfach Kontakt ist, d.h. es besteht – im Idealfall – kein Unterschied, egal, ob es sich nun um Geben oder Nehmen handelt: Kontakt ist Kontakt!

Wenn ich als Therapeut mit meiner Aufmerksamkeit bei mir bin, kann ich das, was in mir geschieht, als „Diagnostik" benutzen: Ich fühle mich wach und gut gelaunt; nach und nach werde ich immer müder und schlechter gelaunt. Was macht der Klient mit mir? Welche Energie strahlt er aus, deren Resonanzboden ich offenbar geworden bin? Lass es uns gemeinsam herausfinden.

Wenn es mir gelingt, alle Aufmerksamkeit mir zu geben, wird alles zu Therapie, alles zu Zen.

Wichtig dabei ist, dass diese Art Aufmerksamkeit – auch alltägliches Bewusstsein genannt – nicht mit einem autistischen Rückzug in meine Innenwelt verwechselt werden darf. Alltägliches Bewusstsein wird dies im Zen genannt. Alles, was geschieht, soll in voller Bewusstheit geschehen. Dadurch kann jede Situation vorurteilsfrei erfahren werden. Es ist das alltägliche Bewusstsein, welches den Zen-Schüler dazu bringt, das Unkraut auszuzupfen. (Siehe auch „Wenn Du ein Unkraut siehst, rupfe es aus! Es mag zu schwierig für Dich sein, aber versuche es", Seite 148.)

Jade-Minute-Zen

Zen-Schüler bleiben mindestens zehn Jahre bei ihrem Meister, bevor sie es wagen können, andere zu belehren. Nanin erhielt Besuch von Tenno, der, nachdem er seine Lehrzeit hinter sich gebracht hatte, ein Lehrer geworden war. Der Tag versprach regnerisch zu werden, darum trug Tenno Holzschuhe und hatte einen Regenschirm bei sich. Nachdem Nanin ihn begrüßt hatte, bemerkte er: „Ich nehme an, du hast deine Holzschuhe im Vorraum gelassen. Ich möchte gerne wissen, ob dein Regenschirm rechts oder links von den Holzschuhen steht."

Tenno wusste in seiner Verwirrung keine sofortige Antwort zu geben. Er erkannte, dass er nicht in der Lage war, sein Zen in jeder Minute bei sich zu haben. Er wurde Nanins Schüler, und er studierte sechs weitere Jahre, um sein Jede-Minute-Zen zu vervollkommnen.

Nur die permanente wache Bewusstheit versetzt uns in die Lage, alle Botschaften und Lehren, die sich in allem widerspiegeln, was in mir und um mich herum passiert, auch wahrzunehmen. Meister und Schüler unterscheiden sich u.a. darin, dass auch – vermeintlich – nebensächliche Dinge in voller Aufmerksamkeit des Meisters stehen. Der Schüler läuft häufig gerade dann Gefahr, seine Aufmerksamkeit zu verringern, wenn die Illusion des Selbstverständlichen, Eingefahrenen sich breit macht.

Als Therapeut ist es wichtig, sich vor Routine, die die Aufmerksamkeit einengen könnte, zu schützen.

Einer, der als Baumkletterer großen Ruf genoss, war, wenn er einen anderen in der Kunst unterwies, auf hohe Bäume zu steigen und dort Zweige abzuschneiden, immer ganz still, sobald der da oben sich in einer gefährlich aussehenden Lage befand. Kletterte jener aber herab und war bis zu Dachhöhe gelangt, so rief er ihm zu: „Tu keinen Fehlgriff! Gib Acht!" Als ihn jemand fragte: „Warum ruft Ihr jetzt, da der andere doch schon ungefährdet herunter springen kann?", antwortete er: „Es geschieht aus folgendem Grunde: In schwindelnder Höhe hat der oben von selbst genügend Angst, und ich brauche ihn nicht warnen. Die Fehlgriffe aber werden immer dann getan, wenn einer glaubt, an ‚sichere‘ Stellen gelangt zu sein.“

Bewusstsein und Wahrnehmung, welche sich voll und ganz auf das, was hier und jetzt ist, beziehen, sind frei von wertendem und bewertendem Analysieren.

„Der einfache Mensch stellt sich nicht so viele Fragen über sich. Weil er sich annimmt, wie er ist? Das ist schon zuviel gesagt. Er nimmt sich nicht an und lehnt sich nicht ab. Er fragt sich nicht, betrachtet sich nicht, beobachtet sich nicht. Er lobt sich nicht und verachtet sich nicht. Er ist, was er ist , ohne Wenn und Aber, oder vielmehr ... er tut, was er tut, wie jeder von uns, er findet das aber nicht der Rede oder der Interpretation wert, er denkt nicht einmal darüber nach ... das Wirklichsein genügt dem Wirklichen.“[136]

„Es ist nicht falsch, zu fragen und zu zerteilen, aber es ist eben vollkommener, zu sehen, dass die Frage aus ihrer eigenen Antwort entsteht und dass die Funktion von Grenze und Unterscheidung ist, die Lösung in einer Verbindung anzuregen. Die Gestalt öffnet sich, um ein Schließen hervorzurufen, und die Energie zum Schließen liegt schon im Öffnen.“[137]

Sobald wir bewerten, unterbrechen wir den Fluss des Bewusstseins und der offenen Wahrnehmung, und es geht uns wie dem alten Mann mit dem Bart: Ein alter Mann hatte einen wunderbaren langen Bart. Seine Nachbarn überlegten und rätselten, ob dieser Mann nachts beim Schlafen seinen Bart wohl unter oder über der Bettdecke habe. Da dies keiner entscheiden konnte, fragten sie den alten Mann. Doch dieser musste die Antwort schuldig bleiben; darauf habe er beim Schlafen noch nie geachtet; er versprach aber dieses Problem zu lösen und eine Antwort auf diese wichtige Frage zu suchen.

Ein paar Tage später sah der arme Mann bemitleidenswert aus und noch immer hatte er das Problem trotz intensiver Bemühungen nicht gelöst. Voller Konzentration hatte er versucht zu beobachten, ob er nun beim Schlafen seinen Bart über oder unter der Bettdecke habe. Nur: Vor lauter Beobachten und lauter Konzentration konnte der Ärmste nicht schlafen. Seinen Nachbarn sagte er: „Denkt, was ihr wollt; ich schlafe lieber ...“

„Unter dem Blickwinkel des Absoluten existiert nur reines Gewahrsein, vollkommene Bewusstheit. Diese Bewusstheit unterliegt keiner Trübung, alle Muster und Erfahrungen nimmt sie willig an. Sobald Erfahrungen von außen durch die Sinne laufen und sich Wahrnehmungsmuster ansammeln, formt sich aus allen auftretenden Bildern, Erinnerungen und Gedanken das, was wir als Bewusstsein bezeichnen. Damit ist nicht gesagt, dass ein dinghaftes, schöpferisches oder besonders geartetes Bewusstsein entstünde.

Wir meinen nur, da sei ein Bewusstsein. In Wirklichkeit ist es eine Ansammlung von Mustern, die wie Staub zusammengeweht wurde; diese Ansammlung nennen wir dann das „Selbst". Wären wir in der Lage, alle diese Muster wegzufegen, dann könnten wir überhaupt kein Bewusstsein mehr vorfinden.
Auf der Endstufe des Bewusstseins wirkt das Bewusstsein nicht mehr. Es ist über sich selbst hinausgegangen. Nur Bewusstheit bleibt – ein Gewahrsein des gegenwärtigen Augenblicks, das immer in unserem Körper und in unserer Energie vorhanden ist."[138]

Frau Blawatzky, die Gründerin der Theosophischen Gesellschaft, auf die Bitte einer Schülerin um eine neue Aufgabe, damit sie in ihrem Wachstum weiterkomme: „Klebe von nun an deine Briefmarken ordentlich auf die Umschläge". Das ist ständiges Bewusstsein, das ist Therapie.

Ein sehr prägnantes Beispiel schildert Peter Orban:

„Alle Therapieformen helfen – darin, mir über das Problem klar zu werden, vor dem ich stehe.
Um deutlich zu machen, was ich meine, behaupte ich manchmal, dass sogar ein gezieltes Nasebohren helfen wird – als Therapie formalisiert, mit drei Stunden wöchentlich in einem verdunkelten Raum und mit der Aufforderung: „Bohre dir jetzt tief in der Nase und beachte alles, auf das du stößt als ein Gleichnis für das Problem, vor dem du gerade stehst".
Ich meine das keinesfalls scherzhaft oder gar zynisch und ich möchte damit auch nicht die sehr ernsthaften Bemühungen aller Therapieformen lächerlich machen, sondern auf eine Sache hinweisen, die mir sehr wichtig erscheint: Jede Form, in der ich mich ernsthaft mit mir beschäftige, jede Form, in der ich etwas über mich herausfinden möchte, taugt dazu, solange ich dabei bei mir bleibe."[139]

„All ways are one in the end" dieser Satz stimmt und stimmt nicht zugleich. Es ist meine Überzeugung, dass letztlich alle Wege zum gleichen Ziel führen können, wenn man sie denn zu Ende geht. Zum Ziel komme ich nur auf einem Weg. Sonst komme ich nicht weiter. Wenn ich hundert Wege immer nur hundert Meter weit gehe, komme ich nicht zum Ziel. Wenn ich an hundert Stellen zehn Meter tief grabe, werde ich nie einen Brunnen graben können. Weder „Therapie-hopping" noch „Meditationshopping" bringen mich weiter. Ich kann von vielen Speisen Probehappen nehmen, doch irgendwann sollte ich mich für eine entscheiden und mich dann dort satt essen. Wenn ich mit jemanden anfange, therapeutisch zu arbeiten, ist es mir sehr wichtig, dass er oder sie alle anderen psychotherapeutischen Aktivitäten einstellt. „Da mache ich noch ein bisschen Bioenergetik, dann gehe ich noch alle vierzehn Tage zur Verhaltensmodifikation ..." – das mache ich nicht mit. Nicht „weil ich niemand fremde Götter neben mir haben soll", sondern, weil ich der Überzeugung bin, dass dieses Verstreuen der Energie niemanden nutzen kann. Wenn ich in der einen Therapie meine, das be- oder verarbeiten zu müssen, was mich in der anderen aufgewühlt hat (und umgekehrt) dann läuft da etwas sehr falsch, dann habe ich noch nichts vom prozesshaften Arbeiten verstanden. Hier werden quantitatives und qualitatives Wachstum verwechselt – ich nenne das eine immer horizontales, das andere vertikales Wachstum. Ein langer Graben ist eben kein Brunnen!

Der Weg ist nicht einfach. Er verlangt ein klares Bekenntnis sowohl nach außen als auch nach innen. Wie reagiert ihre „normale" Umwelt, wenn sie sagen, dass sie – unter Umständen seit Jahren – Klient einer Therapie sind?

Wie reagiert ihre Umwelt, wenn sie sich als Buddhist outen? Das wird wohl in Insiderkreisen kein Problem sein, aber sobald wir diese verlassen wird es schon schwieriger.

Ein Beispiel: Der heutige Zen-Mönch Claude AnShin AnGyo Thomas war einst Kommandeur eines Kampfhubschraubers im Vietnam-Krieg. Er erlebte nach dem Ende seines Militärdienstes eine Odyssee, die er selbst „den Krieg nach dem Krieg nennt". Heute veranstaltet er so genannte Straßen- oder auch Wander-Retreats. Oft geht er auch an Orte, an denen besonders viel Unmenschlichkeit geschehen ist, wie z. B. Konzentrationslager. Die Gruppe lebt dann auf der Straße und ist auf das angewiesen, was sie sich erbettelt. Gleichwohl muss sich jeder die Teilnahme an solchen Veranstaltungen „verdienen". Die Teilnahmegebühr, die oft bis zu ca. 1000, – € beträgt, muss man sich erbetteln. Man darf dieses Geld nicht aus der eigenen Tasche bezahlen, sondern muss im Freundes- und Bekanntenkreis um entsprechende Spenden bitten. „Ich habe vor, 12 Tage lang auf der Straße zu leben, zu betteln und Zen zu praktizieren. Das ganze kostet aber 1000, – €. Kannst du mir dazu etwas spenden?" Schon allein im Denken an diesen Satz wird mir schummrig zu Mute. Sehr gerne würde ich wohl ein solches Retreat mitmachen, aber diese Schwelle schaffe ich (noch?!) nicht. Offensichtsicht fehlt es mir noch an dem nötigen Mut.

Nicht das Beginnen wird belohnt, sondern einzig und allein das Durchhalten.
Katharine von Siena

Bleiben wir kurz bei diesen Bildern. Ein wenig graben, hier und da ein Loch, das kann jeder. Sonntagnachmittag etwas durch den Wald spazieren gehen, das kann auch jeder, dazu braucht niemand eine besondere Hilfe oder An- / Begleitung. Doch wenn ich einen tiefen Brunnen anlegen möchte, wenn ich eine Reise in fremde, neue Gebiete oder eine gefährliche Bergtour antreten möchte, dann brauche ich fachmännische Anleitung, brauche ich jemanden, der diesen Weg schon einmal gegangen ist, der Erfahrung mit dem Anlegen von Brunnen hat. Bezogen auf unser Thema heißt das: Solange ich einmal in der Woche zur Volkshochschule zur abendlichen Meditationsübung gehe, solange ich „Langlaufen und Selbsterfahrung" bei der Familienbildungsstätte belege, komme ich wohl alleine ganz gut klar. An anderer Stelle haben wir von Therapie und Meditation als ‚Wellness' gesprochen. Doch wenn ich eine regelmäßige Therapie mit unter Umständen mehreren Sitzungen pro Woche mache, wenn ich Meditation als Lebensweg wählen möchte – d. h. regelmäßiges tägliches Sitzen, regelmäßiger Teilnahme an Sesshins, dann geht dies ohne Fachmann, sprich ausgebildetem erfahrenem Therapeuten bzw. Meister nicht.

Und dieser Lehrer muss mich behutsam aber klar auf meinem Weg zu seinem Ziel führen. Ich kann mir vorstellen, dass dieser Satz Widerspruch hervorruft, er ist aber vollkommen logisch und sinnvoll: Ich kann über das Ziel nur abstrakte und theoretische Vorstellungen haben, da ich noch nie auf diesem Berg, in diesem Land war, da ich noch nie einen Brunnen gegraben habe. Vielleicht habe ich etwas darüber gelesen, ich habe vielleicht Ansichtskarten oder was auch immer; aber eins habe ich bestimmt nicht, nämlich die konkrete Erfahrung von diesem Ziel. Meine Vorstellungen und Phantasien geben nur ein nebulöses Bild ab und taugen weder als Wegweiser noch als Landkarte. Die Landkarte ist nicht der Weg, sondern nur seine Verbildlichung. Im Zen-Buddhismus werden wir immer wieder angehalten nicht den Zeigefinger und den Mond, auf den dieser Finger zeigt, zu verwechseln.

Wer reif wird, den Weg über das Wellness Niveau hinaus zu gehen, ist auch reif für einen Lehrer / Meister oder Therapeuten – je nachdem über welchen der Wege wir sprechen. Wer diesen Grad der Reife erreicht hat, hat aber auch sich selbst als inneren Lehrer. Hätte er ihn nicht oder wäre er nicht reif für diesen inneren Lehrer oder Meister, so könnte er ihn auch nicht im Außen finden. Selbst wenn er ihm begegnete, würde er ihn nicht als solchen wirklich erkennen. Bestenfalls würde er zum Anhänger, und die findet man bekanntlich immer an einer Kette!

„Der innere Meister ist man selbst als das unbewusst zur bewussten Verwirklichung drängende Potential des Menschen, der man sein könnte und sein sollte. Den inneren Meister, das heißt dieses Potential zu spüren, zu erkennen und anzuerkennen, hat eine bestimmte Stufe der Entwicklung zur Voraussetzung. Den Meister in sich anzuerkennen hat nichts mit Überheblichkeit zu tun. Die Last des Weges, der nun bevorsteht, anzunehmen, erfordert rechte Demut. Es gibt auch die falsche Bescheidenheit, die in Wahrheit nur Angst vor der größeren Verantwortung ist. Sie steht dem Hervorkommen des Meisters im Wege."[140]

Diesen inneren Meister, Lehrer oder Therapeuten sollten wir – ähnlich wie den „normalen" genau prüfen. Doch eine erste Voraussetzung ist die Frage „Wer ist am Drücker?" oder anders: Habe ich das Problem oder hat das Problem mich. Im letzteren Fall sind wir wohl noch nicht weit genug, um mit dem inneren Lehrer zu arbeiten. Wir sollten uns außerdem einige Fragen stellen, die im Übrigen auch für die anderen Lehrer und Therapeuten zutreffen:

Traut er uns den Weg zu?

Lächelt er uns an?

Gibt er uns immer wieder eine neue Chance?

Kann er uns unsere Geschwindigkeit lassen, uns gleichzeitig aber vorantreiben?

Ist seine Kritik unterstützend oder demütigend; ‚macht er uns 'runter'?

Wenn wir auf eine dieser oder ähnlicher Fragen mit ‚Ja' antworten, dann können wir sicher sein, dass wir es nicht mit dem inneren Lehrer, sondern mit der Instanz, die wir an anderer Stelle „victimizer" oder auch Quälgeist, Eltern-Ich genannt haben. Dann sind wir nicht in guten Händen. Dann können wir – in des Wortes ureigenster Bedeutung – auch zuhause bleiben.

Als Therapeuten geben wir Wegweisung, nicht Wegersatz; wir sollten die autonomen Diener des Prozesses des Klienten sein. Diese Formulierung ist ein Widerspruch in sich, macht aber klar, worum es gerade in der Gestalttherapie geht: Wir sind für den Klienten und seinen Prozess, nicht zur Fütterung unseres Ego da, ohne dass wir uns jedoch in mehr oder weniger neurotische Verführungsspiele einlassen sollten.

Wenn du eine Klippe erklimmst,
brauchst du Büsche, um dich daran festzuhalten.
Wenn du den Herausforderungen des Lebens gegenüberstehst,
brauchst du Rat und Hilfe.
Meister Hsing Yun

Buddha selbst hat angeblich am Ende seines Lebens seine Schüler dazu aufgefordert, jedes seiner Worte kritisch mit der eigenen Erfahrung zu vergleichen und nicht zu glauben, nur weil es von ihm kommt:

Glaube nicht an die Macht von Traditionen,
auch wenn sie über viele Generationen hinweg
und an vielen Orten in Ehren gehalten wurden.
Glaube an nichts, nur weil viele Leute davon sprechen.
Glaube nicht an die Weisheiten aus alter Zeit.
Glaube nicht, dass Deine eigenen Vorstellungen
Dir von einem Gott eingegeben wurden.
Glaube nichts, was nur auf der Autorität
Deiner Lehrer oder Priester basiert.

Glaube das, was Du durch Nachforschungen
selbst geprüft und für richtig befunden hast
und was gut ist für Dich und andere.

Dies ist nicht einfach; wir haben eben oft nicht von Anfang an diese innere Sicherheit, die uns diese Prüfung ermöglicht. Die dazu erforderliche Klarheit – ich weiß, was für mich gut ist – ist ja oft erst das Ergebnis eines langen therapeutischen Weges. Es geht ja hier nicht um einen vorschnellen Hedonismus. Jetzt tun mir schon zum zehnten Mal die Knie und der Rücken weh – ich glaube, Zen-Buddhismus ist nicht gut für mich. Jetzt war ‚mein' Therapeut schon wieder konfrontativ, ich glaube, der

versteht mich gar nicht richtig, ich glaube, dieser Therapeut ist nichts für mich ...
Solche und ähnliche vorschnelle Hüftschüsse sind mit diesen Sätzen bestimmt nicht
gemeint!

Wir haben darüber gesprochen, dass ich mir die Freiheit nehme, nicht mit jedem
Klienten zu arbeiten; umgekehrt hat auch ein Klient nach drei Sitzungen – dies vereinbare ich im ersten Vorgespräch – die Möglichkeit, mich als Therapeut abzulehnen. Hierzu gibt es bekannterweise ja die so genannten „Probatorischen Sitzungen".
Ich unterstütze in dieser Frage die Klienten sehr, bei ihrer Wahrnehmung und ihrer
Erfahrung zu bleiben. Ich bin jedoch nicht so blauäugig zu unterstellen, dass wir in
diesem Punkt „Waffengleichheit" haben. Es ist doch wohl meist so, dass für die Ablehnung des Therapeuten ein Maß an Sicherheit, Klarheit und Autonomie erforderlich ist, welches erst im Laufe der therapeutischen Arbeit wieder freigelegt werden
muss; überspitzt gesagt: Wer dem Therapeuten am Ende der dritten Sitzung sagen
kann, dass er nicht mehr mit ihm arbeiten möchte, der braucht schon keine Therapie
mehr; er ist gegenwärtig und hat Vertrauen in seine Wahrnehmung, in seine Erfahrung und der ist in der Lage, diese mitzuteilen und zu vertreten.

Frage: Was ist ein weiser und was ein schwerfälliger Schüler?
Antwort: Ein weiser Schüler verlässt sich nicht auf die Worte seines Meisters, son-
dern stützt sich auf eigene Erfahrung, um die Wahrheit zu finden. Der schwer-
fällige verlässt sich darauf, durch die Worte seines Meisters allmählich zur Ein-
sicht zu kommen.[141]

Wenn wir uns auf den Weg machen, können wir zwar den einen oder anderen Schritt
auch ohne Laterne gehen, aber auf die Dauer brauchen wir doch eine Laterne und vor
allem jemanden, der auf diese Laterne Acht gibt, da wir (noch) blind sind:

In früheren Zeiten wurden in Japan Laternen aus Papier und Bambus mit Kerzen
darin benützt. Als ein blinder Mann eines Nachts einen Freund besuchte, bot ihm
dieser an, eine Laterne mit auf den Heimweg zu nehmen.

„Ich brauche keine Laterne", sagte der Blinde. „Dunkelheit oder Licht sind dasselbe für mich."

„Ich weiß, du brauchst keine Laterne, um deinen Weg zu finden", erwiderte der
Freund. „Aber wenn du keine hast, so kann jemand gegen dich laufen. Also nimm sie
lieber."

Der blinde Mann begab sich mit der Laterne auf den Weg, und bevor er noch weit
gegangen war, lief jemand gerade gegen ihn.

„Schau doch, wohin du gehst!" rief er dem Fremden zu. „Kannst du nicht die Laterne sehen?"

„Deine Kerze ist niedergebrannt, Bruder", erwiderte der Fremde.

Über das, was wir brauchen können wir selber nachdenken; aber bei dem, was wir
wirklich brauchen, wird es schon schwieriger. Da brauchen wir Hilfe:

Es gibt einen Mönch, der einem niemals Rat, sondern nur eine Frage gibt. Mir wurde erzählt, dass seine Fragen sehr hilfreich sein könnten. So suchte ich ihn auf. „Ich bin Gemeindepfarrer", sagte ich, „und nehme hier an einer Klausur teil. Könntest du mir eine Frage geben?"
„Aber ja", antwortete er. „Meine Frage lautet: Was brauchen Sie?"
Ich ging enttäuscht fort. Einige Stunden verbrachte ich mit der Frage, schrieb Antworten nieder, doch schließlich kehrte ich wieder zu ihm zurück.
„Entschuldige bitte. Vielleicht habe ich mich nicht klar ausgedrückt. Deine Frage war hilfreich, doch während dieser Klausur bin ich nicht so sehr daran interessiert, über mein Pfarramt nachzudenken. Stattdessen möchte ich mich ernsthaft meinem eigenen spirituellen Leben widmen. Könntest du mir eine Frage für mein eigenes spirituelles Leben geben?"
„Ah, ich verstehe. Dann lautet meine Frage: ‚Was brauchen Sie wirklich?'"
Vater Theophanus

Der Weg kann jedoch nur der meine sein, da er sich nach meinen Fähigkeiten, nach meiner Geschwindigkeit, nach meiner Belastungsfähigkeit, nach meinen Ressourcen richten muss. Der berühmte Zen-Meister Kodo Sawaki Roshi sagte, dass wir nicht einmal einen Furz tauschen können und das jedermann sein eigenes Leben zu leben hat. Dies mag als Beispiel für den speziellen Humor des Zen-Meisters dienen, es drückt aber ganz klar und unmissverständlich die Wahrheit des Lebens aus. Wir können uns keinen Furz ausleihen, selbst wenn wir einen kleinen Furz als Zinsen anbieten. Die Verantwortung des Fremdenführers, des Therapeuten, des Meisters wird hier deutlich: Mich einerseits zu nicht nachlassender Anstrengung zu motivieren, andererseits nicht zu überfordern. In der Gestalttherapie sprechen wir von der ‚Wachstumsgrenze': was ist der größtmögliche, zugleich aber für mich schaffbare Schritt, den ich immer wieder neu gerade noch gehen kann. Es ist die Aufgabe der Zusammenarbeit zwischen Schüler und Lehrer, egal auf welchem Gebiet, diese Wachstumsgrenze immer weiter hinaus zu schieben.

Der faszinierende Zen-Meister hat diese Aufgabe des Meisters schön beschrieben; ich meine, dass das, was er hier schreibt, sowohl für den Zen-Meister als auch den Gestalttherapeuten gelten sollte:

„Precepts are not rules set up by someone. Since our life is the expression of our true nature, if something is wrong with that expression, then Buddha will say that is not the way. Then you will have precepts. The actual event or fact is first, not the rules.
So it is the nature of precepts that we have a chance to choose our precepts. If you go one way, you will have these precepts; and if you take another way, you will have some other precepts. Whether you go this way or that way is up to you. Either way you will have some precepts. At first you should depend on your teacher. This is the best way, and you begin by following the prohibitory precepts. When you

become familiar with our way, you will have a more positive observation of the precepts.

How a teacher points out the student's mistake is very important. If a teacher thinks that what his student did is a mistake, he is not a true teacher. It may be a mistake, but on the other hand it is an expression of the student's true nature. When we understand this, we have respect for our student's true nature, and we will be careful how we point out mistakes.

In the scriptures five points are made about how to be careful.

One is that the teacher has to choose his opportunity and not point out the student's mistake in front of many people. If possible the teacher points out the mistake personally in an appropriate time and place.

Secondly the teacher is reminded to be truthful, which means the teacher does not point out his disciple's mistake just because he thinks it is a mistake. When the teacher understands why the disciple did so, then he can be truthful.

The third reminder is for the teacher to be gentle and calm, and speak in a low voice rather than shouting. This is something very delicate like truthfulness, but here the scripture puts emphasis on having a calm gentle attitude when talking about someone's mistake.

The fourth one is that the teacher gives advice or points out the disciple's mistake solely for the sake of helping him, and does not do this just to get something off his chest. Here the teacher is very careful, noticing when the student is making some excuse for what he did, or when the student is not serious enough. Then the teacher should ignore him until he becomes more serious. Even though we give advice only for the sake of helping the student, still this does not mean to always be easy with the student. Sometimes we should be very tough with the student, or we cannot help in a true sense.

The last one is to point out the student's mistake with compassion, which means that the teacher is not just the teacher but also the disciple's friend. As a friend the teacher points out some problem or gives some advice.

So it is not easy to be a teacher or to be a student, and we cannot rely on anything, even the precepts. We have to make our utmost effort to help each other. And we do not observe our precepts just for the sake of precepts or practice rituals for the perfection of rituals. We are studying how to express our true nature."[142]

(Ich habe diesen Text nicht übersetzt, ich glaube, er ist auch mit geringen Englischkenntnissen gut zu verstehen)

Bhagwan:
„Der Mensch ist ein Nimmersatt.
Weil er voll von Begierden ist, ohne sich selbst zu kennen.
Weil er etwas werden will, ohne zu wissen, was er ist.
Und das ist absurd.
Zuerst muss man erfahren, wer man ist.
Sonst ist alles nur Schmerz.
Werden bedeutet Schmerz.
Denn es bedeutet eine dauernde Spannung zwischen dem,
was ist, und dem, was sein sollte.
Diese Sehnsucht ist unerfüllbar.
Weil nur das sein kann, was ist.
Deshalb erkenne dich – so wie du bist.
Ohne irgendwelche Ideale,
ohne irgendein Werturteil,
und ohne etwas zu verdammen.
Schaue tief in dich ohne irgendein Verlangen, etwas zu werden.
Weil du dich nur dann erkennen kannst.
Entdecke dich selbst, nicht nach fremden Maßstäben,
sondern so wie du bist.
Entdecke das Tatsächliche.
Entdecke das Wirkliche
in seiner völligen Nacktheit,
in seiner vollkommenen Ursprünglichkeit.
Sei einfach Zeuge davon.
Dann gewinnt das Leben eine völlig andere Dimension.
Die Dimension des Loslassens."[143]

Ich habe nie viel von Bhagwan gehalten, aber dieses Zitat fasst sehr schön zusammen, was ich in diesem Kapitel sagen möchte.

Zeuge werden heißt: Ich kann mich selber – ohne mich „einzumischen", ohne zu bewerten – wahrnehmen.

Als Zeuge von „außen" (wobei jedoch die Dualität von Innen und Außen aufgehoben ist) betrachte ich mich und stelle erfreut fest, dass ich „komplett" bin, da ich nicht mehr in / mit mir verstrickt bin.

Zeuge sein und (nicht bewertendes) Annehmen, d. h. das Leben leben wie es ist, dies ist der zentrale Gedanke im Zen. Er findet seine Entsprechung in dem, was mit ‚Leben mit dem Prozess‘ in der Gestalttherapie beschrieben wird. In diesem Zusammenhang ist es meiner Meinung nach eine der wichtigsten, wenn nicht sogar die wichtigste Aufgabe der Eltern, ihre Kinder zu lehren, was alles „normal" ist: Dass es normal ist, manchmal verzweifelt zu sein, dass es normal ist, manchmal misstrauisch oder was auch immer zu sein. Zu dieser „Lektion" in Sachen Normalität gehört auch die Einsicht, dass jede Phase des Lebens mit ganz bestimmten Fragestellungen, Problemen verbunden ist. Es ist „normal", wenn das 12- bis 14-jährige Kind denkt: ‚Keiner außer Dr. Sommer (der Briefkastenonkel der „Bravo") versteht mich wirklich'.

(Interessant fand ich bei der Vorbereitung auf diesen Abschnitt festzustellen, dass der Bravo Briefkastenonkel immer noch – wie zu „meiner" Zeit – Dr. Sommer heißt.)

Es ist normal, wenn ein Jugendlicher vor lauter Verzweiflung oder Einsamkeit, Verlust von Orientierung an Selbstmord denkt. Es ist normal, nach dem Ende der ersten Beziehung Gefühle wie ‚ich werde nie wieder glücklich werden' zu haben. Es ist normal, dass auch in der schönsten Entwicklung Phasen der Stagnation, der Rückschläge und des Aufgebenwollens vorkommen; all dies ist kein Grund zur Beunruhigung, weil es normal ist.

Auch heute noch muss ich mir öfter selber klar machen, was alles normal ist: Es ist normal für einen 43 jährigen Mann das Gefühl ‚das kann doch nicht alles gewesen sein' zu haben.

Wieder und wieder bin ich z. B. von fürsorglichen Eltern und Freunden darauf hingewiesen worden, dass im Laufe meines Lebens meine Kräfte immer weniger werden. Ich halte dies für eine falsche Aussage, denn genauso wie ich als 15-Jähriger die Probleme eines 15-Jährigen hatte, genauso wie ich als 40-Jähriger die Probleme eines 40-Jährigen habe, so habe ich als 15-Jähriger die Kraft eines 15-Jährigen und als 40-Jähriger die Kraft eines 40-Jährigen. Das ist normal; das ist, was es ist! Die Aussage ‚meine Kräfte werden immer weniger' ist aus einem statischen Blickwinkel entstanden, während die zweite Aussage von einem dynamischen, dem Entwicklungsprozess Rechnung tragenden Standpunkt aus gemacht ist.

Goethe soll gesagt haben: Als ich achtzehn war, war meine Welt achtzehn. Als ich vierzig war, war meine Welt vierzig.

Ich glaube, dass das Bewusstsein um Normalität sehr wichtig, weil entlastend und beruhigend ist: Je bewusster ich mir – ob als Kind oder als Erwachsener, als Schüler oder als Lehrer – dieser Tatsache bin, um so weniger brauche ich mich zu beunruhigen, „nur" weil ich dies oder jenes Gefühl habe, mich mit diesem oder jenem Problem rumschlage. Ich brauche mich nicht – manipulierend – einzumischen, sondern kann all diese Gefühle und Probleme als Wegweiser meines Lebens willkommen heißen!

„Beklemmung, Zweifel und Hoffnungslosigkeit zeigen Krisen an, Perioden der Ratlosigkeit, die immer dann auftreten, wenn der Mensch unsicher genug ist, um innerlich wachsen zu können. Wir müssen unser Gefühl des Unbehagens immer als Chance betrachten, das Wachstum zu wählen und nicht die Angst."[144]

Eine Gruppe von Bauern watete durch einen Fluss. Als sie am anderen Ufer angelangt waren, zählte der Führer, besorgt, dass jemand verloren gegangen sein könnte, die Schar, ließ sich selbst aber dabei aus. Jeder zählte dann ebenfalls, ging dabei auf dieselbe Weise vor und kam zum selben Ergebnis. Bestürzt darüber, dass jemand fehlte, verbrachte die Gruppe Stunden mit verzweifelter Suche. Schließlich kam jemand vorbei, sah die Aufregung und erkundigte sich, was los sei.

Mit dem Problem der Bauern vertraut gemacht, zählte er die Gruppe durch und alle waren hocherfreut, dass keiner verloren gegangen war.

Zum Abschluss dieses Abschnitts noch eine Geschichte zu dem, was Bewusstsein auf mich selber gerichtet alles bewirken kann:

Ein junger Mönch ging in die Stadt mit dem Auftrag, einen wichtigen Brief eigenhändig dem Empfänger zu übergeben. Er kam an die Stadtgrenze und musste eine Brücke überqueren, um hineinzugelangen. Auf dieser hielt sich ein im Schwertkampf erfahrener Samurai auf, der, um seine Stärke und Unüberwindbarkeit zu beweisen, geschworen hatte, die ersten hundert Männer, die die Brücke überquerten, zum Zweikampf herauszufordern. Er hatte schon neunundneunzig getötet.

Der kleine Mönch flehte ihn an, er möge ihn durchlassen, weil der Brief, den er bei sich trug, von großer Wichtigkeit war: „Ich verspreche Euch wiederzukommen, um mit Euch zu kämpfen, wenn ich meinen Auftrag erfüllt habe." Der Samurai willigte ein, und der junge Mönch ging seinen Brief überbringen. In der Gewissheit, verloren zu sein, suchte er, bevor er zurückkehrte, seinen Meister auf, um sich von ihm zu verabschieden. „Ich muss mit einem großen Samurai kämpfen", sagte er, „er ist ein Schwertmeister, und ich habe in meinem Leben noch keine Waffe angerührt. Er wird mich töten ..."

„In der Tat wirst du sterben", antwortete ihm der Meister, „denn es gibt für dich keine Siegeschance. Also brauchst du auch keine Angst vor dem Tode zu haben. Doch ich werde dich die beste Art zu sterben lehren: „Du hebst dein Schwert über den Kopf, die Augen geschlossen, und wartest. Wenn du auf dem Scheitel etwas Kaltes spürst, so ist das der Tod. Erst in diesem Moment lässt du die Arme fallen. Das ist alles ..." Der kleine Mönch verneigte sich vor seinem Meister und begab sich zu der Brücke, wo ihn der Samurai erwartete. Dieser dankte ihm dafür, dass er Wort gehalten hatte und bat ihn, sich zum Kampf bereitzumachen. Das Duell begann. Der Mönch tat, was ihm der Meister empfohlen hatte. Er nahm sein Schwert in beide Hände, hob es über den Kopf und wartete, ohne sich zu bewegen. Diese Stellung überraschte den Samurai, da die Haltung seines Gegners weder Angst noch Furcht widerspiegelte. Misstrauisch geworden, näherte er sich vorsichtig. Der kleine Mönch war völlig ruhig, allein auf seinen Scheitel konzentriert. Der Samurai sprach zu sich: „Dieser Mann ist sicher sehr stark, er hatte den Mut zurückzukehren, um mit mir zu kämpfen, das ist bestimmt kein Amateur." Der Mönch, noch immer vertieft, kümmerte sich überhaupt nicht um das Hin- und Herlaufen seines Gegners. Und der bekam langsam Angst: „Das ist ohne Zweifel ein ganz großer Krieger", dachte er, „denn nur die großen Meister der Schwertkunst nehmen von Anfang an eine Angriffsstellung ein. Und dieser schließt sogar noch seine Augen!" Der junge Mönch wartete noch immer auf den Moment, in dem er die besagte Kälte auf dem Scheitel spüren würde. Währenddessen war der Samurai völlig ratlos, er wagte nicht mehr anzugreifen, in der Gewissheit, bei der geringsten Bewegung seinerseits zweigeteilt zu werden.

Der Mönch wiederum hatte den Samurai völlig vergessen, aufmerksam darauf bedacht, die Ratschläge seines Meisters auszuführen und würdig zu sterben. Doch er wurde wieder in die Wirklichkeit zurückgeholt durch das Weinen und Klagen des Samurai: „Tötet mich bitte nicht, habt Mitleid mit mir, ich dachte, der König der Schwertkunst zu sein, aber ich habe noch nie einen Meister wie Euch getroffen! Bitte, bitte, nehmt mich doch als Euren Schüler an, lehrt mich den wahren WEG der Schwertkunst ...'

Die vorrangige Betonung der nicht wertenden Aufmerksamkeit für das Hier und Jetzt trifft häufig auf den Vorwurf einer fatalistischen Weltanschauung:

Alles ist, was es ist; ich kann eh' nichts ändern ...

Geschichten über das Loslassen, wie die folgende, mögen dieses Vorurteil noch steigern:

> *„Emmon fragt: ‚Wenn ein unerfahrener Anfänger auf dem Weg sich plötzlich in der Lage befindet, dass ihn jemand umbringen will, welche Maßnahmen, die dem Weg entsprechen kann er ergreifen?‘*
> *Geantwortet: ‚Es ist absolut unnötig, Maßnahmen zu ergreifen. Warum? Wenn man entgehen kann, entgeht man, wenn man nicht entgehen kann, erleidet man es. Wenn man es ertragen kann, erträgt man es, wenn man es nicht ertragen kann, erhebt man die Stimme und weint.‘"* [145]

Der Meister hatte mit seinen jungen Schülern einen Ausflug gemacht. Zur Rast setzten sie sich an das Ufer eines Flusses, das steil hinab ging. Einer der Schüler fragte: „Sag Herr, wenn ich nun abrutschen würde und in den Fluss falle, müsste ich dann ertrinken?"

„Nein" antwortete der Meister „Du ertrinkst nicht, wenn du in den Fluss fällst – du ertrinkst nur dann, wenn du drin bleibst."

Alles ist, was es ist, dieser Satz – nicht als fatalistische Ausrede für Nichtstun – ist ein wichtiges Ziel auf beiden Wegen. Es geht darum eine nicht bewertende Gelassenheit zu erreichen, von der aus wir dann hilfreich für uns und andere handeln können.

> *Alles ist so, wie es ist.*
> *Das ist keine Weisheit, sondern eine Wahrheit.*
> *Wie kann man dieses ändern?*
> *Indem man es ändert!*
> *Aber auch dann ist alles wieder so wie es ist.*
> Aus den Chan

Aus der Chan-Tradition – also aus der Zeit des Buddhismus in China – gibt es eine sehr interessante Unterweisung mit dem Thema „Unterweisungen bezüglich des königlichen Samadhi der Kontemplation von Buddha". Diesen Unterweisungen liegt das ‚Mahasanghika Vinaya' zugrunde, das Ziel dieser Unterweisung ist die Erlangung von Gelassenheit:

Gewinn und Verlust, Ruhm und Schande,
Lob und Tadel, Leiden und Freude;
all dies ist vergänglich, warum sollte also
irgendeines dieser Dinge Befriedigung
oder Unzufriedenheit erzeugen

Meister Hsing Yun, Abt des Klosters Fo Guang Shan in Taiwan und 48. Patriarch der Lin-Chi-Schule, gibt hierzu praktische Ratschläge, die – und darum möchte ich sie hier auch zusammengefasst darstellen – von einem Gestalttherapeuten stammen könnten; vielleicht mit anderen Worten, aber inhaltlich und von ihrer Aussage her bestimmt sehr ähnlich: [146]

1. Hinsichtlich des Körpers: Bitte nicht darum, frei von aller Krankheit zu sein, denn ist der Körper frei von Krankheit, kommt leicht Begierde auf. Ist Begierde einmal erwacht, sind Grundsätze bald gebrochen, und Fortschritt wird zu Rückschritt.

2. Hinsichtlich des Umgangs mit weltlichen Angelegenheiten: Bitte nicht darum, dass jegliche Pflicht eine leichte sei, denn gehen die Dinge zu einfach, entwickelt der Geist bald Hochmut. Ist Hochmut einmal im Geiste geboren, wird man schnell leichtfertig und hinterlistig.

3. Hinsichtlich des Denkens: Bitte nicht darum, dass dein Denken immer unbehindert sei, denn Denken ohne Hemmnisse wird schnell erregt und ungenau. Ist das Denken einmal erregt und ungenau, lässt man sich leicht täuschen und wird glauben, das Falsche sei richtig und das Richtige sei falsch.

4. Hinsichtlich des Ausübens des Buddhismus: Bitte nicht darum, niemals auf die Probe gestellt zu werden, denn wird man niemals geprüft, werden Gelöbnisse nicht beständig sein. Haben Gelöbnisse keine Beständigkeit, neigt man leicht zu dem Glauben, etwas erreicht zu haben, das man nicht erreicht hat.

5. Hinsichtlich des Pläneschmiedens: Bitte nicht darum, dass sie immer leicht zu machen sind, denn sind Pläne immer einfach zu entwerfen, wird der Wille schwach und unwirksam. Ist der Wille schwach und unwirksam, verfällt man leicht dem Glauben, die eigenen Fähigkeiten seien geringer, als sie es tatsächlich sind.

6. Hinsichtlich der Freundschaft: Bitte nicht darum, dass sich immer alles nach dir richtet, denn setzt man ständig seinen Willen durch, verliert man bald den Sinn für Richtig und Falsch. Verliert man den Sinn für Richtig und Falsch, neigt man leicht dazu, anderen die Schuld zu geben für alles, was schief geht.

7. Hinsichtlich der Menschen: Bitte nicht darum, dass andere immer deinem Beispiel folgen mögen, denn wenn andere einem immer folgen, wird man schnell hochmütig. Ist man hochmütig geworden, klammert man sich fest an die Fesseln des Selbst.

8. Hinsichtlich der Ethik: Bitte nicht darum, für gutes ethisches Verhalten belohnt zu werden, denn wird man für tugendhaftes Verhalten ständig belohnt, wird man leicht berechnend in allem, was man tut. Ist man einmal berechnend geworden, erbettelt man sich Ruhm und einen guten Ruf.

9. Hinsichtlich des Gewinns: Bitte nicht darum, immer einen Teil davon zu erhalten, denn bekommt man immer einen Teil aller Gewinne, wird man schnell faul und träge. Ist man einmal faul und träge geworden, schadet man sich selbst damit.

10. Hinsichtlich falscher Anschuldigungen: Versuche nicht, dich zu rechtfertigen oder zu erklären, denn Rechtfertigung verstärkt die Illusion eines abgespaltenen Selbst. Ist dieses Trugbild eines abgespaltenen Selbst einmal entstanden, folgen schnell Wut und Rachegedanken.

Haben wir einmal gelernt, auf diese Weise zu denken, so werden wir immer besser in der Lage sein, uns auf das zu konzentrieren, was wir tun, anstatt auf das, was wir bekommen.

Wir müssen bei solchen Beschreibungen immer darauf achten, auf welcher Ebene wir uns befinden: auf der „alltäglichen" oder der „absoluten" Ebene. Auf der alltäglichen Ebene müssen wir, schon alleine um der Verständigung willen, den Dingen einen Namen geben, werden wir Dinge als gut oder als nicht gut bezeichnen. Auf der absoluten Ebene existieren diese Unterscheidungen nicht mehr. Wir erinnern uns an die „Meißelschrift vom Glauben an den Geist". Auf der alltäglichen Ebene brauchen wir Buddhastatuen, sind diese wertvoll, auf der absoluten Ebene ist die Statue ein Stück Holz, das verbrannt werden kann. Wenn wir die alltägliche und die absolute Ebene vermischen, dann entstehen Unverständnis und Verwirrung. In der Therapie sortieren wir alle Themen auf zwei Haufen:

- ▪ Was kann ich verändern?
- ▪ Womit muss ich leben lernen? Und was brauche ich dazu – gemäß des Sprichwortes: Besser als über den Regen zu klagen ist es, sich einen Schirm zu besorgen!

Wenn jeweils klar ist, was auf welche Seite gehört, können wir sehr viel Energie einsparen, die wir sonst in Klagen, dass die Welt schlecht und ungerecht sei, verschwenden. Ich habe immer wieder mit Themen, Situationen oder Problemen zu tun, die ich nur allzu gerne ändern möchte, wozu ich aber schlichtweg weder die Macht noch die Ressourcen, noch den Einfluss habe. Interessant ist, dass im Laufe beider Wege, sowohl den der Gestalttherapie als auch der des Zen-Buddhismus besonders der letzte Haufen immer kleiner wird. Die Zahl der Dinge, mit denen ich leben lernen muss wird immer kleiner, weil die Zahl der Dinge, mit denen ich leben kann – und dies ist nicht fatalistisch gemeint – immer größer wird. Selbstverständlich werde ich nach wie vor eine Meinung haben, selbstverständlich werde ich nach wie vor meine Meinung vertreten. Es ist allerdings ein großer Unterschied, ob ich dies auf der Basis ‚Ich muss etwas verändern' oder auf der Basis von ‚Ich tue meine Meinung kund'. Eine fatalistische Einstellung und Passivität sind ein falsch verstandenes Hier-und-Jetzt-Prinzip. Ich habe Verantwortung für das, was ich tue und für das, was ich unterlasse.

Gerne empfinden wir uns als Opfer
Opfer von Verführung
Opfer der Gesellschaft
Opfer des Schicksals
Opfer der Gene
Opfer der frühkindlichen Erziehung
Opfer der Ausbeuter
Opfer der Umstände
Opfer der Globalisierung
Opfer der Geschlechterrolle
Opfer ....

Dies ist ein beliebter Weg die Verantwortung für sich zu leugnen. Weder Gestalttherapie noch Zen-Buddhismus sind mit diesem einverstanden. Im Gegenteil:

Gestalttherapie:
„Stück für Stück sollst Du immer mehr Verantwortung (wir meinen nicht ‚Schuld') für dein eigenes Erleben übernehmen, einschließlich deiner Sperren und Symptome, und nach und nach sollst Du sowohl zum freien Einverstandensein mit dir wie zur Herrschaft über dich selbst gelangen."[147]
„Voller Eigensupport – Überwindung des Bedürfnisses nach Unterstützung durch die Umwelt – kann nur durch kreative Nutzung der Energien kommen, die in den Blockierungen investiert sind, die dem Support im Wege stehen. Anstatt unsere Patienten zusehen zu lassen, wie sie passiv aus der Vergangenheit übertragen, müssen wir die Haltung der Verantwortlichkeit einführen, die sagt: ‚Ich hindere mich ...', ‚Wie hindere ich mich?', ‚Woran hindere ich mich?'[148]

In den USA – und inzwischen auch in den täglichen Talkshows bei uns – hat sich eine Überlebenskultur und -literatur entwickelt, in der all jene, die etwas durchgemacht haben, und sei es noch so gering, den anderen berichten; sie sind alle „Survivors"; eine Verhöhnung all jener, die tatsächlich traumatisierende Erlebnisse durchmachen mussten. Der Markt der Opfer steht jedem offen, vorausgesetzt, er hat eine klaffende, gut darstellbare Wunde vorzuweisen. Und der größte Traum besteht darin, Märtyrer zu werden, ohne jemals ein anderes Leid erfahren zu haben als das, geboren zu werden. Ich erinnere in diesem Zusammenhang an die Passagen, in denen wir über die Extremisierung der Sprache gesprochen haben.
    Eine ganz normale amerikanische Tageszeitung vermerkt an einem ganz normalen Tag unter „Termine" folgende Treffen: [149]

- Anonyme Schuldner
- Anonyme Inzest-Opfer
- Anonyme Drogensüchtige
- Erwachsene Kinder von Alkoholikern
- Unterstützungsgruppen für manische depressive und psychisch labile
- Unterstützungsgruppe für Krankheit, Verlust, Kummer, persönliches Wachstum
- Anonyme Künstler (Künstler, die sich in der Unterstützungsgruppe mit dem Zwölf-Punkte-Programm regenerieren)
- Unterstützungsgruppe für Menschen mit Umweltkrankheiten
- Unterstützungsgruppe für Hinterbliebene
- La nueva Vida (gruppentherapeutische Zusammenkünfte für Eltern von Jugendlichen, die drogen- / alkoholabhängig sind)

Hier ist die Sucht nach der perfekten Welt am Werk; perfekte Schönheit, perfekte Partnerschaft, perfekter Beruf, perfekte Kleidung, perfekte Gesundheit, perfekte ‚Optimierung' ... Alles, was nicht in diesen Anspruch passt, muss „optimiert" werden. Von einer ganzen Heerschar von Menschen, die uns erfolgreich klarmachen, was uns alles fehlt, was alles verändert werden muss, was alles schon längst nicht mehr up to date ist usw. Interessanterweise haben die gleichen Leute auch das entsprechende „Gegenmittel". „Change Management" heißt diese Verführung, die uns immer wieder neu sagt, dass wir zwar ganz gut sind, aber viel besser sein könnten, wenn... Dies tritt in die alten Fußstapfen der Eltern, die uns beigebracht haben, dass das „befriedigend" in der Klassenarbeit zwar ganz gut war, aber mit ein wenig mehr Anstrengung hätten wir doch noch ein „gut" erreichen können!

Change Management und all' diese Unter- und Nebenformen des Management verwechseln Fort – Schritt und Wachstum. Wachstum kommt aus mir heraus, Fort – Schritt von außen. Zudem entfremdet, entzweit mich die Vorsilbe „Management" von dem Gegenstand, den es zu managen gilt. Ich bin gespannt, ob wir uns irgendwann mit „Erleuchtungsmanagement – anstatt Zen-Meditation – befassen müssen. Ich möchte wachsen, aber nicht fort – schreiten; bei letzterem verliere ich zu schnell den Kontakt zum Boden.

Wie soll da noch organisches Wachstum entstehen?
Willst Du etwas verändern, dann brauchst Du ein Problem
Willst Du etwas Grundlegendes verändern, dann brauchst Du eine Krise
Willst Du im Leben vorankommen, dann bist Du auf das Scheitern angewiesen.

Interessant ist in diesem Zusammenhang, dass auch in der Werbung zunehmend klar wird, dass das allzu perfekte nicht mehr vermittelbar, nicht mehr verkaufbar wird. Der Barbie-Hersteller Mattel hat im Jahre 1977 die äußere Gestalt der Barbie-Puppen verändert, indem er ihre Proportionen denen einer wirklichen Frau zumindest annäherte. Der englische Konzern „Boddy Shop" wirbt damit „Vor 23 Jahren wogen

Models 8 Prozent weniger als die Durchschnittsfrauen. Heute wiegen sie 23 Prozent weniger."

Anders geht es – leider – nicht. Als Therapeut verweigere ich mich einer Therapie, die von dem impliziten oder expliziten Anspruch nach einem perfekten Leben getragen ist. Im Gegenteil: genau diese (orale) Anspruchshaltung „das Leben ist mir was schuldig …" ist genau das Problem, und an diesem Problem zu arbeiten bin ich gerne bereit; oder: anstatt über das Problem zu arbeiten, würde ich lieber erforschen, warum das Problem ein Problem ist. Ansonsten ist es weniger mein therapeutisches Ziel, Probleme zu lösen, als mit Problemen, dem Nicht-perfektem leben zu lernen. Es gibt nun mal kein Leben ohne Probleme; soll es auch nicht, denn wie sonst sollten wir wachsen.

Auch hier haben wir wieder eine Entsprechung zwischen Zen-Buddhismus und Gestalttherapie.

Solange die Tatsache, wie es mir geht, von dem abhängig ist, was jemand andres tut oder nicht tut, habe ich ein Problem.

Der Mensch erfand die Atombombe,
doch keine Maus der Welt würde eine Mausefalle konstruieren.
Albert Einstein

Buddhismus:
Im ältesten buddhistischen Sutra, „Suttanipada" genannt, steht es:
„Von anderen abhängig zu sein, bedeutet Verlust des Gleichgewichtes."
Und im ebenfalls uralten „Dhamma-pada" heißt es:
„Die Stütze des Selbst ist einzig das Selbst."

Ich kenne sehr wohl die Kritik an dieser Überzeugung: „Sagen Sie das mal einem Langzeitarbeitslosen, der schon über fünfhundert Bewerbungen geschrieben hat und eine Absage nach der anderen kassiert. Sagen Sie ihm, er sei es doch selber schuld. Das ist doch Zynismus pur!"

Selbstverständlich verdient dieser Mensch all' unser Mitgefühl; selbstverständlich ist es ungerecht, wenn ein solcher Mensch letztendlich für minimales Geld irgendeine Arbeit verrichtet, während jemand anders fast ohne Arbeit – nur durch den Besitz von Aktien oder Kapital das zehnfache oder mehr verdient. Aber wie viel innere Macht ich dieser Situation gebe, dafür bin ich – und niemand anderes – verantwortlich. Es gibt eine prägnante Geschichte von Brecht hierzu:

Herr Keuner erzählte folgende Geschichte: In die Wohnung des Herrn Egge, der gelernt hatte, nein zu sagen, kam eines Tages in der Zeit der Illegalität ein Agent, der zeigte einen Schein vor, welcher ausgestellt war im Namen derer, die die Stadt beherrschten, und auf dem stand, dass ihm gehören solle jede Wohnung, in die er seinen Fuß setzte; ebenso sollte ihm auch jedes Essen gehören, das er ver-

lange; ebenso sollte ihm auch jeder Mann dienen, den er sähe. Der Agent setzte
sich in einen Stuhl, verlangte Essen, wusch sich, legte sich nieder und fragte mit
dem Gesicht zur Wand vor dem Einschlafen: „Wirst du mir dienen?"
Herr Egge deckte ihn mit einer Decke zu, vertrieb die Fliegen, bewachte seinen
Schlaf, und wie an diesem Tage gehorchte er ihm sieben Jahre lang. Aber was im-
mer er für ihn tat, eines zu tun hütete er sich wohl: das war, ein Wort zu sagen.
Als nun die sieben Jahre herum waren und der Agent dick geworden war vom
vielen Essen, Schlafen und Befehlen, starb der Agent. Da wickelte ihn Herr Eg-
ge in die verdorbene Decke, schleifte ihn aus dem Haus, wusch das Lager, tünch-
te die Wände, atmete auf und antwortete: „Nein."

Das Hier und Jetzt ist der einzige Zeitpunkt, in dem ich real handeln kann, in dem ich wirklich etwas ausrichten kann.

Die Kluft zwischen meinen Wünschen und Vorstellungen von einer idealen Welt und meinen Werturteilen über das Geschehen um mich herum ist eine Ursache ständigen Leidens. Und dieses Leiden kann ich – weder bei mir noch bei anderen – nicht durch Fatalismus und auch nicht durch Passivität überwinden.

Ich kann wegen Vergangenem Schuldgefühle entwickeln oder dem Zukünftigen besorgt entgegenblicken; aber nur im Jetzt und Hier kann ich wirklich handeln.

So wird deutlich, dass – vermeintliche – Chancenlosigkeit im Hier und Jetzt nicht existent ist, denn hier und jetzt sind nur Wahrnehmung und Handlung.

Eine zarte kleine Taube bemerkte eines Tages ein Bergfeuer, das viele Quadratmeter Wald verbrannte. Die Taube suchte auf irgendeine Weise die schreckliche Feuersbrunst auszulöschen, aber ein so kleiner zarter Vogel konnte nichts tun. Sie wusste sehr wohl, dass sie nicht zu helfen vermochte und konnte doch nicht tatenlos bleiben. In unbezähmbarem Mitleid begann sie zwischen Teich und Feuer hin und her zu fliegen, jedes Mal mit einigen wenigen Tropfen Wasser in ihren Flügeln.

Bald erschöpften sich die Kräfte der kleinen Taube, und sie fiel tot zu Boden, ohne etwas erreicht zu haben.

Du bist nicht schuld daran, dass die Welt so ist, wie sie ist

Aber du bist schuld, wenn sie so bleibt, wie sie ist.

Im Talmud heißt es in ähnlicher Weise: Es ist nicht Deine Sache, das Große zu vollenden, das befreit Dich aber nicht davon, Deinen Teil dazu beizutragen.

Genau dies hat die Taube versucht. Ein wunderbares Vorbild.

Jemand fragte Konfuzius: „Meister, warum bemüht Ihr Euch nicht, auf dem Wege eines Amtes Ordnung im Staat herzustellen?"

Konfuzius sprach: „Im Buch der Urkunden heißt es: ‚Allein wer seine Eltern achtet und Freundschaft zu allen Brüdern pflegt, der trägt zur Ordnung im Staate bei.'

Dies ist das eigentliche Bemühen um Ordnung im Staat – warum sollte man dafür ein politisches Amt annehmen!"

Ein Anhänger des Buddha fragte: „Ich meditiere den ganzen Taglang. Liegt da-
rin irgendein Verdienst, welches der Menschheit zugute kommt?" Ich denke, die-
ser Schüler war ein ehrlicher Mensch. „Wird es der Stadt New York zugutekom-
men, wenn ich von morgens bis abends meditiere?" Nicht jedermann würde sich
getrauen, dem Buddha eine solche Frage zu stellen. Der Buddha sagte: „Den
ganzen Tag zu meditieren ist von großem Wert und großem Gewinn." Diese Ant-
wort ist seltsam. Trägt man zum Gewinn der menschlichen Gesellschaft bei,
wenn man Leerheit übt und universale Weisheit der Leerheit erreicht? Könnt
ihr das verstehen? Leerheit ist immer ein lästiges Thema im Buddhismus. Was
ist diese Leerheit, und gibt es ein Verdienst darin? Der Buddha sagte: „Ja, es gibt
ein großes Verdienst."[150]

Ich erinnere mich, wie ich als Kind – ich muss so ca. 8 - 9 Jahre alt gewesen sein – ein
Kloster der Trappistinnen besucht habe. Die Kirche war so gebaut, dass man sie nicht
sehen, wohl aber hören konnte. Ich war zutiefst bewegt und beeindruckt. Mich beschäftigte eine Frage, die ich meinem damaligen Religionslehrer stellte: „Womit ist
der Welt, den Armen und Kranken in dieser Welt eigentlich mehr gedient – wenn ich
wie diese Trappistinnen den ganzen Tag schweige und bete oder wenn ich Entwick-
lungshelfer oder Arzt werde, um anderen zu helfen?" Die Antwort, für die ich heute
noch dankbar bin, die mich heute immer noch beschäftigt war: „Die Wahrheit und
das wirkliche Glück gefunden zu haben, macht derart glücklich, dass dieses Glück gar
nicht anders kann, als in die Welt auszustrahlen." Ich weiß, dass ich mit dieser Antwort nicht so sehr viel anfangen konnte. Da sie jedoch von einem Mitmenschen kam,
den ich sehr schätzte und der in meinem späteren Leben noch viel Bedeutung erlangen sollte, nahm ich diese Antwort entgegen, bewahrte sie in mir auf, stellte keine
weiteren Fragen, sondern holte – und hole – diese Antwort immer wieder hervor.
„Fertig" bin ich mit diesem Thema immer noch nicht.

In Christentum gibt es das Bild, das man an der Himmelspforte gefragt wird:
„Wen hast Du mitgebracht? Wer legt Zeugnis für Dich ab?", denn alleine kommt
man nicht in dem Himmel.

Ein Mönch sah ein kleines Mädchen auf der Straße, zitternd und in einem dünnen Kleid, ohne Hoffnung, etwas Warmes zu essen zu bekommen. Er wurde zornig
und sagte zu Gott: „Wie kannst Du das zulassen? Warum tust du nichts dagegen?"
Eine zeitlang sagte Gott nichts. Aber in der Nacht antwortete er ganz plötzlich: „Ich
habe wohl etwas dagegen getan. Ich habe dich erschaffen!"

Während meiner Ausbildung zum Sozialarbeiter gab es das Schlagwort von der
„Hilfe zur Selbsthilfe". Heute ist man da einen Schritt weitergegangen: Hilfe um anderen helfen zu können. Wahrscheinlich begibt sich niemand in Therapie, weil er
hilfreich für die Welt sein will; der Leidensdruck ist wohl eher sehr konkret und von
der absoluten Ebene eher trivial, wobei es sehr wichtig ist, dass eine solche Feststellung nicht in arroganter Überheblichkeit geschieht. In einem Erstgespräch „käme sie
schlecht" an! Es ist mir als Therapeut jedoch immer wichtig, bei Arbeit an den vor-

gebrachten Alltagsproblemen die übergeordnete, die absolute Ebene mitzudenken, mitzufühlen. Ob ich sie auch sprachlich mitteile, ist jedoch eine ganz andere Sache. Jedoch: Ob nun mitgeteilt oder nicht – sie ist da; sie ist im Raum.

Im Buddhismus sprechen wir von „Bodhicitta". Gemeint ist damit ist die selbstlose Entschlossenheit, das Ziel der Erleuchtung nicht aus Eigennutz, sondern zum Wohle aller Wesen zu erlangen, also primär anderen zu helfen und sekundär dazu die Erleuchtung zu erreichen.

Frage

Die Psychotherapie will ja normalerweise den gestörten Menschen wieder lebenstüchtig und kontaktfreudig machen. Die initianische Therapie will darüber hinaus die spirituelle, die geistige Dimension des Menschen berücksichtigen, und für Sie heißt heil werden: Über die Welttüchtigkeit hinaus zu einer Ganzheit zu kommen.

Ja, heil werden heißt dann: die Verbindung herzustellen zu dem großen Heiler in uns, und das ist etwas ganz anderes.

Wenn ich es richtig verstehe, bedeutet dies nicht nur die Wiederherstellung der eigenen Gesundheit, sondern die Wiederherstellung der Einheit mit seinem innersten Kern?

Sehr häufig muss die Verbindung mit dem Kern überhaupt zum ersten Mal hergestellt werden, denn 99 Prozent der Menschen leben, ohne eine Ahnung zu haben, dass es eine Tiefendimension gibt, die man den Kern nennen kann.

Aber es ist doch nicht so, dass lediglich diejenigen zu Ihnen kommen, die krank sind, die sozusagen unter ihrem Welt-Ich – wie Sie sagen – leiden. Es kommen auch viele Menschen, die gesund und erfolgreich sind.

Ein Beispiel: Ein Großindustrieller sagt mir, er sei kerngesund, habe eine prächtige Familie, sein Betrieb laufe glänzend, es fehle ihm nichts. Aber er sei unglücklich. Nach seinem Aufenthalt in Rütte fragte ich ihn: „Wie ist es nun?" „Ja", sagte er, „ich fühle mich ganz anders. Ich habe mein Leben auf eine andere Weiche gestellt." Mit anderen Worten: Er hatte bisher nur weltlich in der Welt gelebt und gewirkt, als ein anständiger Mensch, aber er hatte noch nicht Fühlung aufgenommen mit seinem Wesen.[151]

Hier in diesem Gespräch zwischen Karlfried Graf Dürkheim und Karl Schnelting aus der Reihe „Zeugen des Jahrhunderts" geht es um die von Dürkheim entwickelte so genannte „Initianische Therapie", deren Inhalt und Ziel das Wiederauffinden des eigenen Wesens, der Durchbruch zum Wesen sind. Diese Form der Therapie basiert eng auf den Erfahrungen, die Dürkheim im und mit dem Zen-Buddhismus gemacht hat.

Meine Arbeit als Gestalttherapeut möchte ich genauso verstanden wissen, wie hier von Dürkheim beschrieben.

„Der Flügelschlag eines Schmetterlings verändert das Universum" – dieser Satz ist sowohl im Buddhismus als auch in der Chaostheorie zuhause.

172

Doch Vorsicht – dieser Satz „hat es in sich!": gerne wird er immer wieder bejaht, doch das heißt dann auch: Ich bin (mit-) verantwortlich! Ich bin mitverantwortlich, wenn in Afghanistan ein Mensch erschossen wird, ich bin mitverantwortlich, wenn im Sudan jemand gefoltert wird. Auf der Ebene, auf der ich wirklich erkannt habe, dass ich Teil von allem bin und alles ein Teil von mir ist, bin ich mitverantwortlich.

Und ich bin auch mitverantwortlich, weil es reiner Zufall ist, das ich jetzt hier bin und nicht der getötete oder gefolterte Mensch. Der vietnamesische Zen-Mönch Thich Nhat Hanh hat diesen Gedanken in ein ergreifendes Gedicht gefasst: [152]

Nennt mich bei meinem wahren Namen:

Im Jahr 1976 schrieb ich ein Gedicht über ein zwölfjähriges Mädchen, eines der Bootsflüchtlinge, die den Golf von Thailand überquerten – es wurde von einem Piraten vergewaltigt und stürzte sich daraufhin ins Meer; über den Piraten, der in einem abgelegenen Dorf an der Küste Thailands geboren wurde; und über mich selbst. Ich war nicht in dem Boot – ich war Tausende von Meilen entfernt – aber weil ich achtsam war, wusste ich, was im Golf von Thailand geschehen war.

Ich war wütend, als ich die Nachricht von ihrem Tod erhielt, aber ich erkannte nach mehreren Stunden der Meditation, dass ich nicht einfach nur Stellung gegen den Piraten beziehen konnte. Ich erkannte auch: wäre ich in seinem Dorf geboren worden und unter den gleichen Bedingungen aufgewachsen, ich wäre vermutlich genau wie er. Für oder gegen jemanden Partei zu ergreifen ist viel zu einfach. Aus meinem Leid heraus schrieb ich das folgende Gedicht mit dem Titel „Bitte nennt mich bei meinem wahren Namen". Ich habe viele Namen, und wenn ihr mich bei irgendeinem meiner Namen ruft, so muss ich „ja" sagen.

Sagt nicht, dass ich morgen abreisen werde
denn selbst heute komme ich noch immer an.
Seht genau hin: in jeder Sekunde komme ich an,
als Knospe auf einem Frühlingszweig,
als winziger Vogel mit noch zerbrechlichen Flügeln,
der das Singen lernt in seinem neuen Nest,
als Raupe im Herzen einer Blume,
als Juwel, der sich in einem Stein verbirgt.

Ich werde wieder geboren, um zu lachen und zu weinen,
zu fürchten und zu hoffen,
der Rhythmus meines Herzens ist die Geburt und der Tod
eines jeden lebenden Wesens.
Ich bin die Eintagsfliege, die sich verwandelt
auf der Oberfläche des Flusses.

Ich bin der Vogel, der herabstößt, um die Eintagsfliege zu verschlucken.
Ich bin der Frosch, der glücklich
im klaren Wasser des Teiches schwimmt,
Ich bin die Schlange,
die sich lautlos von dem Frosch ernährt.

Ich bin das Kind in Uganda, nur Haut und Knochen,
meine Beine so dünn wie Bambusstöcke.
Ich bin der Waffenhändler,
der todbringende Waffen an Uganda verkauft.

Ich bin das zwölfjährige Mädchen
Flüchtling auf einem kleinen Boot –,
das sich in den Ozean stürzt
nach der Vergewaltigung durch einen Piraten.
Und ich bin der Pirat,
dessen Herz noch nicht fähig ist
zu sehen und zu lieben.

Ich bin ein Mitglied des Politbüros,
mit ungeheuer viel Macht in meinen Händen,
und ich bin der Mann, der seine
„Blutschuld" an mein Volk bezahlen muss
und langsam in einem Arbeitslager stirbt.

Meine Freude ist wie der Frühling, so warm,
dass sie überall auf der Welt Blumen zum Blühen bringt.
Mein Schmerz ist wie ein Fluss von Tränen,
so ungeheuer groß, dass er alle vier Meere füllt.

Bitte nennt mich bei meinem wahren Namen,
so dass ich mein Weinen und Lachen hören kann,
damit ich sehen kann, dass meine Freude und mein
Schmerz eins sind.

Bitte nennt mich bei meinem wahren Namen,
so dass ich erwachen
und die Tür zu meinem Herzen öffnen kann,
die Tür des Mitgefühls.

In besonders gelungenen Augenblicken der Therapie wird mir bewusst, dass auch hier gilt: es ist reiner Zufall, wer auf welchem Sessel sitzt. Sollte sich Zen nicht damit beschäftigen, anderen Menschen zu helfen?

Es gibt aber keine „anderen" Menschen.

Der Spatz und der Samurai: Es war einmal ein tapferer und ehrenhafter Samurai, der seinem Herrn, einem mächtigen Fürsten des alten Japan, treu gedient und sich in vielen Schlachten bewährt hatte.

Eines Tages jedoch kam es, wie es kommen musste: Sein Herr und mit ihm sein gesamtes Heer mussten sich einem übermächtigen Gegner beugen. Aus einiger Entfernung konnte er beobachten, wie sich sein Fürst ergab, und er hatte das Gefühl, dass damit auch sein Leben zu Ende war.

Er bestieg sein treues Pferd und grübelte über sein Schicksal nach. Er war auf der Seite der Verlierer. Nun würde er sich den Ronin anschließen müssen, den herrenlosen Samurai, die gezwungen sind, ihre Dienste dem Meistbietenden zu verkaufen.

Er würde nicht länger das Banner der Ehre tragen dürfen.

Schlimmer noch, der gegnerische Fürst war nun der Herr im ganzen Land. Zweifellos würde er als Krieger des Feindes streng bestraft, vielleicht sogar exekutiert werden. Trotz seines Mutes würden die Truppen, in denen er diente, aufgelöst werden, und er allein wäre als einzelner völlig machtlos.

Der Samurai machte sich gedankenverloren auf den Weg in den Wald. Vielleicht sollte er Seppuku, den rituellen Selbstmord, begehen und so ein wenig von seiner Ehre retten. Vielleicht sollte er auf seinen Stolz pfeifen und sich auf Gedeih und Verderb dem siegreichen Heer anschließen.

Wie er so vor sich hintrabte, begegnete er einem kleinen Spatz, der vor ihm auf seinem Rücken am Boden lag. „Aus dem Weg, du Winzevogel!" rief der Krieger.

„Tut mir leid, edler Samurai", antwortete der Vogel, „aber du musst mir ausweichen. Ich kann mich hier nicht wegrühren."

„Bist du verletzt?" fragte der Samurai.

„Nö", sagte der Spatz, „mir geht's ganz gut."

„Bist du müde?" fragte der Krieger.

„Nicht im geringsten", stellte der Vogel fest, „ich habe gut geruht. Ich bin schon den ganzen Morgen hier."

Der Reiter stieg von seinem Pferd ab und betrachtete den Vogel. Er konnte sich nicht vorstellen, was der kleine Spatz vorhatte, wie er so dalag, auf dem Rücken, die Füßchen in den Himmel gestreckt.

„Dann sag mir, was machst du hier?" fragte schließlich der Samurai.

„Nichts Besonderes", sagte der Vogel, „ich habe gehört, dass heute der Himmel zur Erde stürzt, und ich habe vor, ihn aufzufangen."

Als er das hörte, warf der Samurai seinen Kopf zurück und brüllte vor Lachen: „Du willst den Himmel auffangen, kleiner Vogel? Und du glaubst, dass du mit deinen dürren Füßchen das Gewicht des Himmels tragen kannst?"

Darauf antwortete der kleine Spatz: „Man tut, was man kann."

Zen und Gestalttherapie fordern zu Recht auf, keine Hoffnung zu haben, da diese uns vom Hier und Jetzt wegzieht. Auch dies ist sehr leicht missverständlich. Nichts zu hoffen, heißt nicht nichts mehr erreichen zu wollen. Den Krieg kann ich nur im Frieden verhindern.

Es ist in der Tat zunächst schwierig zu verstehen, dass die Zen-Schüler immer wieder vehement aufgefordert werden, an nichts anzuhaften (d. h. kein Ziel zu haben), gleichzeitig in ihrem Bemühen nicht nachzulassen.

Was es zu lernen gilt, ist, dass diese Art des Hoffens und diese Art des Nicht-Nachlassens im Bemühen unterschiedlichen Quellen entspringen:

Alle Hoffnung beruht darauf, dass wir die Vergangenheit einschätzen und sie in die Zukunft projizieren.

Wir hoffen auf Erfolg, wir hoffen auf Beachtung, auf Geld ...

Hoffnung verhindert oft Wachstum, weil sie sich mit der Zukunft befasst – ähnlich verhindert Hoffnungslosigkeit wirklichen Kontakt zu den Gefühlen (Trauer, Schmerz, Wut), weil sie an der Vergangenheit festhält.

Ich habe gelernt, dass Therapie schon lange bevor der Klient mit mir in einer Sitzung zusammensitzt begonnen hat und dass sie nicht mit dem Ende der Sitzung beendet ist.

Die Sitzungen sind jeweils (nur) ein Ausschnitt aus dem Prozess der Suche und des Wachstums; es ist nicht der Sinn einer Sitzung, ein ganzes Leben aufzuarbeiten.

‚Trust the process‘ heißt auch: Wir haben Zeit.

Der Mullah, ein Prediger, kam in einen Saal, um zu sprechen. Der Saal war leer, bis auf einen jungen Stallmeister, der in der ersten Reihe saß. Der Mullah überlegte sich: „Soll ich sprechen oder es lieber bleiben lassen?" Schließlich fragte er den Stallmeister: „Es ist niemand außer dir da, soll ich deiner Meinung nach sprechen oder nicht?" Der Stallmeister antwortete: „Herr, ich bin ein einfacher Mann, davon verstehe ich nichts. Aber wenn ich in einen Stall komme und sehe, dass alle Pferde weggelaufen sind und nur ein einziges dageblieben ist, werde ich es trotzdem füttern." Der Mullah nahm sich das zu Herzen und begann seine Predigt. Er sprach über zwei Stunden lang. Danach fühlte er sich sehr erleichtert und glücklich und wollte durch den Zuhörer bestätigt wissen, wie gut seine Rede war. Er fragte: „Wie hat dir meine Predigt gefallen?" Der Stallmeister antwortete: „Ich habe bereits gesagt, dass ich ein einfacher Mann bin und von so etwas nicht viel verstehe. Aber wenn ich in einen Stall komme und sehe, dass alle Pferde außer einem weggelaufen sind, werde ich es trotzdem füttern. Ich würde ihm aber nicht das ganze Futter geben, das für alle Pferde gedacht war."

Das, was der Therapeut dem Klienten gibt, richtet sich nicht nach dem, was der Therapeut zu geben hat, richtet sich nicht nach dem, wie hungrig der Klient ist, sondern ausschließlich danach, wie viel der Klient „nehmen" kann. Sehr oft ist gerade zwischen beiden letzten Größen ein himmelweiter Unterschied. So gesehen ist Therapie immer ein Balanceakt zwischen dem Notwendigen und dem Möglichen. Ein Kind füttere ich nicht mit einer Schaufel, einem Ertrinkenden gebe ich nur geringe

Mengen Wasser. Die Hauptspeise reiche ich nur dann, wenn die Vorspeise aufgegessen worden ist; denn die Pole „Ich habe unendlich viel Hunger" und „Ich kann / will nicht wirklich annehmen" ist sehr beliebt und meist mit guter Verführungskunst immer wieder neue Angebote zu erheischen gepaart. Hier muss der Therapeut oft sehr frustrierend sein und darauf drängen, dass ein mehrstöckiges Haus mit dem Fundament und nicht dem Dachstuhl zuerst gebaut wird. Das heißt, der Klient muss erst einmal spüren, dass er Hunger hat und einen Bezug zu diesem Hunger aufbauen. Er muss – wie ich an anderer Stelle beschrieben habe – mit kleinem Löffel essen lernen.

Mehrfach habe ich beschrieben, dass Bewerten, Kategorisieren, Etikettieren eine Form des „Dazwischentretens" ist, die zwar den Intellekt zur Ruhe bringen kann, gleichzeitig jedoch wirkliches Wachstum verhindert.

Ein besonderes Beispiel dieser Art ist das Sprechen über (tiefere) Erfahrungen – sei es nur im Laufe des Zen-Weges oder im Laufe der Therapie. Im Zen nennt man dies die „Zen-Krankheit": einige Schritte sind gegangen; man sieht zum ersten Mal eine völlig neue Welt und bleibt eine Zeitlang fasziniert in dieser erweckenden, leuchtenden neuen Sicht verhaftet.

„Sollte diese Anhänglichkeit aber andauern und sich verstärken, dann kann sie leicht zu dem führen, was man gewöhnlich ‚Zen-Krankheit' nennt: eine übertriebene Begeisterung für Zen-Terminologie und rituelles Gehabe, verbunden mit einem unkontrollierbaren Drang, Zen auch dort ins Gespräch zu bringen, wo es nicht am Platz ist. Auch übereifrige Versuche, andere Menschen zum Zen zu ‚bekehren', gehören dazu. Noch schlimmer ist es, wenn man, ohne es zu merken, der Versuchung des Stolzes erliegt, weil man ‚eine Erfahrung gemacht hat, die andere nicht kennen', und nun anfängt, diese Tatsache überall zur Schau zu tragen."[153]

Der Zen-Weg (aber auch die eigene Therapie) eignen sich nicht zum Partygespräch oder eine Stufe vornehmer: zum Kamingespräch. Ernst Benz spricht vom „Zen-Snobismus".[154]

Der Zen-Snobismus ist Kind einer Zeit, in der das Christentum in den Kreisen, die der Zen-Mode huldigen, schon fast keine Rolle mehr spielt, in der der religiöse Snobismus völlig risikolos geworden ist. Der Zen-Snobismus ist fast ausschließlich in unkirchlichen Kreisen zu Hause, ja man kann sagen, er hat nicht mehr eine wirkliche Religion abgelöst, sondern die ihrerseits bereits zum Religionsersatz gewordene Psychotherapie. Nachdem die Psychotherapie ihrerseits zu einer Art von Volksreligion geworden ist und alle Welt zum Psychotherapeuten läuft, legt der Zen-Snob Wert darauf, nicht mehr zu sagen: Mein Psychoanalytiker sagt ... sondern:
Mein Yogi sagt ... oder: Mein Zen-Meister sagt ... Außerdem ist Zen auch in seiner äußeren Form – auf die es ja vor allem ankommt – ungewöhnlich fesch. Als

*Gegengewicht gegen die rasanten Sportarten besteht es im Sitzen mit unterge-
schlagenen Beinen auf einem Kissen auf dem Fußboden, was der allgemeinen
Tendenz der Feindschaft gegen Stühle entgegenkommt.*

*Neben dem vorgespiegelten Bewusstsein des Zugangs zu esoterischen, möglichst
östlichen Quellen der Weisheit und des Heils bestehen andere Merkmale der
Zen-Snobs darin, dass sie die Früchte dieser Erkenntnis – satori, die Erleuchtung
– möglichst rasch und möglichst mühelos erreichen wollen, wobei die mangelnde
Bereitschaft zu wirklicher geistiger Anstrengung durch den großen materiellen
Aufwand kompensiert wird, mit dem sie das soziale Prestige und das Bewusstsein des exklusiven Besitzes des kultivierten Objektes zu bezahlen geneigt sind.*

Die Bauchlandung, die der Klient der Therapie oder der Anfänger des Zen hier machen können, ist schmerzhaft. Es gibt zwar den Satz „Wovon das Herz voll ist, davon
läuft der Mund über", aber dieser Satz bringt uns hier nicht weiter. Dies ist die Phase
– ob nun in der Therapie oder in der Zen-Praxis – , in der der Betroffene aufgrund
der ersten, oft sehr sehr beeindruckenden Erfolge, Gefahr läuft, zu Missionar oder
Zwangsbeglücker zu werden. Jeder bekommt zu hören, „wie weit mich die Therapie
(oder die Meditation) schon gebracht hat" meist verbunden mit dem Hinweis „Das
solltest Du auch machen, das hilft Dir bestimmt auch!"

Der Zen-Meister Robert Aitken hält diesen Punkt für so wichtig, dass er den
‚normalen' Geboten extra ein „Nicht-darüber-reden"-Gebot hinzugefügt hat.

*„Eine Verhaltensregel möchte ich den klassischen Geboten noch hinzufügen, und
zwar das Gebot des Stillschweigens über die eigene Zen-Praxis. Auf die Bedeutung dieser Regel wird in allen Schulungszentren hingewiesen, und dennoch
wird gerade gegen sie immer wieder verstoßen.*

*Es gibt kaum etwas, was einen Zen-Schüler mehr irritiert, als zu hören: „Der
Roshi hat das und das zu mir gesagt." Die entsprechenden Worte waren nur an
diesen Schüler gerichtet und können auf einen anderen Menschen durchaus verwirrend wirken. Handelt es sich um zustimmende Worte, so stellt eine solche In-
diskretion meistens den Versuch da, einen Mitschüler zu demütigen. Wir sollten
daher immer bestrebt sein, auf die Gefühle anderer Rücksicht zu nehmen, und
die Erfahrung, die wir im Zusammenhang mit der Zen-Schulung machen, für
uns behalten.*

*Wenn wir hinsichtlich unserer Zazen-Erfahrungen Stillschweigen üben, so ver-
meiden wir, dass Konkurrenzverhalten und elitäres Denken sich im Sangha ausbreiten. Wir brauchen nicht darüber zu reden, welche Koan wir bereits gemeistert haben, weil wir den Wunsch verspüren, uns als Zen-Schüler auszuweisen.
Solche Dinge sollte man für sich behalten und nur mit sich selbst und dem Meister austragen."[155]*

Ähnliches gilt auch für den therapeutischen Prozess. Ich lege meinen Klienten immer nahe, nicht über die Therapie zu sprechen. Denn auch wenn die eigentliche Sitzung vorbei ist: „Es" arbeitet weiter und drüber reden würde nur den Prozess stören. Ich benutze immer gern folgendes Bild: Stellen Sie sich einfach vor, in Ihnen arbeitet ein Team, was ständig damit beschäftigt ist, dafür zu sorgen, dass es Ihnen gut geht und das versucht, mit allem, was Sie bedrückt und belastet, konstruktiv, d. h. wachstumsbezogen, zu arbeiten. Und dieses Team sollte man am besten in Ruhe seine wichtige Arbeit tun lassen, die Kollegen können das schon, die sollte man nicht durch ständiges Dazwischengerede von ihrer Arbeit abhalten. Dieses Bild vom „Unterstützerteam" in uns wirkt sehr oft befreiend und bewirkt in der Therapie kleine Wunder. Für Fernsehfreaks nehme ich gerne das Bild vom „A -Team", einer amerikanischen Serie, in der ein merkwürdiges, leicht verrücktes Team immer wieder Gerechtigkeit für „die kleinen Leute" schafft. Noch lieber ist mir das Bild aus dem Kinderbuch von Helme Heine „Der Club", in dem Professor Kopf, Rosi Herz und Dick Bauch für das Wohlergehen eines jeden Kindes sorgen:[156]

Der Club

An dem Tag, an dem du geboren wirst, ziehen drei Freunde bei dir ein. Professor Kopf, Rosi Herz und Dick Bauch. Professor Kopf wohnt im Dachgeschoss unter deiner Pudelmütze.

Alles, was du siehst, hörst, schmeckst und fühlst, teilst du Professor Kopf mit. Er schreibt es auf, so schnell er kann, damit du dich später daran erinnerst.

In der Nacht, wenn du schläfst, ordnet der Professor alle Zettel. Es kann passieren, dass er zwei davon vertauscht. Dann bekommst du Albträume.

Rosi Herz lebt im ersten Stock links. Sie kümmert sich um die Herzen, die dir zufliegen und die dir geschenkt werden. Die traurigen Herzen trocknet sie, die zerbrochenen klebt sie – und die verbogenen biegt sie wieder gerade. Alle Herzen hebt Rosi sorgfältig für dich auf, damit du sie jederzeit weiterverschenken kannst.

Dick Bauch arbeitet im Keller. Er ist für Essen und Trinken zuständig und verarbeitet alles, was du ihm in den Keller schickst. Die kalten Getränke wärmt er ein wenig an, damit du dich nicht erkältest, und das heiße Essen kühlt er etwas ab. Ärgerst du Dick Bauch, weil du zu schnell isst und trinkst, schickt er dir einen Schluckauf.

Hin und wieder kommt es vor, dass die drei Freunde sich streiten. So etwas kann in der allerbesten Freundschaft passieren. Wenn sie nicht mehr miteinander reden, wirst du krank. Der Doktor, der alle drei sehr gut kennt, versucht sie zu versöhnen. Wenn das mit Worten nicht gelingt, überlistet er sie mit süßer Medizin oder droht ihnen mit der Spritze. Dann lenken sie meist ein und bald bist du wieder gesund.

Professor Kopf, Rosi Herz und Dick Bauch begleiten dich dein ganzes Leben, egal, ob du ein Mädchen bist oder ein Junge. Manchmal ist einer der drei Freunde größer als die anderen zwei. Aber sie bleiben zusammen und sind dir treu bis in den Tod. An dem Tag, an dem du stirbst, gehen die drei Freunde auseinander. Nur Dick Bauch bleibt bei dir aus Dankbarkeit, da du ihm Brot und Arbeit gegeben hast. Professor Kopf trifft sich mit anderen Köpfen. Er erzählt von früher, wie das Leben war. Er berichtet von deinen Siegen, deinen Niederlagen und deinen Träumen. Rosi Herz kümmert sich um alle Herzen, die du in deinem Leben gesät hast – oder die nie angekommen sind. Sie verteilt sie in deinem Namen, damit du nie vergessen wirst.

In der Sufi-Tradition sagt man: „Das Geschrei des frisch Bekehrten bringt das Minarett zum Einsturz." Solche Warnungen gibt es nicht nur im Buddhismus und in der Gestalttherapie, sondern in allen Traditionen.

Bei Therapeuten besteht in dieser Phase oft die Gefahr, dass der Beweggrund für eine Intervention eher der Gedanke: „was bin ich doch ein toller Therapeut, der so glänzende Interventionen parat hat," und nicht die Fragen, ist diese Intervention jetzt hilfreich, ist der Klient jetzt schon aufnahmebereit für diesen Gedanken.

Eines Nachts setzte sich der Meister mit seinen Schülern zusammen und bat sie, ein Feuer anzuzünden.

„Der spirituelle Weg gleicht dem Feuer, das vor uns brennt", sagte er. „Der Mensch, der es anfachen will, muss den anfänglichen Rauch in Kauf nehmen, der einem das Atmen erschwert und Tränen in die Augen treibt. Brennt das Feuer jedoch einmal, verschwindet der Rauch, und die Flammen erleuchten alles ringsum, schenken uns Behaglichkeit und Frieden."

„Aber es könnte doch jemand anders das Feuer für uns anfachen", meinte einer der Schüler. „Und jemand uns zeigen, wie man es anstellt, dass kein Rauch entsteht."

„Tut er dies, ist er ein falscher Lehrer; er kann das Feuer hintragen, wohin er will, oder es löschen, wann er will. Da er aber niemanden gelehrt hat, wie es angezündet wird, kann es gut sein, dass alle im Dunklen bleiben."

Zwei schöne Beispiele der „Wüstenväter":

„Der selige Antonius pflegte zu sagen: Die Altväter der Vorzeit begaben sich in die Wüste und machten nicht nur sich selber gesund, sondern wurden auch Ärzte für andere. Wenn aber von uns einer in die Wüste geht, dann will er andere früher heilen als sich selbst. Und unsere Schwäche kehrt zu uns zurück; daher heißt es für uns: Arzt, heile Dich vorher selber."[157]

Amma Synkletika sagte: „Es ist gefahrvoll, wenn einer lehren will, der nicht durch das tätige Leben hindurchgegangen ist. Wie wenn einer, der ein baufälliges Haus hat, Gäste aufnimmt und sie durch den Einsturz des Hauses beschädigt, so richten auch diejenigen, die nicht sich selbst zuerst auferbaut haben, jene, die sich ihnen anschließen. Mit den Worten rufen sie zum Heile, durch die Schlechtigkeit des Wandels fügen sie Unrecht zu."[158]

In dieser Phase der Therapie benutze ich zur Verdeutlichung gerne die sog. „Aktivierungskurve"; sie gilt im Prinzip für jeden therapeutischen Prozess, aber auch für jeden Gruppenprozess, sei es nun ein Team, eine Elterninitiative, eine politische Aktionsgemeinschaft oder auch der Entwicklungsprozess auf dem spirituellen Weg:

In der Anfangszeit geht es meist schnell bergauf; erste „Erfolge" stellen sich ein. Erste Erfahrungen sind oft sehr beeindruckend. In der Meditation kann ich plötzlich meinen Atem zählen und Gelassenheit im Loslassen entwickeln. In der Therapie habe ich gute Gespräche mit meinem Partner, mit Kollegen, ich fühle mich anderen Menschen nahe und verbunden. All dies sind wichtige Erfahrungen, die jedoch auf recht tönernen Füßen stehen. Oft kommt in dieser Phase ein Klient, behauptet, dass er nun „fertig" sei, bedankt sich für die Hilfe und will die Therapie beenden. Doch die eigentliche Arbeit steht uns noch bevor. Dieser Gipfelpunkt, dieser therapeutische Honeymoon hält der Alltagsbelastung nicht stand. Es kommt der frustrierende Absturz: „Ich könnte ja so schön achtsam sein ...", „Ich könnte ja so schön verständnisvoll sein, wenn die anderen mich nur ließen und nicht andauernd sich meiner Achtsamkeit, meinem Verständnis mit ihrer Uneinsichtigkeit im Wege stünden."

Nach diesem Absturz beginnt die „klein – klein – Arbeit". Mühsam muss ich mich nun Schritt für Schritt entwickeln und feststellen, dass man allgemein beim Bau eines Hauses mit dem Fundament anfängt; dabei hatte ich doch so ein schönes Dach .....

Erst in dieser Phase öffnen sich die Augen, öffnet sich das Gefühl; jetzt wird es oft sehr schmerzvoll

> *„Ich hatte zwar eine Vorstellung, dass das Leben wohl harmonisch und angenehm verlaufen könnte, aber ich wusste nicht wie. Darum war mein erster Schritt, eine Psychotherapie zu besuchen. Doch nicht, weil ich dachte, dass ich Probleme hätte, sondern weil die Menschen in meinem Umfeld sagten, dass ich Probleme haben würde. Zu Beginn der Psychotherapie dachte ich, dass ich wahnsinnig werden würde. Denn das Aufwachen, das Erkennen des Leides war ein unsagbar beeindruckender und kraftvoller Prozess. Ich hatte Unterstützung und konnte realisieren, dass dieses chaotische Durcheinander mein Leben ist."[159]*

So der bekannte Zen-Meister Claude AnShin Thomas über den Beginn seiner Therapie. Nach einer schweren, von Gewalt und Missbrauch geprägten Kindheit meldete er sich als Siebzehnjähriger freiwillig zum Kriegseinsatz in Vietnam. Als Kommandierender einer Hubschrauberstaffel wurde er für den Tod Hunderter von Menschen verantwortlich. Er nennt sich selbst heute einen „Killer". Im Alter von 19 Jahren kehrte er mit schweren Verwundungen in die USA zurück. Nicht fähig, mit seinen traumatischen Erfahrungen zurechtzukommen und von der amerikanischen Gesellschaft ausgestoßen, hatte er danach, wie viele andere Vietnam-Veteranen lange, leidvolle Erfahrungen mit Obdachlosigkeit, Drogensucht, Arbeitslosigkeit, Straffälligkeit und sozialer Isolation.

Die Krankheit des Zen ist verständlich; die ersten neuen Erfahrungen sind so neu, so faszinierend, ja so umwerfend, dass man versucht ist zu denken, man könne explodieren, wenn man sie nicht mit jemanden teilen kann.

Doch – oft ernüchtert und frustriert – muss man dann feststellen, dass dies nicht möglich ist: diese Erfahrungen entziehen sich aller Beschreibung, insbesondere wenn man sie mit jemanden teilen möchte, der Erfahrungen dieser Art nicht kennt.

Bezeichnenderweise gibt es in den Biographien der Zen-Meister nie eine genaue Beschreibung des Erleuchtungserlebnisses. Meistens heißt es schlicht und einfach: „ ... und dann wurde er erleuchtet ..."

Noch einmal Ruben Habito:

> *„Die buddhistische Lehre wurde hauptsächlich formuliert als Versuch, diese Erfahrung in Worte und Begriffe zu fassen und zu ordnen (von allem Anfang an ein untauglicher Versuch!), damit sie anderen Menschen weitergegeben werden konnte. Aber die in Worte und Begriffe gefasste Lehre kennen, heißt nicht notwendigerweise schon, die Hauptsache erfassen, d. h. die Erfahrung der Erleuchtung machen. Im Gegenteil: Eine solche Verbalisierung, Konzeptualisierung und Systematisierung kann uns daran hindern, die befreiende Weisheit zu erfahren."*[160]

Wer die Erleuchtung hat, redet nicht darüber, wer darüber redet, hat sie nicht.

Frage an den Meister: „Sind Sie erleuchtet?"

Roshi: „Wenn ich sage ‚Ja, ich bin erleuchtet', werden die Wissenden unter Ihnen angewidert den Raum verlassen. Sage ich aber ‚Nein, ich bin nicht erleuchtet', verlassen diejenigen, die die Dinge noch nicht verstehen, enttäuscht den Raum!"

Rumi: Jedes Mal, wenn jemand die Geheimnisse erlernt, werden seine Lippen versiegelt für das Sprechen über das Bewusstsein.

Eine der Zen-Krankheit vergleichbare Therapie-Krankheit gibt es auch; Ursachen und Symptome sind in beiden Fällen gleich: Überwältigt von der Erfahrung aus der Therapie fühlt sich der Klient oft gedrungen, diese anderen – in oft geradezu missionarischer Weise – mitzuteilen. Oder das Neue ist so neu, das Ungewohnte so ungewohnt, dass der Klient glaubt, diese neuen Erfahrungen nur durch Mitteilen verdauen zu können. Ich erinnere mich an einen Klienten, der mir – mit leicht vorwurfsvoller Stimme – mitteilte, dass er nach der letzten, sehr intensiven Sitzung noch „die halbe Nacht mit Freunden zusammensaß, bis er endlich wieder alles auf der Reihe" hatte. Die Wortwahl ist verräterisch: Alles war „wieder auf der Reihe", war etikettiert und kategorisiert, schade!

Er hatte sich so eines wichtigen Teiles des therapeutischen Prozesses beraubt. Er konnte nicht mehr Zeuge des organischen Prozesses, der Integration, oder des Aufnehmens und Wählens (siehe Einleitung) werden. Ich finde es schön und hilfreich, wenn Klienten ein „Therapietagebuch" führen.

Allzu leicht verhindert diese beschriebene Art des Erzählens die mögliche Fülle neuer Erfahrungen; sie läuft Gefahr, in Widerspruch eines wichtigen Hinweises von Stuart Alpert zu geraten: ‚Don't give it up – before you felt it!'

Von Zeit zu Zeit kam es vor, dass ein Jugendlicher aus dem Erziehungsheim, in dem ich viele Jahre mein Geld verdient habe, die Einrichtung seines Zimmers kurz und klein schlägt. Ein Teil von mir beneidet diese Jungen; gerne würde ich auch manchmal ohne Rücksicht auf Verluste alles um mich herum kurz und klein schlagen. Und gleichzeitig ist mir die Sinnlosigkeit solch kurzfristiger Katharsis deutlich: Die eigentliche Wunde, die eigentliche Verletzung wird auf diese Art nicht geheilt; es findet keine Integration statt. Im Gegenteil: dieses „Ausflippen" ist wohl eher als Schutz oder Abwehr gegen die Tiefe der Verletzung, gegen die Tiefe des Gefühls der Wertlosigkeit, des Alleingelassenseins zu verstehen. Es fehlt die Verbindung zwischen der Handlung und dem ihr zugrunde liegenden Gefühl. So geschieht kein Wachstum; das „nächste Mal" geschieht an der gleichen Stelle wieder das gleiche. Hier wird das Handlungskonzept „Mehr-desgleichen" wieder wirksam. Es ist einfach dumm, immer wieder dasselbe zu tun und unterschiedliche Ergebnisse zu erwarten.

„Wenn man alles beim Alten lassen will, dann sollte man am besten ganz viel reden. Dann bleibt alles beim Alten, weil man ständig wiederholt, was man sowieso schon denkt."[161]

Ich will das ganze auf das Gebiet der Therapie übertragen, um es noch einmal zu verdeutlichen: Ich halte es für sehr falsch, einen Klienten in der Therapie aufzufordern, z. B. auf ein Kissen einzuschlagen, nachdem er sich seinen Vater, seine Mutter, seinen Lehrer oder wen auch immer dort auf dem Kissen vorgestellt hat. („Lass es alles 'raus" – wie es im Psychodeutsch heißt) Dies mag, wenn es denn tatsächlich geschieht, sehr dramatisch wirken, mehr aber auch nicht, jedenfalls solange der Kontakt zu dem meist recht alten und tiefen Gefühl nicht besteht. Wenn eine solche Katharsis „von innen" kommt — auch ohne meine Aufforderung — so ist dies eine ganz andere und sinnvolle Sprache. Der alte Schmerz, die alte Wut oder die alte Trauer brechen hervor und schaffen sich selber (!) Raum.

Für den anderen Fall entleihe ich mir immer das Wort „ausagieren"[162] aus dem psychoanalytischen Vokabular und meine damit oft recht dramatische, theatralische

Handlungen, denen jedoch die Integration, der Bezug zu den dazugehörigen Gefühlen fehlt. Es ist z. B. oft leichter, ein Bedürfnis nach Kontakt „auszuagieren", indem ich meine Umwelt manipuliere, unter Druck setze oder wegen meines Alleinseins schuldig mache, anstatt dem Bedürfnis in all seiner Tiefe, aber auch in all seinem Schmerz Raum zu geben, d. h. es tatsächlich zu spüren.

Oder Ärger und Schuldgefühle: Mit Schuldgefühlen kommt man sich viel edler vor als mit Ärger, und man braucht viel mehr Mut, um Ärger auszudrücken, als für Schuldgefühle. Wenn man Schuldgefühle zeigt, hofft man, seinen Gegner friedlich zu stimmen; wenn man Ärger zeigt, besteht die Gefahr, ihn feindlich zu stimmen. [163] Der Satz: „Ich fühle mich verletzt ..." muss halt in der Regel mit: „Ich habe Rachegefühle .." übersetzt werden; ähnlich wie Ärger in der Regel die Forderung an den andren, er möge sich doch bitte schuldig fühlen, beinhaltet

Oder: das Gefühl der Wertlosigkeit ist oft nur sehr schwer auszuhalten, zu fühlen; oft ist es leichter, diese Wertlosigkeit, die durch alte Botschaften in der Kindheit grundgelegt worden ist, „auszuagieren" und von der Umwelt immer und immer wieder neue, letztlich aber nie ausreichende „Liebesbeweise" zu fordern.

Die Kalligraphie auf der Vorderseite lautet:

Überwinden der Dualität

Sagt Dir ein Geruch mehr zu als ein anderer?
Ziehst Du diesen Geschmack oder jenes Gefühl vor?
Ist Deine Übung heilig und Deine Arbeit weltlich?
Dann ist Dein Geist getrennt:
Von sich selbst, von der Einheit, vom Dao.

Halte Deinen Geist frei von Spaltung und Unterscheidungen.
Ist Dein Geist losgelöst, einfach, ruhig, dann können alle Dinge in Harmonie
miteinander existieren,
und Du wirst die subtile Wahrheit erkennen
Lao-Tzu

Die umseitige Kalligraphie wurde mit freundlicher Genehmigung
des Theseus Verlags entnommen aus:
Kogetsu Tani / Eido Tai Shimano, Zen-Wort Zen-Schrift,
© Theseus Verlag, Stuttgart / Berlin 1990, S. 113.

DIE ÜBERWINDUNG DES DUALISTISCHEN WELTBILDES

Ein chinesischer Gelehrter sagte einmal: „Am besten ist es, sowohl Innen als auch Außen zu überwinden." Wenn man beides transzendieren kann, ist der Geist hell und ruhig. Ryo Bo heißt wörtlich: „Beides vergessen", wobei „beides" Begriffe wie innen und außen, Leben und Tod bedeutet. Wir nennen diese Zweiheit Dualität oder Dualismus. Die Übung des Zen zielt darauf, uns von dieser phänomenalen Zweiheit zu befreien und in den Zustand zu führen, in dem keine Zweiheit, ja nicht einmal Einheit herrscht.

> *„Der Normalmensch, der in einer Atmosphäre voller Spaltungen aufgewachsen ist, hat seine Ganzheit, seine Integrität verloren. Um wieder ein ganzes zu werden, muss er den Dualismus in seiner Person heilen, in seinem Denken und in seiner Sprache. Er ist gewohnt, Kontraste – kindlich und reif, Leib und Seele, Organismus und Umwelt, Selbst und Realität – so zu denken, als ob sie aus gegensätzlichen Größen bestünden. Die ganzheitliche Auffassung, die eine solche dualistische Betrachtungsweise auflösen kann, liegt vergraben, aber sie ist nicht vernichtet, und wie wir zu zeigen gedenken, kann sie mit ungeschmälertem Vorteil wiedergewonnen werden."[164]*

Asien kennt nicht den von der griechischen Philosophie herrührenden anthropologischen Dualismus von Leib und Seele. Im östlichen Verständnis hat der Mensch nicht einen Leib, sondern ist Leib und ist Seele, besser ist Leibliches und Geistiges in einem Ganzen vereint.

> *„Trotzdem profan gelesen, sollte man sich vor allem bei den Versuchen, über den Satz vom Widerspruch hinaus ins Unsagbare überzuspringen, dass östliche Logik sich nicht mit hegelscher Dialektik begnügt, die zwischen These und Antithese raumzeitliche Verschiebungen gestatteten: östliche Dialektik lässt, besonders unterstützt etwa durch die Zeichenschrift, gleichzeitige und gleichräumige Widersprüche ohne Kopfstand zu. Um deutlicher zu werden: sagen wir das Wort ‚Hassliebe', dann kombiniert der typisch europäische Verstand ein raumzeitliches Hintereinander: mal liebt sie ihn, kurz darauf hasst sie ihn. Der Asiate sieht das konträre als mögliches gleich -zeitliches und -räumliches Ineinander; er schreibt auch nicht Hassliebe oder Liebeshass, sondern im Bild etwa:*

$$\frac{\text{Hass}}{\text{Liebe}} \quad \text{oder} \quad \frac{\text{Liebe}}{\text{Hass}} \quad \text{und} \quad \begin{array}{c|c} \text{L} & \text{H} \\ \text{i} & \text{a} \\ \text{e} & \text{s} \\ \text{b} & \text{s} \\ \text{e} & \end{array}$$

Darüber hinaus denkt ein Chinese eher ein zusätzlich aufhebendes Weder / Noch als vierte Möglichkeit.
Während sich die berühmte ‚jiddische Schleife' mit dem Dreisprung begnügt: ja, nein, jein, wenn z. B. Er zu Ihr sagt: ‚Wirste seh'n Sara, mit Geld geht's uns nicht so gut wie schlecht ohne!'[165]

Stuart Alpert:
It's always the judgment that causes the problem.

Siddhartha Gautama
Wenn du ein Problem hast, versuche es zu lösen. Kannst du es nicht lösen, dann mache kein Problem daraus.

Virginia Satir:
The problem never is what we feel; the problem is how we feel about the way we feel.

Aldous Leonard Huxley
Erfahrung ist nicht das, was einem zustößt.
Erfahrung ist, was man aus dem macht, was einem zustößt.

Marie von Ebner-Eschenbach
Nicht was wir erleben, sondern wie wir empfinden, was wir erleben, macht unser Schicksal aus

Alexis Sorbas:
Guter Mensch, schlechter Mensch, Grieche, Türke, was macht das schon! Boss, sie enden alle auf die gleiche Weise: Futter für die Würmer!

Danilo Dolci:
Es ist sinnlos, von Optimismus oder Pessimismus zu sprechen. Man muss sich nur eins merken: Wenn einer im Kartoffelacker seine Arbeit gut tut, gedeihen die Kartoffeln. Und wenn einer auf der Welt seinen Beitrag nach bestem Vermögen leistet, gedeihen die Menschen. Das ist die Realität – der Rest ist Schall und Rauch.

Wolfgang Niedecken:
Aber ob nun einer Krim-Sekt trinkt oder nur nach Wermut stinkt, iss an der Piss-Rinn spätestens egal – scheißegal.

Jerry Jampolsky:
Would you rather be right or happy?

S. Suzuki:
Wenn Du all Deine dualistischen Ideen vergisst, alles wird Dir zum Lehrer und alles kann Objekt Deiner Verehrung sein.

Chuangtzu:
Das Wissen der Alten war vollkommen. Wie vollkommen? Erst wussten sie nicht, dass es Dinge gab. Das ist das vollkommenste Wissen; nichts kann ihm hinzugefügt werden. Dann wussten sie, dass es Dinge gab, aber sie setzten noch keinen Unterschied zwischen ihnen. Dann unterschieden sie zwischen ihnen, aber sie urteilten nicht über sie. Als Urteile gefällt wurden, wurde das Tao zerstört.

Lao Tse:
Gib das Lernen auf und mache deinen Sorgen ein Ende.
Gibt es einen Unterschied zwischen Ja und Nein?
Gibt es einen Unterschied zwischen gut und böse?
Muss ich das fürchten, was andere fürchten?
Wie sinnlos!

Das Problem des Entzweitseins, des Gespaltenseins in sich selber und die tiefe Sehnsucht, eins zu sein, eins zu werden ist sowohl in der Gestalttherapie, aber auch im buddhistischen Denken von zentraler Bedeutung. Doch der Umgang mit diesem zentralen Problem ist in beiden Bereichen, wie wir noch sehen werden, ein anderer.

C. G. Jung sagte einmal, in seiner psychotherapeutischen Praxis habe er keinen Patienten über 35 Jahren erlebt, dessen endgültiges Problem nicht die religiöse Einstellung wäre – heute würde er vermutlich ‚spirituell' formulieren.

> *„Die grundlegende Lehre der Gestalttherapie ist die der Wesensdifferenzierung und der Integration. Die Differenzierung als solche führt zu Polaritäten. Als Dualitäten werden diese Polaritäten leicht in Streit kommen und sich gegenseitig paralysieren. Indem wir gegensätzliche Züge integrieren, machen wir den Menschen wieder ganz und heil."*[166]

Fritz Perls in einem Vortag:[167]

„Bis ins 18. Jahrhundert war eine geistige, eine spirituelle Vorstellung von der Welt von wenigen Ausnahmen abgesehen, eine Selbstverständlichkeit. Im 19. Jahrhundert setzte sich dann die materialistische Sicht in der Wissenschaft und in der Vorstellungswelt vieler Menschen durch. An die Stelle der emotionalen Geborgenheit einer religiösen Weltsicht trat die intellektuelle Befriedigung, der Rationalismus, die Vorhersagbarkeit und Sicherheit, soweit quantitatives Vorgehen sie bieten konnten. Die Wissenschaft errang mit ihrer analytischen Methode einen Triumph nach dem anderen, sie zerlegte die Welt in Teilchen und arithmetische Zahlen, aber Versuche zur Synthese gingen über die Gründung des Völkerbundes und die Erfindung einiger chemischer Ersatzprodukte nicht weit hinaus. Wir leiden vielleicht mehr als je zuvor in der Geschichte an Zweifeln und Widersprüchen, am Dualismus von Körper und Seele, Geist und Materie, Theismus und Materialismus. Selbst die fortschrittlichste psychiatrische Terminologie spricht von einer psychosomatischen Medizin, so als ob es Psyche getrennt von Soma gäbe. Im Allgemeinen haben wir noch nicht gelernt, solche Dualismen als Dualitäten anstatt als Widersprüche zu betrachten. Anstelle einer integrierten Vorstellung betrachten wir die Welt eher mit einer Mischung aus Materialismus und Spiritualismus.

Unser mechanistisches Zeitalter hat die Vorstellung aufgegeben, dass die Seele etwas sei, was bei der Geburt in den Körper einströmt und ihn beim Tod oder in mystischen Ausnahmesituationen wieder verlässt. Seele und Geist sind heutzutage zu Ausscheidungen des Hirns und einiger Hormondrüsen geworden, und ein paar Theorien, darunter die Assoziationstheorie und die Theorie vom Reflexbogen, befriedigen das Bedürfnis nach mechanistischen Vorstellungen, auch wenn sie sich widersprechen. Das Hirn und das Rückgrat werden in Abschnitte und Teilstücke zerlegt, aber niemand kann sie wieder integrieren – und ganz ähnlich verfährt man mit der so genannten Psyche.

Wenn wir annehmen, und dies scheint erstmal die einfachste Theorie zu sein, dass die moderne amerikanische und europäische Persönlichkeit in absichtliche und in spontane Funktionen gespalten ist, dann können wir Neurosen als das Ergebnis eines nicht gelungenen Kompromisses zwischen diesen beiden Funktionen beschreiben. Als dualistische Persönlichkeit hat das moderne Individuum auch eine dualistische Geisteshaltung und eine dualistische Sprache. Wir denken in den Gegensätzen von Psyche und Soma, Gut und Böse, Überich und Es, Geist und Natur, Eros und Thanatos, Individuum und Gesellschaft. Nein, bisher haben wir es noch nicht geschafft, uns einer Sprache der Einheit, einer integrierten Sprache zu bedienen. Wir sehen Dualismen, wo es nur Dualitäten gibt oder die zwei Hälften eines Ganzen oder, wie im Falle der menschlichen Persönlichkeit, sehen wir den Körper oder den Geist oder das Unbewusste, wo wir nur die verschiedenen Aspekte eines einzigen Organismus vor uns haben. Wir haben einen Körper, wir sind es nicht, wir haben Gedanken und Überlegungen, anstatt die Denkenden oder Überlegenden zu sein."

Ein Zen-Text berichtet folgendes *mondo:*

Bodhisattva Manjusri bat eines Tages Sudhana Sresthidaraka (Zenzai Doji): „Bring mir etwas, das nicht für etwas Gutes zu gebrauchen ist." Zenzai suchte herum, aber wohin er auch ging, alles, was er sah und berührte, war für etwas Gutes zu gebrauchen. Er konnte nichts finden, was nicht für etwas Gutes zu gebrauchen war. Endlich kam er zu Manjusri zurück und berichtete ihm: „Es gibt nichts, was nicht Gutes wirken kann."
„Dann bring mir etwas, was für etwas Gutes zu gebrauchen ist." Ohne Zögern pflückte Zenzai einen Grashalm zu seinen Füßen und reichte ihn Manjusri. Manjusri nahm ihn, zeigte ihn der Versammlung und sagte: „Dieser eine Halm kann gleichzeitig Menschen töten und ihnen das Leben schenken."[168]

Eine wunderbare Geschichte! Eigentlich könnte damit dieses Kapitel beendet sein.

Wir alle mussten lernen, dass es Richtig und Falsch gibt.

Wir haben gelernt, dass es Verhalten gibt, welches uns die Zuneigung und die Aufmerksamkeit unserer Umwelt beschert (dies muss dann wohl das „Richtige" sein), aber es gibt auch Verhalten, welches uns diese Aufmerksamkeit wieder nimmt (in diesem Fall haben wir wohl etwas „falsch" gemacht). Und so haben wir mehr und mehr lernen müssen, uns selbst und unsere Umwelt aufzuteilen in gut / schlecht, richtig / falsch, erwünscht / unerwünscht etc.

Wir werten und bewerten ständig; dies lässt sich auch – vor der Erleuchtung – kaum vermeiden: In der Therapie oder auch in der Supervision interessiere ich mich daher zwar auch für das so genannte Problem – mehr aber interessiere ich mich dafür, warum das Problem ein Problem ist: Wir alle sind mal schlecht gelaunt, fühlen uns unverstanden, haben Streit mit wichtigen Menschen, lügen, sind ungerecht und vieles andere mehr. Das ist so. Warum also wird aus dieser Normalität ein Problem?

Wenn mich jemand kritisiert, gibt es zwei Möglichkeiten:

1. Er hat Recht – warum sollte ich also sauer auf ihn sein?
2. Er hat Unrecht – warum sollte ich also sauer auf ihn sein?

Betrachte den, der Deine Fehler Dir enthüllt
Als erzähle er Dir von einem verborgenen Schatz
Dalai Lama

Stellen wir uns eine Welt ohne Urteile vor. Es wäre eine Welt ohne Hass und Teilung, ohne Entfremdung und Gewalt. Akzeptanz, Vergebung und Verständnis wären die Grundpfeiler unserer Beziehungen. Keine Feinde oder Gegner würden geschaffen, es gäbe keine Ablehnung oder Geringschätzung wegen Hautfarbe, Geschlecht, Religion oder Rasse. Stellen wir uns unsere persönliche Welt vor ohne Urteile.

Wir alle haben die große Stimme des Kritikers oder Richters in uns. Sie richtet sich nach innen und außen, vergleicht, unterscheidet und urteilt. Oft wiederholt dieser innere Richter einfach die Worte einer Figur aus unserer Vergangenheit, die uns beurteilte. Trotzdem glauben wir daran, tragen sie mit, geben sie weiter, Tag für Tag und Generation für Generation. In vielen von uns ist dieser innere Richter oder Kritiker so scharf und schrill, dass er unmöglich eine Anstellung finden würde, außer unter den grausamsten und strengsten Regimes eines Stalin oder Idi Amin. Wir können zu uns selbst und anderen sehr hart sein.

Urteile zu fällen ist die Zuflucht und Waffe der Selbstgerechtigkeit und der Angst. Aus der Betrachtung der Schwächen der anderen polstern wir uns ein Gefühl der Überlegenheit. Wir verteidigen unser eigenes Gefühl für das, was recht ist, indem wir die Unvollkommenheiten der anderen beleuchten. Unsere Urteile sind der sichtbare Ausdruck unserer Getrenntheit von den anderen, von unseren eigenen Herzen. Sie sind eine Brutstätte für Schmerz, Entfremdung und Zwietracht.

Um das Urteilen zu verstehen, ist es wichtig, zu sehen, dass es aus Ängsten entsteht; religiöser, wirtschaftlicher oder rassistischer Angst – all die Unsicherheiten, die wir mit uns tragen, die uns sagen, dass entweder wir oder andere einfach nicht gut genug sind. Im spirituellen Leben wird uns beigebracht, das Urteilen in Liebe und Weisheit zu verwandeln. Bevor wir urteilen, sollten wir überlegen, wie Jesus sagte: „Wer unter uns hat nicht gesündigt? Sollen wir nicht erst den Balken aus unserem eigenen Auge entfernen, bevor wir auf den Splitter im anderen zeigen!"

In einer bekannten Zen Geschichte schickt der Vorsteher des Klosters alle anderen anstelle desjenigen fort, der gestohlen hat, und sagt: „Wer wird ihn lehren, wenn ich es nicht tue?" Er ist derjenige, der wirklich Hilfe braucht. Um die Kleinlichkeit des urteilenden Denkens zu überwinden, sind wir aufgerufen, uns um die zu kümmern, die verwirrt sind, Schmerz leiden, in Angst oder Ärger feststecken und dann in einer Weise handeln, die andere verletzt. Wir sind aufgerufen, dieselbe Verwirrung und denselben Schmerz in uns mit Weisheit und Mitgefühl anzuschauen.

Dazu brauchen wir die Fähigkeit „sprachlos" zu sein oder zu werden; ich mag sie nicht, diese Menschen, die in ergebnisorientierter Allwissenheit vor Antworten nur so strotzen; meist aber nichts anderes als die Managermaxime „Hier haben wir die Lösung – jetzt suchen wir uns noch ein passendes Problem" zelebrieren!

Unsere Urteile bahnen sich unvermeidlich einen Weg in das Handeln. Wenn wir jemanden als unterlegen oder unwert einschätzen, wenden wir uns von ihm ab. Wenn wir jemanden attraktiv oder würdig finden, bewundern wir ihn und laufen ihm nach. Auf der Grundlage unserer Sympathie oder Antipathie schicken wir die eine Person weg, während persönliche Vorlieben und vergangene Erfahrungen die Grundlagen für die Beziehung zu einer anderen bilden. Oft entspringen unsere Urteile oberflächlichen Eindrücken oder längst vergangenen Geschehnissen. Die Kraft unserer Urteile erschafft ein inneres Klima, dem es schmerzlich an Güte und Liebe fehlt.

Wir mögen glauben, dass Urteile nötig sind, dass wir ohne unser Urteil nicht mehr zwischen richtig und falsch, gut und böse, wert oder unwert unterscheiden könnten. Wir mögen glauben, dass wir ohne Urteilen gelähmt würden, unser Leben keine Grundlage mehr zum Wählen, zum Entscheiden und Bewegen hätte. Wir mögen das Gefühl haben, dass mangelndes Urteilsvermögen uns der Wertvorstellungen und Ethik beraubt. Das sind bedeutsame Fragen, die wir erforschen müssen. Was würde geschehen, wenn wir nicht mehr urteilten?

Ist es nicht so, dass, wenn wir fähig wären, uns jeden Urteils zu enthalten, wir dann keine andere Alternative hätten, als unsere großen inneren Tiefen der Klarheit und des Verstehens auf Zurufen, um die Wahrheit jeden Momentes zu erkennen? Ist es nicht so, dass, wenn wir unsere Urteile der Gegenwart an die Seite schieben, die so oft ja nur Überbleibsel der Vergangenheit sind, wir uns dann frisch und ganz auf jeden Moment einlassen müssen? Wenn wir auf die Oberflächlichkeit so vieler unserer Urteile verzichten, müssten wir dann nicht mit größerer Tiefe und Verstehen sehen! Außerdem würden wir in dieser Tiefe des Verstehens neue Dimensionen der Demut, Vergebung und Toleranz entdecken können.

Die Energie, die der urteilende Geist aufwendet, reicht aus, um die ganze Welt zu transformieren. Es ist eine Energie, die wir in andere Kanäle umzulenken lernen müssen. Vergebung, Toleranz, Geduld und Liebe bringen uns zur Demut. Sie erinnern uns, dass der Mensch, den wir vor uns sehen, unser eigenes Selbst in einer anderen Gestalt ist mit derselben Sehnsucht nach derselben Liebe, nach derselben Akzeptanz und Offenherzigkeit wie wir und unter demselben Schmerz der Ablehnung, des Beurteiltwerdens und Hasses leidet wie wir.

Eine der goldenen Regeln des Lebens im Herzen, eines der großen Gesetze des spirituellen Lebens, lautet, nie jemanden aus dem eigenen Herzen zu verbannen, was auch immer geschieht. Handeln wir so, wie es nötig ist, um uns selbst und andere zu schützen. Stecken wir andere ins Gefängnis, wenn wir müssen, aber werfen wir niemanden aus unserem Herzen. Es gibt Zeiten, wo wir aus furchtbarer Verwirrung, Schmerz und Angst handelten und dadurch noch mehr Verwirrung und Schmerz verursachten. Ist es unsere Rolle, über andere in der Welt zu urteilen? Vielleicht ist es eine weisere Rolle, den Geist der Liebe, des Friedens und Verstehens mitten in Verwirrung und Leid zum Leben zu erwecken.

Reflektieren wir während des Lesens über die Empfindungen aus dem Urteilen und der Selbstgerechtigkeit, die auch in uns immer wieder aufsteigen. Wie fühlt sich das an, wie erleben wir das eigentlich? Ist es angenehm? Haben diese Empfindungen eine Qualität von Weisheit oder Wahrheit an sich? Oder hängen sie mit Angst zusammen? Entfernen sie uns noch weiter voneinander, machen uns noch isolierter oder ängstlicher? Reflektieren wir über ihr Gegenteil. Erinnern wir uns der Augenblicke der Vergebung, des Verständnisses, des Einfühlungsvermögens in Wirrnis und Kampf eines anderen, der so sehr unserem eigenen gleicht. Wie wollen wir selber behandelt werden, wenn wir einen Fehler begangen haben? Wie würden wir dann jemand anderen behandeln wollen? Was für Urteile würden wir gerade jetzt fallen lassen? Welche Gelegenheiten bieten sich uns, die Vergangenheit beiseite zu lassen und die Dinge in neuem Licht zu sehen? Welche direkten Beziehungen würden geheilt, wenn wir unsere Urteile losließen? Welche Ebene der Vergebung können wir den anderen, uns selber, anbieten?

Im Laufe der Loslösung von unserem Elternhaus (spätestens dann!) haben wir jedoch – oft schmerzvoll – erfahren müssen, dass uns die erlernten Aufteilungen keinen Halt geben, da sie sich ständig – je nach wechselnder Zeit und Umwelt – ändern.
Was gestern noch gut / richtig war, ist heute schlecht / falsch. War gestern meine Lebendigkeit noch ein positives Zeichen von Aufgewecktsein, Aufgeschlossen- und
Neugierigsein, so ist sie heute plötzlich ein negatives Zeichen von Hyperaktivität,
Unkonzentriertheit und Oberflächlichkeit. Die dualistische Aufteilung hat zwei negative Folgen, die immer wieder unsere Energien abziehen.

Zum einen werden wir in Kämpfe um falsch und richtig verwickelt, die jedoch
nur die Illusion eines Haltes vermitteln. Solange wir die Welt in Richtig und Falsch
einteilen – und an unsere Umwelt den Anspruch haben, dieser Aufteilung zu folgen
–, perpetuieren wir lediglich das Weltbild unserer Kindheit.

Zum anderen verhindert eine solche Aufteilung auch, dass wir unsere volle Aufmerksamkeit dem Hier und Jetzt widmen können.

Im Hier und Jetzt gibt es kein Richtig und Falsch, sondern „nur" Aufmerksamkeit (awareness) für das, was ist. Bewertung beinhaltet immer – auch – ein Entfernen
vom Hier und Jetzt, indem alte Bewertungsmuster auf neue Situationen übertragen
werden. Erfahren und Erleben kann ich immer nur hier und jetzt; in Abänderung des
Bestsellers „Sorge Dich nicht – Lebe!" [169] müsste es in der Gestalttherapie heißen:
„Sorge Dich nicht – er-lebe!"

Eine alte chinesische Geschichte erzählt von einem Bauern in einer armen Dorf-
gemeinschaft. Man hielt ihn für gut gestellt, denn er besaß ein Pferd, mit dem er
pflügte und Lasten beförderte. Eines Tages lief sein Pferd davon. All seine Nachbarn
riefen, wie schrecklich das sei, aber der Bauer meinte nur, „vielleicht". Ein paar Tage
später kehrte das Pferd zurück und brachte zwei Wildpferde mit. Die Nachbarn freu-
ten sich alle über sein günstiges Geschick, aber der Bauer sagte nur, „vielleicht". Am
nächsten Tag versuchte der Sohn des Bauern, eines der Wildpferde zu reiten; das
Pferd warf ihn ab, und er brach sich ein Bein. Die Nachbarn übermittelten ihm alle
ihr Mitgefühl für dieses Missgeschick, aber der Bauer sagte wieder „vielleicht".

In der nächsten Woche kamen Rekrutierungsoffiziere ins Dorf, um die jungen
Männer zur Armee zu holen. Den Sohn des Bauern wollten sie nicht, weil sein Bein
gebrochen war. Als die Nachbarn ihm sagten, was für ein Glück er hat, antwortete
der Bauer: „Vielleicht".

*Bernhard Pörksen: „Sie meinen, dass sich das Gute, Richtige und Schöne allein
durch die Aufklärung durchsetzen wird?"*
*Heinz von Foerster: „ Sie scheinen sich in diesem Bereich sehr genau auszuken-
nen. Woher wollen Sie wissen, was dieses Gute, Richtige und Schöne ist? Wen fragen wir beide, um dieses Wissen zu erlangen? Die Konsequenz dieser absoluten
Unterscheidung zwischen dem Guten und dem Schlechten, dem Richtigen, dem
Falschen, dem Schönen und dem Hässlichen ist, dass man sich zum Richter em-
porschwingt und als der ewig Gerechte, der alles ganz genau weiß begreift. Das*

heißt nicht, dass ich nun für einen ethischen Relativismus plädiere, überhaupt nicht, das muss nicht die Konsequenz sein. Aber ich möchte darauf aufmerksam machen, dass diese Unterscheidungen, die vermeintlich eine universelle und ab- solute Gültigkeit besitzen, von Ihnen getroffen werden. Sie sind keineswegs losge- löst von ihrer Person, sondern Sie tragen für Ihre mögliche Durchsetzung die Ver- antwortung ... im Übrigen genieße ich das sehr, wenn Sie meinen ethischen Im- perativ ad absurdum führen. Das zeigt doch, dass alle Aussagen nur eine end- liche Reichweite besitzen.“[170]

Hier wird der Unterschied im Umgang mit der Dualität zwischen Gestalttherapie und Buddhismus deutlich: In der Gestalttherapie werden Dualitäten nicht als ab- solut, als universell gegeben, sondern als relativ und durch Lebenserfahrung und Lebensumstände bestimmt angesehen. Sie sind daher – manchmal durchaus sinn- volle – Hilfskonstrukte, an denen wir uns festhalten. D. h. Dualitäten existieren zwar, sie sollten jedoch sinnvollerweise überwunden werden, indem man ihren letztlich austauschbaren Charakter erkennt.

Im Buddhismus hingegen geht man einen Schritt weiter indem gesagt wird, dass die Dualitäten gar nicht existent sind; eine Vorstellung, die für nicht buddhistische Menschen, zumal für solche, die im dualistischen, im logischen Denken groß gewor- den sind, nur schwer vorstellbar, nachvollziehbar ist. Vor einer solchen Vorstellung muss die (westliche) Logik kapitulieren. Aber nicht nur die westliche, denn auch die Aufgabe, ein Koan zu lösen, lässt sich nur mit der Loslösung von der Logik, von der Dualität lösen. Und damit tun sich beide, Westler und „Fernostler“ bekanntermaßen gleich schwer.

Mit der notwendigen Überwindung des dualistischen Weltbildes ist nichts über den Wert oder Unwert von Erfahrungen gesagt; es muss nur immer wieder klar sein, dass es sich um meine Erfahrungen handelt, die ich aufgrund meiner Biographie so und nicht anders mache, so und nicht anders erlebe, so und nicht anders bewerte: Ein Kind, welches erfahren hat, dass eine heiße Herdplatte wehtut, kann diese Erfahrung nutzen und sich entsprechend verhalten. Im letzteren Fall geht es um Erfahrung und deren Integration.

Im Umgang mit diesen Dualitäten oder Polaritäten liegen sowohl Parallelen wie auch Unterschiede zwischen Zen-Buddhismus und Gestalttherapie. Das Ziel im Zen ist es nicht, die Polaritäten aufzuheben, sondern ein Stadium zu erreichen, in dem es die Polaritäten, die Dualitäten schlichtweg nicht mehr gibt. Wir sprechen von der „absoluten Ebene“.

In der Gestalttherapie geht es zwar auch um die Erkenntnis, dass die Bewertun- gen, die die Polaritäten hervorbringen subjektiv und relativ sind, aber die Polaritäten werden nicht überwachsen, sondern integriert:

„Die grundlegende Lehre der Gestalttherapie ist die der Wesensdifferenzierung und der Integration. Die Differenzierung als solche führt zu Polaritäten. Als

*Dualitäten werden diese Polaritäten leicht in Streit kommen und sich gegensei-
tig paralysieren. Indem wir gegensätzliche Züge integrieren, machen wir die
Menschen wieder ganz und heil. Zum Beispiel Schwäche und tyrannisches Verhalten integrieren sich als ruhige Festigkeit."*[171]

Ludwig Frambach schreibt zu dieser Stelle:

*„Hier kommt Perls' grundsätzlich polare Sicht psychischer Dynamik zum Aus-
druck. Es geht ihm darum, Dualitäten, einseitige Identifikationen mit eigentlich
gleichwertigen psychischen Polen, zu ausgewogenen Polaritäten zu integrieren.
… Die polare Ausrichtung von Perls ist eindeutig auf Friedlaender zurückzuführen, der ihm außer dem Prinzip der polaren Differenzierung noch die zentrale Bedeutung der integrierenden Indifferenz vermittelte, und mit diesem Motiv die Denkbewegung seines gestalttherapeutischen Ansatzes anfänglich und
entscheidend prägte."*[172]

Das heißt die Polaritäten, die das Figur- Grundphänomen in die Gestalttherapie eingebracht hat, werden durch die schöpferische Indifferenz, die Friedlaender in die Gestalttherapie eingebracht hat, aufgelöst, beziehungsweise gegenseitig gewürdigt und
als gleichbedeutend, als gleichgewichtig integriert. Und zwar nicht als ein Kompromiss, in dem beide aufgehen und ihre ursprüngliche Gestalt aufgeben müssen, sondern als „Eins und doch Zwei", wie Goethe das Blatt des Gingkobaumes nannte. Dieses Blatt könnte hier zum Wahrzeichen der Gestalttherapie dienen.

Am Anfang einer Therapie leben wir oft mit verschiedenen Anteilen, die nichts
miteinander zu tun haben wollen. Die „kranke" Seite will sich von der „gesunden"
nichts sagen lassen, dazu ist sie zu trotzig. Die gesunde Seite will mit der kranken Seite nichts zu tun haben, weil diese ja den Heiligenschein beschmutzen könnte. Die gesunde Seite schämt sich der kranken Seite und versteckt sie – ähnlich wie eine Familie das so genannte „Schwarze Schaf" durch – nicht-darüber-sprechen ausgrenzt.

Ein Mann und eine Frau kommen zum Rabbi, weil es schlecht steht um ihre Ehe.
Erst beklagt sich der Mann, und der Rabbi sagt: „Du hast Recht." Dann beklagt sich
die Frau, und der Rabbi sagt: „Du hast Recht." Da sagen beide: „Rabbi, du bist verrückt." Da sagt der Rabbi: „Ihr habt Recht."

Es braucht ein wenig Bereitschaft zum Verrücktsein – nämlich die Dinge aus
einer anderen, ver-rückten Perspektive zu betrachten, um neue Erkenntnisse zu gewinnen.

Beide haben Recht, sie sehen aber nicht das Leiden des anderen, weil sie ganz auf
ihr eigenes fixiert sind, und genau dadurch befinden sie sich in einer scheinbar un-
auflösbaren Situation. Unsere innere Situation lässt sich damit vergleichen: Wir haben kein Verständnis für die andere Seite in uns. Wir reden sie schön („wir machen
alle mal Fehler" „das bin ich gar nicht wirklich" „da war ich ganz außer mir") Der gesunde Teil will oft nichts von dem kranken Teil und dessen Potenzial wissen, der

kranke aber auch häufig nichts von der gesunden Seite. Erst wenn wir anerkennen können, dass beide Seiten Recht haben, dass beide Seiten – so wie sie sind – untrennbar zusammengehören und uns ausmachen, dass beide Seiten von der jeweils anderen viel lernen können, erst dann ist Wachstum und Heilung durch Integration möglich.

Die an anderer Stelle beschriebene Einsicht, dass nichts in mir Müll ist, gehört auch hierhin.

Es gibt eine schöne Geschichte von einem indischen Heiligen, der mit seinen Schülern im Wald lebte. Er brachte seinen Schülern bei, Gott in allen Dingen zu sehen. Eines Tages sammelten die Schüler Holz für ein heiliges Feuer. Plötzlich hörten sie lautes Schreien: „Bringt euch in Sicherheit, schnell, ein wild gewordener Elefant kommt."

Alle außer einem Schüler liefen um ihr Leben; dieser kniete in der Mitte des Weges und sang seine Gebete.

Der Elefantentreiber rief den Schüler nochmals an – doch vergebens! Mit einem gewaltigen Rüsselschlag beförderte der wild gewordene Elefant den Ärmsten in die Büsche. Später fragte der Meister verwundert den Schüler, warum er denn der Gefahr nicht – wie die anderen Schüler auch aus dem Wege gelaufen sei.

Der Schüler protestierte: „Du warst es doch selber, der uns gelehrt hat, dass alle Lebewesen Manifestationen desselben Gottes sind! Warum sollte ich Platz für den Elefanten machen? Der Elefant ist Gott; ich bin Gott.

Sollte etwa Gott vor Gott Angst haben?"

Der Lehrer freute sich, lächelte und sagte: „Du hast recht, Du bist Gott und Gott ist auch in dem Elefanten wie in allen Kreaturen. Aber warum hörst Du dann nicht auf Gottes Stimme im Elefantentreiber, wenn sie Dir zuruft, dass Du Dich in Sicherheit bringen sollst?"

In der Gestalttherapie ist es ein wesentlicher Schritt, sich die Immer-wieder-Neubewertung der Situationen und Ereignisse zu erlauben, d.h. ständig neu die Relativität dessen, was wir gelernt haben „wie die Welt ist" zu erfahren.

Als Therapeut versuche ich immer wieder, zusammen mit dem Klienten zu erforschen, welche Botschaften, Gesetze, Regeln und Urteile der Klient hat lernen müssen, um dann den raumzeitlichen Rahmen der Gültigkeiten zu erarbeiten:

„Ich sehe, in der Welt Ihrer Kindheit war es falsch, sich zu öffnen und eine offenere Meinung zu haben; das Ergebnis war, dass Sie nicht akzeptiert worden sind, lächerlich gemacht worden, für inkompetent erklärt worden sind."

Die Regel, „es ist schädlich / falsch, eine Meinung zu haben und diese zu äußern", galt in dieser Zeit und in dieser Umwelt.

Dies ist der Grund, warum wir sagen: Therapie braucht derjenige, der die Zeiten durcheinander bringt. Obwohl ich nicht mehr das Kind aus dieser Zeit bin und obwohl ich nicht mehr in der alten Umgebung, in der diese Gesetze entstanden sind, lebe, gestalte ich mein Leben so, als sei die alte Umwelt heute noch Realität.

Der Schritt von „ ... es ist eh' alles hoffnungslos ..." zu „ ... alles war hoffnungslos

..." zeigt die Loslösung von der alten Realität, von den alten Gesetzen, zeigt die Bereitschaft zu jeweils immer neuer Bewertung der Situation, der Lebensumstände.

Hierher gehört die Beschreibung der Dressur der indischen Arbeitselefanten. Ihr Training beginnt, wenn sie noch sehr klein sind. In dieser Zeit werden sie mit dicken Seilen an den Hinterbeinen gefesselt. Ihre Kraft reicht nicht aus, um diese Seile, die recht schmerzhaft sind, weil sie die Hinterbeine nach hinten wegziehen, zu zerreißen. Das weitere Training geschieht in einem Alter, in dem der Elefant inzwischen ohne weiteres in der Lage wäre, die Seile zu zerreißen. Doch die Erinnerung, dass das Seil stärker ist, sitzt derart tief, dass der Elefant gar nicht erst auf die Idee kommt, sich zu befreien. So ist – um im Bild zu bleiben – Gestalttherapie eine Art des „Elefantenbefreiens": Wenn wir nicht die Gefühle von gestern durch die Erfahrungen von heute ersetzen, werden die alten Grenzen ihre Wirksamkeit beibehalten, zu diesem Risiko soll die Therapie ermutigen. Wir machen den Elefanten darauf aufmerksam, dass weder er der gleiche wie derjenige ist, der das Seil nicht zerreißen konnte, noch das Seil die alte Kraft der Begrenzung hat. Die Geschichte von dem Wanderer, wie sie in der persischen Mystik erzählt wird (siehe Seite 255), gehört auch hierhin.

Es ist gleichzeitig aber ein sehr schwieriger Schritt und er muss doch immer wieder (neu) gegangen werden. Dieser Schritt ist das, was im Zen u.a. mit Loslassen gemeint wird. Das Loslassenkönnen von Falsch / Richtig befreit uns davon, Energien darin zu verschwenden, die Sicht der Welt, wie wir sie lernen mussten, bestätigt zu bekommen. Besonders dramatisch kann dieser Aspekt in der Paartherapie deutlich werden, wenn eine Säule der Beziehung die Bestätigung des jeweiligen Weltbildes war und diese – aus welchen Gründen auch immer – weggefallen ist. Der Anspruch der Bestätigung des Weltbildes wird dann häufig – von beiden Seiten – auf den Therapeuten projiziert. Jeder Moment in unserem Leben ist ein Moment des Lernens, jeder Moment ist eine Erfahrung, die uns bereichern kann. Je mehr wir bereit sind, uns von der dualistischen Sicht zu lösen, desto reicher ist Lernen möglich. Aber nicht nur reicher, sondern auch unter Umständen schmerzhafter oder bedrohlicher.

Es ist nicht in erster Linie Aufgabe des Therapeuten, dem Klienten das zu geben, was er braucht, sondern eher, ihn in die Lage zu versetzen, spüren zu können, dass er etwas braucht. Viele von uns haben lernen müssen, dass es ein Makel, ein Zeichen von Schwäche ist, Bedürfnisse zu haben.

Erst wenn ich gelernt habe, Bedürfnisse als etwas Normales anzusehen, kann ich meine Bedürfnisse befriedigen, da ich sonst dem Gast in einem Restaurant gleiche, der dem Ober sagt, dass er gerne etwas zu essen haben möchte – nur – eine solche „Bestellung" kann auch der beste Kellner nicht ausführen.

Hier entsteht die narzisstische Dualität: Ich brauche niemanden; ich kann alles alleine, weil ich allen überlegen bin ... versus: Ich bin der letzte Dreck, und niemand mag mich ...

Diese Polarität verleitet mich dazu, mich entweder zum Nichts zu machen – und damit die anderen auf den Sockel, etwas Besonderes zu sein, zu heben – oder ich stelle mich selber auf diesen Sockel und mache dadurch die anderen zum Nichts.

Willkommen zu sein, ist eine Botschaft, die ein Kind zum Wachstum braucht; willkommen so, wie ich bin und nicht so, wie mich jemand anders haben möchte.

Die fehlende Botschaft „Du bist willkommen" löst ein Gefühl der Wertlosigkeit aus, diese wiederum ist für die Angst, allein gelassen zu werden, allein zu sein, von zentraler Bedeutung. Je weniger ich mir meines eigenen Wertes bewusst bin, umso unklarer bin ich mir darüber, warum irgendjemand ausgerechnet mich lieb haben sollte und umso größer wird meine Angst vor dem Verlassenwerden sein.

Trennungsängste zeigen neben Wertlosigkeit auch das Fehlen der Botschaft „Du kannst gehen und Du kannst wiederkommen".

Das gegenteilige Dressat lautet: „Wenn ich weggehe, brauche ich gar nicht erst wiederzukommen, denn wenn ich gehe, zeige ich dem anderen, dass ich ihn nicht ausreichend lieb habe und daher wird kein Platz mehr für mich da sein."

Das dämliche Sprichwort „Weggegangen – Platz vergangen" hakt genau bei dieser Angst ein.

Nicht ausruhen können, die ständige Angst, etwas zu versäumen, nicht loslassen können, – dies alles sind Probleme, die sich aus der Angst, nicht mehr zurückkommen zu dürfen, wenn ich erst einmal gegangen bin, ergeben.

Dieses Problem wird dann besonders drängend, wenn einerseits das Aufrechterhalten des Kontaktes zur Umwelt nur Schmerz oder Frustration bedeutet, andererseits die Angst, nicht mehr zurückkommen zu dürfen, wenn ich – aus Schutz gegen diese Schmerzen – den Kontakt unterbreche, so groß ist, dass mir der Erholungsweg von Kommen und Gehen nicht mehr zur Verfügung steht.

Das ist dann wirklich ein Dilemma, aus dem wir häufig durch körperliche Symptome auszubrechen versuchen (spacing out); Schwerhörigkeit, Schwindel, Kurzsichtigkeit übernehmen dann häufig diese Schutzfunktion.

Oft ist das Willkommensein an ganz bestimmte Aufgaben gebunden: Ich bin so lange willkommen, wie ich die Beziehung meiner Eltern kitte, wie ich Ersatzpartner / Ersatzliebesobjekt für Mutter oder Vater bin, wie ich Träger aller auf die Zukunft gerichteten Hoffnungen und Phantasien meiner Eltern bin etc.

Diese Botschaft, nur in bestimmten Funktionen willkommen zu sein, verhindert Wachstum, verhindert, dass ich die ganze Bandbreite meiner Persönlichkeit sehen und entwickeln kann, weil ich auf Dauer den nicht willkommenen Teil erst verstecken, dann negieren muss.

Um willkommen zu sein, muss ich mich selber Stück für Stück amputieren. Aus einer solchen Grundhaltung wird dann sehr bald das Dressat: Ich bekomme nur dann Kontakt, nur dann Wertschätzung, wenn ich so oder so bin, mich so oder so verhalte.

Eine solche Botschaft heißt im Klartext, dass ich nicht willkommen bin; ich bin liebenswert für das, was ich tue und nicht für das, was ich bin. Willkommensein heißt, dass es genau umgekehrt sein müsste!

Solange das Willkommensein an bestimmte Funktionen gebunden ist, kann auch der Satz: „Du kannst Deinen eigenen Weg haben" nie glaubwürdig sein; „Du kannst solange Deinen eigenen Weg haben, wie Du unsere Anforderungen / Vorstellungen erfüllst" heißt dann die modifizierte Botschaft. Ein wichtiger Teil des Willkommenseins, das an bestimmte Funktionen, an ein bestimmtes Funktionieren gebunden ist, ist der Umgang mit den kindlichen Bedürfnissen.

Wir alle haben Bedürfnisse; wir alle brauchen Wertschätzung und Kontakt. Viele Bedürfnisse sind uns jedoch im Laufe unserer Biographie „abhanden gekommen". Ein kleines Kind, das seine Arme ausstreckt in der Hoffnung auf Kontakt, wird auf die Dauer verlernen, wie man seine Arme ausstreckt, wenn es immer und immer wieder vergebens seine Arme ausstreckt. Anstelle des Wunsches nach Kontakt, entsteht Hoffnungslosigkeit – es hat keinen Sinn, die Arme auszustrecken – und dahinter Angst: Wenn ich meine Arme ausstrecke, spüre ich nur, wie alleingelassen ich bin, spüre ich nur Einsamkeit.

Der Neurotiker zeichnet sich u.a. dadurch aus, dass er verlernt hat, seine Bedürfnisse zu erkennen und aus diesem Grund nicht erfüllen kann.

Er ist wie der – schon oben beschriebene – Gast, der in ein Restaurant geht und dem Kellner mitteilt: „Ich habe Hunger". Der arme Kellner weiß nun nicht, ob er eine Bratwurst mit Fritten oder ein Chateaubriand bringen soll. Und die Gefahr besteht, dass, was immer auch unser Kellner bringt, nicht das Richtige ist.

Der „Gast" muss wieder lernen, nicht nur den Hunger zu spüren, sondern auch, worauf er Hunger hat und wo er das entsprechende Essen bekommt.

Allgemeiner: Das Bedürfnis erkennen, Unterstützung dafür haben und Kontakt zur Befriedigung des Bedürfnisses aufnehmen. In diesem Sinne ist Therapie nicht dazu da, dem Klienten das zu geben, was er braucht, sondern ihn fühlen zu lassen, dass er etwas braucht, was er braucht und Unterstützung darin zu geben, sich das zu holen, was er braucht.

Dabei geht oft der Weg über Hoffnungslosigkeit – es hatte für mich keinen Sinn, meine Bedürfnisse anzumelden, weil sie eh nicht wahrgenommen oder befriedigt wurden – durch das Gefühl, „ich bekomme nicht genug".

Wie bei dem halb mit Wasser gefüllten Glas ist das Augenmerk des Klienten eher auf das halbleere als auf das halbvolle Glas gerichtet.

In der Arbeit mit Klienten, die mir von einem solchen Problem erzählen, lege ich besonders viel Wert auf die Beobachtung des Essverhaltens: Die orale Angst „Ich bekomme nicht genug" liegt ja nicht daran, dass zu wenig zu essen da ist, sondern eher daran, dass der Klient sein Schlucken nicht mehr spürt; es kommt „unten" nichts an, weil nichts wirklich „reingelassen" wird. Eine Hausaufgabe, die ich in diesem Zusammenhang häufig stelle ist, dass ich den Klienten auffordere, mit einem kleinen Löffel zu essen, um so das Bewusstsein für jeden einzelnen Bissen, für jeden einzelnen Schluck zu wecken.

Aus „Ich bekomme nicht genug" wird „Ich bekomme etwas und es ist nicht genug". Das heißt, ich lade den Klienten ein, zu spüren, dass er tatsächlich etwas bekommt und zeige meine Unterstützung für das Gefühl „Ich bekomme nicht genug".

Das Gefühl „Ich bekomme nicht genug" hat meistens eine sehr interessante Biographie: Als Kind ist mir beigebracht worden, dass ich zu viel will – zu gefräßig bin.

Wir alle kennen den schlimmen Satz: Kleine Kinder haben nichts zu wollen! Weil meine Eltern nicht in der Lage waren, mir die Botschaft zu geben, dass sie mir das, was ich haben möchte, nicht geben können, haben sie mir beigebracht, dass ich zu viel will, d. h. sie haben ihr Problem an mir festgemacht.

Auf diese Weise entsteht sehr früh und sehr nachhaltig der Zwang zur Bewertung eigener Gefühle und Bedürfnisse. So entstehen ‚richtig‘ und ‚falsch‘!

Alles ist, was es ist; ich sehe, was ich sehe, und ich fühle, was ich fühle – das ist das Gefühl, ist der Zustand, der das dualistische Weltbild überwindet.

Mit „sehen" im buddhistischen Sinne ist natürlich weitaus mehr als ‚anschauen‘, ‚hinschauen‘ gemeint. Es geht um wirkliches Erfassen – man könnte es etwa mit dem vergleichen, was wir in der Gestalttherapie ‚awareness‘ nennen.

Wenn das, was hier mit ‚sehen‘ gemeint ist wirklich verstanden wird, ist auch der schöne Satz von Huang-Po klar:

Die Dummen verwerfen, was sie sehen, nicht was sie denken;
Die Klugen verwerfen, was sie denken, nicht was sie sehen.

Sehen wie die Dinge (wirklich) sind. Das ist sowohl in der Gestalttherapie als auch im Buddhismus eine zentrale Aufgabe auf dem Weg der Befreiung. Sich im obigen Sinne auf die eigene Wahrnehmung verlassen zu können, ist eine wichtige Voraussetzung. Hier besteht eine wichtige Aufgabe für Eltern und Erzieher:

Das Kind kommt aus der Schule und ist vom Lehrer zu Unrecht getadelt worden. Wie sieht die Reaktion der Eltern aus? Leider heißt es dann allzu oft: „Der wird schon seine Gründe gehabt haben" oder „Dann musst Du eben eine Faust in der Tasche machen:" „Selbst wenn es so war – Du warst doch immer von Frau / Herrn ... begeistert ..."

Leider heißt es nur selten: „Es stimmt! Dein Gefühl, ungerecht behandelt worden zu sein, trügt Dich nicht. Was können wir gemeinsam tun?"

Oder ich erinnere mich an eine Klientin, deren Mann über Jahre eine heimliche Beziehung zu einer anderen Frau hatte. Intuitiv hatte sie immer wieder gespürt, dass „da was war": Sie hat immer wieder ihren Mann darauf angesprochen, der hoch und heilig alles abgestritten hat. Heute erzählt sie, dass das eigentlich Schlimme gar nicht so sehr das Fremdgehen gewesen sei. Das habe geschmerzt – selbstverständlich. Weitaus schlimmer war für sie, dass sie nach und nach das Vertrauen in ihre eigene Wahrnehmung verloren hatte. Der Satz: Ich sehe, was ich sehe, und ich fühle, was ich fühle, stimmt für sie schon lange nicht mehr.

Ich erinnere mich an eine Arbeit mit einer Frau, deren Wahrnehmung offensichtlich systematisch zerstört und verdreht worden ist.

Zusammen haben wir „ganz von vorne" angefangen: Ich habe ein Buch genommen und gefragt: „Was ist das?"

„Ein Buch."

Ich habe eine Flasche genommen und gefragt: „Was ist das?"

„Eine Flasche."

Ich habe einen Schuh genommen und gefragt: „Was ist das?"

„Ein Schuh."

Wir beide haben dies sehr ernst genommen.

So sind wir auf diesem simplen, grundlegenden Weg zu dem Satz: ‚Ich sehe, was ich sehe und ich fühle, was ich fühle' zurückgekommen.

Ein Mann besaß die Gedichtsammlung Wakanroeishu und behauptete, sie sei von dem berühmten Kalligraphen Ono no Tofu geschrieben. Als jemand ihm entgegenhielt: „Da Ihr das Buch von Euren Vorfahren geerbt habt, ist gegen diese Tradition sicher nichts einzuwenden; aber es ist doch kaum möglich, dass diese von dem Staatsrat Shijo zusammengestellte Sammlung von Ono no Tofu abgeschrieben wurde, der schon ein Jahr vor dessen Geburt gestorben ist!" – Da erwiderte jener: „Gerade deswegen ist es für mich etwas besonders Merkwürdiges und Wertvolles!" Und er betrachtete das Buch hinfort noch mehr denn bisher als seinen kostbaren Schatz.

Ein schönes Beispiel für die Sicherheit, die die Grundhaltung: Ich sehe, was ich sehe; ich fühle, was ich fühle; ich weiß, was ich weiß, hervorbringen kann.

Je stimmiger dieser Satz für mich ist, desto weniger besteht die Gefahr, dass ich in richtig / falsch, Recht / Unrecht Streitereien verwickelt werden kann.

Mulla Nasrudin weilte zu Gast am Hof eines Fürsten. Man bot ihm ein Reitpferd an. Erfreut stolzierte er auf das Tier zu, setzte schwungvoll den rechten Fuß in den linken Steigbügel und stieg auf. Klar, dass er mit dem Gesicht zum Schwanz auf dem Rücken des edlen Tieres landete.

„Vielleicht sind Sie nicht an einen Herrensattel gewöhnt", bemerkte spöttisch einer der adligen Herren.

„Vielleicht nicht", antwortete Nasrudin, „aber ich glaube lieber an meine Fähigkeit, die Tricks von Leuten zu durchschauen, die mir unbrauchbare Pferde andrehen wollen, bei denen der Kopf hinten und der Schwanz vorne ist."

Je mehr es mir gelingt, dies als meine tatsächliche Überzeugung zu haben, desto selbständiger und abgegrenzter kann ich mein Leben gestalten. Missbrauchende Eltern bringen ihren Kindern bei, loyal zu ihnen zu sein; gute Eltern bringen ihnen bei, loyal zu sich selbst zu sein.

Je mehr ich in der Lage bin, nicht zu bewerten, nicht in richtig und falsch aufzuteilen, desto weniger brauche ich es, „unerlaubte" Gefühle, Gedanken und Handlungen von mir abzuspalten. Diese führen dann ein umso schwierigeres Dasein „im Untergrund" und kommen in ständig wechselnder Verkleidung immer wieder „ans Tageslicht".

Die von mir zugelassene Breite des „lebbaren" Spektrums an Gefühlen, Gedanken und Handlungen hat direkten Einfluss auf die Gestaltung des Kontaktes zwischen mir und meiner Umwelt.

C. G. Jung formuliert diese Wechselbeziehungen und -wirkungen besonders eindrücklich:

*„Nichts wirkt seelisch stärker auf die Kinder als das ungelebte Leben der Eltern"
und „Je eindrucksvoller die Eltern sind und je weniger sie sich ihrer eigenen Problematik (oft direkt um der Kinder willen) annehmen, desto länger und desto
mehr haben die Kinder das nichtgelebte Leben der Eltern zu tragen und zwang-
haft zu erfüllen, was diese verdrängt und unbewusst gehalten haben."[173]*

Richtig und falsch gibt es in der Mathematik. Wenn du versuchst, dein Leben in ein
richtig / falsch-System einzubinden, zeigst du nur, dass in deiner Welt nur für Einen
Platz ist. Der Drang, die Welt in richtig und falsch aufteilen zu wollen, zeigt, dass die
Wahrnehmung als Kind – ich sehe, was ich sehe – nicht unterstützt, sondern ver-
leugnet, verbogen oder sonst irgendwie manipuliert worden ist.

Wenn denn schon bewertet werden muss, so versuche ich immer wieder, diese Bewertung zu relativieren (siehe auch die Geschichte; Wir werden sehen / vielleicht).

Als schönstes Beispiel hierfür fällt mir eine Sequenz einer Arbeit von Stuart
Alpert ein: Eine Frau war gänzlich unzufrieden mit sich, egal, was sie auch anfing;
nichts wollte ihr gelingen:

„Egal, was ich mache, es kommt immer nur Scheiße dabei 'raus!"

Stuart: „I can tell you about my experience with shit: shit makes the flowers grow
so lovely!"

Kurt Tucholsky erzählt von einem jüdischen Mann, der sagte, dass er stolz darauf
sei, ein Jude zu sein, denn: „Wenn ich nicht stolz darauf bin, bin ich auch Jude – da
bin ich lieber gleich stolz!"

In jedem Augenblick sind wir das, was wir sind – egal ob wir das gut finden oder
nicht, ob wir damit zufrieden sind oder nicht. In der Therapie höre ich oft den Satz:
„Da war ich ganz außer mir, da war ich gar nicht ich selber ...'" Wenn nicht ich – wer
soll ich denn dann gewesen sein? Herr Meyer? Frau Schmitz? Der Satz muss lauten:
„Da war ich jemand, der sich außerhalb seiner selbst fühlte, aber auch das war ich.
„Life is what happens to you while you're busy making other plans" bringt es John
Lennon in seinem wunderbaren Lied „Beautiful Boy" auf den Punkt. Immer bin ich
ich und immer lebe ich mein Leben und nicht das eines anderen Menschen. Etwas
ironisch formuliert es der Schriftsteller Ödön von Horvath: „Eigentlich bin ich ganz
anders, ich komme nur so selten dazu." Das ist der Satz des „modernen" Menschen.
Wir haben alle noch soooo viel zu erledigen, bevor wir dazu kommen, wir selber zu
sein! Nein: Ob es uns passt oder nicht, auch das sind wir selber. Auch das ist Teil meiner Persönlichkeit, meines Lebens!

Alles ist, wie es ist, oder um es „zen-mäßig" auszudrücken: Keine Schneeflocke
fällt auf eine falsche Stelle, heißt: Egal, wie ich nun an mir rumzerre durch „... ich sollte aber ...' – „... ich müsste schon längst ...' – „... es ist gar nicht gut, dass ...' – all dies
ändert nichts daran, dass ich die Person bin, die ich bin und an dem Punkt meiner
Entwicklung, wo ich nun halt einmal bin. Sehr schön deutlich macht dies auch eine
Sequenz eines Meister / Schüler-Dialoges:

Schüler: „Mein Wunsch ist es, besser zu sein, als ich bin".
Sensei: „Nun, wie immer Sie sich gerade befinden, so sind Sie. Sie antworten mir daraufhin vielleicht: ‚Nun gut, aber warum bin ich nicht so und so?' – Weil Sie eben nicht so und so sind. Sie verlangen nach Dingen, die Sie nicht haben. Gras ist etwas Wunderbares. Gras ist grün, und es wäre unsinnig, wenn Gras plötzlich rot sein wollte oder wir wünschen würden, Gras sollte doch lieber rot sein. Gras ist grün. Natürlich, es steht uns frei zu wünschen, es solle rot sein, aber das ist sinnlos und schafft nur Konflikte. Löschen wir alle diese Wünsche nach Dingen, die nicht sind, erreichen wir genau damit Nirvana. Aber das ist natürlich nicht leicht, und es ist auch keine oberflächliche Angelegenheit. Es ist immer der Ort, an dem wir uns befinden. Indem wir das leben, was wir sind, können wir ständig den Weg vollenden, können uns dauernd schulen. Es gibt so viel, das wir tun können. Sobald wir jedoch nach Dingen verlangen, die wir nicht selbst sind, verrennen wir uns in Probleme; und es ist offensichtlich, dass wir uns verrennen, weil sie nicht wir selbst sind. Es ist, als wollten wir, dass Gras rot ist. Sie können ihr ganzes Leben dafür kämpfen, aber es ist absurd."[174]

Zen und Gestalttherapie haben hier gleichen Inhalt und gleiches Ziel. Als ich die oben zitierte Sequenz zum ersten Mal gelesen habe, hat mich das sehr glücklich gemacht. Kurz zuvor hatte ich einem Klienten einen Pinsel und Farbe geschenkt und ihm die Aufgabe gestellt, Gras blau anzumalen. Es war ein schon etwas fortgeschrittener Klient. Er konnte die Aufgabe gut erfassen und wir haben beide viel gelacht.

Oft versuchen wir, das Gras anzustreichen und oft versuchen Klienten vom Therapeuten „die Erlaubnis" dazu zu bekommen, bzw. ihn – den Therapeuten – zum Mitmachen zu bewegen. Es ist „im Grunde genommen" ganz simpel: Wenn wir anders sein könnten, dann wären wir es.

Aber es ist immer wieder aufs Neue sehr schwer, bei der simplen Tatsache zu bleiben, dass Schmerz wehtut, dass Traurigkeit traurig ist oder dass Enttäuschung Enttäuschung ist ...! Alles ist, was es ist. Eine Therapie (Therapieform), die dem nicht Rechnung trägt, kann nicht befreien; sie kann auch nicht – wie an anderer Stelle ausführlicher diskutiert – das Große im Kleinen und das Kleine im Großen darstellen.

Alles ist, was es ist, ist oft schwer auszuhalten; oft rebellieren wir dagegen und wünschen uns, irgendjemand würde dies für uns ändern: „Sag mir, dass es nicht wahr ist ..." – „... Das kann doch einfach nicht wahr sein ..."

Solche Sätze eines Klienten berühren mich immer wieder sehr, weil aus ihnen die Verzweiflung über oft sehr schmerzvolle Erkenntnisse spricht. Geradezu „koanhaft" beschreibt Horkheimer das Dilemma zwischen Annahme und Auflehnung: „Toleranz, da alles sein muss, wie es ist; Protest dagegen, dass alles ist, wie es sein muss". An diesem Satz „knacke" ich immer wieder; er zeigt auch sehr schön eine Sache, auf die an anderer Stelle noch ausführlicher eingegangen werden soll:

Die Akzeptanz der Tatsache, dass alles so ist, wie es ist, bedeutet in keiner Weise ergebene fatalistische Hingabe an das Schicksal, sondern heißt im Gegenteil mit und nicht gegen der / die Realität zu leben und sich dann aktiv ohne den Druck, etwas vermeintlich falsches verändern zu müssen, aktiv mit ihr auseinanderzusetzen. Erst, wenn ich nicht mehr versuche, mich ständig zu ändern, dann, erst dann weiß ich, dass ich mich geändert habe.

> *„What if you had been born into another house, another family, would you have been happier? Who knows?! But just how happy or unhappy you are with the personality you have and the life you have dealt is largely a matter of how well you play your cards. It won't help to hope for a reshuffling of the cards, a new hand, or a better deal.*
> *Fighting fate, trying to will what cannot be willed; complaining that life's not fair is useless complaining that simply invites needless suffering.*
> *It's enough to experience the suffering that's absolutely required without whining. ‚Why me? Why did this happen to me?' Complaining can become a way of boasting about how much suffering you can endure.*
> *When problems arise, the only really useful question is, ‚What do I do now?"*[175]

Im Kendo bedanke ich mich, wenn ich von meinem Gegner einen Treffer bekommen habe. Ich bringe damit zum Ausdruck: „Danke, dass Du mir gezeigt hast, wo ich noch weiter trainieren muss."

Leider gelingt es mir nur recht selten mich bei den Mitmenschen, die mir Schwierigkeiten bereiten, die mir vermeintlich „Steine in den Weg legen", für die gebotene Chance des Wachstums zu bedanken; aber auch das Bedanken bei den Mitmenschen, die mich schätzen, achten und lieben, fällt mir schwer. Mich dafür zu bedanken, dass sie mir durch ihre Unterstützung die Kraft geben, an den Hindernissen, die mir die Mitmenschen der „ersten Kategorie" bereiten, zu wachsen. Und es fällt mir schwer zu akzeptieren, dass ich beide „Sorten" von Mitmenschen für meinen Entwicklungs- und Wachstumsprozess brauche. Wirkliches Bedanken – Verbeugen – ist eine äußerst schwierige Sache. It's always the judgment that causes the problem; hier wird der Treffer, die „Niederlage" als Hinweis auf das, was ich noch zu trainieren habe, positiv gesehen, denn nur durch Niederlagen kann ich erfahren, wo meine „blinden Flecken" sind.

Jenseits von Gut / Böse – Richtig / Falsch ist alles das, was es ist. Nichts Spektakuläres, nichts Geheimnisvolles:

> *„Es gibt keinen verborgenen Sinn. Bevor ein Mann erleuchtet wird, steht er jeden Morgen auf, bestellt tagsüber sein Feld, kehrt heim zum Abendbrot, geht zu Bett, liebt seine Frau und schläft ein. Aber wenn er die Erleuchtung erlangt hat, dann steht er jeden Morgen auf, bestellt tagsüber sein Feld, kehrt heim zum Abendbrot, geht zu Bett, liebt seine Frau und schläft ein."*[176]

Nach der Erleuchtung ist nicht nur die ursprüngliche Frage keine Frage mehr, sie ist zur Selbst-Verständlichkeit geworden; in des Wortes wahrster Bedeutung. Die Antwort auf eine Frage, die ich jetzt gar nicht mehr habe, ist aus meinem Selbst heraus verständlich und ich wundere mich, warum die Frage jemals eine Frage war.

Milarepa hatte überall nach Erleuchtung gesucht, aber nirgends eine Antwort gefunden, bis er eines Tages einen alten Mann langsam einen Bergpfad hinabsteigen sah, der einen schweren Sack auf der Schulter trug. Milarepa wusste augenblicklich, dass dieser alte Mann das Geheimnis kannte, nach dem er so viele Jahre verzweifelt gesucht hatte. „Alter, sage mir bitte, was du weißt. Was ist Erleuchtung?" Der alte Mann sah ihn lächelnd an, dann ließ er seine schwere Last von der Schulter gleiten und richtete sich auf. „Ja, ich sehe!" rief Milarepa. „Meinen ewigen Dank! Aber bitte erlaube mir noch eine Frage: Was kommt nach der Erleuchtung?" Abermals lächelte der alte Mann, bückte sich und hob seinen schweren Sack wieder auf. Er legte ihn sich auf die Schulter, rückte die Last zurecht und ging seines Weges.

Ich versuche, mein Leben ohne Probleme zu leben.

Ich versuche, – was mir natürlich nicht immer gelingt – ein „Problem" als Treffer des Schicksals anzusehen, das mir zeigen will, mit welchem Thema ich mich noch auseinanderzusetzen habe. Ein „Treffer", der mir die Chance des Lernens, des Wachstums bietet; „danach" werde ich weiter, gefestigter, sicherer, klarer u.s.f. sein. Ich werde um eine Erfahrung reicher sein.

Ein persisches Sprichwort sagt: Ein gelöstes Problem ist für den Geist des Menschen so brauchbar, wie ein zerbrochenes Schwert auf dem Schlachtfeld.

Es wird erzählt, dass Thomas Edison zehntausend Fehlversuche brauchte, ehe er die Glühbirne erfand. Er soll gesagt haben: Ich habe nicht 9999 mal einen Fehler gemacht, sondern war 9999 mal erfolgreich darin, zu lernen, wie man nicht eine Glühbirne herstellt!

Mit Gott ging Noah, Noah hing Gott so sehr an, dass ihm jeder Schritt, den er tat, von Gott geleitet schien, als stünde Gott ihm gegenüber und setzte ihm die Füße zurecht und führte ihn wie ein Vater, der seinem kleinen Sohn das Gehen beibringt. Darum, wenn sich der Vater von ihm entfernte, wusste Noah: „Das ist, damit ich gehen lerne."[177]

Hier ist sehr schön beschrieben, was mit „Neu-Bewertung" von Problemen gemeint ist: Eine Chance des Wachstums.

Ich habe mich daran gewöhnt, mir bei allen Warum-Fragen die Antwort „damit ich wachse" zu geben. Und ich weiß, dass diese Antwort stimmt, wie immer auch das Problem, das Gefühl sein mag; was ich aber auch – leider – immer wieder erfahre ist, wie schwer diese Antwort zu ertragen, zu akzeptieren ist.

*Seit ich des Suchens müde war, erlernte das Finden
Seit mir ein Wind hielt Widerpart, segel' ich mit allen Winden*
Friedrich Nietzsche

Gläubige Hindus heißen Schwierigkeiten, ja sogar Demütigungen willkommen, weil sich in ihnen die Gelegenheit bietet, schlechtes Karma „abzuarbeiten".

Ich habe für mich noch keine abschließende Meinung zum Thema Wiedergeburt; ich denke, es spielt auch – zunächst – keine Rolle, aus welchen Beweggründen ich mich schwierigen Situationen stelle, – seien es nun die Herausforderung, die Fügung in das Karma oder der Wunsch, gutes Karma aufzubauen – auf jeden Fall aber kann ich nur wachsen.

Oft kann – und will – Therapie nichts anderes als die Akzeptanz der Fakten erreichen. Das Leben ist nicht unbedingt, nicht immer fair.

Ich erinnere mich an eine Weggefährtin, die mir von ihrer schweren Arbeit erzählte: Sie arbeitete mit körperlich / geistig Schwerbehinderten. Unter diesen Behinderten war einer, der durch nichts und niemanden zu beeinflussen bzw. beeindrucken war, sondern recht stoisch und zum Teil aggressiv das, was er situativ wollte, durchsetzte. Immer wieder wurde sie an die Grenzen ihrer Einflussmöglichkeiten und auch ihrer Kompetenz geführt. Die Zusammenfassung dieser Situation aber lautete für sie: „Wo, wenn nicht da, kann ich Zen lernen!"

Diese, von tiefem Verständnis des Zen-Weges zeugende Aussage zeigt zwei sehr wichtige Dinge klar: Zum einen: Zen findet hier und jetzt – in jeder Minute, in jeder Situation – statt; nicht erst im Meditationsraum; nicht erst in Japan. Zum anderen: Ein Problem ist eine Chance des Wachstums, die mir mein Schicksal – oder wie auch immer wir es nennen wollen – bietet.

Nur: Manchmal haben wir einfach keine Lust zu wachsen und wollen simpel unsere Ruhe haben. Das kann ich sehr gut verstehen; mir geht es häufig so: „I grow tomorrow".

Wachstum ist oft sehr schwer; der Wille zum Wachsen ist nicht nur oft mit unserem Wunsch nach in-Ruhe-gelassen-werden in Konkurrenz, sondern erfordert immer wieder aufs Neue – wie an mehreren Stellen ausführlich beschrieben – die Überwindung von Angst und Unsicherheit.

Ein sehr prägnanter Satz von Gurdjieff lautet: „Zuerst sind es Rosen, Rosen, Rosen – dann sind es Dornen, Dornen, Dornen."

Erst ist da die Faszination des Neuen, dann die Mühsal der kleinen Schritte, des immer wieder Sich-auf-den-Weg-Machens. Hier bedarf es oft neuer Anstrengungen und neuer Motivationen, denn die Versuchungen der Resignation sind groß; allzuschnell wird Ausruhen zum Aufhören. Doch es ist wichtig, viel Geduld mit sich zu haben, die Faszination des Neuen ist oft von kurzer Dauer und dann erst beginnt nach meiner Überzeugung die „eigentliche" Arbeit. Oder – um ein Beispiel aus dem Bereich der Therapie zu nennen: Es ist oft leichter, den Therapeuten oder die Therapieform zu wechseln, als sich den Phasen des Zweifels, der Resignation und der Hoffnungslosigkeit zu stellen und diese Gefühle als Lehrer, als Wegweiser anzunehmen.

Konstanz, am-Ball-bleiben, scheint mir einer der wichtigsten Motoren des Wachstums zu sein. Ich möchte zwei „Loblieder der Beharrlichkeit, der Konstanz" zitieren:

*Zenkai, der Sohn eines Samurai, reiste nach Edo und wurde dort der Gefolgs-
mann eines hohen Beamten. Er verliebte sich in die Frau des Beamten und wurde entdeckt. In einem Akt der Selbstverteidigung erschlug er den Beamten. Dann
lief er mit der Frau davon.*

*Beide wurden später zu Dieben. Doch war die Frau so gierig, dass sie Zenkai
ganz zuwider wurde. Schließlich verließ er sie und begab sich weit weg in die Provinz Buzen, wo er ein wandernder Bettelmönch wurde.*

*Um für seine Vergangenheit zu sühnen, entschloss sich Zenkai, eine gute Tat in
seinem Leben zu vollbringen. Da er eine gefährliche Straße kannte, die über eine
steile Klippe führte und vielen Menschen Tod und Verletzungen gebracht hatte,
beschloss er, dort einen Tunnel unter dem Berg hindurch zu graben.*

*Während er tagsüber um Nahrung bettelte, arbeitete Zenkai nachts daran, den
Tunnel zu graben. Nachdem dreißig Jahre vergangen waren, war der Tunnel
2 280 Fuß lang, 20 Fuß hoch und 30 Fuß breit.*

*Zwei Jahre, bevor die Arbeit beendet war, gelang es dem Sohn des erschlagenen
Beamten, Zenkai ausfindig zu machen, und er kam, um den Vater zu rächen
und Zenkai zu töten.*

*„Ich will dir gern mein Leben geben", sagte Zenkai. „Lass mich nur meine Ar-
beit noch beenden. An dem Tag, an dem sie vollendet ist, kannst du mich töten."
Der Sohn wartete auf den Tag. Mehrere Monate vergingen, und Zenkai grub
immer noch. Der Sohn wurde es müde, nichts zu tun, und er begann, beim Graben zu helfen. Nachdem er länger als ein Jahr lang mitgeholfen hatte, begann er
Zenkais starken Willen und Charakter immer mehr zu bewundern. Schließlich
war der Tunnel fertig, und die Leute konnten ihn benützen und in Sicherheit
reisen.*

„Jetzt schlage mir den Kopf ab", sagte Zenkai. „Meine Arbeit ist getan."
*„Wie könnte ich den Kopf meines eigenen Lehrers abschlagen?" fragte der junge
Mann mit Tränen in den Augen.*

In dem Film „Opfer" des russischen Regisseurs Andrej Tarkowskij gibt es eine bewe-
gende Szene, in der der in eine Krise geratene intellektuelle Alexander seinem Sohn
die folgende Geschichte erzählt, während er einen verdorrten Baum in den Boden
pflanzt:

*„Jetzt kannst du kommen und mir helfen, mein Junge. Einmal, vor sehr langer
Zeit, verstehst du, da lebte ein alter Mönch in einem orthodoxen Kloster, Pamwe
hieß er, der pflanzte auf einem Berg einen trockenen Baum, genau so. Und zu seinem Schüler, das war ein Mönch, der hieß Johann Kolow, sagte Pamwe, er solle
diesen Baum täglich wässern, bis er zum Leben erwachen würde. Gib mir mal
ein paar von den Steinen da ... und so füllte Johann jeden Morgen in aller Frü-
he einen Eimer mit Wasser und machte sich auf den Weg. Er stieg hinauf auf den
Berg und wässerte den trockenen Baumstamm, und am Abend, als es schon dun-*

kel war, da kehrte er zurück ins Kloster. Und so ging das drei ganze Jahre lang.
Aber dann, eines schönen Tages, kam er auf den Berg und sah, dass sein ganzer
Baum übersät war mit Blüten! Und man kann sagen, was man will, diese Me-
thode, dieses System hat etwas Großartiges. Weißt du, manchmal, da sage ich
mir, wenn man jeden Tag zu der gleichen Zeit ein und dieselbe Sache tun wür-
de, wie ein Ritual, unerschütterlich, systematisch, jeden Tag ständig zu genau der
gleichen Zeit, dann würde sich die Welt verändern. Etwas in ihr würde sich ver-
ändern, es könnte gar nicht anders sein."[178]

Besonders das zweite Beispiel macht deutlich, dass es oft gerade Handlungen wider
alle Vernunft und alle Erfahrung sind, die das Neue hervorbringen.

Wichtig ist jedoch, dass wir bei allen diesen Handlungen achtsam, d.h. aufmerksam und im Kontakt mit uns selber sind. Sonst werden solche Handlungen wie das
Wässern des trockenen Baumes zur inhaltsleeren Formel. Der Handlung, und mag
sie noch so aufrichtig gemeint sein, fehlt es an Essenz, an Fundament. Etwas mehr als
ein toter Esel sollte schon der Ursprung unseres Handelns sein:

Mulla Nasrudins Vater war ein hoch geachteter Verwalter eines Heiligengrabes,
der Ruhestätte eines großen Meisters; ein Pilgerort, der sowohl die Leichtgläubigen
als auch jene anzog, die nach der Wahrheit suchten.

Falls die Dinge ihren normalen Verlauf nahmen, konnte Mulla Nasrudin damit
rechnen, dass er eines Tages diese Aufgabe übernehmen würde. Aber kurz nach seinem fünfzehnten Geburtstag, als man ihn zum Mann erklärt hatte, entschloss er sich,
dem alten Grundsatz zu folgen, der da hieß: „Suche nach dem Wissen und wenn es
in China wäre."

„Ich will dich nicht davon abhalten, mein Sohn", sprach der Vater.

Nasrudin sattelte somit seinen Esel und brach auf.

Er besuchte Ägypten und Babylonien, durchwanderte die Arabische Wüste, setz-
te seinen Weg nordwärts fort, in Richtung Ikonien, Buchara, Samarkand und das
Hindukusch-Gebirge, schloss sich Derwischen an und steuerte stets auf den Fernen
Osten zu.

Nasrudin kämpfte sich über die Bergketten in Kaschmir, als sich nach einem Umweg über Tibet – sein Esel, von der dünnen Luft und den Entbehrungen überwältigt,
auf die Erde legte und starb. Nasrudin war schmerzgebeugt; dieser Esel war der einzige stete Begleiter seiner Reisen gewesen, die ein dutzend Jahre oder noch länger ge-
dauert hatten. Gebrochenen Herzens begrub er seinen Freund und errichtete einen
einfachen Erdhügel über dem Grab. Dort blieb er still meditierend sitzen – über sich
die turmhohen Berge, im Tal die tosenden Gebirgsbäche.

Bald schon bemerkten die Leute, die die Gebirgsstraße zwischen Indien und Zen-
tralasien, China und den Heiligtümern Turkestans benutzten, den einsamen Mann,
der abwechselnd seinen Verlust beweinte und seinen starren Blick auf die Täler
Kaschmirs richtete.

„Es muss sich in der Tat um das Grab eines Heiligen handeln", sprachen sie zueinander, „das Grab eines Mannes von nicht zu unterschätzender Vollendung, dass sein Schüler so tief um ihn trauert. Wahrhaftig – er befindet sich nun seit vielen Monaten hier, und sein Schmerz scheint keine Linderung zu finden."

Alsbald kam ein reicher Mann des Weges und befahl, dass als Ausdruck der Gottesfurcht an dieser Stelle eine Kuppel und eine Grabstätte errichtet werden sollten. Andere Pilger terrassierten die umliegenden Berghänge und pflanzten Feldfrüchte, deren Verkaufserlös für den Unterhalt des Heiligengrabes bestimmt war. Der Ruhm des still trauernden Derwischs verbreitete sich so weit, dass auch sein Vater davon hörte. Er brach sogleich zu einer Pilgerfahrt nach diesem geheiligten Ort auf. Als er seinen Sohn erblickte, fragte er ihn, was vorgefallen sei, und Nasrudin erzählte es ihm. Der alte Derwisch hob voller Erstaunen seine Hände gen Himmel und rief: „Wisse, mein Sohn, dass jene Grabstätte, in deren Schatten du aufgewachsen bist und die du verlassen hast, auf genau dieselbe Art und Weise entstanden ist durch eine ähnliche Verkettung von Ereignissen, als mein Esel vor dreißig Jahren gestorben war."

Sowohl in der Gestalttherapie als auch im Zen haben die Bemühungen, dualistisches Denken zu überwinden, zentrale Bedeutung.

Im Hier und Jetzt gibt es weder (gelernte) Logik, noch gut / richtig und böse / falsch.

Der erlernte Zwang, Dinge zu ordnen, „logisch" zu denken und zu handeln, drängt uns immer wieder aufs neue dazu, Dinge „wissen", „verstehen", anstatt erfassen zu wollen. Erfassen heißt, sehen was ist, heißt, immer wieder neu offen zu sein für die Botschaft, die in den Dingen, in den Situationen ist, anstatt mein Urteil, meine Struktur, meiner Umgebung und deren Situationen aufzuoktroyieren. „What are you here to teach me?" so lautete eine häufige Intervention meines Ausbilders Stuart Alpert; diese Frage sollten wir an das, was uns bedrückt, an das, was uns das Leben vermeintlich schwer macht, immer wieder neu stellen.

Hierher gehört auch der Satz: „In Deinen Krankheiten liegt Deine Erlösung"; allerdings, so das Anliegen der Gestalttherapie, nicht Erlösung als Anpassung, sondern als Erlösung von der Anpassung. Deshalb ist es wichtig, sich mit den „Symptomen" als Lebensausdruck zu befassen, als Ausdruck einer falsch geschlossenen Gestalt, die nach einer besseren Form, nach der guten Gestalt sucht.

Ein Mönch tritt in ein Teehaus ein und verkündet „Mein Meister hat mich gelehrt zu verbreiten, dass die Menschheit so lange nicht das Stadium der Vollkommenheit erreichen wird, bis derjenige, dem kein Unrecht geschah, über ein Unrecht genauso empört ist, wie derjenige, dem Unrecht geschah." Für einen Augenblick ist die ganze Versammlung beeindruckt. Dann spricht Nasrudin: „Mein Lehrer lehrte mich, dass überhaupt niemand über irgendetwas empört sein sollte, ehe er nicht sicher ist, dass das vermeintliche Übel auch tatsächlich ein Übel ist – und nicht eine verkleidete Segnung!"

Intellektuelles Verstehenwollen führt immer wieder zu neuem warum, warum, warum ... Meine Überzeugung ist, dass aber nicht das „Warum" selbst der Fehler ist; vielmehr wird leider meistens der falsche Adressat gewählt: also nicht die Dinge selber – z. B. könnte ich meinen Schmerz fragen: „Was ist deine Botschaft an mich?" –, sondern irgendwer, der einfach als kompetent erklärt wird oder so dumm bzw. arrogant ist, sich selber als kompetent zu bezeichnen.

Die Botschaft liegt in den Dingen, sie kommt nicht von außen: Ich kann meinen Traum – und nicht den Therapeuten oder sonst irgendwen – fragen, was er mir sagen möchte. Ich kann meine Schmerzen fragen, wozu sie da sind, welche Botschaft, welche Lehre sie für mich haben.

Ein sehr lesenswertes Buch von Sheldon Kopp heißt: „Even a stone can be a teacher – Learning and growing from the experiences of everyday life."

> „‚Simplify your spiritual life' wird zur Herausforderung für die Christen. Auch Religionen leiden unter dem ‚Action Zwang'. Auch Gottesdienste dürfen nicht ‚langweilig' werden. Wirkliche Religiosität ist anders. Meister Ikkyu riet: ‚Vor dem Studium buddhistischer Texte und endlosem Rezitieren der Sutras sollte ein Zen-Schüler die Liebesbriefe lesen lernen, die Schnee, Wind und Regen ihm schicken.' – Schaut auf die Lilien des Feldes und die Vögel des Himmels."[179]

Zuhören, ruhig werden, hinschauen, was die Dinge mir zu sagen haben – und es gibt nichts auf dieser Welt, was mir nicht etwas zu sagen hätte –, das sind die Voraussetzungen zu Kontakt, Beziehung und Wachstum.

> „Was für einen selbst gut ist, findet man heraus, indem man sorgfältig und mit taoistischer Gelassenheit auf seine inneren Stimmen hört, um sich von ihnen formen, führen und leiten zu lassen. Der gute Psychotherapeut hilft seinen Patienten auf dieselbe Weise: er hilft ihnen, ihre eigenen nahezu unhörbar gewordenen Stimmen zu hören und – getreu Spinozas Prinzip, dass die wahre Freiheit im Annehmen und Lieben des Unvermeidlichen, der Natur der Realität, besteht – die schwachen Befehle ihrer eigenen Natur zu vernehmen.
> Was für die Welt richtig ist, findet man auf die gleiche Weise heraus, nämlich indem man ihrer Natur und ihren Stimmen lauscht, indem man für ihre Forderungen und Anregungen empfänglich ist, indem man so still ist, dass ihre Stimmen gehört werden können, indem man eine aufnahmebereite, nicht einmischende, nicht fordernde, sondern gewährende Haltung einnimmt."[180]

Perls stellt seinen phänomenologischen Ansatz, d.h. die Orientierung am Offensichtlichen bewusst gegen den Ansatz der Tiefen- (!) psychologie mit seiner Orientierung am nicht-Sichtbaren, dem sog. Unbewussten. „Gestalttherapie heißt in Kontakt sein mit dem Offensichtlichen" war ein häufig gebrauchter Satz von Perls. Er schreibt:

> „Im Gegensatz zur Tiefenpsychologie versuchen wir, alles Offensichtliche von der Oberfläche einer Situation zu erfassen, in der wir uns wieder finden, und die

auftauchende Gestalt streng auf der Basis des ‚Ich und Du‘ und des ‚Hier und Jetzt‘ zu entwickeln.“[181]

Bions Ausspruch „no memory, no desire, no understanding“ wird oft in diesem Zusammenhang zitiert, er zeigt eine überraschende Nähe zu gestalttherapeutischem Denken:

> *„Die Wünsche (des Analytikers) stören den Prozess der Urteilsbildung, in dem sie zu Geistesabwesenheit führen, wenn Beobachtung unbedingt erforderlich wäre ... der psychoanalytischen Beobachtung geht es weder um das, was geschehen ist, noch um das, was geschehen wird, sondern um das, was tatsächlich geschieht... Was über den Patient ‚bekannt‘ ist, hat weiter keine Bedeutung: es ist entweder falsch oder unwichtig. Wenn Patient und Analytiker es ‚kennen‘ ist es obsolet ... Der Psychoanalytiker sollte bestrebt sein, einen Bewusstseinszustand zu erreichen, indem er in jeder Sitzung das Gefühl hat, den Patienten noch nie zuvor gesehen zu haben. Wenn er glaubt, er hätte ihn schon einmal gesehen, behandelt er den falschen Patienten.“*

Diese Sätze von einem Psychoanalytiker! Das ist doch „Hier und Jetzt“ pur; Perls’ mehrfach zitierter Hinweis „Schaue auf das Offensichtliche“ spricht hier aus jeder Zeile.[182]

Perls hob als die „beiden Beine, auf denen die Gestalttherapie geht und steht“ folgende Punkte hervor: Die Betonung des Hier und Jetzt und die Frage nach dem wie, nach der Struktur von Erfahrungen. Auch wenn die Lebensgeschichte eines Menschen als zentral bedeutsam betrachtet wird, ist doch das unmittelbare Erleben in der Gegenwart immer Ausgangspunkt gestalttherapeutischer Arbeit. Kausale Zusammenhänge zu erkennen (den „Grund des Grundes des Grundes“ etc.) und damit das Interpretieren von Erfahrungen wird als zweitrangig bewertet. Der Intellekt wird – ähnlich wie im Zen – als unzureichendes Instrument betrachtet, die Welt und sich selbst zu begreifen. Viele Methoden im Zen (wie etwa die Koan-Praxis) haben das Ziel, unser lineares, rationales Denken ad absurdum zu führen, um Raum zu schaffen für eine unmittelbare, intuitive Erfahrung jenseits von Worten. Hierfür ist ein In-Kontakt-Kommen mit dem eigenen Körper, den Gefühlen, der Sinneswahrnehmung, Atmung etc. wichtig. Perls forderte: „Loose your mind and come to your senses!“ („Verliere deinen Verstand und komme zu deinen Sinnen!“). Diese Wahrnehmung und Beobachtung von körperlichen Prozessen in der Gegenwart spielt auch im Zen eine große Rolle. Man lenkt in der Zen-Praxis die Aufmerksamkeit immer wieder auf die Gesamtheit dessen, was genau in diesem Augenblick geschieht. Da die hier auftauchenden Gefühle oft gar nicht angenehm sind (Wut, Schmerz, Trauer, Angst, Hilflosigkeit etc.) neigen wir dazu, sie irgendwie ausblenden zu wollen. Doch genau hier setzt die Gestalttherapie an, indem sie unsere Gefühle und Emotionen verdeutlicht und unterstreicht bzw. sogar dramatisiert. Bewusstheit dessen, was in jedem einzelnem Hier und Jetzt ist, wird aus sich heraus bereits als heilsam bzw. heilend verstanden.

> *„Das Vorgefundene zunächst einfach hinzunehmen, wie es ist; auch wenn es ungewohnt, unerwartet, unlogisch, widersinnig erscheint und unbezweifelbaren Annahmen oder vertrauten Gedankengängen widerspricht. Die Dinge selbst sprechen zu lassen, ohne Seitenblick auf Bekanntes, früher gelerntes, ‚Selbstverständliches‘, auf inhaltliches Wissen, Forderungen der Logik, Voreingenommenheiten des Sprachgebrauches und Lücken des Wortschatzes. Der Sache mit Ehrfurcht und Liebe gegenüberzutreten, Zweifel und Misstrauen aber zunächst vor allem gegen die Voraussetzungen und Begriffe zu richten, mit denen man das Gegebene bis dahin zu fassen suchte.“[183]*

Dieses schöne Zitat ist nicht etwa von Perls als Aufforderung an Gestalttherapeuten, sondern von dem Gestaltpsychologen W. Metzger; es ist faszinierend, wie viel man über Gestalttherapie erfahren kann, wenn man sich mit der Gestaltpsychologie, ihren Vertretern und ihrer Geschichte befasst. Die obige Aussage hindert Metzger jedoch nicht darin, zu kritischer, sorgfältiger Überprüfung aufzurufen: weder was – zunächst – einleuchtet, noch was irgendein kluger Kopf gesagt hat, soll von dieser Überprüfung ausgeschlossen werden, wenn er an anderer Stelle schreibt:

> *„Die Unterscheidung zwischen dem Einleuchtenden und dem Wahren und die Erkenntnis, dass auch das Einleuchtendste nicht unbedingt wahr sein muss, ferner die Erkenntnis, dass auch das Einleuchtendste nicht notwendig wahr sein muss, ferner die Erkenntnis, dass auch der Hinweis darauf, dass es sich um ‚Worte des Meisters‘ handle, keinen Beweiswert besitzt, dass also auch ‚Worte des Meisters‘ nüchterner Nachprüfung unterworfen sind, – bedeuten erst den Übergang von sektiererischer Dogmatik zu echter Wissenschaft.“[184]*

Von dem bekannten Zen-Meister Eihei Dogen (1200-1253) stammt der Hinweis, dass man sich besser erst gar nicht auf den Weg machen (praktizieren) solle, wenn man keinen – guten, wahren – Meister hat. Hierzu gibt es einen interessanten Kommentar der amerikanischen Zen-Meisterin Maurine Stuart Roshi:

> *„Was hat er (Dogen) damit gemeint? Ich bin sicher, dass es viele mögliche Interpretationen gibt; ich meine, dass unsere alltägliche Praxis, was immer sie auch sein mag, unser Lehrer ist. Das Leben ist unsere Praxis. Wenn wir sorgfältig auf das achten, was in jedem Augenblick passiert – wenn wir tief verbunden sind mit jeder Situation – dann ist dies unser wahrer Lehrer, genannt ‚Meister Leben‘.“[185]*

Ich denke, dass dieser Hinweis stimmt; und er ist sehr schwer zu verwirklichen. Die Voraussetzung wäre, dem Leben in jedem Augenblick die Funktionen und Aufgaben, die „normalerweise" ein Meister hat, zuzubilligen. Eine Sache, die bei schmerzhaften, frustrierenden Lektionen sehr, sehr schwer sein dürfte.

Dies setzt eine schon recht weit fortgeschrittene Entwicklung voraus; dies ist, was ich an anderer Stelle mit dem Schritt zu der Frage hin, ‚was kann / soll ich aus dieser Situation lernen', anstatt diese Situation zu bekämpfen, beschrieben habe. Ich glaube, da ist es häufig einfacher, einen „leibhaftigen" Lehrer zu haben.

Jeder Verkehrsstau ist z. B. mein Lehrer. Immer wieder zeigt er mir aufs Neue, wie viel ich noch zu lernen habe, wie sehr ich häufig noch meine Energie verschwende.

Denn: egal, ob ich nun schimpfe oder nicht, ob ich ungeduldig bin oder nicht, der Stau löst sich dadurch nicht eine Sekunde schneller auf. Hier und jetzt komme ich nicht weiter, weil ich im Stau stecke, das wäre eigentlich alles, was zu tun, zu fühlen wäre, schwierig!

Von dem Zen-Meister Dogen stammt der Hinweis: „Du sollst Bäume und Felsen damit betrauen, dir die Phänomene zu predigen, und du sollst Reisfelder und Gärten nach der Wahrheit fragen. Frage Pfeiler nach dem Dharma und lerne von Hecken und Mauern."

Der in Amerika lebende holländische Autor Janwillem van de Wetering war als 20-Jähriger eineinhalb Jahre in einem japanischen Zen-Kloster auf der Suche nach dem „absoluten Nichts". Nach einem Jahr der Suche verließ er das Kloster. Sein Meister ließ ihn ziehen:

> *„Als ich schließlich fort ging, hatte der Meister keine Enttäuschung gezeigt. ‚Dadurch, dass du von hier fort gehst, wird nichts unterbrochen', sagte er, ‚deine Ausbildung geht weiter. Die Welt ist eine Schule, in der die Schläfer aufgeweckt werden. Du bist jetzt ein bisschen wach, so wach, dass du nie wieder einschlafen kannst.' Ermutigende Worte, ich hatte zehn Jahre davon gelebt."[186]*

Diese kurze Begebenheit ist in vielerlei Hinsicht bemerkenswert: Der Meister lässt den Schüler, ohne ihn festhalten zu wollen, gehen, dies ist schöne Unterstützung und Realisation des Satzes – der an anderer Stelle bereits zitiert wird : „Du kannst Deinen eigenen Weg haben."

Auch wird hier deutlich, dass im Zen das Leben der Meister ist und jede Minute in jeder Situation Zen – und wie ich meine, auch Therapie – geschehen kann.

Noch etwas anderes zeigt diese Begebenheit: Ein Klient kann zwar Therapie „abbrechen", aber die Veränderung, das Wachstum sind dadurch nicht beendet; es sind Türen geöffnet, die zwar sich wieder schließen können, was aber bleibt ist die Tatsache, dass an Stellen – um im Bild zu bleiben – , an denen bislang Mauern waren, jetzt Türen sind – auch wenn sie sich im Augenblick geschlossen haben. Oder pointierter formuliert: Es gibt keinen Therapieabbruch (oder Therapieabschluss), sondern die Therapie findet woanders mit anderen Mitteln statt. Je mehr mir dies als Therapeut bewusst geworden ist, desto besser kann ich Klienten „gehen" lassen.

Alles – Konfusion, Schmerz, Traurigkeit, Angst etc. – können wir sowohl für uns als auch gegen uns gebrauchen. Es ist unsere Entscheidung, ob wir das entsprechende Gefühl haben oder ob dieses Gefühl uns hat, ob wir es als Wegweiser benutzen oder ob wir uns von ihm bestimmen lassen.

Rückenschmerzen sind eine schwer zu ertragende Sache. Trotzdem bin ich meinem Rücken für einen gleichermaßen schmerzvollen wie wichtigen Bandscheibenvorfall vor einigen Jahren dankbar. Dieser Vorfall „fesselte" mich einige Wochen und zwang mich zur Ruhe. Die Botschaft ließ an Eindeutigkeit nicht zu wünschen übrig:

Wenn Du schon aus Dir heraus nicht willens bist, Dich mehr um Dich zu kümmern, Dich mehr auszuruhen, muss ich Dich halt dazu zwingen und „ruhig stellen"!

Leider habe ich diese Lektion noch nicht ausreichend gelernt und es ist zu befürchten, dass mein Körper als mein Wächter die Botschaft noch einmal wiederholen muss. Ein wunderbares Beispiel für das Lernen durch Sich-einlassen, durch Hinhören auf das, was die Dinge an sich mir mitteilen wollen, finden wir bei Michael Vetter. Michael Vetter, ein begnadeter Musiker, beschreibt wie er das Spielen der Koto, einer recht schwierigen Art japanischer Zither „erlernt" hat:

> „Meine Liebe zur Koto ist so alt wie meine Liebe zu Japan. Meine Ehrfurcht vor diesem Instrument war so groß, dass ich sie erst einmal ein Jahrzehnt lang bewundern musste, ehe ich es wagte, ihr meine Liebe aktiv zu erklären. Dann aber ließ ich mich auf sie ein wie immer, wenn es mir mit einem Instrument ernst wird: Ich gehe nicht zu einem Lehrer, um mich von ihm als einem Dritten nach ehrwürdigen Regeln althergebrachter Kunst über Spieltechnik und Literatur aufklären und einweisen zu lassen. Ich begebe mich mit meinem Instrument in die Einsiedelei und lasse mir von ihm direkt zeigen, was es mir zu verstehen geben will. Dabei bin ich dann immer sehr gründlich."[187]

Alles um mich herum hat mir in jeder Situation etwas zu sagen, wenn ich in der Lage bin, zu hören und zu sehen: Der 1967 im Alter von 96 Jahren verstorbene Indianer Tatanga Mani soll gesagt haben:

> „Wusstet ihr, dass Bäume sprechen? Doch, das tun sie. Sie sprechen miteinander, und sie sprechen auch zu euch, wenn ihr zuhört. Das Schlimme ist, dass die Weißen nicht zuhören. Sie haben es nie gelernt, den Indianern zuzuhören, deshalb werden sie vermutlich auch nicht anderen Stimmen der Natur zuhören. Ich aber habe eine Menge von den Bäumen gelernt: Mal erzählen sie vom Wetter, mal von den Tieren und manchmal vom Großen Geist."[188]

Sehr gefreut habe ich mich, als ich bei Hermann Hesse Gedanken gelesen habe, die genau dem entsprechen, was der Indianer Tatanga Mani gesagt hat:

> „Bäume sind für mich immer die eindringlichsten Prediger gewesen. Ich verehre sie, wenn sie in Völkern und Familien leben, in Wäldern und Hainen. Und noch

mehr verehre ich sie, wenn sie einzeln stehen. Sie sind wie Einsame. Nicht wie Einsiedler, welche aus irgendeiner Schwäche sich davongestohlen haben, sondern wie große, vereinsamte Menschen, wie Beethoven und Nietzsche. In ihren Wipfeln rauscht die Welt, ihre Wurzeln ruhen im Unendlichen; allein sie verlieren sich nicht darin, sondern erstreben mit aller Kraft ihres Lebens nur das Eine: ihr eigenes, in ihnen wohnendes Gesetz zu erfüllen, ihre eigene Gestalt auszubauen, sich selbst darzustellen. Nichts ist heiliger, nichts ist vorbildlicher als ein schöner, starker Baum. Wenn ein Baum umgesägt worden ist und seine nackte Todeswunde der Sonne zeigt, dann kann man auf der lichten Scheibe seines Stumpfes und Grabmals seine ganze Geschichte lesen: in den Jahresringen und Verwachsungen steht aller Kampf, alles Leid, alle Krankheit, alles Glück und Gedeihen treu geschrieben, schmale Jahre und üppige Jahre, überstandene Angriffe, überdauerte Stürme ... Bäume sind Heiligtümer. Wer mit ihnen zu sprechen, wer ihnen zuzuhören weiß, der erfährt die Wahrheit. Sie predigen nicht Lehren und Rezepte, sie predigen, um das Einzelne unbekümmert, das Urgesetz des Lebens. Ein Baum spricht: In mir ist ein Kern, ein Funke, ein Gedanke verborgen, ich bin Leben vom ewigen Leben. Einmalig ist der Versuch und Wurf, den die ewige Mutter mit mir gewagt hat, einmalig ist meine Gestalt und das Geäder meiner Haut, einmalig das kleinste Blätterspiel meines Wipfels und die kleinste Narbe meiner Rinde. Mein Amt ist, im ausgeprägten Einmaligen das Ewige zu gestalten und zu zeigen.

Ein Baum spricht: Meine Kraft ist das Vertrauen. Ich weiß nichts von meinen Vätern, ich weiß nichts von den tausend Kindern, die in jedem Jahr aus mir entstehen. Ich lebe das Geheimnis meines Samens zu Ende, nichts andres ist meine Sorge. Ich vertraue, dass Gott in mir ist. Ich vertraue, dass meine Aufgabe heilig ist. Aus diesem Vertrauen lebe ich.

Wenn wir traurig sind und das Leben nicht mehr gut ertragen können, dann kann ein Baum zu uns sprechen:

Sei still! Sei still! Sieh mich an! Leben ist nicht leicht, Leben ist nicht schwer. Das sind Kindergedanken.

Lass Gott in dir reden, so schweigen sie. Du bangst, weil dich dein Weg von der Mutter und Heimat wegführt. Aber jeder Schritt und Tag führt dich neu der Mutter entgegen. Heimat ist nicht da oder dort. Heimat ist in dir innen, oder nirgends.

Wandersehnsucht reißt mir am Herzen, wenn ich Bäume höre, die abends im Wind rauschen. Hört man still und lange zu, so zeigt auch die Wandersehnsucht ihren Kern und Sinn. Sie ist nicht Fortlaufenwollen vor dem Leide, wie es schien. Sie ist Sehnsucht nach Heimat, nach Gedächtnis der Mutter, nach neuen Gleichnissen des Lebens. Sie führt nach Hause. Jeder Weg führt nach Hause, jeder Schritt ist Geburt, jeder Schritt ist Tod, jedes Grab ist Mutter.

So rauscht der Baum im Abend, wenn wir Angst vor unsern eigenen Kindergedanken haben. Bäume haben lange Gedanken, langatmige und ruhige, wie sie

216

ein längeres Leben haben als wir. Sie sind weiser als wir, solange wir nicht auf sie hören. Aber wenn wir gelernt haben, die Bäume anzuhören, dann gewinnt gerade die Kürze und Schnelligkeit und Kinderhast unserer Gedanken eine Freudigkeit ohnegleichen. Wer gelernt hat, Bäumen zuzuhören, begehrt nicht mehr, ein Baum zu sein. Er begehrt nichts zu sein, als was er ist.
Das ist Heimat.
Das ist Glück."[189]

Gefreut habe ich mich beim Lesen dieser Passagen, weil hier erneut der völker- und kulturübergreifende Gedanke des Lernens von den Dingen deutlich wird. Ob nun Zen-Buddhismus, Indianische Kultur, Gestalttherapie oder wie hier Hermann Hesse, die Grundbotschaft ist immer die gleiche. Im Psychologiestudium haben wir so etwas „externe Validität" genannt.

In der Überwindung des dualistischen Weltbildes liegen sowohl Gemeinsamkeit als auch Unterschied zwischen Zen und Gestalt: Gestalttherapie versucht die Dimensionen durch Akzeptanz und gegenseitige Integration zu überwinden. Erst die Akzeptanz und Integration von
- *Top-Dog* und *Under-Dog*
- *Victim* und *Victimizer*
- *Good guy* und *bad guy*
- Persona und Schatten
- Es und Über-Ich schafft Raum für Wachstum, Unabhängigkeit und Freiheit.

Unter ‚victimizer' verstehen wir in der Gestalttherapie jenen Teil in uns, der sich gegen ... wendet: gegen Wachstum, gegen Lebendigkeit gegen spontane Kreativität. Man könnte diesen Ausdruck, der wörtlich ‚Opfermacher' heißt, in etwa mit Quälgeist übersetzen. Es ist diese Instanz in uns, die, aus welchen Gründen auch immer, nicht an unserem Wachstum interessiert ist und darum alles erdenklich veranstaltet, um dieses Wachstum zu verhindern. Diesen Anteil haben wir alle, so eine der Grundannahmen der Gestalttherapie, in uns. Die Arbeit in der Therapie besteht darin, diesen Teil bewusst zu machen und dann aktiv damit umzugehen. Die Schwierigkeit besteht oft darin, dass dieser Anteil sich entweder der Angst vor dem Neuen oder – und dann wird es noch schwieriger – uns glauben machen will, dass er ja nur „Unser Bestes will ..." Die Kenntnis dieses Teiles, insbesondere seiner Tricks ist nicht neu.
Perls:

„Ich bin sicher, dass ihr euch alle im klaren seid, dass ihr, als ihr aufgewachsen seid, völlig umstellt ward von dem, was ihr tun solltet und nicht tun solltet, und dass ihr viel Zeit damit verbracht habt, dieses Spielchen mit euch selbst zu spielen – das Spiel, das ich ‚Topdog / Underdog-Spielchen' nenne, oder das ‚Selbstverbesserungsspielchen' oder das ‚Selbstquälspielchen'. Ich bin sicher, dass ihr mit diesem Spiel sehr vertraut seid. Ein Teil von euch redet zu dem anderen Teil und

sagt: ‚Du sollst besser sein, du sollst nicht so sein, du sollst das nicht tun, du sollst das nicht sein, was du bist, du sollst das sein, was du nicht bist.‘"[190]

Und an anderer Stelle schreibt Perls:

„Der Top Dog ist immer selbstgerecht; manchmal hat er auch recht, aber selbstgerecht ist er immer. Der Underdog sagt ‚jaaah‘ oder: ‚Ich verspreche es‘ oder ‚Du hast recht‘ oder ‚morgen werde ich ...‘ oder ‚wenn ich nur könnte‘ Der Underdog ist also ein sehr guter Frustrator."[191]

Vor ca. 500 Jahren hat Ignatius von Loyola das Topdog-Underdogspiel oder den Victimizer so beschrieben:

„Es ist eine Eigentümlichkeit des bösen Engels, der sich in einen Engel des Lichts umgestaltet, mit der frommen Seele hereinzukommen und mit sich selbst hinauszugehen; das heißt: er flößt gute und heilige Gedanken ein, die einer solchen gerechten Seele angepasst, und danach versucht er, Schritt für Schritt, sich wieder zu verschleichen, indem er die Seele in seine versteckten Betrügereien und perversen Absichten hineinzieht."[192]

Im Zen-Buddhismus werden die Meister nicht müde, die Überwindung der Dimensionen durch deren Auslöschen zu fordern. Richtig und falsch, gut und böse sollen nicht integriert, sondern überwunden, ausgelöscht werden.

Zen ist kein Plädoyer für irgendwelchen Unfug, sondern ein Überschreiten der dualistischen Vorstellung von Logik und Unlogik, Ja und Nein, Gut und Böse, Denken und Fühlen, Leib und Seele. Es zielt auf eine Ganzheitserfahrung, die sich der Beschreibung durch die (dualistisch strukturierte) Sprache entzieht. ‚Gebrauchst du Worte, so verfehlst du es‘, mahnt ein Zen-Spruch. Zen vermittelt kein Wissen, das man durch das Lesen von Büchern, das Anhören von Predigten oder durch Befragen des Abtes erwerben könnte. Es ist eine lebendige Erfahrung, die jeder Schüler selber machen muss. Würde ein Christ auf die Frage eines Zen-Meisters: ‚Was ist Gott?‘ antworten: ‚Die heilige Dreifaltigkeit‘, so würde jener zurückfragen: ‚Wie hast du das erfahren?‘[193] Takuan, ein berühmter Zen-Mönch, drückt dies so aus:

„Lege einen Spiegel hin. Jedes Ding, das vor dem Spiegel ist, spiegelt sich darin, ganz wie es ist. Nur weil der Spiegel kein Bewusstsein hat, spiegelt er in sich jede Gestalt genauso wider, wie sie ist. Da ist kein Bewusstsein, das dieses oder jenes unterscheidet.
Der Mensch, in dem dieser Spiegel aufging, ist immer ganz von selber zur rechten Zeit und in der rechten Weise da, ohne sich an dieses oder jenes, an gut oder böse, an aus oder ein, auf oder nieder oder an welche Unterschiede auch immer zu halten ... Man soll Gut und Böse sehen können, ohne es zu sehen. Man soll ge-

nau unterscheiden können, ohne zu unterscheiden. Man soll den Fuß auf das Wasser setzen können, genau so wie auf die Erde und ihn auf die Erde setzen, genau so wie auf das Wasser."[194]

In der Gestalttherapie versuchen wir Balance, Versöhnung und Harmonie zwischen den Gegensätzen zu erreichen. „Harmonia" ist in der griechischen Mythologie die Tochter von Ares und Aphrodite; ihre Eltern waren also der Gott des Krieges und die Friedensgöttin. Damit Harmonia entstehen konnte, mussten sich Krieg und Frieden in Liebe miteinander vereinigen, d. h. Harmonie ist das, was aus der Balance von Gegensätzen entstanden ist.

> *„Der Neurotiker hat seine ausbalancierte Mitte, die organismische Homöostase, verloren und sich von einer gegensätzlichen Kraft einfangen lassen. Hier sitzt er in der Entweder / Oder-Falle und fühlt in sich den spannungsvollen Streit der Widersprüche, eine Spaltung, eine Dualität.*
> *Die Aufgabe des Therapeuten in dieser Phase besteht darin, den Prozess der Bewusstwerdung der eigenen Widersprüchlichkeiten zu unterstützen. Das geschieht dadurch, dass er auf widersprüchliche, inkongruente Äußerungen achtet und, wenn es angemessen ist, das heißt für den Klienten verdaulich und förderlich, darauf aufmerksam macht. Die Widersprüche werden wahrnehmbar einerseits in Unstimmigkeiten, Brüchen innerhalb der verbalen Äußerungen, aber vor allem in Unstimmigkeiten zwischen den bewussten, verbalen und den unbewussten, nonverbalen Äußerungen."*[195]

Wir alle sind in diesem dualistischen Denken groß geworden: Ein Kind liebt seine Eltern oder es liebt sie nicht bzw. wenn – und so lange – es „brav" ist, liebt es seine Eltern, wenn es „ungezogen" ist, liebt es seine Eltern nicht. So einfach ist es (hat man uns glauben machen wollen). Vieles versuchen wir später ähnlich polarisiert zu sehen und zu lösen: Entweder ich liebe meinen Mann / meine Frau oder nicht. Soll ich mich trennen oder nicht? Wenn ich jemand anderen begehre, heißt das, dass ich ihn/sie nicht mehr liebe und dann muss ich gehen. Es gibt nur den einen oder anderen Weg. Es ist dieses duale Denken, was uns oft daran hindert, den „dritten" Weg zu finden: Ja, aber ... heißt: Ein Teil von mir sagt ja und ein Teil von mir sagt nein; ein Teil von mir liebt meinen Mann, meine Frau und ein Teil wird nicht satt und ist daher frustriert oder wütend. Offensichtlich ist es dann leichter zu gehen als mit beiden Seiten – dem Ja und dem Nein – in der Beziehung zu bleiben und mitzuteilen, dass ein Teil von mir nicht satt wird. Das bekannte Bibelzitat „Wer nicht für mich ist, ist gegen mich" halte ich in diesem Zusammenhang für schädlich, weil es das duale einengende Denken fördert; da gefällt mir „Herr, ich glaube, hilf meinem Unglauben" schon besser, weil dieser Satz Raum für beides macht: Glaube und Unglaube, Liebe und Hass, Ja und Nein. Erst das Raumschaffen für beide Seiten ermöglicht es, „hinter" die Dualität zu gehen.

Im Zen-Buddhismus und in der Gestalttherapie kommt es auf das unmittelbare Erfassen, unmittelbares Gewahrsein an. Begriffliche Differenzierung oder intellektuelles Erklären wird als lediglich begrenztes Verständnis aufgefasst. In der Zielbestimmung liegt aber bei aller Gemeinsamkeit zwischen Zen-Buddhismus und Gestalttherapie auch ein bedeutsamer Unterschied:

In der Gestalttherapie richtet sich dieses Gewahrsein einmal nach innen und einmal nach außen; für jede dieser beiden Richtungen steht dem Menschen ein bestimmtes Instrumentarium zur Verfügung. Konkreter: Die Selbstwahrnehmung nimmt die inneren Befindlichkeiten und Bedürfnisse wahr, z. B. Hunger. Die Wahrnehmung der Welt nimmt nun wahr, wo es etwas zu essen gibt. Beide Seiten sind wichtig, hätten wir nur die Selbstwahrnehmung, so könnten wir zwar den Hunger wahrnehmen, aber wären unfähig, etwas zu dessen Befriedigung zu tun. Umkehrt wäre es, wenn wir zwar in der Lage wären, Nahrungsmittel aufzufinden, jedoch unseren Hunger nicht wahrnehmen könnten. Wir wüssten weder, wann der Zeitpunkt zur Nahrungsaufnahme gekommen wäre, noch hätten wir eine Wahrnehmung von Sättigung. In beiden Fällen würden wir sterben, d. h. die vollkommene Selbsterfahrung, aber auch die Erfahrung des Nicht-Selbst, der Welt, sind überlebenswichtig.

„Dabei sind wir in so wunderbarer Weise auf den Gestaltprozess hin organisiert. Wir verfügen über zwei in den Organismus eingebaute Systeme, die unsere Beziehung zur Welt regulieren: auf der einen Seite das sensorische System, das System der Wahrnehmung, der Orientierung des Gespürs und des Wissens, und auf der anderen Seite das motorische System, das System des Tuns, der aktiven Auseinandersetzung, des Sich-Rührens in der Welt."[196]

Und mit dem Bilde, das der denkende Mensch von seiner Welt erschafft, verändert er sich selber auch.   C. G. Jung

Die Destruktivität von Idealen liegt u.a. darin, dass sie uns blind machen für unsere vermeintlich ‚negativen' Anteile, zumindest aber uns immer wieder dazu verleiten, diese als ‚Übel' von uns abzuspalten oder sonst irgendwie zu negieren. Doch nichts ist nur gut, ist nur immer schlecht; nichts ist nur immer falsch, ist nur immer richtig.

Das bekannte Yin-Yang-Zeichen will uns darauf hinweisen, dass im Schwarzen bereits der Same des Weißen, im Weiß bereits das Schwarze grundgelegt ist. Daher besteht zwischen dem westlichen Differenzierungsdenken und dem östlichen Polaritätsdenken ein fundamentaler Unterschied: Im westlichen Differenzierungsdenken liegen eben die Gegensätze weit voneinander entfernt. Sie liegen im Widerstreit, im Gegeneinander. Im östlichen Polaritätsdenken stehen die vermeintlichen Gegensätze in enger Partnerschaft zueinander. Alan Watts:

„Das Ying-Yang-Prinzip ist daher nicht ein gewöhnlicher Dualismus, sondern ein explizite Zweiheit, die eine implizite Einheit zum Ausdruck bringt."[197]

Ich bin nicht immer der gute Mensch, der ich gerne wäre. Ich lüge, bin rachsüchtig, gehe fremd ... etc., und dies ist kein Problem, sondern ein Faktum, ein Teil von mir, der Beachtung verdient, ein Teil von mir, der um so bedrohlicher wird, je mehr ich ihn von mir weise, ihn verdränge oder negiere und als Heiliger durch die Welt wandle.

Es ist meine therapeutische Erfahrung und inzwischen auch meine Überzeugung, dass wir alle in ganz individueller Weise mit der Welt, mit unseren Mitmenschen verbunden sind. Ich finde es immer wieder erstaunlich, dass sich diese Verbindung zur Welt in wenigen Sätzen, Lebensleitlinien, Überzeugungen oder welches Wort man auch immer dafür nehmen mag beschreiben lassen. Inzwischen ist für mich die Suche nach solchen Kernsätzen ein wichtiger Bestandteil meiner therapeutischen Arbeit geworden. Die Schwierigkeit dabei ist jedoch, dass es sich hierbei meist nicht um sehr edle Sätze handelt – es sind selten Sätze, die unseren Heiligenschein polieren. Im Gegenteil, sie kommen von unserer dunklen Seite, die wir mit viel Anstrengung vor unserer Umwelt und auch vor uns selber verbergen und mit der wir uns und unserer Umwelt das Leben schwer machen:

- „Alle Menschen, mit denen ich zu tun habe sind dumm, nur ich weiß wirklich wo es langgeht, man lässt mich ja nicht."
- „Frauen (oder Männer – je nach dem) sind gut für's Bett, ansonsten nur lästig."
- „Ich bin es nicht wert geliebt zu werden – wer mich liebt ist blöd."
- „Ich habe kein Recht satt zu werden – ich muss warten, was übrig bleibt."
- „Wenn mir Glücklichsein droht, weiß ich schon Mittel und Wege, das zu zerstören – darauf kann ich mich verlassen."
- „Was ich mir am meisten wünsche, ist gleichzeitig das, wovor ich am meisten Angst habe!"
- „Die Welt ist gegen mich!"
- „Alles hat seinen Preis und wenn es mir mal gut gehen sollte, werde ich sicherlich bitter dafür bezahlen; darum ist es gut für mich, dass es mir nicht gut geht."

Ich finde es immer wieder neu sehr faszinierend, festzustellen, wie viel Freiheit und Kraft freigelegt wird, wenn jemand in der Lage ist, solche und ähnliche Sätze aus dem verborgenen Gruselkabinett zu befreien und lebendig werden zu lassen. Womit wir bei dem Märchen vom Rumpelstilzchen angelangt wären:

Eine Lehre des Märchens vom Rumpelstilzchen ist, dass das Bedrohliche seine Wirkung verliert, wenn es bekannt, offen – beim Namen genannt – wird, wenn ich sein „Undergound-Dasein" nicht mehr zulasse.

„Zeig Dich Rumpelstilzchen!"

„Ich habe Dich erkannt und benannt Rumpelstilzchen!"

Beides sind sehr therapeutische Interventionen – und dem Rumpelstilzchen bleibt nichts anderes übrig, als sich vor lauter Zorn in der Luft zu zerreißen.

„Gefahr erkannt – Gefahr gebannt" lautet ein bekannter Werbeslogan.

Stimmt!

In der Gestalttherapie gehen wir von fünf verschiedenen Persönlichkeitsstrukturen aus, die jede ihre eigenen „Leitsätze" (besser wohl: Leidsätze) hat. Diese seien hier kurz aufgelistet; im Anhang habe ich die verschiedenen Strukturen und ihre therapeutischen Implikationen genauer beschrieben.

1. Schizoide Struktur: Immer wenn Nähe „droht" muss ich abhauen.
2. Orale Struktur: „Ich liebe Dich" heißt in Wirklichkeit: „Ich brauche / möchte, dass Du mich liebst".
3. Masochistische Struktur: Ich tue, was immer Du willst – doch musst Du dafür – später – bitter bezahlen.
4. Psychopathische Struktur: „Ich kann mich überlegen fühlen, wenn Du mich brauchst – und aus dieser Position kann ich „geben".
5. Rigide Struktur: Ich bin nur frei, wenn ich „den Kopf nicht verliere" und mich nicht (der Zuneigung) ausliefere.

Perls beschreibt ein sehr schönes Beispiel, wie schnell die Existenz beider Seiten „in Vergessenheit" geraten kann:

> „Ich erwachte eines Morgens und sah, wie sich mein 80 cm breiter Sombrero neben meinem Bett bewegte. Ich hob den Hut hoch und da lag Mitzie und hielt zwischen ihren Vorderpfoten einen Vogel. Ich fühlte einen Schock. Drei Wochen vorher hatte ich mein Wohnzimmer übersät mit Federn vorgefunden, ein sicheres Zeichen dafür, dass Mitzie einen Vogel gefangen und gefressen hatte. Ich nahm den Vogel weg, ihre Augen waren traurig.
> Der Vogel hatte keinen Schaden genommen und konnte nach zehn Minuten Erholung davonfliegen. Wie konnte ich annehmen, dass Mitzie nur zärtlich war? Wer hat jemals von einer Katze gehört, die einen Vogel umsorgt?"[198]

Ziel der Gestalttherapie ist es, topdog – underdog, victim – victimizer sich bewusst zu machen, anzunehmen und „gleichberechtigt" und sinnvoll nebeneinander – d.h. sich gegenseitig zur kompletten Gestalt ergänzend – zu sehen. Die Sicht des Menschen als die Summe von Licht und Schatten ist keine Erfindung der Gestalttherapie, die meisten mystischen Traditionen z. B. sehen den Menschen ähnlich. Besonders bezeichnend ist für mich hier die Gestalt des Prometheus:

> „Der Urmensch des griechischen Prometheus-Mythos war nur zur Hälfte Prometheus, der ‚im voraus Wissende', zur Hälfte sein Bruder Epimetheus, der ‚erst nachträglich Lernende', der die Frau als ambivalentes Geschenk entgegennahm. Der überaus Gescheite und der Dumme bildeten eine Einheit. Sie waren der Mensch in seiner Ganzheit."[199]

Genauso, wie es kein Verhalten ohne Sinn gibt, genauso haben alle Gefühle und Persönlichkeitsanteile ihre Daseinsberechtigung, ihren Sinn.

Alle Gefühle, alle Teile meiner Persönlichkeit verdienen Raum und Wertschätzung, und erst die unterstützende Akzeptanz für beide Teile lässt uns gesunden, lässt uns wachsen. Jede Auseinandersetzung, welches nun der „bessere" Teil sei, verhindert nur die Gesundung durch annehmende Integration; schafft letztlich nur Verlierer auf beiden Seiten. Wer verliert? Beide, der eine nur etwas langsamer als der andere!

Oder, wie Stuart Alpert sagt: „If there is a winner, there is no winner!"

Solange ich an der Suche nach Richtig und Falsch festhalte, halte ich an der „alten" Realität meiner Kindheit fest und verhindere mein Wachstum, verhindere, dass ich mein Leben lebe.

> *„In der Tat: je mehr man versucht, einseitig zu sein, desto mehr wird die andere Seite auch erfahren. Wenn ich in allen Situationen stark und dominant sein muss, dann werde ich ständig auf eine mögliche Schwäche Acht haben und sie erfahren. Wenn ich ein ganz großer Heiliger sein muss, dann kommt mir überall das Böse zu Bewusstsein. Wenn ich gut bin, erscheinst du als böse. Jeder ist das Ganze der Bewusstheit. Eine Lösung ist näher, wenn man Gut und Böse, Überlegenheit und Unterlegenheit, Topdog und Underdog erfährt. Je mehr wir Topdog alle Macht zuschieben würden, desto mächtiger würde Underdog. Es geht darum, einen Topdog zu entwickeln, der einen ebenso mächtigen Underdog schafft. Im Falle einer Lösung sind Topdog und Underdog beides gegenwärtige Aspekte desselben Dog."*[200]

An anderer Stelle liest sich das, was Perls zu diesem Thema zu sagen hat, so, als würden wir die Rede eines Zen-Meisters hören. Ich möchte dazu einen längeren Abschnitt im Zusammenhang zitieren, da in diesem Abschnitt besonders deutlich die Nähe von Zen und Gestalt sichtbar wird:

> *„Bewusstheit wird unaufhörlich zum Vorschein kommen. Jenseits der Bewusstheit gibt es nichts. An allen Punkten von Unbehagen strebt es danach, sich selbst behaglich zu machen. Diese eine Bewusstheit scheint die Spaltung in Selbst/Andere zu verursachen, so dass sie in der Mühsal von Suchen und Finden ihre Teile ins Gedächtnis zurückrufen und sich selbst intensiv finden kann. Unbezweifelt und in Frieden gelassen, findet sie sich selbst als eines. Die scheinbaren Grenzen von ich / du, mein / dein werden fließend, verschwinden und tauchen unbekümmert wieder auf. Es ist nicht falsch, zu fragen und zu zerteilen, aber es ist eben vollkommener, zu sehen, dass die Frage aus ihrer eigenen Antwort entsteht und dass die Funktion von Grenze und Unterscheidung ist, die Lösung in einer Verbindung anzuregen. Die Gestalt öffnet sich, um ein Schließen hervorzurufen, und die Energie zum Schließen liegt schon im Öffnen.*
> *Das einheitliche Feld ist Befriedigung, das Eins-Sein dessen, was ist, Istheit („isness'). Man braucht nur zu fragen, ob das so ist, und man schafft schon die Spaltung, das Suchen, das augenscheinliche Bedürfnis, welches wieder zu einer Ein-*

heit, zu Befriedigung, zu einer geschlossenen Gestalt führen könnte. Vertiefe die
Spaltung, und sie gelangt durch sich hindurch zu sich selbst.
Ein Symbol dafür ist die buddhistische Mudra, in der der Daumen und ein an-
derer Finger einen Kreis bilden. Daumen und Finger erscheinen als zwei, die ei-
nen Kreis darstellen, das Rund der Existenz. Dennoch sind diese beiden eine
Hand, ein Leben. Die anderen drei Finger repräsentieren die Vielfalt der Exis-
tenz, die ebenso eine Hand und ein Leben sind. In den meisten Gestaltarbeiten
finden und üben wir die Spaltung, so dass die Teile einer Einheit zusammen
kommen können. Doch abseits von unserem eigenen Fragen und Verlangen kön-
nen wir uns an der Einheit der Bewusstheit freuen, in welcher die Zerteilung in-
nerhalb des Selbst entschwindet, ebenso wie die Spaltungen zwischen dem Selbst
und den anderen, zwischen dem Selbst und dem Rest der Welt. Eine Bewusst-
heit.“[201]

Das Besondere an diesen Aussagen von Perls ist, dass sie aus einem Vortrag von 1959
(!) sind, also aus einer Zeit, in der das Gedankengut des Zen-Buddhismus noch nicht
in dem Maße, wie dies heute der Fall ist, Allgemeingut war.

Unterstreichen möchte ich diese Nähe von Zen und Gestalt durch ein – ebenfalls
längeres – Zitat des Zen-Meisters und Leiter des *Zen Mountain Monastery* in Mount
Tremper, New York, John Daido Loori:

„Immer wieder polarisieren wir die Dinge, nehmen sie auseinander und etiket-
tieren sie. Dann definieren wir unsere Realitäten dementsprechend. Darum ist
für einige Geld des Teufels, Armut ist göttlich, Erleuchtung ist wunderbar, Wahn
ist schrecklich, Buddhas sind groß ... dies ist eine sehr verkehrte, sehr einseitige
Sichtweise. Allein den Gedanken zu haben, dass zwischen den Buddhas und den
‚ordinären‘ Kreaturen Unterschiede bestünden, verfälscht die Wahrnehmung des
Ursprünglichen. So entsteht die Illusion, dass es etwas von ‚außen‘ zu gewinnen,
zu lehren oder lernen gäbe. All diese Vorstellungen müssen wir fallen lassen.
Wenn die Erleuchtung ein Teil des Festhaltens ist, müssen wir auch sie fallen las-
sen. Wenn wir alles losgelassen haben und nichts mehr übrig geblieben ist, so
müssen wir auch diese Illusion fallen lassen, denn auch ‚nichts mehr ist übrig‘ ist
eine andere Idee, eine andere Form des Festhaltens. So schön und verlockend dies
auch sein mag, daran festzuhalten ist Stagnation.“[202]

In diesem Zusammenhang wird der Konflikt zwischen zwei Polen als wachstumsför-
dernder Spannungsbogen gesehen, der nicht vermieden, sondern geschätzt werden
sollte.

Im Kapitel über die Unterstützung wird in bezug auf das hier Ausgeführte darzu-
legen sein, dass der Wunsch eines Klienten, seine vermeintlich negativen Anteile
(z. B. Wut, Reizbarkeit, Angst etc.) ablegen zu wollen („wegtherapiert“ zu bekommen) als wachstumsblockierend angesehen werden muss.

Dies wäre so, als würde man dem Yin das Yang nehmen wollen. Erst die Spannung zwischen zwei Polen (+/−) ermöglicht die elektrische Energie, die Wärme erzeugt, Licht leuchten lässt und Motoren antreiben kann.

Meine Überzeugung ist es, dass dieses physikalische Beispiel sehr gut auf die gestalttherapeutische Arbeit übertragbar ist.

Eine Spannung ist ein Konflikt, und ein Konflikt ist nicht positiv oder negativ, er ist. Gewinnen und Verlieren sind Kategorien eines Wettbewerbes, nicht eines Konflikts; Ziele eines Konflikts sind Energie, Wachstum und Kooperation.

Die Lösung besteht nicht darin, herauszufinden, wer recht (und wer unrecht) hat, sondern in dem Sehen, Akzeptieren und der Wertschätzung unterschiedlicher Standpunkte; d.h. ein Konflikt schafft Raum für zwei Personen, Gefühle, Sichtweisen etc.

Wenn wir die Dinge bewerten, schränken wir nicht nur unsere Reaktionsmöglichkeiten ein, sondern machen es uns auch schwer, neue Erfahrungen zu sammeln.

Es gibt immer wieder viele Gründe, irgendwas nicht zu tun. Es gilt jedoch zu erkennen, dass diese Gründe auf generalisierten Bewertungen aus der Vergangenheit beruhen.

Was ist Hier und Jetzt? Hier und jetzt habe ich z. B. Wut, in der Vergangenheit habe ich in meiner Umgebung die Erfahrung machen müssen, dass für Wut kein Platz da ist / da war. Hier und jetzt habe ich die Möglichkeit neuer Erfahrungen, indem ich es riskiere, diese Wut zu äußern oder zumindest zu erforschen, was genau es mir schwer macht, welche alten Botschaften es mir verbieten, meine Wut zu äußern.

In diesem Beispiel wird der Zusammenhang zwischen Hier und Jetzt und der Bewertung sehr gut sichtbar.

Die Frau eines irischen Fischers war höchst unzufrieden mit ihrem Mann, weil dieser – sehr im Gegensatz zu allen anderen Fischern im Dorf – morgens nie zum Fischen aufs Meer fuhr und infolgedessen auch nie mit reichem Fischfang nach Hause zurückkehrte. Sie stellte ihren Mann zur Rede, warum er nicht wie alle anderen Fischer Nacht für Nacht aufs Meer zum Fischen fahre.

„Liebe Frau, das liegt am Wind!" war die Antwort. „Jede Nacht stehe ich auf und stelle eine brennende Kerze auf die Fensterbank und mache einen Test. Wenn der Wind die Kerze ausbläst, weiß ich, dass es viel zu gefährlich ist, bei diesen Windstärken aufs Meer zu fahren, ich könnte elendig absaufen. Wenn der Wind jedoch die Kerze nicht ausbläst, kann ich nicht aufs Meer fahren, denn wie sollte ich ohne jeden Wind hinausfahren können? Das musst Du doch verstehen!"

Es ist nicht überliefert, ob die Frau des Fischers „es" verstanden hat.

In der therapeutischen Arbeit erleben wir oft ein formloses, schwer differenzierbares Vermengen der beiden Seiten, z. B. *victim* und *victimizer,* wobei diese Vermengung auch in der Form eines permanenten raschen Wechsels zwischen den Seiten (Gefühls-Karussell) erscheint.

Wie bereits mehrfach beschrieben, wird in der Gestalttherapie das ergänzende Nebeneinander der beiden Seiten als wichtiger Motor des Wachstums angesehen.

Ein wesentlicher Zwischenschritt hierzu ist es jedoch, die vermeintlich negative

Seite auch als solche zu enttarnen. Wir alle sind aufgrund einer mehr oder weniger moralisierenden Sozialisation sehr fähig darin gemacht worden, den angeblich negativen Teilen eine gute Verkleidung angedeihen zu lassen.

Bevormundung wird durch diesen Trick zu „Hilfe" umgemünzt, anstatt offen für die Sicht zu sein, dass Verantwortung für jemand anderen zu übernehmen eine Form der Verachtung sein kann. Die bekannteste Victimizerverkleidung in diesem Zusammenhang ist der berühmte Satz: „Wir (Ich) wollen (will) ja nur Dein Bestes ..."

Der oben beschriebene Zwischenschritt lautet: die Botschaft, die in solchen Statements liegt, offen zu legen, klar und simpel zu machen; z. B. aus: „Ich will nur Dein Bestes ...." wird „Ich halte Dich für unfähig, ich will Dich beherrschen ..."

Erst diese heilsame und klärende (in des Wortes wahrster Bedeutung) Demaskierung macht das mehrfach beschriebene, konstruktive, sich gegenseitig ergänzende Nebeneinander möglich. Wenn dieser Zwischenschritt gegangen ist, spielt es in meiner Arbeit als Therapeut keine Rolle mehr, an / mit welchen der beiden Seiten ich arbeite.

Zur Verdeutlichung der Umgangsweise mit Dualitäten in der Gestalttherapie erscheint ein kurzer Ausflug in die Gestalttheorie, aus der sich u.a. die Gestalttherapie ableitet, sinnvoll:

In der Wahrnehmungstheorie der Gestalttheorie nimmt das Figur-Grund-Problem einen breiten Raum ein. Den hellen Stern am Abendhimmel kann ich nur sehen, weil der Himmel dunkel ist. Was ich wahrnehme, ist nicht ein Stern und ein Himmel, sondern die (Figur-Grund) Differenz. Ohne den dunklen Himmel könnte ich keinen hellen Stern wahrnehmen.

Geschwindigkeit könnte ich nicht ohne Stillstand, Lust nicht ohne Unlust, Appetenz nicht ohne Aversion etc. wahrnehmen.

Hell und Dunkel, Figur und Grund sind zwei sich wechselseitig bedingende Aspekte einer sensorischen Gestalt.

Figur und Grund bilden zusammen die Gestalt; ich weiß von mir, dass ich jemandem nur dann ein „Ja" glauben kann, wenn ich davon überzeugt bin, dass er / sie auch „Nein" sagen kann.

Liebe und Ablehnung sind beides Teile einer Beziehung; dies ist nicht verrückt; Verrücktheit entsteht, wenn Liebe und Ablehnung (Figur und Grund) miteinander zu kämpfen anfangen.

Ich kann Distanz nur üben/lernen, solange die Möglichkeit zu Kontakt da ist.

Wenn ich diese Möglichkeit der Wahl nicht habe/hatte, bin ich nicht in der Lage, Alleinsein auszuhalten, gleichzeitig hat Kontakt aber auch immer etwas Einengendes, Unfreimachendes.

Dies ist sehr wichtig.

Es bedeutet z. B., dass jemand nur darum von Trauer reden kann, Trauer spüren kann, weil er auch Freude kennt, von Unterdrückung, weil er auch Freiheit kennt ...

Ein wunderschönes Beispiel dafür, wie sehr das Sehen, Annehmen und die Integration von Polaritäten Voraussetzung von Wachstum, Lebendigkeit und Kreativität sind, zeigt Micheal Ende in seiner *Unendlichen Geschichte*.[203] Drei Tore muss die Hauptperson auf dem Weg des Wachstums, der Selbstfindung durchschreiten:

1. Das erste Tor verlangt, dass er sich als Suchender erkannt hat; es heißt bezeichnenderweise „das große Rätsel-Tor". Der Held muss den aufrechten Entschluss gefasst haben, das Wagnis der Suche auf sich zu nehmen. Yasutani Roshi:

> *„Fünf Prozent Aufrichtigkeit reichen für den Anfang. Wenn ihr vollkommen aufrichtig wäret, so wäret ihr bereits in diesem Augenblick erleuchtet ... wir haben nicht den geringsten Anlass, uns vorzuwerfen, dass wir „nur" Menschen sind."[204]*

Der Suchende muss eingestehen, letztlich nichts zu wissen; d. h. inkomplett geworden zu sein. (Dies ist die Anmeldung zu einer Therapie)

Den Weg gehen, sich auf den Weg machen bedeutet „Suchen" und „Finden" umzudrehen. Von Picasso stammt der schöne Satz: „Ich suche nicht, ich finde", der Weg geht noch über diesen Satz hinaus: Das Suchen fängt erst an, wenn ich gefunden habe. Mit Suchen ist hier nicht das 'Rumgehüpfe gemeint, sondern die Bereitschaft, sich auf den Weg mit allen Widernissen einzulassen. Darauf kommen wir an anderer Stelle nochmals ausführlicher zurück.

2. Das zweite Tor ist das Zauberspiegel-Tor. Durch dieses Tor gelangt nur der, der in der Lage ist, sein wahres inneres Wesen, so wie es in Wirklichkeit beschaffen ist, zu sehen und zu akzeptieren. Das heißt, derjenige, der gut und böse, positiv und negativ, Persona und Schatten, victim und victimizer in sich selber sehen und akzeptieren kann. Unser Held bekommt den Hinweis: „ ... habe erlebt, dass gerade solche Besucher, die sich für besonders untadelig hielten, schreiend vor dem Ungeheuer geflohen sind, das ihnen im Spiegel entgegengrinste."

Unser Held durchschritt dieses Tor in dem Augenblick, wo sich die Heldenseite (Atreju) und die „normale" Alltagsseite (Bastian) gegenseitig angenommen und versöhnt haben. Ähnlich wie beim nächsten Tor lassen sich auch hier Parallelen zum Zen aufzeigen, wie das folgende Zitat der Zen-Meisterin Charlotte Joko Beck zeigt:

> *„Sind wir verwirrt und niedergeschlagen, so ist es das Dümmste, wenn wir versuchen, anders zu sein. Das torlose Tor ist uns immer zugänglich, wenn wir uns selbst erleben, wie wir sind, nicht wie wir sein sollten. Wenn wir das wirklich tun, öffnet sich das Tor; auch wenn es sich dann öffnet, weil es die richtige Zeit ist und nicht unbedingt, weil wir es wollen. Bei manchen Menschen wäre es eine Katastrophe, wenn es sich zu früh öffnete. Ich bin immer skeptisch gegenüber allzu forciertem Üben; wenn man mit Gewalt Klarheit herstellen will, entstehen daraus nur noch mehr Probleme. Natürlich heißt das nicht, dass wir dasitzen und die Hände in den Schoß legen sollten. Wir müssen das Bewusstsein für unsere Kör-*

perempfindungen wach halten, unsere Gedanken und alles andere, was da ist, wahrzunehmen, gleichgültig, was es ist. Wir dürfen unseren Zazen nicht als gut oder schlecht beurteilen. Einfach: ‚Ich bin hier, und ich bin mir zumindest eines Teils meines Lebens bewusst.' Und wenn ich hingebungsvoll sitze, so wird dieser bewusste Teil immer größer."[205]

In der Therapie ist dies die Phase, in der der Klient ohne Wertung die simple Tatsache, nicht perfekt, kein Heiliger ... zu sein, wirklich annehmen kann.

Ein wunderbarer Schritt! Der Druck, unbedingt ein anderer Mensch zu werden, ist wie eine alte Last abgefallen. (Ich erinnere an die Geschichte ‚Auf dem Weg' auf Seite 164.)

Aus der Lernpsychologie wissen wir, dass Druck uns nur beeinträchtigt, Kreativität und Spontaneität sind nur noch kaum möglich; der Überblick wird eingeengt, die geistige Beweglichkeit nimmt ab. Wolfgang Metzger stellt hierzu fest: [206]

1. Man kann sich nur viel schwerer von eingedrillten Regeln freimachen; man wird blind für neue Anforderungen und Möglichkeiten.
2. Man verliert die geistige Beweglichkeit und Umstellungsfähigkeit und wiederholt, auch wo es sinnlos ist, mechanisch das Lösungsverfahren, mit dem man vorher vielleicht Erfolg hatte.
3. Man verliert den Überblick und neigt zu voreiligen Scheinlösungen.
4. Man arbeitet planlos und unwirtschaftlich, fällt in mehr oder weniger zielloses und blindes Probieren zurück.

Jeder wird wohl diese einleuchtenden Feststellungen der Lernpsychologie unterschreiben können; um so merkwürdiger ist es, dass wir im Umgang mit uns selber, diese Einsichten plötzlich vergessen und uns unter Druck setzen, nun endlich dieses Verhalten nicht mehr zu zeigen, dieses Gefühl endlich abzulegen oder jenes Problem nicht schon lange gelöst zu haben. Ich meine, wir sollten uns öfter an das zweite Tor und / oder diese Erkenntnisse der Lernpsychologie erinnern.

3. Das dritte Tor hätte kein Zen-Meister besser „erfinden" können: Es ist das Ohne-Schlüssel-Tor; ich möchte es das Tor des Loslassens nennen. Dieses Tor kann nur durchschreiten, wer nicht hindurch will. Im Hier und Jetzt gibt es nur das Hier und Jetzt, kein Anhaften – wie es im Zen heißt –, kein Ziel lenkt meine Aufmerksamkeit vom Hier und Jetzt ab. Bei David Loy lesen wir hierzu:

„Die Dualität zwischen Sein und Nicht-Sein kann aufgehoben werden, indem wir uns ganz der Seite ergeben, die wir bislang abgelehnt haben. Wenn ich aufhöre, meine Grundlosigkeit zu leugnen, entdecke ich paradoxerweise, dass vollkommene Grundlosigkeit (Nicht-Sein) gleichbedeutend ist mit voller Grundhaftigkeit (Sein). Das enthüllt, dass es eigentlich niemals einen wirklichen Mangel gegeben hat, weil es niemals ein von der Welt abgetrenntes, selbst-existierendes Selbst gegeben hat. Das Problem des Verlangens ist dann gelöst, wenn die

,schlechte Unendlichkeit' des niemals zu befriedigenden Mangels sich verwandelt in eine ,gute Unendlichkeit', die nicht benötigt und daher alles werden kann.'[207]

(Über Ziele, Hoffnung wird an einer anderen Stelle ausführlicher geschrieben.) Alles Anhaften ist überwunden ganz im Sinne des Zen-Satzes: Triffst du Buddha auf deinem Weg, töte ihn.

Ich möchte Sie ein bisschen überreden und davon überzeugen, dass der Weg des Lernens, des Wachsen durch Loslassen des Zieles nicht nur ein sehr guter ist, sondern auch von Ihnen mit Sicherheit schon häufiger angewandt worden ist, – allerdings wahrscheinlich, ohne es zu wissen.

Wir alle kennen die Situation, in der wir versuchen, uns an einen Namen, eine Telefonnummer o. ä. zu erinnern. Je mehr wir uns konzentrieren und je stärker wir nachdenken, desto weniger fällt uns ein, was wir vergessen haben. Und plötzlich – nämlich in dem Augenblick, in dem wir uns in Ruhe lassen, kommt die Erinnerung „ganz freiwillig". Diese Erfahrung, d.h. dass es auf diesem Weg „funktioniert", haben wir alle schon gemacht. Wir sollten davon lernen.

Überredet?

Die Menschen, mit denen wir in der Therapie arbeiten, waren in ihrem bisherigen Leben fast immer von Eltern, Lehrern, guten Freunden oder anderen Menschen umgeben, die „etwas von ihnen wollten": Förderung; Verhaltensänderung; sie waren immer Gegenstand irgendwelcher „Behandlungen", damit sie sich „bessern"

Es erscheint sehr wichtig, den Menschen zu vermitteln, dass wir „nichts von ihnen wollen"; nur so können wir die Grundlagen einer achtsamen Beziehung legen, die wiederum Ausgangspunkt einer jeden Veränderung ist.

Viele Jahre habe ich Gestalttherapeuten ausgebildet. Es war mir immer ein wichtiges Anliegen, die Aufmerksamkeit der angehenden Therapeuten auf die Frage der Motivation zu lenken: Fragen Sie sich bei jeder Intervention innerlich danach, warum sie diese jetzt machen machen wollen. Möchten sie etwas bewegen, etwas erreichen – dann sollten sie es lieber lassen, oder möchten sie ihre Reaktionen, ihre Gedanken und ihre Gefühle zu diesem Thema mitteilen und es ist die Sache ihres Klienten, diese Intervention anzunehmen oder abzuweisen. Dann sollten sie sich frei fühlen, ihre Intervention zu machen. Ist das, was ich zu sagen habe, ein Angebot oder eine Feststellung „so ist es"? Eine solche Grundhaltung ist nicht leicht. Wie oft passiert es uns als Therapeuten, Erzieher oder Heilpädagogen, dass wir eine wunderschöne Intervention, eine wunderschöne Strategie auf Lager haben, wir sind richtig begeistert – nur der (undankbare, stoische) Klient nimmt sie nicht an oder kann damit nichts anfangen.

Nur am Rande bemerkt: hier liegt auch einer der vielen Gründe, warum ich Bert Hellinger als manipulativen Diktator empfinde: Er teilt nicht seine Eindrücke mit, sondern sagt „wie es ist" und jeden, der seine Interventionen nicht dankbar aufnimmt, wird das Schicksal schon entsprechend bestrafen ... Das ist finsterstes alttestamentarisches Denken.

Oder: Sie haben ein wunderbares, pädagogisch wertvolles Geschenk für ihr kleines Patenkind gekauft. Was macht das Kind? Es packt ganz begeistert das Geschenk aus und spielt ebenso begeistert mit der Verpackung ..... – Wie geht es Ihnen damit? Wie sieht es hier mit ihrer Absichtslosigkeit aus?

Akzeptierende Akzeptanz und Absichtslosigkeit sind zentrale Eckpfeiler der humanistischen Therapieverfahren wie z. B. Gestalttherapie und Gesprächspsychotherapie. Veränderung geschieht, wenn jemand wird, was er ist, nicht wenn er versucht, etwas zu werden, das er nicht ist. Veränderung ergibt sich nicht aus einem Versuch des Individuums oder anderer Personen, seine Veränderung zu erzwingen, aber sie findet statt, wenn man sich die Zeit nimmt und die Mühe macht, zu sein, was man ist; und das heißt, sich voll und ganz auf sein gegenwärtiges Sein einzulassen. Indem wir versuchen, die Rolle dessen zu übernehmen, der Veränderung „herstellt", schaffen wir Voraussetzungen für sinnvolle und geordnete Veränderung.

Diese Gedanken sind oft nur schwer zu vermitteln, weil sie allzuschnell mit einem fatalistischen „laufen lassen" verwechselt werden. Zur Entwicklung einer solchen Grundhaltung sind ein langer Lern- und Wachstumsprozess und kontinuierliche Supervision notwendig.

Der Jesuit und Kontemplationslehrer Franz Jalic beschreibt in seinem Buch „Miteinander Wachsen" seine Zugänge zur Achtsamkeit und Absichtslosigkeit.

Ein Schlüsselerlebnis war für ihn die Begegnung mit einer aufgeregten und verzweifelten Frau, die ihn eine dreiviertel Stunde nicht zu Wort kommen ließ und anschließend aufstand und sagte: „Danke Pater Franz, ich bin Ihnen ungeheuer dankbar, weil Sie mein Problem gelöst haben".

So wurde ihm klar, wie durch absichtsloses Zuhören, Respekt und Offenheit ein Raum entsteht, der es Menschen ermöglicht, über sich Klarheit zu gewinnen.[208]

Hören wir wirklich zu oder warten wir auf ein Stichwort, damit wir etwas sagen können? Zum Zuhören braucht es Stille, innere Stille.

Als Therapeut habe ich auch meine Lernerfahrung mit einer absichtslosen Grundhaltung gemacht: Ich erinnere mich an eine Klientin, die ca. drei Jahre in therapeutischer Behandlung bei mir war. Die ersten ca. 1,5 Jahre verbrachten wir recht einsilbig; der Dialog war mehr oder weniger immer der gleiche:

„Wie geht es Ihnen heute?"

„Das weiß ich nicht"

„Was möchten sie heute besprechen?"

„Das weiß ich nicht"

„Was fühlen Sie im Augenblick?"

„Das weiß ich nicht"

„Wie fühlt es sich an, wenn Sie sagen ‚ich weiß nicht'?"

„Das weiß ich nicht"

Der Rest der Stunden war Schweigen; so ging es ca. 1,5 Jahre lang. Die Frau wohnte ca. 70 Kilometer von der damaligen Praxis entfernt. D. h, sie war eine Stunde unterwegs, verbrachte eine Stunde mit mir, um dann wieder eine Stunde unterwegs zu sein. Das alles nur, um einige Male „Das weiß ich nicht" zu sagen und ansonsten zu schweigen. Sie kam aber immer wieder. Sie investierte viel Zeit, Energie und Geld. Als ich mir das klar gemacht hatte, wurde mir auch klar, dass die „Therapie" ihr irgendetwas „bringen" müsste – auch wenn ich das zunächst nicht erkennen konnte – im Gegenteil: Ich hatte oft ein schlechtes Gewissen wegen des leicht verdienten Geldes.

Am Ende der Therapie erklärte mir die Klientin, dass diese Zeit die wichtigste im ganzen Therapieverlauf gewesen sei. Endlich sei sie auf jemanden getroffen, der nichts von ihr wollte, der sie so sein lassen konnte wie sie war und der sie nicht weggeschickt hatte, nur weil sie nicht dem gängigen Schema genügt hatte und außer „Das weiß ich nicht" nichts zu sagen wusste. In dieser Zeit hätte ich die Basis für den „Rest" der Therapie gelegt!

Dies war und blieb meine eindrucksvollste und schönste Erfahrung mit absichtsloser Begleitung, die die Achtsamkeit vor dem jeweiligen So-Sein ausdrückt.

Im taoistischen Denken spricht man vom „Wu Wei"; dies ist jedoch für ergebnisdressierte Menschen nur sehr schwer einfühlbar.

Im Tao Tse King heißt es: „Der Weise wirkt durch Nicht-Tun und doch bleibt bei ihm nichts ungetan."

Mit „Handeln durch Nicht-Tun" ist nicht resignative Fügung in das unabwendbare Schicksal gemeint. Nicht-Tun ist kein unbekümmertes Faulenzen.

> *„Tao ist wie ein Fluss, und wir gleichen Booten auf dem Fluss. Wer sagt, dass der Weg des Tao ein Sichaufgeben bedeutet, befindet sich im Irrtum. Das würde bedeuten, dass wir das Boot einfach treiben lassen: Früher oder später wird es auf die Felsen aufprallen. Diejenigen, die sich vorstellen, dass sie von allen Umständen unabhängig sind, gleichen Bootsleuten, die gegen einen treibenden Fluss stromaufwärts anzurudern versuchen: Sie werden alle ihre Energien verausgaben. Die dem Tao auf richtige Weise folgen, gleichen Bootsleuten, die mit dem Strom schwimmen, aber doch so handeln, dass sie dorthin reisen, wohin sie wollen."[209]*

Dieses taoistische Gedankengut, welches auch unter der Überschrift „Entschleunigung" mehr und mehr Eingang in unser Denken nimmt, ist nur sehr schwer zu vermitteln. Daher wird dieser Aspekt nur in einer längeren Fortbildung bzw. einer intensiven Aufbauveranstaltung behandelt.

Der Psychoanalytiker Wolfgang Schmidbauer spricht in diesem Zusammenhang vom „Hai-Syndrom" Der Hai ist der einzige Fisch, der mangels einer Schwimmblase im Wasser nicht stehen bleiben kann, sondern immer in Bewegung bleiben muss. Wie wir. Die Unfähigkeit zum Stillstand – so Schmidbauer – ist Ausdruck der Steuerung des Lebens durch narzisstische Ängste, die – anders als die „primitive" Steuerung durch Hunger oder Liebe – buchstäblich unersättlich sind. Ruhm und Sicherheit kann ich nie genug haben, so das Lebensprinzip der meisten von uns. Was diese Ängste darüber hinaus so quälend macht, ist die inszenierte Gefahr, die an Stelle der realen Gefahren durch Hunger oder Raubtier getreten ist. Diese Art der Angst schärft den Geist und steigert die Wachsamkeit so sehr, dass keine Ruhe mehr möglich ist. Es ist wie ein permanentes Lampenfieber, das nicht durch einen Auftritt aufgelöst wird, eine ständige Hab-Acht-Stellung: Jedes der unendlich vielen Übel, die uns möglicherweise befallen könnten, muss erkannt und überwunden werden.

Durch Entschleunigung erweisen wir also nicht nur unserer Umwelt, unserem Gegenüber, sondern vor allem auch uns selber einen guten Dienst.

Aktive, gerichtete Bewusstheit	Offene, ungerichtete Bewusstheit
Geht in die Welt	Lässt die Welt zu sich kommen
Zwingt etwas, sich zu zeigen	Wartet darauf, dass sich etwas zeigt
Verwendet eine Struktur, einen Bezugsrahmen, der dahin lenkt, was er gern sehen, hören will usw.	Untersucht, ohne in Bezug auf das, was er sehen, hören will usw., irgendwie organisiert oder „voreingenommen" zu sein
Auf Befragungen ausgerichtet; strebt nach einem engen, klaren Blickfeld	Behält ein Blickfeld bei, das möglichst viel Peripherie einbezieht; wenig Vordergrund und alles gleich bedeutsam
Sieht die Dinge im Rahmen von Kenntnissen darüber, wie sie funktionieren, was in einem normalem Sinn vorhanden ist und was „fehlt"	Ist naiv bezüglich dessen, wie Dinge funktionieren; hofft, etwas Neues darüber herauszufinden
Suchender Gebrauch der Sinnesmodalitäten	Rezeptiver Gebrauch der Sinnesmodalitäten
Unterstützt die Arbeit durch inhaltliche Werte und konzeptionelle Vorlieben	Werte sind prozessorientiert, tendieren dahin, frei von Inhalten zu sein

Warum hasst Du mich? Ich habe Dir doch nicht geholfen!
Chinesisches Sprichwort

Jedesmal, wenn Du es ablehnst, eine Frage zu beantworten, hilfst Du dem anderen, seine Kräfte zu entfalten.
F. Perls

Die Unterweisung eines Zen-Mönches muss sein wie die Rede eines Taubstum-
men.   Taisen Deshimaru

Es gibt zwei Gründe, abzuwaschen:
Abwaschen, damit das Geschirr sauber wird
Abwaschen, um abzuwaschen.

Wenn wir uns darüber Gedanken machen, wie die Gestalttherapie mit Polaritäten
umgeht, müssen wir uns mit dem Einfluss befassen, den Salomo Friedlaender auf
Perls und damit auf die Entwicklung der Gestalttherapie hatte. Es ist das Verdienst
von Ludwig Frambach Friedlaender wieder „ausgegraben" zu haben. Die folgenden
Abschnitte orientieren sich überwiegend an den unten angegebenen drei Quellen. [210]
  Das Denken Friedlaenders ist nicht leicht nachzuvollziehen; erst in den letzten
Jahren werden die Verbindung zwischen Gestalttherapie und der Einfluss Friedlaenders deutlicher herausgearbeitet. Seine Werke sind schwer zugänglich, weil zum großen Teil unveröffentlicht oder – abgesehen von einigen Bibliotheksexemplaren nicht
mehr zugänglich. Viele seiner Gedanken sind in Essays oder romanhafter Literatur
„versteckt".

  „Man gebe mir ein Chaos, so chaotisch wie nur immer, ich will es durch einen
  bloßen Spiegel seiner selbst zur Raison bringen."[211]

Ein großes Wort, das Salomo Friedlaender/Mynona vor sich setzt? Ganz so anmaßend, wie es klingen mag. ist das Programm nicht, denn alles Leben und alles Philosophieren ist doch Ordnen und unterscheidet sich mir nach der Weise, in der es geschieht. Salomo Friedlaenders Weise lässt sich in einem Satz fassen: Das Erlebnis
Welt ist die unendliche Entzweiung des Selben, und ihr Selbst ist Person.
  Der philosophische Ansatz von Friedlaender kann hier nur in gröbster Weise
skizziert werden. In seinem Hauptwerk „Schöpferische Indifferenz" geht er davon
aus, dass das „allerallgemeinste Merkmal jedes irgendmöglichen Phänomens ... der
Unterschied ist, die Differenz." Aber diese Differenzierung, die unsere Erscheinungswelt ausmacht, ist nicht wahllos und willkürlich, sondern sie ist, wenn man sie genau
analysiert, vom Prinzip der Polarität bestimmt. „Auch die allerkomplizierteste Relativität lässt sich in korrelative Paare auflösen", behauptet Friedlaender. [212] Ein-Aus,
Plus-Minus, Werden-Vergehen, hart-weich, hoch-tief, abstoßen-anziehen usw. Alle
Phänomene lassen sich letzten Endes auf polare Gegensatzpaare zurückführen, die,
wie Friedlaender es präzise ausdrückt, „oppositiv (spiegelhaft) homogen" sind.
  Polarität ist die Weise, wie Einheit, Identität als Phänomen in Erscheinung tritt,
ja treten muss. Anders geht es nicht. Die Einheit an sich tritt nicht in Erscheinung,
sie ist nicht mit unserem normalen Wahrnehmungsmodus erkennbar. Polarität als
philosophische Konzeption ist nichts Neues. Im Westen stehen dafür Namen wie
Heraklit, Boehme, Schelling, Hegel und Goethe. In Bezug auf den Osten denkt man

natürlich an die Yin / Yang-Konzeption der chinesischen Kultur, besonders im Taoismus. Für Perls war die Philosophie Friedlaenders „das westliche Äquivalent zur Lehre Lao-tses" (siehe auch unten).[213]

Die Originalität Friedlaenders besteht darin, dass er in seinem Ansatz den Akzent anders setzt – jedenfalls anders als die westliche Polaritäts-Tradition – und so zu einer neuen Sichtweise kommt:

> *„Seit alters her hat man beim Polarisieren mehr auf die Pole als auf deren Indifferenz geachtet. In dieser aber steckt das eigentliche Geheimnis, der schöpferische Wille, der Polarisierende selber, der objektiv eben gar nichts ist. Ohne ihn aber gäbe es keine Welt."[214]*

Diese Mitte der Polarität, die „Schöpferische Indifferenz", ist das Zentralthema, das Friedlaenders Denken in immer neuer Variation unermüdlich umkreist. Aus seiner Perspektive ist es die zentrale Lebensaufgabe, das Nichts der „Schöpferischen Indifferenz" als harmonisierende, ordnende Mitte der Erscheinungswelt zu entdecken und damit vor allem auch als die eigene Lebensmitte.

Wer sich nicht von den schiefen Einseitigkeiten einfangen lässt, sondern die Mitte wahrt, beherrscht die Lebenskunst des ,Aquilibrierens', des Balancierens der polaren Gegensätze und verwirklicht die „Orthopädie des Lebens", als die Friedlaender seine Philosophie versteht.

Die geistige Chiropraktik, zu der er anleitet, besteht wesentlich darin, der prinzipiellen Polarität aller Erscheinungen innezuwerden und von daher die Existenzperspektive von Grund auf umzustrukturieren:

> *„Das Fundament der Dinge ist daher nicht ihre Grund-, sondern ihre zentrale Mittellage, die Dinge sind polar. Das ,Unten' ist die Mitte des polaren ,Oben'."[215]*

Aus dieser neuen Perspektive der grundlegenden Mitte ergibt sich auch das Grund-Gebot der „Schöpferischen Indifferenz"; sie „verbietet nichts Bestimmtes, nur das Fehlen des Gleichgewichts zwischen polar Bestimmten."[216]

Indifferenz im Sinne Friedlaenders bedeutet aber nicht ein Verwischen und Auslöschung der Gegensätze, also gleichsam ein Zurückgehen vor die Differenzierung, sondern die präzise Polarisierung der Gegensätze, das genaue Bestimmen ihres balancierenden Mittelpunktes:

> *„Niemals wird lebendige Indifferenz aus einem Ja das Nein machen können: aber gegen die Zertrennung, die Loslösung des Neins vom Ja wird sie ewig Protest einlegen ... Niemals wird sie zugeben, dass Zorn und Sanftmut sich voneinander verabschieden; sie wird als ihre Ununterscheidbarkeit immer die Harmonisierung ihres Unterschieds sein müssen. Sie besorgt den Magnetismus der Extreme."[217]*

234

„Philosophieren bedeutet: Aufschluss verlangen über den Grund der Ohnmacht, unserer tiefgefühlten Allmacht."[218]

Etwas ausführlicher: Die Spaltung, die mit dem Menschen in die Welt kommt und die er unvermeidbar als schmerzlich empfindet – die Trennung in Ich und Welt, und Objekt, Sein und Bewusstsein, Endlichkeit und Unendlichkeit (oder mit welchen Begriffen der eine Bruch sonst immer gefasst werden mag) –, ist Schein, mangelnde Kunst: Sie ist dadurch aufzuheben (nur dadurch), dass die Welt von einem Nullpunkt her verstanden und dass das Differente als Auseinander derselben inneren Aktion des Identischen bestimmt wird. Der Nullpunkt (das Nichts der Welt, das Absolute, der Schöpfer) kann nicht als für sich seiende Substanz, als Gott oder Materie oder sonst ein dem Erkennen und Empfinden äußerliches Lebensprinzip vergegenständlicht werden, der Nullpunkt muss unbedingt sein. (Jedes Gegenüber ist nur durch uns für uns, nur durch unser Denken oder Fühlen, also bedingt und nicht absolut.) Nur das kann Nullpunkt sein, was selbst die Bedingung allen Erkennens, Empfindens, Vorstellens (auch der Selbsterkenntnis), die Bedingung aller Differenz ist: das (reine) Ich, Selbst, Individuum.

Um inmitten des Ozeans der Wahrheit zu schwimmen, muss man sich selbst auf Null zurückführen
Mahatma Gandhi

Das liest sich so, als würde hier Gandhi genau das meinen, wovon Friedlaender gesprochen hat: Die schöpferische Mitte als Nullpunkt, als Ausgangspunkt. Sie ist halt nur so schwer zu verstehen, weil es in unserer Sprache kein gemeinsames Wort für „Ja" und „ Nein" gibt. Ein Wort, in dem drei Dinge vorkommen: beide Polaritäten und beide, aufgegangen, aber nicht vergangen in einem gemeinsamen Mittelpol.

Sylvia Wetzel erzählt von einen Bild, welches der bekannte Lama Zopa gerne braucht: Die Kugel rollt:

„Lama Zopa hat einmal ein starkes Bild verwendet: Bodhisattvas sind wie Kugeln, sie rollen durch die Welt und haben kein Problem, sie rollen und rollen. Alle Menschen sind eigentlich solche Kugeln, aber wir identifizieren uns mit einem sehr kleinen Fleck auf der Oberfläche der Kugel, das ist dann unser bedingtes kleines Ichgefühl. Solange wir oben sind, ist alles gut. Dann rollt die Kugel weiter und der Fleck gerät nach unten, und dann gibt es ein Drama. Der Fleck stößt irgendwo an: Drama. Der Fleck liegt unten und die ganze Kugel lastet auf ihm: Drama. Irgendwann ist der Fleck wieder oben, weil die Kugel eben rollt: Wunderbar, die Welt ist schön, alles ist prima, und ich bin oben, und ich bin die Chefin der Kugel. Und dann rollt die Kugel wieder und so weiter.
Der Trick oder das Geheimnis der Bodhisattvas ist einfach: Sie identifizieren sich mit dem Zentrum. Sie ruhen in ihrer Mitte und haben kein Problem. Die Ku-

gel rollt genauso wie vorher, und alles ist wie vorher, nur das Problem ist weg. Wenn man sich mit einem ganz kleinen Teil dessen identifiziert, was ist, hat man immer ein Problem."²¹⁹

Es gibt ja die Redewendung „ ... ich könnte mich kugeln ..." Wenn das ein hilfreicher Schritt ist, das Zentrum der Kugel zu finden, gleichzeitig um die ganze Kugel zu wissen ist „Sich kugeln" eine gute Übung auf dem Weg.

Dieses Bild passt hier auch sehr gut hin, weil es das zweidimensionale Figur-Grund-Prinzip der Gestalttherapie um die dritte Dimension erweitert. Insofern vereinigt das Bild der Kugel das Bild der Leinwand, auf der sich das Figur-Grund-Geschehen abspielt, mit dem Bild der schöpferischen Mitte Friedlaenders.

Extreme sind immer ungünstig; darum sprechen wir im Buddhismus ja auch vom „Mittleren Weg". Aber genauso gilt auch, das es ohne Endpole keine Mitte gäbe. Buddha hat den Mittleren Weg gefunden, nachdem er alle Extreme – den Weg des extremen Überflusses und den Weg der totalen Askese – ausge- und erlebt hatte. Die Mitte wird erst durch die Extreme zur Mitte; genauso wie das Rad die Nabe braucht, um zum Rad zu werden. Die Nabe für sich ist genauso wenig das Rad wie der äußere Reifen.

Ich glaube, Friedlaender war selber ein gutes Beispiel für seine Theorie: Die beiden Seiten, einmal das Pseudonym „Mynona" (anonym rückwärts gelesen) und einmal sein ureigenster Name Salomo Friedlaender ergeben zusammen die Person Friedlaender.

Soweit die Kurzdarstellung der Gedanken Friedlaenders, die Eingang in die Gestalttherapie gefunden haben. Schauen wir uns nun an, wie Perls diese Gedanken in seine Überlegungen zur Gestalttherapie einbezogen hat.

Für Fritz Perls war die schöpferische Indifferenz von Salomo Friedlaender ein außergewöhnlich wichtiges Konzept. Das erste Kapitel in seinem ersten Buch „Das Ich, der Hunger und die Aggression" ist der schöpferischen Indifferenz gewidmet. In seiner Autobiographie „Verworfenes und Wiedergefundenes aus meiner Mülltonne" nennt er Salomo Friedlaender seinen Guru, obwohl er da auch seinen Vornamen verwechselt und ihn Siegmund nennt, was dann bei verschiedenen, vor allem ausländischen Autoren so übernommen wurde. In seiner Autobiographie schrieb Perls:

> *„Meine erste Begegnung mit dem Nichts im philosophischen Bereich war die Null in Gestalt des Nullpunktes. Ich fand es unter der Bezeichnung ‚Schöpferische Indifferenz' bei Siegmund Friedlaender."²²⁰*
> *„Seine philosophische Arbeit – Schöpferische Indifferenz – hatte einen starken Einfluss auf mich."²²¹*
> *„Was immer ist, differenziert sich in Gegensätzen. Wenn ihr euch von einer der entgegengesetzten Kräfte einfangen lasst, sitzt ihr in der Falle oder verliert zumindest das Gleichgewicht. Wenn ihr im Nichts des Nullpunktes bleibt, bewahrt ihr die Balance und Perspektive. Später wurde mir klar, dass das das westliche*

Äquivalent zur Lehre Laotses ist." Und weiter heißt es: „Null ist nichts, ist Lee-
re. Ein Punkt der Indifferenz, ein Punkt von dem aus Gegensätze geboren wer-
den. Diese Indifferenz ist in dem Moment schöpferisch, wo die Differenzierung
beginnt."[222]

In seiner Autobiographie verweist Perls dann selbst auf das erste Kapitel in „Ich, Hunger und Aggression", er habe dem dort Gesagten nichts hinzuzufügen. Was faszinierte Perls so an der schöpferischen Indifferenz? Setzte er die schöpferische Indifferenz in sein Therapiekonzept um und wie? In „Das Ich, der Hunger und die Aggression" beginnt Perls die Reflexion über die schöpferische Indifferenz mit der Feststellung der „wechselseitigen Abhängigkeit" zwischen dem Beobachter und dem Beobachteten, eine „objektive Wissenschaft" gebe es nicht. Für Perls hat Friedlaender mit der schöpferischen Indifferenz „einen Punkt gefunden, von dem aus der Beobachter die umfassendste und am wenigsten verzerrte Anschauung gewinnen könnte."[223]

Perls hat Friedlaender so verstanden:

1. Friedlaender stelle die Theorie auf, „jedes Ereignis stehe in Beziehung zu einem Nullpunkt, von dem aus eine Differenzierung in Gegensätze stattfinde. Diese Gegensätze zeigen in ihrem spezifischen Zusammenhang eine große Affinität zueinander."
2. „Indem wir wachsam im Zentrum bleiben, können wir schöpferische Fähigkeiten erwerben, beide Seiten eines Vorkommnisses zu sehen und jede unvollständige Hälfte zu ergänzen. Indem wir eine einseitige Anschauung vermeiden, gewinnen wir eine viel tiefere Einsicht in die Struktur und die Funktion des Organismus."[224]

Interessanterweise geht Perls von der Grundeinheit ‚Ereignis‘ oder ‚Vorkommnis‘ aus und nicht von Objekten oder Gegenständen. Er verweist ja immer wieder auf Heraklits ‚Alles fließt‘, den grundsätzlichen Prozesscharakter. „Gegenstände sind Ereignisse" heißt es im Zen-Buddhismus.

Die Interpretation Friedlaenders durch Perls, das Insistieren Perls „auf von Interessen bestimmte Beobachtung", enthält ja tatsächlich auch einige buddhistische Aspekte. Wenn wir für Interessen ‚Anhaftung‘ einsetzen, wird die Wirklichkeit durch Anhaftung verzerrt, und man kommt der Wirklichkeit näher, wenn man beide Seiten sieht, vom Nullpunkt aus, von der schöpferischen Indifferenz aus. Im Buddhismus heißt es vom Standpunkt der ‚Leere‘ aus, der Nicht-Dingheit (no-thingness), weil dann das Begehren nicht mehr zu stark ist. „Wenn der östliche Mensch ‚nichts‘ sagt, nennt er es ‚nicht-etwas‘ (no-thingness), es gibt da keine Dinge. Es gibt nur Geschehen, Ereignis."[225]

Am Anfang war das Unterscheiden von etwas und etwas, von A und Nicht-A, Figur und Grund, Himmel und Erde, Yin und Yang usw. ... „Die Differenzierung in Gegensätze ist eine wesentliche Eigenschaft unseres Geistes, des Lebens selbst", sagt

Perls. Das gilt auch für die Vorstellungen von der Schöpfung aus deinem Chaos in verschiedenen Kulturen. Die hier angedeutete Erkenntnistheorie der schöpferischen Indifferenz bei Perls hängt eng mit dem Therapiekonzept zusammen. Perls gibt ein Beispiel für das, was er ‚Denken in Gegensätzen' nennt:

> *„Nehmen wir an, Sie hatten eine Enttäuschung erlitten. Wahrscheinlich werden Sie dazu neigen, Personen oder Umständen daran die Schuld zu geben. Wenn Sie das Gegenteil von Enttäuschung suchen, kommen Sie auf ‚erfüllte Erwartung'. Sie gewinnen dadurch einen neuen Aspekt – das Wissen, dass zwischen Ihren Enttäuschungen und Ihren Erwartungen ein funktionaler Zusammenhang besteht: große Erwartung – große Enttäuschung, geringe Erwartung – geringe Enttäuschung, keine Erwartung – keine Enttäuschung."[226]*

Perls weist in dem Beispiel wieder auf die Verantwortung des Handelnden hin, dass eben die Enttäuschung durch die Erwartung gespeist wird. Wenn wir durch den Nullpunkt der schöpferischen Indifferenz gehen, können wir erkennen, um was es sich bei Enttäuschung handelt.

Wenn Erv Polster eine der wichtigsten Aufgaben des Therapeuten darin sieht: „to scramble the frame of reference" (den Bezugsrahmen durcheinander zu rühren), dann heißt das u.a., durch den Nullpunkt der schöpferischen Indifferenz zum Gegenteil zu gehen und die Gegensätze zusammen zu sehen. Wenn einer sagt: „Ich habe Angst, ich kann nicht singen", dann hat er implizit den Gegensatz „wenn man Angst hat, kann man nicht singen" einerseits, „wenn man keine Angst hat, kann man singen" andererseits. Der schöpferische Nullpunkt wäre in diesem Fall „ich habe Angst, und ich kann singen."

Cardorff, der eine Einführung in das Denken Friedlaenders geschrieben hat, fasst diesen Gedanken folgendermaßen zusammen:

> *„Die Spaltung, die mit dem Menschen in die Welt kommt und die er unvermeidbar als schmerzlich empfindet – die Trennung von Ich und Welt, Subjekt und Objekt, Sein und Bewusstsein, Endlichkeit und Unendlichkeit (oder mit welchen Begriffen der eine Bruch sonst immer gefasst werden mag) – ist Schein, mangelnde Kunst; sie ist dadurch aufzuheben (nur dadurch), dass die Welt von einem Nullpunkt her verstanden, das Differente als Auseinander des Selben, innere Aktion des Identischen, bestimmt wird."[227]*

Ludwig Frambach erweiterte und differenzierte in seiner Arbeit den Zusammenhang zwischen Friedlaender und Gestalttherapie:

Er setzt die Philosophie Friedlaenders in Zusammenhang mit dem gestalttheoretischen Figur / Hintergrund-Denken und zusätzlich führt er eine neue Unterscheidung ein. Der figürliche Vordergrund und der diffuse Hintergrund sind nach Frambachs Ansicht als polare Differenzierung zu betrachten. Hinter dieser Vordergrund / Hintergrund-Dynamik muss nun noch ein Grund gedacht werden, der Friedlaenders Schöpferischer Indifferenz entspricht. Dieser Grund darf nicht mit dem Hintergrund verwechselt werden. Er ist ja indifferent, er ist das, was sich in Vordergrund und Hintergrund differenziert. Die vierte Schicht in Perls' Neurosemodell, die Implosionsschicht, kann so als Erfahrung des indifferenten Grundes verstanden werden. In der indifferenten Grund-Erfahrung wird die Mitte erfahren, die die Möglichkeit einer ausgewogenen Gestaltbildung in sich trägt.

Perls selbst hat diese Entsprechung nie so formuliert. Er hat Grund und Indifferenz gleichgesetzt.

Ich finde Frambachs Gedankengang überzeugend. Zu seiner Überlegung sei an dieser Stelle ergänzend bemerkt: Der Bewusstseinszustand, der zu dieser Erfahrung des Grundes gehört. ist der mittlere Modus. Das Kipp-Phänomen von der Blockierung in die fruchtbare Leere ist mit dem Übergang von einem Bewusstseinszustand in einen anderen verbunden, nämlich von der awareness in den mittleren Modus. Es ist Aufgabe des Therapeuten und auch des spirituellen Lehrers, diesen Kippvorgang, diese ,kopernikanische Wende' im Weltbezug des Menschen zu unterstützen. In diesem Moment löst sich ja die Ichbezogenheit des Menschen auf. Für den Psychotherapeuten Perls war dieses Kipp – Phänomen etwas Vorübergehendes; der mittlere Modus kehrt nach einer Weile wieder in das Alltagsbewusstsein zurück. Der Anspruch der spirituellen Traditionen ist anders: dort ist das Ziel, ständig im Zustand des mittleren Modus zu verweilen, sich des tragenden Grundes immer gewahr zu sein, auch in den alltäglichsten Beschäftigungen.

Ich erinnere an dieser Stelle an das Bild der Kinoleinwand: Gestaltpsychologisch ausgedrückt spielt sich auf der Leinwand eine Vielzahl von Figurbildungen auf wechselndem Hintergrund ab. Die Leinwand selbst – der Grund, von dem Frambach spricht – bleibt von diesem Geschehen ungerührt.

Der Jungianer Erich Neumann, der schweizer Philosoph Jean Gebser und der amerikanische Theoretiker der transpersonalen Psychologie Ken Wilber, kommen in der Analyse der kulturgeschichtlichen Überlieferungen zusammengefasst zu folgendem Entwicklungsverständnis: Das menschliche Bewusstsein macht in seiner Evolution zunächst eine Entwicklung aus der Unbewusstheit der Tiere mit reflexhaften und instinktiven Verhaltensweisen zu globalen archaischen Formen eine Art Dämmerbewusstseins, das mit frühen verschmolzenen symbiotischen Erlebnissen verglichen werden kann und von Neumann als uroborisch und von Wilber als präpersonal bezeichnet wird. Dann entwickelt es sich weiter zur heute vorherrschenden Form des Ich-Bewusstseins, für das Reflektionsfähigkeit, Rationalität aber auch Verantwortungsgefühl charakteristisch sind und das als personales Erleben charakterisiert wird. Ken Wilber spricht von der „Halbzeit der Evolution" und geht davon aus, dass unser Bewusstsein weiter schreiten wird zum „Bewusst sein der Götter". Diese Metapher meint eine Erweiterung unseres heutigen Bewusstseins im Sinne einer Transnationalität, einer Transpersonalität, einer Überwindung des inneren Getrennt- und Gespaltenseins, im Sinne einer Bewusstheit für die Ganzheit des Seins.

Ich finde diese Gedankengänge sehr aufmunternd – zeigen sie doch, dass wir als Menschheit noch lange nicht „das Ende der Fahnenstange" erreicht haben. Und, dass das Ende der Menschheit nicht die gegenseitige totale Vernichtung sein wird. Schade, dass ich nicht mehr dabei sein kann.

Ich möchte die Gedankengänge Gebsers hier kurz darstellen, da er der erste war, der solche Gedanken formuliert hat. Auch Gebser gehört zu den Denkern, mit denen sich die Gestalttherapie bzw. die Gestalttherapeuten bislang viel zu wenig beschäftigt haben![228]

Zur Überwindung des dualistischen Denkens erscheint es sinnvoll, kurz darzustellen, wie es entstanden ist und welche Perspektiven feststellbar / möglich / nötig sind. Ähnlich wie jeder einzelne Mensch hat auch die Menschheit als Ganzes eine Biographie des Denkens und des Weltbildes. Dabei baut eine Entwicklungsstufe auf die jeweils vorherige auf, der Entwicklungsprozess als Ganzes ist irreversibel. Besonders die letzte Aussage erscheint mir wichtig, da sich hieraus eine Einschätzung der Möglichkeiten und Richtungen der Überwindung des dualen Denkens ergibt.

Doch nun zu den einzelnen Entwicklungsstufen, wobei parallel zu dem hier Gesagten, was sich auf die Entwicklung der Menschheit als Ganzes bezieht, der Prozess der individuellen Entwicklung „mitgedacht" werden muss.[229]

Da ist zunächst das archaische Bewusstsein des Urmenschen, der gerade angefangen hat, die ersten Freiheiten zu erfahren, die mit der Loslösung von der Instinktgebundenheit, die dem Tier, welches er noch kurz zuvor war, verbunden war. Zwischen dem Menschen dieser Zeit und seiner Umwelt gab es keinen Unterschied; er war sozusagen von Natur aus eins, von Natur aus erleuchtet. Sein Weltbild, sein Denken waren nulldimensional. Dies alles kann von uns heute nur sehr schwer nachvollzogen werden; aber vergegenwärtigen wir uns, dass das neugeborene Kind zunächst auch zwischen sich und seiner Umwelt keinen Unterschied „macht", wobei das Wort ‚macht' ja schon zu viel ist, weil es ein aktives Handeln suggerieren könnte. Um es gestaltpsychologisch auszudrücken: Es gibt kein Figur-Grund-Problem, da alles Figur (oder auch Grund) ist.

Auch die zweite Stufe, die Stufe des magischen Bewusstseins ist heute für uns schwer einfühlbar, insbesondere da der Begriff der Magie heute eine andere Bedeutung hat. Wir müssen uns immer wieder vergegenwärtigen, dass – ähnlich wie der archaische Mensch nur archaisch war -auch der Mensch der magischen Entwicklungsstufe nur magisch war – abgesehen von archaischen „Resten".

Kennzeichnend ist das erste Herauslösen aus der Alleinheit; der Mensch ist nicht mehr Teil der Natur, er ist „nur" noch mit ihr verflochten. Er beginnt, sich ihrer zu bedienen, sie zu beherrschen; allerdings auf einer magischen Ebene. Die beginnende Nutzung der Natur, vor allem aber der Schutz gegen die Naturkräfte, lassen – wenn auch noch schemenhaft – die Natur als für ihn unerfassbares, darum magisches Gegenüber entstehen.

Die Welt ist aber noch raum- und zeitlos, praktisch eindimensional punkthaft. Sein Ich hatte dieser Mensch noch nicht „entdeckt". Auch hier ist es wichtig, sich zu verdeutlichen, dass man nicht von einer Wir- oder Hordenidentität sprechen kann, denn eine solche Sichtweise würde ja – zumindest potenziell – andere Alternativen, nämlich den „Ich-Mensch", voraussetzen; dies ist mit der Eindimensionalität gemeint. Ein wichtiger Teil des Lebens zu dieser Zeit sind die magischen Fähigkeiten, wie z.B. magische Sensibilität und Telepathie. Interessanterweise zeigen Darstellungen aus dieser Zeit den Menschen ohne Mund, aber mit einer Aura.

Die nächste Stufe kann als mythisches Bewusstsein beschrieben werden. Es erwacht das Ich-Bewusstsein und daraus wieder „historisches Bewusstsein", jedoch in der Form von Mythen und Symbolen. Wie bei allen Entwicklungsstufen, so ist auch hier ein Hinweis notwendig, dass die Beschreibung ja in „heutigen" Begrifflichkeiten geschieht. Dies macht es unter Umständen noch schwieriger, die beschriebenen Phasen zu verstehen.

Das Kind in der Phase des anthropomorphistischen Denkens gibt den Dingen keinen Namen, sondern der Name und das Ding sind eins: der Tisch und der Name ‚Tisch' sind eine Einheit. So ist der Mythos „normaler" Bestandteil dieser Welt. Für einen Augenblick müssen wir uns vergegenwärtigen, dass die Einschätzung solcher mythischen Vorgänge heute vom rationalen Denken – einem Denken, das es zu dieser Zeit nicht gab – aus geschieht. Mythen sind die raum- / zeitunabhängigen Kollektivträume der Völker. Hier waren sie „mythische Realität". Man konnte sie auch die Zeit der Imagination nennen.

Die nächste Entwicklungsstufe ist die des mentalen Bewusstseins. Athene, die Personifizierung der Intelligenz und der Vernunft, wird bezeichnenderweise aus dem Haupt des Zeus geboren. Interessanter- und bemerkenswerterweise endet auch das Zeitalter des Matriarchats, es entsteht das Patriarchat.

Alles wird vorstellbar. Denken in Abstraktionen, Messen reißt den Menschen fort von der Triebwelt (dem Archaischen), dem Emotionalen (dem Magischen) und der Bilderwelt (dem Mythischen) hin zu einer gedachten Welt. Messbarkeit, Beweisbarkeit sind zentrale Kategorien geworden. Was nicht messbar ist, was nicht beweisbar ist, existiert nicht. Ihre meines Erachtens merkwürdigsten Auswüchse findet diese Denkstruktur in den „Gottesbeweisen"; vor dem Hintergrund der stufenmäßigen Entwicklung ein Paradoxon in sich!

Es entstehen These-Antithese-Synthese. Äußerst spannend fand ich es zu lesen, dass Schriftsysteme, die zu dieser Zeit entstanden sind, von links nach rechts verlaufen; während ältere Schriften von rechts nach links verlaufen. Die linke Seite (nicht nur des Gehirns) versinnbildlicht das Unbewusste, Mythische, während die rechte Seite das Rationale, Mentale beschreibt.

„Erkenne Dich selbst", der berühmte Satz, den Thales von Milet im 6. Jahrhundert v. Chr. am Tempel des Apoll in Delphi anbringen ließ, ist schon von links nach rechts geschrieben!

Doch zurück zur mentalen Denkweise. In ihr leben wir heute noch, sie ist durch das dreidimensionale Denken gekennzeichnet. Vieles spricht dafür, dass diese Phase sich ihrem Ende nähert. Wie bei allen Phasen, so können auch hier Anfänge, Hoch-

Zeiten sinnvoller Erfüllung und Zeiten der Degeneration gesehen werden: Das Typische der jeweiligen Phase löst sich aus der Alltagswelt, verselbständigt sich und übt entfremdete Macht aus (habeas habebit). Das Ende der mentalen Phase der Menschheit ist jedoch besonders dramatisch: Der Abschied von der mentalen Struktur ist gleichbedeutend mit dem Abschied unbegrenzter Möglichkeiten, wie es lange Zeit das mentale, rationale Denken suggeriert hat.

Wie nun kann der nächste Entwicklungsschritt aussehen? Es wird hier von einer integralen Denkweise oder, wie Einstein es ausdrückte, der „vierten Dimension" die Rede sein. Es steht jedoch nicht in unserer Macht, diese neue überlebenswichtige Struktur herbeizuführen, genauso wenig wie der Affe „entscheiden" konnte, Mensch zu werden. Diese Struktur ist etwas gänzlich Neues und kann bestenfalls erahnt werden; wir können sie genauso wenig beschreiben wie der mythische Mensch keine schlussfolgernden Abstraktionen beschreiben konnte. Wäre es uns möglich, das neue Bewusstsein in „mentaler Sprache" zu beschreiben, so wäre es nicht neu, sondern lediglich eine „Kursänderung".

Das integrale oder auch aperspektivische Denken ist mehr als eine harmonische Synthese aller vorausgegangenen Strukturen.

> *„Die tiefsten Erfahrungen in den Religionen, sei es im Westen oder im Osten, können rational allein nicht erklärt werden. Sie müssen erfahren werden. Aber auch der, welcher sie erfährt, kann sie niemals so durch Worte und Begriffe darstellen, dass jemand, der sie nicht selbst gehabt hat, vollkommen verstehen kann; denn sie liegen im Bereich des ‚Arationalen', das weder irrational noch rational ist, sondern über das Rationale hinausgeht. Das Irrationale kann dem Menschen der rationalen Struktur auf die Dauer nicht die Hilfe geben, die er braucht. In das Irrationale auszuweichen wäre Flucht nach rückwärts. Andererseits ist das Angebot von Irrationalem in den verschiedensten Formen heute sehr breit. Dahin auszuweichen ist viel leichter, als das Rationale zu überwinden und darüber hinauszugehen."[230]*

Die Vierte Dimension kann nicht als eine weitere, eine zusätzliche Dimension beschrieben werden, sondern nur als eine integrierende „Über"-Dimension. Sie ist nicht eine echte Dimension wie die ersten drei, sondern sie ist zeitfrei, a-kategorial, a-dimensional.

> *„Das Integrale, als ein geistiger Mutationssprung verstanden, hebt das Mentale in der Weise auf, dass es die Erlebnis- und Erkenntnismöglichkeiten der genannten früheren Bewusstseinsstufen nicht etwa völlig auslöscht oder sie verdrängt, sondern das Integrale überhöht, umfasst – es integriert sie. Es bedarf somit keiner Regression und keiner gegenwartsflüchtigen Rückwendungen in alte, atavistische Seelenmöglichkeiten, wie sie heute auf dem Markt der Pseudo-Esoterik angeboten werden. Es sind jene Seelen-Unmöglichkeiten, denen ein reduziertes, ge-*

dämpftes Bewusstsein zugrunde lag. Vielmehr geht es heute offensichtlich darum, das geistige Erbe das Ursprungs ins volle Licht der Gegenwart zu stellen und damit das in der Phase des Mentalen errungene Ich-Bewusstsein zu bejahen. ... Gebser plädiert für ein Handeln aus ‚Ich- Freiheit‘, ohne dass das Ich preisgegeben werden müsse. Dem werde die Welt transparent, der aus solcher Ich-Freiheit zu handeln vermöge.“[231]

Ansätze der neuen Bewusstseinsart sind besonders dramatisch in der Physik bemerkbar: das Gegensatzpaar Raum-Zeit ist zur Raum-Zeit-Einheit geworden; Energie und Materie sind keine Gegensatzpaare mehr.

Die Ausführungen bis hierhin mögen vielleicht etwas fremd und zum Teil schwer nachvollziehbar sein. Besonders der Ausblick in das integrale Denken muss zwangsläufig unvollständig bleiben. Ich wollte lediglich darstellen, in welcher Richtung das dualistische Denken überwunden werden kann. Nur vor dem Hintergrund der Gesamtentwicklung wird meines Erachtens jetzt deutlich, dass ich eine Rückbesinnung auf das Mystische, das Esoterische, wie sie ja angeblich im so genannten „Wassermannzeitalter“ geboten ist, nicht als Rückbesinnung, sondern als Rückschritt ansehe. Diese Rückbesinnung bestätigt und verfestigt das dualistische Denken insofern, als es sich bewusst gegen das rationale Denken abheben will; es entsteht keine A-Kategorie, sondern ein neues Figur-Grund-Problem. Also eine Sichtweise, die nichts mit wirklicher Überwindung der Dualität zu tun hat. Dies mag kurzfristig interessant und vielleicht auch befriedigend sein; ein neues Bewusstsein, ein „new age“ entsteht so nicht!

Ähnlich ist ja gerade die Existenz des Atheisten ein Beweis für die Existenz des Gottgläubigen. Auch hier gibt es das Figur / Grund-Problem: ohne den Religiösen gäbe es keinen Atheisten.

Es gibt nicht mehr nur eine Wahrheit und wo dies nicht mehr der Fall ist, welchen Sinn haben da noch Lehrsätze? Dies verunsichert zutiefst; jahrtausendalte Sicherheiten stürzen ein.

„Denn es entspricht dem neuen Menschen, dass er zu einem Glauben kommt, der nicht vom Glauben seiner Umgebung abhängig ist, sondern in ihm selbst so tief verwurzelt ist, dass er durch den Unglauben seiner Umgebung nicht erschüttert werden kann. Gerade von dieser Seite her ist es einsichtig, dass dieser neue Mensch als Mensch weiter fortgeschritten ist als sein Vorgänger. Denn offenbar ist ein Glaube, der auch in einer ungläubigen Gesellschaft feststeht, höher zu werten als ein Glaube, der weitgehend auf dem Glauben seiner Umgebung beruht. Der echte Glaube ist zweifellos der erstere.“[232]

Gebser, von dem dieses Entwicklungsmodell stammt, sieht „Chancen“, dass der Zen-Buddhismus gerade hier sehr hilfreiche Anstöße geben kann:

„Geistig ist möglicherweise der Zen-Buddhismus einer der Ansätze, welcher einst der ‚Großen Begegnung' dienlich sein könnte. Zen ist leider eine Zeitlang im Westen zur Mode und dementsprechend entwertet und missverstanden worden. In Japan geht diese Lehre heute noch mit der Robustheit und dem Berserkertum, die dem Japaner auch eigen sind, gegen das mentale Denken vor, das sie letztlich nicht nur ablehnt und verurteilt, sondern sogar verspottet, wodurch die keineswegs immer nüchterne, sondern oft affektbetonte Reaktion gegen das mentale Denken offensichtlich wird. Andererseits strebt der Zen-Buddhismus ein Bewusstsein an, das über das mentale hinausgeht, wodurch sich ihm das arational-integrale erschließen könnte. Dabei wurzelt er sich sichernd in der prärational-magischen und der irrational-psychischen Sphäre. Er würde also, bei sorgsamer Beurteilung und Auswertung des mental-rationalen Bereiches, zu einer Integrierung aller Bewusstseinsstrukturen im Arationalen befähigt sein..."[233]

Wenn man die von Gebser und Lassalle beschriebene Entwicklung hochrechnet, dann wird es in – ferner – Zukunft Menschen geben, die mit uns heute etwa soviel kommunizieren können, wie wir mit dem Neandertaler. Ich finde den Gedanken, dass das Entwicklungspotential des Menschen, der Menschheit bislang noch lange nicht ausgeschöpft sein soll, immer wieder neu faszinierend.

Ein Ziel therapeutischer Arbeit sollte die Überwindung des dualistischen Denkens sein. Damit möchte ich jedoch nicht sagen, dass das duale Denken per se falsch oder schlecht sei. Bewusst machen, Aufteilen, Kategorisieren und Dualisieren sind wichtige Schritte der Entwicklung persönlicher Autonomie. Eine Loslösung vom Elternhaus kann z. B. nur über die genannten Schritte erfolgen: Es ist wichtig, sich die Beziehung bewusst zu machen, sie dann in ihre „Bestandteile" zu zerlegen und diese dann zu benennen. Liebe, Enttäuschung, Trotz, Traurigkeit, Hass, Ablehnung, Hoffnung... etc. Der nächste Schritt – das duale Denken – macht deutlich, dass beides da ist / war und beides wahr ist / war: Liebe und Hass; Trotz und Annäherung; Traurigkeit und Lebendigkeit ... beides zusammen ergibt die Beziehung. Je klarer dies erkannt wird, d. h. je klarer das Gefühlskonglomerat ‚aufgebröselt' wird, desto besser sind Ablösung und Autonomie möglich.

Ähnlich wie oben, sowohl in der Entwicklung der Menschheit als Ganzes als auch in der individuellen Entwicklung, folgt eine Stufe nach der anderen und schließt eine Stufe praktisch die Gestalt der vorherigen. Wobei die jeweils nächste Stufe – wie ebenfalls oben ausführlich dargestellt – vollkommenes Neuland ist. Jemand, der z. B. im Anfangsstadium einer Therapie beginnt, sich der Beziehung zu seinen Eltern bewusst zu werden, d. h. bereit ist, sich von dem simplen Allerweltsstatement „Ich hatte eine schöne Kindheit" zu lösen, ein solcher Klient ist mit der Aufforderung, für die Dualität ‚Liebe – Hass' Raum zu lassen, überfordert. Ein Erstklässler braucht noch keine Integralrechnung zu bewältigen (s. o.).

Aber genauso gilt, dass ich Integralrechnungen nur bewältigen kann, wenn ich das kleine Ein mal Eins durchlaufen habe. Anders ausgedrückt: Ich kann Neues nur finden, wenn ich das Alte kenne – im Sinne durchschrittener Abschnitte eines Werde- bzw. Integrationsprozesses.

Das Denken in Figur / Grund-Gestalten ist ja letztlich auch nichts anderes als Dualitäten oder Kategorien bilden. Wie sehr dies sinnvoll und lebenswichtig ist, zeigt z. B. der Vergleich „normales" Hören *verus* Hörgerät: der menschliche Hörapparat unterscheidet automatisch zwischen wichtigen und unwichtigen Geräuschen und versetzt so z. B. Eltern in die Lage, das Weinen ihres Kindes aus dem Lärm einer ganzen Kindergruppe selektiv wahrzunehmen. Das Hörgerät bringt alle Laute – ohne Rücksicht auf deren Inhalt und Bedeutung zur Wahrnehmung und es bedarf oft langen Trainings, bis jemand sinnvoll mit einem Hörgerät „hören" kann.

Alles ist, was es ist – dieser schon mehrfach zitierte Satz heißt auch: „Ich bin, was ich bin." Wenn ich versuche, mehr zu sein, kann es mir ergehen wie dem „Superhasen": Zwar bekomme ich viel Bewunderung und am Ende sogar ein Denkmal, nur: wer da auf dem Denkmal steht, das bin nicht ich; wer da so bewundert wird, das bin nicht ich!

Der Superhase [234]

Hans Knabberrabber lag im Gras und träumte. Woher kommen die Wolken und wohin fliegen sie? Wie werden die Mohrrüben rot in der schwarzen Erde? Warum sieht ein Hase wie der andere aus? „Ach", seufzte Hans Knabberrabber, „die Hasenohren sind lang, aber das Hasenleben ist kurz." Und schon nagte die Frage in seinem Hasenkopf, die ihn am meisten beschäftigte: Wie werde ich berühmt? „Wer berühmt ist, ist anders als die andern – also: wer anders ist als die andern, wird berühmt!" So dachte Hans Knabberrabber in seinem Hasenhirn und beschloss, anders zu werden als die andern. Am nächsten Morgen, als alle Hasen stumm ihre Mohrrüben zum Frühstück sammelten, pflückte er Pusteblumen. Dazu sang er laut. „Verrückt", mümmelten die andern Hasen und wunderten sich. „Hans Knabberrabber hat einen Rappel!" „Vielleicht macht ihn eine Mohrrübe wieder normal", dachten sie. Aber Hans knabberte die Mohrrübe, die sie ihm schenkten, im Kopfstand und schielte dabei. „Erstaunlich!" riefen einige Hasen. So etwas hatten sie noch nie gesehen. „Ich bin auf dem richtigen Weg", dachte Hans Knabberrabber. „Ich werde berühmt!" Und sogleich behauptete er: „Ich kann schwimmen!" Neugierig folgten ihm die Hasen zum Mühlteich. Langsam kletterte Hans auf das Mühlrad, richtete sich stolz auf und rief: „Ich bin eine Ente!" Dann sprang er los. Die Hasen hielten die Luft an: Hans Knabberrabber plumpste in das Wasser wie ein Stein. Natürlich konnte Hans kaum die Ohrenspitzen über Wasser halten. Aber eine Strömung trieb ihn ans Ufer, auch wenn er sich später nicht mehr daran erinnern konnte. Er hatte fünf Liter Wasser geschluckt – aber er war am Leben. Im Triumphzug wurde „Hans der schwimmende Hase" zurückgetragen und wie ein Held gefeiert. Und sogleich prahlte er: „Ich kann auch fliegen!" Mit geschwellter Brust ging er auf den nächsten Baum zu. Atemlos beobachteten die Hasen, wie er höher und höher kletterte. Oben hockte er sich auf einen dicken Ast, ruderte wild mit den Armen und schrie: „Ich bin ein Uhu!“ Dann breitete er die Arme aus und sprang. Die Hasen schrieen laut auf vor Schreck und schlugen entsetzt die Pfoten vor die Augen. Wie erstarrt saßen sie da. Erst als sie Schritte hörten, wagten sie, zwischen den Pfoten hervorzublinzeln: Da stand Hans Knabberrabber ganz lebendig vor ihnen.

„Er kann fliegen wie ein Vogel“, staunten sie. Dass Hans auf ein weiches Moospolster gefallen war, hatten sie nicht gesehen. Mit Windeseile sprach sich im Hasenland herum, dass Hans ein besonderer Hase war, ein Hase, der schwimmen und fliegen konnte, ein Superhase.

Und wer wollte das nicht sein, ein Superhase? Wer wollte nicht schwimmen und fliegen können? Viele machten es ihm nach. Und so kam es, dass der Fischer sich über die ertrunkenen Hasen wunderte, die im Mühlteich trieben. Der Förster wunderte sich über die Hasen, die mit gebrochenem Genick unter den Bäumen lagen. Und die Zeitungen berichteten über das seltsame Hasensterben. Hans Knabberrabber war berühmt. Er machte sich einen dicken Knoten in jedes Ohr, damit ihn alle erkennen konnten. Was kümmerte es ihn, dass er nichts mehr hörte! Denn wer hört schon mit Knoten in den Ohren? Das dachte sich auch der Fuchs. Am gleichen Abend noch holte er sich den berühmten Hans Knabberrabber – und er schmeckte ihm wie jeder andere Hase. Ein Denkmal bauten ihm die Hasen in einem Park, auf grünem Rasen. Und auf dem Marmor steht geschrieben: Er konnte kopfstehn, schwimmen, fliegen!

Die Kalligraphie auf der Vorderseite lautet:

Geduld

Ich muss noch
viel mehr Kind werden

DAS UNERLEDIGTE GESCHÄFT

Zwei Mönche, Tanzan und Ekido gingen einst auf einer Reise eine lehmige Landstraße hinunter. Es regnete in Strömen. Als sie an eine Wegkreuzung kamen, trafen sie dort auf eine junge Frau im Seidenkimono, die nicht über die völlig aufgeweichte Straße gehen konnte.

„Los, junge Frau", sagte Tanzan auf der Stelle, nahm sie auf den Arm und trug sie über den schlammigen Weg.

Ekido schwieg, bis sie am Abend dieses Tages einen Tempel erreichten.

„Wir Mönche gehen nicht in die Nähe von Frauen", sagte er schließlich, „besonders nicht, wenn sie jung und liebreizend sind. Das ist gefährlich. Warum hast du das getan?"

„Ich habe die Frau an der Kreuzung gelassen, " sagte Tanzan, „trägst du sie immer noch?"

Im Kapitel „Hier und Jetzt" habe ich beschrieben, dass die offene Gestalt als Spannung beschrieben werden kann zwischen einem Ereignis (z. B. einer Kränkung) und der unmittelbar dazu gehörenden Reaktion (z. B. Schmerz, Wut, Trauer), die – aus welchen Gründen auch immer – nicht gezeigt, unter Umständen sogar nicht gefühlt werden darf.

Das unerledigte Geschäft oder die nicht geschlossene Gestalt ist ein zentraler Begriff in der Gestalttherapie.

Wie an verschiedenen Stellen bereits ausführlich beschrieben, ist nach gestalttherapeutischer Sicht das Leben eine ständige Abfolge von sich öffnenden und schließenden Gestalten. Unerledigte Geschäfte werden als blockierend empfunden, sie halten uns fest, halten den Fluss ständigen Wachstums an.

Oft geschieht es, dass wir – auch wenn das Ereignis als solches vorbei ist – an einer Gestalt festhalten und so unseren Entwicklungsprozess blockieren. Besonders in Kämpfen darüber, wer nun Recht hat (hatte), oder wer nun was gesagt oder nicht gesagt hat, ist dieses Festhalten sichtbar. Ein sehr schönes Beispiel hierzu stammt von A. Adler:

Adler erzählt von einer Reisegesellschaft in den Alpen, die in einer Almhütte übernachten muss, aber am nächsten Morgen sich recht früh wieder auf den Weg machen will. Im Laufe der Nacht wird eine Frau wach und sagt immer wieder „ ... Gott, hab´ ich einen Durst ... Gott, hab´ ich einen Durst ...". Das geht so lange weiter, bis jemand aus der Gruppe dieser Frau etwas zu trinken holt, damit „die liebe Seele Ruh' hat" und alle weiter schlafen können. Zunächst ist auch Ruhe; nach ungefähr einer halben Stunde geht das Theater doch wieder los: „ ... Gott, hab' ich einen Durst gehabt ... Gott, hab' ich einen Durst gehabt ..."

In der Therapie habe ich manchmal den Eindruck, dass wir diesen Satz in die Zukunft erweitern sollten: „Gott, werde ich einen Durst haben ... mein Gott, werde ich einen Durst haben!" Energieverschwendung auf Vorrat – nenne ich das.

Im Zen gibt es dazu den schönen Satz: „Die Angst vor morgen kommt immer einen Tag zu früh."

Die „Heldentat", die es zu bewältigen gibt, entspricht derjenigen von Herakles im griechischen Mythos. Pallas Athene spricht folgende Worte zu ihm: „ Die Pferde des Diomedes hast du bewältigt – von nun ab wirst du die allerwildesten Rosse, die es gibt, zu bändigen vermögen und jedes von ihnen mit besonderem Zügel lenken können, nämlich deine Gedanken, deine Gefühle und deinen Willen. Nicht mehr werden sie durcheinander springen, mit Mäulern und Hufen einander Wunden zufügend. Nein, als ein gutes Gespann werden sie einträchtig gehorchen, dir selber zum Ruhm, uns Himmlischen zur Lust". Die meditative Haltung, die unbekannte Aspekte des Klienten zum Vorschein bringt, ist die Voraussetzung für sein Weiterkommen auf dem Weg zu bewussteren Entscheidungen. So kann er vermeiden, einfach der Spielball der Gegebenheiten oder schlecht gesinnter Mitmenschen zu sein.

So oder so – der Organismus drängt auf die Schließung der Gestalt; es ist jedoch ein Unterschied, ob ich frei und kreativ die sinnvollste Anpassung vollziehen kann oder ob ich festgelegt durch Biographie und Charakterstruktur immer nur bestimmte Arten der „Erledigung" kenne.

Mit anderen Worten: Ob ich als Mittel der Lösung z. B. Kampf, Rache, Schuldigmachen von anderen wähle oder ob ich bereit bin, die Verletzung, die das unerledigte Geschäft initiiert hat, zu spüren und Trauer, Enttäuschung, Wut, Einsamkeit in mir zuzulassen.

Dem, was da ist Raum zu geben – ob es nun angenehm oder schmerzhaft ist – das ist ein sehr wichtiger Schritt auf dem Weg des Wachstums; sowohl auf dem therapeutischen als auch dem spirituellen Weg. Mehr noch: Es ist wie ein Pendel, das, je mehr es nach der einen, schmerzhaften Seite ausschlägt, desto mehr wird es auch auf der heilsamen Seite ausschlagen können. Am Beispiel ‚Einsamkeit' beschreibt der Trappistenabt John Eudes diese Pendelbewegung so:

„Ohne Einsamkeit kann es keine echten, wahrhaften Menschen geben. Je mehr man entdeckt, was der Mensch als Person ist und welche Ansprüche eine menschliche Beziehung stellt, wenn sie tief und fruchtbar und eine Quelle des Wachstums und der Entfaltung bleiben will, desto mehr entdeckt man auch, dass man einsam ist – und dass das Maß der eigenen Einsamkeit zugleich das Maß ist, in dem man zu echter Gemeinschaft, zu Verbundenheit und Austausch fähig ist."[235]

So oder so: Unser Organismus versucht, die Spannung zu lösen, die das unerledigte Geschäft verursacht. Manchmal gelungen, manchmal verursacht die „Lösung" mehr

Bauchschmerzen als das Problem. Die Integration neuer Eindrücke und Gefühle ermöglicht Wachstum und Entwicklung, während die Vermengung alter Wertungen mit neuen Erfahrungen – so sie überhaupt „zulässig" sind – Stillstand oder rigides Wachstum im Sinne von Mehrdesgleichen verursachen.

Heraklit: „Alles bewegt sich, alles fließt."
Paramenides: „Nichts bewegt sich, alles ist eins."

Die nicht geschlossene Gestalt, das unerledigte Geschäft entfaltet Energie, die uns dazu drängt, die Gestalt zu schließen. Im ungestörten, gesunden Organismus geschieht dies ohne unser bewusstes Zutun. Die nicht abgeschlossene Situation wird als belastend, blockierend, festhaltend empfunden. Nachtragend zu sein ist – wie Perls sagt – „die nicht abgeschlossene Situation *par excellence*. Wenn du nachtragend bist, steckst du fest, ... du kannst weder loslassen, noch wirst du's los."[236]

Perls nannte das unerledigte Geschäft „organismische Verdauungsstörung": Der sich selbstregulierende Organismus bekommt Verstopfung; die Intuition ist nicht frei, sondern mechanisiert.

Es ist wichtig, die Kraft, die das unerledigte Geschäft hervorruft, zu sehen und sie zu nutzen, da diese Kraft die Spannung ist, durch die Wachstum und – im positiven Fall – Kreativität entstehen. (Siehe das Beispiel Edisons.)

Das Koan kann als eine solche Form des unerledigten Geschäfts bezeichnet werden: Dabei handelt es sich um Aufgaben, die keiner „logischen" Lösung zugänglich sind. Immer und immer wieder meditiert der Schüler über die Frage; immer und immer wieder wehrt der Meister vermeintliche Antworten ab. Nach und nach verzweifelt der Schüler; jedoch „hinter" der Verzweiflung, d. h. nachdem der Schüler aufgehört hat, das Problem mit „herkömmlichen", verstandesmäßigen Mitteln zu lösen, kommt die Antwort.

Der Klient, der in die Therapie kommt, bringt im gewissen Sinne auch sein „Koan" mit: Er ist – wahrscheinlich schon längere Zeit – mit einem Problem beschäftigt, welches er auf die herkömmliche Art und Weise, d. h. mit seinen gewohnten Mitteln nicht hat lösen können. Auch hier entsteht oft Verzweiflung, die, wenn sie nicht als eine kreative Kraft unterstützt wird, schnell zu Hoffnungslosigkeit und Resignation führen kann.

Hier gleicht das unerledigte Geschäft dem im Kapitel „Unterstützung" beschriebenen dreiseitigen Gefängnis bzw. der Türe mit dem zwar komplizierten, aber offenen Schloss. Perls beschreibt gut nachvollziehbar die Basis des unerledigten Geschäfts, die in der Spannung zwischen Vergangenheit, Gegenwart und Zukunft liegt; er führt als Beispiel die Trauerarbeit auf:

„Der zurückschauende Mensch vermeidet es, die Verantwortung für sein Leben und seine Handlungen zu übernehmen; er zieht es vor, einem Ereignis in der Vergangenheit die Schuld zu geben, anstatt etwas zu unternehmen, um die ge-

genwärtige Situation zu verbessern. Für Aufgaben, mit denen man fertig werden kann, braucht man weder Sündenböcke noch Erklärungen. Bei der Analyse des zurückschauenden Charakters findet man immer ein deutliches Symptom: die Unterdrückung des Weinens.

Trauern ist ein Teil des Resignationsprozesses, der notwendig ist, wenn das Festhalten an der Vergangenheit überwunden werden soll ... Um die Möglichkeit neuer Kontaktaufnahme wiederzugewinnen, muss man die Aufgabe des Trauerns erledigen. Obwohl das traurige Ereignis vorbei ist, ist das Tote nicht tot – es ist noch gegenwärtig. Die Trauerarbeit wird in der Gegenwart geleistet: Entscheidend ist nicht, was der Tote dem Trauernden bedeutet hat, sondern was er ihm immer noch bedeutet. Der Verlust einer Krücke ist unwichtig, wenn man vor etwa fünf Jahren einen Schaden davongetragen hat und inzwischen geheilt ist; es kommt allein darauf an, ob man jetzt noch gelähmt ist und die Krücke braucht.

Wenn ich auch versucht habe, das futuristische und das historische Denken abzuwerten, möchte ich doch keinen falschen Eindruck erwecken. Wir dürfen die Zukunft nicht ganz vernachlässigen (z. B. das Planen) und ebenso wenig die Vergangenheit (unabgeschlossene Situationen), aber wir müssen erkennen, dass die Vergangenheit vorbei ist, obwohl sie uns eine Reihe unfertiger Situationen übriggelassen hat, und dass Planung eine Leitlinie für unser Handeln sein muss, nicht eine Sublimierung oder ein Ersatz.“[237]

Wir können das unerledigte Geschäft auch als Wegweiser auf eine „Last“, von der auf adäquate Weise zu befreien uns bislang nicht möglich war, betrachten: Woran habe ich noch zu arbeiten? Welches Thema hält meine Energien noch gefangen?

Wie an verschiedenen anderen Stellen aufgezeigt, schätzt Perls die Bereitschaft des Menschen, die Last abzuwerfen, d. h. die Entwicklungsblockaden aufzulösen, eher gering ein:

> *„Niemand will wirklich seine Blockierungen aufheben, was eine solche Entwicklung gewähren würde. Wir erhalten lieber den Status quo aufrecht: lieber im Status quo einer mittelmäßigen Ehe, einer mittelmäßigen Mentalität, einer mittelmäßigen Lebendigkeit bleiben, als durch diesen Engpass hindurchzugehen. Sehr wenige Menschen gehen in die Therapie, um geheilt zu werden, vielmehr gehen sie hin, um ihre Neurose zu vervollkommnen. Lieber manipulieren wir andere, um Unterstützung und Halt zu bekommen, als dass wir lernen, auf unseren eigenen Beinen zu stehen und uns den Arsch selber abzuputzen.“[238]*

Ich möchte dem nicht so ganz zustimmen. Dieses Zitat beinhaltet letztlich nichts anderes als die „konditionale Liebe“, die an anderer Stelle ausführlich beschrieben wurde: ‚Wir haben Dich nur lieb, wenn Du diese oder jene Erwartungen erfüllst.‘

In diesem Zusammenhang müsste das Zitat folgendermaßen „übersetzt“ werden:

‚Ich will mit Dir nur etwas anfangen zu arbeiten, wenn Du diese oder jene Eingangs-voraussetzung erfüllst!' Ich kann als Therapeut natürlich nicht mit jedem arbeiten, aber an dieser Stelle würde ich lieber etwa folgendes sagen: ‚Ich sehe einen Teil, der den Status quo lieber aufrechterhalten will, der lieber seine Neurose aufrechterhalten will ... und ich sehe einen anderen Teil, der endlich „da ’raus will", was können wir zu-sammen tun, um diesem Teil mehr Raum und Bedeutung zu geben?'

In der therapeutischen Interaktion gewinnt im Klienten all das an Gewicht, was der Therapeut sowohl theoretisch als auch existenziell für sich selbst ernst nimmt.

Wachstum vollzieht sich in einem ständigen Prozess; jeder vollzogene Schritt mündet in einen neuen zu gehenden Schritt. Wenn man dies weiß, weiß man auch, dass das Wachstum nie aufhört. Oberflächlich gesehen, kann diese Erkenntnis zu Ruhelosigkeit führen. Tiefer heißt diese Erkenntnis jedoch: Ich brauche an nichts zu verzweifeln; jeder Ort kann, wenn ich mich darauf einlasse, ihn voll und ganz zu spü-ren, ein Ort des Ausruhens sein.

In diesem Zusammenhang möchte ich nochmals die wachstumsfördernde Sicht der nicht geschlossenen Gestalt betonen. Fasst man die beiden letzten Gedanken zu-sammen, so wird deutlich, dass ein wichtiger Teil in der Therapie nicht darin besteht, Antworten zu finden, sondern eher darin, die Fähigkeit zu entwickeln und zu unter-stützen, mit (oder: trotz) offenen Fragen bzw. ungelösten Problemen leben zu kön-nen und alltägliches Bewusstsein zu haben. Das Leben mit unerledigten Geschäften ist schließlich ein Teil des normalen Lebens – und von daher kein Problem. Dies ist mit Ambiguitätstoleranz gemeint, ich halte sie für sehr wichtig.

> ... *Diese Frage ist zu gut, um sie mit einer Antwort zu verderben.*
> Robert Koch

Hier treffen sich erneut Zen und Gestalttherapie. In beiden „Welten" ist eine Ant-wort nicht hilfreich, weil ich sie weiß, sondern, weil sie das Ergebnis von Erfahrung ist. Beide, Zen und Gestalttherapie stellen die Erfahrung in den Vordergrund. Ich mag sie nicht, diese Psychoratgeber, die auf alles eine Antwort haben, anstatt mich in meiner Suche zu stärken. Ich habe einige Zeit „Radioonkel" gespielt; die Hörer konnten anrufen und ich war dann der „Fachmann", der qua Amt eine Antwort zu haben hatte – und das in 5-10 Minuten Sendeblöcken. Es war furchtbar und ich ha-be recht bald diesen Job ’drangegeben. Ab und zu waren auch Hörer dabei, denen ich eine Antwort gegeben habe und die dankbar waren. Ich habe allerdings nie so richtig verstanden, worin meine Hilfe bestanden haben soll.

... Noch Fragen bitte?
Von der Sucht zu fragen und der Unsitte, Fragen zu beantworten ...

Wenn sie einen Zen-Meister fragen, warum er dieses oder jenes tut, werden sie meistens merkwürdige Antworten bekommen: Er wird seine Handlung wiederholen, er wird schweigen, sie aufgeregt wegschicken, ihnen eine Tasse Tee anbieten ...

Westliche Schüler, die in japanische Klöster eintreten, werden oft sehr geschockt: Solange sie Gäste waren, wurden sie höflich und zuvorkommend behandelt, auf ihre Fragen wurde – mehr oder weniger – eingegangen. Von dem Tag aber, an dem sie wirklich in das Kloster als Schüler eintreten, wird das alles anders: der Meister, der gestern noch freundlich war, ist jetzt nur noch kurz angebunden, mit Fragen wird der Schüler oft recht brüsk weggeschickt. Mit anderen Worten: sie werden immer wieder auf sich selber zurückgeworfen, weil nicht nur die Fragen in ihnen selber sind, sondern auch die Antworten – und dies gilt es zu erfahren, nicht zu wissen.

„Wir japanische Buddhisten wollten eigentlich auf keinen Fall Konflikte mit den europäischen Mönchen haben. Aber das japanische Zen-Kloster ist ein Ort, wo man den Mönchen, die den Weg suchen, keine Freundschaft zeigt und sie sehr streng behandelt, damit diese Leute so schnell wie möglich ihren Stolz, z. B. Stolz über ihre Herkunft, Familie, ihr Zeugnis usw. abwerfen können. Bei uns gibt es die Einstellung: je strenger, desto besser."[239]

„Einmal im Orient, unterhielt ich mich mit einem Weisen, dessen klare und freundliche Augen für immer einen ewigen Sonnenuntergang anzustarren schienen, über den Selbstmord. ‚Sterben ist keine Lösung', versicherte er mir. ‚Und leben?' fragte ich. ‚Leben auch nicht', gab er zu. ‚Aber wer sagt denn, dass es eine Lösung gibt?'"[240]

Wie schon an anderer Stelle beschrieben: Zen-Schüler werden immer wieder aufgefordert, sich ihren Anfängergeist, ihren „Ich weiß nicht Geist" zu erhalten.
Am 13. 2. 1990 schrieb ich in mein Tagebuch:

Mein Wunsch ist es,
für meine Handlungen von vorgestern ein freundlich lächelndes Kopfschütteln
zu haben;
für meine Handlungen von gestern Unterstützung zu haben;
meine Handlungen von heute aufmerksamer begleiten zu können;
das, was ich morgen tun werde, heute sehen zu können;
über das, was ich übermorgen tun werde, freudig überrascht zu sein.

Das ist Unterstützung, Vertrauen in den Prozess, alltägliches Bewusstsein und Überwindung des dualistischen Weltbildes. Leider bin ich noch lange nicht so weit.

In der persischen Mystik wird von einem Wanderer erzählt, der mühselig auf einer scheinbar endlos langen Straße entlangzog. Er war über und über mit Lasten behangen. Ein schwerer Sandsack hing an seinem Rücken, um seinen Körper war ein dicker Wasserschlauch geschlungen. In der rechten Hand schleppte er einen unförmigen Stein, in der linken einen Geröllbrocken. Um seinen Hals baumelte an einem ausgefransten Strick ein alter Mühlstein. Rostige Ketten, an denen er schwere Gewichte durch den staubigen Sand schleifte, wanden sich um seine Fußgelenke. Auf dem Kopf balancierte der Mann einen halbfaulen Kürbis. Bei jedem Schritt, den er machte, klirrten die Ketten. Ächzend und stöhnend bewegte er sich Schritt für Schritt vorwärts, beklagte sein hartes Schicksal und die Müdigkeit, die ihn quälte.

Auf seinem Weg begegnete ihm in der glühenden Mittagshitze ein Bauer. Der fragte ihn: „Oh, müder Wanderer, warum belastest du dich mit diesen Felsbrocken?"

„Zu dumm", antwortete der Wanderer, „aber ich hatte sie bisher noch nicht bemerkt." Darauf warf er die Brocken weit weg und fühlte sich viel leichter. Wiederum kam ihm nach einer langen Wegstrecke ein Bauer entgegen, der sich erkundigte: „Sag, müder Wanderer, warum plagst du dich mit dem halbfaulen Kürbis auf dem Kopf und schleppst an Ketten so schwere Eisengewichte hinter dir her?" Es antwortete der Wanderer: „Ich bin sehr froh, dass du mich darauf aufmerksam machst; ich habe nicht gewusst, was ich mir damit antue." Er schüttelte die Ketten ab und zerschmetterte den Kürbis im Straßengraben. Wieder fühlte er sich leichter. Doch je weiter er ging, umso mehr begann er wieder zu leiden. Ein Bauer, der vom Feld kam, betrachtete den Wanderer erstaunt: „Oh, guter Mann, du trägst Sand im Rucksack, doch was du da in weiter Ferne siehst, ist mehr Sand, als du jemals tragen könntest. Und wie groß ist dein Wasserschlauch – als wolltest du die Wüste Kawir durchwandern. Dabei fließt neben dir ein klarer Fluss, der deinen Weg noch weit begleiten wird!" „Dank dir, Bauer, jetzt merke ich, was ich mit mir herumgeschleppt habe." Mit diesen Worten riss der Wanderer den Wasserschlauch auf, dessen brackiges Wasser auf dem Weg versickerte, und füllte mit dem Sand aus dem Rucksack ein Schlagloch. Sinnend stand er da und schaute in die untergehende Sonne. Die letzten Sonnenstrahlen schickten ihm die Erleuchtung: Er blickte an sich herab, sah den schweren Mühlstein an seinem Hals und merkte plötzlich, dass der Stein es war, der ihn noch so gebückt gehen ließ. Er band ihn los und warf ihn, so weit er konnte, in den Fluss hinab. Frei von seinen Lasten wanderte er durch die Abendkühle, eine Herberge zu finden.

Wir können an dieser Stelle Sisyphos als den Prototyp des Menschen in der Auseinandersetzung mit dem ständigen unerledigten Geschäft sehen. Sisyphos ist ein Modell für einen Menschen, der immer wieder – trotz aller Misserfolge und Enttäuschungen – Neuanfänge wagt. Er kennt und vertraut seine(r) Kraft, dies macht es ihm möglich, Enttäuschung und damit verbundene Kränkungen zu verarbeiten. Die Kraft, immer wieder neu anzufangen, zieht Sisyphos letztlich aus der Erkenntnis, dass es nicht so sehr darauf ankommt, ein Ziel zu erreichen, sondern eher darauf, auf dem Weg zu sein. Der Weg ist das Ziel – wie es im Buddhismus häufig heißt. Selbstverständlich soll der Weg zu einem angestrebten Ziel führen – und nicht ins Leere;

aber: Nicht das Erreichen des Ziels ist wichtig, sondern der Einsatz auf dem Weg – zum Ziel – und der Mut, durchzuhalten bzw. immer wieder von vorn beginnen zu können. Ich denke, wir können einiges von Sisyphos lernen.[241] Oder von dem fünften Holzwurm:

Die fünf Holzwürmer[242]

In einem Dachstuhlbalken lebten einmal fünf Holzwürmer. Ihr Leben bestand aus Nagen, Nagen und nochmals Nagen. In der Zeit, in der sie nicht nagten, schliefen sie und das war auch schon alles.

Schon die Eltern der fünf Holzwürmer hatten in diesem Balken ihr Nagewerk verrichtet und ebenso ihre Großeltern und Urgroßeltern. Auch die Eltern der Urgroßeltern und deren Großeltern hatten schon an diesem Balken genagt. Kurzum, die ganzen Vorfahren der fünf Holzwürmer hatten nichts anderes gemacht, als Löcher in diesen Balken zu nagen, und sie hatten sich recht gut davon ernähren können.

Man kann sich aber vorstellen, dass das Leben dieser Holzwürmer nicht besonders aufregend war. Auch in geschmacklicher Hinsicht war nicht viel los – es war ja schließlich immer derselbe Balken, in dem sie nagten.

Na gut, hier und da stieß einer der Holzwürmer auf eine vertrocknete Harzader und dann gab es für kurze Zeit eine Abwechslung auf dem Speisezettel. Aber so etwas kam sehr selten vor.

Eines Tages, als die fünf Holzwürmer in einer Nagepause beisammen saßen, unterhielten sie sich darüber, wie die Welt wohl außerhalb des Balkens aussehe.

„Ich weiß sogar den Weg, der aus diesem Balken herausführt!", sagte der älteste der fünf Holzwürmer. „Eine Ameise, die ich einmal in einem meiner Gänge getroffen habe, hat ihn mir genau beschrieben."

„Ach was", sagte ein anderer Holzwurm, „meiner Ansicht nach gibt es überhaupt keine andere Welt außer dieser. Das sind doch alles Phantastereien. Die Welt besteht nun mal aus Holz, das ist die Realität des Lebens, mein Lieber, ob es dir nun passt oder nicht!"

Ein anderer Holzwurm sagte: „Nun, möglicherweise gibt es doch noch etwas anderes als Holz, das würde ich gar nicht bestreiten. Aber ich sage euch: Denkt ja nicht viel darüber nach! Das kann sehr gefährlich werden. Wer weiß schon wirklich, was außerhalb des Holzes ist? Kein Wurm kann das wissen!"

Der vierte Holzwurm sagte: „Mich interessiert das überhaupt nicht. Solange ich mich jeden Tag vollfressen kann, ist doch ohnehin alles in bester Ordnung, oder?"

Der fünfte Holzwurm hatte mit großem Interesse zugehört. Er hatte schon oft darüber nachgedacht, wie es wohl außerhalb des Balkens aussieht. „Wer weiß?", sagte er jetzt. „Vielleicht gibt es doch andere Arten von Holz. Das könnte doch möglich sein? Vielleicht fressen wir das minderwertigste Holz, das es gibt, und wissen es nicht. Möglicherweise gibt es ganz in der Nähe süßes Holz oder weiß ich, was!"

256

Aber die anderen Holzwürmer lachten ihn nur aus.

„So ein Spinner!", sagten sie und der älteste Holzwurm sagte spöttisch: „Wenn du so neugierig bist, schau dir doch die andere Welt an! Der Weg hinaus ist ganz einfach: Du brauchst immer nur in Richtung Süden nagen. Das hat mir die Ameise gesagt. Also, niemand hält dich auf!" Und die anderen Holzwürmer lachten wieder.

Der fünfte Holzwurm aber sagte: „Ihr braucht gar nicht zu lachen! Ich riskier's! Von mir aus könnt ihr hier verschimmeln!" Und von dieser Stunde an nagte er nur noch in Richtung Süden. Er war mit großem Eifer bei der Arbeit und in seiner Phantasie stellte er sich die neue Welt wunderbar vor. Er war überzeugt, dass am Ende seines Weges ein wahres Holzwurmparadies auf ihn warten würde.

Was der Holzwurm aber nicht wusste, war, dass ihn der älteste Holzwurm aus lauter Boshaftigkeit in die falsche Richtung geschickt hatte. Die Ameise hatte nämlich „Westen" statt „Süden" gesagt und so nagte er in die falsche Richtung, immer dem Balken entlang.

Er kam niemals aus dem Balken heraus.

Nach sechs Jahren ununterbrochener Arbeit fühlte der Holzwurm, dass er sehr schwach geworden war und bald sterben würde.

Nun muss ich sterben und habe es nicht geschafft, dachte er. Bevor er die Augen für immer schloss, sagte er noch: „Aber versucht hab ich's doch!", und er sah dabei sehr zufrieden aus.

Auch in der Mystik ist das Suchen oft wichtiger als das Finden; solange man sucht, sich sehnt, ist die innere Verbindung zum, wonach man sich sehnt, was man sucht, tiefer, als wenn man gefunden hat, wonach man solange gesucht hat. (Jeder, der einmal verliebt war, kann dies wohl aus eigener Erfahrung bestätigen). Interessanterweise beten viele Mystiker gleichermaßen um die Vereinigung mit Gott, aber auch darum, dass die „süße Sehnsucht", die „verzehrende Liebe" nicht aufhören möge. Ein besonders eindrucksvolles und klares Beispiel hierfür stammt von den Geschichten über die islamische Mystikerin Sassi, der „Mondschönen" des mystischen Dichters Abdul Latif, der im 18. Jahrhundert lebte. In diesen Geschichten wird die Sehnsucht nach Gott im Bild einer Liebenden, die sich nach dem Geliebten sehnt, beschrieben: [243]

Wer heischt, wird empfangen,
wird schauen den Liebsten
Wer suchet, wird gelangen
zum Hofe der Wunder

Du, der du suchst, geh voran;
dies ist kein irdisches Suchen –
Ferne ist niemals der Freund
von fahrender Sucher Herz.

Nur Suchen will ich, nur suchen –
dass ich den Freund nie erreicht!
Dass niemals die Unrast der Seele
durch finden eine Ende nähme!

Nur suchen will ich –
Gefährten aus früheren Tagen:
Die Saumlast weiter getragen,
so zogen sie ferne ins Land.

Ich suche – mög' ich nie finden!
Geliebter, ferne bist du!
Nie finde mein Herz je Ruh,
nie werde Trost meinem Leib!

Ich suche – o mög' ich nie finden!
Erhöre der Liebenden Meinung!
In dieser Liebe, Geliebter,
liegt meines Lebens Verneinung.
Am jüngsten Tag erst zur Einung
mag ich mich voll Ruhe erheben!

Die verzehrende Sehnsucht der mystischen Sucher ist wohl für uns oft schwer nachzuvollziehen und überfordert uns; wohl aber können wir, so meine ich, den Wert des
Suchens als mindestens ebenso bedeutsam wie den des Findens hier gut erkennen
und erlernen. [244]

Es folgt die Geschichte, wie der Panda sein „Koan" – ob er nun ein schwarzer Bär
mit weißen Flecken oder ein weißer Bär mit schwarzen Flecken sei – gelöst hat und
sich dabei befreite, indem er das dualistische Denken überwand. Diese Geschichte ist
der Urgrund dafür, dass ich „Panda-Fan" bin. Leider kann ich die wunderbaren
Bilder, die diese Geschichte illustrieren, nicht mitliefern. Wann immer ich gefragt
werde, was Gestalttherapie sei, erzähle ich u. a. die Geschichte „Pandas große Entdeckung".

Michael Foreman: Pandas grosse Entdeckung[245]

Hoch oben in den Bergen sind die Winter lang und kalt. Auch im Sommer dringt nur wenig Sonne durch den dichten Bambuswald. Hier lebte ein Panda. Ein junger Panda. Und wie alle Pandas lebte er allein. Manchmal wanderte er den Berg hinunter und fand Honig und wilde süße Blumen. Eines Tages kam Panda zu einem verlassenen Campingplatz. Leere Konservendosen lagen herum, die die Menschen weggeworfen hatten. Panda spiegelte sich in den blitzenden Dosen. Dann entdeckte er Bilder darauf. Bilder von Schiffen und Städten und Landschaften. So etwas hatte er noch nie gesehen.

„Es muss noch etwas anderes auf der Welt geben", dachte er, „als nur diese Berge und diesen Wald und die Spaziergänge den Berg hinunter!"

Auf der schönsten Dose sah er zwei große Bären zwischen riesenhohen Häusern, ein schwarzer Bär und ein weißer Bär, und Panda fragte sich:

„Bin ich nun ein weißer Bär mit schwarzen Flecken oder ein schwarzer Bär mit weißen Flecken?"

Er nahm die Dosen unter den Arm, und statt in seinen Wald zurückzukehren, folgte er den Spuren der Reisenden hinab in das warme, weite Land.

Bald stand er vor einem großen Haus, aus dem die allerschönste Musik kam. In dem Haus waren viele Musikanten und Sänger. Auf einem hohen Kissenberg saß ein alter Mann. Panda ging auf ihn zu und sagte:

„Ich suche die Stadt mit den riesenhohen Häusern und den zwei großen Bären."

Der alte Mann nickte Panda freundlich zu. Er antwortete nicht. Er sagte:

„Möchtest du Trommel spielen oder Trompete?"

„Ich weiß nicht", sagte Panda.

„Fühlst du dich wie ein Trommler oder wie ein Trompeter?" fragte der alte Mann.

„Ich weiß es nicht. Ich weiß nicht einmal, ob ich ein weißer Bär mit schwarzen Flecken oder ein schwarzer Bär mit weißen Flecken bin."

„Wenn du nicht weißt, wer du bist, wie kannst du dich je entscheiden?"

„Wenn ich das nur wüsste", seufzte Panda.

Traurig winkte er den Musikanten und ging hinaus in die Sonne.

Panda wanderte weiter. Er summte vor sich hin. Musik hatte er gern, das wusste er. Aber welches Instrument sollte er spielen?

Panda sah auf seine Konservendosensammlung. Zwei größere Dosen waren eigentlich ganz gute Trommeln. Deckel konnte er als Schlagzeug verwenden. Aus kleinen Dosen machte er Glocken, eine bog er zu einem Horn.

Panda nahm ein paar Efeuranken, band seine Instrumente fest um Bauch und Beine und marschierte weiter. Als der kleine Bergweg in die große belebte Straße mündete, konnte er schon gut auf seinen Instrumenten spielen.

„Ich suche die Stadt mit den riesengroßen Häusern und den zwei großen Bären", rief Panda einem Mann zu, der auf einem Wagen saß, vor den ein Kamel gespannt war.

„Ja", sagte der Mann, „ich kenne eine Stadt mit riesengroßen Häusern, du kannst gern mitfahren. Aber Bären habe ich dort nicht gesehen."

„Auch ich habe dort keine Bären gesehen", sagte das Kamel. „Ich tue nur meine Arbeit. Immer ein Bein vor das andere. Das kann ich. Dafür werde ich gefüttert. Ich bin zufrieden."

Allmählich kamen sie in die Stadt. Überall rannten Leute herum und überall war ein Riesenlärm.

„Phantastisch!" dachte Panda. „Es muss also noch etwas anderes im Leben geben, als nur einen Fuß vor den anderen zu setzen!"

Panda spielte seine Melodien und wanderte durch die Stadt. Auf einmal stand er vor einem großen, mächtig dahinfließenen Fluss.

„Ich suche eine Stadt mit riesenhohen Häusern und den zwei großen Bären", rief er einem Mann auf einem vorbeifahrenden Boot zu.

„Dann musst du den Fluss hinunterfahren", rief der Mann zurück, „der Fluss fließt ins Meer, und das Meer bringt dich überall hin."

„Großartig!" dachte Panda. Er baute sich ein Boot und folgte den Delphinen, die auf die untergehende Sonne zuschwammen. Auf den Rücken fliegender Fische leuchteten die Sterne.

Lange bevor Land in Sicht war, roch Panda Blumen und süße Früchte. Wie alle Seefahrer meldete er sich zuerst beim Zoll.

Oben auf der Treppe lag eine Eidechse.

„Das hier ist mein Platz", sagte sie zu Panda, „von hier aus kann ich alle überwachen. Ich blicke auch auf dieses stolze Hähnchen da unten herab."

„Das nützt dir gar nichts", krähte das stolze Hähnchen, „da oben der Kirchturmhahn blickt Tag und Nacht auf dich fette Eidechse herab."

Panda hörte erstaunt zu.

„Ist ein schwarzer Bär mehr wert als ein weißer Bär?" fragte er sich. „Es muss im Leben doch mehr geben, als auf andere herabzublicken."

Panda setzte sich in sein Boot und segelte weiter.

Viele Monate segelte er um die Welt. Alle fragte er.

„Denk nicht so viel nach", sagte der Leopard. „Du kannst dein Fell doch nicht ändern."

„Sssssso?" zischte die Schlange. „Ich kann meine ganze Haut wechseln!"

„Einige von uns sind eben etwas Besseres", sagte die Kuh mit blumenweicher Stimme.

„Nichts bleibt, wie es ist", sagte das Chamäleon und begann sich zu färben, gelb wie der Wüstensand, grün wie die Oase und rot wie die Sphinx.

„Arbeiten ist das Wichtigste im Leben", sagte der Wasserbüffel. „Aber lebe nicht, um zu arbeiten. Das Schönste an der Arbeit ist aufzuhören. Den ganzen Tag freue ich mich auf mein Schlammbad am Abend. Dafür lebe ich. Und der Junge auf meinem Rücken? Der lebt, damit er träumen kann. Und er träumt, dass er jeden Tag ein wenig größer wird."

Panda war verwirrt und ratlos. Nach all dem, was er gehört hatte, wusste er nicht mehr, wie er seine Gedanken ordnen sollte.

Endlich tauchten am Horizont die riesenhohen Häuser auf, die er zum ersten Mal auf der Konservendose gesehen hatte.

„Nun werde ich sicher auch die zwei großen Bären finden", rief Panda, und er rannte durch die Stadt, vom Zollbüro zum Rathaus und vom Rathaus ins Fremdenverkehrsamt. Aber niemand konnte ihm sagen, ob er schwarz war mit weißen Flecken oder weiß mit schwarzen Flecken.

Er ging in die Zentralbibliothek, wo es viele tausend Bücher gab, in denen alles stand, was je in der Welt vorgefallen war. Aber weil Panda Lärm machte, warf man ihn sofort hinaus.

Traurig verließ Panda die Stadt und segelte weiter. Er wusste jetzt, dass die zwei großen Bären ihm nichts zu sagen hatten.

Von jedem hatte er etwas anderes gehört. Warum? Weil jeder anders war? Panda fühlte sich nun glücklicher. Und als er wieder an das große Haus mit der allerschönsten Musik kam, fragte ihn der alte Mann:

„Weißt du nun, wer du bist?"

„Ja", sagte Panda, „ich bin ein Reisender, der Musik macht."

„Wie der Wind", sagte der alte Mann, „auch der Wind ist ein Reisender, der Musik macht. Aber bist du nun ein schwarzer Bär, oder bist du ein weißer Bär?"

„Das eine ist so gut wie das andere", sagte Panda, und er lachte.

„Eine große Entdeckung!" sagte der alte Mann und sah Panda freundlich an.

Panda zog davon. Seine Musik klang fröhlich. Und jeder kann sie hören.

帰家穏坐

正眼耕月

Die Kalligraphie auf der Vorderseite lautet:

Nach Hause zurückkehren

Wie die zehn Bilder über die Zähmung eines Ochsen darstellen, beginnen wir unseren Weg im Zustand der Unwissenheit (jedoch mit Motivation). Nach Jahren der Übung und wenn die Zeit reif ist, erreichen wir den Zustand, in dem sowohl die Person als auch der Ochse verschwunden sind (im Wesentlichen existiert nicht ein „Ding"). Diese Erfahrung ist unerlässlich, doch sie ist nicht das Ziel.

Das Ziel – wenn es überhaupt eines gibt – ist es, wieder in das gewöhnliche Leben zurückzukehren und mitten in der verblendeten Menschenwelt zu sitzen und zu arbeiten, ohne getäuscht oder abgelenkt zu werden.

Rinzai drückte es folgendermaßen aus: Ihr braucht nichts anderes zu sein als gewöhnliche Menschen, die nichts zu tun haben. Den Darm entleeren, urinieren, Kleider anziehen, essen und, wenn müde, sich hinlegen. Die Narren lachen mich aus, doch der Weise versteht mich.

Die umseitige Kalligraphie wurde mit freundlicher Genehmigung des Theseus Verlags entnommen aus: Kogetsu Tani / Eido Tai Shimano, Zen-Wort Zen-Schrift, © Theseus Verlag, Stuttgart / Berlin 1990, S. 61.

DIE SUCHE NACH DEM SINN

Zu einer Antwort, die man nicht aussprechen kann, kann man auch die Frage nicht aussprechen. Das Rätsel gibt es nicht. Wenn sich eine Frage überhaupt stellen lässt, so kann sie auch beantwortet werden. ... Denn Zweifel kann nur bestehen, wo eine Frage besteht; eine Frage nur, wo eine Antwort besteht, und diese nur, wo etwas gesagt werden kann. Wir fühlen, dass selbst, wenn alle möglichen wissenschaftlichen Fragen beantwortet sind, unsere Lebensprobleme noch gar nicht berührt sind. Freilich bleibt dann keine Frage mehr; und eben dies ist die Antwort. Die Lösung des Problems des Lebens merkt man am Verschwinden dieses Problems. (Ist dies nicht der Grund, warum Menschen, denen der Sinn des Lebens nach langen Zweifeln klar wurde, warum diese dann nicht sagen konnten, worin dieser Sinn bestand.)[246]

It is so hard to see what I mean until you see it. Then it is so easy that it becomes very hard to see what one used to see before.
Yet it's all the same mountain.[247]

Ich sehe unser Leben als eine immer aufs neue „Nichtgeschlossene-Gestalt": Entzweit von uns selber, von der Natur, von den Mitmenschen, vom Universum, von Gott, werden wir zur Ruhelosigkeit getrieben, die uns – was immer wir auch erreichen mögen – etwas vermissen lässt.

Das, was die Mystiker mit der Einheit mit Gott, die Zen-Buddhisten mit der Erleuchtung, d.h. Einheit mit allen Lebewesen, mit dem Kosmos nennen, erst das lässt uns Ruhe und Frieden finden.

Dieses existenzielle Vakuum und das Leiden daran ist alt; es ist sowohl in der Zen-Tradition als auch in der Tradition christlicher Mystik häufig zentrales Thema.

Wichtig ist es zu betonen, dass dies eine der schwierigsten, aber auch fruchtbarsten Phasen des Wachstums ist. Das Entzweitsein in dieser Phase besteht darin, dass die Kenntnis des Einen, des Absoluten als Erlösung auf der einen Seite zu wachsen und reifen beginnt, andererseits die nahezu unüberwindbare Distanz zu diesem Ziel klar und „unbarmherzig" zutage tritt.

Es ist das Entzweitsein, welches die Rastlosigkeit, die unvollständige Gestalt ausmacht. Dieses Entzweitsein findet auch seinen Niederschlag im dualistischen Weltbild, durch das wir uns ständig in zwei Teile aufteilen und das gleichzeitig Motor großer Unruhe ist: Je mehr wir einen Teil spüren, leben, desto größer wird die Sehnsucht nach dem anderen Teil. Erst der „Sprung hinter die Dimensionen", hinter gut / böse, falsch / richtig löst dieses Dilemma. Über die Überwindung des Dualismus habe ich bereits an anderer Stelle geschrieben.

Das Entzweitsein gilt aber nicht nur im Kontakt mit mir selber, sondern auch im Kontakt zu meiner Umwelt: Ich bin nicht Du und Du bist nicht ich. Darum werde ich Dich auch letztlich nie ganz verstehen können.

An diesem Punkt bin ich vollkommen anderer Meinung als Deborah Tannen in ihrem Buch: „Du kannst mich einfach nicht verstehen – Warum Männer und Frauen aneinander vorbeireden".[248] Männer und Frauen haben einen unterschiedlichen Sprachstil, weil sie die Welt auf unterschiedliche Art und Weise sehen.

Frauen wollen über die Sprache Nähe und Verständnis herstellen, Männer dagegen ihre Macht und Unabhängigkeit demonstrieren. Sie lernen schon von klein auf, mit Gesprächen Aufmerksamkeit zu erzielen.

So lauten – exemplarisch – zwei der plattitüdenartigen Feststellungen dieses Buches: Menschen, nicht nur Mann / Frau, sehen die Welt anders; Menschen, nicht nur Mann / Frau, benutzen Sprache anders. Das ist so.

Ich kann Dich nicht und Du kannst mich nicht verstehen; aber nicht, weil wir unterschiedlichen Geschlechts sind, sondern weil wir unterschiedlich sind, nicht eins sind. Je mehr wir jedoch in der Lage sind zu sehen, dass wir letztlich eins sind, desto eher ist wirkliches Verstehen möglich, wobei es sich hierbei um ein „Verstehen" „ohne Worte, ohne Schweigen" handelt; ein Verstehen, das „beyond words" ist. Der bekannte Satz von Carl Rogers bringt dies nochmals auf den Punkt:

> *„Die einzige Wirklichkeit, die ich überhaupt kennen kann, sind die Welt und das Universum, so wie ich sie wahrnehme und in diesem Augenblick erlebe. Die einzige Wirklichkeit, die Sie überhaupt kennen können, sind die Welt und das Universum, so wie Sie es im Augenblick wahrnehmen und erleben. Und die einzige Gewissheit ist die, dass diese wahrgenommenen Wirklichkeiten verschieden sind. Es gibt ebenso viele ‚wirkliche Welten‘, wie es Menschen gibt."*

Wir sollten uns damit abfinden, oder besser: damit umgehen, auch wenn dies eine tiefe, nur schwer aushaltbare Einsamkeit bedeuten kann.

Noch ein anderer Gedanke, der in diesem Zusammenhang von Bedeutung ist: Bei der Entscheidung zwischen ‚A‘ und ‚B‘ fragen wir uns innerlich ja nicht, ob wir uns zwischen A und B entscheiden sollten, sondern ‚was bedeutet es für mich, was bringt es mir, wenn ich mich für A oder für B entscheide. Weiter ist ja interessant, dass wir uns zu der Entscheidung für A mehr oder weniger leicht bekennen können, schwieriger wird es meist mit dem impliziten zweiten Teil, nämlich dass wir uns gegen B entschieden haben. Wenn ich die Einladung von A annehme, entscheide ich mich gegen die Einladung von B!

Die Freude der Fische

Tschuan Tse und Hui Tse gingen über den Damm, der das Wasser des Hao staut.
Tschuan sagte: „Schau, wie frei die Fische sich tummeln und wie glücklich sie dabei sind!"
Hui erwiderte: „Da du kein Fisch bist, woher weißt du dann, was Fische glücklich macht?"
Tschuan sagte: „Da du nicht ich bist, wie kannst du dann wissen, dass ich nicht weiß, was Fische glücklich macht.?"
Hui entgegnete: „Wenn ich, der ich nicht du bin nicht wissen kann, was du weißt, so folgt daraus, dass du, der du kein Fisch bist, nicht wissen kannst, was sie wissen."
Tschuan sagte: „Nur sachte, lass uns zu der ursprünglichen Frage zurückkehren. Du hast mich gefragt, woher weißt du, was Fische glücklich macht? Den Worten deiner zufolge weißt du ganz klar, dass ich weiß, was Fische glücklich macht. Ich kenne die Freude der Fische im Fluss durch meine eigene Freude, wenn ich denselben Fluss entlanggehe.

Es ist nicht mein Ziel, den anderen zu verstehen; wie es auch nicht mein Wunsch ist, verstanden zu werden. Ich möchte gesehen, nicht ‚verstanden' werden. Es ist das Verstehen, welches nichts anderes als eine Form der Enteignung der eigenen Gefühle und Befindlichkeiten beinhaltet. In dem Augenblick, in dem das, was mich bewegt, mich ausmacht, in das Kategoriensystem eines anderen Menschen hineingezogen wird, mit dieser Elle gemessen wird, ist es nicht mehr Teil meiner selbst, sondern auswechselbares Objekt einer Betrachtung. Interessant fand ich es immer wieder, dass ich mich im Anschluss an solche Situationen des Verstehens oft leerer und einsamer als zuvor gefühlt habe. Logisch, dass ich mich leer fühlte, mir wurde ja auch etwas genommen

Im ‚Verstehen' liegt meines Erachtens sehr schnell die Gefahr, dass zwischen dem, was verstanden wird und der Person, die verstanden wird, eine Trennung entsteht: z. B. Ich verstehe, was Du sagst ...; oder: Ich verstehe dieses oder jenes Verhalten ...

Mein Wunsch und mein Anspruch bestehen darin, den anderen zu sehen, bzw. gesehen zu werden. Verstehen setzt einen Maßstab voraus: Was ist verstehbar, was ist nicht verstehbar? Wessen Maßstab des Verstehens soll ich anlegen?

An anderer Stelle habe ich die Purzelbäume beschrieben, die im psychoanalytischen Denken möglich sind, um das Verhalten des Patienten erklärbar bzw. von außen – also mit psychoanalytischen Denkmustern – nachvollziehbar zu machen. Dies hat meiner Meinung nach jedoch nichts mehr mit ‚gesehen werden' und realem Kontakt zu tun.

Zu Recht ist diese Art des ‚Verstehens' oft Gegenstand oder besser Opfer der Satire. Weil es so schön ist, möchte ich ein Beispiel nennen:

Sigmund Freud

Zu Sigmund Freud kam einst ein Mann, der ihm einen seltsamen Traum mit-
teilte. Sein Es habe – im Traum – Triebansprüche geäußert, das Über-Ich habe
sie zu unterdrücken versucht, das Ich habe sie daraufhin sublimiert.
„Haben Sie das wirklich geträumt?" fragte Freud. „Ja", entgegnete der Mann.
Freud überlegte einen Moment und sagte dann: „Die Erklärung des Traums ist
einfach. Ihr Es wird vom Über-Ich unterdrückt und äußert Triebansprüche, die
vom Ich ..." „Das ist aber keine Erklärung, das ist mein Traum", unterbrach ihn
der Mann.
„Wenn Sie nicht wollen, dass ich Ihnen Ihre Träume erkläre, brauchen Sie es mir
nur zu sagen", antwortete Freud schroff und entließ den Mann, den von Stund
an ein schrecklicher Minderwertigkeitskomplex befiel.[249]

Ich möchte an dieser Stelle etwas Abbitte bei Herrn Sigmund Freud leisten: Zunächst habe ich lediglich die Werke von ihm gelesen und hatte dabei erhebliche
Schwierigkeiten mit dem, was ich las; nachdem ich mich jedoch auch mit seinen
Briefwechseln, z. B. mit seiner späteren Frau aus der langjährigen Verlobungszeit, beschäftigt habe, lernte ich einen ganz anderen Freud kennen: Einen gefühlvollen,
warmherzigen und verletzbaren Menschen, einen fürsorglichen, humorvollen und
geduldigen Vater. Aber vielleicht ist es mit Freud und der Psychoanalyse ähnlich wie
mit dem Christentum und dem Klerus: Genau wie der Klerus die heilsbringenden
und beglückenden Botschaften des christlichen Glaubens durch Intoleranz, Herrsch-
sucht und engstirnige Rigidität zerstört hat, zerstört der Stand der orthodoxen Psychoanalytiker durch Arroganz, Standesdünkel, entmündigende Besserwisserei und
geradezu autistische Entfremdung von der Alltagswelt die befreienden und erlösen-
den Inhalte der Psychoanalyse.

Wenn wir versuchen, Ähnlichkeiten und Parallelen zwischen psychoanalytischer
und Zen-buddhistischer Betrachtungsweise zu finden, sollten wir uns bei dem um-
schauen, was Fromm und Suzuki zusammen erarbeitet bzw. sich gegenseitig befruch-
tet haben. Die Ergebnisse, die eine Arbeitstagung zum Thema Zen-Buddhismus und
Psychoanalyse im August 1957 nach sich zogen – besonders das gemeinsame Buch
„Zen-Buddhismus und Psychoanalyse" sollten zur Pflichtlektüre für jeden, der sich
mit dem Thema Therapie und Buddhismus auseinandersetzen will gehören. Beide
waren Pioniere auf ihrem Gebiet und kenntnisreich, aufgeschlossen genug, sich auf
das Thema des anderen einzulassen:

Als Vertreter einer humanistischen Psychoanalyse teilt Fromm nicht das Libido-
fixierte Menschenbild Freuds, auch beschränkt er die Methode nicht auf die Behandlung kranker Menschen. Ziel ist nach seiner Auffassung, im Durchbrechen des
logischen, bewussten Denkens, das nur einen kleinen, unbedeutenden Teil der
menschlichen Psyche bestimmt, das Unbewusste aufzudecken, das freilich nicht ausschließlich und hauptsächlich der Freudsche dunkle Keller voll abscheulichen Un-
rates ist, sondern als Quelle schöpferischer Kräfte und höchster Weisheit Achtung

und Aufmerksamkeit verdient. Der gesunde, d.h. der heile, offene, wache Mensch, dessen Existenz sich im Einklang mit seiner Menschennatur befindet, hat sein Unbewusstes ins Bewusstsein überführt, alle Verdrängungen aufgehoben, Angst und Entfremdung überwunden. Er berührt in seinem Unbewussten Wirklichkeit, denn das Unbewusste ist ein wesentlicher Teil des ganzen Menschen. Freilich gibt es im Unbewussten Stufen, die nicht alle in gleicher Weise und gleichzeitig erobert werden.

Der Psychoanalyse und dem Zen sind, wie Fromm dartut, die von Suzuki aufgeführten Ziele des Zen gemeinsam, nämlich

- das Sehen der eigenen Natur,
- die Befreiung aus egoistischer Knechtschaft,
- das Freisetzen natürlicher Energien und
- die Bewahrung vor geistiger Verkrüppelung.

Beiden Prozessen oder Wegen geht es um „das volle Erwachen des ganzen Menschen für die Wirklichkeit", und zwar um die „unverzerrte ... Wahrnehmung der Wirklichkeit", die dem ins Alltagsleben verstrickten Menschen ob seiner Verdrängungen (Psychoanalyse) und seiner Illusionen (Zen) verwehrt ist." [250]

Fromm sieht eine Gemeinsamkeit von Zen und Psychoanalyse auch in deren gewöhnlich wenig beobachtetem ethischen Charakter. Beide stellen ihren ethischen Gehalt nicht zur Schau. Die ethische Seite des Zen wurzelt, wie Fromm mit Recht bemerkt, in seinem lebendig wirksamen buddhistischen Erbe, das vor allem das Ausräumen von Gier und Hass fordert. Die humanistische Psychoanalyse schließt ebenfalls eine ethische, charakterliche Wandlung ein, wenn sie, von der jüdisch-christlichen Tradition beeinflusst, Demut, Mitgefühl, Liebe anmahnt.

So deutlich sich Ähnlichkeiten in den Zielen von Zen und Psychoanalyse aufzeigen lassen, so verschieden sind die Methoden und Prozesse auf dem Weg. Koan-Übung und Freie Assoziation stimmen, wie Fromm meint, darin überein, dass beide Methoden den Übenden oder Patienten gleichsam in die Ecke drängen, ihn in eine Zwangslage bringen, die den Durchbruch im unmittelbaren, nicht rationalen, undefinierbaren, plötzlichen Erleben erzwingt, das eine Bewusstseinsänderung im Menschen bewirkt. [251]

Die Psychoanalyse, wie Fromm sie versteht und in Vergleich zum Zen setzt, geht über die übliche, empirisch-psychologische Auffassung hinaus, indem sie im Bewusstmachen des Unbewussten einen ethisch fundierten neuen Realismus anstrebt, in dem das Unbewusste vollständig freigelegt und alles Empfinden des ganzen Menschen umfasst ist. Wenn die Befreiung von allen Verdrängungen gelungen ist, begreift der Mensch, wie nutzlos es ist, die Antwort auf das Leben darin zu suchen, sich zu haben, anstatt er selbst zu sein und zu werden. [252]

Gras ist grün, da gibt es nichts zu verstehen, sondern nur zu sehen. Wut ist Wut und ist als Wut zu sehen. Ich will nicht verstanden werden, ich will gesehen/wahrgenommen werden. Und manchmal ist zwischen den beiden Dingen ein Unterschied.

Nan Shin

Nan Shin spielt hier auf den berühmten Zen-Ausspruch an, demzufolge für jemanden, der sich auf die Suche, den Weg, in Therapie begibt, die Berge zunächst nichts als Berge sind. Dann kommt „der große Zweifel" und die Berge hören auf, Berge zu sein. Später dann – nach der ersten Erleuchtung – sind die Berge wieder Berge, wobei sich die letzte Sicht der Berge vollkommen von der ersten Sicht unterscheidet, aber halt „beyond words" ist: Solange wir nichts verstehen, sind die Berge Berge; wenn wir anfangen zu verstehen, sind die Berge nicht mehr Berge; sobald wir verstanden haben, sind die Berge wieder Berge. L. Wittgenstein:

> *„Wer immer über Ethik und Religion zu schreiben oder zu sprechen versucht hat, rennt gegen die Grenze der Sprache an! Dieses Anrennen gegen die Grenzen des Käfigs ist vollkommen hoffnungslos …!"*[253]

Es ist wichtig zu lernen, dass der Berg – um im Bild zu bleiben – immer der gleiche bleibt. Was sich ändert, ist nicht der Berg, sondern unsere Sichtweise, unsere Fähigkeit des Aufnehmens und des Verarbeitens. Auch nach vielen Jahren der Therapie werde ich immer wieder aufs Neue mit Gefühlen der Ohnmacht, Verzweiflung, Wut etc. konfrontiert. Meine Umwelt mit all ihren Problemen, die sie mir bereitet, bleibt die gleiche, meine Wahrnehmungs- und Reaktionsweisen ändern sich jedoch.

> *„So hat man den Unterschied zwischen dem begrenzten und einem höheren Bewusstsein gelegentlich im Bild eines Labyrinths veranschaulicht:*
> *Typisch für das übliche, begrenzte Weltbewusstsein – Phase 1 – wäre dann ein Vorrücken von Gang zu Gang, das Probieren von Wegen, das Einprägen von Verbindungen und Sackgassen.*
> *In einem längeren Prozess könnte das bei erfahrenen Wanderern – Phase 2 – zu einem komplexeren Bild der Gänge und Gangsysteme führen, zur Erkenntnis bestimmter Grundmuster, so dass sich ein größeres Bild abzeichnet, fast schon eine Gesamtschau. Aber das wäre nicht der Endpunkt der Entwicklung.*
> *Phase 3 brächte demgegenüber eine ganz neue Qualität ins Spiel: Sie wäre durch ein Bewusstsein geprägt, das gleichsam von oben auf das Labyrinth schaut. Es wäre ein Bewusstsein, das die Dinge mit einem Blick erfasst, gewisse Zusammenhänge gar nicht mehr erschließen oder erdenken muss, sondern einfach sieht. Äußerlich betrachtet, rein körperlich, ginge der Wanderer weiterhin die Wege der Welt, ein Labyrinthgenosse wie die anderen, in seinem Bewusstsein aber wäre die höhere Perspektive präsent. Damit wären nicht auf einen Schlag alle Fragen gelöst, doch ließen sie sich mit ganz anderer Übersicht und Urteilskraft angehen."*[254]

Diesen Prozess des Wachstums will das Beispiel der drei Berge unter anderem beschreiben. Wunderbar plastisch erzählt dasselbe eine alte chassidische Geschichte:
„Kannst du mir erklären, was Talmud bedeutet?"

„Aber ja, pass auf: Zwei Männer fallen durch einen Schlot. Der eine bleibt ganz sauber, der andere wird voller Ruß. Welcher wird sich waschen?"

„Selbstverständlich der, der voller Ruß ist."

„Eben nicht. Der Saubere wäscht sich. Er sieht nämlich, dass der andere voller Ruß ist, und glaubt deswegen, er sei es auch. Der Rußige dagegen hält sich für sauber, weil er sieht, dass der andere sauber ist."

Zunächst nehmen wir uns selber immer in Relation zu ... wahr: Der andere ist besser, schlauer, schöner oder was auch immer. Wir vergleichen uns und wollen dann so sein wie ..., oder gerade nicht so sein wie ... Weiter:

„Sie fallen ein zweites Mal durch den Schlot. Welcher wird sich waschen?"

„Der Saubere."

„Eben nicht. Der Rußige wäscht sich. Er hat nämlich kapiert, warum der Saubere sich gewaschen hat – der wiederum hat beim Waschen gesehen, dass er sauber war."

In der nächsten Stufe ist das Augenmerk vermehrt auf meine Umwelt und mich selber gerichtet. Wahrnehmung und Erfahrung „öffnen" sich und werden in mein Verhalten integriert. Doch vieles ist noch unsicher, das „alte" stimmt nicht mehr, das „neue" noch nicht. Weiter:

„Sie fallen zum dritten Mal durch den Schlot. Welcher wird sich waschen?"

„Ab jetzt immer der Rußige."

„Eben nicht. Hat man je gehört, dass von zweien, die durch denselben Schlot fallen, einer rußig wird und der andere nicht? – Das, mein Freund, das ist Talmud."

Alles wird simpel, das was es ist. Die Dinge erklären sich bei offenem, freiem Wahrnehmen selbst, ich muss nur hinschauen und hinhören.

Das unerledigte Geschäft – die nicht geschlossene Gestalt – erzeugt einen Spannungsbogen, der uns drängt, das Geschäft zu erledigen bzw. die Gestalt zu schließen. Das existenzielle Vakuum lässt sich auch als unerledigtes beschreiben.

Safe Place, Satori, die Leere / das Nichts, Kosmische Harmonie, Nirwana, Himmel, dies alles sind Begriffe, die – in unterschiedlicher Intensität – den Zustand der geschlossenen Gestalt beschreiben. Egal, wie weit wir in unserer Entwicklung auch voranschreiten, letztlich erreichen wir einen Punkt existenziellen Vakuums, einen Punkt existenzieller Frustration. In dieser Phase stellt sich – mehr denn je – die Frage nach dem Sinn. Dem Sinn der Anstrengungen, dem Sinn des Leidens und des Lebens allgemein.

Ich selber habe sowohl als Klient als auch als Therapeut die Bedeutung dieser spirituellen Ebene erfahren. Hier beginnen die letzten Fragen und die Suche nach „letzten" Wahrheiten.

Es entsteht ein Gefühl der Sinnlosigkeit, der Isolation, des Herausgerissenseins aus der Natur; Technik und Ratio versagen hier nicht nur ihren Dienst, sondern zeigen das Vakuum durch ihr Schweigen umso deutlicher.

Ich fühle mich nicht kompetent, ausführliche seins- und sinnphilosophische Abhandlung zu schreiben. Mein Anliegen ist es, deutlich zu machen, dass (Gestalt-) Therapie, will sie einen „Sinn" haben, sich mit der Frage nach dem Sinn – zu der meines Erachtens auch die Diskussion des Menschenbildes gehört – auseinandersetzen muss. In den mir bekannten Therapierichtungen haben sich u. a. die Daseinsanalyse von Ludwig Binswanger, der Ansatz von Medart Boss, das Werk von Erich Fromm, insbesondere aber die Logotherapie Viktor Frankl's mit der Sinnfrage besonders auseinandergesetzt.

Die Psychologie und die Therapie des New Age bzw. der Human-Potential-Bewegung betonen in besonderer Weise die Bedeutung der spirituellen Ebene, da hier – wenn überhaupt – die Fragen nach dem Sinn am ehesten ihre Antwort finden. Die Zunahme an Zivilisation und Technisierung erhöht offensichtlich mehr und mehr den Preis des „Entzweitseins" oder anders ausgedrückt, der Fremd- / Außensteuerung bzw. -abhängigkeit. Der „Horror vacui" nimmt zu; ein Loch wird durch ein anderes gestopft; das ist die Daseinsform des „Homo consumens" (Erich Fromm).

Doch das existenzielle Vakuum wird dadurch nur größer und drängender. Dies ist, was ich mit „Cosmic Longing" meine; die Suche nach dem „Einen", was in der Lage ist, mein Leiden am Entzweitsein aufzulösen, mir Halt, Sinn, ein Zentrum und Wahrheit zu geben.

Das Gefühl des Entzweitseins ist meiner Überzeugung nach als Erweiterung der Entfremdung zu verstehen. Zur Entfremdung im klassischen Sinne: Die durch materielle und geistige menschliche Arbeit hervorgebrachten Produkte, gesellschaftlichen Verhältnisse, Institutionen und Ideologien treten den Menschen als fremde, beherrschende Mächte gegenüber. Diesem klassischen Entfremdungsbegriff fügt der Begriff der Entzweiung die spirituelle Ebene hinzu.

Es erscheint sinnvoll, einige Gedanken zur Bedeutung der Entfremdung – hier als ein Teil des existenziellen Vakuums, des Entzweitseins gemeint – zu sammeln. Ich möchte fünf wichtige Aspekte des Gefühls der Entfremdung benennen:

1. Machtlosigkeit, das heißt: die Erwartung oder Wahrscheinlichkeit, dass das eigene Verhalten auf das gewünschte Ergebnis keinen Einfluss hat;
2. Bedeutungslosigkeit, das heißt: der Verlust eines Minimums an Klarheit über die eigene Orientierung beim Entscheidungsprozess;
3. Normlosigkeit, das heißt: die Erwartung, dass man bestimmte Ziele nicht erreichen kann, ohne gesellschaftlich missbilligte Verhaltensweisen an den Tag zu legen;
4. Isolierung, das heißt: die relativ niedrigere Bewertung von Werten und Zielen, die gesellschaftlich hoch geschätzt werden;
5. Selbstentfremdung, das heißt: die Unmöglichkeit oder Unfähigkeit, Tätigkeiten zu finden, die in sich wertvoll erscheinen.

Dies alles wird noch durch den Begriff des Entzweitseins erweitert; so wird meines Erachtens das Gefühl existenzieller Einsamkeit, keinen Platz zu haben, nirgendwo hinzugehören, deutlich und in seinen Anteilen versteh- und nachvollziehbar. An diesem Punkt taucht auch der alte Konflikt zwischen individuell sinnvoller therapeutischer Arbeit und politisch notwendiger Veränderung der gesamtgesellschaftlichen Randbedingungen auf.

Das Problem Massenarbeitslosigkeit lässt sich nicht therapeutisch lösen. Aber auf dieses Thema möchte ich hier und jetzt nicht näher eingehen.

Das Gefühl des Entzweitseins, des Auf-der-Sucheseins, die existenzielle Rastlosigkeit sind ein Teil menschlicher Existenz. Warum, woher, wozu, wohin ... sind ständige Begleiter unserer Existenz. Je mehr es uns gelingt, diese Begleiter willkommen zu heißen, zu integrieren, desto größer wird ihr Nutzen sein. Wir müssen akzeptieren, dass es ein Leben ohne diese Begleiter nicht gibt, aber es ist unsere Entscheidung, ob diese Begleiter nützliche Wegweiser oder lästige Quälgeister sind. Elie Wiesel hierzu:

> *„Ich möchte mit dem Wort ‚Exil‘ beginnen. Das Exil ist Teil der menschlichen Existenz. Psychologen würden sagen, dass es den Ursprung der menschlichen Existenz bildet.*
>
> *Der Mensch wird Mensch, indem er den Mutterleib verlässt, das bedeutet, wir werden durch die Geburt in das Exil gestoßen. Wir kommen in eine Welt, die wir nicht kannten, eine Welt, die sehr gut ohne uns auskommen könnte. Mit anderen Worten, wir kommen als Fremde in diese Welt; wir werden in das Exil geboren. Und wir alle wissen, mehr oder weniger, wie lange dieses Exil dauert: Ein Leben lang.“*[255]

Dieses Exil, diese Entfremdung können wir nicht auflösen, sondern nur annehmen; den Sinn, der allen Sinn erklärt, gibt es nicht. Wir fühlen uns heimatlos und spüren, dass uns alles, was wir zu tun beabsichtigen, nicht wirklich, nicht „endlich“ gelingt, dass wir die Person, die wir sein wollen, niemals sein werden.

Von der Geburt an wird das Kind und wird auch der „normale“ Erwachsene keine „vollständigen“ Erlebnisse und „vollständigen“ Gefühle haben. Die Geborgenheit im Mutterleib ist vollständig, ist 24 Stunden am Tag. Diese vorgeburtliche Vollständigkeit ist es, die uns ein Leben lang das Unentzweite, das Vollständige suchen lässt.

> *„Jeder von uns hat bis zum Zeitpunkt seiner Geburt schon eine ganze Menge gelernt. Wenn er auf die Welt kommt, weiß er zumindest eines sehr genau, nämlich was Geborgenheit bedeutet. Jetzt lernt er die Angst kennen, und er spürt die Auswirkungen der damit einhergehenden Stressreaktion an seinem ganzen Körper. Es geht um das nackte Überleben, und er kennt zunächst nur eine Lösung: Er schreit und versucht verzweifelt, wenigstens einen Zipfel dieser Wärme und Abgeschirmtheit, dieser sicheren Versorgung und dieses schwimmenden schwerelosen Schaukelns im Bauch der Mutter wieder zu finden. Alles, was er von dort bereits kennt, den Herzschlag der Mutter oder eine immer wieder gehörte Melodie, selbst Gerüche, die er nun wieder erkennt, hilft ihm, die Angst zu unterdrücken, die er in seiner völlig neuen Welt erlebt. Er strebt immer wieder dorthin zurück, und indem er das tut, macht er eine neue Erfahrung nach der anderen. Zu die-*

sen Erfahrungen zählen all die kleinen Erfolge, die seine Stressreaktion kontrollierbar machen. Dabei werden diejenigen Verschaltungen in seinem Gehirn gebahnt, die er bei seiner Suche nach dem verloren gegangenen Glück immer wieder benutzt."[256]

Alan Lopez, ein von mir verehrter Lehrer: „Alles, was wir sind, ist Wanderer auf der Erde zu sein und das Beste, was uns passieren kann, ist dass wir einem guten Freund begegnen, der uns ein Stück begleitet."

Das existenzielle Entzweitsein ist Teil des Lebens, spätestens seit der Vertreibung aus dem Paradies. Ich finde es sehr interessant und faszinierend, dass fast alle Religionen ein Urparadies, in dem alle – Götter, Natur und Menschen – im Einklang leben, aber auch – in der einen oder anderen Form – das Urtrauma, den Sündenfall, durch welches die Entfremdung entstand, kennen.

Je weniger wir dieses existenzielle Entzweitsein verarbeitet haben, desto größer und oft auch manipulativer sind unsere Beziehungsansprüche.

Wir verlangen Unmögliches von unserer Umwelt, wenn sie unsere symbiotischen Verschmelzungswünsche befriedigen soll. Das Fatale daran ist, dass uns „eigentlich" klar ist, dass das, was wir von unserer Umwelt einklagen, das, was wir wollen, verunmöglicht: Wenn diese Symbiose tatsächlich wäre, wäre keine Beziehung mehr möglich, da es kein Gegenüber mehr gäbe. Sucher zu allen Zeiten, in allen Kulturen haben sich mit dieser existenziellen Sehnsucht befasst.

Ich glaube, dass die Faszination, die die Indianische Tradition Nordamerikas auf viele Menschen – besonders in „Psychokreisen" – ausübt, hier ihren Ursprung hat. Der indianische Weg eines Lebens im Einklang mit der Natur ist für viele Menschen zu einem Wunsch-, Orientierungs- und Leitbild geworden, das anregt, die eigenen Lebensprinzipien zu überdenken. Ich persönlich habe, bei aller Faszination dieses Weges, einige Schwierigkeiten damit. In den letzten Jahrhunderten haben wir – d. h. die Weißen – den Indianern ihren Lebensraum gestohlen, sie immer und immer wieder betrogen und ermordet, und jetzt beginnen wir, ihnen auch noch ihre Tradition, ihre Spiritualität zu stehlen. Ich denke, aufgrund der geschichtlichen Erfahrungen, die die Indianer mit uns Weißen gemacht haben, besteht für die Indianer keinerlei Veranlassung, uns diese wertvollen und wunderbaren Güter zu schenken. Ich glaube, wir haben sie nicht verdient!

Ich weiß es nicht, ich muss da noch viel nachdenken, denn gleichzeitig, während ich all dies niederschreibe, sitze ich in meinem Büro und schaue auf ein Bild von In-mut-Tooyahlatlat, genannt Chief Joseph, 1840-1904, jenem legendären und verehrungswürdigen Häuptling der Nez Percé. Dieses Bild hängt seit zehn Jahren in meinem Büro; der Kontakt zu Chief Joseph bedeutet mir sehr viel. Häuptling Schwarzer Hirsch:

„Der erste Friede, welcher der wichtigste ist, ist der, der in die Seele des Menschen kommt, wenn sie ihre Verwandtschaft erkennen, ihr Eins-Sein mit dem Universum und allen seinen Kräften."[257]

Wann immer ich mich mit indianischen Ritualen oder indianischer Spiritualität beschäftige, befällt mich ein ähnliches Gefühl wie ich es habe, wenn ich mich – als Deutscher – mit dem Talmud oder der Kabbala beschäftige. Ich habe zwar weder einen Indianer noch einen Juden ermordet. Dies jedoch nicht, weil ich ein so guter Mensch bin, sondern weil ich glücklicherweise nicht zu der entsprechenden Zeit am entsprechenden Ort geboren wurde und eine entsprechende Sozialisation durchlaufen habe.

Die Suche nach dem Sinn ist ein wichtiger, ja existenzieller Teil des Wachstums. Nur hier können existenzielle Fragen existenzielle Antworten finden und das Leiden am Entzweit-, Entfremdetsein in Wachstum umgewandelt werden. Wir alle sind in diesem Existenziellen gespalten und leiden daran. Auf einer oberen Ebene ist da das Leiden am Auseinanderklaffen zwischen dem, was ist und dem, was sein sollte; und je größer die Diskrepanz ist und je kleiner die Fähigkeit, diese anzunehmen ist, desto größer ist das Leiden. Dabei ist die Entfremdung nicht ursächlich mit dem Leiden verbunden, sondern das Leiden ist Indikator des unverarbeiteten, unangenommenen Getrenntseins. Neben diesem Leiden gibt es jedoch noch eine tiefere und letztlich drängendere Form des Leidens.

„Hier ist nur die Rede von dem Leid, das übrig bleibt, wenn alle glücklichen Umstände vorher zugestanden sind. Dieses Leid, das übrig bleibt, ist das Leid a priori, das zum Urbestand der gesamten geschaffenen Natur gehört, und das im Menschen allein zu seiner Selbsterkenntnis kommt. Dieses Leid liegt noch tief unter jener für flachsichtige Augen tief gelagerten Schicht, die unsere modernen Psychologen zu ergründen vermögen: es ist ein ursprüngliches Leid, das keine Kausalität mehr hat; es ist so wenig verursacht, wie der Raum und die Zeit."[258]

Ein schwieriges Thema, welches bisher in der (Gestalt-)Therapie „zu kurz" gekommen ist.

Die Zunahme an Sektenbewegungen, an Interesse für fern-östliches, indianisches, „unentzweites" Gedankengut, die Beschäftigung mit weltlichen und christlichen Mystikern, all dies sind für mich Indikatoren dafür, dass die Fragen nach letztlichem Warum, Woher und Wohin aktueller denn je werden. Den Religionen kommt auf diesem Gebiet eine wichtige und sinnvolle Aufgabe zu. Meine Überzeugung ist es, dass Gestalttherapie, wenn sie sich (wir uns) mit diesen Fragestellungen befasst (befassen), auch religiös ist. Dies jedoch nicht in einem klerikalen, sondern pantheistischen Sinne.

Bevor die Protestrufe auf meine Feststellung, Gestalttherapie sei (auch) religiös, zu groß werden, einige Gedanken hierzu:

Wir können unterschiedliche Stufen der Religiosität beschreiben: Die unterste Stufe ist die „Furchtreligion", wie z. B. die des alttestamentarischen Rachegottes.

Eine Moralreligion ist zwar in gewisser Weise weiterentwickelt, jedoch kennt auch diese Form der Religion einen anthropomorphen Gott der Vorsehung, der beschützt, belohnt und bestraft. Die „höchste" Form der Religion ist eine „kosmische" Religiosität.

> *„Sie lässt sich ‚demjenigen, der nichts davon besitzt, nur schwer deutlich machen, zumal ihr kein menschenartiger Gottesbegriff entspricht'. Charakteristisch für sie ist das Bewusstsein von der ‚Nichtigkeit menschlicher Wünsche und Ziele' und das Ergriffensein von der ‚Erhabenheit und wunderbaren Ordnung, welche sich in der Natur sowie in der Welt des Gedankens offenbart'. Die kosmische Religiosität will über das individuelle Dasein als ‚eine Art Gefängnis' hinaus, ‚will die Gesamtheit des Seienden als ein Einheitliches und Sinnvolles erleben'. Auch wenn sie ‚zu keinem geformten Gottesbegriff und zu keiner Theologie führen kann', waren doch die religiösen Genies aller Zeiten ... durch diese kosmische Religiosität ausgezeichnet, die keine Dogmen und keinen Gott kennt, der nach dem Bild des Menschen gedacht wäre. Es kann daher auch keine Kirche geben, deren hauptsächlicher Lehrinhalt sich auf die kosmische Religiosität gründet. So kommt es, dass wir gerade unter den Häretikern (d. h. Ketzern) aller Zeiten Menschen finden, die von dieser höchsten Religiosität erfüllt waren und ihren Zeitgenossen oft als Atheisten erschienen, manchmal auch als Heilige. Von diesem Gesichtspunkt aus betrachtet, stehen Männer wie Demokrit, Franziskus von Assisi und Spinoza einander nahe."*[259]

Der Autor des Buches, aus dem dieses Zitat entstammt (Hubertus Mynarek) gibt hier nicht etwa die Gedanken eines Religionsphilosophen, sondern die des Physikers und Nobelpreisträgers Albert Einstein wieder. Wer sich etwas mit der Lebensgeschichte dieses Genies befasst hat, wird wissen, wie sehr Einstein zeitlebens ein Suchender – mit allen Höhen und Tiefen – war.

In diesem Sinne der „Kosmischen Religiosität" ist Gestalttherapie religiös! Gerne gebe ich zu, dass ich gehörige Probleme hatte, mich zu dieser Erkenntnis durchzuringen; musste ich doch erst einmal die wie Kletten an meiner Seele haftende, jahrzehntelange, lebendigkeitabtötende, freiheitsberaubende, katholische Sozialisation abschütteln.

Aber „Re-ligio" heißt ja wörtlich übersetzt nichts anderes als „Rückverbindung";[260] nichts anderes geschieht in der Therapie, geschieht im Zen: Rückverbindung zu der „geschlossenen Urgestalt", zu meinem Zentrum oder wie auch immer ich den Ort, an dem ich eins mit mir und anderen sein kann, nennen möchte. Wirkliche Ruhe und wirklicher Friede, das heißt wirkliches Ausruhen – *safe place,* wie wir in der Gestalttherapie sagen – ist nur hinter diesen Fragestellungen möglich.

„Ich habe hart daran gearbeitet, in mir einen Ort zu kultivieren, an dem ich mich sicher fühle, wenn ich mit schmerzlichem Feedback oder mit Wahrnehmungen konfrontiert werde, die nicht in mein Selbstbild passen. Das ist die Grundvoraussetzung für die Fähigkeit, Neues wahrzunehmen und für Kritik offen zu sein, dass ich einen Platz habe, an den ich gehen kann, während meine Ansichten über mich selbst herausgefordert werden und meine Welt auseinander fällt. Wo gehe ich hin, um sicher zu sein, ohne dichtzumachen, ohne zu verleugnen und ohne auf Gewalt oder Missbrauch oder Rechtfertigung zurückzugreifen? Wo gehe ich hin? Einen solchen Ort zu haben und mehr zu lieben, was ist, als das, was ich glauben möchte – das ist wohl Gesundheit.“ [261]

Es sind diese Erlebnisse der Synchronizität, die uns das friedvolle All-eins-Gefühl ermöglichen. Egal, welchen Namen wir nun diesem Zustand geben, ob nun Satori, Nirwana, Synchronizität, mystische Verzückung oder was auch immer, bedeutsam ist das befreiende, zwar vergängliche, mit Sicherheit aber nicht vergessbare Gefühl des Teil- und gleichzeitig Einssein mit etwas, was größer ist, als wir selber sind.

In solchen Momenten ist alles Eins, verbunden durch eine „darunterliegende“ gemeinsame spirituelle Ebene, die „grenzenlos“ in des Wortes wahrster Bedeutung ist.

Die christlichen Mystiker – aber nicht nur die christlichen – beschreiben ähnliche „All-Einheitsbewusstseinserlebnisse“: Meister Eckhard spricht von einem totalen, qualitätslosen, unterschiedslosen, allumfassenden Sein. Theresa von Avila spricht von einem Gebet der Ruhe, der Vereinigung. Enomiya Lassalle, in christlicher Mystik gleichermaßen wie im Zen bewandert:

„Der Zen-Erleuchtete erlebt das Einssein mit dem Sein, dem Absoluten. Der christliche Mystiker erfährt ebenfalls ein Erlebnis vollkommener Einheit ...“ [262]

Meditation ist der Weg, der den Menschen dorthin führen soll, wo er hergekommen ist. Das Geheimnis der Meditation liegt in der Aufforderung an den Menschen begründet, nach Hause zu gehen (Geh-Heim). Es gibt viele Geh-Heim-Lehren; die Basis all dieser Lehren aber ist die Meditation! Meditieren heißt Los-lassen um Zulassen zu können. Die einzige „Technik“ die anzuwenden ist, ist jene des erwartungslosen Loslassens. Das Paradoxon „Werde, der du bist“ deutet dies an. Da wir aber nicht wissen, wer wir sind, ist jede meditative Erwartungshaltung auch sinnlos. Zulassen heißt daher, sich in die Ungewissheit begeben, um Gewissheit zu erlangen. Diese Gewissheit liegt aber außerhalb der Sprache; wissendes Nichtwissen könnte man sie nennen. Suzuki Roshi:

... this is called „I -don't -know"-zazen. We don't know what zazen is anymore. I don't know who I am. To find complete composure when you don't know who you are or where you are, that is to accept „things as it is." Even though you don't know who you are, you accept yourself. That is „you" in its true sense. When you

know who you are, that „you" will not be real to you. You may overestimate your-
self quite easily, but when you say, „Oh, I don't know," then you are you, and you
know yourself completely. That is enlightenment."[263]

Doch Vorsicht, bis zu diesem „Ich weiß es nicht" ist es ein langer Weg; dieses „Ich
weiß es nicht" zeugt von großer selbstverständlicher Weisheit, ganz einfach, weil sie
da ist. Sie braucht weder demonstriert noch bewiesen werden. Sie ist Eins mit dem
Menschen, der sie ausstrahlt und hat nichts mit der plumpen Theoriefeindlichkeit zu
tun, die in der Anfangsphase der Gestalttherapie für einige ihrer Vertreter schick war.
Gleichwohl kann ich mir vorstellen, dass ich auf die Frage eines Klienten, was denn
Gestalttherapie sei, auch simpel „Ich weiß es nicht." antworte. Zumal ich es wirklich
nicht weiß; ich weiß höchstens, wie und warum ich Gestalttherapie praktiziere.
  Ähnliche Gedanken des Eins-Sein finden wir auch in der keltischen Tradition:
Die Druiden haben ihre Weisheiten in so genannten Triaden weitergegeben, einer
Vielzahl von Sätzen, die als kondensierte, kodifizierte Darstellung der druidischen
Philosophie gelten. Bereits die erste Triade ist für unser Thema sehr bezeichnend:
Der ursprünglichen Wahrheiten sind drei – und mehr kann es nicht geben. Es sind:
- ein Gott
- eine Wahrheit
- eine Freiheit, Punkt des Ausgleichs zwischen allen Gegensätzen.
Wo diese drei Wahrheiten ihren Platz haben, ist unendlicher Reichtum. Wer sich mit
dem Druidentum einmal näher befasst hat, wird wissen, wie groß die Weisheit und
das Ansehen der Druiden war, aber auch, dass sie einen jahrzehntelangen Ausbil-
dungsweg gehen mussten.
  Die Lehren des Don Juan – wiedergegeben von Castaneda – sprechen auch von
der existenziellen Einsamkeit, deren Überwindung durch Annahme wirkliche Freiheit bedeutet.
  Die letzte Lehre, die Don Juan seinen Schülern vor seinem Abschied erteilt, ist
die Antwort auf ein existenzielles menschliches Problem: die Einsamkeit des Menschen. Die Tatsache, dass er es bis zu diesem dramatischen Moment aufhob und dass
es sozusagen den Abschluss von Castanedas viertem Band darstellen darf, zeigt den
Stellenwert, der der Herausforderung der Einsamkeit im Leben des Kriegers zu-
kommt, und die Notwendigkeit, darauf eine Antwort zu finden.
  Der Krieger ist der Mensch, der seine Schilde abgelegt hat, die Narkotika, mit denen der Durchschnittsmensch sich noch vor der Wahrheit schützen kann. Und die
Wahrheit ist auch die Tatsache, dass die menschliche Existenz ein Problem aufwirft,
das so ungeheuerlich zu ertragen ist, dass die meisten Menschen ihm nicht freiwillig
ins Angesicht sehen würden: Das Gefühl der Sinnlosigkeit, der Isolation und des Herausgerissenseins aus der Einheit mit der Natur und allem Sinn.
  Der Ausweg besteht in der lebensbejahenden, beglückenden, freimachenden
Antwort, zu der Zen den Weg zeigen will und die auch Don Juan mit anderen Worten gibt. Sie besteht darin, dass der Mensch sein isoliertes Ego überspringt und sich

wiedervereinigt mit der Natur, der ganzen Menschheit, der ganzen Welt, dem Universum mit all seinen Kräften, und erkennt, dass das Zentrum des Universums in jedem von uns ist. Wenn er dann um sich blickt oder in sich selber blickt, dann wird er erstaunt feststellen, dass er nicht mehr allein ist, sondern umgeben von einer „herrlich prachtvollen Einsamkeit", wie es Suzuki nennt. Dann wird das Alleinsein zu einem All-Eins-Sein.

Die Indianer versuchen durch Schwitzhütten und Fasten an diesen Punkt zu kommen, weil sie wissen, dass nur der Mensch, der den existenziellen Urschmerz voll erlebt hat, auch zu jener wunderbaren Heimat finden kann, in der ich eins mit einem Blatt, einem Menschen ... und gleichzeitig eins mit allen Blättern und allen Menschen sein kann.

Sehr interessant für mich war ein Ausflug in die Musikmystik: Auch hier habe ich die Suche nach dem Einen wieder gefunden. Der Urton, der Grundton der Natur, der schon in der ältesten chinesischen Musikphilosophie den Namen „Gelbe Glocke" oder „Großer Ton" trägt, ist der gleiche Ton, in dem das Brausen des Ozeans, der Insektenflug, die Wasserfälle, kurz, alles in der Natur, das eine Stimme hat oder Töne hervorbringt, „gestimmt" ist.

Ein Mann besaß ein Cello mit einer Saite, über die er den Bogen stundenlang führte, den Finger immer auf der gleichen Stelle haltend. Seine Frau ertrug dieses Geräusch sieben Monate lang in der geduldigen Erwartung, dass der Mann entweder vor Langeweile sterben oder das Instrument zerstören würde. Da sich jedoch weder das eine noch das andere dieser wünschenswerten Dinge ereignete, sagte sie eines Abends, wie man glauben darf, in sehr sanftem Ton: „Ich habe bemerkt, dass dieses wundervolle Instrument, wenn es andere spielen, vier Saiten hat, über welche der Bogen geführt wird, und dass die Spieler ihre Finger ständig hin und her bewegen."

Der Mann hörte einen Augenblick lang auf zu spielen, warf einen weisen Blick auf seine Frau, schüttelte das Haupt und sprach: „Natürlich bewegen die anderen ihre Finger beständig hin und her. Sie suchen die richtige Stelle. Ich habe sie gefunden."

Ich habe versucht, verschiedene Religionen und Kulturen zu streifen, um zu verdeutlichen, wie wichtig der Wille zum Sinn – wie Viktor Frankl dies nennt – für die Suche ist. Nur diese Suche leitet uns zu einem Platz, an dem wir uns wirklich frei fühlen und wirklich ausruhen können. Ein Platz, der uns Sinn, d.h. ein Warum geben kann. Hierhin gehört der berühmte Satz von Nietzsche: „Wer ein Warum zu leben hat, erträgt fast jedes Wie."

Es sind für mich immer wieder aufs neue Sternstunden der Therapie, wenn es uns – dem Klienten und mir – gelingt, eins für eine Zeit auf diesem Platz zu sein. Ein Platz des ausschließlichen Hier und Jetzt, in dem es nichts zu verändern gibt; nichts ist hinzuzufügen, nichts ist zuviel. Ein Platz, an dem gemeinsames Schweigen wachsen kann. Oder wir hören zusammen Musik, oder wir schweigen und hören zusammen dem Licht einer Kerze zu. Für solche Momente bin ich uns beiden sehr dankbar.

Diese Erfahrung, dieses Gefühl des Eins-Sein, welches in solchem Augenblick entsteht, entzieht sich der Beschreibung; mehr noch: Jeder Versuch der Beschreibung läuft Gefahr, das Erlebnis, das Gefühl zu zerstören.

„Versuchen Sie, innerlich zu schweigen, Ihr verbales Denken zu unterdrücken, aber trotzdem wachzubleiben. Am Anfang wird Ihnen dies sehr schwer fallen, und Sie werden den zwanghaften Charakter Ihres inneren Redens erkennen. (...) Wenn Sie zäh sind, werden Sie lernen, das Schweigen zu verlängern, und auf diese Weise Ihren Sinnen größeren Spielraum verschaffen. Sie werden sich Dinge bildlich vergegenwärtigen oder Ihre subtileren ‚Körper'-Empfindungen deutlicher wahrnehmen."[264]

Hier handelt es sich nicht um eine Meditationsanweisung, sondern um einen Ratschlag von Perls, der die gedankliche Nähe zum buddhistischen Denken erneut verdeutlicht.

Sprich nicht, es sei denn, Du kannst die Stille verbessern.
Kloster-Regel

*Das Mysterium wird nicht durch wiederholtes Fragen begreiflicher,
noch erkauft man es sich mit dem Aufsuchen wunderbarer Orte.
Ehe Du nicht Deine Augen und Dein Wollen fünfzig Jahre lang ruhig gehalten
hast, bist Du nicht im mindesten befähigt, von der Verwirrung überzusetzen.*
Rumi

Eines Tages hatte ein junger Mönch im Ryutakuji ein Kensho (d.h. ein Erleuchtungserlebnis), und sein Meister, der seine Erfahrung noch vertiefen wollte, nahm ihn mit auf einen Spaziergang den Fuji hinauf. Der Mönch hatte den großen Schneeberg natürlich schon viele Male gesehen, aber jetzt nahm er ihn zum ersten Mal richtig wahr und erging sich ununterbrochen in entzückten Ausrufen über Harmonie und Farben der Blüten, über die Vogelschwärme, das Morgenlicht im frischen Grün, den heiligen weißen Berg, der in machtvoller Stille zum Himmel aufragt. „Schauen Sie, Roshi, dieser Kiefernzapfen! Und dieser Stein, der ist so ... so Stein! Ist er nicht wunderschön? Hören Sie die Uguisu. Ein Wunder! Oh! Fujisan!"

Grummelnd humpelte der alte Meister weiter, bis dem Schüler schließlich sein langes Schweigen auffiel und er rief: „Ist es nicht so? Sind diese Berge und die Flüsse und die große Erde nicht wunderbar? Ist es nicht wunderschön?" Der alte Mann wandte sich zu ihm um.

„Ja!" schnaubte er. „Aber was für ein Jammer, es auszusprechen!"

Augenblicke dieser Art, Augenblicke beredten Schweigens sind für mich ein wichtiges Ziel der spirituellen, religiösen Seite der Therapie.

In einer solchen Situation sind wir beide beides; Klient und Therapeut, Beschenkter und Beschenker gleichzeitig.

Wir alle haben Erlebnisse des Einssein, sei es mit einem anderen Menschen, mit der Natur, mit einem Musikstück etc. schon gehabt. Ich möchte eines dieser Erlebnisse von mir schildern: Es war während einer Segeltour, nachts zwischen Ibiza und dem spanischen Festland. Die Nacht war sternenklar und warm, es wehte ein leichter Wind. Das Segelschiff glitt lautlos durch die leicht fluoreszierenden Wellen.

Ich stand während einer Wache – vier Stunden – allein am Steuer, unten im Boot schliefen alle anderen. Plötzlich überkam mich ein Bild absoluten Friedens. Ich fühlte mich eins mit dem Meer, mit den Sternen, dem Himmel, mit allem. Ich spürte den Wunsch in mir, mich „ins Meer" zu legen und dort – eins mit dem Wasser – zu ruhen, zu schlafen. Ich fühlte, dass ich ein Teil des Meeres und das Meer ein Teil von mir war. Dabei handelte es sich wohlgemerkt nicht um Halluzinationen aus Übermüdung oder um irgendwelche suizidalen Tendenzen!

Dieses wunderbare, unbeschreibliche Gefühl absoluten Friedens, absoluter Ruhe dauerte ca. zehn Minuten an. Ich hatte auch das Gefühl, alles um mich herum sei plötzlich heller. Danach fühlte ich mich wunderbar erholt, kraft- und friedvoll zugleich.

Viele alte Zen-Meister wohnten in kleinen Klöstern auf Bergen, u. a. um ihr Eins-Sein mit der Natur – mit dem Berg – auszudrücken, übernahmen sie den Namen des Berges. Man könnte z. B. sagen, der Berg Kanzan ist der Mensch Kanzan oder der Mensch Kanzan ist der Berg.

Neben Kanzan sind die Meister Obaku, Isan, Tösan, Yakusan Beispiele für dieses Eins-Sein.

Die Meister wollten aber damit auch zum Ausdruck bringen, dass sie ein Teil der Welt sind, d.h. ihr Zen ist nicht Weltflucht, sondern ein Teil von ihr. Dieser Gedanke ist auch für das Thema des Transfers wichtig.

Unter dem Blickwinkel der Suche nach Einheit gewinnt für mich das „Grounding" in der Bioenergetik neue Dimensionen: Durch das Fest-auf-der-Erde-stehen, das Geerdetsein kann ich mich verwurzelt in der Mutter Erde fühlen, kann meine Stellung im Kosmos, meinen Stand im Lebensprozess erspüren.

Der moderne Mensch ist und fühlt sich auch deshalb entwurzelt, weil er den Kontakt zur Erde, die die Tragfähigkeit des Seins überhaupt versinnbildlicht und konkret realisiert, nicht mehr spürt. Aber das ist eine Einheit: Ohne ein sich Verwurzeltwissen in seinem Körper und durch ihn in der Erde und im Universum kann ich kein letztes Vertrauen zu mir selbst und zu einem guten Kern in jedem meiner Mitmenschen haben. Nur so kann ich radikales, d.h. von der Wurzel („radix") emporströmendes, und totales, d.h. das Universum einbeziehendes Leben in mir haben.

Ich hatte bisher das Grounding immer als eine technisch-mechanische Übung abgetan. Jetzt werde ich vermehrt mich „grounden".

Ich wünsche mir für diesen Aspekt des beredten Schweigens viel Raum in meiner / unserer therapeutischen Arbeit. Die Gefahr besteht immer wieder, dass die Suche nach diesem Eins-Sein als „Issue" demaskiert und entlarvt wird, der von der Beschäftigung mit dem „realen" Hier und Jetzt ablenkt. Diese unter Umständen durchaus sinnvolle Demaskierung ist in den Fällen ein eklatanter Kunstfehler, in denen das Echte, das Existenzielle zutage tritt.

Entlarvung – oft mit gestalttherapeutischer Arroganz „Konfrontation" genannt – wird dann zum Selbstzweck und mündet in jenen Zynismus, der zum einen das Fehlen von Bescheidenheit und Würde zeigt, zum anderen das Eingangstor in den „Burn out" ist.

Häufig wird gesagt, dass das Leben oder die Persönlichkeit eines Therapeuten Gradmesser für dessen therapeutische Kompetenzen seien. Ich stimme dem – so – nicht zu! Freud soll recht arrogant und intolerant gewesen sein, Perls launenhaft und Berne soll ganz gerne „mal getrunken" haben ...

Meiner Überzeugung nach sind eigene Schwierigkeiten oder „private" Probleme nicht der Hinweis mangelnder therapeutischer Kompetenzen; diese sind wohl eher in der Sinnfrage zu suchen; ob also jemand in seinem Leben mit allen Problemen, mit allen Ungereimtheiten und Widersprüchen einen Sinn, eine Ausrichtung gefunden hat. Erst die Antwort auf diese Fragen macht aus einer Ansammlung von Steinen ein Mosaik.

Wenn ich für mich selber diese Ausrichtung gefunden habe, kann ich die Fragen des Warums tiefer und nicht mehr nur auf einer „technisch-kausalen" Ebene beantworten.

Ich bin der Überzeugung, dass die Sinnfrage, die spirituelle oder mystische Ebene mehr und mehr an Bedeutung gewinnen wird – und das sowohl im Bereich der Therapie als auch im Alltagsbereich.

Doch während der Arbeit an diesem Buch, insbesondere diesem Kapitel, wird mir auch deutlich, dass ich ein Buch über den zweiten oder dritten Schritt schreibe.

(Erst kommt das Essen, dann die Moral.)

Wer sich um psychotherapeutische Hilfe bemüht, leidet meist an quälenden Symptomen, die seine Arbeit, seine Kontakte und Lebensfreude, -qualität beeinträchtigen. Dies ist das Thema der Therapie.

Als ich noch Sozialarbeiter war, habe ich gelernt, dass es wichtig ist, jemanden, der mit der Bitte um Bekleidungshilfe in die Beratungsstelle kommt, nicht gleich mit einer Familientherapie zu erschlagen. Man muss die drängensten Dinge zuerst erledigen. Ein Arbeitsloser braucht eine Arbeit, ein Ertrinkender einen Rettungsring, ein Hungernder braucht etwas zu essen.

Es ist wichtig, dass Therapie in der Realität des Klienten beginnt, reale Fragen verdienen reale Antworten! Das Ziel der spirituellen Ebene ist die Aufgabe der Selbstbezogenheit; etwas, woran die meisten – zunächst – nicht interessiert sind.

283

Die Kalligraphie auf der Vorderseite lautet:

Schau, wohin du trittst!

In den meisten Zen-Klöstern findet man am Eingang eine Tafel, auf der man liest: „Schau, wohin du trittst!" Oberflächlich betrachtet, ist es die Aufforderung, sorgfältig zu sein und aufzupassen, wohin man tritt.

Doch die wirkliche Bedeutung dieses: „Schau, wohin du trittst!" ist die Ermahnung, in unserem täglichen Leben, bei den körperlichen sowie geistigen Tätigkeiten nicht nachlassende Achtsamkeit aufrechtzuerhalten.

Ein Mönch fragte Meister Kakumyo (1271-1361): „Was ist das Wesen von Zen?" Meister Kakumyo antwortete: „Schau, wohin du trittst!"

TRANSFER

Yanglung Yenjui setzte sich ans Pult, und die Mönche strömten in die Halle. Der Meister erhob sich von seinem Sitz, tanzte und sagte dann: „Versteht ihr?"
Die Mönche sagten: „Nein, Meister."
Der Meister sagte: „Ohne meine Religion preiszugeben, tat ich etwas, das der Welt angehört. Warum versteht ihr nicht?"

Eines Tages empfing Soen-Shaku einen bekannten Journalisten als Gast. Während sie Tee tranken, sprach Soen-Shaku über Politik und weltliche Angelegenheiten, bis schließlich der Besucher sagte: „Über all das weiß ich selber Bescheid. Ich bin hergekommen, um Zen zu erlernen. Bitte, sprechen Sie darüber." In aller Ruhe erwiderte Soen-Shaku: „Eben dies tat ich."

Ich wünsche mir, dass ich eine ähnliche Begebenheit auch in Sachen Gestalttherapie erzählen könnte. In der Therapie – insbesondere in der Arbeit mit Gruppen – höre ich oft Aussagen wie ... ja, hier in der Gruppe, da kann ich frei und offen sein ..., aber draußen, im wirklichen Leben, da sieht die Realität (?!) ganz anders aus, da würde ich nur – bestenfalls – auf Unverständnis stoßen, wenn ich so wie hier in der Gruppe wäre ...

Zen und Gestalttherapie sind in der Alltagswelt, sind aber nur ein Teil der Alltagswelt, aber eben der Alltagswelt und nicht einer aus der Realität ausgelagerten Insel. Wäre letzteres der Fall, wären beide sinnlose, autistische Onanie.

„Es ist wichtiger, dass euer Zazen von eurer Frau und von euren Kindern gebilligt wird als von einem Zen-Meister. Der Zen-Meister mag euren Erfolg im Dokusan, der Aussprache unter vier Augen, bestätigen, doch eure Familie sieht euren persönlichen Charakter. In dieser Hinsicht ist das Wichtigste das so genannte Mantoku Enman, was man mit ‚völliger Harmonie' übersetzt. Wenn eure Umgebung die Güte spürt, die von eurem Charakter ausgeht, so bedeutet das, dass ihr wahrhaftiger in der Buddhalehre steht, als wenn ihr Kensho oder Satori hättet. Es zeigt, dass ihr euer eigenes Leben wahrhaftig lebt. Kensho oder Satori – ohne Beziehung zu eurem persönlichen Charakter – ist wie eine Vergiftung oder eine Droge. Es hat nichts mit Buddhismus zu tun."[265]

Ähnlich sieht es mit der Therapie aus: Wenn die Gruppe oder der Einzelkontakt zum Therapeuten der einzige Ort ist, an dem ich ich selber sein kann, so ist dies zwar besser als nichts, aber letztlich als Endziel zu wenig. Wie wäre es, das obige Zitat etwas umzuformulieren: Nicht mehr: „Es ist wichtiger, dass euer Zazen von eurer Frau und von euren Kindern gebilligt wird als von einem Zen-Meister." Sondern:

Es ist wichtiger, dass eure Therapie (Ausbildung, Graduierung, Zertifizierung) von eurer Frau (eurem Mann) und von euren Kindern gebilligt wird als von einem Therapeuten (Ausbilder).

Ich finde, es wäre schön, den Zusammenhang zwischen innen und außen, Therapie und „Restwelt" so sehen zu können.

Eine ganz und gar falsche Form des Transferversuches, ist das, was ich an anderer Stelle mit der Analogie der ‚Krankheit des Zen' beschrieben habe: Vor lauter Begeisterung über die ersten, meist recht intensiven Schritte im therapeutischen Prozess möchte man die Welt in eine immerwährende Therapiesitzung oder Therapiegruppe verwandeln, sie so behandeln bzw. von ihr so behandelt werden. Und dann nimmt man es der Welt übel, wenn sie nicht bereit ist, lebenslange Selbsterfahrungsgruppe zu spielen. An anderer Stelle habe im Zusammenhang mit dem Sprachjargon auf dieses Problem hingewiesen. Hier kann dann nicht mehr von Transfer, sondern wohl eher von einseitiger Anpassung die Rede sein. Wirklicher Transfer findet da statt, wo das neu Erlernte, das neu Erfahrene in Respekt dem Bestehenden hinzugefügt und nicht aufoktroyiert wird. Erik H. Erikson beschreibt diese Gefahr der intoleranten Arroganz, die sich in dem Verlangen, dass die Welt doch bitte eine Therapiegruppe sein möge verbirgt:

„ Wir selber grübeln darüber nach, wenn wir, erschüttert von Unheil verkündenden Wendungen in den Weltereignissen, unseren entspannten Patienten zuhören, wie sie ‚frei' assoziieren und tapfer der psychischen Realität ins Angesicht sehen, während sie um die Sorgen der Weltgemeinschaft sorgfältig herumnavigieren. Wir sind auch nicht blind gegenüber der Tatsache, dass nur eine begrenzte Zahl unserer Patienten oder Studenten nach Jahren der Gewöhnung an die psychoanalytische Situation mit einem erhöhten Verständnis zur aktuellen Wirklichkeit zurückkehrt. Nicht wenige scheinen eher von dem Zwang getrieben, ihre private psychische Realität auf die Aktualität der Gemeinschaft auszudehnen, und prompt zu versuchen, Heim und Arbeit, Beruf und Bürgerschaft mit entsprechenden Deutungen zu belasten. Im Umgang mit politischen bestehen sie darauf, dieses ‚Realitätsgefühl' über die soziale Szene zu verbreiten, Masken herunter zu reißen, Abwehrhaltungen bloßzustellen und Ableugnungen zu bekämpfen, und zwar mit wenig Rücksicht auf die Struktur öffentlicher Angelegenheiten.. Diese Tendenz hat ihren Ursprung natürlich im Ethos der Aufklärung, die in der Psychoanalyse ein neues Werkzeug – und eine neue Waffe gefunden hat."[266]

Die an anderer Stelle beschriebene Unterstützung meint ja gerade, dass ich meinem Gegenüber zubillige, dass er nach seinen Gesetzen lebt, ja mehr noch: Dass er nach seinen Gesetzen das ihm jeweils beste tut. – „Bist du nicht willig, so brauch' ich Gestalt", so eine zynische Insiderfloskel. Transfer bedeutet hier, dass dies auch auf das Verhältnis Therapiewelt / Restwelt gilt!

Die Gläubigen kamen in Scharen, um die Worte des Propheten Mohammed zu hören. Ein Mann hörte besonders aufmerksam und andächtig zu, betete mit gläubiger Inbrunst und verabschiedete sich schließlich vom Propheten, als es Abend wurde. Kaum war er draußen, kam er wieder zurückgerannt und schrie mit sich überschlagender Stimme: „Oh, Herr! Heute Morgen ritt ich auf meinem Kamel zu dir, um dich, den Propheten Gottes, zu hören. Jetzt ist das Kamel nicht mehr da. Weit und breit ist kein Kamel zu sehen. Ich war dir gehorsam, achtete auf jedes Wort deiner Rede und vertraute auf Gottes Allmacht. Jetzt, oh, Herr, ist mein Kamel fort. Ist das die göttliche Gerechtigkeit? Ist das die Belohnung meines Glaubens? Ist das der Dank für meine Gebete?" Mohammed hörte sich diese verzweifelten Worte an und antwortete mit einem gütigen Lächeln: „Glaube an Gott und binde dein Kamel fest."

Tetsugen, ein Zen-Gläubiger in Japan, entschloss sich, Sutras zu veröffentlichen, die zu jener Zeit nur in chinesischer Sprache erhältlich waren. Die Bücher sollten mit Holzblöcken in einer Auflage von siebentausend Abzügen gedruckt werden, und dies war ein gewaltiges Unterfangen.

Tetsugen begann herumzureisen und Spenden für diesen Zweck zu sammeln. Einige Sympathisanten gaben ihm hundert Goldstücke, doch zumeist erhielt er nur kleine Münzen. Er erwies jedem Spender dieselbe Dankbarkeit. Nach zehn Jahren hatte Tetsugen genügend Geld, um mit seiner Arbeit zu beginnen. Zu dieser Zeit trat plötzlich der Uji-Fluß über die Ufer, und eine Hungersnot brach aus. Tetsugen nahm den Betrag, den er für die Bücher gesammelt hatte, und gab ihn her, um andere vor dem Hungertod zu bewahren. Dann begann er wieder mit seiner Tätigkeit des Sammelns. Einige Jahre danach überfiel eine Epidemie das Land. Tetsugen gab wieder her, was er gesammelt hatte, um seinem Volk zu helfen.

Ein drittes Mal begann er mit seiner Arbeit, und nach zwanzig Jahren wurde sein Wunsch erfüllt. Die Druckstöcke, mit denen die erste Ausgabe der Sutras hergestellt wurde, kann man noch heute im Obaku Kloster in Kyoto sehen.

Die Japaner erzählen ihren Kindern, dass Tetsugen drei Ausgaben der Sutras hergestellt habe und dass die ersten zwei unsichtbaren noch besser seien als die letzte.

Einer der schönsten „Beweise" für den unmittelbaren Zusammenhang zwischen Zen-Weg und Alltag ist zugleich auch eines der wichtigsten und lesenswertesten Bücher der Zen-Tradition; ich meine „Tenzo Kyokun" von Dogen Zenji.

In dieser berühmten Schrift beschreibt Dogen Zenji die Anweisungen an den Tenzo, den Küchenchef eines Zen-Klosters. Der Tenzo eines Klosters ist von großer Wichtigkeit; viele berühmte Zen-Meister haben über lange Jahre hinaus dieses Amt ausgeübt.

Ich traue mir nicht zu, dieses Buch zusammenzufassen, ich kann es nur empfehlen und jedem Leser wünschen, ähnlich wie ich ge- und betroffen zu sein. An anderer Stelle habe ich beschrieben, wie Dogen Zenji aus der simplen Tatsache, dass der

Tenzo am Abend die Reissuppe für den nächsten Tag vorbereiten soll, den Zusammenhang zwischen Hier und Jetzt und der Vorsorge, dem Vorbereitetsein ableitet.

Ich glaube, dass die Problematik des Transfers auch durch die Helfer, Therapeuten selbst mit erzeugt wird: Nicht nur seit und nicht nur durch Freud führt der therapeutische Bereich sowohl auf der sprachlichen Ebene, als auch auf der Handlungsebene in zunehmendem Maße ein Eigenleben, welches zunächst für den „Außenstehenden" nicht einsichtig ist.

Das so genannte therapeutische „Setting" ist meines Erachtens nicht gerade dazu angetan, die Kluft zwischen Alltag und Therapie zu verringern.

Ausgehend von der sprachlichen Ebene will ich Unterschiede zwischen therapeutischer Welt und Alltagswelt näher untersuchen:

Sprache und Therapie

Hast Du Dich heute schon eingebracht? Aha ... Dann hast Du also wieder mal total abgeblockt? Du solltest endlich mal erfahren lernen. Du müsstest Dich öffnen. Du müsstest Ängste abbauen. Du müsstest Gefühle in Dir hochkommen lassen. Ganz spontan. Du müsstest mehr aus Deinem Zentrum reagieren. Du musst zu Deinen Gefühlen stehen, zu Deinen Ängsten, zu Deinen Verletzlichkeiten. Du darfst nicht abgehoben daherlabern; Du musst Dich da einfühlen können und betroffen sein. Dann versuchst Du, Deine Ängste und Bedürftigkeiten ein wenig auszuphantasieren, nicht aber auszuagieren, weil dann fühle ich mich in meinen Ängsten berührt und echt irgendwie bedroht. Vielleicht lernst Du so umzugehen mit Deiner verlorenen Kindheit, kommen Deine Energien zum Fließen, schaffst Du es, auf die anderen zuzugehen und Deine Probleme in Erfahrungen aufzulösen.

Wenn Du dabei einmal flippst, macht das nichts, die Gruppe fängt Dich auf. Wir gehen nämlich offen miteinander um. Du, da kann ich irgendwie ganz viel mit anfangen, was Du da sagst, das berührt mich an einem ganz tiefen Platz. Du bringst Dich ein, passt auf Dich auf und bist bald unheimlich gut drauf.

Aber arroganter Spott und Zynismus sind einfach. Dennoch haben es der Jargon und die Rituale der Gruppentherapie aufgrund ihrer oft feststellbaren Losgelöstheit vom „Rest der Welt" nicht anders verdient. Eine Sprache, die nur aus Ausrufungszeichen besteht, tut sich mit ,normalen' Satzzeichen schwer.

Ich erinnere mich daran, wie ich als Therapeut in Amerika gearbeitet habe; da musste ich mich sehr umstellen, bis ich ein adäquates Gefühl zu den Äußerungen meiner Klienten hatte: Wir hatten uns kaum begrüßt, da „ging sofort die Post ab"; Im Nu waren fünf Cleanextücher vollgeweint, „my mama never loved me", „I hate myself", „I could kill my father", „Everything was horrible" und so weiter; Superlativ reihte sich an Superlativ und ständig „touched in a very deep, very old place". Das alles hat mich zunächst sehr verwirrt, ich musste erst „übersetzen" lernen. Übersetzen, dass „I could kill you" heißt „Ich bin sauer ..." etc.

Die nächste Verwirrung waren dann die Rückmeldungen am Ende der Sitzungen. Ich hatte das Gefühl, kaum etwas getan zu haben, weil ich mehr damit beschäftigt war, die Superlative für mich einzuordnen; gleichwohl kam dann fast immer: „I really love you, I touched me and you helped me a lot ..."

„Aha"

Auch ist das Sprachgebaren per se zunächst nicht zu kritisieren, denn Vokabeln wie z. B. „sich öffnen für" jemanden, etwas „an sich heranlassen", auf einen anderen „zugehen", „abblocken" oder „abschotten" sind schon auf Anhieb verständliche, unverkrampfte Wörter für Vorgänge, die es tatsächlich gibt und die einen Namen brauchen und für die andere oder gar bessere nicht bereitstehen. Wenn sich diese Vokabeln aus dem Psychojargon auch im Alltag durchsetzen, so werden dadurch zunächst unbeschreibbare Vorgänge besser beschreibbar und somit erfassbar.

Jedoch ist es eine Sache, einzelne Wörter und Wendungen als sinnvolle und zweckmäßige Neuerwerbungen willkommen zu heißen. Eine ganz andere Sache ist der Psychojargon als Ganzes. Ein Jargon hat wie jede Fachsprache eine gewisse Starrheit und Schablonenhaftigkeit. Wer Jargon spricht, muss bestimmte Dinge und Vorgänge mit dem Jargonwort benennen; gleichzeitig etikettiert er den benannten Gegenstand mit der gesamten Wert- und Wertungswelt, aus der der jeweilige Jargonbegriff entstammt. Damit entsteht deutlich die Gefahr, dass Vorgänge schematisiert werden, d. h. sie werden dem Jargon angepasst und nicht umgekehrt, die Sprache den Phänomenen.

Die Verwendung eines Jargons – insbesondere des Psychojargons – nimmt die Freiheit, aus der zur Verfügung stehenden Gesamtheit sprachlicher Mittel den treffendsten Ausdruck zu wählen bzw. ihn selber neu zu prägen.

Besonders unangemessen und zuweilen peinlich muss ein Jargon wirken, dessen Ziel es geradezu ist, das Unklischierbarste überhaupt auszudrücken: Die Einmaligkeit und Unverwechselbarkeit von Persönlichkeiten und Persönlichkeitszügen, von Seelenzuständen und -vorgängen.

Der Jargon, insbesondere der so genannte Fachjargon ist bei genauerem Hinsehen, oder besser: Hinhören von erstaunlicher Gewichtslosigkeit. Nicht zuletzt darum, weil er teilt: hier sind die, die ihn verstehen, die damit jonglieren können, die verstehen, was mit den Worthülsen jeweils „wirklich" gemeint ist, dort sind die, die ihn nicht verstehen, weil sie sich an die Bedeutung der Worte und nicht deren aufgeblähten inhaltleeren Inhalte orientieren.

Heinz Alfred Müller hat diesen Sachverhalt sehr einleuchtend am Sprachschatz der Psychologie auseinandergesetzt.[267] Er beklagt, welcher Grad von Bedeutungsleere den Fachjargon beherrscht, in welchem Ausmaße Begriffe lateinischer oder englischer Herkunft jede Besonderheit unterdrücken, wie das eigensprachliche Gefühl verloren gegangen ist durch Fachwörter wie Reaktion, Motivation, Einstellung, Faktor, Affektivität, Emotionalität, Konzentration, Projektion, Bezugssystem, Bedingtheit, Dimension, Dynamik, Konstante, Komplexität usw. Er stellt dagegen eine Liste von Wörtern aus den seelenkundlichen Arbeiten von Ludwig Klages: Erregbarkeit, Triebantrieb, Schauung, Entfremdung, Zusammenhang, Ausdruck, Darstellung, Gestaltungskraft, Bindung, Lösung, Eindruck – lauter charakterisierende

Wörter der Umgangssprache, die fähig sind, individuelle Eigenarten zu benennen. Man sieht, dass der Wandel der Sprache unter der Herrschaft des Verstandes nicht unbedingt jene Wendung nehmen muss, die mit „Verödung" noch milde bezeichnet wird. Heinz Alfred Müller betont mit Recht, auch Klages habe die Begrifflichkeit keineswegs aufgegeben.

Im Psychojargon wird besonders drastisch und peinlich das Paradoxon deutlich: Auf der einen Seite entstammt er einer Kultur / Subkultur, in der dem Wert der individuellen „Selbstverwirklichung / Persönlichkeitsentwicklung" (was immer das auch sei) ein besonders hoher Stellenwert eingeräumt wird, auf der anderen Seite kategorisiert, klischiert, etikettiert und enteignet der Psychojargon gerade da, wo er besondere individuelle Freiheiten vorgaukelt.

Dies soll im Folgenden näher untersucht werden. Aus- und nachdrücklich möchte ich betonen, dass es mir weder darum geht, die Ängste, Befürchtungen und Probleme der Hilfesuchenden mit Zynismus zu überziehen, noch darum, Zweifel an der Sinnhaftigkeit und der Effektivität von Therapien zu erheben. Vielmehr geht es darum, aufzuzeigen, dass gerade der Therapie- / Psychobereich Gefahr läuft, zur autistischen Insel zu degenerieren, wenn es nicht gelingt, die impliziten und expliziten Regeln, Wertungen offen zu legen und in ihrer Wirkung zu beschreiben.

Der Bereich der Therapie hat seine eigenen Regeln, Wertungen und Gesetzmäßigkeiten, die in ihrem jeweiligen Bereich sich als sinnvoll etabliert haben. Genauso existieren neben diesem Bereich im Erleben des Klienten / Patienten bzw. Therapeuten andere Bereiche, die jeweils wieder andere Gesetzmäßigkeiten, Wertungen und Sprachgebilde haben. Die Übertragung des Jargons / der Fachsprache von einem bestimmten Bereich auf einen anderen impliziert automatisch auch die Übertragung von Wertungen, Einstellungen und Gepflogenheiten des einen Bereiches auf einen anderen: Man stelle sich etwa einen Verwaltungsvermerk in der Psychosprache vor oder eine Gruppentherapiesitzung, die in der nüchternen Sachlichkeit der Verwaltungssprache abgehalten wird.

Die psychotherapeutische Dialektik

Der Unsinn der psychotherapeutischen Dialektik geht auf den noch größeren Unsinn der psychoanalytischen „Beweisführung" zurück, der zufolge es die Psychoanalyse geschafft hat, die einzige Theorie zu sein, die sich umso mehr bestätigt wähnt, je heftiger sie angezweifelt wird. Dieser Trick, der leider mehr und mehr Eingang in die Alltagswelt gefunden hat, funktioniert in seiner orthodox-psychoanalytischen Reinform wie folgt:

Die These, dass in ihrer frühen Kindheit zu früh entwöhnte männliche Erwachsene eher dazu tendieren, Frauen mit größeren Brüsten zur Partnerin zu nehmen, wurde experimentell überprüft. Dabei wurden einer Gruppe von männlichen Versuchspersonen, die nach eingehender Exploration als in der Kindheit „zu früh entwöhnt" klassifiziert wurden, Bilder von Frauen mit unterschiedlich großen Brüsten vorgelegt. Die Versuchspersonen wurden aufgefordert, Sympathie- / Attraktivitätsskalierung vorzunehmen. Als Kontrollgruppe wurde eine Gruppe von männlichen Erwachsenen gewählt, die nicht zu früh entwöhnt worden waren.

Es stellte sich nun interessanterweise heraus, dass die erste Gruppe, nämlich die als zu früh entwöhnt etikettierten männlichen Erwachsenen hochsignifikant häufiger die Frauen mit kleinen Brüsten als attraktiv / sympathisch bezeichneten. Für jeden normalen Erwachsenen wäre somit die Eingangshypothese zu verwerfen gewesen. Nicht aber so nach den Gesetzen der psychoanalytischen Beweisführungsakrobatik: Gerade die Tatsache, dass die genannte Versuchsgruppe die Frauen mit kleinen Brüsten besonders häufig wählte, spricht dafür, dass „in Wirklichkeit" die Hypothese, dass zu früh entwöhnte Männer Frauen mit großen Brüsten bevorzugen, bestätigt wird. Dieser Wunsch ist nämlich derart stark vorhanden, dass er als nicht erlaubt erlebt wird, abgespalten und in das Gegenteil verkehrt werden muss. (Um irgendwelchen Verwirrungen vorzubeugen, sei bemerkt, dass diese Untersuchung nicht etwa aus einem satirischen Magazin, sondern aus einem „seriösen" Fachbuch entnommen wurde).

Solange die psychoanalytische Dialektik in solch schon ans Peinliche grenzender Beweisakrobatik daherkommt, mag dies eher belustigend als besorgniserregend wirken. Eine ähnliche Dialektik – meist jedoch subtiler und schwieriger als solche zu entlarven – findet sich jedoch in vielen anderen therapeutischen Ansätzen in ähnlicher Weise und feiert als Konzept des Widerstandes wie der Phönix aus der Asche fröhliche Wiedergeburt. Irgendetwas nicht sehen oder fühlen wollen wird schnell als untrügliches Anzeichen für Widerstand gesehen und wo ein Widerstand ist, muss auch das vorhanden sein, wogegen er sich richtet.

Je vehementer ich z. B. abstreite, homosexuelle Anteile in meiner Persönlichkeit zu haben, umso deutlicher wird dies als Beleg für dieselben gesehen; ja mehr noch, der Beweis ist ein doppelter: Denn erstens deutet die starke Abwehr auf homosexuelle Anteile in mir hin, zweitens ist sie zusätzlich noch ein Indikator dafür, dass ich diese Anteile nicht sehen will bzw. für diese keine Unterstützung habe. Wie sehr diese „Beweisführung" Eingang in den Alltag gefunden hat, macht eine Redewendung wie „wer sich verteidigt, klagt sich an" sehr gut deutlich.

Die Enteignung der Gefühle

Der Jargon – und hier durchaus nicht nur der psychoanalytische, sondern auch der gestalttherapeutische – sowie die Regeln, nicht nur der beiden genannten Therapieformen, haben eine Verunsicherung, bezogen auf die eigenen Gefühlslagen sowie Enteignungen innerer Gefühlsvorgänge zur Folge: Im Laufe der Therapiesozialisation lernt der Patient/Klient, dass seine Wut eigentlich keine Wut ist, sondern „im Grunde genommen" Trauer „dahinter" ist, die er jedoch „noch nicht" zu fühlen bereit oder in der Lage ist. Ist er jedoch bei der Trauer angelangt, so wird er alsbald feststellen, dass dahinter wiederum eine alte Verletzung steht ... und so fort.

Die gleiche Kette, wie sie bei den Befindlichkeiten beschrieben ist, lässt sich auch auf der Handlungsebene fortsetzen. Verblüffend werden dann solche Erklärungsansätze, wenn sie behaupten, irgendetwas sei „im Grunde" etwas völlig anderes, worauf kein Mensch ohne Nachhilfe des Erklärers gekommen wäre, oder sogar sein direktes Gegenteil: Der Vergewaltiger etwa sei jemand, der „im Grunde" Zärtlichkeit sucht; der Amokläufer, der wild um sich schießt, schreit „im Grunde" nach Liebe. So ist der Feuerwehrmann im Grunde ein verhinderter Pyromane, der Chirurg ein verkappter Sadist.

Durch diese Gedankenlogik werden Gefühle und Handlungen solcherart enteignet, dass die „Hilfe" des Fachmannes / Therapeuten darin besteht, aufzuspüren, welches „wirkliche" Motiv hinter einem Motiv liegt bzw. welches „wirkliche" Gefühl hinter einem Gefühl liegt.

An dieser Stelle zeigt sich besonders deutlich die Gefahr, wenn der Jargon in die „normale" Alltagswelt übertragen wird: Der Psychojargon suggeriert, dass sich die Menschheit am besten in psychologischen Kategorien beschreiben lasse; Moral, Politik, Verbrechen, Krankheit, alles ist in psychologischen Beschreibungen bestens aufgehoben: Ein Mann hat sich das Bein gebrochen? Er kann noch nicht auf eigenen Beinen stehen.

Ein Politiker tritt für höhere Besteuerung der Wohlhabenden ein? Ihn plagt der pure Futterneid.

Ein Mann hat seine Frau verlassen? Er kommt nicht los von seinen frühkindlichen Bindungsproblemen.

Nichts gegen psychologische Erklärungen; sie können auch einmal richtig sein bzw. einen Teilaspekt eines Geschehens beschreiben. An dieser Stelle wird deutlich, wie sehr sich dieses Suchen nach der Ursache der Ursache der Ursache ... von dem Gedanken „alles ist, was es ist" im Zen und von der nicht kategorisierenden Hier- und Jetzt-Annahme entfernt.

So zieht der Jargon sehr schnell die Gefahr mit sich, dass er lediglich vermittelt, sezierender und gnadenloser mit sich selber umzugehen und dass der eigenen Wahrnehmung und den eigenen Handlungen gegenüber ein grundsätzliches Misstrauen immer angebracht sei.

So ist im Ergebnis jede Befindlichkeit eine nur vorläufige; „hinter" meiner Ruhelosigkeit steht letztlich nur die Angst vor dem Stillstand. „Hinter" meiner eloquenten Auftrittsweise steht letztlich nur die Angst vor „wahrem" Kontakt. So gerät die Suche nach dem wahren Gefühl und nach der wahren Befindlichkeit sehr schnell zu einer Schraube ohne Ende, ähnlich als wolle man – zwischen zwei Spiegeln stehend – sein „wirkliches" Spiegelbild sehen.

Das Ergebnis einer solchen „Suche" nach der Ursache der Ursache bzw. wiederum deren Ursache ist jedoch nicht ein Mehr an Klarheit und „Sich-lassen-können", sondern ein Mehr an Misstrauen sich selber und der eigenen Wahrnehmung gegenüber.

Jede Befindlichkeit ist aber nicht nur eine nur vorläufige, sie ist auch nach den Regeln des Jargons nur bedingt im Zusammenhang mit der jeweiligen Situation zu sehen. So muss ich meinen Ärger über meinen Vorgesetzten, der mich ungerecht oder unfair behandelt hat, bevor ich ihn „haben kann" dahingehend überprüfe, inwieweit er nicht einen alten Platz „von Ärger in meiner frühen Kindheit" berührt. Erst wenn ich dies ausschließen kann – und wer kann das schon – steht mir mein eigener Ärger auch zu.

Sich einbringen und öffnen ist gut, abblocken und abgehoben daherreden ist schlecht. Widerstände müssen überwunden, Verkrustungen und Panzerungen aufgebrochen werden. Dadurch, dass etwas als Panzerung etikettiert wird, geht automatisch mit diesem Etikett einher, dass es sich hier um etwas Aufzubrechendes handelt; dadurch, dass gewisses Verhalten als Abblocken etikettiert wird, geht ebenfalls automatisch einher, dass hier ein Gefühl „dahinterliegt", welches nicht zugegeben werden kann oder will.

Die Benutzung des Therapiejargons leitet automatisch bestimmte Verhaltensketten ein. So hat z. B. jemand, der sich auf ein mündliches Examen vorbereitet, einmal die Möglichkeit zu sagen, dass er da „irgendwie seine Ängste" habe. Zum anderen kann er sagen: „Ich habe Angst vor der Prüfung". Während die Umwelt im letzteren Falle wohl eher den Betroffenen ermuntert, sich sorgfältig vorzubereiten und eventuell entsprechende Lernhilfen anbietet, mündet eine Mitteilung der ersten Art in Reaktionen, wie etwa den Hinweis, der Betroffene solle einmal „an seinen Ängsten arbeiten" oder seine „Ängste vor Autoritäten bewusst zulassen und so da durch gehen".

Der Jargon und seine Verwendung führt nicht nur zur Einengung der Sprach- und Handlungsebenen, er inflationiert auch in zunehmendem Maße und wird so immer weniger präzise, immer weniger aussagefähig.

In dem Therapiejargon wimmelt es nur so von Superlativen wie „total, irre, wahnsinnig, unheimlich, ungeheuer". Ich bin nicht wütend, sondern „es kommt totale Wut in mir hoch". Ich habe keine Angst, sondern „es kommen wahnsinnige Ängste in mir hoch".

Eine dermaßen aufgedrehte und aufgeblähte Sprache verhüllt mehr als dass sie adäquat beschreibt; sie lässt einen notwendigerweise dann im Stich, wenn sie zur Abwechslung einmal ein wirklich intensives Gefühl benennen soll, alle Steigerungen sind schon abgenutzt.

Eine andere Form der Entfernung von der Realität durch superlative Überhöhungen ist die konstante Verwendung des Plurals: Nicht Gefühl, sondern Gefühle, nicht Hemmung, sondern Hemmungen, nicht Unsicherheit, sondern Unsicherheiten, nicht Energie, sondern Energien, nicht Aggression, sondern Aggressionen, nicht Angst, sondern Ängste.

Der unbestimmte und meist schwammige Charakter solcher Aussagen wird dann noch durch die Verwendung von Vokabeln wie „etwa", „irgendwo", „irgendwie", „unheimlich" (siehe oben) noch weiter verwischt.

Überträgt man diese Sprachmuster auf einen anderen Bereich, so wird ihre Unverbindlichkeit noch deutlicher: Ein Rezept einer Gemüsesuppe würde sich etwa wie folgt lesen: Man nehme etwas Grünes und tue es in etwas Flüssiges und lasse irgendwie Wärme darin hochkommen.

Ich möchte abschließend noch einmal ausdrücklich betonen, dass es mir nicht um die Verteufelung von Therapie und deren Sprache geht, denn wie jedes Spezialgebiet, so braucht auch der therapeutische Bereich eine entsprechende Sprache, um Dinge zu bezeichnen, die sich der Beschreibung durch andere Sprachmodelle unter Umständen entziehen.

Wir alle brauchen die Sprache, um uns miteinander zu verständigen und normalerweise wissen wir, wovon der andere redet, wenn er „Stuhl", „Frau" oder „Zug" sagt. Sprache verbindet, der Jargon trennt in die, die ihn verstehen und die, die nicht verstehen. Besonders schwierig wird es immer dann, wenn ich die Lebensrealität eines anderen Menschen mit meinem Jargon zu beschreiben versuche. Dann entferne ich mich unter Umständen gleich in zweierlei Hinsicht: Ich bin nicht er, das ist genauso simpel wie wahr.

Ich nähere mich ihm nicht in einer weitestgehend gemeinsamen Alltagssprache, sondern in meinem Jargon. D. h. sprachlich habe ich – um es bildhaft auszudrücken – das Heimspiel.

„Der Psychoanalytiker wendete für jeden Satz von mir einen Code an, der aber nur Teil eines anderen sprachlichen Fertigsystems war; die Arbeit wäre es, alle sprachlichen Fertigsysteme zu entsystematisieren; nicht Codes zu finden, sondern die vorhandenen zu entcodifizeiren."[268]

Ein weiteres Problem: Vieles, was ursprünglich den Jargon der Psychoanalyse ausmachte, ist inzwischen in die Allgemeinsprache eingegangen, nicht aber das Wissen, die Inhalte, die damit verbunden waren. Hier wirkt sich das Halbwissen besonders schädlich aus: Es werden Worthülsen gebraucht, die gleich ein ganzes Bedeutungsbündel mit transportieren: „Verdrängung", „Übertragung", „Projektion", „Regression" und ähnliche Worte sind hierzu gute Beispiele. Sie werden etikettenhaft, ohne jedes Fachwissen ihrer (unter Umständen klinischen) Implikationen gebraucht. Ein besonders geläufiges Beispiel ist das „Helfersyndrom": Jedem, der z. B. einem andren Mitmenschen einen Gefallen tut, wird gleich ein ‚Helfersyndrom' angedichtet.

Gott sei Dank – so muss man in diesem Zusammenhang wohl sagen – ist das Vokabular der Gestalttherapie im Gegensatz zu dem der Psychoanalyse noch nicht in den allgemeinen Sprachgebrauch eingegangen und auf diese Art verwässert worden.

Die Psychoanalyse hatte in ihren Anfängen eine eigene, neue Sprache; da ihre Konzepte neu waren, mussten auch neue Begriffe entstehen: Libido, Ich, Es, Über-Ich, Ödipuskomplex etc. Damit war – zumindest in den Anfängen der psychoanalytischen Bewegung – klar, dass Fachjargon und alltägliche Lebensrealität zwei Welten waren. Heute ist das nicht mehr ganz so, weil viele Begriffe aus dem Jargon der Psychoanalyse Eingang in die Alltagssprache gefunden haben.

In der Entwicklung der Gestalttherapie sieht dies anders aus: Zwar gibt es auch einen Jargon, wie z. B. Kontaktgrenze oder Impasse, aber insgesamt ist doch die Kluft zwischen der Alltagssprache und der Sprache der Gestalttherapie deutlich kleiner als die zwischen Psychoanalyse und Alltag. Worte wie Kontakt, Erregung, Begegnung Erfahrung, Gewahrsein sind Begriffe, die in beiden Sprachbereichen – Alltag und Jargon – vorkommen.

Ich glaube ein „normaler" Leser, der in den Anfängen der Psychoanalyse ein psychoanalytisches Buch lesen wollte, hatte es in sprachlicher Hinsicht deutlich schwerer als der Leser, der ein Buch über Gestalttherapie lesen will.

Ziel meiner Abhandlung ist es, deutlich zu machen, dass der therapeutische Bereich ein (Insel-) Bereich unter anderen Bereichen sowohl des Patienten/Klienten als auch des Therapeuten ist, in dem eigene Gesetze, sowohl bezogen auf die Sprache als auch bezogen auf Regeln und Werte, bestehen. Diese sollten jedoch transparent sein, da sie sonst das Gegenteil von dem bewirken, was ihre vorgebliche Intention ist: Sie engen ein, wo sie befreien sollen, sie schematisieren, wo sie individualisieren sollen. Nur da, wo Sprach- und Handlungsgesetze transparent sind, lassen sich meines Erachtens therapeutische Vorgänge und Ergebnisse aus der psychotherapeutischen Inselwelt „exportieren". Oder anders formuliert, nur unter den genannten Voraussetzungen kann der Transfer durchaus gelungener therapeutischer Erfahrungen, wie eine gesteigerte Selbstwahrnehmung, ein Mehr an Autonomie, Sicherheit und Klarheit im Umgang mit der Umwelt, in die Alltagswelt („Restwelt") gelingen. Ein Verharren in den eingeschliffenen Bahnen sprachlicher Muster und den sich daraus ergebenden Verhaltens- und Handlungsanweisungen nimmt der therapeutischen Situation jede Individualität und jede spontane Kreativität, ohne welche Therapie und Wachstum nicht möglich sind.

Auch Perls hat immer betont, dass das Zurechtkommen „draußen" die Nagelprobe der Therapie ist. Der geschützte und unterstützende Rahmen der Therapie ist nicht Selbstzweck, sondern Wegbereiter, der es mir ermöglicht, anders, kongruenter und (selbst-)verantwortlicher in der Welt zu sein.

Perls: Eine Person kommt zu einem Workshop. Sie erreicht ein gewisses Maß an Reifung. Sie hat in der unterstützenden Umwelt, die der Workshop bildet, gelernt, bestimmte Risiken einzugehen. Dann geht sie wieder in die Welt hinaus, in eine fremde, manchmal feindliche Umwelt, und vieles von dem, was sie erreicht hat, wird nicht halten. Im allgemeinen würde ich sagen, dass sie drei Schritte vorwärts und einen oder zwei rückwärts macht. Was ich mir daher als eventuelle, nennen wir es ‚am ehesten perfekte' Therapie vorstelle, ist eine Gestaltgemeinschaft, wohin die Leute für drei oder vier Wochen gehen. Sie werden dort arbeiten, ausschließlich dort leben, bis sie einen Reife- und Realitätsgrad erreicht haben, der ihnen helfen wird, ihre alltägliche Umwelt zu ertragen und zu bewältigen, und der ihnen helfen wird anzufangen, die Umwelt an ihren reicheren und volleren Zugang anzupassen.

I.L. Walther: So dass sie vielleicht nie mehr zu irgendeiner speziellen Therapieform zurückkommen müssten.

Perls: Genau ... Sie sehen, das Wort „Therapie" ist wirklich nicht ganz richtig, weil das, womit wir uns beschäftigen, nicht so sehr Krankheit als vielmehr Störung ist. Krankheit ist eine Form der Unfähigkeit, mit der Welt fertig zu werden.[269]

In der Zen-Tradition ist es der Gedanke des „Samu", der die Verbindung von Zen und „normalem" Alltag betont.

Samu bedeutet wörtlich „Dienst verrichten", „Aufgabe erfüllen" und ist die zenbuddhistische Bezeichnung für die (gemeinsame) Arbeit, wie Feld-, Garten-, Hausarbeit usw., die zur Zen-Übung gehören. Der schon erwähnte Meister Dogen sagte: „Ohne Samu wäre der Zen-Buddhismus nichts weiter als ein vom täglichen Leben abgelöster Kult."

Erst die Einheit von Samu, Zazen (Sitzmeditation), Teisho (Lehrgespräch) und Dokusan (Lehrgespräch zwischen Schüler und Lehrer) sind Zen. Eines ohne die anderen ist bedeutungslos.

Es gibt eine schöne Geschichte über Meister Paichang, den Begründer der Samu-Idee: Von dem Tag an, da er Schüler Matsus wurde, bis zum Abend seines Todes verging im Leben Paichangs nicht ein Tag ohne Arbeit; immer war er bestrebt, den Menschen im allgemeinen und der Mönchsgemeinschaft im besonderen nützlich zu sein. Besonderer Dank gebührt ihm für seine Worte: „Ein Tag ohne Arbeit, ein Tag ohne Essen."

Paichang stand bereits im höchsten Greisenalter, und wann immer die Mönche ein „gemeinsames" Samu veranstalteten und hart arbeiteten, wurden sie von Schmerz und Scham ergriffen, wenn sie auch ihren verehrten Meister bei solchen Gelegenheiten schwere Arbeit verrichten sahen. Als schließlich ein neues Gemeinschafts-Samu herannahte, verbargen einige Mönche Paichangs Arbeitswerkzeuge und gaben sie auch nicht heraus, als er ausdrücklich darum bat. Da er an diesem Tag die Spitzhacke und den Bambuskorb nicht benutzt hatte, weigerte sich Paichang entsprechend seinem Grundsatz, Nahrung zu sich zu nehmen. Er sagte: „Ein Tag ohne Samu, ein Tag ohne Essen."[270]

Ich habe von einem westlichen Zen-Schüler in einem japanischen Kloster gelesen, der seine Lehrer immer wieder durch „Verbesserungsvorschläge" überraschte. Wie z. B. die Küchenarbeit zu rationalisieren sei, oder die Putzarbeiten schneller erledigt werden könnten. Die Mönche nahmen diese Vorschläge immer freundlich und wohlwollend zur Kenntnis, doch sahen sie keinerlei Veranlassung, irgendetwas zu verändern.

Der Schüler machte noch einen Unterschied zwischen Meditation und Arbeit; Zazen ist Arbeit und Arbeit ist auch „Lehrer".

Während ich das schreibe, fällt mir ein, wie meine Arbeit während eines Sesshins einen ganzen Tag darin bestand, Entenscheiße einzusammeln. Wütend und entschlossen, mich nicht „kleinkriegen" zu lassen, zog ich mit meinem Eimer und einem kleinen Schäufelchen los. Nach drei Stunden der Rebellion („... für Entenscheiße sammeln bezahlst Du Blödmann auch noch Geld ... so weit ist es schon mit Dir gediehen ...") fühlte ich mich plötzlich sehr ruhig und äußerst zufrieden, ich fühlte mich eins mit meiner Arbeit. Hätte ich darüber nachgedacht, wie sich diese Arbeit rationalisieren ließe; ich bin davon überzeugt, dass ich niemals dieses schöne Ergebnis erreicht hätte: Zwischen Zazen und Entenscheiße sammeln bestand kein Unterschied mehr!

Ebenfalls habe ich dabei die Überzeugung gewonnen, dass mich vermeintlich „sinnlose" und unökonomische Arbeiten diesem Ziel des Samu besonders gut näher bringen. Man beobachte z. B. wie Zen-Schüler auf der Erde kniend mit kleinen Wischlappen eine große Meditationshalle säubern!

Unter dieser Einheit der vier Pfeiler des Zen wird die Aussage „Alles ist Zen" verständlich.

Meine Überzeugung ist es, dass wenn dieser Satz stimmt, – und ich denke, er stimmt – der Satz „Alles ist Therapie" auch stimmt.

In jedem Augenblick gehe ich mit mir selber und mit der Umwelt um. Die Art und Weise und die Grundeinstellung, Grundüberzeugung können / sollten „Therapie" sein: In jeder Minute meines Lebens können die Prinzipien des Hier und Jetzt, der Bewusstheit und des Offenseins in der Nicht-Bewertung realisiert werden.

Manchmal, wenn ich Bücher über das Leben erleuchteter Meister in japanischen Klöstern lese, habe ich das Gefühl, dass ich nach Japan fahren müsste, mich dort in ein Zen-Kloster begeben würde und dann dort eifrig meditieren müsste. Dann könnte ich endlich in Ruhe und Konsequenz an meiner Erleuchtung arbeiten.

Dies ist natürlich recht unreif. Denn wo, wenn nicht hier und wann, wenn nicht jetzt, kann Zen geschehen.

Eine Zen-Praxis, für die ich erst nach Japan fahren muss, ist keine Zen-Praxis. Dieses Bild kann mit Fug und Recht auch auf den Bereich Therapie übertragen werden: Eine Therapie, die sich nur in Workshops und Sitzungen niederschlägt, ist keine Therapie.

Der Schauspieler und Autor Alan Arkin beschreibt sehr schön die neue Form der Freiheit, in der dann auch eine Trennung innerhalb / außerhalb – sei es Zen oder Therapie überflüssig und sinnlos wird. In seinem Buch „Halfway through the door" beschreibt er seinen Weg der Suche nach sich selber, durch „Zufall" ist er an den Weg des Yoga gekommen. Er erzählt:

Im Laufe der Jahre habe ich mehr und mehr verstanden, dass zwischen dem, was ich bislang unter Freiheit verstehe und dem, was dieses Wort tatsächlich meint, ein großer Unterschied ist. Normalerweise brauchen wir das Wort immer im Zusammenhang mit „von", d. h. Freiheit von Mutter, Vater, Juden, Arbeit, Schule usw. Das Wort Freiheit wird oft im Zusammenhang mit Ärger gebraucht. Irgendetwas empfinden wir als ein Problem und davon wollen wir nicht belastet oder gestört sein, davon wollen wir frei sein ...
Ein anderer Freiheitsbegriff meint Freiheit im Sinne von Zufälligkeit, nicht gebunden sein an Aufgaben oder Ziele.

Mein Lehrer sprach von einer vollkommen neuen Form der Freiheit; nämlich Freiheit von allen Selbstkonzepten und Vorstellungen darüber – eine enorme, schier unüberwindliche Aufgabe!
Psychoanalyse soll uns von den Konzepten, die unsere Eltern über/für uns hatten, lösen helfen, so dass wir unsere eigene Identität finden können. Dies ist im Yoga nur der erste Schritt: Es reicht nicht aus, uns vom Konzept unserer Eltern zu befreien, sondern wir müssen uns auch von den Konzepten deren Eltern und wiederum deren Eltern usf. befreien. Erst wenn wir die Courage haben, diesen Weg einzuschlagen, können wir uns von den Konzepten, die wir selber von uns haben, lösen.
Dann – so sagte mir mein Lehrer – fangen wir an zu verstehen, was das Wort Freiheit wirklich meint.
Auf diesem Weg finden wir heraus, wer wir sind; wer wir wirklich sind.[271]

Otto Rank, der erheblichen Einfluss auf das Denken Perls hatte, hat gesagt, dass er für jeden neuen Patienten eine neue Theorie bräuchte. Damit meinte er natürlich nicht, dass er jedes Mal ganz von vorne anfangen würde. Was er wohl meinte, war, dass er sich die Freiheit bewahren wollte, auf jede neue Einladung zu reagieren, die jeder ihm noch unbekannte Patient ihm impliziert entgegenbrachte.

Keine Konzepte, keine Rezepte, sondern immer wieder neues Erfahren; „I and thou in the here and now", wie es in der Gestalttherapie heißt.

„Anfängergeist" nennen wir dies im Zen-Buddhismus.

Für einen solcherart freien Menschen ergibt die Unterscheidung innerhalb/außerhalb keinen Sinn mehr. Es geht um nicht weniger als die ganze Persönlichkeit – im Zen und in der Gestalttherapie. Eine Person ist entweder frei und autonom oder sie ist es nicht – und dies unabhängig von Ort und Zeit.

Natürlich ist es gut, wenn ich in einem Sesshin mein „wahres Selbst" erahnen oder erfahren kann, und es ist hilfreich und sinnvoll, in einer Gestalttherapie die Freiheit, die ich in der Loslösung von elterlichen Dressaten haben kann, zu spüren.

Doch es ist wichtig, diesen Weg weiterzuverfolgen: „Erleuchtung ist erst der Anfang" heißt ein Buch von Hugo Enomiya Lassalle.

Die Lehren und das Gedankengut der Sufi-Meister gewinnt in zunehmendem Maße an Attraktivität im Westen. Auch die Sufi-Meister betonen – ähnlich wie die von mir zitierten Zen-Meister – die Notwendigkeit der Realisation des Weges in jeder Minute und jeder Situation des Alltags. Ich möchte ein Beispiel von Sufi-Meister Hazrat Inayat Khan nennen.

Hazrat Inayat Khan lebte von 1882 bis 1927. Er war wohl der erste Sufi-Meister, der ganz gezielt diese Lehren in den Westen brachte. Sein Werk wird von seinem Sohn (Vilayat Inayat Khan) fortgesetzt; dieser erzählt folgendes von seinem Vater:

„Die Leute pflegten zu Murshid zu kommen und zu sagen: „Können Sie mich Meditation lehren?" Und seine Antwort war: „Es gibt Arbeit zu tun". In seiner

298

Lehre ging es darum, mit realen Problemen zurandezukommen; es ging nicht um jene recht künstliche Art von Spiritualität, der wir so oft begegnen, die sich nur im Geist abspielt und unserer Wirklichkeit nicht entspricht. Sobald sich ein solcher Mensch einem Problem gegenübersieht, kommen all seine Ignoranz und all sein Hass aufs Neue hoch, denn er hat nicht an ihnen gearbeitet. Der einzige Weg, mit diesen Dingen fertigzuwerden, besteht darin, Meditation in den Alltag zu bringen."[272]

Wenn Wachstum ein ständiger Schritt-für-Schritt-Prozess ist, dann ist auch richtig zu sagen, dass es in diesem Prozess kein „Ende", sondern immer „nur" Stufen gibt. Dies ist tröstlich und belastend zugleich. In einigen Kampfsportarten, die den jeweiligen Grad der Fähigkeiten durch unterschiedliche Gürtel anzeigen, ist es üblich, dass z.B. nach dem schwarzen Gürtel der weiße kommt; also nach dem Gürtel, der die Meisterschaft anzeigt, wieder der Gürtel kommt, den ein Anfänger trägt. Dies ist keine Koketterie, sondern soll andeuten, dass, egal auf welcher Stufe der Fertigkeiten wir sind, wir alle Lernende sind. Egal, ob nun z. B. ein Kendo-Schüler „nur" das Bambusschwert halten lernt oder ob ein Meister neue, ihm unbekannte Angriffs- oder Verteidigungstechniken lernt; letztlich sind beide Situationen gleich: Beide Male geht es darum, etwas Neues, vorher Unbekanntes zu lernen. Und egal, auf welcher Stufe der Entwicklung jemand ist, ich halte es für unbedingt notwendig, sich dieser Tatsache immer wieder neu bewusst zu werden.

„Ein guter Meister lebt von der Herausforderung, und schlechte fühlen sich durch die kleinste Frage bedroht. Während meines Noviziats hat man mich mehr als nur einmal zurechtgewiesen, nur weil ich Fragen stellte. Manchmal wurden sie als Ausdrucks des Vertrauensmangels dem Meister gegenüber angesehen, dabei fragte ich gerade deswegen, weil ich darauf vertraute, dass der Meister eine Antwort hatte, und wenn nicht, dass er mit mir danach suchen würde, was ebenso in Ordnung ist ... schließlich ist ein Meister doch nur ein fortgeschrittener Schüler."[273]

„Als ich mit zwölf Jahren zum ersten Mal auftrat, sagten die Leute: Wie erstaunlich für sein Alter! Heute sagen sie dasselbe."
Der 82-jährige Pianist Wilhelm Backhaus

„Erst ein schüchternes Kind, dann ein Meister, dann ein schüchternes Kind".
Leonard Bernstein über Jehudin Menuhin

Manchmal geschieht es mir, dass ich „stecken bleibe"; während einer Therapiesitzung fühle ich mich festgefahren, ich weiß nichts mehr, mir fällt nichts mehr ein, es geht weder vor- noch rückwärts. In einer solchen Situation denke ich dann manchmal: ‚Was würde Stuart jetzt machen?' Und was ich inzwischen gelernt habe ist, dass ich diese Frage auf zweierlei Art und Weise stellen bzw. beantworten kann: Einmal, um mich zu unterstützen und einmal, um mir „eins reinzuwürgen". Dies hängt vom jeweiligen Blickwinkel der Wahrnehmung ab. Bin ich mit meiner Aufmerksamkeit bei dem Klienten und dem, was er / sie mitteilt, so sage ich mir: ‚An dieser Stelle, bei diesem Thema hätte Stuart bestimmt eine zündende Idee, eine Intervention, die das Ganze wieder in Gang bringt!'

So kann ich mich klein und ihn groß machen. Abgesehen davon würde mir eine Antwort auf diese Frage eh' nichts nutzen. Ich berate oft Teams oder auch einzelne Mitarbeiter, die mit aggressiven Menschen arbeiten. Dabei kommt dann oft die Frage an mich: „ ... ja, was machen Sie denn dann, wenn so ein Mensch mit einem Stuhl oder einem Messer in der Hand vor Ihnen steht... ?

Wozu soll meine Antwort nützen? Meine Antwort ist nämlich recht simpel: „Ich nehme ihm das Messer ab." Wer dies – warum auch immer – nicht kann, dem hilft meine Antwort auch nicht weiter.

Kein Mensch und keine Institution hat mehr Autorität, als ihr von anderen zugestanden wird. Das bedeutet, jeder ist für sich die höchste Autorität, wenn es darum geht, wem er Glauben schenkt und wie er sein Leben lebt.

Wenn man diese Autorität auf andere überträgt, ist das eine Art spirituelle Faulheit. Wir sind dann nicht mehr gewillt, kritisch und genau zu betrachten, was tatsächlich geschieht, und sind der Manipulation, der Täuschung und dem Betrug schutzlos ausgeliefert.

Buddha wusste das und warnte davor. Er wies die Menschen zum Beispiel an, sich kein Bildnis von ihm zu machen (was sie anfangs auch nicht taten).

Wir müssen erkennen, dass wir Buddha sind. Doch je mehr wir den Mann, den wir Buddha nennen, verherrlichen und vergöttern, desto schwerer fällt es uns zu erwachen. Denn wenn wir Lehrer zu Göttern machen, wie können wir dann erkennen, dass wir im Grunde sind wie sie?

Am Ende läuft es auf Folgendes hinaus: Die Autorität, die jeder von uns bereits besitzt, beruht ganz allein auf der unmittelbaren Erfahrung. Im Grunde müssen wir nirgends sonst suchen

Es gibt eine Geschichte über einen chinesischen Zen-Lehrer des neunten Jahrhunderts namens Kuei-shan und seinen Schüler Yang-shan. Yang-shan ging zu Kuei-shan und fragte: „Was ist zu tun, wenn die zehntausend Dinge auf dich zukommen?"

Kuei-shan antwortete: „Grün ist nicht gelb. Lang ist nicht kurz. Die Dinge regeln sich selbst. Weshalb sollte ich mich einmischen?"

Leider glauben die meisten von uns, sich einmischen zu müssen. Wir haben das Gefühl, etwas tun zu müssen, etwas sein zu müssen, etwas regeln zu müssen. Wir denken, wenn wir es nur richtig anstellten, käme alles in Ordnung. Dabei übersehen wir, dass die Dinge, die wir regeln möchten, nur in unserer Vorstellung existieren, dass sie erstarrt und in geistige Schubladen verpackt sind – während die Wirklichkeit ein ständiges Fließen, ein vollkommener Fluss ist. Wir verhalten uns, als könnten wir das Leben zu unserer vollsten Zufriedenheit gestalten, wenn es uns nur irgendwie gelänge, die Kunst der Organisation zu erlernen. Wir leben so, als bekämen wir, was wir wollten, sobald wir diese Kunst gemeistert hätten. Als sei diese endgültige Art von Zufriedenheit möglich. Als könnten wir dafür sorgen, dass unser Leben funktioniert und dass auch der Rest der Welt funktioniert. Doch es gelingt uns nie, die Welt oder unser Leben so einzurichten, wie wir es uns wünschen - zumindest nicht lange. Die Dinge ändern sich wieder, also probieren wir etwas Neues. Wir fangen wieder an, darüber nachzudenken, was unser Los verbessern könnte, und durchlaufen den gesamten Kreislauf der Verblendung noch einmal.

Manche Menschen glauben, Buddha habe gesagt, wir sollten einfach aufgeben und die Widrigkeiten des Lebens akzeptieren. Sie denken, im Grunde laute seine Botschaft an die Menschen: „Hört mal, lasst euch davon nicht stören. Das menschliche Leben ist nun mal schwierig und verdrießlich. Ihr könnt nur das Beste daraus machen." In Wirklichkeit sagte Buddha nichts dergleichen. Er räumte ein, dass die Menschen ihn oft missverständen und seine Worte falsch auslegten, und sagte sogar: „Was ich als Befreiung bezeichne, bezeichnet die Welt als Resignation."

Wenn wir ganz genau hinsehen, sehen wir, dass wir uns dem Leben aus Unzufriedenheit auf diese Weise nähern. Vielleicht erkennen wir sogar, dass unser Leben vollkommen in Ordnung ist, bevor wir eingreifen und versuchen, es besser zu machen. Wenn wir sagen: „Es geht uns besser", glauben wir, die Geschichte sei aus irgendeinem Grund bereits vorbei und wir seien an einem Punkt angelangt, an dem Stillstand herrscht.

Aber im echten Leben gibt es keinen solchen Punkt, im Gegensatz zu Märchen. Es ist ja eines der typischen Merkmale von Märchen, dass sie in einem kurzen, glücklichen Augenblick enden oder uns in dem Glauben lassen, es ginge ewig so weiter („... und sie lebten glücklich und zufrieden bis an ihr Lebensende").

Habe ich meine Aufmerksamkeit bei mir und der Tatsache, dass ich nicht mehr weiter weiß, dass ich feststecke, so kann ich mir sagen: ‚Was würde Stuart machen, wenn er feststeckt?' Die Antwort ist genauso einfach wie unterstützend: ‚Er würde feststecken!' Manchmal wissen wir, egal, ob Meister oder Zen-Schüler, nicht weiter; das ist alles!

„An einem solchen Punkt ist es für den Therapeuten schwer zu verstehen, dass ein therapeutisch toter Punkt einfach ein Punkt ist, an dem der Therapeut versucht, den Klienten dazu zu bringen, etwas zu tun oder gerade nicht zu tun, wozu er noch nicht fähig, noch nicht in der Lage ist. Durch diese Art der Konzentration auf den ‚Fortschritt' gerät der Therapeut unversehens in einen Machtkampf. Je nach dem, wie gut oder schlecht nun ein Therapeut arbeitet, wird darüber hinaus auch seine kreative Energie von der therapeutischen Arbeit abgelenkt ... aus diesem ‚impasse' herauszukommen setzt voraus, dass der Therapeut seine Aufmerksamkeit nicht zum Klienten wendet, nicht auf irgendwelche ‚Sollensvorschriften', sondern simpel darauf, einfache, einwandfreie Arbeit zu tun."[274]

Ich bin, was ich bin und ich kann, was ich – in jedem Augenblick – kann. Dies heißt nichts anderes, als dass ich – auch als Therapeut – manchmal gute und manchmal schlechte Arbeit mache. Ich bin nicht perfekt und wann immer ich versuche, mehr zu sein als ich bin, irgendwelche Rollen einzunehmen, irgendwelche „Größen" nachzuahmen, kurz: wann immer ich von dem, was ich bin und was ich kann, weggehe, läuft meine therapeutische Arbeit Gefahr, festzufahren, zumindest aber unfrei, leblos und mechanisch zu werden. Es ist erstaunlich, wie viele kleine und große „Fritz Perlse" es manchmal gibt!

Ich erinnere mich an meine Auseinandersetzungen mit Bhagwan-Schülern vor vielen Jahren: Immer wieder begegneten mir solche Schüler, die ihre Mala nahmen (das ist eine Kette mit Holzperlen und einem Medaillon mit dem Bild Bhagwans daran), sie hielten sich das Bild des Bhagwan an ihr Ohr und dann hieß es „Listen to what Bhagwan says". Diese Art des Kadavergehorsams war mir doch „zu blöd". Ich bastelte mir selber eine solche Mala, nur zeigte das Medaillon anstatt Bhagwans Bild ein Bild von mir – und mein entsprechender Satz lautete: „Listen to what Bruno says". Recht bald konnte ich die Bhagwan-Schüler in solche, die mit mir darüber lachen konnten und solche, die ob meines Sakrilegs ganz böse mit mir waren, einteilen. Wer nicht in der Lage ist, über sich selbst zu lachen, sich zu sich selber in beobachtender Distanz zu begeben, der hat nach meiner Überzeugung noch einen langen Weg vor sich. Und dieser Weg ist für diejenigen, die vierundzwanzig Stunden am Tag allen, die es hören wollen, aber auch denen, die es nicht hören wollen ins Ohr reinbrüllen, dass sie schon längst am Ziel sind, dass sie alles gefunden haben ...

Kasan wurde gebeten, die Totenmesse für einen hohen Beamten der Provinz zu halten. Er hatte niemals zuvor hohe Herren und Adlige getroffen, und so war er recht beunruhigt. Als die Zeremonie begann, schwitzte Kasan.

Später, nachdem er heimgekehrt war, rief er seine Schüler zusammen. Kasan gestand, dass er sich noch nicht als Lehrer eigne, da er in der Welt der Namen jener Gleichheit in der Haltung verlustig gegangen war, die er innerhalb des abgeschlossenen Tempels besessen hatte. Dann legte Kasan sein Amt nieder und wurde der Schüler eines anderen Meisters. Acht Jahre später kehrte er erleuchtet zu seinen früheren Schülern zurück.

Ein Zen-Mönch hatte in langer Übung eine große Meditationskraft entfaltet und war zu Außerordentlichem fähig. Einmal wettete er mit einem anderen Mönch, er vermöge meditierend ins Nirvana einzugehen, noch bevor ein Räucherstäbchen abgebrannt sei. Und siehe da, er gewann die Wette und ging friedlich und für immer ins Nirvana ein. Der andere Mönch klopfte dem Verschiedenen liebevoll auf die Schultern und meinte: „Sterben kannst Du, aber vom Zen hast Du nichts verstanden."

Diese Geschichte ist es wert, dass man etwas bei ihr verweilt: Warum hat der Mönch trotz seiner großen Meditationskraft nichts vom Zen verstanden? Der Mönch, der seine Meditationskraft dazu benützt hat, sich und nur sich ins Nirvana zu retten, kennt das zentrale Zen-Gelübde nicht: Zahllos sind die Lebewesen; ich gelobe, nicht eher zu ruhen, bis sie alle erlöst sind.

Entscheidend für ein richtig verstandenes Zen ist, ob wir mit unserem eigenen Wohl auch das der anderen und der Umwelt anstreben.

Buddha unterscheidet in diesem Zusammenhang – bezogen auf das Engagement für andere Menschen – vier verschiedene Arten von Menschen, die er auch ganz klar einstuft:

1. Der erste erstrebt weder eigenes noch fremdes Heil; er bekämpft Hass, Gier und Wahn weder bei sich noch bei anderen.
2. Der zweite erstrebt nur das Heil der anderen, aber nicht das eigene; er gibt anderen gute Lehren, die er selbst nicht befolgt.
3. Der dritte erstrebt nur das eigene Heil, nicht aber das der anderen; er lebt selbst sittlich, belehrt aber nicht die Mitmenschen.
4. Der vierte schließlich erstrebt eigenes und fremdes Heil; er führt selbst ein sittliches Leben und hält andere zu einem solchen an. Unter diesen Menschen ist der dritte besser als die beiden ersten, der vierte aber ist von allen der erhabenste.[275]

Der Weg der Meditation, aber auch der gestalttherapeutische Weg gleichen dem Stimmen eines Instrumentes. Erst wenn alle Saiten gut gestimmt sind, kann das Instrument auch erklingen. Gleichzeitig ist der Daseinszweck eines Musikinstrumentes nicht, dass es richtig gestimmt ist. Sein Daseinszweck ist es Musik erklingen zu lassen, das Stimmen ist nicht der Sinn, aber eine Voraussetzung. Der Zen-Meister Taisen Deshimaru Roshi sieht es so:

Frage: Ist die persönliche Suche nach innerer Befreiung, im Verhältnis zur Suche nach kollektiver Befreiung, nicht egoistisch?

„Beides ist notwendig. Wenn ich meine Probleme nicht lösen kann, werde ich anderen nicht helfen können, ihre Probleme zu lösen. Ich muss mich von meinen eigenen Problemen befreien, um anderen helfen zu können, sich von den ihren zu befreien. Beides ist also notwendig. Zunächst müssen Sie sich von Ihrem eigenen Leiden befreien, denn wenn Ihr Gehirn sich nicht in seinem normalen Zustand befindet, können Sie anderen nicht helfen. Sie werden sie nur noch mehr verwirren. Die Menschen im Westen wollen immer anderen helfen. Auch die Katholiken wollen anderen zu ihrem Heil verhelfen und zu ihrem eigenen Besten. Im Mahayana ist es dasselbe, aber vorweg müssen wir uns selbst begreifen."[276]

In diesem Zusammenhang ist auch der Untertitel des Buches von Stuart Alpert: „What to do until enlightenment?" zu sehen: „Healing ourselves – healing the earth".[277]

Carl Rogers wandte sich in späteren Lebensjahren verstärkt politischen Fragen zu. Rogers und Abraham Maslow begriffen zunehmend die religiöse Dimension als zentral für ein authentisches Menschsein. Reinhard Tausch, der führende Vertreter der personzentrierten Psychotherapie im deutschen Sprachraum, beklagte die „Auswüchse der so genannten Selbstverwirklichung, wobei die ... Verwirklichung von sozialen Haltungen und die Entwicklung des Verantwortungsgefühls nicht mit inbegriffen ist". Tausch, der sich ebenfalls mit religiös-spirituellen Fragen beschäftigte, bezeichnete dieses unbezogene Selbstverwirklichungsverständnis als „nicht-humanistisch".

Von Martin Buber stammt der wichtige Hinweis: „Wenn alle wohlbekleidet und wohlgenährt wären, würde das eigentliche ethische Problem erst ganz augenscheinlich werden."

> „... Dies alles ist die individuelle Betrachtungsweise. Reicht sie aus, um das Leiden aidskranker Kinder in Afrika zu erklären oder das Leiden von geistig oder körperlich schwer behinderten Menschen? Können wir uns hier aus der Affäre ziehen, indem wir sagen, dass sei eben deren Lernprozess, das geht mich nichts an? Um das ungute Gefühl, dass es so nicht geht, loszuwerden, spenden wir dann eine mehr oder weniger große Summe für wohltätige Organisationen. Doch ahnen wir, dass das nicht alles sein kann.
> Erst wenn wir erkennen können, dass das Leid, das uns auf diese Weise begegnet, auch unser eigenes Leid ist, beginnt auch auf der gemeinschaftlichen, überindividuellen Ebene ein Heilungsprozess, wohin auch immer er führen mag. Kehren wir dazu noch einmal zum Anfang zurück. Liebe heißt Verbundenheit. Sich auch mit dem Leid anderer verbunden zu wissen, setzt eine große Öffnung voraus. Ob sich aus diesem Offensein Taten entwickeln, wird sich ergeben."[278]

Die Ethik des Zen entspricht offenbar jenem an Selbstausdruck und situationsbezogenem Handeln orientierten Stil, den ein großer Teil der Menschen in den westlichen Gesellschaften bevorzugt, die sich vom alten Wertesystem abgewandt haben. Doch gerade dies macht auf der einen Seite ihre leichte Einsehbarkeit aus, auf der anderen Seite ist die Selbstverpflichtung, die von uns verlangt wird größer als die der „herkömmlichen" Gebote. Die Ethik des Zen zielt auf die Entwicklung einer unfehlbaren Intuition, der Fähigkeit, spontan so zu handeln, wie es einer bestimmten Situation in einem bestimmten Augenblick, hier und jetzt, am besten entspricht. Sie lädt uns dazu ein, Zazen zu praktizieren und im Übrigen so zu handeln, wie wir wollen – basierend auf der Voraussetzung , dass das vollkommen sensibilisierte und alles akzeptierende Bewusstsein, das sich durch die alltägliche Praxis ergibt, uns dazu bringen wird, im Einklang mit der Situation zu handeln und angemessen auf sie zu antworten. Wahrlich ein hoher Anspruch, der darum so schwierig ist, weil er so einfach ist.

Der Zen-Meister Shunryu Suzuki:

> „Selbst wenn ihr versucht, Leute zu lenken. ist dies nicht möglich. Die beste Art, Leute zu führen, ist, sie zu ermutigen, „ungezogen" zu sein. Dann werden sie in einem erweiterten Sinne geführt. Eurem Schaf oder eurer Kuh eine große, ausgedehnte Weide zu geben, ist der Weg, sie zu kontrollieren. So ist es auch mit den

Leuten: Lasst sie zuerst tun, was sie wollen, und beobachtet sie. Das ist das beste Verhalten."279

Auch bei Perls lassen sich Aussagen finden, mit denen er verdeutlichen will, dass eine erfolgreiche Therapie nicht bei dem einzelnen Individuum zu Ende sein kann, da wir alle miteinander verwoben und aufeinander angewiesen sind.

„Es gibt zwei entgegengesetzte Möglichkeiten der Heilung: die autoplastische und die alloplastische. Entweder gibt der Einzelne seine Ketzerei auf und kehrt als verlorener Sohn in den Schoß der kollektiven Neurose zurück (das ist schwierig, nachdem er seine Einsicht gewonnen hat) oder es gelingt ihm, die übrige Gemeinschaft von seiner Denkweise zu überzeugen. Eine solche erfolgreiche alloplastische Heilung dadurch, dass der einzelne die anderen auf seine Seite herüberzieht, bedeutet nicht nur Rechtfertigung seiner Existenz, eine Wiederherstellung des Kontaktes, sondern auch einen Entwicklungsschritt, eine Rückkehr zur Natur und zur Gesundheit und einen Fortschritt in Richtung auf ein erweitertes Wissen."280

Ein sehr schönes Lehrbeispiel zum Verhältnis zwischen spiritueller und alltäglicher Praxis kommt aus der buddhistischen Tradition: Der „normale" Alltagsverstand sieht nur die Finger bzw. die Fingerspitzen einer Hand. Was kümmert es den kleinen Finger, wenn der Daumen ein Problem hat. Ich erlebe sie als getrennt voneinander:

Je mehr ich mich jedoch um alltägliche Achtsamkeit bemühe und sie auch praktiziere, desto mehr wird die ganze Hand, die alle Finger miteinander verbindet, sichtbar. Ich erkenne, dass alles mit allem zusammenhängt bzw. wir alle Teil eines ganzen sind. Zu diesem Stadium der Erkenntnis komme ich im Laufe der Jahre zwangsläufig. Leid, Leiden, Ungerechtigkeit – egal wo – kann mich dann nicht mehr unberührt lassen, wenn dies einmal bewusst geworden ist! Achtsamkeit wird zur inneren Verpflichtung:

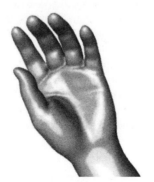

Auch hier sind sich der Weg des Zen und der Weg der Gestalttherapie – im End-ergebnis – sehr ähnlich.

Es ist klar, dass diese Aussagen ein deutlich erweitertes Therapieverständnis implizieren. Dies wurde an verschiedenen Stellen schon beschrieben. Die Dimensionen der Salutogenese, aber auch der ethischen Verbindung zur Welt, gehen über das Bearbeiten einer krisenhaften Beziehung, einer Trauer nach dem Tod eines wichtigen Menschen oder einer geringen Selbstschätzung, also einer akuten Notlage hinaus. Hilarion Petzhold hat vier Dimensionen beschrieben, die für diesen erweiterten Therapiebegriff von Bedeutung sind:

Es wird damit ein „erweiterter Therapiebegriff" prägnanter, wie er in der Integrativen Therapie seit ihren Anfängen vertreten und entwickelt wurde, und dessen Orientierungen sich zunehmend im gesamten psychotherapeutischen Feld verbreiteten. Er hat vier Dimensionen:[281]

1. Therapie hat eine klinische, d. h. kurative und palliative Dimension. Deren Ziel ist es, Pathologie zu beseitigen oder zu mindern im Sinne des medizinischen Modells, wobei man in zentrale Weise die Frage nach Hilfe, das Unterstützungsbegehren der Patientinnen berücksichtigt;
2. Therapie hat eine salutogene, d. h. gesundheitsfördernde und -erhaltende Dimension. Ziel ist es, einen gesundheitsbewussten und -aktiven Lebensstil zu fördern im Sinne des (gesundheits-) psychologischen Modells, das die Fragen der Klientinnen nach Gesundheit (health), Leistungsfähigkeit (fitness) und Wohlbefinden (wellness) und guten sozialen Beziehungen (connectedness) in Form von Aktivitäts-, Gesprächs- und Erzählgemeinschaften berücksichtigt;
3. Therapie hat eine persönlichkeitsentwickelnde, d. h. die persönliche Souveränität, die Ressourcen und Potentiale des Subjekts, seine personalen und sozialen Kompetenzen und Performanzen fördernde Dimension, in der die Entwicklungsaufgaben des Menschen, seine Fragen nach Persönlichkeitsbildung, Selbsterfahrung, Selbsterkenntnis, Selbstverwirklichung, seine Lebenskunst als Fähigkeit der „Sorge um sich" und um Andere in persönlich gelebter Ethik praktizierter Verantwortung für die gemeinsame Lebenswelt berücksichtigt werden;
4. Therapie hat eine kulturschaffende und kulturkritische Dimension, ist Kulturarbeit. Sie fördert nicht nur die Exzentrizität, mit Blick auf persönliche, sondern auch auf die gesellschaftliche Situation und die Kraft und den Mut zur Offenheit, Klarheit und freimütigen Rede, d. h. zur Parrhesie, die Devolution und Entfremdung entgegentritt und für ein „gutes Leben" in kultureller Vielfalt und Freiheit eintritt. Sie ermutigt und berücksichtigt die Fragen des Mitbürgers nach den Möglichkeiten, sich in der Gesellschaft, einer civic society, zu engagieren und sie aktiv mitzugestalten (in Bürgerinitiativen, kulturellen, humanitären, ökologischen, politischen Projekten etc.) Nicht nur für Menschen im Klientenstatus, auch Patienten können von einer bewussten Teilnahme an solcher Gesellschafts- und Kulturarbeit für ihre Gesundheit und Persönlichkeitsentwicklung profitieren.

In dieser Aufstellung fehlt mir allerdings noch der Hinweis auf eine spirituelle oder Tiefen- Dimension der Sinngebung. Eine Fabel aus der Edo Zeit beschreibt diesen Gedanken, der uns durch das Beispiel mit der Hand vermittelt werden soll, nochmals sehr anschaulich:

Die Kürbisse im Streit

Hinter einem Tempel befand sich ein Feld, auf welchem Kürbisse wuchsen. Eines Tages entstand ein Streit unter ihnen. Die Kürbisköpfe teilten sich in zwei Parteien, machten einen Höllenlärm und beschimpften einander heftig. Der gute Mönch, der den Tempel verwaltete, hörte das wüste Geschrei und rannte herbei, um zu sehen, was los wäre. Er fand die Kürbisse in wildem Streite und brüllte sie an: Ihr Kürbisschädel, seid ihr verrückt, miteinander zu streiten? Alle Mann zum Zazen!

Der fromme Mönch zeigte ihnen, wie man Zazen macht: Kreuzt eure Beine, setzt euch, Rücken und Nacken gerade!

Die Kürbisse beim Zazen

Die Kürbisse gehorchten betroffen, und während der Zazen-Übung legte sich ihr Ärger. Darauf sagte der Meister in aller Ruhe: Und jetzt lege ein jeder die Hand auf seinen Kopf! Sie taten es, und jeder Kürbis fühlte ein merkwürdiges Ding da oben. Sie stellten fest, dass es eine Pflanzenstrippe war, die von einem zum anderen verlief und sie zusammenhielt. Beschämt gestanden sie: „Das ist doch merkwürdig. Wir sind alle miteinander verbunden und leben ein einziges Leben; dabei sind wir uns törichterweise in die Haare gefahren. Was für eine Dummheit! Unser guter Mönch hatte recht!" Seither lebte die ganze Kürbiskolonie friedlich und einträchtig miteinander.

Soweit die Geschichte. Leider klappt das bei uns Menschen nicht so einfach.

Ein Mönch hat Durchfall, nichts besonderes, gleichwohl ist es kein beliebiger Krankheitsfall, sondern ein besonders aufschlussreicher, wenn auch nicht gerade in medizinischer Hinsicht. Er ereignete sich vor etwa zweitausendfünfhundert Jahren, und wir wissen davon, weil er in der Schriftensammlung über die Verhaltensregeln für Mönche und Nonnen erwähnt wird.

Zu dieser Zeit litt ein gewisser Bruder an der Ruhr und lag dort, wo er hin gesunken war, in seinen eigenen Exkrementen. Der Buddha machte in Begleitung des ehrwürdigen Ananda seinen Rundgang durch die Unterkünfte, und so kamen sie zur Unterkunft jenes Bruders. Da sah der Buddha diesen Bruder dort liegen, wo er hin gesunken war, in seinen eigenen Exkrementen, und als er ihn sah, ging er zu ihm und sprach. „ Bruder, was fehlt dir?" „Ich habe die Ruhr, Herr." – „Gibt es denn jemand, der sich um dich kümmert, Bruder?" „Nein, Herr." „Wie kommt es, Bruder, dass die Mönche nicht nach dir sehen?" „Ich bin nutzlos für die Brüder, Herr, und deshalb kümmern sie sich nicht um mich." Darauf sagte der Erhabene zum ehrwürdigen Ananda. „Geh, Ananda, und hol Wasser. Wir werden diesen Bruder waschen." „Ja,

Herr", antwortete der ehrwürdige Ananda dem Erhabenen. Als er Wasser geholt hatte, übergoss der Erhabene den Mönch, während der ehrwürdige Ananda ihn von Kopf bis Fuß wusch. Dann fasste ihn der Erhabene bei den Schultern und der ehrwürdige Ananda bei den Füßen, und gemeinsam legten sie ihn auf seine Lagerstatt.

In diesem Zusammenhang nun und anlässlich dieser Begebenheit rief Buddha die Mönchsgemeinde zusammen und befragte die Mönche mit den Worten: „Brüder, gibt es in eurer Mitte einen Bruder, der krank ist?" „Ja, Herr." „Und was fehlt jenem Bruder?" „Herr, jener Bruder hat die Ruhr." „Kümmert sich denn jemand um ihn, Brüder?" „Nein, Herr." „Warum nicht? Warum nehmt ihr Brüder euch seiner nicht an?" „Herr, jener Bruder ist nutzlos für die Brüder. Deshalb kümmern sich die Brüder nicht ihn." „Brüder, ihr habt weder Mutter noch Vater, die für euch sorgen. Wenn ihr nicht füreinander sorgt, wer sonst, frage ich, wird es dann tun? Brüder, wer von euch mich pflegen würde, der möge die Kranken pflegen. Falls er einen Lehrer hat, möge sein Lehrer ihn pflegen, solange er am Leben ist, und auf seine Genesung warten. Falls er einen Mentor hat oder jemanden, dem er Unterkunft gewährt, einen Schüler, Hausgenossen oder Mitschüler, mögen diese ihn pflegen und auf seine Genesung warten. Falls sich aber niemand seiner annimmt, so ist dies als Vergehen zu betrachten."

Der Inhalt dieser Episode ist für das Zusammenleben der frühen buddhistischen Gemeinschaft sehr bedeutsam. Es ist erschreckend, wie selbstverständlich die Nichtbeachtung des kranken Mitbruders zu sein scheint. Wichtig aber ist in diesem Zusammenhang die Episode, weil sie deutlich zeigt, dass Buddha nachhaltig die Sorge um Mitmenschen betont. Mitfühlendes Handeln ist kein „Anhängsel" des Buddhismus, sondern von zentraler Bedeutung.

> *... Jetzt möchte ich noch P. Lassalle fragen, wie er diese Frage der Zen-Praxis und des sozialen Engagements sieht.*
> *„Ich sehe diese Frage im Zusammenhang mit dem Entstehen eines neuen Bewusstseins der Menschheit. Dies übersteigt die herkömmliche, auf der Polarität von Subjekt und Objekt beruhende Sichtweise, welche andere Menschen als ‚Objekte' behandelt, denen ich als ‚Subjekt' gegenüberstehe. Das neue Bewusstsein – hier beziehe ich mich wieder auf Gebser – geht über diesen Gegensatz hinaus und lässt uns erkennen, dass wir alle eins sind. Es wird die Grundlage bilden für die sozialen Beziehungen des Menschen und die Art seines Engagements in der Gesellschaft."*[282]

In der Ethik spricht man in diesem Zusammenhang von der Gegenseitigkeit als eine normativ-ethische Grundnorm. Edmund Braun fasst die Aussagen dieser Gegenseitigkeitsnorm speziell bezogen auf den gegenseitigen Dialog zusammen; im Einzelnen wird gefordert:[283]

- die anderen und sich selbst nicht zu belügen
- andere nicht zum bloßen Objekt der eigenen Ziele zu machen,

- das Sicherverantworten und damit die Argumentation nicht zu verweigern,
- die Anerkennung begründeter Argumente nicht zu verweigern
- alle anderen Menschen als solche anzuerkennen, die von sich aus als gleichberechtigte vernunftfähige Argumentationspartner und damit als Kritiker bzw. Rechenschaftsforderer auftreten und Ansprüche – z. B. Erwartungen an mein Handeln, Wollen oder Planen – rechtfertigen können,
- sich selbst zu verpflichten, die Ansprüche des eigenen Handelns durch Argumente zu rechtfertigen.

Ich habe hier den Teil der Gegenseitigkeit, der sich auf den Dialog bezieht, herausgegriffen, weil gerade die Gestalttherapie, aufgefordert und verstärkt durch das genauso oft zitierte wie missverstandene Gestaltgebet, sich bezogen auf den Dialog, sei es mit den Klienten, sei es mit anderen Therapierichtungen oft recht schwer tut. Perls selber hat ja das Unheil gesehen, was sein Gestaltgebet angerichtet hat und es in späten Jahren revidiert.

Ich tu, was ich tu und du tust, was du tust
Ich bin nicht auf dieser Welt, um nach deinen Erwartungen zu leben,
Du bist nicht auf dieser Welt, um nach meinen Erwartungen zu leben
Du bist du – und ich bin ich
Wenn wir uns zufällig finden – wunderbar
Wenn nicht, kann man auch nichts machen.

In dieser ursprünglichen Fassung fehlt nach meiner Meinung all das, was mit Kontakt und Dialog zu tun hat; zwei Aspekte der Gestalttherapie, die Perls sonst immer wieder betont.

In der veränderten Fassung von 1969 werden diese Aspekte der Mit-menschlichkeit (in des Wortes wahrster Bedeutung) sinnvollerweise mehr betont:

Erst muss ich mich finden, um dir begegnen zu können
Ich und du – das sind die Grundlagen zum Wir.
Und nur gemeinsam können wir das Leben im dieser Welt menschlicher machen.

Interessant ist, dass die letzte Umformulierung des „Gestaltgebetes" aus einer Zeit stammt, da Perls als nahezu 70jähriger für sich selber endlich eine Heimat in Esalen gefunden hatte, einen Ort, an dem er sich nach einem Leben ständiger Unruhe endlich innerlich und äußerlich niederlassen konnte. Zuvor war er wohl mehr das, was ihn bekannt gemacht hat: Egozentrisch, verbittert, arrogant, zynisch, aufbrausend, verachtend, eifersüchtig, beziehungsgestört mit Angst sowohl vor der Hingabe als auch davor, Wurzeln zu schlagen. „Dignity" (was sich nur sehr schlecht, etwa mit „Würde / Bescheidenheit" ins Deutsche übersetzen lässt) schien ihm wohl abzugehen. Perls hatte massive Konflikte mit seiner Familie, in der Hauptsache mit seinem

Vater („ein Stück Scheiße"), seiner Frau und seiner Tochter („In seinen letzten sechs Lebensjahren hat Fritz nicht ein einziges Wort mit mir gesprochen. Ich hatte ‚In and Out of the Garbage Pail' vor seinem Tode nicht gelesen. Und nachdem ich es gelesen hatte, dachte ich, wenn er nicht schon tot wäre, würde ich ihn umbringen.").

Stimmen diese Informationen, war Fritz Perls offenbar stellenweise unmöglich, ein regelrechter Antitherapeut, aber er hat eine Therapieform geschaffen, die meiner Meinung nach vielen Menschen auf der Welt etwas Positives gegeben hat und geben kann. Fazit: Das ist die Realität, wie wir sie wahrnehmen. Und das gehört u. E. zum Welt- und Menschenbild einer wissenschaftlichen Psychotherapie: der Mut zur Realität und Wahrheit, leben lernen ohne Legendenbildung und Mythen, mögen sie im Einzelfall gelegentlich noch so wertvoll sein. Dies alles soll nicht seine Arbeit bis dahin, die sehr gute und wichtige Pionierarbeit war schmälern, aber offensichtlich musste er erst über sich selbst er-wachsen.

Außerdem ist Perls in hier in guter Gesellschaft. Wenn wir uns das private Leben oder die Lebensgestaltung bekannter Therapeuten anschauen, dann fällt es uns oft schwer, dass was sie an tatsächlicher Pionierarbeit geleistet haben anzuerkennen.

Schauen wir uns z. B. nur den Streit zwischen Freud, Ader und Jung an und wie aus drei Kollegen, die „es ja eigentlich gelernt haben sollten", sich zunächst gegenseitig sehr schätzten, Gegner wurden. Es soll hier nicht die Geschichte der psychoanalytischen Bewegung aufgeschrieben werden. Stellvertretend sei jedoch ein Brief, den Freud am 20 August 1912 an James Jackson Putnam schrieb, auszugsweise zitiert (in dieser Zeit war der Bruch zwischen Freud und Adler bereits vollzogen und der zwischen Freud und Jung stand kurz bevor):

> *„Ich weiß, dass Ihr Ideal ein ethisches ist und dass Sie danach leben. Jones hat mir erzählt, dass Sie in den Analytikern gerne perfekte Menschen sehen würden, aber davon sind wir weit entfernt. Ich muss beständig meine eigene Verärgerung unterdrücken und mich vor jener schützen, die ich in anderen wecke. Nach dem schädlichen Abfall von Adler, einem begabten Denker, aber bösartigen Paranoiker, habe ich nun Schwierigkeiten mit unserem Freund Jung, der anscheinend seine Neurose nicht überwunden hat. Und doch hoffe ich, dass Jung unserer Sache in ihrer Ganzheit treu bleiben wird; auch meine Gefühle für ihn sind nicht viel geringer geworden. Nur unsere persönliche Intimität hat gelitten.*
> *Dies ist kein Gegenbeweis, glaubte ich, gegen die Wirksamkeit der Psychoanalyse. Es zeigt vielmehr nur, dass wir sie eher auf die Persönlichkeit anderer Menschen als auf unsere eigene beiziehen."[284]*

Trotz des letzten Abschnitts ist das doch schon „harter Tobak"; die Hackordnungskämpfe sind – gerade bei diesen Herren – recht verwunderlich. Was haben sie denn von sich selber gelernt, möchte man hier fragen.

Es soll hier nicht die Biographie von Perls aufgezeichnet werden; das wäre ein eigens Buch wert und liegt auch schon vor. Darum hier exemplarisch drei Statements von Ruth Cohn, die die Entwicklung von Perls gut beleuchten: Ruth Cohn erinnert sich, wie Perls „in seinem ersten Workshop in Esalen… ein einem tiefen Lehnstuhl inmitten der Gruppe saß und mit Tränen in den Augen sagte: ‚Hier habe ich endlich meine Heimat gefunden.‘"

Noch 1962 beschreibt Ruth C. Cohn ihren Eindruck von Perls auf einem jährlichen Workshop der „American Academy of Psychotherapists" „Fritz' Arbeit erlebte ich als genial. Er selbst jedoch war deprimiert, unwirsch, ablehnend allen Therapien gegenüber – auch der eigenen. Er sagte, dass er nur noch eines wolle in seinem Leben: auf Reisen gehen nach Indien oder nach Israel, um eine geeignete Grabstätte für sich zu finden. Wir, einige Freunde, versuchten vergeblich, ihn aus seiner verbitterten Resignation herauszuholen."

1964 schildert Ruth Cohn Perls, wie er auf einem Kongress in Chicago auf sie gewirkt hat, nachdem er von Ida Rolfs Methode und ihrem Erfolg bei sich selbst erzählt hatte: „Nun strahlte Fritz Weisheit, Lebensmut, Zärtlichkeit aus. Er war ein Verwandelter." Perls hat selbst seinen lebensgeschichtlichen Engpass überwunden und damit eine entscheidende Dimension des Therapieprozesses herauskristallieren können: die Reise von den alltäglichen Spielchen an die Stelle, wo die darunter liegenden Motive der Verletzungen und die traumatische Verzweiflung reaktualisiert werden, wo nichts mehr geht und Wüste und Leere entsteht, Todesstarre. Nur von diesem Punkt aus führt ein Zugang zu den verschütteten Lebensenergien. Hier prägt sich die neue Struktur der gestalttherapeutischen Prozesslogik aus.

Zeitlebens war Perls heimatlos und hat immer wieder um Anerkennung gebuhlt; meist vergebens. Freud hat ihn „abblitzen lassen" und Wertheimer hat die Verehrung, die Perls ihm entgegenbrachte wohl nicht erwidert. Perls hat Wertheimer sein Buch „Das Ich, der Hunger und die Aggression" gewidmet, nachdem er in Amerika eingetroffen war. Zuvor – in Südafrika und England – hatte er es seiner Frau – Lore Perls – gewidmet, weil zwei Kapitel aus diesem Buch ja auch von ihr stammten, was im Übrigen nirgendwo vermerkt war. Es ist mir nicht bekannt wie Frau Perls sich mit dieser „Umwidmung" gefühlt hat.

In der Diktion eher kokettierend, gleichwohl in der Sache zutreffend, beschreibt Perls in einem Vortrag in New York Ende 1946 / Anfang 1947 seine Heimatlosigkeit:

„In Südafrika galt ich als größenwahnsinnig, weil ich es gewagt hatte, den Worten des Meisters zu widersprechen, in Kanada wurde ich für einen Dummkopf gehalten, weil ich den sakrosankten Reflexbogen anzweifelte, in New Haven wurde ich für vogelfrei erklärt, weil ich Psychotherapie ohne medizinische Erlaubnis ausüben wollte, und, was schlimmer war, weil ich keiner festen Gruppe angehörte, in New York nun eigentlich als wahnsinnig, weil ich eine gesicherte ökonomische Position aufgegeben hatte."[285]

Ich glaube, dass diese erfolglose Suche nach Anerkennung, diese ständige äußere und auch innere Heimatlosigkeit Perls anfällig für seine oft beschriebene Arroganz, seine

Grandiosa aber auch für Missbrauch gemacht haben. Er soll ja immer wieder Verhältnisse mit Frauen aus den Therapiegruppen gehabt haben. Ich habe leider nie einen Workshop bei ihm mitgemacht, wenn ich mir jedoch die vielen Videoaufzeichnungen seiner Workshops anschaue, habe ich oft den Eindruck gehabt, hier ist keine Therapiegruppe, sondern hier wird ein Fanclub zelebriert. Vor dem Hintergrund des oben beschriebenen wird dies auch erklärbar, nicht aber entschuldbar. Ich muss gestehen, dass ich im laufe der Arbeit an diesem Buch innerlich kritischer Frederick Perls gegenüber geworden und auf innere Distanz zu ihm gegangen bin. Gleichzeitig habe ich mich Laura Perls und Isadore From mehr und mehr zugewandt. Gleichwohl sind – und bleiben – das Verdienst und die Pionierarbeit unbestritten. Es gibt ja auch bedeutsame Stimmen, die in ihm – trotz aller seiner Schwierigkeiten so etwas wie – so würde man es in der tibetischen, aber auch indianischen Tradition nennen – einen „heiligen Narren" sehen.

Claudio Naranjo z. B., geboren in Chile, ist Arzt, Psychiater, Bewusstseinsforscher und Therapeut. Er beantwortet in einem Interview mit Emilio Diaz-Miranda folgende Frage:

> *Wie beurteilen Sie die Bedeutung von Fritz Perls für die Entwicklung der Gestalttherapie?*
> *„Wie man weiß, hat die Gestalttherapie ihren Ursprung in der Handlung eines einzigen Lehrers, nämlich Fritz Perls; er war ein so revolutionärer Meister, so anti-konventionell und so skandalös, dass seine Weisheit und die spirituelle Ebene der Gestalttherapie für die meisten seiner Zeitgenossen verborgen blieb. Insbesondere weil Fritz Perls sich selbst als antireligiös bezeichnete. Tatsache ist, dass man sehr oft das Spirituelle mit dem Religiösen verwechselt. Für mich war Fritz Perls ein Meister und ich glaube, dass ich bestimmte Erfahrungen mit einem anderen Lehrer nicht gemacht hätte. Mir scheint, dass viele Leute weniger von ihm bekommen haben als ich, weil sie keinen so tiefen Respekt gegenüber Perls empfanden, wie ich es tat. Es war leicht ihn zu kritisieren, weil er so konfrontativ war und die Leute seine heilende Absicht nicht erkannten und sich daher verletzt fühlten. Aufgrund seiner ungewöhnlichen Art könnte man ihn als ,dionysisch' bezeichnen. Das Christentum erkennt den dionysischen Geist nicht als einen spirituellen Weg an."*[286]

Vielleicht kann man ja verallgemeinernd sagen, dass überall da, wo eine starke innovative, unorthodoxe Kraft ist, sich auch eine entsprechende Gegenkraft, ein entsprechender Widerstand manifestiert. So kann jeder nur für sich die Entscheidung zwischen Guru, Meister, Lehrer oder Scharlatan und verantwortungsloser Menschenfänger treffen.

Wenn wir auf dem Weg der Meditation oder dem Weg der Therapie weit genug fortgeschritten sind, dann können wir gar nicht anders als uns für unsere Mitmenschen, unsere Umwelt zu interessieren. An anderer Stelle hieß es „weder bei den Dingen, noch beiden Menschen gibt es ‚Müll'". Eine der Grundannahmen in der Gestalttherapie hatte ich in dem Satz „in jeder Situation tun wir unser Bestmögliches." Wenn wir diese und ähnliche Sätze aus der Gestalttherapie oder dem Zen-Buddhismus erfasst haben und sie zu leben versuchen, entwickelt sich zwangsläufig eine mitfühlende Grundhaltung.

In der christlichen Tradition sind es die Zehn Gebote, die ähnliches verheißen. Leider wird das mystische Verständnis, was diesen Zehn Geboten zugrunde liegt, nicht oder nur kaum gelehrt. Stattdessen werden sie als geeignete Methode, ein schlechtes Gewissen und damit Beherrschbarkeit und Manipulierbarkeit zu erzeugen, missbraucht.

Das mystische Verständnis hingegen sagt: Wenn Du ein gottgefälliges Leben führst, dann kannst Du gar nicht anders als „nicht zu stehlen", „als kein falsches Zeugnis ablegen", als „nicht töten" und all die Verhaltensweisen, die der Dekalog beschreibt, zu realisieren. Warum wird im Religionsunterricht eigentlich nicht diese wunderbare und befreiende Sicht auf den Dekalog gelehrt?

Nochmals Taisen Deshimaru Roshi:

Frage: Was alles umgreift das Bodhisattva- Gelübde? Im täglichen Leben nehmen wir viele Verpflichtungen auf uns, die Konflikte erzeugen und uns jede Freiheit nehmen. Kann das Bodhisattva- Gelübde uns befreien?

Taisen Deshimaru Roshi: Das ist eine Frage, die immer wieder gestellt wird. Wenn Sie heiraten, haben Sie dasselbe Problem. Manchmal bedarf der Mensch einer Regel, einer Moral. Wir sind nicht wie Tiere.

Im Buddhismus und im Zen besteht die Ordination nicht aus einer Verpflichtung. Wenn Sie die Ordination erhalten haben und nicht aufhören, Zazen zu üben, können Sie keine Verfehlungen mehr begehen, selbst wenn Sie dies wollten. Wenn Sie die Ordination empfangen, ändert sich Ihr Karma. Selbst wenn Sie versuchten, das Böse zu tun, Sie hätten keine Lust dazu. Diese Wirkung der Ordination tritt automatisch und natürlich ein.

Es handelt sich um keine Willensentscheidung. Ich glaube nicht, dass es im Christentum genauso ist, aber ich meine, dass eine wirkliche religiöse Ordination kein Verbot beinhaltet.

Sie können automatisch nichts Böses mehr tun, und wenn Sie es tun, nimmt der Wunsch danach schnell ab. Über das körperliche Verhalten nehmen die Leidenschaften unbewusst ab. Sie brauchen sich keine Gedanken zu machen. Das ist die wahre Freiheit. Unbewusst, natürlich, automatisch können Sie der kosmischen Ordnung folgen.

Während der Ordination sage ich niemals: „Sie müssen dies tun, jenes hingegen nicht." Ich gebe die Ordination, und wenn Sie die Ordination empfangen, ändert Ihr Karma sich automatisch. Die Zen-Ordination ist keineswegs eine Verpflichtung. Natürlich sollen Sie nicht töten, stehlen, die Sexualität missbrauchen oder lügen. Es ist schwierig, nicht zu lügen, und eine Mücke nicht zu töten, ist eben-

falls schwierig! Sie sollen weder sich selbst bewundern noch andere kritisieren ...
Im Buddhismus gibt es zehn Gebote (keine Verbote). Buddha sagte aber: „Wenn
Ihr Zazen übt, erfüllt Ihr das höchste Gebot; hierdurch entfallen alle anderen
Gebote." Wenn Sie Zazen üben, ändert sich Ihr Karma und alles wird besser.
Wer schlechte Neigungen hat, geht wieder fort. Die aber, welche fortfahren, Za-
zen zu üben, sind vortrefflich. Wenn sie irren, gestehen sie sich das ein oder gehen
fort und geben Zazen auf.[287]

Noch mal zurück zu unserer Spezies: Was ist zu tun, durch sitzen und meditie-
ren lässt sich die Welt nicht retten weder ökologisch noch was die inszenierten
Feindschaften von Völkern und auch Religionen angeht. Empfehlen sie sich po-
litisch zu engagieren, empfehlen sie bei sich selbst anzufangen, den Weg des Zen
zu gehen, den Weg des Mystikers zu gehen und glauben dadurch könnte die gro-
ße Katastrophe noch mal aufgehalten werden oder was ist ihre Botschaft?
Ich versuche Menschen dazu zu bringen, aus der Egozentrik herauszuschauen –
wenn uns das gelingt, dann werden wir uns gegenseitig anders benehmen, dann
werden wir uns nicht mehr bekriegen, wir werden versuchen, Kompromisse zu
finden. Aber das geht nicht über ein „Du sollst", „Du musst", „Du darfst nicht",
das hat uns, selbst in der Religion, keinen Schritt weiter gebracht, sondern es geht
nur dadurch, dass wir in eine neue Ebene der Erfahrung kommen, aus der per-
sonalen Eingrenzung herausschauen und erkennen, erfahren , dass wir Eins
sind, und uns keiner mehr zu sagen braucht, „Du musst deinen Nächsten lieben
wie dich selbst", wo wir gar nicht mehr anders können, weil das Leid des ande-
ren mein Leid ist. Weil ich mir helfe, wenn ich dem anderen helfe. Das ist ein ge-
waltiger Schritt in die Erfahrung hinein, das ist für mich ein Schritt in die näch-
ste Ebene der Evolution für die Menschen.
Wir haben uns von einem prähomonoiden Vorbewusstsein in das magische ent-
wickelt, vom magischen in das mythische, vom mythischen ins rationale Be-
wusstsein – warum sollte denn die Entfaltung des Menschen hier stehen bleiben?
Wir werden uns weiter entfalten oder wir werden über den Rand fallen, der al-
les verschluckt, was sich nicht evolutionsgerecht verhalten hat.[288]

Als Therapeut sollte ich aber auch nicht jede einzelne Therapie überfrachten. Wer
ein Loch im Pullover hat, braucht weder Begleitung bei der Sinnsuche noch eine Familientherapie, sondern einen neuen Pullover; das Paar, welches mit Ehestreitereien
zu mir kommt, ist bestimmt nicht daran interessiert zu erfahren, dass sie auf einer
existenziellen Ebene mit allem eins sind, dass zwischen ihrem (Konsum-)Verhalten
und der Ausbeutung der so genannten Dritten Welt ein direkter Zusammenhang besteht. Hier dürfen wir nicht missionarisch werden oder wirken. Gleichwohl halte ich
es für wichtig, dass meine Klienten mein Welt- und Menschenbild genau kennen,
wissen „wo ich herkomme".

Im Buddhismus sprechen wir von den „Silas"; die Gebote bekommt der Schüler, wenn der Meister ihn reif genug dafür hält, diese auch einzuhalten. Interessanterweise muss der Schüler danach fragen, er bekommt sie nicht automatisch. Auf diesem Weg ist das Gefühl der Verpflichtung zur Einhaltung dieser Leitlinien natürlich bedeutend größer. Man stelle sich diese Vorgehensweise für die Vermittlung der Zehn Gebote vor!

Hier die ersten fünf Silas – später bekommt der Schüler weitere, die aber letztlich eine Ausdifferenzierung dieser fünf Gebote sind. Diese Gebote werden eher als Gelöbnisse, denn als Gebote aufgefasst. Das bedeutet, es sagt mir niemand was ich tun und was lassen soll, sondern ich gelobe, mich darin zu schulen dieses zu tun und jenes zu lassen.

Erstes Gelöbnis

Des Leidens bewusst, das durch die Zerstörung von Leben entsteht, will ich mitfühlende Zuwendung üben und Wege finden, um das Leben von Menschen, Tieren und Pflanzen zu bewahren. Ich bin entschlossen nicht zu töten, andere nicht töten zu lassen und den Akt des Tötens nicht herunterzuspielen – weder in meinem Denken noch in meinem Handeln.

Zweites Gelöbnis

Des Leidens bewusst, das durch Ausbeutung, soziale Ungerechtigkeit, Diebstahl und Unterdrückung verursacht wird, bin ich zur Entwicklung von liebender Güte entschlossen und möchte Wege finden, dem Wohlergehen von Menschen, Tieren und Pflanzen zu dienen. Ich möchte Großzügigkeit praktizieren, indem ich meine Zeit, Energie und materiellen Mittel mit denen teile, die es brauchen. Ich gelobe nicht zu stehlen. Ich werde den Besitz anderer achten und wenn immer möglich, andere davon abhalten, sich am menschlichen Leiden oder dem Leiden anderer Lebewesen zu bereichern.

Drittes Gelöbnis

Des Leidens bewusst, das durch sexuelles Fehlverhalten verursacht wird, bin ich zur Entwicklung von Verantwortungsgefühl entschlossen und möchte Wege finden, die Sicherheit und Unversehrtheit von Individuen, Paaren, Familien und der Gesellschaft zu schützen. Ohne Liebe und eine langfristige Absicht will ich mich nicht in eine sexuelle Beziehung begeben. Ich bin zur Achtung gegenüber meinen Versprechen und denen der anderen entschlossen, um mein Glück und das der anderen zu erhalten. Alles in meiner Macht Stehende will ich tun, um Kinder vor sexuellem Missbrauch zu schützen und um zu verhindern, dass Paare und Familien durch sexuelles Fehlverhalten auseinanderbrechen.

Viertes Gelöbnis

Des Leidens bewusst, das durch unachtsame Rede und die Unfähigkeit, anderen zuzuhören verursacht wird, bin ich zur Entwicklung von einfühlsamer Rede und tief mitfühlendem Zuhören entschlossen. Damit will ich meinen Mitmenschen Freude bereiten und ihr Leiden lindern. Wissend, dass Worte Glück, aber auch Leiden verursachen können, will ich mich bemühen, im Einklang mit der Wahrheit zu sprechen und Worte zu gebrauchen, die Selbstvertrauen, Freude und Hoffung wecken. Ich werde keine Informationen verbreiten, für deren Richtigkeit ich mich nicht verbürgen kann und nicht Dinge kritisieren und verurteilen, deren ich mir nicht sicher bin. Ich werde Äußerungen unterlassen, die Uneinigkeit oder Spaltung verursachen und die Familien oder die Gemeinschaft auseinander bringen könnten. Ich will alles daran setzen, jeden Konflikt zu schlichten und zu lösen.

Fünftes Gelöbnis

Des Leidens bewusst, das durch unachtsamen Konsum verursacht wird, bin ich entschlossen, auf körperliche und geistige Gesundheit meiner selbst, meiner Familie und meiner Gesellschaft zu achten, indem ich mich in achtsamem Essen, Trinken und Konsumieren übe. Ich will nur Dinge zu mir nehmen, die Friede, Wohlergehen und Freude in meinem Körper und Bewusstsein fördern. Ich bin entschlossen, keinen Alkohol und andere Mittel einzunehmen, die meine Praxis behindern, wie z. B. bestimmte Fernsehsendungen, Zeitschriften, Filme und Unterhaltungen. Ich will an der Umwandlung von Gewaltsamkeit, Furcht, Wut und Verwirrung in mir selbst und in der Gesellschaft arbeiten, indem ich ein maßvolles Leben führe zum Wohle aller. Ich erkenne, dass dies für die Transformation der eigenen Person und der Gesellschaft entscheidend ist.

Auch hier gilt das, was oben für den Dekalog gesagt wurde: Im Rahmen des spirituellen Wachstumprozesses erreicht der Suchende ein Stadium, in dem er gar nicht anders kann, als diesen Leitlinien gemäß zu leben. Ich bin der festen Überzeugung, dass auch der therapeutische Prozess zu einer Grundhaltung führt – führen muss – in der ich mich „automatisch" für meine Mitmenschen, für meine Umwelt interessiere und engagiere.

Der Satz „Liebe den Nächsten wie Dich selbst" verheißt am Anfang einer Therapie oft nichts Gutcs – weder für mich noch für meinen Nächsten; am Ende einer Therapie sollte aber tatsächlich eine solidarische Annahme und Begleitung für mich selber und in der Folge auch für meinen Nächsten „herausspringen".

Es gibt eine Zen-Geschichte von einem Schüler, der sich ganz besonders bemühte, die buddhistischen Regeln einzuhalten. Eines Nachts trat er jedoch im Dunkeln auf etwas, das beim Platzen ein schmatzendes Geräusch von sich gab, und er glaubte, auf einen laichtragenden Frosch getreten zu sein. Sofort wurde er von Angst und Bedauern erfüllt, denn die Regeln verlangen ja, dass man nicht töten soll. Als er sich an jenem Abend schlafen legte, träumte er von Hunderten von Fröschen, die nun sein Leben für das des toten Frosches forderten.

Als der Morgen graute, kehrte er an den Ort des Geschehens zurück und sah, dass

316

er auf eine überreife Aubergine getreten war. Mit einem Mal war seine Verwirrung verschwunden.

Der Geschichte zufolge wusste er von Stund an, wie er Zen zu üben und die Regeln zu befolgen hatte.

Wie viele ernsthafte Buddhisten hatte dieser Schüler die Regeln fälschlicherweise für eine Art Lehrwerk oder Verhaltenskodex gehalten. Da er seine Ausbildung für beendet erachtet hatte und glaubte, die Regeln einhalten zu können, brachte er sich und andere in allerlei Schwierigkeiten. Er konnte zwar stundenlang über die Regeln sprechen, doch als er in jener Nacht auf etwas Glitschiges trat, brachte ihm sein Verständnis der Regeln kein bisschen Seelenfrieden und kein bisschen Stabilität. Im Gegenteil: Er quälte sich sogar unnötig mit Schuldgefühlen.

Der Fehler dieses Schülers lag darin, dass er zu wissen glaubte, was er eigentlich nicht wissen konnte. Er glaubte, auf einen Frosch getreten zu sein und ihn getötet zu haben, doch das war nicht der Fall. Er glaubte auch, die Regeln zu verstehen, lag aber auch in diesem Punkt falsch. Statt ehrlich zuzugeben, dass er keine Ahnung hatte, und sich dieser Unwissenheit zu stellen, dachte er in beiden Fällen, er wüsste Bescheid.

Weil er lediglich ein intellektuelles Verständnis von der Regel gegen das Töten hatte, stürzte er sich in tiefe Qualen. Er vergaß völlig, dass er in Wirklichkeit nicht wusste, worauf er getreten war, und statt mit dieser Ungewissheit zu leben, zimmerte er sich eine Erklärung für das Geschehen zurecht, glaubte daran und machte sich so selbst das Leben schwer.

Diese Geschichte erinnert uns daran, dass wir die Regeln, solange wir sie als rein theoretisches Konzept in uns tragen, nicht verstanden haben, denn sie lassen sich weder fassen noch in Konzepte verpacken.

Wenn wir die buddhistischen Regeln einhalten wollen, müssen wir einfach hier sein und unmittelbar am aktuellen Geschehen teilnehmen und dürfen uns nicht in Gedanken oder Spekulationen verlieren. Wir müssen sehen, was in diesem Augenblick geschieht – einschließlich dessen, was sich in unserem eigenen Kopf abspielt.

Wenn wir keine Ahnung haben, was gerade geschieht – wenn wir zum Beispiel in der Dunkelheit auf etwas treten –, dann müssen wir uns dieser Unwissenheit ganz und gar bewusst sein. Das ist der tiefere Hintergrund dieser Geschichte – zu wissen, wann man nicht weiß.

Der Zen-Meister Baker Roshi bietet ein einfaches Experiment an, mit dem ich sehr gut mein Gefühl mit allen Menschen verbunden zu sein – oder auch nicht – erfahren kann:

Wenden Sie sich einen Moment bewusst den anderen Menschen zu, die sich mit ihnen im gleichen Raum befinden.
Werden Sie sich dabei bewusst, wer Sie (hier) sind und wer die anderen (dort) sind.
Machen Sie sich bewusst, dass und wie wir voneinander getrennt sind.

*Nun werden Sie sich bewusst, dass der zwischen uns liegende Raum uns nicht
trennt, sondern verbindet. Wir teilen den gleichen Raum und die gleiche Luft
und sind auf vor- und unbewusste Weise vielfältig miteinander verbunden.
Wie verändert sich Ihre Selbst- und Fremdwahrnehmung und damit verbunden
Ihre innere emotionale und leibliche Gestimmtheit, wenn Sie zwischen diesen
beiden Vorstellungen hin und her pendeln?*

Perls sah in der Autonomie den Haupt- und Endzweck aller Entwicklung der Persönlichkeit; er ordnete dieses Ziel auch der Entwicklung der Dialogfähigkeit unter.
„Reifung ist die Entwicklung von der Unterstützung durch die Umwelt zur Selbstunterstützung" lautete eine seiner Maxime. Doch bereits seine Frau Laura Perls ging
hier nicht mit ihm einig:

> *„Fritz griff auf das zurück, was ihm leicht fiel. Er war im Theater, er war ein Regisseur ... Das sehr Problematische an seinem Vorgehen war, dass er nicht an der
> Person als solcher interessiert war, sondern daran, was er mit ihr bewirken konnte. ... Fritz war fabelhaft in der Therapie, aber er konnte keinen Dialog führen."[289]*

Bei all seiner Brillanz in Kontakt und Begegnung war Perls zu Beziehung und Bindung offensichtlich geradezu unfähig.

Beziehung und Dialog sind zentrale Momente der Gestalttherapie. Um es in einem Bild auszudrücken: niemand in der Beziehung zwischen Klient und Therapeut
darf sich recken oder bücken müssen.

> *„Was Laura Perls besonders beklagte, war, dass gerade dieser Aspekt in der Gestalttherapie am berühmtesten geworden ist, so dass Fritz Perls in den letzten
> Jahren seines Lebens fälschlicherweise von vielen als repräsentativ für die Gestalttherapie insgesamt angesehen wurde. ... letzten Endes war das Ich – und –
> Du für ihn ein Mittel zum Zweck der Autonomie und nicht ein Wert an sich, da
> die Autonomie für ihn das Endziel war. De facto waren sowohl seine Persönlichkeit als auch seine Methoden im höchsten Grade autoritär."[290]*

> *„‚Ich finde es fast unmöglich, darüber zu sprechen, wie ich Therapie betreibe, da
> ich bei jedem einzelnen so verschieden verfahre. Gestalttherapie ist keine Technik, sondern eine Einstellung.' Was für sie – Laura Perls – zählte, war nicht
> Technik, sondern Stil. Es war ihr nicht wichtig, wie sie therapierte, sondern wie
> sie mit Menschen zusammen war: ‚Es ist viel wichtiger, wie du bist, als was du
> tust.'"[291]*

Es ist das Hauptmanko der Gestalttherapie das Figur-Grund-Prinzip nicht auch auf
die Bedeutung des Dialoges, des Kontaktes übertragen zu haben. Hier möchte ich auf

Martin Buber verweisen: Er betont, dass die Grundlage der menschlichen Existenz eine dialogische ist. Erst im Kontakt mit anderen werden Individuen zu Individuen. Der humanistischen Psychologie, aus der ja die Gestalttherapie u.a. kommt, wirft Buber vor, dass sie den Menschen individualisiere, nicht aber humanisiere. Es ist in diesem Zusammenhang sehr interessant, das der Arbeitsstil und das Menschenbild von Laura Perls, die ja sehr von Martin Buber beeinflusst worden ist, viel wärmer und mitmenschlicher sind als der oft ruppige Ton von Fritz Perls.

Das bekannte Axiom von Buber „Der Mensch wird erst am Du zum Ich" kann als Figur-Grundaussage gesehen werden. Perls interessierte sich – wenn überhaupt – nur insofern für die Therapeut/ Klientbeziehung, als sie Persönlichkeits- und Kontaktstörungen des Klienten mikrokosmisch widerspiegelt. Für Martin Buber ist der Zweck der Beziehung ihr eigenes Wesen, sie selbst. Die Übertragung der Ich/ Du Beziehung (im Sinne Bubers) auf die therapeutische Beziehung hat jedoch Grenzen: Wirkliche Ich/ Du Beziehungen implizieren das Aufgeben von Zwecken oder Zielen, und dies ist ja in der therapeutischen Beziehung explizit nicht der Fall. Diese Annahme ist auch der Grund dafür, dass wirkliche Ich / Du Momente derart selten und gleichzeitig derart wertvoll sind. Es sind die Sternstunden einer jeden Beziehung, wenn es gelingt, und sei es auch nur für kurze Augenblicke, über Zweck und Ziel hinauszugehen!

Auf ein besonders interessantes Beispiel für den Satz „Der Mensch wird erst am Du zum Ich" bin ich zufällig bei der aztekischen Sprache gestoßen. In dieser Sprache gibt es kein Wort für Vater, Mutter, Bruder, Schwester oder ähnliche Verwandte. Diese Worte gibt es nur im Zusammenhang mit einem Possessivpronomen: mein Vater, deine Schwester, sein Bruder etc.; also nur in der Beschreibung der jeweiligen Beziehung gibt es überhaupt erst das jeweilige Wort. Wenn nur das Wort „Vater" gebraucht wird, heißt es „jemandes Vater".[292]

Darum ist es mir auch immer wieder wichtig, meinen Klienten den Unterschied zwischen „Dialog" und „Diskussion" klar zu machen. Ich möchte keine Diskussionen führen; ‚diskutieren' kommt von ‚discutere', d. h. ‚zerschlagen, zerlegen, zerteilen'. Alleine das Wort zeigt doch an, was offensichtlich in einer Diskussion geschieht. „Dialog" hingegen kommt von ‚Dialogos' d.h. ‚Zwischen – Gespräch', also ein Gespräch zwischen Menschen, was diese nicht (zer-)teilt, sondern verbindet. Darum ist es wichtig und sinnvoll, immer wieder darauf hinzuweisen, dass die Gestalttherapie eine dialogische Form der Psychotherapie ist!

Verweilen wir noch ein wenig bei den unterschiedlichen Formen der therapeutischen Arbeit – insbesondere unter dem Blickwinkel der Beziehung zwischen Therapeut und Klient; egal, ob wir sie nun die ‚große' und die ‚kleine' die ‚spirituelle' und die ‚normale' oder wie auch immer nennen wollen – wobei ich mit keiner dieser Bezeichnungen zufrieden bin. Aus der vergleichenden Therapieforschung wissen wir inzwischen, dass für ein Gelingen der therapeutischen Arbeit nicht unbedingt die Unterschiedlichkeit der verschieden Schulen ausschlaggebend ist, sondern die Beziehung zwischen den Klienten, Patienten, neuerdings auch gerne ‚Kunde' genannt.

Gleichwohl gibt es Therapieverfahren, bei denen die Beziehung mal mehr, mal weniger wichtig ist. So ist die Beziehung zwischen Klient und Therapeut in der Verhaltenstherapie oder auch in der Systemischen Therapie sicherlich nicht gleichbedeutend mit der Beziehung zwischen Klient und Therapeut in der Psychoanalyse oder der Gestalttherapie. Am einen Ende des Kontinuums stellt ein letztlich auswechselbarer Fachmann seine Kompetenzen, am anderen Ende stellt jemand sich selbst zur Verfügung. Es ist dann in der Folge auch logisch und einsichtig, dass am einen Ende eher technische Fragen im Vordergrund stehen, wie z. B. ein Verhaltensplan, eine Belohnungsstrategie zur Verhaltensmodifikation; Fragen auf der transzendenten Ebene tauchen wohl eher nicht auf.

Aus der Tatsache, dass sich gerade die Gestalttherapie besonders dem dialogischen Prinzip verpflichtet fühlt, können wir ableiten, dass Fragen, die die Zwischenmenschlichkeit überschreiten, die über das, was naturwissenschaftlich fassbar ist hinausgehen, ihren Raum haben und haben sollen. Es soll sich eine Dimension öffnen, die als „intersubjektiv", als „transzendent" oder „initianisch" bezeichnet werden kann.

Die therapeutische Arbeit auf dem einen, eher sachlich nüchternden Pol soll hier nicht klein geredet werden. Im Gegenteil:

Dieses „Weniger" kann eine Voraussetzung dafür sein, dass sich Menschen überhaupt auf den Weg zu innerer Befreiung machen. Durch ihre religiöse Ungebundenheit finden auch Menschen in psychotherapeutische Behandlung, die kein religiöses oder spirituelles Ziel verfolgen. Sie wollen von persönlichen Schwierigkeiten und inneren Konflikten entlastet werden oder suchen wegen Angstzuständen, Zwängen, depressiver Verstimmungen oder Suchtproblemen Hilfe. Bei diesem „Machen" hat der Therapeut die Regeln der Kunst so anzuwenden, dass er immer noch um einen Ausweg weiß. Hilft das eine Mittel nicht, so ist ein anderes einzusetzen usw. Auf keinen Fall darf aber therapeutische Ohnmacht eintreten. Das wäre gleichbedeutend mit einem Therapieversagen. Bei einem eher sachlich nüchternden, mechanistischen Denken wäre das Eingestehen von Hilflosigkeit höchstens zu vertreten, wenn damit aufgrund einer psychologischen Gesetzmäßigkeit Selbstheilungstendenzen des Klienten reaktiviert werden könnten.

Anders sollte die Einstellung, sollten die Überzeugungen in der Gestalttherapie sein: Spirituell orientierten Therapeuten geht es aber um etwas völlig anderes. Der Klient ist nicht der zu Behandelnde, zu Betreuende, kurz ein Objekt der Fachkompetenz des Therapeuten. Vielmehr besteht unsere Aufgabe darin, dem leidenden Menschen als letztlich unverfügbare und unantastbare Person gerecht zu werden, den heilen Kern der Persönlichkeit anzusprechen. Das soll zwar nicht ohne Fachkompetenz geschehen. Aber das überlegene Fachwissen des Therapeuten soll auch nicht dazu verführen, den Patienten in eine unterlegene Rolle zu drängen, die seine eigenständige Entfaltung behindert.

Martin Buber, der Autor von „Ich und Du" und führender Vertreter eines dialogischen Therapieverständnisses, ist dezidiert der Auffassung: „Es ist eine Vermessenheit, dem Anderen helfen zu wollen, ohne in die Gegenseitigkeit einzutreten. Jede Einwirkung auf ihn ohne diese ist Magie."

Auf der einen Seite des therapeutischen Kontinuums sollte es kein „ich weiß nicht mehr weiter" keine „therapeutische Verzweiflung" geben. Dass therapeutische Verzweiflung bzw.; „das Hilfloswerden mit den Hilflosen" unter Umständen Voraussetzung für einen Behandlungsdurchbruch sein kann, ist so lange unverständlich, wie Therapie mit einem „Machen" gleichgesetzt wird.

Das Zulassen „therapeutischer Verzweiflung" darf deshalb nicht im Rahmen einer therapeutischen Technik verstanden werden. In der Gestalttherapie sprechen wir von der Phase der Blockierung oder vom „Impasse". Diese ist eine sehr wesentliche, sehr wichtige Phase im therapeutischen Prozess: Sie steht immer wieder neu vor jedem Durchbruch, den sie so lange blockiert, bis die eigenen Ressourcen für den nächsten Schritt ausreichen. Insofern ist dieses Feststecken, diese Blockierung, diese therapeutische Verzweiflung ein wichtiger Motor des therapeutischen Prozesses. Er darf kein Gag oder Trick sein. Er schließt die Ohnmacht des Patienten auch nicht weg. Er zeigt an, dass der Therapeut dem Hilfesuchenden nicht nur als Experte, sondern auch als teilnehmender Mitmensch begegnet. Das therapeutische Feld beschränkt sich nach diesem Verständnis nicht nur auf den Klienten. Auch der (Gestalt-) Therapeut ist Teil davon.

Der Philosoph Emmanuel Lévinas – wie Buber in der jüdischen Tradition verwurzelt – geht noch einen Schritt weiter, und zwar sowohl im Bereich des persönlichen als auch im Bereich des gesellschaftlichen. Lévinas will seinen extremen Humanismus im Gegensatz zu Martin Buber nicht auf eine reziproke Ich-Du-Beziehug begründen. Sprechen heißt für ihn automatisch zu jemanden sprechen. Zu jemanden sprechen heißt aber nicht, dass der Angesprochene in ein (Be-) Deutungssystem eingeführt wird. Es bedeutet vielmehr, ihn als unbekannt anzuerkennen und als Fremden aufzunehmen, ohne ihn zu nötigen, seine Andersartigkeit aufzugeben. Das wichtigste und neue bei Lévinas ist jedoch die Tatsache, dass er die erste Person („Ich") über den Anderen einführt.

Ich bin der Antwortende, der Angefragte, das erst macht mein Ichsein aus.

„Ich bin moralische Person als Antwort gebende Person. „Wer ist mit ‚der Andere' als dritter Person eigentlich gemeint? Wer ist der anders bleibende Andere? Es finden sich zwei Antworten: In dem ‚Du' des mir begegnenden Anderen erscheinen ‚alle anderen', was Lévinas mit ‚der Dritte' bezeichnet. Indem ich ‚dir' Gerechtigkeit widerfahren lasse, lasse ich allen Menschen Gerechtigkeit widerfahren. Aber es sind nicht ‚die Anderen', die mich zur Verantwortung ‚dir' gegenüber verpflichten. Sie erscheinen nur mit der dualen Beziehung von ‚mir' zu ‚dir'. So bleibt, dass der anders bleibende Andere eine 3. Person im Singular ist."[293]

Das alles ist ein wenig kompliziert, man muss es mehrfach lesen, aber es ist sehr lehrreich und lohnend sich mit dem Denken Lévinas' näher zu befassen. Dabei ist diese zitierte Stelle noch eine aus der Sekundärliteratur! Ein Artikel, den ich über ihn gelesen habe, war mit dem Titel „Bitte nach Ihnen" überschrieben. Dieser Titel fasst seine Persönlichkeit, aber auch sein Denken zusammen. Um es gestalttherapeutisch zu formulieren: „bitte nach Ihnen" bedeutet eine Umkehrung von Figur und Grund, d.h., die Figur der Antwort muss der Figur der Frage weichen!

Lévinas war ein zutiefst höflicher und bescheidener Mensch; der Andere hat immer den Vortritt, er ist vor mir, ich bin „nur" der Antwortende. Die Philosophie Lévinas' ist eine Philosophie der Freiheit, die geprägt ist durch ein tiefes Misstrauen gegen jede Form integrativer oder auch kriegerischer Gewalt, aber auch gegen die latente Gewalttätigkeit einer Autonomie, die taub ist für den Anspruch des Anderen.

Das „Ich bin Ich" des Gestaltgebetes in seiner ersten Form hätte wahrscheinlich bei Lévinas höchsten Widerstand hervorgerufen.

Zur Erinnerung: Autonomie, Gleichheit und Selbstverwirklichung stehen im humanistisch aufgeklärten Europa hoch im Kurs. Diesem Denken gemäß ist der Andere ein Gegenüber, ein Phänomen, eine Art Spiegel, mit Hilfe dessen der Einzelne, das Selbst, sich erkennt und zu sich findet. Diese Vorstellung, dieses Konzept traditioneller Philosophie.

Der Andere steht zu mir in Beziehung; er fordert mich heraus. In der Philosophie Lévinas muss daher konsequenterweise das Gebot ‚Du sollst – mich – nicht töten' heißen: ‚Du sollst mich in meinem Sterben nicht alleine lassen.'

Diese Umkehrung bezogen auf, um es in der Sprache Lévinas zu sagen, den Anrufenden und den Angerufenen ist in der Gestalttherapie grundgelegt, leider jedoch nicht immer explizit deutlich gemacht. Sie ist auch eine wichtige Aussage im Buddhismus. In seinem Vortrag „Ein erhobener Finger von Meister Gutei – Mit Heidegger unterwegs zum Zen" beginnt Yohiko Oshima mit einer Beschreibung dieser Umkehrung:

> *„Guten Abend, meine sehr verehrten Damen und Herren!*
> *Zen müsste mit Recht darauf bestehen, keinen Unterschied zwischen dem Sprechenden und dem Hörenden zuzulassen. Von unserem gewöhnlichen Verständnis her gesehen, scheint diese Behauptung zunächst lächerlich und sogar widersprüchlich zu sein. Denn man sagt: Ich spreche hier hinter dem Redner-pult, und Sie hören dort im großen Hör-saal. Dies gilt wohl für unser gewöhnliches Verständnis. Aber Zen würde den Sachverhalt anders sehen, ja geradezu umkehren: Ich höre, während ich dem entspreche, was sich mir zuspricht, und Sie sprechen, indem auch Sie dem entsprechen, was sich Ihnen zuspricht. Wollen wir also gemeinsam die Sprache sprechen lassen und sie hören ..."*[294]

Auch der an anderer Stelle zitierte Koshi Uchiyama („Besser ist es, euer Zen wird von euren Kindern / eurer Umwelt als durch euren Meister anerkannt") betont so die „Sozialpflicht", die Verantwortung für alle Wesen in der Zen-Praxis.

Der – praktizierende – Buddhist weiß sich eins mit allen Lebewesen und fühlt daher mit ihnen mit. Daher auch das buddhistische Gelübde, alle fühlenden Wesen zu retten. Und ebenfalls daraus folgt die doppelte ethische Aufgabe: Zum einen nicht auf irgendeine Rettung von außen zu warten, zum anderen mitverantwortlich zu sein für das Wohl der anderen:

> *„Der Unterschied zwischen dem, der nach einem Retter Ausschau hält und dem, der es sich selbst gelobt, muss dem Unterschied entsprechen zwischen dem, der die Trennung zwischen dem Ich und dem anderen aufrecht erhält, und dem, der spürt, dass er die Trennung aufgeben kann. Der Sinn des Gelübdes, alle fühlenden Wesen zu retten, kann nur in dem Empfinden liegen, dass zwischen allen fühlenden Wesen und dem eigenen Ich keine wirkliche Grenze besteht."*[295]

Hier, im Verhältnis zur Umwelt und ihrer Kreaturen besteht ein wesentlicher Unterschied zwischen der Auffassung der buddhistischen Tradition und der durch das christliche Weltbild geprägten westlichen Auffassung: Auf der einen Seite die buddhistische Sicht, für die es keinerlei Begründung eines – hierarchischen – Unterschiedes zwischen Mensch und anderer Kreatur gibt, auf der anderen Seite der Mensch als das Ende aller Kreatur mit seinem Auftrag sich die Erde untertan zu machen;[296]

> *„... in der neueren abendländischen Theologie ist der Gedanke der Solidarität der Kreaturen untereinander hinsichtlich ihres gemeinsamen Beschaffenseins durch Gott, dem sie Wesen, Leben und Gestalt verdanken, fast ganz hinter dem Gedanken der Sonderstellung des Menschen ... zurückgetreten."*[297]

An anderer Stelle fährt E. Benz zum gleichen Thema fort:

> *„Dies ist der Punkt, an dem sich die christliche Anthropologie und Kosmologie am schärfsten von dem Menschenbild und kosmischen Weltbild der nichtchristlichen Religionen unterscheidet. Vor allem für den Buddhisten ist ein solcher Auftrag Gottes an den Menschen, alle Geschöpfe unter ihm sich untertan zu machen, völlig unannehmbar, ja erscheint ihm als Sünde schlechthin. Dies Vorstellung verletzt ja seine tiefste Überzeugung, dass das Ziel des Menschen in seinem Verhältnis zur Welt nicht die Herrschaft, sondern die Identifikation mit ihr, die Erfahrung der Einheit mit dem Universum ist."*[298]

Ich glaube, dass hier ein wesentlicher Punkt beschrieben ist, der deutlich macht, dass Gestalttherapie und Zenbuddhismus nicht einander ersetzen können!

In diesem Zusammenhang muss auch über Verantwortung des Therapeuten gesprochen werden; ein wichtiges und zugleich sehr schwieriges Kapitel!

An anderer Stelle habe ich geschrieben, dass Verantwortung für jemand anderen übernehmen, eine Form der Verachtung ist. Dies ist in mancherlei Hinsicht richtig.

Richtig ist aber auch, dass ich als Mitmensch – insbesondere als Buddhist, vielleicht auch als Christ – für die Welt und alles in ihr verantwortlich bin. Zwischen diesen beiden zunächst noch recht abstrakten Polen ist eine jeweils angemessene Antwort zu suchen.

Ich bin verantwortlich für das, was ich tue und für das, was ich nicht tue; diese Verantwortung kann mir keiner nehmen. Dieser Satz stimmt, stimmt für den gesunden Menschen. Die Frage ist: Kann ich ihn auch auf den neurotischen oder sogar psychotischen Menschen anwenden? Perls war da wohl etwas zu radikal. Ich bin der Überzeugung, dass es Menschen gibt, die aufgrund ihrer Persönlichkeitsstruktur oder Persönlichkeitsstörung nicht in der Lage sind, diese Verantwortung auch wahrzunehmen, zu erfüllen. Ein Schritt in der Therapie besteht dann darin, für dieses ‚Nicht-Verantwortung-übernehmen-wollen / oder -können' Verantwortung zu übernehmen.

D. h. aus „ich kann nicht" wird „ich will nicht". Was immer ich tue – oder unterlasse -, alles hat Konsequenzen. Verantwortung wahrnehmen und übernehmen heißt, in Kenntnis dieser Folgen zu handeln.

Ein Lehrer ist für das, was die Schüler lernen/oder auch nicht, verantwortlich, natürlich setzen z.B. die Intelligenz oder die Aufnahmekapazität Grenzen, das ändert aber nichts an dieser Verantwortung.

Ich möchte ein Beispiel der Verantwortlichkeit des Lehrers nennen: Im Capoeira, dem brasilianischen Kampftanz, gibt es eine Vielzahl sowohl von Angriffs- als auch von Verteidigungsbewegungen. Einer meiner Lehrer – Indio – lehrt, wenn neue Schüler zu ihm kommen zunächst – fast ein Jahr lang – nur Abwehrbewegungen. Viel später, wenn er den Charakter des Schülers kennt, lehrt er die Möglichkeiten des Angriffs; dies ist Verantwortung!

Genauso bin ich als Therapeut nicht nur für mein Handeln, sondern auch für dessen Folgen verantwortlich. Ich halte es für falsch, hier Handlung und Folgen der Handlung zu trennen. In den letzten Jahren ist es – Gott sei Dank – in zunehmendem Maße gelungen, Ärzte für die Folgen von Kunstfehlern zur Verantwortung zu ziehen – und dies ist gut so. Ich bin nachhaltig der Meinung, dass dies auch auf den Bereich der Psychotherapie übertragbar ist. Kunstfehler in der Therapie geschehen auch. Sie haben oft ähnlich schwierige Folgen wie ärztliche Kunstfehler. Es ist z.B. ein psychotherapeutischer Kunstfehler, wenn ich als Therapeut das Ausmaß der Ressourcen der psychohygienischen Selbstheilung überschätze und es aufgrund dieser Fehleinschätzung zu depressiven – oder auch aggressiven – Überreaktionen kommt; ich bin der Meinung, dass ich dann als Therapeut für diese Überreaktionen verantwortlich bin.

Wenn ich mein Auto reparieren lasse und es kommt zu einem Unfall, weil die Bremsen aufgrund falscher Reparatur versagt haben, ist die Werkstatt schuld und ich sollte sie in Regress nehmen. Und die Werkstatt kann sich nicht darauf hinausreden, dass ich ja eigenverantwortlich in das Auto gestiegen sei, eigenverantwortlich gefahren sei ... etc. Es ist Aufgabe – und Kompetenz – der Werkstatt, das Auto verantwortungsvoll zu reparieren. Als Autoreparaturlaie vertraue ich auf die – für mich nur sehr schwer überprüfbare – Fachkompetenz der Werkstatt.

Auf den Bereich der Therapie übertragen heißt das: Der Klient vertraut auf die Fachkompetenz des Therapeuten; er kann diese nur in den seltensten Fällen vorher überprüfen. Hier ist dann der zentrale Punkt der Verantwortung: Als Therapeut bin ich für meine Kompetenz – und vor allem deren Grenzen – verantwortlich!

Um auf das obige Beispiel zurückzukommen: Ich verlange von der Autowerkstatt, dass sie mir mitteilt, wenn diese Reparatur meines Autos ihre Kompetenz übersteigt; sei es, dass sie diesen Fahrzeugtyp nicht ausreichend kennt, nicht entsprechend ausgerüstet ist oder warum auch immer. Sie kann entweder meinen Arbeitsauftrag annehmen und dann sorgfältig und verantwortlich ausführen oder ihn ablehnen; was *nicht* geht ist, den Auftrag anzunehmen und dann zu „kurpfuschen"!

Hier liegt die Verantwortung des Therapeuten; hier ist auch die an anderer Stelle ausführlich diskutierte Frage des Wissens, der Aneignung des Wissens in einem besonderen Licht zu sehen; Wissen ist wichtig, da nur aufgrund von Wissen eigene Grenzen gesehen werden können: „Die Arbeit mit diesem Klienten übersteigt meine fachliche oder auch emotionale Kompetenz."

Die Befähigung, diesen Satz zu sagen – und sich gleichwohl dafür nicht schlecht zu machen – sollte Bestandteil jeder Therapieausbildung sein! „Ich bin nicht perfekt und ich kann Dir Deine Enttäuschung lassen."

Dies ist sehr schwer, es heißt ja nicht nur zugeben und mitteilen, dass meine Kenntnisse, meine Fähigkeiten begrenzt sind, sondern auch, dass ich die Enttäuschung und die daraus eventuell resultierende Ärgerlichkeit, Ablehnung oder den Zweifel „so stehen lassen" kann, d. h. ohne Deutungen, Erklärungen oder Rechtfertigungen, die Reaktionen so lassen kann, wie sie sind. Jede Intervention, deren Inhalt ich erklären muss, damit der Klient sie mir „abkauft" („Das ist jetzt sinnvoll, weil ..."), ist hier fehl am Platze.

Ich habe den Eindruck, dass manchmal die Maxime ‚jeder ist für sich selber verantwortlich' als Deckmantel für den Mangel an Verantwortungsgefühl oder den Mangel, die Verantwortung wahrzunehmen, herhalten muss.

Ich bin ich und Du bist Du ... heißt nicht, dass ich machen kann, was ich will.

Die Fragen der Verantwortung und der Verantwortlichkeit sind wichtig und schwierig zugleich; ihnen sollten wir uns immer wieder neu stellen. Generelle Antworten gibt es nicht.

Ich erinnere mich an einen Klienten, dessen Frau auch – bei einer Kollegin – in Therapie war (zu einer Paartherapie hat es leider nicht „gereicht"). Dieser Klient erzählte mir, dass seine Frau, seit sie in Therapie sei, nichts mehr von ihm wissen wolle, sich nur zurückziehe und sich „nur noch Selbstverwirklichen" wolle. Er könne mit ihr auch nicht darüber reden, jeden Gesprächsversuch blocke sie ab; vor ihrer Therapie sei dies alles anders gewesen.

Hat ihre Therapeutin Verantwortung für diesen Rückzug der Frau?

Ich erinnere mich an eine – jahrgangsmäßig – recht weit fortgeschrittene Ausbildungsgruppe, in der eine recht kontaktlose Atmosphäre des Aneinandervorbeilebens herrschte.

Bin ich als Ausbilder für dieses Klima verantwortlich?

Ich glaube, vorschnelle Antworten sind wenig sachdienlich, dieses Thema verdient sorgfältiges Überlegen!

Nicht alle Fälle lassen sich so einfach klären, wie z. B. das Problem des Ko-Alkoholikers, der für den Alkoholiker die Verantwortung übernimmt und „alles regelt".

Hier stimmt wohl der obige Satz, d. h. es handelt sich wohl eher um Bevormundung oder gar Verachtung.

Neben diesem Aspekt der (Schein-)Verantwortung sehe ich noch eine moralische / ethische (Mit-)Verantwortung, die mir sehr wichtig erscheint.

Im Zen wird sie durch das erste der großen Gelübde beschrieben: Wie zahlreich auch die Wesen sind, ich gelobe, sie zu retten!

Es ist das, was man im Zen mit dem „Großen Erbarmen" bezeichnet. Natürlich wird keiner von uns jemals alle Wesen erlösen können, aber wir sollten uns schon auf den Weg machen; ich erinnere mich an die Beispiele von der kleinen Taube, die den Waldbrand löschen wollte, oder von dem Spatzen, der den Himmel festhalten wollte.

Wir sollten uns über eine Ethik der Gestalttherapie Gedanken machen, um auch auf diesem Weg einen Beitrag zu einem menschlichen, respektvollen Umgang miteinander zu leisten.

Mitternachtsausflug

Viele Schüler erlernten unter dem Zen-Meister Sengai die Meditation. Einer von ihnen pflegte nachts aufzustehen, über die Tempelmauer zu klettern und in die Stadt auf Vergnügungstour zu gehen.

Sengai stellte eines Nachts, als er die Schlafräume inspizierte, fest, dass dieser Schüler fehlte, und er entdeckte den hohen Schemel, den er zum Überklettern der Mauer benützt hatte. Sengai stellte den Schemel beiseite und stellte sich stattdessen selbst an den Platz. Als der Ausflügler heimkehrte, stellte er seinen Fuß, da er nicht wusste, dass Sengai der Schemel war, auf des Meisters Kopf und sprang zu Boden. Als er entdeckte, was er getan hatte, war er entsetzt.

Sengai sagte: „Es ist sehr kühl am frühen Morgen. Sei vorsichtig, dass du dich nicht erkältest."

Der Schüler ging nachts niemals wieder aus.

Der tibetische Meister Atisha, ein bedeutender Reformer des Buddhismus, lebte etwa 900 n. Chr. Er hatte einen indischen Diener, der sich ihm gegenüber sehr respektlos und verächtlich verhielt. An allem hatte er etwas auszusetzen. Mit seiner unablässigen Nörgelei machte er den anderen Schülern Atishas das Leben schwer. Deshalb sagten sie zu ihrem Meister: „Schick ihn weg, entlasse ihn, er ist für Dich und für uns nur ein Quälgeist!" Athisha antwortete: „Sagt das nicht! Ich bin froh, dass sich dieser Mann als Objekt für meine Geduldsübung zur Verfügung stellt. Wie sollte ich diese Vollkommenheit üben, wenn ich ihn nicht hätte?"

Bis dahin ist noch ein langer Weg. Es ist dabei letztlich egal, ob die Triebfeder nun in der Achtung vor der Buddha-Natur, die jedem Wesen innewohnt, oder in der Auffassung, dass der Mensch ein Abbild Gottes (ein *Imago Deii*) ist, oder ob nun der Satz des Grundgesetzes ‚die Würde des Menschen ist unantastbar' tatsächlich einmal ernst genommen wird.

Die Kalligraphie auf der Vorderseite lautet:

Freundliches Gesicht

Diese Kalligraphie von Kajiura Itsugai Roshi stammt vom Ausspruch: „Ein freundliches Gesicht und eindrückliche Worte" her. Das sind die zwei wesentlichen Dinge in menschlichen Beziehungen. Diese Haltung kann nur aus einer jahrelangen Ausübung von Zazen und Mitgefühl entstehen.

Die umseitige Kalligraphie wurde mit freundlicher Genehmigung des Theseus Verlags entnommen aus: Kogetsu Tani / Eido Tai Shimano, Zen-Wort Zen-Schrift, © Theseus Verlag, Stuttgart / Berlin 1990, S. 7.

UNTERSTÜTZUNG

Eines Tages fiel Joshu in den Schnee und rief um Hilfe. Ein Mönch kam und legte sich – ohne Worte – neben ihn.
Joshu stand auf und ging.

Es war einmal eine Gruppe von Fröschen, die gemeinsam durch einen Wald liefen. Plötzlich fielen zwei von ihnen in eine tiefe Grube, die sie nicht gesehen hatten. Die anderen Frösche konnten einen Sturz in die Grube gerade noch verhindern und versammelten sich nun um das Loch im Boden. Sie blickten zu den beiden Kameraden herab, die tief unten auf dem Boden hockten und versuchten, aus der Grube herauszuspringen.
Als sie sahen, wie tief das Loch war, riefen sie den beiden zu, dass das Springen keinen Sinn hätte – die Grube sei viel zu tief. Sie sollten lieber aufgeben und einfach sterben.
Der eine von den beiden ließ sich durch die Aussicht, schon so gut wie tot zu sein, schnell entmutigen. Er erkannte, keine Chance zu haben und hörte auf zu springen. Schnell starb er.
Die anderen riefen zu dem übrig gebliebenen Frosch, dass er sich doch nicht weiter quälen, sondern sich ebenso wie der andere Frosch zum Sterben bereit machen sollte.
Der andere Frosch aber sprang weiter – unermüdlich, verbissen und eifrig. Höher und immer höher. Er mobilisierte noch einmal alle Kräfte und schafft es tatsächlich, aus der Grube zu springen.
Oben angekommen fragten ihn die anderen Frösche: „Sag hast du uns nicht gehört? Wir hätten nie gedacht, dass es möglich sein könnte, aus der Grube zu springen."
Schnell stellte sich heraus, dass dieser Frosch schwerhörig war. Er hatte die ganze Zeit gedacht, die anderen feuerten ihn an!

Es war einmal ein Mann, der sich verirrte und in ein fremdes Land kam. Auf seinem Weg sah er die Leute, die voller Schrecken von einem Feld flohen, wo sie Weizen ernten wollten.
„Im Feld ist ein Ungeheuer", erzählten sie ihm. Er blickte hinüber und sah, dass es eine Wassermelone war.
Er erbot sich, das „Ungeheuer" zu töten, schnitt die Frucht von ihrem Stiel und machte sich sogleich daran, sie zu verspeisen. Jetzt bekamen die Leute vor ihm

noch größere Angst, als sie vor der Melone gehabt hatten. Sie schrieen: „Als Nächstes wird er uns töten, wenn wir ihn nicht schnellstens loswerden", und jagten ihn mit ihren Heugabeln davon.

Wieder verirrte sich eines Tages ein Mann in ein fremdes Land und auch er begegnete Leuten, die sich vor einem vermeintlichen Ungeheuer fürchteten. Aber statt ihnen seine Hilfe anzubieten, stimmte er ihnen zu, dass es wohl sehr gefährlich sei, stahl sich vorsichtig mit ihnen von dannen und gewann so ihr Vertrauen. Er lebte lange Zeit bei ihnen, bis er sie schließlich Schritt für Schritt jene einfachen Tatsachen lehren konnte, die sie befähigten, nicht nur ihre Angst vor Wassermelonen zu verlieren, sondern sie sogar selbst anzubauen.

D ies ist eine oft zitierte Geschichte aus der Sufi-Tradition. Auch Sheldon Kopp zitiert diese Geschichte in seinem Buch ‚Triffst Du Buddha unterwegs'.

Ich habe jedoch den ersten Satz abgeändert; in der bekannten Version lautet er: ‚Ein Reisender verirrte sich und kam in das Land der Narren.' Ich finde es jedoch anmaßend und falsch, Menschen als Narren zu bezeichnen, nur weil sie vor einem „Ungeheuer" davonlaufen, das für jemand anderen lediglich eine Melone ist. Ein Schönheitsfehler in einer ansonsten sehr lehrreichen und wichtigen Geschichte.

Unterstützung ist der zentrale Aspekt der Gestalttherapie in der Form, wie ich sie gelernt habe und wie ich versuche, sie weiterzugeben. In der Zen-Schulung ist es ebenfalls die unterstützende Begleitung des Schülers durch den Meister, die anleitet und Wachstum ermöglicht.

Wie an anderer Stelle beschrieben, werden oft Handlungen als „Hilfe" deklariert, die nicht Wachstum und Autonomie des Schülers, des Klienten, des Hilfesuchenden erreichen, sondern Abhängigkeiten erschaffen und mehr dem Lehrer als dem Schüler, mehr dem Therapeuten als dem Klienten helfen.

Wir können nichts für andere tun. Das Beste, was wir leisten können ist, unserem Gegenüber unterstützende Aufmerksamkeit für dessen Bemühen zu geben und ihn so – Stück für Stück – aus dem Gefängnis von ‚Du sollst, Du musst, Du solltest, eigentlich ..., Du hättest ...' zu befreien. Das ist Unterstützung in ihrer schönsten und klarsten Form. Der ebenso oft zitierte wie wenig realisierte Satz: „ ... den Klienten da abholen, wo er steht ..." gehört auch hierhin.

Ich bin kein Freund des Tröstens. Die am Eingang dieses Kapitels geschilderte Begebenheit zwischen Joshu und einem anderen Mönch macht sehr schön den Unterschied zwischen Trösten und Mitgefühl klar. Trösten – so wie ich es verstehe – befähigt den Getrösteten, in seinem Loch, seinem Elend zu bleiben und verhindert Annahme des Leidens und somit Wachstum. Mit-gefühl oder Mit-leid(en) ist Solidarität, ohne im Elend zu verschmelzen.

Wichtige Teile einer unterstützenden Grundhaltung sind:
- Autonomie und Abgegrenztheit
- Mitgefühl und Mitleid
- Solidarität
- Vertrauen in die Ressourcen des Klienten (aber auch in die eigenen)
- Unterlassen von Bewertungen

Mitgefühl ist eine gesunde Lebenseinstellung, da es weder Anforderungen noch Erwartungen beinhaltet. Der Ursprung des Mitgefühls besteht in unserer Fähigkeit, zu fühlen und zu erleben.

Je mehr ich in der Lage bin, mich selber ohne Bewertung wahrzunehmen, desto breiter wird das Spektrum von Gefühlen und Handlungen sein, das ich beim Klienten sehen und unterstützen kann. Oder anders: Was ich bei mir selbst verurteile, werde ich beim Klienten wahrscheinlich entweder gar nicht wahrnehmen oder auch verurteilen.

Schwierig ist es – glaube ich – mit dem Mitleid.

Mitleid hat in unserer Gesellschaft einen nachhaltig negativen Beigeschmack, eine Qualität von Demütigung:

Ich arme Kreatur, mit mir muss man Mitleid haben.

Meiner Meinung nach ist Mitleid jedoch etwas sehr Schönes und Wichtiges und hat viel mit Solidarität zu tun: Wie hilfreich wäre es für uns und unser Wachstum gewesen, hätte in Zeiten, in denen wir uns traurig, einsam etc. fühlten, jemand mit uns mitgelitten, Mit-Leid gehabt.

Das Wunderbare an wirklichem, d.h. solidarischem und nicht klein machendem Mitleid ist, dass es tiefen Kontakt von Herz zu Herz entstehen lassen kann und die Trennungslinie zwischen Geber und Empfänger aufhebt.

Unterstützung in dem hier gemeinten Sinne ist alles das, was mich auf mich selber zurückwirft; auf mich und meine Ressourcen; alles das, was mir klarmacht, dass es eine Lösung von außen nicht gibt.

Ich kann suchen, solange und wo auch immer ich will, ich werde nichts anderes als immer wieder „nur" mich selber finden. Wir erinnern uns an die Bilder von dem Bildhauer oder vom Zwiebelschälen. Aufgabe des Zen und der Gestalttherapie ist es – wieder eine wichtige Gemeinsamkeit – alle Ausweichmanöver, alle Sackgassen, alles „Spielzeug" als solches zu bezeichnen. Ganz wichtig: Nicht zu unterbinden, sondern sichtbar und bewusst zu machen. Etwas als Umweg für jemand andres zu bezeichnen steht mir nicht zu. Wir hatten gesagt, dass eine der wichtigsten elterlichen Botschaften heißen sollte: „Du kannst Deinen eigenen Weg haben". Ob dieser Weg ein Umweg ist, können wir immer nur – wenn überhaupt – im Nachhinein feststellen. Die therapeutische Intervention sollte also nicht lauten: „Dieser Weg ist eine Sackgasse, gehe diesen Weg nicht.", sondern: „Weißt Du, fühlst Du, siehst Du, was Du tust? Bist Du auf dem Hintergrund dieser Einsicht bereit die Verantwortung für jeden Schritt zu übernehmen?" Je länger ich als Gestalttherapeut arbeite, umso mehr „reduziert" sich meine Arbeit, sie wird spartanischer, sparsamer. Das hängt aber auch damit zusammen, dass mir, wie an anderer Stelle beschrieben – die Bedeutung der Absichtslosigkeit als therapeutischer Motor immer mehr klar geworden ist.

Ein schönes Beispiel reduzierter Zenarbeit beschreibt Uchiyama Roshi. Er war der Leiter des bekannten Antai Ji Klosters in Japan, er nennt es „Zen ohne Spielzeug":

„Der Grund für fünf Tage absoluten Stillschweigens ist, dass auf diese Weise, ohne mit anderen Verbindung zu halten und ohne Zerstreuung durch andere, der Mensch zu jenem Selbst wird, das nichts als dieses ist. Gleichzeitig wird dadurch das Sesshin mit seinen fünf Tagen zu einer einzigen Zeitspanne von Zazen ohne Unterbrechung. Der Grund, weshalb wir den Warnstab nicht verwenden, ist vor allem, weil so jedermann ganz zu seinem eigenen, wahren Ich wird. Da Zazen hier bedeutet, alles übrige fallen zu lassen und, gegen die Wand sitzend, nichts als „man selbst" zu sein, wird dies als schreckliche Lange-Weile im ursprünglichen Sinne des Wortes empfunden. Würde jedoch der Kyosaku die Runde machen, so würde er zu einer Art Spielzeug, und die Übenden würden gewissermaßen beginnen, damit zu „spielen". So könnte zum Beispiel einer der ruhig dasitzenden Teilnehmer, sobald er den Kyosaku in die Nähe kommen sieht denken: Seht nur meine Haltung an! Ist sie nicht fabelhaft! Es besteht kein Grund, mich mit dem Stock zu schlagen. Oder auch: Ach diese endlosen Nachmittagsstunden! Vielleicht gibt er mir einen Schlag mit dem Kyosaku, das wird mich ein wenig erfrischen!

Der Mahnstab wäre hier zum ‚Spielzeug' geworden.

Wenn wir genauer zusehen, gleicht unser ganzes Leben einer Suche nach Spiel und Spielzeug. Dies beginnt schon bald nach unserer Geburt: Das erste Spielzeug ist die Milchflasche. Später sind es Puppen und Teddybären. Werden wir älter, so interessieren wir uns für mechanische Spiele, Fotoapparate und Autos. Und in der Jugend ist es das andere Geschlecht, später Studien und Forschungen, Wettbewerb aller Art und Sport. All dies bedeutet schließlich nichts als Spiel. Bis zu unserem Tode tauschen wir ein Spielzeug gegen das andere aus, das ganze Leben ist nichts als Spielen.

Unser Zazen dagegen ist die Lebens-Wirklichkeit. Es ist das Ich allein, das zu seinem eigenen, wahren Ich wird. Hier gibt es kein Spielzeug mehr. Es geschieht das, was sich im Augenblick vor unserem Tode ereignet, wenn alle Spielzeuge verschwinden. Beim Zazen suchen wir jedoch leicht immer wieder nach einem Spielzeug, wenigstens für einen Augenblick. Sobald der Kyosaku uns nahe kommt, wird er zum Spielzeug, das Ich wird nicht mehr Ich sein. Aus diesem Grunde verzichten wir beim Sesshin auf den Warnstab.

Am Ende begreift ihr es von selbst, dass es das beste ist, die Illusionen fahren zu lassen und zur korrekten Zazen-Haltung zurückzukehren. Anders gesagt: dieses unser Sesshin ist nicht etwa durch äußeren Zwang bestimmt; ihr kommt einfach, ob ihr wollt oder nicht, zu jenem Punkt, wo das Ich in sich selbst zur Ruhe

kommt. Ich selbst sitze beim Sesshin wie alle anderen mit dem Gesicht gegen die
Wand gekehrt und nicht gegen die Teilnehmer. (Gewöhnlich ist es nicht der Fall,
dass der Vorsteher eines Soto-Tempels diese Stellung einnimmt.)
Ich tue dies, um jeder Beziehung von Mensch zu Mensch, jedem Beobachten oder
Beobachtet-werden, die Spitze abzubrechen. Würde ich Zazen sitzen in der Ab-
sicht, die anderen zu überwachen, so würde ich eben nur dies tun und wahr-
scheinlich mein eigenes Zazen aus den Augen verlieren. Ebenso würde, falls jeder
sich vom andern beobachtet fühlt, unser Zazen ein Haften am andern werden
und nicht mehr authentisch sein."[299]

Um die Versuche der Schüler zu unterbinden, Lösungen – oder besser: Scheinlösungen – außerhalb des eigenen Selbst zu suchen, waren die alten Zenmeister nicht gerade zimperlich: Stockhiebe und Faustschläge zur Erweckung waren keine Selten-
heit. Dies ist heute nicht mehr so. Ich glaube, dass dies u.a. heute nicht mehr so ist,
weil auch der unbedingte Drang der Schüler, mit aller Macht und aller Energie zu suchen, nicht mehr existiert. Früher war es üblich, dass ein um Aufnahme anklopfen-
der Schüler mindestens dreimal – meist recht barsch – abgewiesen wurde. Auch dies
ist Unterstützung, die den Schüler kompromisslos mit der Frage seiner Ernsthaftigkeit konfrontiert.

Am bekanntesten ist das Beispiel von Hui'ko (Eka, 487-593), dem Lieblings-
schüler und Nachfolger von Bodhidharma, der, um seinen zukünftigen Meister von
seiner Ernsthaftigkeit zu überzeugen, sich, nachdem er tagelang im Schnee ausge-
harrt hatte, einen Arm abschnitt.

Die Anmeldung zu einer Therapieausbildung ist heute einfacher.

Von Perls wird berichtet, wie er einen Klienten in der Gruppe „abwies": „Willst
Du arbeiten oder unsere Zeit stehlen?" Er war da recht direktiv und konfrontativ.
Perls kam vom Theater und wollte immer der Regisseur des Geschehens sein. Seine
Ehefrau, Lore Perls hat in ihrer gestalttherapeutischen Arbeit den Gedanken der Un-
terstützung mehr in den Vordergrund gestellt:

„Das Kontakt / Support-Konzept rückt ins Zentrum. Zu seiner Orientierung
darf der Patient sich auf den Raum, die Zeit und seine Mitmenschen beziehen,
das alleine gibt ihm schon Stütze. Ihm wird zugehört, er wird wörtlich genom-
men und anstatt analysiert zu werden, erhält er Hilfen, die richtigen Ausdrücke,
die passenden Bewegungen, eine gelockerte Körperhaltung zu finden, mit der er
sich stark genug vorkommt, um die Grenzerfahrung einzugehen. Mit ernsten
Vorbehalten notiert Lore die Fixierung mancher Therapeuten in konfrontati-
vem Vorgehen. Für sie hat übermäßige Konfrontation den Stellenwert des Anti-
therapeutischen. ‚Das sind Leute, die den Zusammenbruch suchen, nicht den
kalkulierbaren Durchbruch. Einfach durchzubrechen, womit sich jemand
schützt, ist kurzsichtig.' Folgerichtig schont sie den Rest Selbstsupport, den der Pa-
tient mitbringt, einschließlich seiner Widerstände. Ihre Begründung: ‚Eine neue

Stütze findet man nicht sofort und das Fehlen des wesentlichen Support führt immer zu Angst."[300]

Es besteht immer wieder die Gefahr, dass in der Therapie – ähnlich wie in der Politik – zwar eine Rangordnung, ein Normengebäude abgebaut wird, jedoch dann sehr schnell durch ein anderes, unter Umständen ein rigideres an seine Stelle tritt.

Unterstützung – sowohl im Zen als auch in der Gestalttherapie – schlägt die Krücken weg, von denen ich dachte, dass ich sie bräuchte (weil ich nichts anderes gelernt habe), und ängstlich, überrascht, verwundert, im Endeffekt aber glücklich und erfreut, stelle ich fest:

Ich kann laufen! Ich kann laufen und es gibt einen Weg, der meiner ist.

Als Therapeuten bringen wir den Klienten – oft wieder neu – das Gehen in einer neuen Welt bei.

Mit dieser wunderbaren – oft erleuchtungsartigen – Erkenntnis wird jedoch dann auch klar, dass ich für mein Gehen – um im Bild zu bleiben – und logischerweise auch Fallen selber verantwortlich bin. Egal, wie auch immer die Krücken jeweils heißen mögen.

Meine, von mir so schön gehegte und gepflegte Neurose, die es mir ermöglichte zu tun, was ich wünschte, ohne mich für mein Verhalten verantwortlich zu zeigen, ist nicht mehr länger entschuldigender Schutz mangelnder Initiative und nicht vorhandener Änderung.

Meine Neurose, mein Zwang ist nicht mehr etwas außerhalb meiner Persönlichkeit Liegendes, dem ich ausgeliefert bin und für das ich doch bitte bedauert werden möchte ...

Ich bin verantwortlich für das, was ich tue und auch für das, was ich nicht tue.

Meister Eckhardt:

„Ich möchte zwar um keinen Preis sündigen; aber wenn ich gesündigt habe, so möchte ich um keinen Preis nicht gesündigt haben."[301]

Hier wird auch deutlich, warum wir in der Gestalttherapie die Idee des Unbewussten, wie sie in der Psychoanalyse existiert, ablehnen. Ein solches Konstrukt fordert die Delegation der Verantwortung geradezu heraus, indem ich versuche, mich als ausgelieferter Handlanger meines Unbewussten darzustellen.

Meines Erachtens unterstützt der Analytiker durch die Annahme des Unbewussten Verhaltensmuster, wie: ‚Es ist in mir; es geschieht, aber ich tue es nicht; ich will es nicht und deshalb kann man mir keine Verantwortung geben.'

Ähnliches gilt für die psychoanalytischen Triebtheorien.

Unterstützung bedeutet auch, zu lernen, „nichts wegzuwerfen", da es keinen Abfall gibt. Alles, was mich bedrängt, mich vermeintlich einengt oder stört, ist kein psychischer Abfall, sondern erfüllt eine bestimmte Aufgabe, hat einen Sinn; es mag sein, dass diese Aufgabe erledigt ist. Auch dies ist kein Grund, es wegzuwerfen – bedanken und verabschieden wäre eine angemessene Umgangsweise mit vermeintlich problematischen Anteilen meiner Persönlichkeit, die in einer Zeit entstanden sind, in der sie psychisch und vielleicht sogar physisch überlebenswichtig wären. Wenn ich lange Zeit als Kind die Erfahrung gemacht habe, dass es nichts bringt, die Arme auszustrecken, da eh' niemand kam, da eh' niemand darauf reagiert hat, habe ich mich irgendwann dafür entschieden, die Arme nicht mehr auszustrecken. Wenn ich heute in der Therapie daran arbeiten möchte, dass ich mich immer „so zu fühle", sollte ich mich zunächst für die Fähigkeit mich zu verschließen, bedanken, denn diese Fähigkeit hat mich vor der Wiederholung des Gefühls von Ohnmacht gegen das Alleingelassen werden geschützt.

> *„Man sollte nicht suchen, wie man die Neurose erledigen kann, sondern man sollte in Erfahrung bringen, was sie meint, was sie lehrt, was ihr Sinn und Zweck ist. Ja, man sollte lernen, ihr dankbar zu werden, sonst hat man sie verpasst und damit die Möglichkeit verloren, mit dem, was man wirklich ist, bekannt zu werden. Eine Neurose ist dann wirklich ‚erledigt', wenn sie das falsch eingestellte Ich erledigt hat. Nie sie wird geheilt, sondern sie heilt uns. Der Mensch ist krank, die Krankheit aber ist der Versuch der Natur, ihn zu heilen."*[302]

Noch mal: Nicht das Problem ist das Problem sondern die Frage ist, warum das Problem ein Problem ist.

Die von dem Iraner Nossrat Pesechkian begründete „Positive Psychotherapie" geht hier noch einen Schritt weiter, wir sollten von ihr lernen. Nach Pesechkian leidet der Klient an seinen Vorzügen; so ist z. B. die Depression die Fähigkeit, mit dem Körper „Nein" zu sagen.

Hierzu fällt mir wieder das wunderbare Buch Tenso Kyokun von Dogen Zenji ein. Dogen lehrt uns, das Wasser, in dem der Reis gewaschen wurde, nicht achtlos wegzuwerfen, da alles zu etwas von Nutzen sei.

Ein Tropfen Wasser

Ein Zen-Meister namens Gisan bat einen jungen Schüler, ihm einen Eimer voll Wasser zu bringen, um sein Bad zu kühlen. Der Schüler brachte Wasser, und nachdem das Bad gekühlt war, goss er den Rest, der noch übrig war, auf den Boden.

„Du Dummkopf", schalt der Meister. „Warum hast du den Rest des Wassers nicht den Pflanzen gegeben? Welches Recht hast du, auch nur einen Tropfen Wasser in diesem Tempel zu verschwenden?"

Der Schüler erlangte Zen in diesem Augenblick. Er änderte seinen Namen in Tekisui, das heißt „ein Tropfen Wasser".

Unterstützung heißt hier: Es gibt kein sinnloses Verhalten; die Tatsache, dass ich in einem Verhalten keinen Sinn sehe, heißt nicht, dass kein Sinn da wäre, sondern simpel: Ich sehe ihn (noch) nicht. In der Therapie lautet daher nicht die Frage: Ist dieses oder jenes Verhalten, ist dieser oder jener Persönlichkeitszug sinnvoll oder nicht, sondern: Was (oder wer) hindert mich daran, den Sinn (der auf jeden Fall da ist) zu sehen! Hier liegt ein wesentlicher Unterschied zwischen psychoanalytischer und gestalttherapeutischer Betrachtungsweise: Das Wort „Sinn" hat bei Freud drei Bedeutungen:

> *„1. Symptome sind sinnvoll, wenn sie aus seelischen Ereignissen der Vergangenheit in einer verständlichen Weise hervorgehen. ‚Sinnvoll' meint hier dasselbe wie ‚psychogen'.*
> *2. Symptome sind sinnvoll, wenn sie eine dechiffrierbare Bedeutung haben.*
> *3. Symptome sind sinnvoll, wenn sie Produkte einer bewussten oder unbewussten Absicht sind, das heißt, wenn sie entstehen oder festgehalten werden um eines Wertes willen. Krankheit ist in diesem Sinne sinnvoll, soweit sie im einzelnen Leben oder im Gesamtentwurf der Welt zu etwas gut ist."[303]*

In der Gestalttherapie ist der Sinn eines Verhaltens eine ‚a priori Kategorie'; das heißt; Verhalten ist unabhängig von der Deut- oder Interpretierbarkeit, besonders der von jemand Außenstehendem, sinnvoll; sinnvoll auf jeden Fall innerhalb der Persönlichkeit des einzelnen. Im Lichte gestalttherapeutischer Betrachtung ist also sinnvolles Verhalten nicht unbedingt mit gesundem Verhalten gleichzusetzen. So kann ein Verhalten im subjektiven Kontext durchaus seinen Sinn haben, gleichwohl auf die Dauer selbstschädigend sein.

Unterstützung heißt, dass das, was im Kapitel „Wir kommen als komplette Gestalt zur Welt" als zu entsorgender Müll bezeichnet wurde, eine Neubewertung erfährt: Es mag sein, dass uns dies oder jenes Verhalten heute stört, doch im Laufe der Therapie geht es auch um die Erkenntnis, dass es kein sinnloses Verhalten, kein sinnloses Gefühl, gibt. Was uns heute stört, war in einer vergangenen Zeit die uns als einzig sinnvoll erscheinende und gangbare Möglichkeit, uns in unserer damaligen Umwelt zu schützen. Der Zen-Meister Zuigan Roshi bringt diesen Gedanken sehr schön auf den Punkt: „Zu allererst: Weder in den Dingen, noch in den Menschen ist Müll."

> *„Es ist recht seltsam, dass wir nur durch äußerste Disziplin spontan werden können. Es ist völlig paradox. Und völlige Disziplin ist nötig, um an das Gegenmittel gegen unsere phobische Haltung zu kommen. Das Gegenmittel ist, dass ihr euch für eure negativen Gefühle interessiert. Wenn ihr eine Art wissenschaftliche Objektivität entwickelt oder eine Bereitschaft, euch selbst zu ertragen und euch auf jede unerfreuliche Situation, die entstehen könnte, einzulassen, dann stoßt ihr auf das, was die weitere Entwicklung blockiert."[304]*

Mit ‚phobischer Haltung' meint Perls die Vermeidung von Bewusstheit und Klarheit; ein Vorgang, mit dem wir Teile oder Gefühle von uns abspalten, entfremden oder verleugnen. Hier sind meines Erachtens zwei Dinge hervorhebenswert: Zum einen bedarf es – ähnlich wie im Zen Weg – großer Disziplin und Ernsthaftigkeit. Es ist eine der wenigen Stellen, an denen Perls überhaupt das Wort ‚Disziplin‘ braucht; er, der sich doch immer und überall auflehnen muss, dem jede Vorschrift, jede Disziplin ein Gräuel war!

Zweitens verdeutlicht Perls – ähnlich wie zuvor der Zen-Meister Zuigan – dass es keine sinnlosen Gefühle, Gefühlszustände gibt. Im Gegensatz zu Psychoanalyse und Verhaltenstherapie geht es in der Gestalttherapie nicht darum, das „Symptom" des Klienten wegzutherapieren, falls dies überhaupt möglich ist.

Gestalttherapie bleibt vielmehr direkt am Symptom und arbeitet mit ihm, anstatt es zu bekämpfen; d.h. sie sieht das so genannte Symptom als den eigentlichen Lösungsweg aus der Störung, die zu beseitigen diese verhindert.

Das ist mit Unterstützung im gestalttherapeutischen Sinne gemeint. Das immer wieder Neue, gleichermaßen Paradoxe wie Faszinierende, ist, dass Veränderung um so mehr möglich wird, je mehr Klient und Therapeut davon ablassen, Veränderung herbeiführen zu wollen.

Unterstützung befasst sich mit dem, was ist, nicht mit dem, was sein könnte, was war oder sein wird. Damit ist nicht gemeint, dass es nicht unterstützenswert sei, Ziele zu haben und diese zu verfolgen.

Es ist jedoch ein wichtiger Unterschied, ob ich mit meiner Aufmerksamkeit im Hier und Jetzt oder im Dort und Demnächst bin. Ich will von A nach B. Warum? Weil ich mich in A nicht wohlfühle, oder weil es mir in B besser gefällt? Im ersten Fall ist meine Aufmerksamkeit bei dem, was hier und jetzt ist, im zweiten Fall befasse ich mich mit dort und demnächst.

Veränderung findet statt, wenn man wird, der man ist, und nicht, wenn man versucht zu werden, was man nicht ist. Dies klingt – zunächst paradox. Und gerade diese Änderung durch Nicht-Ändern bildet eine der wichtigen Parallelen zwischen Gestalttherapie und Zen-Buddhismus. Was steht hinter diesem Paradoxon des Wachstums?

1. Es gibt einen der menschlichen Existenz innewohnenden Selbstregulierungsprozess, d.h. der menschliche Organismus, der ohne Einengung und Unterbrechung leben darf, sorgt selbst bestens für sich und achtet daher auch auf die Bedürfnisse anderer Menschen.
2. Für-sich-sorgen beginnt damit, die Verantwortung dafür zu übernehmen, wie man nicht für sich sorgt.
3. Der menschliche Organismus bildet mit seiner Umwelt ein Ganzes, und so ist der Friede mit uns selbst zum Teil eine Funktion des Akzeptierens dessen, was uns das Schicksal gibt; dazu gehört auch unsere Unfähigkeit, uns in die vorgestellten Idealpersonen zu verwandeln.
4. Der menschliche Organismus ist in der Lage, das Wissen um seine Erfahrung und sein Verhalten zu verleugnen, misszuverstehen oder zu verzerren.

Ein schönes Beispiel erzählt Sheldon Kopp: Er hatte zwei Söhne, von denen einer in der vierten, einer in der sechsten Klasse war. Der Jüngere hörte dem Älteren zu, wie dieser seine Mathematikaufgaben erledigte. Resigniert stellte der Jüngere fest: „Solche Hausaufgaben werde ich wohl nie lösen können!"

Daraufhin erklärte der Vater, dass er die Aufgaben sehr wohl lösen könne, wenn die Zeit so weit sei. „Sei doch nicht dumm, wie soll einer aus dem vierten Schuljahr die Aufgaben aus dem sechsten Schuljahr lösen können?"

Als Therapeut unterstütze ich nicht – um im Bild zu bleiben – den zukünftigen Sechstklässler, sondern den jetzigen Viertklässler. Sonst begehe ich den gleichen Fehler, den der Junge beging, als er einem Schmetterling einen „Gefallen" tat, indem er ihm aus seinem Kokon half; der Schmetterling war frei, fiel aber leblos auf die Erde, er war unfähig, zu fliegen.

Die Wärme der Sonne und die Zeit sind es, die der Schmetterling braucht, um aus eigener Kraft, durch Aufspannen der Flügel, fliegen zu können.

Etwas für den Klienten zu tun, heißt, dass ich als Therapeut von außen den Kokon sprenge!

Die Versuchung, etwas für den Klienten zu tun, ist groß; ist doch der kurzfristige – vermeintliche – Erfolg zu verlockend und manchmal Balsam für das Selbst des Therapeuten.

Hier können wir auf Heidegger zurückgreifen, der – ganz ‚gestaltig‘ – von ‚einspringender‘ versus ‚vorausspringender‘ Sorge spricht. Ich bin mit Sicherheit kein Spezialist für Martin Heidegger; der ist schon nicht so einfach zu lesen und zu verstehen. In „Sein und Zeit" finden sich jedoch Passagen, die genau das untermauern, was die Gestalttherapie hier ausdrücken will. Bekannterweise hat sich Perls ja auch auf Heidegger bezogen, daher erschien es mir sinnvoll, diese Gedanken hier wiederzugeben. Heidegger schreibt:

> „Sie [die einspringende Fürsorge] kann dem Anderen die ‚Sorge‘ gleichsam abnehmen und im Besorgen sich an seine Stelle setzen, für ihn einspringen. Diese Fürsorge übernimmt das, was zu besorgen ist, für den Anderen. Dieser wird dabei aus seiner Stelle geworfen, er tritt zurück, um nachträglich das Besorgte als fertig Verfügbares zu übernehmen, bzw. sich ganz davon zu entlasten. In solcher Fürsorge kann der Andere zum Abhängigen und Beherrschten werden, mag diese Herrschaft auch eine stillschweigende sein und dem Beherrschten verborgen bleiben. Diese einspringende, die ‚Sorge‘ abnehmende Fürsorge bestimmt das Miteinandersein in weitem Umfang, und sie betrifft zumeist das Besorgen des Zuhandenen [allgemein gesprochen: die Gebrauchsdinge – eigene Einfügung]."[305]

Der ‚einspringenden Fürsorge‘, die, darin sind sich Gestalttherapie und Zen-Buddhismus einig, den Klienten entmündigt, stellt Heidegger die ‚vorausspringende Fürsorge‘ entgegen. Er schreibt von der vorausspringenden Fürsorge, dass sie dem

Anderen „in seinem existenziellen Seinkönnen vorausspringt, nicht um ihm ‚Sorge‘ abzunehmen, sondern erst eigentlich als solche zurückzugeben. Diese Fürsorge, die wesentlich die eigentliche Sorge, das heißt die Existenz des Anderen betrifft und nicht ein Was, das er besorgt, verhilft dem Anderen dazu, *in* seiner Sorge sich durchsichtig und für sie *frei* zu werden." [306]

Der Psychoanalytiker Medard Boss, der die Sinnsuche auch in den Mittelpunkt seiner therapeutischen Arbeit gestellt hat, greift diese Unterscheidung Heideggers auf, wenn er schreibt, dass die Analyse Heideggers als eine sinnvolle

„Beschreibung zweier Verhaltensmöglichkeiten, die als unübertreffliche Weisung für die Einstellung namentlich des psychotherapeutisch tätigen Arztes seinen Kranken gegenüber gelten darf." [307]

Und an anderer Stelle fährt er fort: „Beherzigt ein Psychotherapeut Heideggers Sätze über die ‚einspringende Fürsorge‘ als eine Mahnung, wie er sich seinen Kranken gegenüber gerade nicht und nie benehmen soll, den Abschnitt über die ‚vorausspringende Fürsorge‘ dagegen als Richtlinie für das bestmögliche psychotherapeutische Verhalten, hat er auch schon die entscheidenden Grundeinstellung für ein wirklich fruchtbares ärztliches Tun gewonnen." [308]

Manchmal muss der Therapeut, wie Perls sagt, „höchst unfreundlich sein, um freundlich zu sein".

Unterstützung im Sinne von skillful frustration besteht auch darin, sich nicht in das dem Klienten gewohnte (Manipulations-)System einbeziehen zu lassen, sondern die Versuche des Klienten, den Therapeuten in ein Für-ihn-denken, Für-ihn-entscheiden, Für-ihn-handeln, offenzulegen und abzublocken. Bob Resnick weist auf die Gefährlichkeit der Therapeuten hin, die sich selbst als „Helfer" verstehen:

„Wenn sie erfolgreich sind, bringen sie das Mensch-Sein in ihren Patienten um, indem sie ihr Wachstum unterbinden." [309]

An anderer Stelle habe ich ausführlich über den Sinn des Nicht-Tuns geschrieben. Der Therapeut ist nicht Veränderer, sondern Ermutiger und Fokussierer der Bemühungen des Klienten, sich dessen bewusst zu sein, was hier und jetzt ist. Konkret – was er gegenwärtig will und tut, und wie er was will und tut.

In der Gestalttherapie gibt es den Begriff des Widerstandes, wie wir ihn z. B. in der Psychoanalyse kennen, nicht. Das, was andere Therapieformen als Widerstand bezeichnen, ist hier „schlichtweg vorhanden", nicht lästig, nicht erfreulich, nicht gut, nicht schlecht. Es sind die Überbleibsel einer sinnvoll und notwendig gewesenen Überlebensstrategie des Schutzes und der Abgrenzung.

„In dem, was wir Widerstand nennen, gibt es eine beträchtliche Energie, Schlauheit und gewieftes Wissen, wie man sich selbst schützt, eine Art von Weisheit des

*Überlebens. Der Einblick in die Dynamik von Widerstand führt zu Hochach-
tung vor der Energie und vor dem Einfallsreichtum, welche darin investiert
sind. Wir dürfen nicht die Tatsache vergessen, dass fraglich ist, welche Unter-
stützung jemand noch hätte, wenn er versuchte, seinen Widerstand aufzugeben.
Was könnte den Platz des erforderlichen Widerstandes einnehmen? In diesem
Fall wüsste keiner, was passiert, wenn er dieses Verhaltensmuster fallen ließe. Es
liegt ein gesunder Aspekt im Widerstand, der bei genauem Hinsehen zu engster
Berührung mit der individuellen Biographie führt. Der Klient erzählt in seinem
Widerstandsverhalten einiges von seinem Lebenshintergrund und bewahrt den
Therapeuten vor einer sträflich vereinfachenden Sicht seines Wesens. Was bis vor
kurzem vorwiegend als störender Widerstand gewertet wurde, gibt in Wirklichkeit kostbare Hinweise aus der persönlichen Entwicklungsgeschichte. In seiner individuell gestalteten Art, sich zu sträuben, sich zurückzunehmen, seine Energie
nicht auszuleben, ist man einmalig. Die Erhellung des Widerstandes gibt not-
wenige Hintergrundinformation für die Struktur des Bezogenseins auf sich und
die Welt.*"[310]

Widerstand?

Wogegen?

Kein Mensch entscheidet sich vorsätzlich für die schlechtere von verschiedenen
Alternativen. Jede Entscheidung des Klienten für den „Widerstand" bedeutet lediglich, dass Klient und Therapeut in ihrer Bewertung offensichtlich auseinander klaffen.

Ich habe seit einiger Zeit ein Navigationsgerät; von diesem Gerät kann ich als Gestalttherapeut in Sachen Widerstand sehr viel lernen: Der Navigator hat immer mein
Ziel vor Augen und leitet mich Schritt für Schritt, Kilometer für Kilometer meinem
Ziel zu. Er kennt den Weg und führt mich sogar sicher an Staus vorbei. Manchmal jedoch „habe ich Widerstand", da weiß ich es besser und folge nicht seinen Anweisungen. Sehr schön ist, dass er mir das nicht – auch nicht beim 27zigsten mal – übel
nimmt, sondern mir auf der Grundlage meines „Widerstandes" einen neuen Weg zu
meinem Ziel errechnet. Und das macht er immer wieder und sehr geduldig. Er sorgt
dafür, dass ich immer zu meinem Ziel komme, lässt mich aber gleichzeitig jeden „Umweg" nehmen. Er bleibt geduldig bei mir und für mich „am Ball". Er führt, indem er
folgt; hier haben wir Lévinas' „nach Ihnen" in Reinform. Es ist sehr viel erreicht,
wenn ich als Therapeut mich in dieser Grundhaltung der nichtwertenden Begleitung
übe! „Meinen" Therapeuten wünsche ich mir in genau dieser Grundhaltung!

> *„Wir dürfen nicht darauf verfallen zu glauben, Widerstände seien schlecht und
> der Patient wäre besser ohne sie dran. Otto Rank nannte sie treffend den negati-
> ven Willen. Wenn der Therapeut Widerstände nicht zu schätzen weiß, dann
> kann er ebenso gut aufgeben.*"[311]

„Widerstand" ist das Signal: „Bis hierhin und nicht weiter", d. h. er stellt einen in der

Situation notwendigen Schutz dar, der Respekt verdient. Aufgabe der Therapie ist es, hier über das Wie dieses Schutzes Bewusstheit zu ermöglichen. Widerstand – ich benutze dieses Wort in Ermangelung eines stimmigeren – ist eine Form des Abgrenzens: „Hier kann ich nicht weiter!" Bewusstheit und Verantwortung ermöglichen heißt, dass aus dem obigen Satz: „Hier will ich nicht weiter" wird.

Ein Weg von 1000 Metern fängt mit dem ersten Millimeter an. Zen-Buddhismus und Gestalttherapie sind sich sehr einig darin, dass ich nur dann weiterkomme, wenn ich mich immer wieder neu auf den ersten, den nächsten Schritt konzentriere. Der nächste Schritt ist immer der wichtigste – nicht der 1728zigste. Ähnlich wie sich der Alkoholiker immer wieder neu sagen muss „Heute (oder: in der nächsten Stunde) trinke ich nicht"; der Satz „Ich trinke nie mehr" ist sinnlos.

Wenn wir uns also auf den Weg machen, sollten wir die Botschaften von „Zen-Meister" Beppo uns zu eigen machen. Beppo ist der Straßenkehrer aus dem Buch „Momo". In diesem schönen Buch geht es um die Zeiträuber; in der Geschichte werden sie als ‚graue Herren mit steifen Hüten und bleigrauen Aktentaschen' beschrieben, die ‚aschgraue Zigarren rauchen'.

Beppo der Straßenkehrer ist alt und weise, auch im buchstäblichen Sinn seines hohen Alters und dementsprechend weißen Haars. Er übt einen Beruf aus, den wir zumeist als einfach, wenn nicht sogar zu einfach und anspruchslos empfinden. Am Beispiel dieser einfachen Tätigkeit kann uns Beppo jedoch am ehesten deutlich machen, worauf es bei jeder Tätigkeit in Wahrheit ankommt. Man muss warten können, um von Beppo eine Antwort zu erhalten, oft haben seine Aussagen scheinbar mit der Frage nicht direkt zu tun. Zusammengefasst lautet seine Botschaft so:

„Manchmal hat man eine sehr lange Straße vor sich. Man denkt, die ist so schrecklich lang; das kann man niemals schaffen, denkt man. Und dann fängt man an, sich zu eilen. Und man eilt sich immer mehr. Jedes Mal, wenn man aufblickt, sieht man, dass es gar nicht weniger wird, was noch vor einem liegt. Und man strengt sich noch mehr an, man kriegt es mit der Angst, und zum Schluss ist man ganz außer Puste und kann nicht mehr. Und die Straße liegt immer noch vor einem. So darf man es nicht machen.
Man darf nie an die ganze Straße auf einmal denken, verstehst du? Man muss nur an den nächsten Schritt denken, an den nächsten Atemzug, an den nächsten Besenstrich. Und immer wieder nur an den nächsten. Dann macht es Freude; das ist wichtig, dann macht man seine Sache gut. Und so soll es sein. Auf einmal merkt man, dass man Schritt für Schritt die ganze Straße gemacht hat. Man hat gar nicht gemerkt wie, und man ist nicht außer Puste. Das ist wichtig."[312]

Unterstützung ist hier sehr wichtig, sie bedeutet einerseits, den Klienten zu ermutigen, die Grenze des Nichtwollens zu erweitern und so neue Erfahrungen zu machen. Es ist wunderbar, wenn der Klient seine – bisherige – Grenze überschreitet und die erwartete Katastrophe ausbleibt.

Andererseits ist es die Verantwortung des Therapeuten, den Klienten nicht zu verführen, die Grenze (the growing edge) weiter als es seine Ressourcen aushalten, zu verschieben.

Wir lernen in der Therapie Schritt für Schritt jene Ängste zu durchschreiten, die unser Wachstum bislang blockierten. Wir bewegen uns auf den äußersten Rand unserer bisherigen Welt zu; unser Seelenfriede wird gestört und wir werden durch das, was Perls mit „gefahrlosem Notstand" bezeichnete, zum Wachstum herausgefordert. Guillaume Apollinaire:

„Kommt an den Rand der Klippe, sprach er
Sie entgegneten: Wir haben Angst.
Kommt an den Rand der Klippe, sprach er
Sie kamen.
Er versetzte ihnen einen Stoß ...
und sie konnten fliegen."[313]

Unterstützung: Dann einen Stoß versetzen, wenn jemand fliegen kann. Oder, um in der Sprache Perls zu bleiben: Immer wieder „gefahrlose Notstände" zu schaffen.

So stelle ich mir das Leiten des Therapeuten im therapeutischen Prozess vor; d. h. er sollte immer einen kleinen Schritt voraus sein und von dort aus das Angebot für den nächsten Schritt machen. Jeder, der einmal mit einem Paddelboot oder Kajak einen Fluss heruntergefahren ist, hat wohl erfahren, wovon ich hier spreche: Wenn es etwas schwierigere Stellen zu befahren gibt, ist es wichtig, mit dem Paddeln immer etwas schneller als das Wasser zu sein, sonst kann ich nicht mehr steuern.

Da jede therapeutische Intervention als Angebot und nicht als verbindliche Interpretation oder Verhaltensmaßregel angesehen wird, ist die Reaktion des Klienten nicht falsch oder richtig, sondern sie zeigt – im Falle der Ablehnung – lediglich, dass diese Intervention in dieser Situation nicht angenommen wird. Dies und nichts anderes ist die Information, die der „Widerstand" dem Klienten und dem Therapeuten gibt. Es ist wichtig, diese Information zu sehen, zu schätzen und mit ihr umzugehen, um nicht in einen rechthaberischen Argumentationskampf von Richtig/Falsch zu geraten.

„Alles, was ich sage, sei Gespräch. Nichts davon sei ein Rat. Ich spräche nicht so
kühn, wenn man mir folgen müsste."[314]

Die Wachstumsgrenze ist ein zentraler Begriff in der Gestalttherapie. An ihr geschieht – wie wir an verschiedenen Stellen gesehen haben – wirkliches Wachstum. In der Arbeit mit einer Phobie z. B. stelle ich mir dasjenige, was mich ängstigt vor – z. B. einen Hund. Dieses Bild halte ich vor mir, bis zu dem Punkt an dem es mich ängstigt; dann versuche ich es noch zwei, drei Atemzüge weiter vor Augen zu halten. Dieses immer wieder neue Herausschieben der Grenze des gerade noch aushaltbaren, bezogen auf welches Thema auch immer, ist hier gemeint. Oder: Dasjenige, was ich als Therapeut dem Klienten erzähle, sollte sich nicht danach richten, was ich alles Schlaues weiß und was mich als tollen Kerl dastehen lässt, sondern danach, was der Klient alles „verträgt", oder was er aufgrund eigner Erfahrungen verstehen kann. Und das wird in der zweiten Sitzung etwas anderes als in der 70. Sitzung sein.

Eugen Herrigel schildert in seinem berühmten Buch „Zen in der Kunst des Bogenschießens" ein schönes Beispiel der Arbeit an der Wachstumsgrenze. Nach und nach lernte er den Bogen zu spannen. Immer dann, wenn er gerade voller Stolz feststellte ‚jetzt habe ich es geschafft', kam der Meister und hat die Sehne des Bogens eine Umdrehung fester gespannt.

Der Therapeut versucht den Klienten zu verstehen, vor allem aber zu erreichen, dass der Klient sich selber versteht, besser: sich selber erkennt. Das kann er nur, wenn er sich mit sich selber und nicht mit den – noch so gescheiten – Deutungen des Therapeuten beschäftigt. Es ist die Aufgabe des Therapeuten, Wege und Erfahrungen im Hier und Jetzt zu erschließen, die diesen Prozess der Selbsterkenntnis fördern können; der Therapeut führt, indem er folgt.

Alles, was der Klient tut – oder nicht tut – sollte als die subjektiv beste Reaktion in dieser Situation und vor dem Hintergrund dieser Biographie gesehen werden:

Ich tue, was ich tue, weil ich tue, was ich tue: könnte ich anders handeln, so würde ich anders handeln.

Polster und Polster lassen den Begriff des Widerstandes im gestalttherapeutischen Denken erst gar nicht zu. Sollte dieses Phänomen jenseits der, der klassischen Psychoanalyse entliehenen Assoziationen einen Sinn haben, dann könnte man es als einen – situativ notwendigen – Schutzmechanismus bezeichnen, der den Negativeffekt hat, dass er Wachstum durch Sammeln neuer Erfahrungen verhindert.

„Die Haltung des Gewährenlassens, die darauf verzichtet, Veränderungen herbeiführen zu wollen, und so möglichen Gegensteuerungen des Klienten aus dem Weg geht, begünstigt das paradoxe Erlebnis, dass Veränderungsanstrengungen fruchtlos sind. Die Paradoxie besteht im Verändern durch Aufgeben der Absicht, sich ändern zu wollen. Es gibt nichts, wogegen der Klient realistischerweise zu widerstehen hätte, außer dem, was in ihm selbst liegt. Unter diesen Umständen tritt Widerstand zwecklos auf, es gibt nichts zu verteidigen und der Klient stößt ins Leere. Da er seinen Zweck nicht erreichen kann, wird er auf sich selbst zurückgeworfen und erhält den Anstoß, sein Verhalten zu reflektieren."[315]

„Don't push the river – it flows by it's self" – Als Therapeut kann ich nur mit und nicht gegen den Wachstums- und Erkenntnisprozess des Klienten arbeiten. (an anderer Stelle habe ich hierzu die Gedanken von W. Metzger, seine sechs Grundgedanken für „die Arbeit am Lebendigen" wiedergegeben)

Ich möchte noch mal kurz auf die Aktivierungs- oder Prozesskurve zu sprechen kommen (siehe Seite 181); sie ist auch als Verlaufsbeschreibung für den therapeutischen Prozess sinnvoll: Mit großer Euphorie werden erste Schritte gegangen, die fälschlicherweise schon als Heilung empfunden werden. Die Gefahr in dieser Situation der Initialheilung die Therapie abzubrechen ist hoch. Die neugewonnenen Einsichten und vermeintlichen Veränderungen gleichen jedoch einem Kartenhaus. Sie lassen sich kaum in den Alltag transferieren. Die Ernüchterung ist groß, wenn der Klient in dieser Phase feststellen muss, der er sich ja schon so schön gebessert hat, so hervorragende Einsichten gewonnen hat, doch leider die Welt dies entweder gar nicht zur Kenntnis nimmt oder sich weigert, die Änderungen mitzumachen. Der daraus folgende Absturz kann auch wieder zum Therapieabbruch führen; war es eben jedoch die vorschnelle Erkenntnis, geheilt zu sein, so ist es jetzt die resignative Feststellung, dass „mir nicht zu helfen ist". Nach diesem Absturz beginnt dann der Wiederaufbau, diesmal jedoch langsam und kontinuierlich, aber dafür umso verlässlicher. Ein Bild: Wurde zuerst der Dachstuhl und das Dach eines Hauses gebaut, ohne dass überhaupt ein Fundament, ein erster oder zweiter Stock existierte. Nun wird Stück für Stück zunächst ein Fundament gelegt, in Ruhe Mauer für Mauer hochgezogen bis sie jeweils das nächste Stockwerk tragen können ...

Genauso wenig wie der oft rasante Fortschritt in der Anfangsphase der Verdienst des Therapeuten ist, ist die Stagnation in der zweiten Phase sein Fehler. Das heißt, die Kenntnis einer solchen Verlaufskurve kann den Therapeuten oder auch einen Gruppenleiter sowohl davor bewahren, größenwahnsinnig zu werden als auch sich mit Selbstzweifeln zu überhäufen.

Der Prozess einer Gruppe folgt in der Regel auch einer solchen Kurve. Es dauerte einige Zeit des Lernens, bis ich mir für die vermeintlich miserable vierte, fünfte Sitzung keine Schuldvorwürfe gemacht habe; in der einen oder anderen Richtung: es ist halt so ...

Es ist auch oft schade mit anzusehen, wie Eltern- oder Bürgerinitiativen genau daran zerbrechen; sie erkennen nicht, dass diese nahezu zwangsläufige Phase nun mal so ist wie sie ist. Stattdessen zerfleischen sich die engagierten Leute in gegenseitigen Schuldvorwürfen auf der Suche nach dem – logischerweise nicht vorhandenen – Schuldigen. Schade.

An dieser Stelle möchte ich noch einige Gedanken zur Klient – Therapeut – Beziehung einfügen: Das japanische Wort „Amae" beschreibt diese Beziehung recht gut. Der Begriff Amae ist nur sehr schwer zu übersetzen. Der japanische Psychiater Takeo Doi hat dem Phänomen Amae ein bekanntes Buch gewidmet: Amae – Freiheit in Geborgenheit.[316] Mit dem Wort Amae wurde ursprünglich das Gefühl des kleinen Kindes der Mutter gegenüber beschrieben.

„Ein Kind, das von seiner Mutter geliebt wird, hat das Recht, sich bei ihr auszuleben. Es kann ihrer Nachsicht sicher sein. Seine Veranlagungen und Wünsche werden von ihr akzeptiert. Es erhält in ihrem Schutz einen Freiraum, in dem es sich entfalten kann. Amae ist die Freiheit des Geborgenen."[317]

Es ist die Freiheit eines Schutzraumes, die die Grundlage der Selbstverwirklichung durch Verhaltens- und Gefühlsexperimente bildet. Dieser Schutzraum wird durch jemand anderen, die Mutter oder in diesem Zusammenhang durch den Therapeuten nach außen gesichert. Ein solcher Schutz- oder Freiraum ist nicht mit Verwöhnung zu verwechseln:

> *„Entscheidend ist, dass die Kinder spüren, dass sie die Freiheit, die sie genießen, nicht aus uninteressierter Gleichgültigkeit und nicht bloß wegen eigennütziger Selbstentlastung der Eltern erhalten, sondern, weil man ihre phasen- und rollengemäßen Bedürfnisse mit Wohlwollen und Nachsicht akzeptiert."[318]*

In der Sicherheit dieses Schutzraumes können sich das Selbst bzw. das Selbstgefühl autonom und kongruent entwickeln. Alice Miller beschreibt dies so, als wolle sie das Prinzip Amae umschreiben:

> *„Unter einem gesunden Selbstgefühl verstehe ich die unangezweifelte Sicherheit, dass empfundene Gefühle und Wünsche zum eigenen Selbst gehören. Diese Sicherheit wird nicht reflektiert, sie ist da, wie der Pulsschlag, den man nicht beachtet, solange er in Ordnung ist. In diesem unreflektierten, selbstverständlichen Zugang zu eigenen Gefühlen und Wünschen findet der Mensch seinen Halt und seine Selbstachtung. Er darf seine Gefühle leben, darf traurig, verzweifelt oder hilfsbedürftig sein, ohne Angst haben zu müssen, die introjizierte Mutter damit unsicher gemacht zu haben. Er darf Angst haben, wenn er bedroht wird, darf böse werden, wenn er seine Wünsche nicht befriedigen kann. Er weiß nicht nur, was er nicht will, sondern auch, was er will und darf es zum Ausdruck bringen, unabhängig davon, ob er geliebt oder gehasst wird."[319]*

Es lohnt sich sehr, an dieser Stelle im Originaltext weiterzulesen. Es ist so, als hätte Alice Miller hier über das Klient – Therapeut – Verhältnis geschrieben; zumindest über einen sehr wichtigen Teilaspekt, denn der Klient ist nicht – mehr – das kleine, abhängige, ausgelieferte Kind, auch wenn er sich so fühlen mag. Die Klient-Therapeut-Interaktion ist keine Einbahnstraße, sondern ein ständiger Wechsel von Aktion und Reaktion auf beiden Seiten.

Das Abweisen des Schülers, das oft recht rüpelhaft erscheinende Zurückwerfen auf sich selber, findet in dem, was Perls ‚skillful frustration' nannte, in der Gestalttherapie – wenn auch in „gezähmter" Form – seine Parallele: Unterstützung in der Zen-Schulung und ‚skillful frustration' haben das gleiche Ziel: In oft rücksichtslos erscheinender Art werden die Schüler, werden die Klienten, darauf gestoßen, dass die Lösung, dass Wachstum, nur in ihnen zu finden ist.

> *„Wenn der Schüler, die Schülerin an seinem, an ihrem ersten Koan arbeitet, hat die Meister-Schüler-Beziehung ein Stadium erreicht, wo sich der Meister zu-*

rückzieht und dem Schüler weitere Unterstützung versagt. Der Schüler muss seinen eigenen Weg finden, mit der Übung voranzukommen. Und jetzt erweisen sich Großes Vertrauen, Großer Zweifel und Große Entschlossenheit als unverzichtbar. Zu Beginn der Schulung, etwa während des ersten Jahres, wenn der Schüler sich mit seinem Atem beschäftigt, verhält sich der Meister voller Entgegenkommen, bietet er dem Schüler Unterstützung und Ermutigung an. Doch wenn das immer weiterginge, käme am Ende nur Abhängigkeit dabei heraus, aber keine Freiheit. Deshalb muss, früher oder später, das schützende Gespinst aus Zuwendung und Anlehnung ein für allemal zerrissen werden. Doch das ist erst dann sinnvoll und angemessen, wenn der Schüler, die Schülerin imstande ist, auf eigenen Füßen zu stehen.

Wenn es soweit ist, zieht der Meister dem Schüler plötzlich den Teppich weg. Der Schüler strauchelt und geht zu Boden. Falls nötig, greift der Meister noch einmal zu Unterstützung und Ermutigung. Hat sich der Schüler dann wieder gefangen und genug Standvermögen entwickelt, ruckzuck, ist der Teppich schon wieder weg. Und abermals geht der Schüler zu Boden. Dieser Vorgang kann sich solange wiederholen, bis der Schüler endlich stehen bleibt."[320]

Hier wird klar, dass nicht derjenige Therapeut, derjenige Meister der beste ist, der am besten die Klienten, die Schüler ‚ärgert‘, sondern dass, je nachdem in welcher Phase sich der therapeutische oder der spirituelle Prozess sich befinden, Unterstützung, Anleitung aber auch Versagen oder Frustration sinnvoll und hilfreich sein können. Es ist die Verantwortung des Therapeuten oder des Lehrers, jeweils sorgfältig zu entscheiden, welche der beiden Seiten der gleichen Medaille die adäquate ist. Die klassische Gestalttherapie, wie Perls selber sie praktizierte war / ist eher konfrontativ, nach meiner Überzeugung zu konfrontativ; Laura Perls, seine Frau, hat einen therapeutischen Arbeitsstil entwickelt, in dem die Unterstützung – bei aller Konfrontation – mehr im Vordergrund steht. Dies mag in der praktischen therapeutischen Arbeit oft weniger spektakulär sein, ich halte es auf Dauer für angemessen. Der Preis für den härteren Stil, den Frederick Perls zahlen musste – und wahrscheinlich gerne bezahlte – war, das er nur mit ganz bestimmten Klienten arbeiten konnte, aber auch wollte.

Wir alle sind Experten in der Methode „Mehr desgleichen" wie Watzlawik in seiner „Anleitung zum Unglücklichsein" dies nennt. Wir wollen ein Ziel erreichen und wenn es nicht gelingt, verstärken wir unsere Bemühungen, anstatt entweder mit der Unerreichbarkeit zu leben oder andere Wege zu suchen.

Ich erinnere mich an eine Paartherapie, in der der Mann seine Frau bedrängte, dass sie ihn doch mehr „so wie früher" lieben solle. Doch die Frau wollte dies wohl nicht – und je mehr der Mann sie bedrängte, desto weniger wollte sie.

Das ist mit „Mehr desgleichen" gemeint.

Aber wir müssen kreativ und flexibel sein. Shelden Kopp braucht hier das Bild, dass wir einem Gefangenen in einem Gefängnis mit drei Mauern gleichen: Wir klopfen an Türe und Wände und steigern uns in diesem Kampf, anstatt uns umzudrehen und die dunkle Seite des Gefängnisses zu erforschen; denn dann könnten wir feststellen, dass unser Gefängnis an der vierten Seite offen ist.

Auf die Frage „Was muss ich tun, um mich zu befreien?" antworten – vielleicht mit anderen Worten, aber sinngemäß gleich – Gestalttherapie und Zen: „Da gibt es nichts was Du tun musst; da es nichts gibt, was Dich unterjocht hält, gibt es auch nichts, von dem Du Dich befreien kannst."

„Die Lehre des Buddha ist aber nichts weniger als Romantik, vielmehr Realismus im strengsten Sinne. Als Weltanschauung wäre sie die erste, die den Menschen ohne jede Beschönigung, ohne alle hypothetischen Flausen, ohne Drohung und ohne Verheißungen, aber auch ohne jeden religiösen Illusionismus über das Wesentliche seiner Situation im Dasein unterrichtet. Die erste Lehre auch, die ihm erklärt, woher er kommt und was er, wenn er mit Wünschen, Hoffnungen oder Befürchtungen in das Leben eintritt zu erwarten hat."[321]

Leider ist es jedoch so, dass wir diese Lösung, diese Entdeckung – oft nach langem Suchen – selber machen müssen. Ein schlechter Meister, ein schlechter Therapeut wäre derjenige, der uns dieses Suchen abnehmen würde. Dies gilt auch für die schon mehrfach angesprochene Koan – Schulung: Im Verlauf seiner Schulung soll der Zen-Schüler eine Vielzahl so genannter Koans lösen; dies sind Aufgaben, die mit den Mitteln des rationalen Verstandes nicht zu lösen sind, sondern von dem Schüler verlangen, dass er ‚hinter' den Verstand geht. Nun gibt es Bücher, die die Lösungen der bekannten Koans beschreiben. Die ‚Lösung' in einem Buch gelesen zu haben, ist jedoch eine Sache, und seine eigene Lösung nach vielem Suchen gefunden zu haben, eine ganz andere Sache. Das Lesen der Lösung verhindert geradezu das Finden der eigenen Lösung. Es engt sowohl die Kreativität als auch den Blickwinkel des Suchenden und des Suchens ein. Ein armer Schüler, der die Lösung weiß, sie aber nicht gefunden hat; es wäre besser für ihn, er würde um eine neue Aufgabe bitten.

Hierzu lassen sich Parallelen zwischen Gestalttherapie und Zen-Buddhismus ziehen: Wissen ist wie eine Saite ohne Klangkörper, wenn es nicht durch eigene Erfahrung ‚erwachsen' wurde. Es nutzt dem Suchenden wenig die Antwort auf ein Koan zu wissen; es nutzt dem Gestalttherapie-Klienten nichts, wenn er weiß, was am Ende der Wanderung herauskommt. Wenn ich z. B. einem Klienten erkläre, dass nach meiner Überzeugung hinter seiner Wut Trauer oder Einsamkeit liegen, nutzt ihm das gar nichts – im Gegenteil: Er wird sich erst dann von seiner Wut verabschieden können, wenn er sich erinnert und durchlebt hat. Und dies ist kein intellektueller Vorgang. Er würde mit seinem Verstand Erfahrungsschritte überspringen, die das wirkliche Ankommen, das wirkliche Befassen mit der unter der Wut liegenden Trauer oder Wertlosigkeit nahezu unmöglich machen. Diese und ähnlich Zusammenhänge erklärte ich erst dann, wenn sie durch Erfahrung untermauert werden können. Interessanterweise ist dann die Erklärung, die vormals sooooo wichtig war, nicht mehr von Bedeutung.

Ein andres Beispiel: Bert Hellinger (den ich ablehne) verlangt von seinen, meist weiblichen Klienten – die sich mit dem Thema ‚Missbrauch‘ auseinandersetzen, dass sie dem Täter vergeben sollen, damit die ‚Ordnungen der Liebe‘ wieder hergestellt werden; sie sollen – Originalton: ‚dem Täter die Ehre geben‘. Ich halte dies für eine Fortsetzung des Missbrauchs mit anderen Mitteln. Es ist auch mein Ziel, dass am Ende eines langwierigen, oft sehr schmerzhaften Prozesses die Verzeihung, die Aussöhnung und die Einsicht steht, dass auch der Täter einmal Opfer war. Aber wenn wir – hoffentlich – an diesen Punkt gelangen, sind lange Wege der Wut, der Verzweiflung, der Wertlosigkeit, des Hasses, der Einsamkeit, des Gefühls: ‚sag mir bitte, dass es nicht wahr ist‘ notwendig. Wenn alle diese Gefühle durchlebt und nicht durchdacht worden sind, dann kommen wir zusammen im positivsten Fall bei der Aussöhnung an. Schon am Anfang der Arbeit deutlich zu machen, dass das das Ziel ist, wäre m. E. eine Form der Verachtung für die Befindlichkeit, mit der die Klientin hier und jetzt in Therapie kommt.

Dieser Gedanke war mir so wichtig, dass ich sogar überlegt habe, ob ich mit diesem Abschnitt, denjenigen Klienten einen Bärendienst erweise, die sich gerade in der Therapie mit diesem Thema herumschlagen. Etwa: „Der hat gut reden, von wegen vergeben, wenn ich an meinen Vater und das, was er mir angetan hat denke, dann kommen mir nur mörderische Gedanken, und dann sagen Sie, ich soll vergeben und versöhnen …??“

Versöhnung, Aussöhnung, Vergebung sind wichtige Wachstumsschritte, die sowohl der Täter als auch das Opfer brauchen. Sie gibt es aber nicht zum Nulltarif, sondern sind für beide Seiten Schwerstarbeit: Das Opfer muss sich offenen Auges erneut traumatisierenden und tief vergrabenen Situationen stellen; der Täter muss seinen selbstgerechten Heiligenschein ablegen und bereit sein, über sich selber und über das, was er anderen Menschen zugefügt hat, erschüttert zu sein. Wie schwer diese Arbeit für beide Seiten ist, zeigt in sehr beeindruckender Weise der Arbeit der sogenannten „Wahrheits- und Versöhnungskommissionen“, die die Aufgabe haben, die Gräueltaten des Apartheitsregimes in Südafrika aufzuarbeiten. Allerdings wird in diesen Kommissionen auch deutlich, dass selbst bei großer Anstrengung Ver- oder Aussöhnung nicht immer möglich ist.

Einer der Hauptinitiatoren dieser Versöhnungsarbeit, der Friedensnobelpreisträgen Bischof Desmond Tutu schreibt hierzu sehr treffend:

„Vergebung gegenüber unseren Feinden oder geliebten Menschen und die Versöhnung mit ihnen bedeuten nicht, so zu tun, als stünden die Dinge ganz anders als in Wirklichkeit. Sie bedeuten nicht, einander den Rücken zu tätscheln und die Augen vor allem Unrecht zu verschließen. Wahre Versöhnung legt das Schreckliche offen, die Misshandlungen, die Schmerzen, die Verletzungen, die Wahrheit. Zunächst kann dadurch manchmal alles noch schlimmer werden. … Oberflächliche Versöhnung kann nur oberflächliche Heilung bringen.“[322]

In seiner Rede anlässlich der Ernennung zum Vorsitzenden der Wahrheits- und Versöhnungskommission am 30. November 1995 beschreibt er es noch drastischer:

„Ich hoffe, dass die Arbeit der Kommission Wunden öffnen wird, um sie zu reinigen, und sie dadurch vor dem Eitern bewahren wird. Wir können nicht oberflächlich sein und sagen, dass die Vergangenheit begraben ist, weil sie nicht begraben sein wird und uns verfolgen wird. Wahre Versöhnung ist nie billig, weil sie auf Vergebung basiert, die teuer ist. Vergebung wiederum hängt ab von Reue, die auf der Anerkennung von falschem Handeln basiert, und damit auf der Enthüllung der Wahrheit. Man kann nicht vergeben, was man nicht weiß...“[323]

Mir scheint, das in der Aufforderung an das Opfer „dem Täter die Ehre wiederzugeben" alle diese Momente nicht vorkommen. Das Opfer hat dem Täter „die Ehre" nie genommen, sondern der Täter hat sie für sich selber verwirkt. Versöhnung in dem obigen Sinne ist notwendig, schon alleine, damit die giftige, die vergiftende Energie nicht zum prägenden Trauma über Generationen hinweg wird. Denn der Täter ist ja in einer Zeit zum (potenziellen) Täter geworden, als er selber Opfer war. Diesen Teufelskreis gilt es aufzubrechen durch ein offenes Bekenntnis zu Täterschaft auf der einen Seite und Vergebung auf der anderen Seite; das eine ist ohne das andere nicht möglich. Noch einmal Desmond Tutu:

„Sind Reue und Geständnis des Schuldigen eine Vorbedingung für das Opfer, um vergeben zu können? Keine Frage, natürlich ist ein Geständnis eine sehr große Hilfe für denjenigen, der zu vergeben wünscht, aber auch nicht absolut unverzichtbar. ... Ich möchte die folgende Analogie dazu benutzen, um die Wichtigkeit eines Geständnisses seitens des Schuldigen zu erklären. Stell dir vor, du sitzt in einem klammen, stickigen, dunklen Raum. Das ist so, weil die Vorhänge zugezogen und die Fenster geschlossen sind. Draußen scheint die Sonne und es weht ein frischer Wind. Wenn du wirklich Licht und frische Luft in deinem Raum haben möchtest, dann wirst du die Vorhänge aufziehen und das Fenster öffnen müssen. Dann erst wird das Licht, das stets da war, und auch die frische Luft hereinströmen. Genau so verhält es sich mit der Vergebung. Das Opfer mag zur Vergebung bereit sein und das Geschenk seiner Vergebung bereithalten, aber es ist an dem Übeltäter, dieses Geschenk anzunehmen – die Vorhänge aufzuziehen und das Fenster zu öffnen. Das tut er, indem er seinen Fehler eingesteht.“[324]

Das alles geht weit über den „Vergebungsbefehl" Bert Hellingers an das Opfer hinaus; es ist aber auch für beide Seiten sehr viel schmerzhafter. Schon mehrfach habe ich beschrieben, dass ich dem, was Hellinger schreibt und tut äußerst skeptisch gegenüberstehe. Hellinger ist für mich der Ole Nydahl der Therapie-Szene, wie umgekehrt der selbsternannte dänische „Lama" Ole Nydahl der Bert Hellinger der buddhistischen Szene ist:

Beide polarisieren unnötigerweise, beide machen keine Angebote mit dem, was sie sagen oder tun, sondern agieren selbstherrlich nach der Devise „wer nicht für mich ist, ist gegen mich"; beide haben weniger Schüler als vielmehr Fans, die in ähnlich intoleranter Art und Weise wie ihre jeweiligen Gurus deren Überzeugungen wiederkäuen und viel Lärm veranstalten. Beide scheinen es offenbar zu genießen, ja geradezu anzufachen, angefeindet zu werden, gemäß der Maxime „viel Feind – viel Ehr". In den Hallen, die beide füllen, spüre ich keine heilsame Ruhe, keine heitere Gelassenheit, sondern eher die Argusaugen der Fangemeinde, ob jemand ihren Guru „beschmutzen" will. Das, was Bert Hellinger propagiert, hat in meinen Augen genauso wenig mit Therapie oder Lebenshilfe zu tun, wie das, was Ole Nydahl predigt und vor allem selber lebt, etwas mit Buddhismus zu tun hat.

Richards und Bergin (1997) warnen zu Recht davor, in der Therapie zu früh dazu zu motivieren, Vergebung zu gewähren. Wenn die Wut auf den Übeltäter nicht hinreichend verarbeitet ist, die beschämende Verletzung nicht hinlänglich durchlitten wurde und vergeben wird, weil dies vom Codex der Religionsgemeinschaft vorgeschrieben ist, geschehe dies in unreifer Form. Die Folgen seien dysfunktional: Schmerz, Trauer, Schuld, vor allem aber Ärger und Zorn.[325]

In der Psychoanalyse heißen die notwendigen Wachstumsschritte: Erinnern, Wiederholen, Durcharbeiten. Für die Gestalttherapie möchte ich dem folgende Schritte gegenüber stellen:

- Find it
- see it
- feel it / be aware of it
- contain it / own it
- grow through it
- give it up (because you don't need it anymore).[326]

Etwa:
- Finde Deine wirklichen Gefühle heraus,
- Schaue sie Dir ohne zu bewerten als das an, was sie sind
- Nehme sie nicht mit dem Intellekt wahr, sondern fühle, wo sie hier und jetzt sind, wie sie sich hier und jetzt anfühlen, was sie hier und jetzt bewirken
- Nehme sie als Deine Gefühle wahr, da sie niemand schuld ist, sind sie auch nicht dazu da, sie irgendjemandem um die Ohren zu hauen. Wenn ich wütend bin, dann gibt es keinen Grund dafür, dass diese Gefühle für diejenige Person, auf die ich wütend bin, bedrohlich werden. Hast Du diese Gefühle oder haben diese Gefühle Dich? Im ersten Fall stellen sie für meine Umwelt keine direkte Bedrohung dar – im zweiten Fall schon. In der Psychoanalyse spricht man hier vom ‚Ausagieren'.
- Wachse über diese Gefühle hinaus, bis Du sie nicht hat mehr nötig hast. Bis Du erkannt hast, dass sie weder dem Kontakt zur Umwelt noch deinem Wachstum dienen.

352

Alle diese Schritte müssen gegangen werden. Wenn ich mit dem Intellekt den einen oder anderen überspringe, wäre das so, als würde ich – wie wir an anderer Stelle beschrieben haben – einen Hausbau mit dem dritten Stockwerk oder gar mit dem Dach beginnen.

Im Frühjahr 1997 wurde Lobsang Gyatso, einer enger Freund und Berater des Dalei Lama, vom chinesischen Geheimdienst bestialisch ermordet. Als eine Warnung an den Dalai Lama: ‚Wenn wir so nahe an dich herankommen, könnten wir auch Dich jederzeit ermorden!‘ Eine der ersten Reaktionen des Dalai Lama war tiefes Mitgefühl für die Mörder seines Freundes, die durch diesen Mord dunkles Karma auf sich geladen haben.

Bis dahin ist – wenn überhaupt – noch ein sehr langer Weg.

„Das erinnert mich an eine alte Geschichte über einen König, der sich wünschte, dass der Klügste seiner Untertanen zu seinem ersten Minister ernannt würde. Als die Wahl schließlich auf drei Männer gefallen war, stellte er sie auf eine schwere Probe: Er sperrte sie in einen Raum seines Palastes und brachte ein raffiniertes Schloss an der Türe an. Den Kandidaten wurde gesagt, dass der erste, dem es gelänge, die Tür zu öffnen, das hohe Amt erhalten sollte. Zwei von ihnen versuchten, durch komplizierte mathematische Formeln herauszufinden, wie die Kombination des Schlosses lautete. Der dritte saß eine Weile auf seinem Stuhl und ging dann, ohne eine Zeile aufgeschrieben zu haben, zur Tür und drückte den Griff herunter, und die Tür öffnete sich. Sie war die ganze Zeit unversperrt gewesen. Was soll uns diese Geschichte sagen? Die Gefängniszelle, in der wir leben und deren Wände wir immerzu verzweifelt zu verschönern versuchen, ist gar keine Gefängniszelle. In Wirklichkeit war die Türe nie verschlossen. Es gibt gar kein Schloss. Wir müssen nicht in unseren Zellen sitzen und um Freiheit kämpfen, indem wir verzweifelt versuchen, uns zu verändern, denn wir sind schon frei.

Das allein löst das Problem natürlich nicht. Wie können wir erkennen, dass wir frei sind? Wir sagten, dass Egozentrik und der Wunsch, selbstlos zu sein, gleichermaßen auf Angst beruhen. Selbst der Wunsch, weise oder vollkommen zu sein, entspringt der Angst. Wir würden dem gar nicht so nachjagen, wenn wir erkennen könnten, dass wir ja schon frei sind.“[327]

Vom Elefanten-Verscheuchen:
Ein Mann klatschte alle paar Minuten in die Hände. Nach dem Grunde für dieses merkwürdige Verhalten gefragt, erklärte er bereitwillig:
„Um die Elefanten zu vertreiben!“
„Elefanten? Aber hier sind doch gar keine Elefanten!“
„Na also! Sehen Sie!“

Ein anderes Problem im Zusammenhang mit Unterstützung: Ich arbeite in der Ausbildung von Gestalttherapeuten; ein Teil dieser Ausbildung ist – sinnvollerweise – auch die Weitergabe von Wissen. Es ist erforderlich und sinnvoll, etwas zu wissen, aber es ist genauso erforderlich, dieses Wissen wieder „loslassen" zu können, d. h. durch Integration und Adaption zu „vergessen".

Bemühe Dich, nicht alles wissen zu wollen – sonst lernst Du gar nichts.
Demokrit

Nicht integriertes Wissen verengt oft die Sicht und lässt uns nicht offen sein für Neues. Die Physiker William Crookes, Nikola Telsa und Arthur Goodspeed haben Jahre vor Conrad Röntgen mit Röntgenstrahlung experimentiert. Doch keiner der drei begriff, welche Entdeckung ihm gelungen war. Dass sie Gegenstände durchleuchtet sahen, hielten sie für einen Fehler ihrer Fotoplatten. So war es Röntgen, der mit einem Bild der Handknochen seiner Frau berühmt wurde und für „eine neue Art von Strahlen" im Jahr 1901 den ersten Physiknobelpreis bekam. Offensichtlich war er bereit, sich immer wieder neu überraschen zu lassen und neue Erfahrungen nicht in alte Schemata zu pressen.

Hieran lässt sich auch die kritische Einstellung der Gestalttherapie gegenüber Diagnosen darstellen; auch sie stellen eine Gefahr für den therapeutischen Prozess dar, wenn wir als Therapeuten nicht immer wieder offen für neue Erfahrungen und Überraschungen sind.

Die Geschichte vom Töpfer – nach Dschuang Tse:
Es war einmal ein Künstler, der konnte Geräte runden, dass sie genau mit dem Zirkel übereinstimmten. Es lag ihm in den Fingern, so dass er sich gar nicht darüber zu besinnen brauchte. Darum blieb seine seelische Natur einheitlich, so dass ihr kein Widerstand entgegentrat. Wenn man die richtigen Schuhe hat, so vergisst man seine Füße, wenn man den richtigen Gürtel hat, vergisst man die Hüften. Wenn man in seiner Erkenntnis alles Für und Wider vergisst, dann hat man das richtige Herz; wenn man in seinem Inneren nicht mehr schwankt und sich nicht nach anderen richtet, dann hat man die Fähigkeit, richtig mit den Dingen umzugehen. Wenn man erst einmal soweit ist, dass man das Richtige trifft und niemals das Richtige verfehlt, dann hat man das richtige Vergessen dessen, was richtig ist.

Den letzten Satz könnten wir für unsere Zwecke sehr wohl auch umkehren und sagen: ‚Wenn man erst einmal soweit ist, dass man das richtige Vergessen dessen hat, was richtig ist, dann hat man erst die Fähigkeit, das Richtige zu treffen und niemals das Richtige zu verfehlen. Diese Lehrgeschichte könnte auch in das Kapitel, welches sich mit der Dualität und deren Überwindung befasst hineingehören. Nach und nach wird unser Weltbild „dualisiert".

Allzu oft ist der Wunsch nach Wissen der Wunsch nach Krücken; für mich ist es immer wieder neu wichtig, aber auch schwer zugleich, diese Art von Krücken zu verweigern.

Allzu groß ist die Gefahr, dass ich jenes gefräßige, nimmersatte „Warum-Ungeheuer" füttere. Jedes Warum führt nur zu neuen Warum. Perls:

> „Das Warum ergibt bloß eine endlose Fragerei nach der Ursache der Ursache der Ursache der Ursache der Ursache. Kein Wunder, dass die ganze Hetzjagd der Psychoanalytiker, herauszufinden, warum ich nun mal grade so bin, wie ich bin, nie zu einem Ende kommen kann ..."[328]

Und an anderer Stelle schreibt er – etwas weniger polemisch: „Die ‚Warum'-Fragen bringen nur schlagfertige Antworten, Vereidigungen, Rationalisierungen, Entschuldigungen und die Selbsttäuschung, dass ein Ereignis mit einer einzigen Ursache erklärt werden kann. Das ‚Warum' unterscheidet nicht Zweck, Ursprung oder Hintergrund. Unter der Maske der Frage hat es vielleicht mehr zur menschlichen Verwirrung beigetragen als kein einziges anderes Wort. Anders ist es bei ‚Wie'. Das ‚Wie' fragt in die Struktur eines Ereignisses hinein, und wenn erst die Struktur geklärt ist, dann sind alle ‚Warum' automatisch beantwortet."[329]

Je mehr jemand – so – fragt, desto weniger ist er bereit, wirklich zu lernen, wirklich zu wachsen. Eine Frage zu haben heißt auch, noch nicht reif für die Antwort zu sein.

> „Die meisten Fragen", so Perls, „sind bloß Erfindungen, um uns selbst und andere zu quälen. Der Weg, auf dem wir unsere eigene Intelligenz entfalten können, ist die Umwandlung jeder Frage in eine Aussage. Wenn du deine Frage in eine Aussage umwandelst, öffnet sich der Hintergrund, aus dem die Frage aufstieg, und der Fragende findet selbst die verschiedenen Möglichkeiten heraus."[330]

Es ist meistens einfacher, die Fragen zu beantworten, als das Nichtwissen auszuhalten und zu unterstützen.

> „Perls erkannte, dass das Fragen das Hauptmittel des Intellekts ist, der eigenen Selbstfindung zu entgehen. Wir versuchen, andere dazu zu verführen, für uns die Arbeit zu tun und mit dem Leid fertig zu werden. Die meisten unserer Fragen sind verhüllte Feststellungen. Wir schieben die Antwort hinaus, indem wir vorgeben, dass wir sie nicht wüssten. Der alte Gauner Bodhidharma soll gesagt haben: ‚Alle kennen den Großen Weg, aber nur wenige gehen ihn.' Er hätte noch hinzufügen können, dass diejenigen, die ihn nicht gehen, regelmäßig ausrufen: ‚Zeig ihn mir ... Gib mir eine Karte ... Welcher Weg ist es?'
> Eine Unterstützung wirklichen Helfens ist die Weigerung, viele Fragen zu beantworten. Dadurch sind die Schüler gezwungen, ihre eigenen reichhaltigen

Lebenserfahrungen zu Hilfe zu nehmen. Die Antwort eines anderen ist besten-
falls ein ‚Wissen um' bestimmte Dinge, die eigene Antwort hingegen ist ‚direktes
Wissen'."[331]

Im erleuchteten Bewusstsein – oder abnehmend auf dem Weg dorthin – werden unsere Fragen ja nicht beantwortet, sondern sie hören – im Lichte höherer Erkenntnis – auf Fragen zu sein. Sie sind nicht mehr möglich oder nötig, weil ihre Probleme, die auf falschen Voraussetzungen beruhten, nicht mehr existieren.

Im normalen Verlauf unseres Lebens können wir ähnliches beobachten: Geistige Entwicklung besteht nicht mehr so sehr in der Lösung unserer Probleme als in einem „Über – sie – hinaus – wachsen" Was wir intellektuell zu lösen imstande sind, sind nur die „kleineren" Probleme. Wenn wir alle Probleme, die uns begegnen, zu lösen versuchten, dann würde unsere Entwicklung bereits in ihren Anfangsstadien zum Stillstand kommen. Die meisten Menschen würden wohl unter der Last unlösbarer Probleme erdrückt werden.

Buddha vermied es darum, die geistige Entwicklung seiner Schüler durch Dogmen, metaphysische Probleme und „ewige" Wahrheiten aufzuhalten. Er bestand darauf, das „jeder seine eigene Leuchte" sein müsse, seinen eigenen Weg zu gehen habe, um den Dharma in sich selbst zu verwirklichen. Dies kann aber nur geschehen durch ein Herauswachsen über die Probleme, die der menschliche Intellekt von je her vergeblich zu lösen versuchte und die nur auf der Ebene des erleuchteten Bewusstseins überwunden werden können.

Das tröstliche ist, dass Buddha gleichzeitig darauf hinwies, dass wir, um diesen Zustand zu erreichen oder zu entwickeln, nicht in den Sternen zu suchen brauchen oder sonst irgendwo in jenseitigen Welten, noch in irgendwelchen Geheimlehren, sondern nur in uns selbst. Dort können wir alles finden, was zur Erreichung des höchsten Zieles vonnöten ist.

Während ich dies schreibe, fällt mir auf, dass – bezogen auf diesen Aspekt – Gestalttherapie und (Zen-)Buddhismus sehr gleich sind. Das ist schön.

An anderer Stelle habe ich davon gesprochen, dass es mir als Therapeut, als Gestalttherapeut inzwischen wichtiger ist, mit Fragen leben zu lernen, als nach Antworten zu suchen, die doch nur wieder in die nächste Frage münden. Dieses Hamsterrad tut niemandem gut.

Natürlich gibt es auch Fragen, die beantwortet werden können und sollen. Dazu bestehe ich jedoch immer auf eine Art „Vorarbeit":

- ■ Wie heißt ganz konkret die Frage und wer ist der Adressat? Wir erinnern uns daran, dass z. B. in einem Restaurant es wenig hilfreich ist, in den Raum zu sagen: „Ich habe Hunger". Solche Sätze brauchen einen konkreten Inhalt und einen ebenso konkreten Ansprechpartner.
- ■ Habe ich eine Vorstellung davon, wie eine Antwort, eine Reaktion aussehen müsste, damit ich sagen kann: „Ich hatte eine Frage, ich habe eine Antwort be-

kommen, die „Gestalt Frage" hat sich für mich geschlossen. Wenn ich nämlich keinerlei Vorstellung darüber habe, welche Antwort mich zufrieden stellen würde, dann werde ich niemals satt werden können. Dann ist die Schraube Frage hinter der Frage hinter der Frage hinter der Frage ähnlich wie ein Spiegelbild zwischen zwei Spiegeln eröffnet.

■ Kann der Adressat diese Antwort „leisten"? In einer Bäckerei bekomme ich keinen Stuhl. Oder ich möchte, dass meine Frau, mein Mann mich und nur mich für immer und ewig liebt, dabei ist die bestmögliche Antwort doch „nur": „Im Augenblick liebe ich Dich für immer!"

Wenn über diese Punkte Klarheit geschaffen ist, dann bin ich gerne bereit, mich mit ihm oder ihr zusammen auf die Suche nach einer Antwort zu begeben.

Unterstützung heißt in diesem Zusammenhang daher nicht, Fragen zu beantworten, sondern behilflich darin zu sein, die richtigen Fragen zu artikulieren. Ein Warum kann dann sinnvoll sein, wenn es mit dem Warum des Warum verbunden ist; d.h. wenn ich schon eine Frage nach dem Warum stelle, sollte ich mir Klarheit darüber verschaffen, warum dieses Warum für mich wichtig ist, warum meine ich diese oder jene Antwort zu brauchen? Was fange ich damit an? Bringt sie mich wirklich weiter? Ven Maha Sthavira Sangharakshita schreibt in diesem Zusammenhang folgendes:

> „Man könnte nun denken, dass die Leute Fragen stellen, um ihre Zweifel zu zerstreuen, geistige Verwirrungen zu klären und die Wahrheit zu erfahren. Dies trifft zugegebenermaßen in manchen Fällen zu. Meistens aber stellen die Leute Fragen, um keine Antwort zu erhalten. Eine wirkliche Antwort für das Leben wäre das Letzte, was sie wollten. Selbst wenn sie sie bekämen, wüssten sie mit ihr nichts anzufangen. Sie kämen sich wahrscheinlich vor wie ein kleiner Junge, der im Garten ‚Löwen und Tiger fangen' spielt und plötzlich vor einem wirklichen Löwen oder einem aus dem Zoo entsprungenen Tiger steht. Deshalb stellen sie weiter Fragen."[332]

Als ein Psychiater einen Zen-Meister fragte, wie er mit neurotischen Menschen umgehen würde, erwiderte dieser: „Ich fange sie!" „Und wie fangen Sie sie?" „Ich bringe sie an den Punkt, wo sie keine Fragen mehr stellen können!"

Je mehr der Lehrer antwortet, umso mehr verhindert er das Lernen. Das ist sehr schwer, für beide Seiten.

Erfahrung und Wissen – im Verhältnis dieser beiden Bereiche können wir eine weitere sehr prägnante Parallele zwischen der Gestalttherapie und der buddhistischen Lehre – insbesondere dem Zen-Buddhismus finden. Beide – Zen und Gestalttherapie lehnen Erklärungen ab, solange sie nicht direkter Ausfluss von eigenen Erfahrungen sind.

Zen kann man nur erfahren, nicht „erlesen".

Gestalttherapie kann man nur erfahren – Bücher und das daraus gewonnene Wissen ersetzen keinen therapeutischen Prozess.

Zen ist da ganz rigoros: Hier ist das Kissen – Setz dich hin – werde ruhig und zähle deinen Atem – das ist in der Regel alles, oder fast alles, was der Zen Schüler als erste „Einführung" bekommt. Alles andere kommt später. Wenn der Schüler eigene Erfahrungen mit dem Schmerzen der Beine gemacht hat oder damit, dass es mit dem ruhig werden so gar nicht klappen will, dann bekommt er – meist in homöopathischen Dosen – Erklärungen und Erläuterungen.

Der Teufel geht mit seinem Kameraden durch die Straßen einer großen Stadt. Der Freund des Teufels entdeckt einen Mann, der stehen bleibt und etwas aufhebt, das im Rinnstein lag. „Sieh dir nur mal diesen Mann dort an", sagt der Freund, „wie fröhlich er plötzlich ist. Was mag er da nur aufgehoben haben?" Und der Teufel erwidert: „Ein Stück Wahrheit, er hat ein Stück von der Wahrheit gefunden. Aber mach dir deswegen keine Gedanken." „Wie kannst du so sorglos sein?" fragt der Freund. „Ist das nicht gefährlich für dich? Wird es dich nicht bei der Arbeit behindern?" Der Teufel lächelt und geht weiter. „Überhaupt nicht", sagt er „wenn er nach Hause kommt, werde ich ihm dabei helfen, es zu ordnen und anzuwenden."

Sehr deutlich wird das, wenn wir in Abhebung zum Zen-Buddhismus uns den tibetischen Buddhismus anschauen. Hier gibt es ausführliche Unterweisungen und Anleitungen, die dem Schüler ganz genau beschreiben, was er zu tun hat und wozu die jeweilige Praxis dienen soll. Dann – und erst dann – darf der Schüler praktizieren. Zen und tibetischer Buddhismus sind hier geradezu diametral.

Erst kommen die Erfahrungen, dann das Gerüst von Wissen und Theorie, anhand dessen ich die Erfahrungen einordnen kann. Ein solches Gebäude ist wichtig, die Skepsis der Theorie gegenüber, die bei Zen und Gestalttherapie sehr ähnlich sind wäre falsch verstanden, wenn alles, was nach Theorie „riecht" immer gleich als „Bullshit" bezeichnet würde.

In der Therapie arbeite ich gerne mit „Hausaufgaben"; z. B. „Ich möchte Sie bitten, bis zur nächsten Sitzung sich selbst mehrfach täglich mit Namen anzurufen und ‚z. B. Bruno, was brauchst Du?' zu fragen; wenn möglich sogar laut." „Und was hat das damit zu tun, dass ich ständig Streit mit meiner Frau habe?"

Auf diese Frage gebe ich entweder gar keine Antwort oder: „Fragen Sie mich das, wenn Sie die Hausaufgabe eine zeitlang gemacht haben."

Es ist doch für jede wirkliche, wahre Einsicht charakteristisch, dass man sie gedanklich nicht formulieren kann, während es für jede schlechte Erkenntnis, für jede schlechte Analyse genauso charakteristisch ist, dass die „Einsicht" in komplizierte Theorien gefasst ist, die mit dem unmittelbaren Empfinden nichts zu tun haben (wollen?!).

Der Unterschied zwischen Psychoanalyse und Gestalttherapie besteht darin, dass in der Psychoanalyse der Patient alles genau verstanden, aber sich nichts geändert hat, während in der Gestalttherapie sich alles geändert, aber der Klient nichts verstanden hat.

358

Jahrelang habe ich diesen Satz – in typisch gestalttherapeutischer Arroganz – als eine Ohrfeige für die Psychoanalyse gehalten. Erst langsam wird mir klar, dass es genauso gut eine Ohrfeige für die Gestalttherapie sein könnte: Niemand kann so recht beschreiben, was geschieht – warum schon gar nicht; doch hinterher haben alle ein „gutes Gefühl". Ist das nicht ein bisschen wenig?

> *„Wenn ein Hund Schmerzen hat, jault er. Wenn nicht, macht er sich einfach keine Sorgen darum. Er fürchtet keine zukünftigen Schmerzen, bedauert keine vergangenen. Es scheint eine ganz einfache und natürliche Angelegenheit zu sein."*[333]

Einspruch, Herr Wilber, das hört sich für mich doch etwas zu naiv an. Etwas zu easy going, zu amerikanisch, zu esoterisch. Dieser Hund kann und soll doch kein Vorbild für mich sein. Es mag so sein, dass es gut für ihn ist, sich keine Sorgen zu machen und nicht ständig mit Vergangenem oder Zukünftigem beschäftigt zu sein. Dafür sind es dann andere für ihn, die sich darum sorgen, woher er morgen sein Fressen bekommt, wann er z. B. gegen welche Krankheit geimpft werden sollte etc. Da ich kein Hund bin, wächst mir nicht automatisch im Herbst ein Winterfell. Ich sollte mich im Herbst, wenn die Sonne noch schön warm scheint, um warme Kleidung, um Heizstoff für den Winter sorgen. Ich sollte, wenn ich bei schönem Wetter einen Berg besteige wissen, dass ab einer gewissen Höhe es empfindlich kalt sein wird. Darum nehme ich eine warme Jacke mit. Ich kann Vorsorge tragen, ihr Hund, Herr Wilber kann das nicht. Darum bleibe ich lieber ich.

Aber vielleicht geht es ja um den Unterschied zwischen „Sorgen machen" und „Gedanken machen". Darauf könnten wir uns einigen. Perls selber hat ja durchaus auch das Planen, d. h. Sorgen machen um die Zukunft „erlaubt", wenn er schreibt:

> *„Ich leugne keineswegs, dass alles seinen Ursprung in der Vergangenheit hat und zu weiterer Entwicklung neigt, aber was ich deutlich machen möchte, ist der Umstand, dass Vergangenheit und Zukunft sich fortwährend an der Gegenwart orientieren und zu ihr in Beziehung gesetzt werden müssen. .. Wir dürfen die Zukunft nicht ganz vernachlässigen – z. B. das Planen – und ebenso wenig die Vergangenheit (unabgeschlossene Situationen), aber wir müssen erkennen, dass die Vergangenheit vorbei ist, obwohl sie uns eine Reihe unfertiger Situationen übriggelassen hat, und dass Planung eine Leitlinie für unser Handeln sein muss, nicht eine Sublimierung oder Ersatz."*[334]

Wissen sollte uns nicht von der alltäglichen Praxis entfernen, sondern uns ihr näher bringen. Abgehobenes Wissen: Es gab in den Zen-Tempeln Japans eine alte Sitte: Gewinnt ein Wandermönch das buddhistische Streitgespräch mit einem der Mönche des Tempels, in dem er Unterkunft sucht, so kann er die Nacht über bleiben, wenn nicht, muss er weiterziehen. Eines Abends kam ein Wandermönch auf der Suche nach einem Nachtlager zu einem Kloster, in dem sich nur noch zwei Mönche aufhielten. Der eine Mönch war sehr gelehrt, aber da er an diesem Tag schon viele Stunden die Sutras studiert hatte, war er müde, und so bat er den anderen Mönch, seinen Bruder, der geistig etwas zurückgeblieben war und nur noch ein Auge besaß, das Streitgespräch zu führen. Der weise Mönch riet seinem etwas dummen Bruder, er solle es aber zur Bedingung machen, dass das Gespräch ohne Worte stattfinde. Etwa zehn Minuten später kam der Wandermönch zu dem gelehrten Mönch und sagte:

„Das ist aber ein schlauer Kerl, den du mir zur Debatte geschickt hast. Ich hatte keine Chance gegen ihn und möchte mich von dir verabschieden." „Bevor du gehst, erzähle mir doch bitte den Verlauf des Gesprächs", bat der Mönch. „Nun gut", sagte der Wanderer, „zuerst hielt ich einen Finger hoch – der repräsentierte Buddha. Daraufhin hielt dein Bruder zwei Finger hoch – für Buddha und seine Lehre. Da hielt ich drei Finger hoch – für Buddha, seine Lehre und die Gemeinde seiner Anhänger. Da hielt mir dein Bruder die geballte Faust vors Gesicht, was heißt, dass alle drei aus einer Wurzel und einer Erkenntnis stammen. Da sah ich ein, dass ich verloren hatte." Damit verabschiedete sich der Wandermönch und zog weiter. Kurz darauf traf der kluge Mönch seinen Bruder, der etwas verstört wirkte: „Ich hörte, du hast die Debatte gewonnen. Erzähle mir von deiner Kunst der Rhetorik." „Nun gut", sagte der Mönch, „es begann damit, dass der Wandermönch einen Finger hochhielt, um mich auf hochnäsige Weise zu beleidigen, weil ich ja nur ein Auge habe. Ich wollte aber höflich sein, mich nicht provozieren lassen, und so hielt ich zwei Finger hoch, um ihm zu seinen beiden gesunden Augen zu gratulieren. Da hielt doch dieser unverschämte Mensch drei Finger hoch, um zu zeigen, dass wir zusammen nur drei Augen haben. Das machte mich so wütend, dass ich ihm schließlich mit der Faust drohte – da nickte er stumm, als Zeichen, dass er mich verstanden hatte und ging."

Im Buddhismus sagen wir immer wieder, dass Weisheit und Mitgefühl notwendig sind, um hilfreich der Welt und sich selbst gegenüber zu sein. Weißheit ohne Mitgefühl nennen wir Verhärtung – Mitgefühl ohne Weisheit nennen wir Sentimentalität. Erst beides zusammen ist die Voraussetzung wirklich hilfreichen Handelns. Dabei ist die Reihenfolge letztlich egal, dies hängt wohl mit der jeweiligen persönlichen Affinität zu den einzelnen Wegen zusammen.

Interessant ist in diesem Zusammenhang, dass – so meine ganz persönliche Erfahrung – Frauen sich eher von dem tibetischen Buddhismus und Männer sich eher vom Zen angezogen fühlen. Darüber können kluge Leute nachdenken …

In „jungen Jahren" bin ich viel in der Welt herumgereist. Viel habe ich in dieser Zeit gelernt. Ich glaube, ein wichtiger Grund hierfür war, dass ich in den mir fremden Kulturen kein Wissens-Raster hatte, in das ich alle neuen Eindrücke einsortieren konnte. Da waren nur meine Eindrücke und sonst nichts, diese dafür umso stärker.

Es gibt vier Arten, Fragen zu beantworten

Welche vier Arten?
Es gibt die Art der einfach zu beantwortenden Frage,
es gibt die Art der ausführlich zu beantwortenden Frage,
es gibt die Art der durch eine Gegenfrage zu beantwortenden Frage,
schließlich gibt es die Art der Frage, die nicht gestellt und nicht beantwortet werden braucht.

Was ist eine einfach zu beantwortende Frage?
Eine einfach zu beantwortende Frage ist:
Ist die Gestalt vergänglich?
Ist das Empfinden vergänglich?
Ist das Bewusstsein vergänglich?
Sind die Eigenschaften vergänglich?
Ist die Erkenntnis vergänglich?
Das sind einfach zu beantwortende Fragen.

Was ist eine ausführlich zu beantwortende Frage?
Eine ausführlich zu beantwortende Frage ist:
Ist die Gestalt vergänglich?
Ist das Empfinden vergänglich?
Ist das Bewusstsein vergänglich?
Sind die Eigenschaften vergänglich?
Ist die Erkenntnis vergänglich?
Das sind ausführlich zu beantwortende Fragen.

Was ist eine durch eine Gegenfrage zu beantwortende Frage?
Eine durch eine Gegenfrage zu beantwortende Frage ist:
Kann man mit dem Auge alles erkennen?

Was ist eine Frage, die nicht gestellt und nicht beantwortet werden braucht?
Eine Frage, die nicht gestellt und nicht beantwortet werden braucht, ist:
Ist die Welt ewig – ist die Welt nicht ewig?
Ist die Welt endlich – ist die Welt unendlich?
Ist die Welt sowohl endlich als auch unendlich?
Ist die Welt weder endlich noch unendlich?
Sind Seele und Körper wesensgleich?
Sind Seele und Körper unterschiedlich?
Besteht der Vollendete nach dem Tod?
Besteht der Vollendete nicht nach dem Tod?
Besteht der Vollendete nach dem Tod sowohl als auch nicht?

Besteht er weder als auch nicht?
Das sind Fragen die nicht gestellt und nicht beantwortet zu werden brauchen.[335]

Für den Therapeuten ist die Versuchung groß, Fragen zu beantworten – und dann groß dazustehen; doch sind die „gewünschten" Antworten meist nichts anderes als Bestätigungen für das alte Welt- und Wertbild, die der Klient dem Therapeuten „entlockt". Alles Fragen ist das Verschließen der Augen vor der wirklichen Antwort, deren Kenntnis bereits in mir ist. Ich könnte Dir vielleicht diese oder jene Frage beantworten, aber was hätten wir davon? Lass uns lieber gemeinsam den alten Schmerz ansehen und unser Mitgefühl teilen. Selbstverständlich ist gegenwärtiges Verhalten „verursacht", jedoch ist es eine – oft gepflegte – Illusion, dass das Wissen um die Gründe bereits eine Veränderung sei.

Buddha vergleicht diese Suche nach dem Warum des Warum's mit einem Mann, der, von einem Giftpfeil getroffen, sich weigert, den Pfeil herausziehen zu lassen, bevor er nicht alle Einzelheiten über das Gift und darüber, warum auf ihn geschossen wurde, weiß.

Das Nahe liegende
Manche Menschen kommen in ein dunkles
Zimmer und beginnen emsig zu arbeiten.
Sie ergründen die Ursachen der Dunkelheit,
finden Schuldige und erstellen ein
mittelfristiges Konzept zur schrittweisen
Reduzierung der Finsternis.

Und dann kommt einer und
macht einfach das Licht an!

Wir sind es gewohnt, dass wir einem Problem, welches uns bedrängt mit einer ganzen Reihe von Fragen zuleibe rücken.

1. Warum ist dies oder jenes passiert? Diese Frage ist eine Ursache / Wirkungsfrage. Sie unterstellt, dass das, was geschehen ist, eine Ursache oder einen Grund haben muss. Dies klingt sehr logisch, ist aber in unserem Kontext nicht wirklich hilfreich.
2. Wer ist es schuld? Wen kann ich verantwortlich machen? Das ist die personelle Frage. Doch niemand ist schuld, ich kann niemanden beschuldigen.
3. Was fangen wir damit an? Was können wir dagegen tun? Das ist die operationale Frage. Diese Frage unterstellt, dass wir alles, was falsch läuft, „reparieren" können.
4. Wie können wir es wieder in Ordnung bringen? Das ist die Frage nach dem Prozess. Diese Frage geht davon aus, dass die „Reparatur" notwendigerweise einen bestimmten (Veränderungs-) Prozess nach sich zieht.

Sowohl im Zen-Buddhismus als auch in der Gestalttherapie ist klar, dass diese Fragen uns nur scheinbar weiter bringen. In beiden Bereichen gibt es im Grunde genommen nur zwei Fragen:

1. Was ist die Bedeutung von dem, was es zu sein scheint?
2. Was ist es, das es wirklich ist?

An anderer Stelle hatte ich diese Fragen zu der Frage zusammengefasst: „Warum ist dieses Problem ein Problem?" Selbstverständlich soll mit diesen Anmerkungen nicht gesagt werden, dass solche Fragen in unserem alltäglichen Leben nicht sinnvoll und hilfreich sein können. Doch spirituelles oder therapeutisches Wachstum lässt sich auf diesem Weg nicht erreichen.

Die Frage nach dem Warum ist unter Umständen aber auch wichtig; als Kinder hatten wir keine Möglichkeit, Erfahrungen und Gefühle, die wir hatten – wie auch immer – intellektuell zu strukturieren und so für uns fass- und erfassbarer zu machen.

Als Therapeut muss ich meine Aufmerksamkeit darauf richten, ob das Warum des Klienten dem Wunsch nach Wissen im Sinne von Annahme und Verarbeitung der eigenen Biografie entspringt oder ob es sich um ein intellektuelles Warum handelt, welches dem „sich Drücken" vor / um tangiert – berührt werden dienen soll.

Wichtig ist es mir, zu betonen, dass auch das letztere Warum nicht „falsch" ist; es verdient als Schutz und unter Umständen überlebenswichtige Strategie Raum und Beachtung. Aufgabe der Therapie ist es nicht, dem einen oder anderen Warum den Vorzug zu geben, sondern es jeweils bewusst zu machen.

Füttere ich mit dem Warum meinen Verstand oder mein Herz? Im ersten Fall verdient der Satz eines Klienten: ... ich weiß nicht ...' viel Beachtung und Unterstützung, zeigt er doch an, dass der Verstand aufgehört hat zu kämpfen.

,Ich weiß nicht' heißt: ich bin bereit, die alten Bewertungen und Gesetze zu relativieren, aufzugeben, habe aber noch nichts Neues. Über ein solches ,ich weiß nicht' freue ich mich als Therapeut immer wieder sehr.

Ist es doch ein Zeichen von Neuorientierung, Neustruktuierung und eine Chance neuer Erfahrungen.

Ich bin immer sehr kritisch, ob z. B. der Satz eines Klienten ,Ich möchte an meiner Verletzung (Trauer, Wut, Einsamkeit etc.) arbeiten' bedeutet ,Ich möchte mich mit diesem Gefühl befassen und ihm Unterstützung und Raum geben', oder ob ein solcher Satz des Klienten besser „übersetzt werden muss": ,Ich will das nicht fühlen; bitte Therapeut, mach' mir das weg!'

Auch dieser Wunsch ist nicht falsch; ich kann ihn sehr gut verstehen. Er sollte nur offen vorgebracht werden.

Die Vermittlung von Wissen, von Theorien birgt die Gefahr in sich, dass mein Einfühlen in die Geschichte des Anderen dadurch eingeengt wird, dass ich mich an irgendeiner – noch so guten – Theorie entlang bewege.

(„Aha, jetzt verdrängt er / sie ..., jetzt agiert er / sie dieses oder jenes aus ...")

Ähnlich wie mit dem „Wissen" verhält es sich mit Psycho-Büchern: Kann ich mich besser annehmen, mir mehr Sorgfalt und Unterstützung geben, so habe ich wohl ein gutes Buch gelesen; kann ich mich anschließend besser sezieren, mich selber dieses oder jenes Defektes verdächtigen, so habe ich mit Sicherheit ein schlechtes Buch gelesen! Schlechte oder wenig sinnvolle Bücher sind auch solche, die nur verwirren, weil sie Antworten auf Fragen geben, die gar nicht gestellt worden sind und weil sie Fragen beantworten, anstatt Hilfe darin zu geben, die richtige Frage zu stellen.

> *„Diese Bücher, in denen versucht wird, eine populäre Darstellung der Wissenschaft zu geben, kann ich nicht leiden. Sie geben sich dazu her, dass die Neugier der Leute im Hinblick auf die Wunder der Wissenschaft angestachelt wird, ohne dass sie etwas von der wirklich harten Arbeit leisten müssen, die nötig ist, um zu begreifen, worum es in der Wissenschaft geht."[336]*

Hier wird deutlich, dass die Arbeit des Suchens mit der des Findens untrennbar zusammengehört, dass Finden ohne Suchen wenig Sinn ergibt. In der Einleitung habe ich von der wenig hilfreichen Suche nach dem Grund des Grundes gesprochen. Das Drehen an dieser Schraube ohne Ende hilft uns wohl nicht weiter, ein Phänomen als das zu sehen und zu akzeptieren, was es ist, darin besteht die Lösung, die Befreiung und Wachstum ermöglicht. Das Rumpelstilzchen verliert nicht seine Bedrohung, weil wir die Gründe seiner Existenz erklären können, sondern weil wir es sehen und benennen!

> *„Hier stoßen wir auf eine merkwürdige und charakteristische Erscheinung in philosophischen Untersuchungen: Die Schwierigkeit – könnte ich sagen – ist nicht, die Lösung zu finden, sondern, etwas als die Lösung anzuerkennen, was aussieht, als wäre es erst eine Vorstufe zu ihr. ‚Wir haben schon alles gesagt. Nicht etwas, was daraus folgt, sondern eben das ist die Lösung!' Das hängt, glaube ich, damit zusammen, dass wir fälschlich eine Erklärung erwarten; während eine Beschreibung die Lösung der Schwierigkeit ist, wenn wir sie richtig in unsere Betrachtung einordnen. Wenn wir bei ihr verweilen, nicht versuchen, über sie hinauszukommen. Die Schwierigkeit ist hier: Halt zu machen."[337]*

Ich sehe meine Aufgabe als Therapeut oft darin, dieses Halt-machen zu unterstützen, ja, wenn es sein muss, selbstseziererisches Suchen zu unterbinden. Das Finden besteht darin, das Suchen, das auf der Suche sein als Ergebnis des Suchens zu akzeptieren. Der oft missverstandene Zen-Satz „Der Weg ist das Ziel" meint nichts anderes als die Fähigkeit des Halt-machens schätzen zu lernen. Perls selber hat keine konsistente Theorie der Gestalttherapie erstellt; er stand geschlossenen Konzepten sehr ablehnend gegenüber. Ähnlich wie Zen unterscheidet Perls auch zwischen Erklären, d.h. Errichten von verstandesmäßigen Modellen und Verstehen, womit die Übereinstimmung von Sätzen und Erklärungen mit dem wirklichen Leben gemeint ist. Perls:

„Solange du bei deinen Sinnen bist, solange du sehen und hören kannst und er-
kennst, was vorgeht, kannst du verstehen. Sobald du Konzepte lernst, wenn du
dich um bloße Information bemühst, verstehst du nicht, sondern erklärst
bloß.“[338]

Der erste Teil dieser Aussage unterstreicht die Bedeutung des Satzes: „Ich sehe, was
ich sehe, ich fühle, was ich fühle“, der an anderer Stelle ausführlich besprochen wurde. Nach meiner Erfahrung und Überzeugung stellt solches Verstehen den Kontakt
zwischen Klient und Therapeut her und macht ihn lebendig, während Erklären den
Kontakt einengt, ihm eine Hierarchie gibt, ihn abtötet.

Ich habe Schwierigkeiten mit der Theorievermittlung, weil ich skeptisch bin, ob
Wissen die Basis von Wachstum sein kann. Aber Wissen ist wichtig.

Meister Katagiri spricht über die Aneignung der Lehre:

„Lehren sind wichtig, doch woher kommen sie? Sie entspringen der Wahrheit,
dass wir das Leben einfach leben müssen, sie entspringen dem Prozess selbst. Die
Lehren sind nicht getrennt von uns, die Lehren, das sind wir.
Die Lehren müssen von uns kommen. Dann erst sind es wirklich Lehren. Es ist
gut, wenn wir die Lehren studieren, es wäre aber verkehrt, zu glauben, diese
Lehren seien wahres Handeln; wahres Handeln wird erst dann wahr, wenn die
Lehren, die wir gelernt haben, Haut und Muskeln, Knochen und Mark durch-
dringen und schließlich verschwinden. Dann verwandeln sie sich in Energie, die
uns trägt. Lehren haben keine Form, sie sind Energie, wenn sie Bestandteil un-
seres Handelns, unseres Lebens geworden sind.“[339]

Wenn ich in diesem Zitat das Wort „Lehre(n)“ jeweils durch „Wissen“ ersetze, ergibt
dies eine schöne Beschreibung dessen, was ich mit dem Problem der Wissensver-
mittlung meine. So versuche ich immer wieder einen Kompromiss zu schließen: Ich
versuche mein Bestes, mein Wissen weiterzugeben und die „Wissbegierigen“ versprechen mir, das Wissen wieder „loszulassen“.

So kann Wachstum entstehen.

Was das Lehren anbelangt, fühle ich mich am wohlsten, wenn ich die Kunst des
richtigen Vergessens lehren kann.

Taisen Deshimaru hat sich immer wieder geweigert, das, was er durch Zen vermittelte und lehre, mit begrifflichen Aussagen näher zu erklären. Er sagte selbst:

„Manche fragen mich, warum ich nicht Französisch lerne, obwohl ich in Frank-
reich lebe. Aber wenn ich diese Sprache könnte, hätte ich wahrscheinlich Lust,
meinen Schülern alles zu erklären, mit vielen Details, und das wäre dann sehr
kompliziert.“[340]

Eine Tasse Tee

Nanin, ein japanischer Meister der Meiji-Zeit (1868 bis 1912), empfing den Besuch eines Universitätsprofessors, der etwas über Zen erfahren wollte.

Nanin servierte Tee. Er goss die Tasse seines Besuchers voll und hörte nicht auf weiterzugießen.

Der Professor beobachtete das Überlaufen, bis er nicht mehr an sich halten konnte. „Es ist übervoll. Mehr geht nicht hinein!"

„So wie diese Tasse", sagte Nanin, „sind auch Sie voll mit Ihren eigenen Meinungen und Spekulationen. Wie kann ich Ihnen Zen zeigen, bevor Sie Ihre Tasse geleert haben?"

Von dem bekannten Taoisten Chuang Tzu gibt es den Satz:

„Jedermann weiß, wie nützlich es ist, nützlich zu sein, und niemand weiß, wie nützlich es ist, nutzlos zu sein.

Wo finde ich den Menschen, der die Worte vergisst, auf dass ich mit ihm reden kann."

Dies ist die „fortgeschrittenste" Beschreibung vom Dienen und Reden, die ich kenne. Ich kann diesem Satz immer wieder neu staunend zuhören.

Ein Mönch bat Shifuku um Unterweisung. Shifuku stieß ihn zu Boden und schrie: „Solange ich hier lebe, habe ich noch nie einen Mönch geblendet."

Hsüansha Shihpei (Gensha Shibi) saß eine Weile still am Pult, ohne ein Wort zu sagen. Die Mönche dachten, er werde wohl keine Darlegungen geben, und begannen sich zurückzuziehen. Der Meister sagte: „Wie ich sehe, seid ihr alle vom gleichen Holz. Nicht einer von euch besitzt genügend Scharfblick, die Dinge richtig zu sehen. Ihr seid gekommen, um zu sehen, wie ich den Mund aufmache, und wollt euch meine Worte aneignen in dem Glauben, sie seien letzte Wahrheit. Ein Jammer, dass ihr alle nicht seht, worum es geht. Wenn ihr so bliebet – welch eine Tragödie!"

„Wer sich an den Buchstaben der Bücher hält, dessen Herz ist wie mit einer Hülle bedeckt. Kann aber jemand durch das gesetzliche (vordergründige) Verständnis zur Tiefe durchblicken und, die Undeutlichkeit des Buchstabens wie einen Vorhang zerteilend, in das Verborgene eindringen, so wird ihm ... die Hülle fortgenommen und er gewinnt wirkliches Erfassen."

Der letzte Abschnitt ist ein – nur leicht – verfälschtes Zitat. Im Original stammt es von dem christlichen Mystiker Basilius von Caesarea (330 - 379).

Basilius beschreibt dort, wie die Bibel zu lesen sei.

Das Interessante daran ist, dass auch hier der Unterschied zwischen kontaktlosem Wissen und offenem, lebendigem Erfassen gemacht wird.

Nun das Originalzitat:

„Wer sich an den Buchstaben der Heiligen Schrift hält, dessen Herz ist wie mit

einer Hülle bedeckt. Kann aber jemand durch das gesetzliche (vordergründige) Verständnis zur Tiefe durchblicken und, die Undeutlichkeit des Buchstabens wie einen Vorhang zerteilend, in das Verborgene eindringen, so wird ihm wie Moses, als dieser mit Gott redete, die Hülle fortgenommen und er gewinnt die geistige Schau."[341]

Der Wunsch nach „Wissen" kommt meines Erachtens allzu leicht als Wunsch, perfekt zu sein oder als Nicht-Zulassen-Können, etwas nicht zu wissen, unsicher, nicht perfekt zu sein, zum Vorschein.

Eine Beziehungsstruktur, die sich daran orientiert, Fehler zu vermeiden, wird einer „normalen" Beziehungsaufnahme nicht gerecht.

Fehler und Etwas-nicht-Wissen sind normale Bestandteile jeder Beziehung. Dazu gehört auch, dass ich nicht beteuere, ein Mensch mit Schwächen und Fehlern zu sein, sondern dass ich dieser Mensch auch tatsächlich bin.

Ich erinnere mich an einen Workshop meines Lehrers Stuart Alpert, in dem dieser krank und energielos war. Es gab keine Versuche der Rechtfertigung oder des Werbens um Verständnis; er war einfach krank; nicht mehr und nicht weniger. Heute kann ich sagen, dass ich damals – im oben beschriebenen Sinne – am meisten gelernt habe.

Damals war ich jedoch zu arrogant und zu dumm; es war leichter für mich, wütend und enttäuscht über ein – vermeintlich – unausgewogenes Preis- / Leistungsverhältnis zu sein, „... und dafür bezahle ich auch noch all das schöne Geld ... !?", als meine Lektion über Mensch- und Echtsein zu lernen!

Wenn ich mich daran erinnere, fühle ich mich heute noch beschämt.

Ich möchte ausdrücklich nochmals betonen, dass ich Wissen und Theorien als sehr wichtig ansehe. Wissen kann mir eine Struktur geben, kann mir Klarheit der Wahrnehmung geben. Die in Psychokreisen oft zu beobachtende Theoriefeindlichkeit, die einer Arbeit „aus dem Bauch heraus" das Wort redet, halte ich so für verantwortungslos. Zumindest solange, wie dieser „Bauch" losgelöst vom „Kopf" ist, bzw. Bauch und Kopf leer sind. Eine Theorie ist das Gerüst, das ich brauche, um Klarheit darüber zu haben, was ich als Therapeut warum mache.

Wenn ich mich jedoch nur auf theoretisches Wissen – d. h. Information von außen – verlasse, kann ich schnell „untergehen":

Ein fettes Schwein kam eines Tages an einen Fluss. Sehnsüchtig blickte es zum anderen Ufer, weil es dort einen wunderschönen, frisch angelegten Komposthaufen erblickte, mit verlockend herüberleuchtenden Essensresten, Kartoffelschalen und allerlei anderen Leckerbissen.

Das Schwein jedoch konnte nicht schwimmen. „Wie tief der Fluss wohl ist? Ob ich da einfach hinüberwaten kann?" sprach es zu sich selbst.

„Aber selbstverständlich!" sagte ein Maulwurf, der gerade aus seinem Hügelbau herausgekommen war und das Selbstgespräch des Schweins gehört hatte.

„Meinst du wirklich?" sagte das Schwein freudig.
„Nur zu, das Wasser ist ganz flach", erwiderte der Maulwurf.
Er hatte das letzte Wort noch nicht zu Ende gesprochen, da war das Schwein
schon hinunter ans Wasser gelaufen und hineingesprungen. Augenblicklich ver-
sank es, weil seine Beine vergeblich nach Grund tasteten. Mit allerletzter Kraft
strampelte und paddelte es ans Ufer und stellte den Maulwurf wütend zur Rede.
„Merkwürdig", sagte der Maulwurf, „den Enten reicht das Wasser immer nur
bis zur Brust."

Perls war ein hervorragender, charismatischer und intuitiver Therapeut. In der Theorie aber war er schwach, er hat kein stringentes Theoriegebäude hinterlassen, sich selber oft widersprochen und wissenschaftliche, theoretische Bemühungen als Bullshit verunglimpft. So oder ähnlich wird oft gesprochen. Und darum kämpft bis heute die Gestalttherapie um ihre wissenschaftliche Reputation. Sollen wir das überhaupt? Ich will diese Diskussion hier nicht vertiefen, sondern lediglich einige Anstöße und Gedanken äußern.

Der Aufruf eines englischen Kollegen am Kongress der klientenzentrierten Psychotherapeuten im Juli 1997 in Lissabon klingt kämpferisch:

„Wessen Spiel spielen wir? Beabsichtigen wir, unseren Platz auf der therapeutischen Bühne zu gewinnen, den Glanz und die Billigung durch die Regierung mit den kognitiven Behavioristen, den pharmakologischen Experten und, wo sie immer noch Glaubwürdigkeit besitzen, mit den Analytikern und psychodynamischen Praktikern zu teilen? Ist es das, wofür unsere Forschung letztendlich steht? Glaubwürdigkeit in den Augen derer herzustellen, die die Tonart bestimmen und die Rechnung zahlen? Die Frage ist natürlich, ob wir dies tun können, ohne unsere Seele zu verlieren, wenn man mir diese spirituelle Metapher verzeiht. Es ist offensichtlich, dass die meisten von uns mit Aufgaben beschäftigt sind, die, wie uns scheint, wenig Gemeinsamkeiten haben mit der so genannten Psychotherapie, die von Krankenkassen und Versicherungen zunehmend verlangt wird. Könnte es sein, dass wir unsere Integrität sichern und erhalten müssen und mit dem Versuch aufhören sollten, die Akzeptanz derjenigen zu erlangen, die die finanziellen Mittel in der Hand haben und die Macht ausüben? In meinem Herzen weiß ich die Antwort, aber einer solchen Stimme zu folgen, würde ein Maß an Mut, Kraft und Glauben fordern, das wir bis jetzt noch nicht besitzen."

In mehr oder regelmäßigen Abständen kommt immer wieder die Diskussion nach der „wissenschaftlichen Fundierung" von Psychotherapie, von Gestalttherapie auf. Dies ist jedoch meistens eine Scheindiskussion. Es geht weder um „Wissenschaftlichkeit" noch um das „Wohl des Klienten / Patienten", was ja immer so schön „im Mittelpunkt unserer Interessen – uns sehr am Herzen liegt" oder wie dererlei scheinheilige Begründungen auch immer sein mögen. Es geht um Geld und die Zulassung zum Geldverdienen. Bekannterweise sind seit dem neuen so genannten Psychotherapeutengesetz noch nur wenige Therapieverfahren über die Krankenkassen abrechenbar. Dies sind die Psychoanalyse und die Verhaltenstherapie. Andere Verfahren wie die Gestalttherapie, die Gesprächspsychotherapie oder auch das Psychodrama versuchen immer wieder an die Fleischtöpfe der Krankenkassen zu kommen, bislang und wohl auch weiterhin ohne Erfolg.

Es geht angeblich um stichhaltige, wissenschaftlich fundierte Wirksamkeitsuntersuchungen. Jeder, der sich mit „wissenschaftlichen" Untersuchungen beschäftigt, weiß wie fragwürdig und interessengeleitet die Ergebnisse bestimmter Studien oft sind. Der Satz „Es ist wissenschaftlich belegt, dass...." macht mich eher misstrauisch als das er mich überzeugt.

Kann man denn Therapie tatsächlich messen? Kann man Gestalttherapie messen? Nach meiner Überzeugung ist lediglich die klassische Verhaltenstherapie in der Lage, messbar zu sein. Jemand, der Angst vor Hunden hat, wird, wenn er einen Hund trifft, bestimmte Pulswerte, Herzfrequenzen, PGR-Werte etc. haben. Diese Werte werden sich wahrscheinlich deutlich unterscheiden, je nachdem, ob er Angst hat, oder ob er sie mit Unterstützung der Verhaltenstherapie abgebaut hat.

Psychoanalyse ist ein Denk- Menschenentwurf, dem ich zustimmen kann oder nicht, den ich als in sich plausibel oder auch nicht empfinden kann – aber „wissenschaftlich" beweisen lässt sich dieses System nicht.

Ich erinnere mich an ein Seminar im Laufe meines Studiums: „Experimentelle Überprüfung Freud'scher Theorien". Es sollte überprüft werden, ob „oral frustrierte Männer" Frauen mit großen Brüsten besonders anziehend finden. Dazu gab es Bilder mit Frauenbrüsten in unterschiedlicher Größe, die Männern gezeigt wurden, die nicht oder kaum gestillt wurden. Dabei wurde der sog. PGR (Psycho Galvanische Reaktion) gemessen. Die These war nun, dass der PGR Ausschlag bei der Gruppe der oral frustrierten signifikant größer sein müsste als bei der Kontrollgruppe der normal gestillten Männer. Die Messdaten könnten diese These nicht untermauern. Gleichwohl galt die Theorie „Oral frustrierte Männer bevorzugen Frauen mit großen Brüsten" als bestätigt. Zwar unterschieden sie sich nicht hinsichtlich der Messdaten, aber sie bevorzugten trotzdem Frauen mit großen Brüsten, konnten es aber aus Gründen der sozialen Erwünschtheit nicht zugeben! Und schon hatten wir einen wichtigen Beitrag zur wissenschaftlichen Fundierung Freud'scher Überlegungen erbracht.

In der Entwicklungspsychologie wurden wir von unserer Professorin über viele Semester mit endlosen Untersuchungen zu vielen Fragen und Problemen der Entwicklungspsychologie drangsaliert. Erst heute bin ich sehr dankbar dafür. Denn was uns allen damals als nervig und sinnlos erschien, war, dass nach fast jeder Untersuchung, die A herausgefunden hatte, eine Untersuchung, die B belegte, dargestellt wurde. Die Botschaft: „Seid nicht leichtgläubig – braucht euren eigenen Kopf", die, so meine ich heute, dahinter steckte, habe ich damals nicht erfasst. Ich war nur genervt. Wer hat wie mit welchen Mitteln was und in wessen Auftrag untersucht? Das sollten wir uns fragen lernen.

Wir sollten seriös und wissenschaftlich nicht verwechseln. „Empirisch wahr" und „empirisch unwahr", „logisch wahr" und „logisch falsch", ganz zu schweigen von „plausibel" und „nicht plausibel" sind vollkommen unterschiedliche Größen. Selbst wenn die eine oder andere Therapieform in ihrer Wirksamkeit überprüft zu sein scheint, so heißt das im konkreten Einzelfall gar nichts. Es gibt Untersuchungen, in denen man die Hirnströme meditierender Zen-Mönche gemessen hat. Es wurde festgestellt, dass sich die Hirnströme während der Meditation deutlich verändern Bei Menschen, die seit vielen Jahren meditieren, zeigte sich im EEG eine erhöhte Aktivität im Gammaband bei 40 Hertz und eine Zunahme der Hirnaktivität durch Synchronisation der Hirnareale. Das löst ein umfassendes Wohlgefühl aus. Langsame Theta-Wellen bei Meditierenden gelten schon seit langem als Zeichen von tiefer Ruhe und Frieden im Bewusstsein. Was nützen mir auf meinem Zafu solche Untersuchungsergebnisse?

Die klassischen „Wissenschaftlichen" Kriterien Wiederholbarkeit, Unabhängigkeit, Vorhersagbarkeit, Objektivität, Reliabilität, Validität können weder den therapeutischen Prozess, noch die therapeutische Beziehung abbilden. Die einzige und ewig wahre Wissenschaft gibt es nicht. Die Wissenschaft ist kulturbedingt und unterliegt Zeitgeistströmungen, Moden und Machtkämpfen und in der empirischen Sozialforschung, psychologischen Testtheorie und Statistik gibt es zahlreiche Erscheinungen, die sich in nichts von magischen Ritualen und zahlenmystischem Gebaren unterscheiden. Die Gründe sind einfach:

- Mathematik und Statistik sind für psychologische, psychotherapeutische und sozialwissenschaftliche Fragestellungen nicht entwickelt worden, sondern für naturwissenschaftlich-technische Fragestellungen
- Da man mit Zahlen, Mathematik und Statistik fälschlicherweise die Idee der Wissenschaftlichkeit verbindet, greift man ganz pragmatisch auf das zurück, was man hat und vorfindet. Und die moderne EDV setzt nun endgültig jeden Dünnbrettbohrer in die Lage, etwas rechnen und eine Signifikanz ausgeben zu lassen: streng „empirisch-exakt" natürlich.

Wir brauchen in der Psychologie- und Psychotherapieforschung, wenn wir auf die Arbeit mit Quantitäten nicht verzichten wollen, einen neuen Zahlentyp, der dem Unklaren, Unscharfen und Flüchtigen unserer therapeutischen Arbeit, der Beziehung zwischen Klient und Therapeut und dem therapeutischen Prozess Rechnung trägt. Im Grunde verlangt man von der Mathematik einen paradoxen Quantensprung: Sie, die angebliche Königin der Klarheit und Exaktheit, soll sich mit Unscharfem, Unklarem, Unexaktem beschäftigen und hierfür eine Axiomatik und Logik entwickeln! Wer immer „richtige wissenschaftliche" Psychologie betreiben und auf Quantitäten nicht verzichten will, der kommt hieran nicht mehr vorbei. Erste Ansätze sind auch in der Entwicklung von Fuzzy-Konzepten, nichtlinearen Systemen, neuronalen Netzwerken, der Chaos- und Komplexitätsforschung zu erkennen.

Die Frage ist, ob wir uns auf die plakative, vereinfachende und unter Umständen gefährliche, auf jeden Fall aber faszinierende Formel „Wer heilt hat Recht" zurückziehen können oder sollten. Gerade diejenigen, die immer wieder scheinheilig behaupten, dass es ihnen „ja nur um das Wohl des Menschen" ginge, sollten sich dann doch über jeden „geheilten" Klienten, Patienten, Menschen freuen. Ich erinnere mich an den unsäglichen Fernsehpfarrer, -talker und -ranschmeißer Jürgen Fliege. Immer wieder brachte er in seinen Sendungen Menschen auf die Bühne, denen durch irgendwelche, meist sehr merkwürdige Menschen oder Verfahren geholfen worden ist. Diese Menschen konnten – für mich oft durchaus glaubwürdig – berichten, dass ihnen in schweren, belastenden Situationen geholfen wurde, dass sie Heilung erfahren haben. Gerne gebe ich zu, dass es mir auch oft schwer fiel, mich an den Fortschritten dieser Menschen zu erfreuen und ihnen ihre Heilungen zu „gönnen". Doch gleichzeitig dachte ich immer wieder „wer bin ich, dass ich mir anmaßen kann, über diese Fortschritte, über diese Heilungen arrogant zu richten?" „Wissenschaftlich" war jedenfalls keines der dort gezeigten Verfahren zu nennen. Wer durch einen Edelstein, durch Gesundbeten, durch ein Kupferarmband ein neues, belastungsfreies Leben dauerhaft führen kann, hat es meiner Meinung nach verdient, dass wir uns mit ihm freuen. Ich kenne genug „wissenschaftlich" fundierte Therapeuten, zu denen ich meine schlimmsten Feinde nicht schicken würde!

Sehr interessant finde ich in diesem Zusammenhang, dass die Intuition – nach meiner Überzeugung eine sehr wichtige, aber nicht messbare therapeutische Variable – zunehmend wissenschaftlich „hoffähig" wird.

Michael Buchholz hat auf dem dritten Berliner Psychotherapeutentag am 1. September 2007 einen hochinteressanten Vortrag zu diesem Themenbereich gehalten; dieser Vortrag sollte schleunigst zur Pflichtlektüre aller Ausbildungskandidaten der Gestalttherapie – und nicht nur da – erklärt werden! Einige Gedanken aus diesem Vortrag sollen hier wiedergegeben werden:[342]

Hühnerzüchter wollen um des Eierlegens willen nur Hennen aufziehen. Küken müssen deshalb im Alter von einem Tag entsprechend sortiert werden, aber die Untersuchung durch einen Tierarzt wäre nicht nur teuer, sondern auch zeitaufwendig. Es hat sich nun herausgestellt, dass es bestimmte Leute gibt, die auf Anhieb sagen können, ob es sich um ein männliches oder um ein weibliches Küken handelt. Meist sind das Frauen, aber nicht nur. Alle möglichen Untersuchungen haben bislang nicht heraus gebracht, wie sie das machen und auch sie selbst können es nicht sagen. Aber es klappt

Gleich noch ein ganz anderes Beispiel. Georgios Dontas ist Präsident der Archäologischen Gesellschaft in Athen. Er erhielt im Juni 2005 vom Getty-Museum in Los Angeles eine Statuette mit der Mitteilung, die monatelangen High-Tech-Untersuchungen, u. a. mit dem Elektronenmikroskop, hätten ergeben, dass diese Marmor-Statuette als echt und als einige tausend Jahre alt zu qualifizieren sei. Aber als er die Statuette beim ersten Mal erblickte, habe er ein Gefühl gehabt, als

sei „eine Glasscheibe zwischen mir und dem Werk". Andere hinzugezogene Kunst-
experten fühlten nur, dass etwas „faul" sei, ohne ihr Unbehagen begründen zu kön-
nen. Erneute Untersuchungen der Statuette, für die ein Kunsthändler 10 Millio-
nen Dollar verlangt hatte, erwiesen sie schließlich als Fälschung. Innerhalb von
wenigen Sekunden war der Kenner zu einem richtigen Urteil gelangt.
Ein Polizeibeamter auf dem Flughafen in Los Angeles beobachtet die ankom-
menden Fluggäste beim Auschecken. Mit traumwandlerischer Sicherheit und
einer beachtlichen Trefferquote „fischt" er die Menschen heraus, die Drogen
schmuggeln; er kann nicht sagen, wie er dies macht.

Buchholz referiert den Mediziner und Chemiker Polanyi (1891-1976), den Philosophen Blumberg und den Pädagogen Neuweg und verbindet deren Ansätze; am Ende
seines Vortrages stellt er dann fest:

Offensichtlich liegen die Philosophie Blumenbergs, die Wissenschaftslehre Pola-
nyis, Stufenlehren der Pädagogik und der empirischen Forschung zur therapeu-
tischen Habitusformation nahe beieinander. Vielleicht geht es uns wie dem Ar-
chäologen: dass wir darin etwas finden, was wir immer schon gewusst haben.
Buchholz zu Polanyi: Polanyi ist ein für unsere Thematik interessanter Autor,
weil er von der harten Naturwissenschaft über erkenntnistheoretische Themen
bei Grundfragen einer philosophischen Anthropologie und Psychologie an-
kommt. Für ihn ist Wissenschaft etwas, das nicht durch Regeln (des logischen
Schließens oder der Falsifikation etwa) zu verstehen ist, sondern durch einen
letztlich nur metaphysisch verstehbaren Glauben an die Existenz einer Wahr-
heit; Polanyi ist überzeugter Realist und könnte es als ein durch die harte Schu-
le des naturwissenschaftlichen Labors gegangener Wissenschaftler gar nicht an-
ders sein. Aber purer Empirismus, bloße Ansammlung von Daten scheint ihm
selbst im Labor sinnlos, wenn nicht ein Forscher dabei ist, der Muster oder Ge-
stalten zu erkennen in der Lage wäre. Ohne das, was Kant Urteilskraft genannt
hatte, könnten Daten nicht in Ordnungen gebracht, Gestalten nicht wahrge-
nommen und Muster nicht mit anderen Mustern verglichen werden. Interes-
santerweise erläutert Polanyi das am berühmten Menon-Paradox aus dem Ge-
spräch des Sokrates mit jenem Menon. Sokrates erläutert dem verblüfften Schü-
ler, wie der Mensch denn etwas entdecke? Wenn er es schon weiß, dann sucht er
es nicht, denn er kennt es ja schon. Wenn er aber gar nichts davon weiß, dann
weiß er auch nicht, worauf er seine Suche richten soll und entdeckt es auch nicht,
selbst wenn er es vor der Nase hätte. Und Polanyi fügt hier an:
„Aber wie kann man ein Problem erkennen, ein beliebiges Problem, ganz zu
schweigen von einem guten und originellen? Denn ein Problem sehen heißt: et-
was Verborgenes sehen. Es bedeutet, die Ahnung eines Zusammenhangs bislang
unbegriffener Einzelheiten zu haben"
Und diese Ahnung bezeichnet Polanyi als implizites Wissen. Man muss – eben

wie Einstein oder Freud oder der Archäologe oder die Hühnerzüchter – etwas schon wissen, damit man es auch „sehen" kann. Das macht verständlich, wie wir neuen Situationen begegnen und sie als neu erkennen, obwohl wir sie auf der Grundlage eines alten, schon verfügbaren Wissens bewältigen.

Psychotherapeutische Kompetenz sich als Wissensanwendung vorzustellen, entspringt einem Kategorienfehler. Wer sich gekonnt verhält, tut das nicht deshalb, weil er ein set von Regeln schon im Kopf hätte, sondern weil er sich so verhält, als ob er diese Regeln im Kopf hätte. Eben deswegen tun sich Profis wie der Athener Archäologe, so schwer damit, ihre Wissensbasis zu explizieren. Sie haben einfach „ein Gefühl" und wollen ansonsten in Ruhe gelassen werden. Können, so dürfen wir festhalten, ist verkörpert, es ist dynamisch und es ist situiert. Damit kann es auch als flüchtig bezeichnet werden.

Genau das macht die Situation des professionellen Psychotherapeuten aus. In seiner Arbeit verhält er sich, als ob er Regeln folge und „knowledge" anwende, während er wahrscheinlich vielmehr von dem, was Polanyi als „knowing" bezeichnet, betreibt. Er ist körperlich präsent und folgt den Signalen seines Körpers, er handelt in Situationen und er kann das nur, soweit er im Fluss der Ereignisse mitschwimmt, also soweit er sich dynamisch einstellt. Aus der hier entwickelten Sicht wäre somit der Versuch, Psychotherapie zu manualisieren, ein schwerer Fehler, weil damit das Können des Psychotherapeuten einem fremden Regime, dem statischen Knowledge, unterworfen würde.

Können erwirbt man nur durch eigene Praxis, durch Versuch und Irrtum, durch Herausfinden der Regeln und deren Ansammlung zu einem Erfahrungsschatz. Solcherart erworbene Regeln können nur im Nachhinein reflektiert werden. Dabei kann man sich täuschen, wenn man meint, man habe Regeln „angewendet". Hier gilt, dass Können immer nur so aus sieht , als ob es von Regeln geleitet sei, die dann nachträglich rekonstruiert wurden. Aber wenn man Können allein von Regeln her aufbauen wollte, würde man scheitern.

Besonders interessant werden diese Ausführungen für unser Thema, wenn verschiedene Stufen eines Lernprozesses – etwa in der Ausbildung zum Psychotherapeuten – aufgeführt werden.

In einem ersten Novizenstadium wird der Lernende mit gleichsam ‚schriftlichen' Instruktionen ausgestattet. Der Novize lernt jene abstrakten Merkmale kennen, die eine Aufgabe bestimmen. Diese Merkmale sind nichtsituational; sie erfordern gerade nicht, dass der Lernende sich auf die Situation einlässt. Der Lernende, etwa ein Fahrschüler, lernt kontextunabhängige Regeln. Charakteristischerweise müssen Leute, die dieses Stadium längst hinter sich gelassen haben, sich angestrengt daran erinnern, welchen Regeln sie eigentlich folgen – so haben etwa Krankenschwestern, bei denen jeder Handgriff längst „sitzt", Mühe, diese Schritte zu lehren.

Im Stadium des fortgeschrittenen Anfängers begreift der Lernende die Wiederkehr einzelner bedeutungsvoller Elemente, die nicht über präzise Definitions-

regeln erfassbar sind, sich deshalb auch nicht eindeutig lehren lassen, sondern voraussetzen, dass der Lernende sich im Problemfeld schon länger aufhält. Dazu gehören etwa die Fähigkeiten von Hundehaltern, verschiedene Arten des Bellens zu unterscheiden oder das, woran wir erkennen, dass ein anderes Auto, das auf eine Kreuzung zufährt, halten wird. Solche Momente werden als physiognomische Elemente bezeichnet, weil sie das „Gesicht" einer Situationsgestalt erfassen. Hier müssen Lernende auf präzise Definitionen situationaler Aspekte geradezu verzichten, man muss an Beispielen lernen. Der Lernende bleibt aber gleichsam „Pedant", weil er sich noch arg an Regeln hält selbst dann, wenn die Gesamtsituation eigentlich den Regelverstoß verlangt.

Deshalb ist die zentrale Errungenschaft der dritten Stufe das Kompetenzstadium. Hier begreift der Lernende, dass er mit einer Perspektive an die Situation herantreten muss, die gestattet, die einzelnen Aspekte und physiognomischen Elemente nicht mehr absolut zu nehmen, sondern zu gewichten – aus der perspektivischen Betrachtung der Gesamtgestalt heraus. Autofahrer wollen an einem Ziel ankommen und erwägen verschiedene Wege, beschleunigen kurz vor dem Rotwerden der Ampel noch rasch etc. Aber der Lernende benutzt immer noch ein Kalkül, auch wenn sein emotionales Involvement schon weit höher ist und als solches bemerkt wird. Denn er fühlt sich verantwortlich, auf ihm lasten Folgen von Entscheidungen.

Im Stadium des gewandten Könnens erkennt der Lernende Situationen als Ganzes, erwirbt mit der Fähigkeit zum Handeln aus einer gewählten Perspektive entschieden Urteilskraft; er durchdenkt Situationen nicht mehr sequentiell step-by-step, sondern handelt auf der Basis ganzheitlichen, intuitiven Erkennens von situativen Ähnlichkeiten so wie wir Gesichter erkennen, nämlich ohne die Merkmale im Einzelnen zusammenzufügen. Der Lernende hat eine Vorstellung über den erwartbaren, „normalen" Ablauf der Dinge, wo kein Eingreifen erforderlich ist und gestaltet damit intuitiv Erwartungen weiter aus. Er folgt weniger präzisen Regeln als offenen Maximen. Ein guter Lehrer erkennt sofort, wenn die Arbeit einer Schülerprojektgruppe nicht „läuft", muss aber auf diesem Niveau noch überlegen, wie er eingreift.

Wer zu dieser Stufe gelangen will, kann nicht mehr durch Begrifflichkeit, Analyse und Verbalisierung, unterrichtet werden; er muss vielmehr an prototypischen Situationen lernen. Im Fall der psychotherapeutischen Weiterbildung käme hier die Konfrontation mit Fallbeispielen ins Spiel, die in Vieldeutigkeit und Detailliertheit alltäglichen Situationen real vergleichbar sind. Hier auf kontextfreies Regelwissen oder auf Anwendung allgemeiner Theorien zu rekurrieren würde Lernende, die diese Stufe erreicht haben, nur frustrieren.

Im fünften Stadium des Könnens Intuitives Handeln wird die Antwort nun gleichsam automatisch ausgelöst. Nicht mehr auf Elemente wird regelgeleitet reagiert, sondern Elemente haben sich zu komplexen Situationen und Klassen von Situationen gruppiert, für die Handlungsalternativen und Antworten zur

Verfügung stehen, die bildhaft und nicht begrifflich im Gedächtnis aufbewahrt sind.

Auf dieser Stufe entfällt strategisches Planen, weil es Antipode zum Intuitiven Handeln wäre, dem jetzt viel mehr zugetraut wird. Das physiognomische Erkennen von Situationen, das verkörperte Wissen, die situative Teilhabe ermöglichen intuitiv richtiges Reagieren unter Verzicht auf sämtliche relevante Informationen; die Situation als ganzes wird erkannt.

Nicht Planung für die Zukunft, sondern das Erkennen der Rolle der Gegenwart ist hier einer der entscheidenden Lernschritte. Diese Zielorientierung des Handelns ohne bewusste Zielsetzung, kommt dem psychotherapeutischen Kompetenzerwerb sehr nahe, was aufregend deshalb ist, weil in diesem Modell ganz andere Lernentwicklungen zu Könnerschaften beschrieben werden. Dies Modell ist für nicht-psychotherapeutische Situationen entwickelt und gilt dennoch für den psychotherapeutischen Kompetenzerwerb genau.

Der Handelnde steht nicht über, sondern in der Situation, distanziert sich nicht von, sondern verschmilzt mit ihr. Sein Sinn für Abweichungen von der befriedigenden Gestalt wirkt unmittelbar handlungsauffordernd, ohne dass Sollgestalten als Ziele oder Pläne als Transformationsprozesse dazwischengeschaltet wären. Wir erkennen einen möglichen Fehler mancher psychotherapeutischer Ausbildungsideale: Es könnte falsch sein, wenn wir Weiterbildungsteilnehmern das Ideal, über den Situationen zu stehen, beibringen; richtiger wäre zu würdigen, wie sehr sie in den Situationen stehen!

Eine solche Auflistung ist sehr sinnvoll und kann sehr hilfreich sein. Sie kann aber auch das Wachstum durch Erfahrung verhindern, weil sie ein Wissen ermöglicht, dass nicht auf dem sicheren Fundament der – eigenen – Erfahrung steht. Die Versuchung, dass jemand sich sagt „Die Stufen Eins bis Vier spare ich mir, ich weiß ja eh' wo das Ganze enden soll; was soll ich mit Regeln, mit Formen, mit Formalitäten etc.? Hier wird deutlich, warum ein guter Lehrer gerade bei Anfängern auf die Einhaltung der Form achtet – selbst wenn diese die Notwendigkeit der Form – noch – nicht verstehen.

Wenn es einer erreicht hat, dann verbringt er seine Tage im Einklang mit dem Gewöhnlichen. Solange man aber noch nicht soweit ist, darf man auf keinen Fall so tun als ob.
Zen-Meister Yunmen

Diese Gedanken finde ich sehr aufschlussreich auch unter dem Aspekt der spirituellen Schulung und der Bedeutung der Anleitung. An anderer Stelle haben wir auch über die formelle Notwendigkeiten in Abhängigkeit zum Fortschritt auf dem Weg gesprochen. Der Schüler braucht andere Formen als der Meister; was in der einen Phase der Entwicklung erforderlich ist, kann in einer anderen geradezu hinderlich sein.

Und am Ende fasst Buchholz zusammen:

Wozu sind diese Überlegungen gut? Kürzlich habe ich davon gehört, dass in einer deutschen Großstadt Neubauten zu einem Klinikum errichtet wurden. Die Architekten hatten die Psychotherapie mit eingeplant, dabei einer Idee wie der folgend, dass Psychotherapie zuständig würde, wenn etwa die „compliance" eines Patienten schlecht sei. Solche Ideen sind im Prinzip nicht zu verwerfen, aber sie zeigen, dass hier auf einem Level gedacht wird, der bestenfalls den Novizenstadium zugewiesen werden könnte. Diese erwarten alles von Optimierung der Technik. Wenn wir die Psychotherapie auf dieser Stufe stehen lassen, würden wir sie um das Beste bringen. Man kann aus der empirischen Forschung lernen, wo deren eigene Begrenzungen liegen. Das befreit vom Verdacht der Wissenschaftsfeindlichkeit, nur weil man das Intuitive schätzt. Im Gegenteil, man darf bessere Wissenschaft fordern, besseres Verstehen für die Subtilität therapeutischer Prozesse und angemessenere Möglichkeiten für die Psychotherapie als nur die, sie auf dem Level von Novizenstadium zu verorten.

Diese Gedankengänge sollten wir gerade als Gestalttherapeuten im Kopf haben, wenn die nächste Welle der Diskussion um wissenschaftliche Fundierung und Effektivitätskontrollen heranrollt. Das sog. Qualitätsmanagement und die erschreckende Unterwerfung unter dieses System machen diese Diskussion zunehmend wichtiger. Nur möchte ich in diesem Zusammenhang nicht hören, dass es um das Wohl des Klienten geht. Sondern es geht um den freien Zugang zu angeblich beschränkten Geldern der Krankenkassen. Es geht nicht um den Schutz vor Scharlatanen, denn davon sitzen ja schon ausreichend viele im Boot. „Das Boot ist voll" höre ich die im Boot sitzenden rufen. „Sie können ruhig sein," möchte ich Ihnen antworten, „ich will doch gar nicht in ihr Boot." Und ich bin mir ganz sicher, dass dies keine „saure Trauben Reaktion" ist!

Perls wollte immer wieder in das Boot der gesicherten Bezahlung; noch in New York ging es ihm wirtschaftlich sehr schlecht, weil er vergeblich um Anerkennung seiner deutschen Zertifikate in den USA gekämpft hatte.

Viele der therapeutischen Konzepte, oder oft auch „Theorien" genannt sind ja auch sehr dünn und oft trivial. Da geschieht es immer wieder, dass jemand gute – therapeutische – Arbeit leistet und einige eigne Ideen hat. Er hält vielleicht einen Vortrag oder schreibt einen Zeitschriftenartikel. Beides kommt gut an. Anstatt sich zu freuen, „legt er nach". Er weitet diese Gedanken aus, er ist so sehr mit Aufblähen beschäftigt, dass er gar nicht mehr merkt, wie hohl er wird. Nun wird das ganze eine Theorie genannt, die dann einen eigenen, gesetzlich geschützten Namen bekommt. Er wird zunehmend missionarisch. Ein Buch erscheint, eine Ausbildung zum zertifizierten ..... entsteht. Ein Ausbildungsinstitut wird ins Leben gerufen. Längst sieht der Erfinder und Gründer keine „richtigen" Klienten mehr, sondern nur noch Ausbildungskandidaten, die für viel Geld sich ein Stück Papier bei ihm erwerben wollen.

Hier wird der Unterschied zwischen wissenschaftlich und seriös deutlich. Ich glaube viele der Modebewegungen sind auf diese – zugegebenermaßen etwas überspitzt beschriebene Art und Weise entstanden.

Wissen ist wichtig, aber es befreit mich als Therapeut nicht davon, mich immer wieder neu offen tangieren zu lassen, immer wieder und aktiv ‚nichts zu wissen'. Die Taoisten sind, was das Wissen, das Lernen, insbesondere das Lernen aus Büchern anbelangt, recht radikal:

„Willst du dir Wissen aus Büchern aneignen, dann musst du vermeiden, deine Wahrnehmungen zu verwirren, indem du die Dinge zu wörtlich nimmst. Du solltest die Ideen herausfiltern und in Einklang mit deinem Herzen bringen. Dann lege die Bücher beiseite und prüfe die Ideen, um die Prinzipien herauszufinden. Dann lass die Prinzipien beiseite, um ein Ergebnis erzielen zu können. Hast du ein Ergebnis erzielt, dann nimm es tief in den Geist auf. ... Gelingt es dir nicht, die fundamentale Aussage der Bücher zu ergründen, und geht es dir nur darum, umfangreiches Wissen anzuhäufen, um damit zu prahlen und Eindruck zu schinden, dann werden dir deine Begabungen nicht helfen, dich selbst zu schulen. Stattdessen wirst du deinen Belebenden Geist und deine Energie schädigen. Dann magst du noch so viele Bücher lesen, es wird dir nicht helfen, den Weg zu beschreiten.
Sobald du die Bedeutung eines Buches erfasst hast, solltest du es an einem sicheren Ort verwahren." [343]

Wachstum erzeugt oft Angst, es steht unserem Bedürfnis nach Sicherheit diametral entgegen: Das Alte, Bekannte ist das Sichere, das Neue, Unbekannte ist das Unsichere.

Ich möchte zurückkehren zu unserem Sucher aus dem mittelalterlichen Holzschnitt. In dieser Zeit war die Welt eine flache Scheibe, von unendlichen Ozeanen umgeben. Jeder, der diese Welt verlassen hätte, wäre unweigerlich im Ozean mit seinen Ungeheuern umgekommen. Die Menschen, die entdeckten, dass die Erde eine Kugel und keine flache Scheibe ist, mussten „durch die Angst", am Rande der Scheibe Erde in einen von grässlichen Ungeheuern wimmelnden Ozean zu fallen „hindurch". Dieser, aus heutiger Sicht nur schwer einfühlbare Schritt ist mindestens genauso hoch wie die Entdeckung selber zu bewerten. Dies ist auch das tatsächliche Verdienst der großen Entdeckungsfahrer.

Die Angst, das Alte, Bekannte loszulassen, bestimmt immer wieder aufs Neue den Prozess der Therapie. „Sie können mir viel erzählen, aber ..."

Solche und ähnliche Sätze tauchen hier immer wieder auf; sie verdienen Respekt und Raum. Sie sind ein sehr schönes Signal dafür, dass der Klient – oder ein Teil von ihm – auf der einen Seite das Neue bereits wahrnehmen kann, auf der anderen Seite jedoch auch die Angst, das Alte loszulassen, sieht und sogar – und dies ist das wirklich Wichtige – mitteilen kann. Die Botschaft: „Ich habe kein Vertrauen" bedarf der

„Übersetzung" und heißt: Ich habe Misstrauen und gleichzeitig soviel Vertrauen, dieses Misstrauen mitzuteilen.

In der Therapie ist dies „schon die halbe Miete".

Stuart Alpert: „To share it, means to go through it"!

In dieser Phase gleicht der Klient dem Löwen: Der „Hunger" nach Neuem und die Einsicht in dessen Sinnhaftigkeit sind so groß, dass die Angst überwunden werden kann.

Es war einmal ein Löwe, der in einer ständig vom Wind durchwehten Wüste lebte; die Teiche und Flussläufe, aus denen er trank, waren niemals ruhig und glatt, denn der Wind kräuselte die Oberfläche, die deshalb niemals etwas reflektierte.

Eines Tages wanderte der Löwe in einen Wald, wo er jagte und sich vergnügte, bis er sich müde und durstig fühlte. Auf der Suche nach Wasser fand er einen Teich mit dem kühlsten, verlockendsten und stillsten Wasser, das man sich vorstellen kann. Löwen können nämlich wie andere Wildtiere auch Wasser riechen, und der Geruch dieses Wassers übertraf alles, was er bisher gerochen hatte. Der Löwe näherte sich dem Wasser und reckte seinen Schädel, um zu saufen. Plötzlich sah er sein Spiegelbild im Wasser – und hielt es für einen anderen Löwen.

„O Mann", dachte er bei sich selbst, „das Wasser gehört wohl einem anderen Löwen – Vorsicht ist angebracht." Er zog sich zurück, aber der Durst trieb ihn wieder zum Wasser, und ein zweites Mal sah er den Kopf eines furchterregenden Löwen, der ihn aus dem Wasser anblickte.

Diesmal hoffte der Löwe, er könnte den ,anderen Löwen' verscheuchen; und so riss er sein Maul auf und ließ ein gewaltiges Gebrüll erschallen. Aber kaum hatte er seine Zähne gefletscht, als der ,andere Löwe' natürlich ebenfalls seinen Rachen aufriss, und das schien unserem Löwen ein schrecklicher und gefährlicher Anblick zu sein.

Ein ums andere Mal scheute der Löwe zurück und näherte sich dann wieder dem Teich. Und ein ums andere Mal machte er dieselbe Erfahrung.

Nach einer langen Zeit war er jedoch so durstig geworden und verzweifelt, dass er beschloss: „Löwe hin, Löwe her – ich werde jetzt von diesem Teich trinken."

Und wahrlich, kaum hatte er sein Gesicht ins Wasser getaucht, als der ,andere Löwe' verschwand!

Die Angst vor dem Löwen im Spiegelbild des Wassers ist wichtig; sie zu sehen und zu respektieren, das ist Unterstützung; sie zu durchbrechen oder durch therapeutische „Tricks" „wegzumachen", wäre ein schlimmer Fehler/Kunstfehler.

Die Angst zeigt mir immer wieder neu, wo die „edge of growing" ist. Oder, anders ausgedrückt: Wo die Angst ist, geht's lang. Diesen, in der Psychoszene oft gebrauchten Satz, möchte ich umformulieren:

Wo die Angst ist, gehört die Unterstützung hin.

Wer, wenn nicht meine Angst, soll mir sagen, wo der nächste Schritt in Richtung Wachstum wäre.

Unterstützung: Nichts muss – alles kann sein.

Der Wunsch des Klienten, ich möge „etwas machen", damit die Angst weggeht, ihm die Angst nehmen (!), entspringt nichts anderem als der Angst vor der Angst. Und aus nicht unterstützter Angst wird dann sehr schnell Panik.

> *„Als ich einige Erfahrung als Therapeut hatte, erklärte Perls mir, dass ich herausfinden werde, dass Menschen, obwohl sie sich über Probleme beklagen, gleichzeitig mit aller Macht an diesen festhalten, sobald ich versuchen werde, sie von ihren Problemen zu ‚erlösen'.*
> *Ich kann lernen, das Anormale normal, das Unnatürliche natürlich zu machen. Aber wenn jemand versucht, mich von diesem ‚künstlichen' Teil meines Selbst zu befreien und von aller Arbeit, die dazu notwendig war, diesen Teil aufrecht zu erhalten, fürchte ich, dass ich zögere und Widerstand haben werde, ich ängstlich, zögerlich werde. Welche Garantie habe ich auf eine einfache natürliche Lebensweise; wird sie ähnlich interessant und aufregend wie mein jetziges – neurotisches – Dasein sein, werde ich weiter existieren, wenn ich meine Lieblingsverhaltensweisen, Rollen und Gefühle aufgebe?"[344]*

Ähnlich beschreibt Sheldon B. Kopp die Angst vor dem Wachstum, vor dem Risiko des Neuen.

> *„Natürlich handelt der Patient wie jeder andere (einschließlich des Therapeuten) zu oft eher aus Furcht als aus Verlangen nach Wachstum. Sonst würde er ja seinen Weg in überströmender Freude antreten und nicht (wie es öfter der Fall ist) in Schmerz und innerem Aufruhr. Die Leute wollen von einem Psychotherapeuten geführt werden, wenn ihre gewohnte, selbstbeschränkende, risikofeindliche Art zu handeln sie nicht weiterbringt, sondern Zerrissenheit und Erschöpfung in ihr Leben trägt. Ansonsten sind wir nur allzu bereit, mit dem Bekannten zu leben, solange es zu funktionieren scheint, wie dürftig die Ergebnisse, die wir damit erzielen, auch immer sein mögen.*
> *Der Patient behauptet zu Beginn der Therapie meistens, dass er sich ändern möchte, aber in Wahrheit will er so bleiben, wie er ist, und der Therapeut soll nur etwas unternehmen, damit er sich besser fühlt. Er will einfach ein erfolgreicher Neurotiker werden und bekommen, was er sich wünscht, ohne das Risiko des Neuen auf sich nehmen zu müssen. Die Sicherheit des bekannten Elends ist ihm lieber als die ungewohnte Blöße der Ungewissheit."[345]*

Neues Aufbauen zu wollen setzt die Bereitschaft sich von altem zu verabschieden voraus. Das ist Gestalttherapie. Oft wollen wir das Neue, ohne das Alte aufzubauen. Jemand hat die letzte Beziehung noch nicht abgeschlossen, da ist er schon in der nächsten Beziehung gelandet, die dann ja gar keine eigentliche Beziehung zu sein hat, sondern lediglich die Funktion, die Wunden der letzten Beziehung zu heilen. Duschen hat den Nachteil, dass man dabei nass wird.

In solch einer Situation stelle ich oft folgende Hausaufgabe: „Nehmen sie sich Bauklötze und bauen sie damit einen schönen großen Turm. Dann bauen sie aus den gleichen Bauklötzen ein schönes großes Haus." Die Erfahrung wird dann zwangsläufig sein: Ich kann das Haus erst bauen, nachdem ich den Turm ganz abgebaut habe; sonst habe ich einen halben Turm und ein halbes Haus.

„Über diese Widersprüche kann man sich wundern, und man kann sie leicht bei anderen und bei sich selbst kritisieren. Wichtiger ist aber, sie zu verstehen. Denn die Inkonsequenz hat ihren Grund, und erst wenn er begriffen wird, gibt es eine Chance, einen Schritt weiterzukommen. Der Grund ist: Auch in einem unglücklichen Dasein gibt es viel zu verteidigen. Das heißt: Selbst wenn ich unter mir leide und mein Dasein verfluche, ist es doch ein Dasein, in das ich bis dahin all meine Kraft und meine Hoffnungen investiert habe. Ich bin auf diesem Weg so weit gegangen, dass ich mich kaum überwinden kann, ihn abzubrechen. Es ist wie bei einem Spieler, der merkt, dass er mit einem schwachen Blatt zu hoch gereizt hat, und der – gerade wegen des hohen Einsatzes – es nicht fertig bringt auszusteigen. Den bisherigen Weg zu verlassen, erscheint dann wie der Schritt aus einer misslichen Lage in den totalen Misserfolg. Daher die verbreitete Neigung, den eigenen Zustand wortreich zu bejammern und gleichwohl bis aufs Messer zu verteidigen.
In gewisser Weise bedeutet jede Veränderung einen Verlust. Und sie wird zunächst immer als Schwächung erlebt. Denn sie bedeutet die Abkehr von den bisherigen Abläufen, die – so kläglich sie sein mögen – doch eingespielt und vertraut sind."[346]

Das sollten wir als Therapeuten verstehen und wertschätzen und dieser Tatsache nicht den arroganten Namen „Widerstand" geben!

Ich kann mich sehr gut daran erinnern, wie ich bei Beginn meiner Arbeit als Therapeut immer wieder versucht habe, die Klienten davon zu überzeugen, wie viel besser es ihnen gehen wird, wenn die Therapie „erst läuft", dass alle Anstrengungen sich lohnen werden ... etc.

Heute fühle ich mich – meistens – sicher genug zu sagen:

„Jawohl, es stimmt, ich kann Ihnen keine Garantie auf Besserung geben."

Dabei zu bleiben, ist oft nicht einfach.

Das Loslassen des Alten ist immer wieder überraschend und befreiend zugleich. Ist der Klient erst einmal „befreit", wundert er sich darüber, dass diese Botschaften so lange so viel Macht über ihn ausgeübt haben. Dies ist wie in dem oben bereits beschriebenen Bild von den drei Bergen oder besser der drei verschiedenen Ansichten von dem gleichen Berg.

Ein älteres Ehepaar feierte nach langen Ehejahren das Fest der Goldenen Hochzeit. Beim gemeinsamen Frühstück dachte die Frau: „Seit fünfzig Jahren habe ich immer auf meinen Mann Rücksicht genommen und ihm immer das knusprige Oberteil des Brötchens gegeben. Heute will ich mir endlich diese Delikatesse gönnen." Sie schmierte sich das Oberteil des Brötchens und gab das andere Teil ihrem Mann. Entgegen ihrer Erwartung war dieser hocherfreut, küsste ihre Hand und sagte: „Mein Liebling, du bereitest mir die größte Freude des Tages. Über 50 Jahre habe ich das Brötchen-Unterteil nicht mehr gegessen, das ich vom Brötchen am allerliebsten mag. Ich dachte mir immer, du solltest es haben, weil es dir so gut schmeckt."

Unterstützung verlangt vom Therapeuten immer wieder neu die Balance zwischen konstruktiver Nutzbarmachung der Spannung, die ein ungelöstes Problem in uns auslöst, auf der einen Seite und der – oft frustrierenden – Blockierung der Wege und Mittel, die der Klient bisher benutzt hat auf der anderen Seite.

„Wie gehen wir nun in der Gestalttherapie vor? Wir haben ein sehr einfaches Mittel, um den Patienten dazu zu bringen, das an Potential herauszufinden, was ihm abgeht. Der Patient benutzt mich, den Therapeuten, nämlich als Projektionsleinwand, und er erwartet von mir genau das, was er in sich selbst nicht aufbringen kann.

Nun sind diese Lücken in der Persönlichkeit immer sichtbar. Sie sind immer gegenwärtig in der Projektion des Patienten auf den Therapeuten – so dass es dem Therapeuten unterstellt wird, er habe alle Eigenschaften, die dem betreffenden Menschen abgehen.

1. Zuerst also verschafft der Therapeut einem Menschen, der zu ihm kommt, die Gelegenheit zu entdecken, was er braucht – die fehlenden Teile, die er sich entfremdet hat und an die Welt preisgegeben hat.

2. Dann muss der Therapeut eine Gelegenheit geben, eine Situation schaffen, in der dieser Mensch wachsen kann. Und das Mittel dazu ist, das wir den Patienten in einer Weise frustrieren, dass er gezwungen ist, sein eigenes Potential zu entfalten.

Alles, was ein Mensch abgespalten hat, kann er wieder zurück gewinnen, und das Mittel dieser Wiedergewinnung ist Verstehen, Spielen, ist das Einswerden mit diesen abgespaltenen Teilen. Und indem man ihn spielen und entdecken lässt, dass er bereits all das hat, was ihm, wie er meint, nur andere geben können, steigert man sein Potential."[347]

Wie an anderer Stelle bereits beschrieben, nennt Perls dies „skillful frustration":

„Wenn aber der Therapeut sich selbst heraushält und sich emphatisch verhält, dann entzieht er dem Feld sein wichtigstes Instrument, seine eigene Intuition und Sensitivität für die im Patienten ablaufenden Prozesse. Er muss also lernen, mit Sympathie und Frustration gleichzeitig zu arbeiten. Diese beiden Elemente scheinen unvereinbar, aber die Kunst des Therapeuten ist es, sie zu einem effektiven Werkzeug zu vereinen. Er muss grausam sein, um wirklich freundlich zu sein."[348]

Solche und ähnliche Sätze sind zutreffend und gefährlich zugleich. Nur allzuschnell werden sie in Stereotypschublade von „Streng, aber gerecht", „Das Leben ist hart, mein Vater war härter", „Wer sein Kind liebt, der schlägt es" ... Ich bin sicher, dass wir Herrn Perls mit dieser Schublade absolut Unrecht tun; aber er hat in seinem Leben relativ wenig getan, dass diese Fehlzuschreibung gar nicht erst entstehen kann. Wenige Seiten weiter schreibt Perls:

> *„Der Therapeut kann und sollte tun, was immer ihm möglich ist, um ... wahrhaft gefühlte Bedürfnisse und Forderungen zu befriedigen, so wie die Mutter alles tut, was sie kann, um ihr schreiendes Baby zu beruhigen. Wir können den therapeutischen Ansatz und die Handhabung der Instrumente Frustration und Befriedigung durch den Therapeuten zusammenfassend so beschreiben, dass der Therapeut die Expressionen des Patienten frustrieren muss, sofern sie sein Selbstkonzept, seine manipulatorischen Techniken und seine neurotischen Muster spiegeln. Und er muss sie befriedigen. sofern sie wirklich das Selbst des Patienten ausdrücken. Wenn er dem Patienten zu einer wie auch immer gearteten Selbstverwirklichung helfen soll. dann muss er, per definitionem, jegliche Befriedigung der Muster, die Selbstverwirklichung verhindern (die Neurose), enttäuschen und jede Darstellung des wahren Selbst, das der Patient zu finden versucht, ermutigen."*[349]

Dies ist eine sehr schwierige Sache und nach meiner Überzeugung nur dann sinnvoll, – und nicht verletzend – wenn ich gleichzeitig als Therapeut absolutes Vertrauen in die selbstheilenden Kräfte des Klienten habe und dies auch vermittle! Es ist nicht verantwortlich, jemandem, der ohne Krücken nicht laufen kann, die Krücken wegzuschlagen nur, damit er die „Erfahrung" macht, wie es ohne Krücken für ihn aussehen mag. Er muss sie selber wegwerfen. Ich glaube, hier war Perls etwas zu rigoros. An anderer Stelle habe ich in diesem Zusammenhang beschrieben, wie Lore Perls über den konfrontativen Ansatz ihres Mannes hinausging.

> *Würden Sie mehr über ‚skillful frustration' sagen?*
> *Perls: Ja, ich sage manchmal zu Leuten: „Du willst nicht arbeiten, du willst einen Karpfen aus mir machen. Verlass den Stuhl!" Ich lasse sie wissen, dass ich verfügbar bin, mit ihnen zu arbeiten, nicht ihnen zu helfen. Ich glaube, das ist der entscheidende Punkt, an dem wir jetzt in der Gestalttherapie stehen. Die Realisation der Blockierung (impasse), der ‚Blauen-Baby-Blockierung', in der eine Person steckt in dem Glauben, dass sie mit der Situation nicht allein fertig werden kann. Sie fühlt, dass sie Unterstützung der Umgebung braucht. Daher muss der Therapeut die Mittel, mit denen die Person gewöhnlich ihre Erfahrung vermeidet, frustrieren, um sie durch diese Blockierung hindurch zu führen, um ihr bewusst zu machen, dass sie entgegen ihrer Überzeugung, machtlos zu sein, etwas für sich selbst tun kann.*[350]

Es wird gerne vom „provokanten Fritz" erzählt und davon, dass er Workshopteilnehmer oft recht drastisch angegangen sein soll. „Willst Du mir die Zeit stehlen, oder willst Du Therapie machen?" ist ein eher noch harmloses Beispiel. Ich kann dies nicht beurteilen, da ich leider nie einen Workshop bei Perls besucht habe; wohl aber bei seiner Frau Laura. Da war von der berühmt berüchtigten Provokation keine Spur. Da Konfrontation und Provokation sowohl im Zen als auch in der Gestalttherapie wichtige Konzepte sind, möchte ich mir hier einige Gedanken zu diesem Thema machen.

In den Perls'schen Transkripten wimmelt es von Begriffen wie „chicken shit", „bullshit" oder sogar „elephant shit", wie „mind fucking" und hin und wieder „dirty work". Die sind zwar plakativ, aber irgendwie doch auch störend – jedenfalls heute. Aber denken wir zurück an die Zeit Ende der 1960er und Anfang der 1970er Jahre. Damals haben viele so gesprochen, die einen Aufbruch wollten. Diese Sprache hatte eine erleichternde, befreiende Wirkung. „Scheiße" sagen – das war auch ein Stück Auflehnung gegen die vorherrschende Sprache dieser Zeit (der Eltern, der Lehrer, der Pfarrer oder der Politiker) – eine Sprache, die nicht kraftvoll, klar und deutlich benannte, was tatsächlich ist, sondern eher vorsichtig, zu vorsichtig umschrieb. So vorsichtig, dass es eine Verdrängung und Verheimlichung war. Das Ausbrechen aus dieser konventionellen Sprache nahm das Ausbrechen aus den anderen Konventionen, Normen und Zwängen vorweg.[351]

Doch war und ist es auch so, dass diese Art der Sprache zu inhaltsleeren Inszenierungen verführt – je drastischer, je besser. Heute ist diese Inszenierung Verbalakrobatik, die nach einiger Zeit genauso inhaltsleer und formenhaft war, wie das, was sie anprangern wollte, weitestgehend überwunden. Isadore From, einer der Pioniere der Gestalttherapie hat dies sehr deutlich zu Ausdruck gebracht:

Zusammen mit der Theatralisierung von „Gestalt", die von Moreno übernommen wurde, entwickelte sich ein Vokabular, das beleidigend, schäbig und aggressiv ist. Diese Sprache stammt aus der Konfrontationstherapie, die für die Behandlung von Heroin-Abhängigen entwickelt worden ist. In diesem Kontext lässt sie sich einigermaßen rechtfertigen, weil Heroinsüchtige stets lügen müssen, um an das Heroin heranzukommen, das sie brauchen. In der Neurosentherapie ist sie anti-therapeutisch geworden. Anstelle einer guten Sprache ist die Sprache des Zoos und der Scheune getreten: Worte wie „bull shit", „chicken shit", „elepant shit" stehen nun für Rationalisierung, Trivialisierung, Verbalisierung und Intellektualisierung. Ich vermute, dass das im Kontext von Mittelschicht „growth centers" gutes Theater des Absurden war, aber das war und ist nicht Psychotherapie, nicht Gestalttherapie.[352]

Als die Gestalttherapie bekannter wurde, begann Fritz Perls eine lebhafte Reisetätigkeit. Er führte Einzeltherapie in großen Gruppen vor und setzte dadurch viele Irrtümer in die Welt: Der Gestalttherapeut müsse arrogant sein, rotzfrech, und er dürfe während der Therapie einschlafen. Er entwickelte auch die Theorie weiter: Man müsse nur einen Dialog zwischen „Topdog" und „Underdog" (früher: Über-Ich und Es) inszenieren, alles andere sei Quatsch. Das so verdiente Geld zahlte er bei der nächsten Bank auf ein neues Konto ein, dessen Nummer er dann sofort vergaß, und hinterließ Lore einen großen Haufen Schulden, als er schließlich an zu vielen dicken Zigarren starb. Als ihm eine Krankenschwester auf der Intensivstation eine Infusion verpasste und sagte, er solle still liegen, riss er sich die Schläuche heraus und sprach seine berühmten letzten Worte: „Niemand gibt Fritz Perls Befehle!"

Ich sehe Konfrontation und Provokation – wenn sie denn über das narzisstische ‚Klientenärgern' hinausgeht als eine sehr hilfreiche Anwendung des Figur / Grund Gedankens an. In der Arbeit mit Polaritäten kann es sehr hilfreich sein, die eine der Polarität – oft provokativ – zu betonen, damit die andere Seite „Gestalt annimmt".

Ein Beispiel: Als Kinder- und Jugendtherapeut habe ich es immer wieder mit identitätsschwachen Kindern zu tun. Kindern also, die weder genau wissen, wer sie denn sind oder wo sie denn hingehören. In solchen Situationen frage ich dann gerne: „Du bist der Heinz und Dein Vater ist Dachdecker?!" (Wohlwissend, dass weder das eine noch das andere stimmt.) Es ist immer wieder schön zu erleben, wie dieses Kind dann plötzlich Konturen und Identität annimmt, wenn es lautstark und lebendig protestiert: „Stimmt doch gar nicht; ich heiße Martin und mein Papa arbeitet bei der Stadt!" Ein anderes Beispiel:

> „Wenn ich mich über Leute ärgere, und den Konflikt nicht auflösen kann, mache ich, wenn ich damit alleine bin, folgendes: Ich überziehe die Situation und mache ein großes innerliches Drama daraus: ‚Das ist die dümmste Person, die mir in meinem ganzen Leben überhaupt begegnet ist. Sie gehört an die Wand gestellt! Solche Leute müsste man einsperren oder erschießen!' Man kann einfach Herumspinnen, und manchmal haben wir Mordgelüste und politisch oder buddhistisch völlig unkorrekte Ansichten. Das dramatisiert man spielerisch, dann unterdrückt man es nicht. Aber durch das Überziehen merkt man auch sehr schnell, was daran nicht stimmt. Man sieht dann plötzlich mehr, man sieht die Situation vielfältiger."[353]

Oder in der Sprachentwicklung: Ich wiederhole einen Satz, den ein Kind sehr unartikuliert und undeutlich gesprochen hat absichtlich falsch und schon kommt er deutlicher und verständlicher aus dem Mund des Kindes. Das Kind sagt z. B. „... wer's glaubt wird selig ..." Der Satz war so undeutlich, dass ich mit einigem Recht „was wird aus Neu Delhi?" wiederholen kann. Und schon bekomme ich diesen Satz – meist mit leichter Verärgerung – klar und deutlich zu hören.

Bei der Arbeit mit Polaritäten ist es für den Therapeuten meist egal, welche der möglichen Seiten er betont – die jeweils andere wird automatisch klarer und konturierter. Dies ist besonders bei Ambivalenzen der Fall. So wird aus einem grau- in grau Matsch schwarz und weiß. Ein Mann wollte sich „eigentlich" von seiner Frau trennen, „eigentlich" wollte er aber auch mit ihr zusammen bleiben. Egal, von welchem der beiden Pole er erzählte, ich habe ihn deutlich unterstützt: „Meine Frau interessiert sich kaum noch für mich, für alles und jedes hat sie Zeit, für jeden ein offenes Ohr, nur für mich nicht. Ich fühle mich schon lange nicht mehr richtig wahrgenommen. Was meinen Sie denn? Was würden Sie denn tun? Ich glaube ich halte das schon viel zu lange aus; ich glaube ich sollte endlich gehen!"

„Genau, das ist doch kein Leben so, so können Sie wohl kaum glücklich sein. Trennung ist genau die richtige Antwort auf eine solche Situation", war meine Antwort.

„Aber wenn wir dann mal zusammen sind, dann ist es richtig schön, dann kann meine Frau richtig warm, zärtlich und verständnisvoll sein. Das kann ich doch nicht einfach alles wegwerfen. Ich glaube, ich sollte doch lieber bei meiner Frau bleiben."

„Ganz richtig, das hört sich wirklich sehr schön an, was Sie da erzählen; das kann man auch nicht so einfach wegwerfen. Zu Bleiben ist genau der richtig Weg."

„Aber gerade haben Sie doch noch etwas ganz andres gesagt", war die – leicht entnervte Antwort des Klienten.

„Sie auch."

In dieser Passage der Therapie, die so ähnlich noch etwas weiterging, wurden einerseits die ambivalente Grundhaltung des Klienten sehr deutlich, aber auch die Weigerung, dafür Verantwortung zu übernehmen – bzw. die Erwartung, dass eine Entscheidung von außen – in diesem Fall von mir als Therapeuten kommt. Kam aber nicht. So war der Klient gezwungen Konturen anzunehmen. Und anstatt über seine Frau zu arbeiten, konnten wir an dem Thema arbeiten: Warum kann ich mich nicht klar und konturenhaft meiner Mitwelt gegenüber präsentieren?

Oder in einer Teamsupervision, in der das Team alles daran setzt, als gutes Team dazustehen und jeden auch noch so kleinen Streit unter den Teppich kehrt, lobe ich den Teamleiter – coram publicum – ausführlich, was er doch für ein gutes, stimmiges, arbeitsfähiges Team hat – herzlichen Glückwunsch!

In Zen-Buddhismus finden wir – insbesondere in der Anfangszeit – zahllose Beispiele ähnlicher Provokation, die nichts anderes zum Ziel haben als Klarheit zu erschaffen. Insbesondere die alten Meister des „Chan" . Da wurde nur so beschimpft, mit dem Stock geschlagen, in die Nase gekniffen, dass die Perls'chen Provokationen zu harmlosen Sätzchen werde.

Der bedeutende Meister Deshan Xuanjin – ein Meister der auf Mazu folgenden Generationen von Chan Meistern – wurde berühmt für seinen geschickten Gebrauch des Stocks. Er ließ die Suchenden, die mit Fragen und Einsichten zu ihm kamen, oft nicht einmal mehr zu Wort kommen, sondern beschied kategorisch: „Dreißig Schläge, wenn Du etwas zu sagen weißt. Dreißig Schläge, wenn Du nichts zu sagen weißt!" Baizhang Huaihai, einer der bedeutendsten Schüler und

Dharma Erben von Meister Mazu, selbst im Gebrauch des Stocks nicht zimper-
lich, musste sogar von seinem eigenen Schüler Huangbo Schläge einstecken. Und
Huangbo wiederum erging es mit seinem Meisterschüler Linji Yixuan nicht bes-
ser. Man stelle sich vor, das in einer Kultur, in der der Respekt vor dem Alter und
dem Lehrmeister zu den höchsten gesellschaftlichen Werten gehörte! Und Linji,
ein ganz abgefeimter Bursche, perfektionierte nicht nur das Schlagen mit dem
Stock oder dem Fliegenwedel als Mittel der Schulung seiner Mönche, sondern
wurde auch für den Gebrauch des Schreis „Ho!" – in Japan später „Katzu!" be-
rühmt.[354]

Aber auch heute entzieht sich ein Zen-Meister auf oft provokante und oft recht ruppige Art und Weise den Fragen und Wünschen des Schülers, wenn diese Fragen das
Wissen mehren, das Wachstum aber verhindern. Wenn z. B. der Schüler zum Meister
geht und voller Stolz seine Fortschritte in der Arbeit mit dem Koan vorbringen
möchte, geschieht es oft, dass der Schüler noch kaum ein Wort gesprochen hat, da er-
tönt schon die Glocke, die signalisiert, dass der Schüler sich – dankend natürlich –
verabschieden „darf". In der Therapie bremse ich oft den Redefluss des Klienten, indem ich simpel sage, dass mich all' diese Worte gar nicht interessieren. Wer soll die
ganzen Worte nachher wieder zusammenkehren?

Konfrontation um der Konfrontation willen ist nicht akzeptabel. Es ist gut, dass
die Regel „je ruppiger – desto gestaltiger" aus der Mode gekommen ist. Dies hängt
m.E. auch damit zusammen, dass „Fritz" und „Gestalt" nicht mehrfach als Synonym
gebraucht werden. Ich glaube an dieser Stelle fehlen mir bei dem, was Perls praktiziert hat, oft die Wertschätzung und Unterstützung, die sonst wichtige Eckpfeiler der
humanistischen Psychologie sind.

> *„Für meine Klienten ein menschliches Wesen zu sein, heißt nicht, brutal zu sein*
> *und sie zu ängstigen usw. Als ich versuchte, mich in dieser Haltung Fritz Perls*
> *anzugleichen, der sehr grob sein konnte, blieben manche Klienten schnell aus*
> *meiner Therapie weg. Therapie ist schließlich eine Beziehung, und so wie ich*
> *mich unterschiedlich verschiedenen Freunden gegenüber verhalte, verhalte ich*
> *mich verschiedenen Klienten auch unterschiedlich gegenüber. Faszinierend ist*
> *für mich, dass ich, wenn ich grob zu einem Klienten war, dem ein ‚sollte' folgte*
> *(d.h. ich sollte immer offen und ehrlich und konfrontierend sein, statt ich selbst*
> *zu sein). Seit ich jetzt damit zufrieden bin, Steve Tobin zu sein, und nicht län-*
> *ger versuche, Fritz Perls zu sein, bin ich sogar ehrlicher und effektiver geworden*
> *als Therapeut."*[355]

Auch für Gestalttherapeuten gilt der Satz „Werde, der Du bist". Ehrlichkeit, Kon-
gruenz und Authentizität sind nicht mit „ ... da war mir jetzt nach ..." zu verwechseln;
die Therapie dient nicht der Selbstverwirklichung des Therapeuten. Wie an anderer
Stelle gesagt, brauchen wir beides, Mitgefühl und Wissen. In diesem Zusammenhang

möchte ich als drittes hinzufügen: „Reife“. Eine therapeutische Intervention mag zwar originell sein, aber nur „aus dem Bauch heraus“ ist keine hinlängliche Begründung für diese Intervention.

Auch an anderer Stelle – zum Thema Unterstützung – bin ich deutlich anderer Meinung als Perls. Wo es um die Biographie des Klienten geht, taucht bei Perls plötzlich eine eigenartige, mir nicht nachvollziehbare Unterteilung von wahr / nicht wahr bzw. war so / war nicht so, auf:

> *„Es ist sehr interessant, dass ich keine so genannten Gründe, Kindheitstraumata, gesehen habe, die nicht Erfindungen des Patienten waren. Eine hervorragende Therapeutin, Frieda Fromm-Reichmann, entdeckte, dass das ‚Trauma‘ nie wirklich passiert war. Es wurde gebraucht, um die Selbstachtung der Person zu sichern.“*[356]

„Verräterisch“ sind die beiden, diesem Zitat vorangehenden, Sätze:

> *„Ich habe es früher gesagt und sage es immer wieder; und das ist so schwer zu verstehen: dass wir uns in unserer Zeit, in unserer elektronischen Zeit mit Strukturen, mit der Orientierung, wie eine Sache funktioniert, beschäftigen und die Mentalität der Kausalität, das Warum beiseite lassen. Hier hat wieder Freud selbst gesehen, dass jedes Ereignis überdeterminiert ist, aber dann vergisst er das in anderen Augenblicken und sucht einen Grund.“*[357]

Ich habe den Eindruck, dass Perls hier etwas übersieht, nur um Freud wieder mal „eins auszuwischen“. Meine Überzeugung ist, dass der Angriff der Eltern auf das Kind real geschehen ist. Er mag „vergessen“ worden sein, um – wie Perls sagt – die Selbstachtung der Person zu sichern. Aber die Energie des Angriffs, der Verletzung, war real. Der Klient, der dies spürt, „spinnt nicht“. Dies ist ein Aspekt, der gerade in der Diskussion des Missbrauchs von besonderer Bedeutung ist: Das missbrauchte Kind lernt mit der Zeit, dass es immer dann, wenn es sich missbraucht fühlt, selber verkehrt ist und muss so die Eltern schützen. „Es kann, es darf doch gar nicht wahr sein, dass diese Mutter, dieser Vater mir so etwas angetan haben. Und wenn es so war, dann war ich es selber schuld.“ Dies erklärt auch die zunächst paradox erscheinende Tatsache, dass gerade missbrauchte Kinder mit Vehemenz ihre Eltern schützen.

Unterstützung heißt, dass ich als Therapeut – im Gegensatz zu dem, was Perls hier schreibt – die realen Ängste als Folge einer realen Verletzung sehe. Sehr lesenswert sind hierzu die Werke von Alice Miller, die hier eindeutig Stellung bezieht und sich als Anwalt des verletzten Kindes und nicht als Anwalt der verletzenden – und in ihrer Kindheit auch verletzten – Eltern sieht.

In dem wunderbaren und sehr sehenswerten Film „Bodhidharma“ gibt es eine Szene, die den kompromisslosen, oft sehr hart erscheinenden Charakter der Zen-Unterstützung verdeutlicht.

Ein alter Meister, ein Kind und ein Schüler leben zusammen in einem Bergkloster. Eines Tages sieht der Schüler, dass der Meister sehr krank ist. Der Schüler nimmt den sehr beschwerlichen Weg zur nächsten Stadt auf sich, erbettelt dort Geld, kauft teure Medizin für den Meister und kehrt zum Kloster zurück.

Der Meister empfängt den stolz zurückkehrenden Schüler jedoch mit Stockhieben, um ihm zu verdeutlichen, dass er immer noch nicht die Vergänglichkeit aller Dinge erfasst hat.

Auch dies ist Unterstützung, wenn auch etwas drastisch. Und ich gebe gerne zu, dass diese Szene auch für mich nur schwer zu verdauen war.

Unterstützung heißt, dass ich die Schutzmechanismen, die der Klient aufgebaut hat und die mich / uns vermutlich daran hindern, „zum Kern" des Problems vorzudringen, respektiere. Sie – d.h. die Schutzmechanismen – sind dann das Thema der Therapie.

Bestimmt ist es mir als Therapeut möglich, mit Überredungen, Interpretationen oder irgendwelchen „Übungen" diese Schutzmechanismen zu „umschiffen", den Klienten „dadurchzupushen", doch lassen diese Schutzmechanismen oder Schutzinstanzen weder den Therapeuten noch den Klienten „ungeschoren" davonkommen, wenn sie durch therapeutische Tricks umgangen worden sind:

Gevatter Schimpanse kam eines Tages mit guten Nachrichten für den Affenkönig in die Hauptstadt. Theoretisch hatte jeder Untertan das Recht, augenblicklich zum König vorgelassen zu werden, aber nur unter großen Schwierigkeiten gelang es dem Schimpansen, eine Audienz zu bekommen.
Der König war hocherfreut über die Nachricht und sagte:
„Such dir deine Belohnung selbst aus."
„Fünfzig Stockschläge", sagte der Schimpanse.
Verblüfft befal der König, dem Affen die Schläge zu verabreichen.
Nach fünfundzwanzig Schlägen rief der Schimpanse: „Halt! Und nun holt meinen Partner herein und gebt ihm die andere Hälfte der Belohnung. Ihr Kammerherr, Eure Majestät, hat mich nämlich nur unter der Bedingung vorgelassen, dass ich schwöre, ihm genau die Hälfte von dem abzugeben, was ich als Lohn für meine guten Nachrichten empfange."

Es ist mir ein wichtiges Anliegen, sehr deutlich zu sagen, dass ich es therapeutisch gesehen hilfreicher finde, die Botschaft einer „Blockierung" – die ich sinnvoller mit Schutz bezeichnen möchte – gemeinsam mit dem Klienten zu erarbeiten, als sie wegzutherapieren. Hier kann eine Gefahr in rein bioenergetischer Vorgehensweise liegen. Im Zusammenhang mit Unterstützung erscheinen mir noch einige Gedanken zum Schüler -Meisterverhältnis wichtig, weil sie meiner Meinung nach auch für das Klient- / Therapeutverhältnis Gültigkeit haben.

Pater Enomiya Lassalle gibt aus eigener Erfahrung wichtige, für Außenstehende wahrscheinlich nur sehr schwer verdauliche Hinweise:

„Doch zurück in die Zazen-Halle. Wir wurden bei den Sitzungen stets beaufsichtigt. In der Halle ging ein Mönch herum. Er korrigierte unsere Haltung und gab notwendige Anweisungen. Vor allem aber feuerte er uns Meditierende immer wieder durch Scheltworte und Stockschläge an. Der Schlag schmerzte im Augenblick. Aber er verletzt nicht, da der Stock am vorderen Ende flach ist. Die Schläge kamen auf die Schulter. Schon am frühen Morgen, gleich zu Beginn der ersten Meditation, bekam jeder einen kräftigen Schlag. Je nachdem es der Mönch für gut befand, versetzte er weitere Schläge. Allen oder auch nur einzelnen. Wir konnten auch selbst darum bitten. Das Zeichen dafür war, die Hände schweigend auf der Brust zusammenzulegen.
Der Mönch ging hinter uns so leise, dass es trotz der Stille im Raum kaum zu hören war. Einer war einmal eingeschlafen. Das kann bei dieser äußerst anstrengenden Übung vorkommen. Da ging ein wahres Donnerwetter von Schlägen und Scheltworten auf ihn nieder. Es wäre aber völlig falsch, zu glauben, dass dies aus Zorn oder Unwille geschähe. Es ist vielmehr reines Wohlwollen. Je mehr man geschlagen wird, desto dankbarer ist man. Wer das nicht versteht, macht besser von vornherein nicht mit."[358]

Insbesondere die beiden letzten Sätze sind wohl schwer zu verdauen. Doch ich bin nicht nur davon überzeugt, dass sie richtig sind, sondern auch davon, dass sie im Bereich Therapie ebenfalls ihre Gültigkeit haben, wenn auch im übertragenen Sinne.

Die Frage ist – für mich als Therapeut – immer wieder: Wieweit ist jemand bereit, sich schlagen zu lassen, ja sogar Schläge dankbar anzunehmen; oder übersetzt: Ist jemand bereit, Probleme („Schicksalsschläge") als Chance zum Wachstum (wie an anderer Stelle diskutiert) anzunehmen. Nur dann sind wirkliche Therapie, wirkliche Veränderung, wirkliches Wachstum möglich.

Mit neuen Klienten vereinbare ich immer nur drei Sitzungen; danach entscheiden wir zusammen, ob wir „es miteinander können". Für mich ist dabei ein Eindruck darüber, ob der Klient bereit ist, „sich schlagen" zu lassen, ein sehr wichtiger Punkt, denn nur wer dazu bereit ist, will wirklich etwas ändern (nur wer bereit ist, nass zu werden, sollte sich unter die Dusche stellen!). Großer Zweifel, großes Vertrauen und große Entschlossenheit sind die Voraussetzungen des Zen-Weges.

Nicht jeder Klient muss mit mir arbeiten und ich will auch nicht mit jedem Klienten arbeiten.

Für den Weg der Therapie sind dies auch sehr wichtige Dinge.

Zu Ende gedacht gilt der Gedanke auch umgekehrt; d. h. nicht nur der Klient, der bereit ist, sich schlagen zu lassen ist wirklich innerlich bereit zu wachsen, sondern: (nur) der Therapeut, der bereit und in der Lage ist, „zu schlagen" ist ein wirklich guter Therapeut. Schlagen kann man hier durch „skillful frustration", durch „gefahrlosen Notstand" ersetzen.

Was damit gemeint ist: Probleme, Schmerzen, Schicksalsschläge sollen nicht „wegtherapiert", sondern als Wegweiser, Lehrmeister gewürdigt werden. Dazu gehört auch, dass der Therapeut in der Lage ist, auf ihn gerichtete Wut oder Enttäuschung auszuhalten und zu unterstützen. Dies ist oft sehr schwer.

Ich möchte noch ein Beispiel des „Schlagens" anführen, das ich von beiden Seiten aus kenne: Im Laufe meiner Therapieausbildung habe ich oft hören müssen, dass ich zwar Fortschritte gemacht hätte, aber für eine Graduierung sei dies noch nicht genug. Dieses „Nein" war immer wieder ein schwerer Schlag für mich. Doch es war auch ein Schlag, der neben dem Schmerz auch Willen zum Wachstum erzeugte.

In dem Ausbildungsinstitut, in dem ich arbeite (Analytisches Gestalt Institut Bonn) gibt es eine vierphasige Ausbildung; der Übergang von einer Phase zur nächsten wird durch die Ausbilder ausgesprochen. Und häufig gibt es da auch ein „Nein", „Noch nicht". Obwohl ich absolut davon überzeugt bin – nicht zuletzt aus eigener Erfahrung-, dass diese Art des Neins sehr sinnvoll ist und den Prozess des Wachstums fördert, fällt es mir immer wieder neu sehr, sehr schwer, solche „Neins" auszusprechen – diese Art „Schläge" zu geben. Es ist wirklich für beide Seiten nicht einfach! Wohl ähnlich, aber noch um einiges schwieriger, sind die „Schläge", die der Zen-Schüler immer wieder aufs neue annimmt / erduldet, wenn er immer und immer wieder die vermeintliche Lösung seines Koans vom Meister bestätigt bekommen möchte, dieser jedoch – und dies oft ohne jeden Kommentar – ein kleines Glöckchen läutet, was soviel wie „die Unterredung ist beendet" bedeutet. Hier werden äußerstes Vertrauen, äußerstes Misstrauen und äußerste Beharrlichkeit gefordert, aber auch gefördert.

Ein Bauer arbeitete in den Reisfeldern seines Dorfes. Da die Felder an einem Berghang lagen, hatte er eine weite Sicht. Da sah er, wie von weitem eine große Springflut auf das Dorf zukam, die das ganze Dorf wegzuspülen drohte. Es war keine Zeit mehr, 'runter ins Dorf zu gehen, um die Menschen zu warnen. Kurzerhand steckte er die Reisfelder in Brand und alle Bewohner des Dorfes rannten, um den Brand zu löschen.

Wie groß die Bedeutung von „Schlägen" – sowohl im wörtlichen als auch im übertragenen Sinne für das Wachstum des Schülers im Zen ist, wird an der Äußerung eines Zen-Meisters deutlich, der seinen Schülern ‚drohte': „Wenn ihr euch nicht anstrengt, schlage ich euch – nicht mehr!"

Nicht nur im Schachspiel muss man manchmal „Bauernopfer" erbringen. Ein chinesisches Sprichwort lautet: Einen Backstein hinwerfen, um einen Jadestein zu erlangen. Unterstützung heißt hier, Mut machen, den Backstein wegzuwerfen.

Wie oben geschildert, habe ich es mir zur Gewohnheit gemacht, dass, wann immer ein neuer Klient oder ein Paar zu mir kommen, wir zunächst drei „Probesitzungen" vereinbaren. Für die Entscheidung über die weitere Zusammenarbeit wird neben den Fragen, wie wohl ich mich im Kontakt mit dem Klienten fühle, wie sehr ich mich anstrengen muss, für mich mehr und mehr wichtig: Was kann ich in der Arbeit mit diesem Klienten, mit diesem Paar lernen?

Es gibt eine fiktive Rede von Erich Kästner aus dem Jahre 1957 an die Schulanfänger. Sie ist – so meine ich – sehr lesenswert, u. a. auch, weil sie ein schönes Beispiel der Unterstützung ist: Beide Seiten sind mit ihrer unterschiedlichen Geschichte präsent. Alle Hinweise sind Angebote, ob die Hinweise aufgenommen werden oder nicht, ändert nichts an der Art des Kontaktes. Der Kontakt muss nicht durch Glauben an irgendetwas Bestimmtes „verdient" werden. Es gibt Unterschiede zwischen beiden Seiten, die jedoch nur heißen, dass eine Seite in ihrem Prozess weiter vorangeschritten ist, nicht aber als besser / schlechter klassifiziert wird.

Dies ist die Basis der Grundhaltung von Unterstützung und Annahme. All die Botschaften, die ich im Epilog zitiert habe, finden sich im Geist dieser Rede wieder. Sie könnte die Rede eines Zen-Meisters genauso gut sein, wie die eines „herzhaften" Gestalttherapeuten. Ich glaube, das ist es auch, was mich an dieser Rede so fasziniert.

Ansprache zum Schulbeginn

Liebe Kinder,

da sitzt ihr nun, alphabetisch oder nach der Größe sortiert, zum ersten Mal auf diesen harten Bänken, und hoffentlich liegt es nur an der Jahreszeit, wenn ihr mich an braune und blonde, zum Dörren aufgefädelte Steinpilze erinnert. Statt an Glückspilze, wie sich das eigentlich gehörte. Manche von euch rutschen unruhig hin und her, als säßen sie auf Herdplatten. Andre hocken wie angeleimt auf ihren Plätzen. Einige kichern blöde, und der Rotkopf in der dritten Reihe starrt, Gänsehaut im Blick, auf die schwarze Wandtafel, als sähe er in eine sehr düstere Zukunft.

Euch ist bänglich zumute, und man kann nicht sagen, dass euer Instinkt tröge. Eure Stunde X hat geschlagen. Die Familie gibt euch zögernd her und weiht euch dem Staate. Das Leben nach der Uhr beginnt, und es wird erst mit dem Leben selber aufhören. Das aus Ziffern und Paragraphen, Rangordnung und Stundenplan eng und enger sich spinnende Netz umgarnt nun auch euch. Seit ihr hier sitzt, gehört ihr zu einer bestimmten Klasse. Noch dazu zur untersten. Der Klassenkampf und die Jahre der Prüfungen stehen bevor. Früchtchen seid ihr, und Spalierobst müsst ihr werden! Aufgeweckt wart ihr bis heute, und einwecken wird man euch ab morgen! So, wie man's mit uns getan hat. Vom Baum des Lebens in die Konservenfabrik der Zivilisation –, das ist der Weg, der vor euch liegt. Kein Wunder, dass eure Verlegenheit größer ist als eure Neugierde.

Hat es den geringsten Sinn, euch auf einen solchen Weg Ratschläge mitzugeben? Ratschläge noch dazu von einem Manne, der, da half kein Sträuben, genau so ‚nach Büchse' schmeckt wie andre Leute auch? Lasst es ihn immerhin versuchen, und haltet ihm zugute, dass er nie vergessen hat, noch je vergessen wird, wie eigen ihm zumute war, als er selber zum ersten Mal in der Schule saß. In jenem grauen, viel zu groß geratenen Ankersteinbaukasten. Und wie es ihm damals das

Herz abdrückte. Damit wären wir schon beim wichtigsten Rat angelangt, den ihr euch einprägen und einhämmern solltet wie den Spruch einer uralten Gedenktafel:

Lasst euch die Kindheit nicht austreiben! Schaut, die meisten Menschen legen ihre Kindheit ab wie einen alten Hut. Sie vergessen sie wie eine Telefonnummer, die nicht mehr gilt. Ihr Leben kommt ihnen vor wie eine Dauerwurst, die sie allmählich aufessen, und was gegessen worden ist, existiert nicht mehr. Man nötigt euch in der Schule eifrig von der Unter- über die Mittel- zur Oberstufe. Wenn ihr schließlich droben steht und balanciert, sägt man die ,überflüssig' gewordenen Stufen hinter euch ab, und nun könnt ihr nicht mehr zurück! Aber müsste man nicht in seinem Leben wie in einem Hause treppauf und treppab gehen können? Was soll die schönste erste Etage ohne den Keller mit den duftenden Obstborden und ohne das Erdgeschoß mit der knarrenden Haustür und der scheppernden Klingel? Nun – die meisten leben so! Sie stehen auf der obersten Stufe, ohne Treppe und ohne Haus, und machen sich wichtig. Früher waren sie Kinder, dann wurden sie Erwachsene, aber was sind sie nun? Nur wer erwachsen wird und Kind bleibt, ist ein Mensch! Wer weiß, ob ihr mich verstanden habt. Die einfachen Dinge sind so schwer begreiflich zu machen! Also gut, nehmen wir etwas Schwierigeres, womöglich begreift es sich leichter. Zum Beispiel:

Haltet das Katheder weder für einen Thron noch für eine Kanzel! Der Lehrer sitzt nicht etwa deshalb höher, damit ihr ihn anbetet, sondern damit ihr einander besser sehen könnt. Der Lehrer ist kein Schulwebel und kein lieber Gott. Er weiß nicht alles, und er kann nicht alles wissen. Wenn er trotzdem allwissend tut, so seht es ihm nach, aber glaubt es ihm nicht! Gibt er hingegen zu, dass er nicht alles weiß, dann liebt ihn! Denn dann verdient er eure Liebe. Und da er im Übrigen nicht eben viel verdient, wird er sich über eure Zuneigung von Herzen freuen. Und noch eins: Der Lehrer ist kein Zauberkünstler, sondern ein Gärtner. Er kann und wird euch hegen und pflegen. Wachsen müsst ihr selber! Nehmt auf diejenigen Rücksicht, die auf euch Rücksicht nehmen! Das klingt selbstverständlicher, als es ist. Und zuweilen ist es furchtbar schwer. In meine Klasse ging ein Junge, dessen Vater ein Fischgeschäft hatte. Der arme Kerl, Breuer hieß er, stank so sehr nach Fisch, dass uns anderen schon übel wurde, wenn er um die Ecke bog. Der Fischgeruch hing in seinen Haaren und Kleidern, da half kein Waschen und Bürsten. Alles rückte von ihm weg. Es war nicht seine Schuld. Aber er saß, gehänselt und gemieden, ganz für sich allein, als habe er die Beulenpest. Er schämte sich in Grund und Boden, doch auch das half nichts. Noch heute, fünfundvierzig Jahre danach, wird mir flau, wenn ich den Namen Breuer höre. So schwer ist es manchmal, Rücksicht zu nehmen. Und es gelingt nicht immer. Doch man muss es stets von neuem versuchen.

Seid nicht zu fleißig! Bei diesem Ratschlag müssen die Faulen weghören. Er gilt nur für die Fleißigen, aber für sie ist er sehr wichtig. Das Leben besteht nicht nur aus Schularbeiten. Der Mensch soll lernen, nur die Ochsen büffeln. Ich spreche aus Erfahrung. Ich war als kleiner Junge auf dem besten Wege, ein Ochse zu werden. Dass ich's, trotz aller Bemühung, nicht geworden bin, wundert mich heute noch. Der Kopf ist nicht der einzige Körperteil. Wer das Gegenteil behauptet, lügt. Und wer die Lüge glaubt, wird, nachdem er alle Prüfungen mit Hochglanz bestanden hat, nicht sehr schön aussehen. Man muss nämlich auch springen, turnen, tanzen und singen können, sonst ist man, mit seinem Wasserkopf voller Wissen, ein Krüppel und nichts weiter.

Lacht die Dummen nicht aus! Sie sind nicht aus freien Stücken dumm und nicht zu eurem Vergnügen. Und prügelt keinen, der kleiner und schwächer ist als ihr! Wem das ohne nähere Erklärung nicht einleuchtet, mit dem möchte ich nichts zu tun haben. Nur ein wenig warnen will ich ihn. Niemand ist so gescheit oder so stark, dass es nicht noch Gescheitere und Stärkere als ihn gäbe. Er mag sich hüten. Auch er ist, vergleichsweise, schwach und ein rechter Dummkopf.

Misstraut gelegentlich euren Schulbüchern! Sie sind nicht auf dem Berge Sinai entstanden, meistens nicht einmal auf verständige Art und Weise, sondern aus alten Schulbüchern, die aus alten Schulbüchern entstanden sind. Man nennt das Tradition. Aber es ist ganz etwas anderes. Der Krieg zum Beispiel findet heutzutage nicht mehr wie in Lesebuchgedichten statt, nicht mehr mit geschwungener Plempe und auch nicht mehr mit blitzendem Küraß und wehendem Federbusch wie bei Gravelotte und Mars-la-Tour. In manchen Lesebüchern hat sich das noch nicht herumgesprochen. Glaubt auch den Geschichten nicht, worin der Mensch in einem fort gut ist und der wackere Held vierundzwanzig Stunden am Tage tapfer! Glaubt und lernt das, bitte, nicht, sonst werdet ihr euch, wenn ihr später ins Leben hineintretet, außerordentlich wundern! Und noch eins: Die Zinseszinsrechnung braucht ihr auch nicht mehr zu lernen, obwohl sie noch auf dem Stundenplan steht. Als ich ein kleiner Junge war, mussten wir ausrechnen, wie viel Geld im Jahre 1925 aus einem Taler geworden sein würde, den einer unserer Ahnen Anno 1525, unter der Regierung Johanns des Beständigen, zur Sparkasse gebracht hätte. Es war eine sehr komplizierte Rechnerei. Aber sie lohnt sich. Aus dem Taler, bewies man uns, entstünde durch Zinsen und Zinseszinsen das größte Vermögen der Welt! Doch dann kam die Inflation, und im Jahre 1925 war das größte Vermögen der Welt samt der ganzen Sparkasse keinen Taler mehr wert. Aber die Zinseszinsrechnung lebte in den Rechenbüchern munter weiter. Dann kam die Währungsreform, und mit dem Sparen und der Sparkasse war es wieder Essig. Die Rechenbücher haben es wieder nicht gemerkt. Und so wird es Zeit, dass ihr einen Rotstift nehmt und das Kapitel ,Zinseszinsrechnung' dick durchstreicht. Es ist überholt. Genau so wie die Attacke auf Gravelotte und der Zeppelin. Und wie noch manches andere.

Da sitzt ihr nun, alphabetisch oder nach der Größe geordnet, und wollt nach Hause gehen. Geht heim, liebe Kinder! Wenn ihr etwas nicht verstanden haben solltet, fragt eure Eltern! Und, liebe Eltern, wenn Sie etwas nicht verstanden haben sollten, fragen Sie Ihre Kinder![359]

EPILOG

Statt einer Zusammenfassung, die bekannte Geschichte von dem Mann, der seinen Schlüssel verloren hatte – die leider oft auch als Witz erzählt wird:

Ein Mann krabbelte auf allen Vieren unter einer Laterne. Ein weiterer Mann kommt hinzu und fragt, was das seltsame Treiben denn wohl solle. „Ich habe meinen Schlüssel verloren", war die Antwort, „vielleicht können Sie mir ja beim Suchen helfen". Zu zweit suchten sie nun den Schlüssel weiter. Nach einiger Zeit des erfolglosen Suchens fragt der hilfsbereite Mann, wo genau denn der Schlüssel verloren gegangen sei. „Ja, da hinten ...", sagte der erste Mann und zeigte dabei in die Dunkelheit jenseits der Laterne.
„Warum suchen Sie denn dann hier unter der Laterne?"
„Hier ist es heller und außerdem habe ich im Dunkeln Angst."

Soweit die Geschichte. Sie verdient es, dass man mindestens zweimal hinhört; sie beschreibt gut, was Therapie ist. Ein Klient kommt, weil er – um im Bild zu bleiben – seinen Schlüssel verloren hat, in Therapie. Vielleicht weiß er sogar, wo der Schlüssel ist, oft ist jedoch nur das Gefühl „es fehlt etwas" vorhanden. Selbst, wenn er weiß, wo der Schlüssel ist, so ist die Angst, (alleine) dorthin zu gehen, noch sehr groß. Darum jage ich ihn nicht in die Dunkelheit, sondern wir suchen zunächst im Hellen; dies ist keine Zeitverschwendung, sondern wir bauen Kontakt und Vertrauen auf. Und wenn nach und nach durch den Aufbau von Kontakt und Vertrauen die Angst vor der Dunkelheit bewältigbar erscheint, gehen wir zusammen Schritt für Schritt auf die Suche. Die Versuchung, den Schlüssel für den Klienten zu suchen und zu finden, ist oft sehr groß (... was bin ich doch für ein toller Kerl ...). Doch das einzige, was der Klient dadurch lernt ist, dass die Dunkelheit tatsächlich so gefährlich ist und dass es schon eines tollen Kerls bedarf, um den Schlüssel zu finden. Und dies hat mit Therapie, insbesondere mit Unterstützung nichts zu tun.

Unterstützung heißt, ich bleibe mit Dir zusammen solange im Hellen, bis Du das Zeichen zum Aufbruch gibst.

Ich wünsche mir, dass ich in dem von mir selber definierten Sinne ein gutes Buch geschrieben habe. D. h. ein Buch, das dem Leser hilft, sich selber – und auch andere – respektvoll, unterstützend und liebevoll zu behandeln.

Hierzu ein abschließendes Gedankenexperiment, welches ich immer wieder gerne in der Therapie benutze:

Stellen Sie sich vor, dass Sie einem kleinen Kind das Laufen beibringen. Sie nehmen das Kind, geleiten es ein paar Schritte, dann fällt es wieder hin. Selbstverständlich nehmen Sie das Kind wieder auf, obwohl Sie genau wissen, nach ein paar weiteren Schritten wird es wieder hinfallen. So geht es liebevoll und mit Geduld weiter. Bis das Kind irgendwann die ersten Schritte selber geht. Darüber freuen Sie sich. Und wenn das Kind trotzdem wieder hinfällt, dann machen Sie ihm weiter Mut. Nie kämen Sie auf die absurde Idee auf das Kind, das gerade hingefallen ist, auch noch einzudreschen. All' dies geschieht ohne viel nachzudenken, geschieht nahezu automatisch. Das braucht uns niemand beizubringen.

Wie kommt es nur, dass wir diese selbstverständliche Wärme, dieses selbstverständliche Umgehen mit dem immer wieder hinfallen nicht genauso selbstverständlich ohne weiteres Nachdenken und ohne weitere Vorwürfe im Umgang mit uns selber oft so schlecht realisieren können. Stellen Sie sich einfach vor, Sie selber seien dieses Kind, welchem Sie das Laufen beibringen wollen!

Und das gilt sowohl für den buddhistischen als auch den therapeutischen Weg: Sätze wie: „Jetzt habe ich doch schon einige Jahre Therapie gemacht und noch immer schaffe ich es nicht, dass ich meinen Eltern sage, dass ich Weihnachten nicht zu Ihnen kommen möchte ...." Auf der einen Seite und: „Jetzt sitze ich doch schon so lange, trotzdem döse ich immer noch ein, trotzdem sind von den 45 Minuten höchstens 10 Minuten „wirkliches" Sitzen ..." auf der anderen Seite zeigen unter vielerlei Aspekten, dass wir nicht achtsam mit uns selber umgehen.

Ich kenne eine wunderbare Möglichkeit, dies zu überprüfen: Vor vielen Jahren habe ich von Alan Lopez eine sehr intensive Übung lernen dürfen, die für mich zu den schönsten Übungen gehört, die ich kenne.

Wir – die Gruppe – wurden aufgefordert, uns selber als kleines Kind vorzustellen und uns dann sechs Sätze, sechs Botschaften zu sagen.

Lange habe ich überlegt, ob es notwendig sei, diese Sätze zu erläutern; aber dann dachte ich, dass alles das, was ich bisher geschrieben habe, nichts anderes als diese Sätze besagt, bzw. dass diese Sätze nichts anderes als die Quintessenz von allem darstellen. Sie bedürfen von daher keiner Erläuterung.

Ich habe diese Botschaften in Englisch kennen gelernt; sinnvolle, d. h. prägnante Übersetzungen sind mir nicht eingefallen. Sollte jemand mir zu dem, was ich versucht habe zu vermitteln, etwas mitteilen wollen, so würde ich mich freuen.

Nun die Botschaften:

- Your life is welcome here
- You don't need to prove anything to me
- You can have your own way – you can leave and you can come back
- I see you have deep feelings
- Your feelings are important
- It's okay to need – you can have simple needs

Jeder aufmerksame, informierte Leser wird wohl festgestellt haben, dass diese schönen Botschaften die „Optimalreaktionen" auf die kindlichen Bedürfnisse der Charakterstrukturen, wie sie die Grundlage der Analytischen Gestalttherapie bilden, sind. Dem Bedürfnis der schizoiden Struktur nach einem Platz, nach simpler Daseinsberechtigung, entspricht die Botschaft: ‚Your life is welcome here‘.

In der oralen Struktur ist das Bedürfnis nach Liebe für das, was ich bin und nicht für das, was ich tue, wichtig; ich möchte – um meiner selbst willen – geliebt werden. Diesem Bedürfnis entspricht die Botschaft: ‚You don't need to prove anything to me.‘

Das Experimentieren mit und das Erlernen von Nähe und Distanz, klar abgegrenzt ‚Ja‘ und ‚Nein‘ sagen zu können, sind Themen der masochistischen Struktur. Hierhin gehört die Botschaft: ‚You can have your own way – you can leave and you can come back.‘

In der psychopathischen Struktur sind die Polaritäten von Kontrolle und Schwäche bzw. Ausliefern von Bedeutung. Das Kind braucht Unterstützung und Verständnis (bzw. „Gesehenwerden“) für seine Gefühle. Die Botschaften: ‚I see you have deep feelings‘ und ‚Your feelings are important‘ sind hier wichtig.

Simple Bedürfnisse – insbesondere das nach Akzeptanz der altersadäquaten Sexualität – sind ein zentrales Thema der rigiden Struktur. Die Gefahr, aufgrund dieser Bedürfnisse ausgenutzt, missbraucht zu werden bzw. in ein sexuelles Objekt und ein „Herzkontaktgeben“ aufgeteilt zu werden, hat hier ihren Ursprung. Daher ist die Botschaft: ‚It's okay to need – you can have simple needs‘ hier besonders wichtig.

Am Schluss nun die Zusammenfassung des Buches

■ Es gibt wirklich keinen Grund, sich selber nicht lieb zu haben.

■ Es ist an der Zeit, dass ich mich bedanke; bedanke bei all den Menschen, die mir geholfen haben, das zu „finden“, was ich in diesem Buch versucht habe, weiterzugeben.

■ Ich möchte meine Meister nennen: Roshi Taisen Deshimaru, der mir Zen vom Kopf in das Herz „verpflanzt“ hat, mir die Schritte vom Wissen zum Erfassen, vom Erfassen zum Vergessen gezeigt hat. „Roshi“ Stuart Alpert, dessen Bescheidenheit und Mitgefühl so groß sind, dass ich es selbst nach dreizehn Jahren häufig genug nicht zu glauben, nicht anzunehmen vermag.

■ Ich möchte meine Lehrer nennen: Heinz Henke, von dem ich gelernt habe – aber immer noch nicht mit der Lektion fertig bin -, dass spektakuläre Dinge und Aktionen eine Sache sind und kontinuierlich seine Pflicht zu erfüllen, tun, was zu tun ist, den Schreibtisch aufzuräumen, – jahraus, jahrein – eine ganz andere Sache sind. Alan Lopez, der mir erzählt hat, wie Buddha zu ihm kam als er „so weit“ war. Dadurch konnte ich geduldiger warten.

Alle Klienten und Ausbildungskandidaten, mit denen ich in den letzten Jahren zusammenarbeiten durfte und mit denen zusammen ich gelernt habe, dass die Unterscheidung zwischen Weg und Umweg rein willkürlich und darum überflüssig ist. Denn: Jedes Wesen hat seinen WEG. Und: Es gibt nur einen WEG.

ANHANG 1

DIE PERSÖNLICHKEITSSTRUKTUREN IN DER GESTALTTHERAPIE

Ich möchte hier die Persönlichkeits- und Charakterstrukturen widergeben, wie sie Grundlage meiner Gestalttherapie-Ausbildung waren. Ich bin der Überzeugung, dass es sehr wichtig ist, ein bestimmtes Persönlichkeitsmodell als Grundlage der eigenen therapeutischen Arbeit zu haben. Dies ist das Modell, von dem ich ausgehe. Es orientiert sich an der Gestalttherapie und der Bioenergetik. Jemand anderes mag eine anderes Modell haben – Hauptsache er oder sie hat überhaupt ein Modell welches seinem therapeutischen Vorgehen einen Sinnzusammenhang und eine Struktur gibt.

Dieses Modell beschreibt fünf Charakterstrukturen. Es beschreibt, in welcher Entwicklungsphase die jeweiligen Störungen entstanden sind, auf welchem kindlichen Bedürfnis und der entsprechenden negativen Reaktion der sozialen Umwelt sie entstehen.

Wie sieht die – meist neurotische – Lösung (wir erinnern uns: die „Lösung" ist das Problem) aus? Mit welcher Grundangst kann sie in Verbindung gebracht werden?

Schließlich soll aufgeführt werden, welche Themen wie in der Therapie auftreten, bzw. wie mit ihnen umgegangen werden sollte.

Eine solche Aufstellung birgt immer mindestens zwei Gefahren: Zum einen vereinfacht, etikettiert und schematisiert plakativ eine solche Aufstellung. Zum anderen kann sie dazu verführen, sich in seziererischer Art und Weise selber alle Störungen „anzuhängen". Wir alle haben mehr oder weniger alle Strukturen in uns, verhalten uns mal mehr nach der einen, mal mehr nach der anderen Struktur. Überdenkenswert wird es, wenn eine der Strukturen zur übergewichtigen oder ausschließlichen wird.

1. Die schizoide Struktur

- Entstehung: Schwangerschaft, erstes Lebensjahr.
- Stichworte: Verlassensein in der ersten Phase des Lebens, „Ich bin nicht liebenswert". Kontaktvermeidung, „Ich bin nur liebenswert, wenn ich leiste und gut bin". Angst vor dem Auseinanderfallen. Niemand will mich.
- Individualisten mit überzogenem Selbständigkeitsstreben: empfindlich und labil im Kontakt mit anderen, deren Nähe nur schwer ertragen bzw. als gefährliche Belastung und grenzenauflösende Beengung empfunden wird. Trotzdem großes Bedürfnis nach Nähe. Wollen aus ihrer Isolierung raus, dadurch ständige Ambivalenz (Hin-und-hergerissen-Sein). Einerseits vorsichtig bis misstrauisch, ande-

rerseits empfindlich gegenüber Zurückweisung und herabsetzender Behandlung. Können ihre Kontaktwünsche nicht dosieren: teils distanz- und kritiklose Annäherung, teils abrupter Rückzug. Unrealistisch, misstrauisch, leicht verletzlich. Sind sich der Gefühle anderer nie sicher. – Positive Aspekte: oft intellektuell scharfsichtig, mit z. T. großer intuitiver Begabung (welche die Betroffenen jedoch häufig nicht nützen können).

■ Beziehungsproblem: Vermeidet Intimität und Nähe. Losgelöst und abgespalten von „wirklichen" Kontakt.

■ Therapiethemen: Jedes Gefühl oder Zeigen von Lebendigkeit bringt den dahinter liegenden Terror / die dahinter liegende Verletzung in den Vordergrund. Braucht Hilfe grundlegende Unterstützung anzunehmen, um das Recht auf eigene Existenz zu spüren und Kontakt aufnehmen zu können. Unterstützung, die „Vernichtungsenergie" zu erfahren und so abgespaltene Teile aufzuweichen und zu verbinden.

■ Das kindliche Bedürfnis: Ich bin / Ich existiere. (Das Recht des Kindes zu leben, braucht Bestätigung.)

■ Reaktion der Eltern: Tiefe Negativität – Ich hasse Dich dafür, dass Du geboren bist / Du bist Schuld dass ich mein Leben nicht „genießen" kann.

■ (Grund-) Angst: Vernichtung / Zerfallen / Zittern / „Ausradiert" werden / Bedeutungslos sein.

■ Grundkonflikt / Illusion und neurotische Lösung: Existenz *versus* Bedürfnis: Wenn ich mein Bedürfnis nach Nähe ausdrücke, ist meine Existenz bedroht, Ich kann existieren, wenn ich keine Nähe brauche. (Du kriegst mich nicht / Immer wenn Nähe „droht" muss ich abhauen. Wonach ich mich am meisten sehne, ist auch gleichzeitig dass, wovor ich am meisten Angst habe.

2. Die orale Struktur

■ Entstehung: Geburt bis zweites Lebensjahr.

■ Stichworte: Vernachlässigung und Überforderung, Mangel und Zukurzgekommensein, Unterdrückung von Wünschen, Bedürftigkeit, „Es reicht nicht", Fragezeichenfigur, kindlicher Körperbau, depressive Grundstimmung.

■ Beziehungsproblem: Kann Nähe nur einrichten auf der Basis von Wärme und Unterstützung; deshalb Kontakt nur zu Personen, die ihr „offenes Herz" Herz zeigen, „(Erst) wenn Du herzlich bist, kann ich Kontakt wagen / erwidern. Kann keinen offenen Kontakt einleiten, ohne den anderen zu „verführen"; „ich liebe Dich" heißt in Wirklichkeit: „Ich brauche / möchte, dass Du mich liebst".

■ Therapiethemen: Braucht Hilfe, die Sehnsucht und die Angst vor Kontaktaufnahme „einfach so" zu erfahren. Die verborgene Wut muss mobilisiert werden. Braucht Unterstützung, tiefe Gefühle aushalten zu können. Eigener Standort vs. Zerfließen.

■ Das kindliche Bedürfnis: Ich brauche Deine Liebe

- Reaktion der Eltern: Verlassen, Rückzug, Depression – Dein Bedürfnis stößt mich auf meine eigene Leere, meine eigenen Schmerzen. „Du verlangst zuviel" anstatt „ich kann Dir (im Augenblick) nicht geben.
- (Grund-) Angst: Schwäche, Verlassenheit. Keiner wird für mich da sein und ich werde ganz alleine in der Welt sein. Ständige Angst „erwischt zu werden". Wer mich liebt, hat nur noch nicht erkannt, dass ich im Grunde nicht liebenswert bin. Wird daher nie richtig satt, weil er nichts richtig annehmen / verdauen kann / es kommt nichts richtig an. Braucht ständig neue Liebesbeweise. Nichts reicht wirklich.
- Grundkonflikt / Illusion und neurotische Lösung: Bedürftigkeit *versus* Unabhängigkeit – „wenn ich unabhängig bin, muss ich Wärme und Unterstützung aufgeben. Ich muss abhängig bleiben, um Wärme und Liebe zu bekommen. Wenn ich Kontakt aufnehmen will, wird keiner für mich da sein und ich werde nicht in der Lage sein, mich selber zu unterstützen

3. Die masochistische Struktur

- Entstehung: ab ca. 18 Monaten.
- Emotional eingeengt, lässt nichts „raus", zieht den Kopf ein. Viel Eindruck bei wenig Ausdruck, provoziert Angriffe von außen, damit er unterdrückte Aggressivität abreagieren kann. „Ich halte aus". Hals kurz und dick, Körperhaltung gedrückt wirkt belastet, angestrengt.
  Das Paradox des masochistischen Charakters ist: man macht sich klein, um – als Teil des Großen – groß zu sein. Man will Befehle erhalten, damit man nicht in die Notwendigkeit kommt, Entscheidungen zu treffen und Verantwortung zu übernehmen. Dieser, die Abhängigkeit suchende masochistische Mensch, hat in der Tiefe oft Angst, nicht selten nur unbewusst, ein Gefühl der Minderwertigkeit, der Ohnmacht, der Verlassenheit.
- Beziehungsproblem: Kann Nähe nur einrichten auf der Ebene offener Unterwerfung und dahinter liegendem Trotz. Unfähigkeit, Bedürfnisse nach Nähe oder Unabhängigkeit klar auszudrücken; versucht, andere in die Konfusion zu ziehen: „Nichts ist richtig – und Du kannst es besser" (oberflächlich gesehen); „Ich tue, was immer Du willst – doch Du musst dafür bezahlen" *(I'm gonna get you later …)*.
- Therapiethemen: Erfahren und Ausdrücken der eigenen Negativität (Sturheit und Trotz) An der Grenze mit Kontakt vs. Rückzug arbeiten. Erfahren lassen von „nichts, was ich tue ist richtig". Deshalb ist auch nichts, was der Therapeut tut richtig. (Tendenz alles in Scheiße zu verwandeln).
- Das kindliche Bedürfnis: Polaritäten von „Ich brauche Dich nicht" *versus* „Ich brauche Deine Unterstützung", um „Nein" sagen zu können, in die Welt zu gehen, sie zu entdecken und in der Lage zu sein, zu liebendem Kontakt zurückzukehren. „Ich kann gehen und ich kann wiederkommen."

- Reaktion der Eltern: Unterdrückung der Unabhängigkeit. Egozentrische Reaktion auf die Liebe des Kindes; es bekommt, was es nicht braucht. Deine Liebe berührt meine Leere / meine Sehnsucht, daher muss ich Dich „vereinnahmen / verschlingen". Dein Weggehen berührt meine Hilflosigkeit, daher will / muss ich Dich – Deine Bewegungsfreiheit – zerstören. Alles, was Du für Dich tust, erlebe ich als gegen mich gerichtet.
- (Grund-) Angst: Zerstört / erstickt werden. Machtlosigkeit vs. Explodieren. Dieser Konflikt zwischen Zerstört werden und Explosion führt zum Steckenbleiben und Angst vor jeglicher Bewegung. Wenn ich einmal weggehe, darf / kann ich nie mehr wiederkommen.
- Grundkonflikt / Illusion und neurotische Lösung: Unhabhängigkeit *versus* Nähe. „Wenn ich frei bin, liebst Du mich nicht; wenn ich offen für Nähe bin, verschlingst Du mich. Ich bin Dein guter Junge / Dein gutes Mädchen. Manipulation und Ärger, wenn diese nicht klappt – Dahinter viel Trotz.

4. Die psychopathische Struktur[360]

- Entstehung: zwei bis vier Jahre.
- Stichworte: Überforderung durch Überstimulation (er kann schon alles alleine). „Ich brauche dich nicht, ich kann es selbst besser", wirkt aufgeblasen, „Brust raus, Bauch rein". Ich kontrolliere, damit ich nicht kontrolliert werde.
- Beziehungsproblem: Muss immer die Kontrolle / die überlegene Stellung haben, dann kann ein begrenztes Maß an Nähe zugelassen werden. Muss Beziehungen schaffen, in denen er / sie gebraucht wird. „Ich kann mich überlegen fühlen, wenn Du mich brauchst – und aus dieser Position kann ich „geben". Die Basis unserer Beziehung ist, dass Du mich brauchst, darum kann ich Dir genau aufzeigen, was Du brauchst, (denn ich brauche ja nichts – ich opfere mich ja auf.
- Therapiethemen: Polarität von Kontrolle und Schwäche muss erfahren werden. Ebenso die dahinter liegende Oralität und Masochismus (der Masochismus hält die psychopathische Struktur aufrecht). Die „alten Verrücktheiten" spüren / erleben. Wichtig ist der Unterschied zwischen den alten Verrücktheiten und Verrücktsein. Vertrauen können der eigenen Wahrnehmung: Ich sehe, was ich sehe und ich fühle, was ich fühle.
- Das kindliche Bedürfnis: Ich brauche Deine Unterstützung und Dein Verständnis für meine Gefühle; meine Gefühle sind meine Gefühle und sie sind von Bedeutung, sie haben Wirkung.
- Reaktion der Eltern: Versprechen von Unterstützung und Verständnis; gegeben wird aber Kontrolle (der Gefühle) durch Verführung. Die Worte sind „die richtigen"; sind aber nicht dem entsprechenden Gefühl verbunden, sie sind „blutleer". Verdrehen der Wahrnehmung; In jeder leckeren Speise ist ein giftiges Stück.
- (Grund-) Angst: Ausliefern bzw. Unterwerfung. Kein Selbst-Verrücktwerden durch den Verlust, die Aufgabe des Selbst. Zerstörung und Überflutung – dahin-

ter tiefe Schwäche und Bedürftigkeit, die in einem Gefühl tiefster Wertlosigkeit (welches bekämpft werden muss) äußern.

■ Grundkonflikt / Illusion und neurotische Lösung: Unabhängigkeit *versus* Nähe. Unabhängigkeit erscheint eher rollenhaft, nicht als wirkliche Autonomie. Wenn ich unabhängig bin, kann ich mein Leben nicht (mit-) teilen. Wenn ich mein Leben (mit-) teile falle ich in tiefe Bedürftigkeit und die Angst, kontrolliert zu werden. Ich kann nur teilen – mich vermeintlich geben –, wenn ich die Kontrolle habe. Alles ist eine Sache des Willens.

5. Die rigide Struktur

■ Entstehung: drei bis fünf Jahre. „Egal was ich tue, es ist nie genug", „Ich werde geliebt, wenn ich etwas leiste" wird als Kind zurückgewiesen (dazu bist du schon zu groß) Körperstruktur wohlproportioniert, Peripheriespannung, Gefühle werden unter Kontrolle gehalten.

■ Angst vor Zurückweisung, Angst vor Angriff, Angst vor Kleinsein, Angst vor Missbrauch, Angst vor Abhängigkeit, Angst vor Überwältigt werden, Angst, außer Kontrolle zu geraten. Wenn wir mit eher herkömmlichen psychologischen Begriffen versuchen, diesen Typ zu beschreiben, dann könnte man sagen, er ist übergenau, autoritär, anspornend, vorwurfvoll, objektivierend, projizierend, optimistisch, selbstgerecht, machthungrig.

■ Beziehungsproblem: Kann sich nicht „hingeben" – Du kannst entweder meine Sexualität oder mich haben; Wenn ich „mein Herz" öffne, wird es das eines verletzten, verletzlichen Kindes sein (und das darf nicht sein).

■ Therapiethemen: Ein tiefes – mit Schmerz und Wertlosigkeit verbundenes – Gefühl geliebt werden zu wollen. Aufbau und Ausdruck tiefer Gefühle. „Ich bin liebenswert für das, was ich bin, nicht für das, was ich tue" Wichtiges zugleich „gefährliches" Bedürfnis: Körper und Emotionen „weich" werden zu lassen. Arbeit mit Polaritäten: Ich kann lieben und Nein sagen / Ich kann stark und weich sein

■ Das kindliche Bedürfnis: Ich brauche Akzeptanz für mich als Ganzes, insbesondere aber für meine Lebendigkeit, meine Sexualität (Benimm' dich / setz dich ordentlich hin / sei nicht so überdreht.

■ Reaktion der Eltern: Gegengeschlechtlicher Elternteil weist die Lebendigkeit und die Sexualität des Kindes zurück; und fördert „rollenhaftes" Verhalten; oft Eifersucht und Rückzug des gleichgeschlechtlichen Elternteils. Eltern können die Lebendigkeit des Kindes nicht „aushalten" und machen sie dem Kind zum Vorwurf.

■ (Grund-) Angst: „Weggespült" werden.

■ Grundkonflikt / Illusion und neurotische Lösung: Freiheit *versus* ausliefern an tiefe Gefühle – eines von beiden geht nur; Darstellung ist alles – Rollenverhalten ist wichtig. Ich bin nur frei, wenn ich „den Kopf nicht verliere" und mich nicht (der Zuneigung) ausliefere.

ANHANG 2

DIE VIER EDLEN WAHRHEITEN UND DER ACHTGLIEDRIGE PFAD

Die Vier edlen Wahrheiten:
Der Kern der Lehre des Buddha sind die Vier edlen Wahrheiten, die er in seiner allererten Rede in Isipatana (dem heutigen Sarnath) bei Benares vor seinen ehemaligen Gefährten, den fünf Asketen, erläuterte.

Die Vier edlen Wahrheiten sind:
1. Wahrheit vom Leiden: Das Leben im Daseinskreislauf ist letztlich leidvoll. Dies ist zu durchschauen. (Dukkha Sacca.)
2. Wahrheit von der Ursache des Leidens: Die Ursachen des Leidens sind Gier, Hass und Verblendung. Sie sind zu überwinden. (Samudaya Sacca.)
3. Wahrheit von der Aufhebung des Leidens: Erlöschen die Ursachen, erlischt das Leiden. Dies ist zu verwirklichen. (Nirodha Sacca.)
4. Wahrheit von dem Weg zur Aufhebung des Leidens: Zum Erlöschen des Leidens führt ein Weg, der Edle Achtfache Pfad. Er ist zu gehen. (Magga Sacca.)

Die Vier edlen Wahrheiten können auch als der kürzeste Ausdruck der gesamten Lehre des Buddha und als der gemeinsame Nenner aller buddhistischen Richtungen bzw. Schulen genommen werden.

Der Achtfache Pfad:
Praktisch hat die ganze Lehre des Buddha, der er sich 45 Jahre gewidmet hat, in irgendeiner Weise mit dem Achtfachen Pfad zu tun. Er stellt eine praktische Wegweisung zur vollständigen Leidensaufhebung dar, wenn alle nachfolgenden acht Elemente erfolgreich von einem selbst gemeistert werden: Die acht Aspekte dieses Pfades sind:

1. die rechte Sicht
2. das rechte Denken
3. die rechte Sprache
4. das rechte Handeln
5. die rechte Lebensweise
6. die rechte Hingabe
7. die rechte Achtsamkeit
8. die rechte Versenkung

Diese einzelnen Aspekte des Pfades möchte ich im Folgenden genauer betrachten. Ich möchte versuchen, diesen Weg auch für den alltäglichen „Hausgebrauch" verständlich und nutzbar zu machen.

Die rechte Sicht

Wir sehen gerne nur, was wir sehen wollen und vermögen es oft wunderbar, viele der Dinge, die uns unangenehm, lästig oder mühselig sind, zu „übersehen". Damit ist unsere Sicht natürlich unvollständig. Die rechte Sicht bedeutet, weiter als bis zur eigenen Nasenspitze zu sehen, heißt, „Wer Augen hat zu sehen, der sehe!" und hier sicherlich vor allem im übertragenen Sinne. Die rechte Sicht meint eben nicht alleine eine Lichtreflektion auf der Netzhaut, sondern ein Erkennen dessen, was wir sehen.

Das rechte Denken

„Das Bedenklichste in unserer bedenklichen Zeit ist, dass wir noch nicht denken!" formulierte Martin Heidegger einst provokant. Betrachten wir das Denken des Alltags, schauen wir eine Weile dem bunten Treiben in unserem Kopf zu: Unzählige Monologe, Dialoge, Diskussionen, Reflektionen, Erörterungen, Wortspielereien, Satz- und Wortakrobatiken bis hin zu „mentalem Stretching", als welches ich manche Gedankengänge von Zeitgenossen bezeichne. Es ist eine One-Man-Band inklusive Publikum ohne Start- und Stop-Knöpfe und auch ohne Lautstärkeregler. Und diese „Band" steuert und verwaltet unser tägliches Handeln mit, filtert, reguliert, stimuliert, beeinflusst unser Sein!

Mit Denken ist hier jedoch nicht allein die Funktion des Denkens alleine gemeint, es ist der Geist mit all seinen Funktionen, welche meist allerdings eher rudimentär genutzt werden.

Die rechte Sprache

Mit wohl kaum einem anderen Werkzeug ist mehr Unheil auf dieser Welt gesät worden als mit dem Mund. Dennoch ist dieses Körperteil eines der unkontrolliertesten. So wird die Sprache über Kommunikation hinausgehend längst als Werkzeug und Waffe verwandt. Das Spektrum reicht von jenen, die „schneller reden als denken können", hin zu Gerüchteküchen und ihren Köchen/Köchinnen, über Ränkeschmiederei, die Sprache der Politiker, hin zur Lüge.

Doch die Sprache beginnt in ihrer Bedeutsamkeit schon viel eher, z. B. beim Ja- oder Nein-Sagen, manchmal auch gerade dort, wo man schweigt. Denn auch Schweigen kann Sprache sein – manchmal auch die rechte.

Das rechte Handeln

Eigentlich wissen die meisten Menschen wie der Lauf der Dinge ist, was ihnen gut tut und was nicht, was sie tun sollten um ein zufriedenes selbstbestimmtes Leben zu führen. Doch kaum jemand ist in der Lage oder bereit das zu tun, was zu tun ist.

Ein chinesisches Sprichwort sagt: „Die Wahrheit lässt nicht die Wahl zwischen zweierlei!" Dennoch spielen wir nur allzu gerne das „Einerseits-andererseits"-Spiel und verhindern damit, uns entscheiden zu müssen und die Verantwortung für unser Tun und Handeln zu übernehmen.

Was mag nun rechtes Handeln bedeuten? Eine Richtung für den Hausgebrauch: In Eigenverantwortung dies in die Tat umsetzen, was uns unser gesamtes Potential an Erkenntnis, Intuition, Inspiration und Kompetenz als notwendig und wichtig erscheinen lässt.

Die rechte Lebensweise

Wie gestalten wir unser Leben? Wenn Du Dein Leben als ein Haus mit Garten betrachten würdest, wie ist es gestaltet? Wie sehen die einzelnen Etagen aus? Und nach der Betrachtung wie es aussieht schau, was Du mit diesem Haus machst, wozu Du es nutzt/oder nicht nutzt. Die rechte Lebensweise bedeutet das Leben in seinen einzelnen Bereichen zu gestalten, vielleicht angefangen mit den primären Lebensbedürfnissen wie z. B. die Ernährung und Schlaf, bis hin zur Beziehungsgestaltung und nicht zuletzt zur Gestaltung des Augenblicks, des Hier und Jetzt. Zumeist sind wir in Gedanken mehr in der Vergangenheit (Erinnerungen) oder in der Zukunft (Visionen / Träume), wodurch die Gestaltung des Augenblicks mehr den Bedürfnissen der Vergangenheit oder unseren Wünschen angepasst ist als dem tatsächlichen Hier und Jetzt.

Die rechte Hingabe

Alles Handeln bedarf der Hingabe – wie ein Segel Wind braucht. Zunehmend machen viele nur noch das mit Hingabe, wozu sie „Lust haben", alles andere wird „so lala" umgesetzt. Unsere Hingabe bestimmen wir gerne über unsere primären oberflächlichen Bedürfnisse, welche jedoch sehr abhängig von Launen, Stimmungen und „Wettereinflüssen" sind.

Weiterhin muss alles einen bestimmten Nutzen / Wert haben, im Sinne von „Ich investiere nur soviel Hingabe, wie ich an Gewinn erhalte!", also Hingabe im Sinne von Investition. Alle Handlungen, welche nun unterhalb der Kriteriengrenzen Lust und Gewinn fallen, bedeuten plötzlich Leiden – sie sind lästig, unbequem, anstrengend. Das Leben wird zur Tragödie. Dabei gibt es verschiedene Möglichkeiten:

a) „Ich spüle Geschirr, weil ich es muss und das Zeugs hier aus dem Weg soll, bevor es anfängt von selbst zu laufen!"

b) „Ich spüle Geschirr, damit ich und andere später davon essen und trinken können!"

c) „Ich spüle Geschirr, um Geschirr zu spülen!"

Letztere ist die „buddhistische Variante". Rechte Hingabe ist, loszulassen von schön und lästig, süß und sauer, und auch die kleinste alltägliche Handlung mit voller ungeteilter Hingabe zu erfüllen.

Die rechte Achtsamkeit

Wir tendieren dazu, selbst diese Dinge, die wir „so lala" erfüllen, auch noch halb zu machen, d.h. wir hören Radio, schälen dabei Kartoffeln, unterhalten uns und überlegen gleichzeitig, was abends im TV läuft. Nicht verwunderlich, dass jede Einzelaktion, die ja jeweils nur ein Fünftel unserer Aufmerksamkeit bekam, auch nur „so lala" vom Ergebnis her wird.

Weil wir Angst haben, etwas zu verpassen, sind wir mit unserer Achtsamkeit immer nur „so in etwa" bei der einen Sache, schielen aber gleichzeitig auf drei andere. Es ist wie mit der Katze, die auf vier vor ihr sitzende Mäuse zuläuft. Sie läuft zuerst der einen hinterher, dann der nächsten, da diese auch wegläuft wiederum einer anderen und endet am Ende ausgelaugt und hungrig mit leerem Magen.

Rechte Hingabe ist, EINE Sache GANZ zu tun.

Die rechte Versenkung

Oft nennt man diesen Pfad auch die rechte Meditation, doch betrifft in der hier verwendeten Betrachtungsweise auch jene Menschen, die keinerlei Meditation praktizieren.

Versenkung – aber wohin? In einen Zustand? Aber welchen?

So ließe sich eine endlose Fragenkette weiterführen. Das Ziel der rechten Versenkung ist die eigene Mitte, zurück zum Wesenskern. Unsere Aufmerksamkeit, durch die Hast und Betriebsamkeit des Alltags gerne nach außen und fort von uns verlagert wieder zurückholen, zurück zum Selbst-Sein. Wenn Du mit ganz Dir bist bist Du auf direktem Wege zur rechten Versenkung und aus dieser Haltung heraus findet tiefe Zentrierung statt, die wiederum die Rückkehr zu wuji ist, aus dem heraus alles stattfinden kann.

Soweit der Achtfache Pfad in einer vereinfachten Kommentierung. Offensichtlich ist, dass alle acht Aspekte miteinander verbunden sind und sich wechselseitig beeinflussen. Man unterteilt diese acht Aspekte in die Bereiche Weisheit (1-2), ethische Erziehung (3-5) und geistige Disziplin (6-8), also eine Seinsgestaltung auf verschiedenen Ebenen, welche aber – wie schon erwähnt – miteinander verwoben sind.

LITERATURVERZEICHNIS

Aitken, Robert: Zen als Lebenspraxis; München 1988
Aitken, Robert: Ethik des Zen; München 1989
Alpert, Stuart: What to do until Enlightenment – Healing ourselves ... Healing the earth; Norwood NJ 1991
Arkin, Alan: Halfway through the door; San Francisco, New York 1984
Arkin, Alan: The clearing; Toronto 1986
Bhagwan, Shree Rajneesh: Leseproben; Margarethenried 1980
Beck, Joko Charlotte: Zen im Alltag; München 1990
Benz, Erich: Zen in westlicher Sicht Zen-Buddhismus – Zen Snobismus, Weilheim 1962
Benz, Erich: Der Mensch in christlicher Sicht, in: Gadamer, Hans Georg und Vogler, Paul (Hrsg.): Neue Anthropologie, Bd. 6 – Philosophische Anthropologie; Stuttgart 1974, S. 373 ff
Bettelheim, Bruno: Aufstand gegen die Masse, München 1960
Binder, Georg Christoph: Rivalen der Verkündigung – Religion, Weltanschauung und Wissenschaft in der abendländischen Kultur; München, Wien 1969
Bion, Wilfred: Notes on Memory and Desire; in: The Psychoanalytic Forum Jahrg. 2 / 1967: S. 272-273 und 279-280.
Bock, Eleonore: Meine Augen haben Dich geschaut – Mystik in den Religionen der Welt; Zürich 1991
Boorstein, Sylvia: Buddha oder die Lust am Alltäglichen; Bern, München, Wien 1996
Boss, Medard: Martin Heidegger und die Ärzte – Martin Heidegger zum 70. Geburtstag; Pfullingen 195
Braun, Edmund: Gegenseitigkeit als konstitutives Element der Vernunft, Vortrag in der Karl Rahner Akademie Köln vom 22. Mai 1996, herausgegeben durch die Karl Rahner Akademie; Köln 1996
Bromdon, David: Zen in der Kunst des Helfens; München 1983
Brooks, Charles v. W.: Erleben durch die Sinne – Sensory Awareness, München 1974
Bruno, Giordano: Heroische Leidenschaften und individuelles Leben; Bern 1947
Bucher, Anton: Psychologie der Spiritualität – Ein Handbuch; Weinheim 2007
Buchholz, Michael: Entwicklungsdynamik psychotherapeutischer Kompetenzen, Vortrag auf dem Dritten Berliner Psychotherapeutentag am 1 September 2007; überarbeitete Fassung veröffentlicht in: Psychotherapeutenjournal – Organ der Bundespsychotherapeutenkammer, 4 / Dez. 2007, S. 373 ff

Camus, Albert: Der Mythos von Sisyphos; Hamburg 1961

Cardoff, Peter: Friedlaender – Mynona – Zur Einführung; Hamburg 1988

Clarkson, Petrüska und Mackewn, Jennifer: Frederick S. Perls und die Gestalttherapie; Köln 1995

Cleary, Thomas (Hrsg.): Die Drei Schätze des Dao – Basistexte der inneren Alchi-
mie; Frankfurt a. M. 2001

Comte-Sponville, André: Ermutigung zum unzeitgemäßen Leben – Ein kleines Bre-
vier der Tugenden und Werte; Reinbek 1996

Deshimaru, Taisen, Roshi: Fragen an einen Zen-Meister, Leimen 1987

Doi, Takeo: Amae – Freiheit in Geborgenheit – Zur Struktur japanischer Psyche;
Frankfurt a. M. 1982

Doubrawa, Anke und Erhard (Hrsg.): Meine Wildnis ist die Seele des Anderen –
Der Weg zur Gestalttherapie – Laura Perls im Gespräch mit Daniel Rosenblatt
u. a.; Köln, Wuppertal 1997

Dürkheim, Karlfried Graf: Wunderbare Katze und andere Zen-Texte; Bern München; Wien 1986

Dürkheim, Karlfried Graf: Vom doppelten Ursprung des Menschen; Freiburg i.Br.
1973

Ende, Michael: Die Unendliche Geschichte; Stuttgart 1978

Ende, Michael: Zettelkasten; Stuttgart / Wien, 1994

Epstein, Mark: Thoughts without a thinker – Psychotherapy from a buddhist per-
spective (Foreword by the Dalai Lama); New York 1995

Fengler, Jörg: Selbstkontrolle in Gruppen – Theorie, Praxis, Evaluation; Stuttgart,
Berlin, Köln; Mainz 1984

Erikson, Erik Homburger: Einsicht und Verantwortung – Die Rolle des Ethischen in
der Psychoanalyse; Frankfurt a. M. 1992

Faehndrich, Waltraud: Die Mann-Frau-Neurose Zur Psychologie von Liebe und Abhängigkeit; Heidelberg 1988

Ferguson, Marilyn: Die sanfte Verschwörung – Persönliche und gesellschaftliche
Transformation im Zeitalter des Wassermanns mit einem Vorwort von Fritjof
Carpa; München 1982

Foreman, Michael: Pandas große Entdeckung; Köln 1977

Foerster, Heinz von und Pörksen, Bernhard: Wahrheit ist die Erfindung eines Lügners – Gespräche für Skeptiker; Heidelberg 1998

Freiler, Christine; Ventouratou – Schmetterer, Domna; Reiner-Lawugger, Claudia;
Bösel, Roland: 100 Jahre Fritz Perls – Internationale Psychotherapietagung der
Fachsektion für integrative Gestalttherapie; Wien 1994

Friedman, Lenore: Meetings with remarkable women; Boston, London, 1987

Frambach, Ludwig: Salomo Friedlaender – Mynona; in Gestalttherapie – Zeitschrift
der Deutschen Vereinigung für Gestalttherapie, 10 Jg. Heft 1, Juni 1966, S. 5-25

Frambach, Ludwig: Identität und Befreiung in Gestalttherapie, Zen und christlicher
Spiritualität; Petersberg 1993

Friedlaender, Salomo Mynona: Schöpferische Indifferenz, München 1918 (2. Auflage München 1926)

From, Isadore: Gestalttherapie und „Gestalt" Betrachtungen über Gestalttherapie nach 32 Jahren Praxis; in: Gestalttherapie – Zeitschrift der Deutschen Vereinigung für Gestalttherapie, 1 Jahrg. Heft 1 Oktober 1987, S. 5-10

Fromm, Erich und Suzuki, Daisetz Teitaro und de Martino, Richard: Zen-Buddhismus und Psychoanalyse; Frankfurt a. M. 1972

Gadamer, Hans Georg und Vogler, Paul (Hrsg.): Neue Anthropologie, Bd. 1-6; Stuttgart 1974

Gebser, Jean: Gesamtausgabe – Schaffhausen 1975

Gerken, Hartmut und Hauff, Sigrid: Salomo Mynona Friedlaender und Alfred Kubin im Briefwechsel; Wien, Linz 1986

Gernhardt, Robert: Die Blusen des Böhmen; Frankfurt a. M. 1977

Goldner, Colin Guntram: Zen in der Kunst der Gestalttherapie; Augsburg 1986

Görres, Albert: Kennt die Psychologie den Menschen? – Fragen zwischen Psychotherapie, Anthropologie und Christentum; München, Zürich 1978

Gruen, Arno: Der Wahnsinn der Normalität – Realismus als Krankheit: Eine grundlegende Theorie zur menschlichen Destruktivität; München 1987

Habito, Ruben: Barmherzigkeit aus der Stille – Zen und soziales Engagement; München 1990

Heidegger, Martin: Sein und Zeit; Frankfurt a. M. 1977

Heime, Helme: Der Superhase; Köln 1978

Herrigel, Eugen: Der Zen Weg; München 1984

Hesse, Hermann: Gesammelte Schriften (Bd. 3); München 1980

Meister Hsing Yun: Wahrhaftig Leben – Buddhistische Ethik im Alltag, Darmstadt 2000

Hillman, James und Ventura, Michael: Hundert Jahre Psychotherapie und der Welt geht's immer schlechter, Solothurn; Düsseldorf 1993

Hüther, Gerald: Biologie der Angst – Wie aus Stress Gefühle werden; Göttingen 2004

Inayat Khan, Pir Vilayat: Der Ruf des Derwisch; Essen 1982

Jäger, Willigis (Hrsg.: Christoph Quarch): In jedem Jetzt ist Ewigkeit – Worte für alle Tage; München 2003

Jung, C. G.: Gesammelte Werke, Band 16: Praxis der Psychotherapie;Olten 1995

Kast, Verena: Sisyphos – Der alte Stein – Der neue Weg; Zürich 1986

Kästl, Rainer: Zur Beziehung von Wolfgang Metzger zu Taoismus und Zen-Buddhismus (Überarbeitete Fassung eines anlässlich der 5. Wissenschaftlichen Tagung der GTA – 5.-8. März 1987 an der Universität Regensburg gehaltenen Vortrages), veröffentlicht in: Gestalt Theory, Vol. 12 / 1990, Nr. 3, S. 141 ff

Kästner, Erich: In „Probepackung"; Freiburg i. Br. o. J.

Katagiri, Dainin: Rückkehr zur Stille – Zen Praxis im täglichen Leben; Zürich 1988

Kawai, Hayao: Buddhism and the art of psychotherapy; Texas 1966

Kerény, Karl: Die anthropologische Aussage des Mythos; in: Gadamer, Hans Georg und Vogler, Paul (Hrsg.): Neue Anthropologie, Bd. 6 – Philosophische Anthropologie, Stuttgart 1974, S. 316 ff

Kerr, John: Eine höchst gefährliche Methode – Freud, Jung und Sabina Spielrein, München 1994

Kiyohiro, Miura: Der älteste Sohn wird Mönch; Zürich, München 1990

Kopp, Sheldon: Back to one; Palo Alto 1977

Kopp, Sheldon: Triffst du Buddha unterwegs ... Psychotherapie und Selbsterfahrung; Reinbek bei Hamburg 1979

Kopp, Sheldon: Even a stone can be teacher – Learning and growing from the experiences of everyday life; Los Angeles, New York 1985

Kopp, Sheldon: Blues ain't nothing but a good soul feeling bad – Daily steps to spiritual growth; New York 1992

Kornfield, Jack: Selbst die besten Meditierenden haben alte Wunden zu heilen; in: Seitlinger, Michael: Was heilt uns? Zwischen Spiritualität und Therapie; Freiburg im Breisgau 2006, S. 97 ff

Koulen, Michael: GO – Die Mitte des Himmels; Köln 1986

Künkel, Fritz: Einführung in die Charakterkunde – 18 Auflage; Hamburg 1976

Laing, Ronald: Knoten; Reinbek bei Hamburg 1972

Lassalle, Hugo Enomiya: Zen-Buddhismus; Köln 1972

Lassalle, Hugo Enomiya: Am Morgen einer besseren Welt – Der Mensch im Durchbruch zu einem neuen Bewusstsein; Freiburg, Basel, Wien 1984

Loori, John Daido: Mountain Record of Zen Talks; Boston, London 1988

Loori, John Daido: Hat ein Hund Buddha-Natur? Die Koan-Praxis im Zen; Frankfurt a. M. 1996

Maslow, Abraham: The Farther Reaches of Human; Chicago 1968

Meueler, Erhard: Wie aus Schwäche Stärke wird – Vom Umgang mit Lebenskrisen; Reinbek b. Hamburg 1989

Metzger, Wolfgang: Psychologie – Die Entwicklung ihrer Grundannahmen seit der Einführung des Experimentierens; Darmstadt 1975

Metzger, Wolfgang: Gestaltpsychologie – Ausgewählte Werke aus den Jahren 1950 bis 1982 herausgegeben und eingeleitet von Michael Stadtler und Heinrich Crabus; Frankfurt a. M. 1986

Metzger, Wolfgang: Schöpferische Freiheit; Frankfurt a. M. 1962 (2. Aufl.)

Miller, Alice: Das Drama des begabten Kindes und die Suche nach dem wahren Selbst; Frankfurt a.M. 1979

Moser, Erwin: Der einsame Frosch – Fabelhafte Geschichten; Weinheim, Basel, Berlin 2003

Müller, Wolfgang: Inseln der Zukunft – Menschliche Entwicklung in Zeiten der Globalisierung, Freiamt im Schwarzwald, 2007

Murphy, Robert: Psychotherapy based on human longing; Wallingford 1960

Mynarek, Hubertus: Mystik und Vernunft; Olten 1991

Nyman, Alf: Die Schulen der neueren Psychologie; Bern, Stuttgart 1966

Oshima, Yoshiko: Nähe und Ferne – Mit Heidegger unterwegs zum Zen; Würzburg 1998

Orban, Peter: Die Reise des Helden – Die Seele auf der Suche nach sich selbst; München 1983

Özelsel, Michaela Mihriban: Betrachtungen zu östlichen und westlichen therapeutischen Ansätzen – Ähnliches und Unterschiedliches; in: Steff Steffan: Heilung des Herzens, a. a. O., S. 11 ff

Pauls, Helmut: Das therapeutische Band – Vortrag auf der internationalen Sommerkonferenz in Körperorientierter Gestalttherapie auf der Ebernburg / Bad Kreuznach 21.-28. Juli 1990

Perls, Friederich Saloman: Planvolle Psychotherapie; Vortrag, den er Ende 1946, Anfang 1947 in New York hielt. Im amerikanischen Original erstmals erschienen in: Gestalt Journal 2, 1979; in deutscher Übersetzung: Planvolle Psychotherapie, in Gestalttherapie – Zeitschrift der Deutschen Vereinigung für Gestalttherapie, 10 Jahrgang, Heft 1, Juni 1996, S. 26-41

Perls, Friederich Saloman, Hefferline, R. F., Goodmann, P.: Gestalttherapie – Band 1: Lebensfreude und Persönlichkeitsentfaltung; Stuttgart 1979

Perls, Friederich Salomon: Grundlagen der Gestalttherapie; München 1976

Perls, Friederich Salomon: Gestalttherapie in Aktion; Stuttgart 1976

Perls, Friederich Salomon: Gestalt – Wahrnehmung – Verworfenes und Wiedergefundenes aus meiner Mülltonne; Frankfurt a. M. 1981

Perls, Friederich Salomon: Das Ich, der Hunger und die Aggression; Stuttgart 1987

Perls, Friederich Salomon: Gestalt – Wachstum – Integration, Aufsätze, Vorträge, Therapiesitzungen (Hrsg.: H. Petzhold); Paderborn 1987

Perls, Friederich Salomon und Baumgärtner, Patricia: Das Vermächtnis der Gestalttherapie; Stuttgart 1990

Perls, Friederich Salomon und Hefferline, Ralph und Goodman, Paul: Gestalttherapie – Grundlagen; München 1991

Previn, Dory: Bog Trotter – an Autobiography with Lyrics; London 1980

Sangharakshita, Ven Maha Shavira: The essence of Zen; New York 1973

Schoen, Stephen: Psychotherapie als Tao – Perspektiven aus Kafka, Bateson und Lao Tse; Gestaltkritik, Nr. 1 / 1992, S. 3 ff

Schoen, Stephen: Wenn Sonne und Mond Zweifel hätten – Gestalttherapie als spirituelle Suche; Wuppertal 1996

Schellenbaum, Peter: Nimm deine Couch und geh – Heilung mit Spontanritualen; München 1992

Schimmel, Annemarie: Meine Seele ist eine Frau – Das Weibliche im Islam; München 1995

Schneider, Kristine: Widerstand in der Gestalttherapie, in: Petzhold, Hilarion (Hrsg.): Widerstand – Ein strittiges Konzept in der Psychotherapie; Paderborn 1981, S. 240 ff

Schneider, Kristine: Meine Wildnis ist die Seele des Anderen – Erinnerungen und Reflektionen zu Lore Perls, in: Freiler, Christine et. al.; a. a. O., S. 100 ff

Senzaki, Nyogen und Strout McCandless, Ruth: Keine Spuren im Wasser, Zürich, München 1992

Seng Ts'an: Die Meißelschrift vom Glauben an den Geist – Das geistige Vermächtnis des dritten Patriarchen des Zen in China – Mit Erläuterungen des modernen japanischen Zen Meisters Soko Morinaga Roshi; Bern 1991

Shah, Idries: Die Hauptprobe – Anleitung zum Sufi-Pfad; Freiburg i. Br. 1984

Shibayama, Zenkei: Eine Blume lehrt ohne Worte – Zen im Gleichnis und Bild; Bern, München, Wien 1989

Shimano, Eido Roshi: Der Weg der wolkenlosen Klarheit; Bern, München, Wien 1982

Shin, Nan: Diary of a Zen nun – A moving chronicle of living Zen; New York, Boston 1986

Sartory, Thomas und Gertrude: Lebenshilfe aus der Wüste – Die alten Mönchsväter als Therapeuten; Freiburg – Basel – Wien 2002

Staemmler, Frank und Bock, Werner: Neuentwurf der Gestalttherapie – Ganzheitliche Veränderung im therapeutischen Prozess; München 1987

Steffan, Steff: Heilung des Herzens – Sufis über Gesundheit und Ganzwerdung, Bielefeld 1995

Strotzka, Hans (Hrsg.): Psychotherapie – Grundlagen, Verfahren Indikationen; München, Wien, Baltimore 1978

Suzuki, Daisetz Teitaro: Die große Befreiung – Einführung in den Zen-Buddhismus mit einem Geleitwort von C. G. Jung; (13.Aufl.); Wien 1988

Suzuki, Shunryu: Zen Geist – Anfänger Geist; Zürich 1982

Suzuki, Shunryu: Not always so – Practicing the true spirit of Zen; New York 2003

Track, Joachim: Lebensform, Bild und innere Erfahrung. Zur Bedeutung von Wittgensteins Interpretation religiöser Äußerungen, in: W. Vossenkuhl (Hrsg): Von Wittgenstein lernen, a. a. O.; S. 151 ff

Tannen, Deborah: Du kannst mich nicht verstehen – Warum Männer und Frauen aneinander vorbei reden; Hamburg 1991

Tarthang – Tulku: Wege zum Gleichgewicht – Höheres Bewusstsein, Selbstheilung und Meditation; Basel 1989

Taureck, Bernhard: Emmanuel Lévinas – Zur Einführung, Hamburg 1977

Thich Nhat Hanh: Liebe handelt – Wege zu einem gewaltlosen gesellschaftlichen Wandel, Heidelberg 1997

Tobin, Stephan, A.: Gestalttherapie mit frustrierenden Klienten, in: Eric H. Marcus (Hrsg.): Weiße Indianer – Entwicklungen in der Gestalttherapie, S. 103-130

Tutu, Desmond: Keine Zukunft ohne Reue, Düsseldorf 2001

Uchiyama, Koshi Roshi: Zen für Küche und Leben; Braunschweig 1976

Uchiyma, Koshi Roshi: Weg zum Selbst – Zen-Wirklichkeit, Freiburg, 1976

Urban, Eberhard (Hrsg.): Fernöstliche Lebensweisheiten, Niedernhausen 1996

Vetter, Michael: Begleittext zur CD ‚Overtones – Instrumental – Clouds‘; Zürich 1990

Vossenkuhl, Wilhelm (Hrsg.): Von Wittgenstein lernen; Berlin 1992

Watts, Alan: Vom Geiste des Zen; Basel 1986

Watts, Alan: Der Lauf des Wassers – Eine Einführung in den Taoismus; Frankfurt a. M. 2003

Wehr, Gerhard: Jean Gebser – Individuelle Transformation vor dem Horizont eines neuen Bewusstseins; Petersberg 1996

Welwood, John: Awakening the heart – East West Approches to Psychotherapy and the healing Relationship; Bolders, Colorado, 1983

Wendt, Ingeborg: Zen, Japan und der Westen; München 1961, Listbücher Nr. 201

Wetering, Janwillem, van de: Ein Blick ins Nichts – Erfahrungen in einem japanischen Zenkloster; Reinbek b. Hamburg 1985

Wetzel, Sylvia: Das Herzsutra; Überarbeitetet Vorträge aus dem Sommer-Retreat 2005 im Seminarhaus Engl; Edition Tara libre, Berlin 2007

Wiesel, Eli: Den Frieden feiern; Freiburg; Basel, Wien 1991

Wilber, Ken; Ecker, Bruce und Anthony, Dick: Meister, Gurus, Menschenfänger – Über die Integrität spiritueller Wege, Frankfurt a. M. 1995

Willi, Jörg: Die Zweierbeziehung – Spannungsursachen / Störungsmuster / Klärungsprozesse / Lösungsmodelle – Analyse des unbewussten Zusammenspiels in Partnerwahl und Paarkonflikt: Das Kollusions-Konzept; Reinbek 1975

Wittgenstein, Ludwig: Tractatus logico philosophicus, Logisch-philosophische Abhandlung; Frankfurt a. M. 1978

Wittman, Ulla: Leben wie ein Krieger – Die verborgene Botschaft in den Lehren des Yaqui-Zauberers Don Juan; Interlaken 1988

Wolff, Pierre: Dem Gefühl trauen und den Kopf benutzen – Die Kunst der Entscheidung nach der Methode des Ignatius von Loyola; Freiburg 1996

Zeller, Eva Christina: Das Lebensskript verändern – Fritz Perls und die Gestalttherapie, SWR 2 Leben – Reihe: Therapien für die Seele – Folge 6 – Sendung 14. 03. 2007 – 10.05 bis 11.00 Uhr

Ohne Verfasserangabe:

Dialog über das Auslöschen der Anschauung – Ein früher chinesischer Text aus Tunhuang, Übersetzt von Ursula Jarand; Frankfurt a. M. 1987

ANMERKUNGEN

1 Frederick Perls in einem Vortrag in New York im Rahmen einer Vortragsreihe des ‚Cooper Union Forum' über das Selbst; abgedruckt in: F. Perls: Gestalt – Wachstum – Integration, S. 129

2 Sowohl zur Gestalttherapie als auch zum Themenbereich Zen-Buddhismus gibt es eine Vielzahl von Büchern; als Einführung können hilfreich sein:

Zum Thema Zen-Buddhismus: Hugo M. Enomiya Lassalle: Zen Weg zur Erleuchtung – Einführung und Anleitung, Freiburg, Basel, Wien 1987. Robert Aitken: Zen als Lebenspraxis, München 1988.

Wer etwas über Zen-Buddhismus *wissen* will, dem sei empfohlen: Stephan Schumacher: Zen, Kreuzlingen, München 2001.

Wer etwas über Zen-Buddhismus *erfahren* will, dem sei empfohlen: Fumon Nakagawa: Zen – weil wir Menschen sind, Berlin 1997. Soko Morinaga: Novice to Master – An ongoing lesson in the extent of my own stupidity, Summerville, Boston 2002.

Zum Thema Gestalttherapie: Ervin und Miriam Polster: Theorie und Praxis der integrativen Gestalttherapie, Wuppertal 2001. Axel Dinslage: Gestalttherapie – Was sie kann, wie sie wirkt und wem sie hilft, München 1990. Gerd Hansen und Diane Hansberg Schröder: Analytische Gestalttherapie, Bad Heilbrunn 1990.

In den letzten Jahren hat das Gestalt-Institut Köln / GIK Bildungswerkstatt eine Reihe von Büchern herausgebracht, die auch sehr zu empfehlen sind. Ihnen kommt vor allem das wichtige Verdienst zu, dass im deutschsprachigen Raum nicht mehr die Gleichung „Perls gleich Gestalttherapie" und „Gestalttherapie gleich Perls" gilt. Es ist gut, dass viele andere bedeutende Namen – auch aus der Pionierzeit der Gestalttherapie – bekannt gemacht worden sind. Die Einengung auf den Namen und die Person F. S. Perls – sogar seine Frau, Lore Perls, wurde ja lange eher als „Anhängsel" denn als eigenständige Gestalttherapeutin angesehen – hat der Gestalttherapie nicht gut getan. An dieser überfälligen Öffnung hat die Arbeit des Gestalt-Institut Köln wesentlichen Anteil.

3 Zit. In: Anton Bucher: Psychologie der Spiritualität, S. 41

4 Perls, Hefferline, Goodman: Gestalttherapie (Band 1): Lebensfreude und Persönlichkeitsentfaltung, S. 14

5 Seng-Ts'an: Die Meißelschrift vom Glauben an den Geist: Das geistige Vermächtnis des dritten Patriarchen des Zen in China; mit Erläuterungen des modernen japanischen Zen-Meisters Soko Mozinaga Roshi, Bern 1991

6 S. Freud: Die endliche und die unendliche Analyse, S. 80

7 S. Freud und J. Breuer: Studien über Hysterie, S. 312

8 Oliver Peterson: Buddhismus und Psychotherapie – Vortrag auf der Vesakh-Feier 1997 in Berlin, S. 12

9 Lama Thubten Yeshe: Grenzenlos ist die Kraft des Geistes – Aspekte buddhistischer Psychologie, S. 43 f

10 Die ‚Vier edlen Wahrheiten‘ und der daraus resultierende ‚Achtfache Pfad‘ sind der Kern der Lehre Buddhas und finden sich in allen Schulen in buddhistischen Richtungen wieder. Da in diesem Buch häufiger auf diese Gedanken verwiesen wird, habe ich sie im Anhang kurz dargestellt.

11 Es gibt bei Perls keine explizite zusammengefasste Definition von Krankheit. Diese zitierte Stelle kommt einer solchen noch am nächsten: F. Perls: Grundlagen der Gestalttherapie – Einführung und Sitzungsprotokolle, S. 22

12 B. Müller: I. Froms Beitrag zur Theorie und Praxis der Gestalttherapie, S. 40

13 Heinrich Dumoulin, zit. in: Ernst Benz: Zen in westlicher Sicht, S. 35

14 Heinrich Dumoulin: Zen – Geschichte und Gestalt, S. 282

15 D. Suzuki: Der westliche und der östliche Weg – Essays über christliche und buddhistische Mystik, S. 79. Zum spannenden und lohnenden Vergleich zwischen dem Gedankengut des Meister Eckhart und dem Buddhismus gibt es eine Vielzahl von Untersuchungen; dies soll aber hier nicht vertieft werden.

16 Taisen Deshimaru – Fragen an einen Zen-Meister, S. 121

17 Daisetz Suzuki: Die große Befreiung, S. 50

18 Daisetz Suzuki: Die große Befreiung, S. 53

19 Daisetz Suzuki: Die große Befreiung, S. 58

20 Daisetz Suzuki: Die große Befreiung, S. 100

21 Daisetz Suzuki: Die große Befreiung, S. 88

22 Daisetz Suzuki: Die große Befreiung, S. 151

23 Daisetz Suzuki: Die große Befreiung, S. 129

24 Karlfried Graf Dürkheim: Vom doppelten Ursprung des Menschen, S. 217

25 J. Needleman: Vom Sinn des Kosmos, S. 165

26 Ingeborg Wendt: Zen, Japan und der Westen, S. 201

27 Yahya ibn Mu'adh, zitiert in: A. Schimmel: Gärten der Erkenntnis, S. 37 f

28 G. K. Nelson: Der Drang zum Spirituellen, S. 191

29 Idea-Spektrum 7 / 2003, S. 12

30 In diesem Zusammenhang sei nur an die Diskussion erinnert, die vor einigen Jahren entstand, als das neue sog „Therapeutengesetz" beschlossen und verkündet wurde. Viele Kolleginnen und Kollegen habe sich seinerzeit freiwillig oder unter ökonomischen Druck in ein hirnrissiges Nachqualifizierungs-, Abrechnungs- und Qualitätsmanagementsystem zwängen lassen, voll mit Kennzahlen und Effizienzkontrollen usw. . Dieses ganze System konnte damals und kann heute nichts mit Gestalttherapie zu tun haben; Dialog ist nicht messbar. Und eine Gestalttherapie, die sich ausdrücklich auch zu einer spirituellen Dimension bekennt erst recht nicht. Unter diesem Korsett mussten sich viele Gestalthera-

peuten entscheiden: Will ich Etikettenschwindel betreiben, damit ich weiterhin mit den Kassen abrechnen kann, oder bekenne ich mich zu dem wofür die Gestalttherapie steht. Wahrlich keine leichte Entscheidung und es steht mir nicht zu, diejenigen, die aus ökonomischen Gründen – weil sie eine Familie zu ernähren haben, für den Weg des Etikettenschwindels entschieden haben. Leider scheint es jedoch inzwischen so zu sein, dass sich diese Kollegen auch innerlich von der Gestalttherapie verabschiedet zu haben scheinen (hier scheint das Sein offensichtlich manchmal das Bewusstsein zu prägen, ähnlich wie in meinem Beispiel von dem Psychologiestudium. Andererseits ist klar: Für die Diagnose „Suche nach Erleuchtung" übernimmt keine Kasse die Kosten der Therapie. Hier ist allerdings nicht der Raum, um die Diskussion der (Gestalt-) therapiefeindlichen Kassen- und Qualitätsmanagement Diktate zu diskutieren.

31 Der Hindu Mystiker und Yogalehrer Gopi Krishna aus Kaschmir, in: Formen der Meditation; Radiosendung WDR III, 20. 07. 1986

32 C. Beares: Zen ohne Zen-Meister

33 L. Frambach: Identität und Befreiung in Gestalttherapie Zen und christlicher Spiritualität, S. 357

34 Ken Wilber im Gespräch mit Jacob Needlemann; in: Ken Wilber, Bruce Ecker und Dick Anthony: Meister, Gurus, Menschenfänger – Über die Integrität spiritueller Wege, S. 280

35 Salomo Friedlaender: Briefwechsel zwischen Salomo Friedlaender und Alfred Kubin, S. 57

36 Salomo Friedlaender: Schöpferische Indifferenz, S. 337

37 Interview mit Claudio Naranjo geführt von Emilio Diaz-Miranda; nachzulesen unter: http://www.wrage.de/kgs/enneagramm_naranjo.htm

38 J. Blofeld: Selbstheilung durch die Kraft der Stille, S. 231

39 Taisen Deshimaru: Fragen an einen Zen-Meister, S.

40 Daisetz T. Suzuki: Karuna – Zen und der Weg zur tätigen Liebe, S. 10 f

41 Achim Seidl: Im seelischen Underground, S. 148 f

42 Vortrag von Oliver Petersen (Gelong Dschampa Tendsin) auf der Vesakh-Feier 1997 in Berlin

43 Buddhismus und Psychotherapie ein Fall von Berührungsangst – von Karin Anderten; Vortrag anlässlich der Jubiläumsfeier zur 20-jährigen Lehrtätigkeit von Geshe Thubten Ngawang in Hamburg am 8. Mai 1999

44 Jack Kornfield: Selbst die besten Meditierenden haben alte Wunden zu heilen; zit in: Michael Seitlinger: Was heilt uns? Zwischen Spiritualität und Therapie, S. 97 f

45 Der Roshi, die Psyche und der Geist – oder: Mindology – Psychologie: Welche Sprache spricht der Buddhismus. Richard Baker Roshi im Interview mit der Zeitschrift Ursache & Wirkung Nr. 22

46 H. Beaumont: Gestalttherapie und die Seele, in: Gestaltkritik, 2/1999, S. 9

47 M. Epstein: Toughts without Thinker, S. 13 f

48 Kristine Schneider: Widerstand in der Gestalttherapie; in: Hilarion Petzhold (Hrsg.) Widerstand – Ein strittiges Konzept in der Psychotherapie, S. 232

49 Sylvia Wetzel: Das Herzsutra – Ein Kommentar, S. 147

50 Kristine Schneider: Meine Wildnis ist die Seele des anderen, in: Ch. Freler u. a. (Hrsg.) 100 Jahre Fritz Perls, S. 108

51 P. Clarkson und J. Mackewn: Frederick S. Perls und die Gestalttherapie, S. 45

52 Man müsste sie neu finden, die Gestalttherapie, wenn es sie nicht schon geben würde; Ein Vortrag auf dem Symposion des IG Wien Oktober 2002 in Wien.

53 Laura Perls im Interview mit Edward Rosenfeld, in: Gestaltkritik 2/2001: Aus dem Schatten treten, S. 2

54 Michael Ende: Zettelkasten, S. 201

55 P. Clarkson und J. Mackewn: Frederick S. Perls und die Gestalttherapie, S. 34

56 M. Wertheimer, zit. in: A. Nyman: Die Schulen der neueren Psychologie, S. 50

57 Eva-Christina Zeller: Das Lebensskript verändern – Fritz Perls und die Gestalttherapie, SWR 2 Sendung am 14. 03. 2007, 10.05 Uhr

58 M. Wertheimer, zit. in: A. Nyman: Die Schulen der neueren Psychologie, S. 71

59 vgl. hierzu: C. Chang: Tao Zen und schöpferische Kraft, S. 78 ff

60 nach W. Metzger: Schöpferische Freiheit, S. 18 - 37; vgl. auch: R. Kästl: Zur Beziehung von Wolfgang Metzger zu Taoismus und Zen-Buddhismus, S. 146 f

61 W. Metzger: Psychologie, S. 232

62 W. Metzger: Psychologie in der Erziehung, S. 26

63 H. Kawai: Buddhism and the art of Psychotherapy, S. XI

64 M. M. Özelsel: Betrachtungen zu östlichen und westlichen therapeutischen Ansätzen, S. 13 f

65 R. Murphy: Psychotherapy based on human longing, S. 3 ff.

66 Wherever You Are, Enlightenment Is There – Lecture by Suzuki Roshi; Reprint aus den Berkeley Zen Center Newsletter, Oktober 2000, S. 18

67 W. Jäger: In jedem Jetzt ist Ewigkeit, S. 89

68 Shigetsu Sasaki Sokei-an: Der 6. Patriarch kommt nach Manhattan, S. 85 f

69 D. Suzuki: Die große Befreiung, S. 58

70 S. Kopp: Triffst Du Buddha unterwegs ... , S. 180

71 Erwin Schrödinger, zit in: Ken Wilber: Wege zum Selbst – Östliche und westliche Ansätze zu persönlichem Wachstum, S. 181

72 Frederick Perls: Gestalt Therapie in Aktion, S. 175 f

73 Vgl. hierzu: Shigetsu Sasaki Sokei-an Roshi: Der Zen-Weg zur Befreiung des Geistes, S. 298 f

74 Uchiyma Roshi: Weg zum Selbst – Zen-Wirklichkeit, S. 12

75 J. Willi: Die Zweierbeziehung, Reinbek b. Hamburg 1975

76 Vgl. hierzu auch: W. Faehndrich: Die Mann-Frau-Neurose, S. 60 ff

77 S. Boorstein: Buddha oder die Lust am alltäglichen, S. 83

78 Sylvia Wetzel: Das Herzsutra – Ein Kommentar, S. 181 ff und 192 f

79 Der Begriff „Gurvi" für die Lehrerin kommt in der Sanskrit-Literatur nicht vor.

Gurvi ist die grammatisch korrekte weibliche Entsprechung zum männlichen Guru. Sylvia Wetzel hat diesen Begriff neu in den Buddhismus eingeführt.

80 J. Liedloff: Auf der Suche nach dem verlorenen Glück, S. 144

81 R. Laing: Knoten, S. 24

82 F. Perls: Gestalt, Wachstum, Integration

83 Der Neurotiker Bob Wiley (Bill Murray) begibt sich bei dem Psychiater Dr. Leo Marvin (Richard Dreyfuss) in Behandlung. Unglücklicherweise beginnt Bob die erste Behandlung am Tag, bevor Dr. Marvin in den Urlaub aufbricht. Da dieser die Behandlung erst in einem Monat fortsetzen will, folgt Bob ihm in den Urlaub. Während er dort trotz seiner offensichtlichen Neurosen und seines Wahns die Sympathie von Marvins Familie erhält, bringt er Dr. Marvin zur Verzweiflung, indem er u. a. bei einem wichtigen Fernsehinterview alles völlig durcheinander bringt. Durch solche Aktionen verliert der Psychiater selbst allmählich den Verstand – als Bob am Schluss versehentlich das Haus in die Luft sprengt, landet Marvin endgültig in der Psychiatrie und wird völlig verrückt. Aus diesem Wahn befreit ihn Bob aber, indem er die Schwester von Marvin heiratet.

84 Arno Gruen: Der Wahnsinn der Normalität, S. 39 f

85 D. Previn: Bog-Trotter, S. 178 ff

86 J. D. Loori: Mountain Record of Zen talks, S. 3

87 Joachim Ernst Berendt: Das dritte Ohr, S. 72

88 E. Fromm und D. Suzuki: Buddhismus und Psychoanalyse, S. 165

89 S. Suzuki: Zen-Geist – Anfänger-Geist, S. 22

90 C. J. Beck: Zen im Alltag, S. 297

91 A. Comte-Sponville: Ermutigung zum unzeitgemäßen Leben, S. 183 f

92 Carl Rogers, zit. in: Skript eines Vortrags an der Universität St. Gallen im Wintersemester 1998/99 im Rahmen der Vortragsreihe „Psychotherapie: Die Vielfalt der therapeutischen Konzepte", Vortrag: Christiane Geiser: Die Perspektive der humanistischen Psychologie, S. 9 (auch abgedruckt in: GFK-Texte 4, 1999, S. 1-8)

93 Petruska Clarkson und Jennifer Mackewn: Frederick S. Perl und die Gestalttherapie, S. 231

94 Carl G. Jung: Die Probleme der modernen Psychotherapie, in: Gesammelte Werke, Bd. 16: Praxis der Psychotherapie, S. 68 f

95 Bruno Bettelheim: Aufstand gegen die Masse, S. 31 f

96 Frederick Perls: Das Ich, der Hunger und die Aggression, S. 7

97 Zitat und Belege bei Masson, J. M. (dt. 1991, orig. 1988), S. 104 f. Das Tagebuch ist erstmals 1985 ins Französische übersetzt worden – 53 Jahre nach der Niederschrift. Nachtrag: Eine deutsche Übersetzung erschien 1999 im Fischer TB-Verlag unter dem Titel „Keine Heilung ohne Sympathie"; das Zitat findet man dort auf S. 239 unter „Grausames Spiel mit den Patienten".

98 G. C. Goldner: Zen in der Kunst der Gestalttherapie, S. 58

99 Als solche Werte wären z. B. zu nennen: Spontaneität, Sinnlichkeit, emotionale Erlebnis- und Ausdrucksfähigkeit, Freude und Lebendigkeit, Unmittelbarkeit und kongruente Präsenz, Selbstwahrnehmung und -sicherheit, Direktheit und Nähe zu anderen, soziale Verantwortlichkeit. (Der letzte Begriff gefällt mir im Englischen sehr gut: Response-ability = Fähigkeit zur – angemessenen und verantwortlichen, so möchte ich ergänzen – Antwort.)

100 G. Bruno: Heroische Leidenschaften, S. 117

101 F. Perls: Gestalt Wachstum Integration, S. 150

102 P. Watzlawick: Die Möglichkeit des Andersseins, S. 36

103 F. Perls: Gestalt Wachstum Integration, S. 150

104 S. Kopp: Even a stone can be a teacher – Learning and growing from experiences of everyday life, S. 89

105 F. Perls: Gestalt Wachstum Integration, S. 178

106 P. Schellenbaum: Nimm deine Couch und geh!, S. 270 f

107 M. Ferguson: Die sanfte Verschwörung, S 436 f

108 Steff Steffan: Heilung des Herzens, S. 151 f.

109 J. C. Beck: Everyday Zen – Love & Work, S. 66

110 J. C. Beck: Zen im Alltag, S. 127

111 A. Watts: Vom Geiste des Zen, S. 97

112 A. Baisser, zit. in C. Goldner: Zen in der Kunst der Gestalttherapie, S. 42

113 J. Fengler: Selbstkontrolle in Gruppen, S. 64 f

114 J. Fengler: Selbstkontrolle in Gruppen, S. 67

115 Laura Perls im Gespräch mit Daniel Rosenblatt in: Anke und Erhard Doubrawa: Meine Wildnis ist die Seele des Anderen – Der Weg zur Gestalttherapie, S. 108 ff

116 F. Stemmler und W. Bock: Neuentwurf der Gestalttherapie, S. 48

117 James Hillman: Hundert Jahre Psychotherapie und der Welt geht's immer schlechter, S. 27 f.

118 Ven Maha Sthavira Sangharakshita: The Essence of Zen – Friends of the Western Buddhist Order, S. 26

119 W. Metzger: Psychologie, S. 12

120 F. Perls, zit. in: H. Strotzka Psychotherapie, S. 356

121 W. Metzger: Schöpferische Freiheit, S. 23 f

122 Zu den Phasen des Therapieprozesses vergleiche: F. Perls: Gestalt – Wachstum – Integration. Aufsätze, Vorträge, Therapiesitzungen, S. 99 ff, und F. Perls: F. Perls: Gestalttherapie in Aktion, S. 62 ff

123 Isadore From: Gestalttherapie und „Gestalt" Betrachtungen über Gestalttherapie nach 32 Jahren Praxis; in: Gestalttherapie – Zeitschrift der Deutschen Vereinigung für Gestalttherapie, 1 Jahrg. Heft 1 Oktober 1987, S. 6

124 Z. Bauman: Postmoderne Ethik, S. 85

125 W. Poeplau: Jesus der Buddha: S. 128

126 W. Metzger über C. v. Clausewitz in: W. Metzger: Schöpferische Freiheit, S. 112

127 nach: W. Metzger über C. v. Clausewitz in: W. Metzger: Schöpferische Freiheit, S. 112 f

128 „Wuwei" heißt Nicht-Tun; die Idee des Wuwei ist ein zentraler Gedanke des Taoismus; es gilt, weder sich selber noch die Welt in irgendeine Richtung zwingen zu wollen. „Durch Nicht-Tun kann alles getan werden" (Lao-Tse).

129 St. Schoen: Psychotherapie als Tao, S. 13 f

130 J. Welwood: Awakening the heart – East-West Approches to Psychotherapy and the healing Relationship, S. 157 ff

131 Carl Rogers, zit. in: Skript eines Vortrags an der Universität St. Gallen im Wintersemester 1998/99 im Rahmen der Vortragsreihe „Psychotherapie: Die Vielfalt der therapeutischen Konzepte", Vortrag: Christiane Geiser: Die Perspektive der humanistischen Psychologie, S. 9 (auch abgedruckt in: GFK Texte 4, 1999, S. 1-8)

132 Arno Gruen Der Wahnsinn der Normalität, S. 51 f

133 Konfuzius: Buch der Riten; zit. in: M. Koulen: Go – die Mitte des Himmels, S. 111 f

134 E. Herrigel: Der Zen Weg, S. 105

135 Bahaudin Nakschband zit. in I. Shah: Die Hauptprobe, S. 120

136 A. Comte – Sponville: Ermutigung zum unzeitgemäßen Leben, S. 177

137 F. Perls: Gestalt – Wahrnehmung – Verworfenes und Wieder gefundenes aus meiner Mülltonne, S. 253

138 Tarthang Tulku: Weg zu Gleichgewicht, S. 148

139 P. Orban: Die Reise des Helden, S. 16 f

140 Karlfried Graf Dürkheim: Vom doppelten Ursprung des Menschen, S. 228 f

141 Nyogen Senzaki und Ruth Strout McCandless: Keine Spuren im Wasser, S. 114 f. Am Anfang des 20. Jahrhunderts fand M. A. Stein bei Ausgrabungen in Tunhuang, in China, Schriftrollen, unter denen sich Aufzeichnungen, die von Schülern Bodhidharmas, des legendären ersten Patriarchen, gesammelt worden waren, befanden. Diese wurden in die Nationalbibliothek von Pei-ping gebracht, wo D. T. Suzuki sie kopierte und später, 1933, in Japan veröffentlichen ließ. Nyogen Senzaki erhielt ein Exemplar dieses Buches und übersetzte folgende Auszüge ins Englische. Sie bestehen jeweils aus einer Frage eines Schülers an Bodhidharma, gefolgt von dessen Antwort; in vielen Fällen fügte Senzaki noch einen Kommentar hinzu.

142 Shunryu Suzuki: Not always so – Practicing the true spirit of Zen, S. 87 f.

143 Bhagwan Shree Rajneesh: Leseproben, S. 3

144 S. Kopp: Triffst du Buddha unterwegs, S. 8

145 Ohne Verfasserangabe: Dialog über das Auslöschen der Anschauung, S 78

146 Meister Hsing Yun: Wahrhaftig leben – Buddhistische Ethik im Alltag, S. 12 ff

147 F. Perls, R. Hefferline, P. Goodman: Gestalttherapie – Wiederbelebung des Selbst, S. 94

148 F. Perls: Grundlagen der Gestalttherapie, S. 78

149 James Hillman und Michael Ventura: Hundert Jahre Psychotherapie und der Welt geht's immer schlechter, S. 159 f

150 Shigetsu Sasaki Sokei-an Roshi: Der Zen-Weg zur Befreiung des Geistes, S. 79 f

151 Karlfried Graf Dürkheim: Der Weg ist das Ziel – Gespräch mit Karl Schnelting in der Reihe „Zeugen des Jahrhunderts", S. 68 f

152 Thich Nhat Hanh, Liebe handelt, S. 118 ff

153 R. Habito: Barmherzigkeit aus der Stille, S. 53

154 vgl. hierzu: Ernst Benz: Zen in westlicher Sicht – Zen-Buddhismus – Zen-Snobismus, S. 124 ff

155 Robert Aitken Zen als Lebenspraxis, S. 123

156 Helme Heine: Der Club; Weinheim – Basel 2003

157 G. und Th. Satory: Lebenshilfe aus der Wüste, S. 36

158 G. und Th. Satory: Lebenshilfe aus der Wüste, S. 36

159 Claude AnSin Thomas: Das Wichtigste ist aufzuwachen; in: Ursache & Wirkung, Heft 40, S. 21 ff

160 R. Habito: Barmherzigkeit aus der Stille, S. 47

161 Lama Yeshe zit. In: Sylvia Wetzel: Das Herzsutra – Ein Kommentar, S. 71

162 Das Wort ‚Ausagieren' wird in der Gestalttherapie anders als in der Psychoanalyse gebraucht. Perls schrieb, dass ‚ausagieren' in der Psychoanalyse ein unanständiges Wort sei, was oft zur Folge hat, das Verhaltensweisen als ‚ausagieren' bezeichnet werden, die genauso gut ein echter Ausdruck der Persönlichkeit sein könnten. Vgl. hierzu auch: Frederick S. Perls: Gestalt – Wachstum – Integration. Aufsätze, Vorträge, Therapiesitzungen, S. 189 f

163 Frederick S. Perls: Gestaltwahrnehmung – Verworfenes und Wiedergefundenes aus meiner Mülltonne, S. 199

164 F. Perls, R. Hefferline, P. Goodman: Gestalttherapie – Wiederbelebung des Selbst, S. 11

165 Achim Seidl: Im seelischen Underground, S. 138 f

166 F. Perls: Gestalt Wachstum Integration, S. 155

167 Friedrich S. Perls: Planvolle Psychotherapie; Hrsg. von Laura Perls; aus dem Amerikanischen übersetzt von Christine Schmitt; Zeitschrift der Deutschen Vereinigung für Gestalttherapie e. V.

168 Z. Shimano: Eine Blume lehrt ohne Worte, S. 158 f

169 Dale Carnegie: Sorge Dich nicht – lebe; Die Kunst zu einem von Ängsten und Aufregungen befreiten Leben zu finden; Bern, München, Wien 1984

170 H. v. Foerster: Wahrheit ist die Erfindung eines Lügners, S. 37 f

171 Frederick Perls: Gestalt – Wachstum – Integration, S. 155

172 Ludwig Frambach: Salomo Friedlaender – Mynona; in Gestalttherapie, 10 Jg., Heft 1, Juni 1966, S. 22

173 C. G. Jung zit. in: Miura Kiyohiro: Der älteste Sohn wird Mönch, S. 86

174 Eido Shimano Roshi: Der Weg der wolkenlosen Klarheit, S. 106

175 S. Kopp: Blues ain't nothing but a good soul feeling bad, S. 7

176 S. Kopp: Triffst du Buddha unterwegs, S. 162
177 Baal Schem Tow, zit. in: P. Orban: Die Reise des Helden, S. 7
178 H. Connon, zit. im Begleittext zu der CD ‚Miserere' von Arvo Pärt – ohne Seitenzahl
179 W. Jäger: In jedem Jetzt ist Ewigkeit, S. 149
180 Abraham Maslow: The Farther Reaches of Human Natures, S. 129
181 F. Perls: Gestalt – Wachstum – Integration, S. 235
182 Wilfred Bion: Notes on Memory and Desire; in: The Psychoanalytic Forum Jahrg. 2 / 1967: S. 272-273 und S. 279-280.
183 W. Metzger: Psychologie, S. 12
184 W. Metzger: Gestaltpsychologie, S. 451
185 Sinngemäße Übersetzung aus: L. Friedman: Meetings with remarkable women, S. 65
186 J. van de Wetering: Ein Blick ins Nichts, S. 14
187 M. Vetter: Begleittext zu der CD ‚Overtones – Instrumental – Clouds', S. 6
188 Tatanga Mani, zit. in: H. Pauls: Das therapeutische Band – Vortrag auf der 1. Internationalen Sommer-Konferenz in Körperorientierter Gestalttherapie 21. – 28. 07. 1990, S. 1 f
189 H. Hesse: Wanderung – Bäume; in: Gesammelte Schriften, Bd. 3, S. 405 ff
190 Frederick Perls: Gestalt – Wachstum – Integration, Aufsätze, Vorträge, Therapiesitzungen, S. 90
191 Frederick Perls: Grundlagen der Gestalttherapie – Einführung und Sitzungsprotokolle, S. 146
192 Ignatius von Loyola, zit. in: P. Wolff: Den Gefühlen trauen und den Kopf benutzen, S. 83
193 W. Poeplau: Jesus der Buddha: S. 74 f
194 T. Soho, zit. in: K. Dürckheim: Wunderbare Katze, S. 57 f (Takuan Soho war ein Mönch, Kalligraph, Maler, Dichter, Teemeister. Er lebte von 1573 bis 1645. Er war auch einer der Lehrer des berühmten Schwertfechters Miyamoto Musashi.)
195 L. Frambach: Identität und Befreiung, S. 92
196 F. Perls und P. Baumgardner: Das Vermächtnis der Gestalttherapie, S. 136
197 A. Watts: Der Lauf des Wassers – Eine Einführung in den Taoismus, S. 52
198 F. Perls: Gestalt – Wahrnehmung, S. 252 f
199 K. Kerény: Die anthropologische Aussage des Mythos, S. 340
200 F. Perls: Gestalt – Wachstum – Integration, S. 252
201 F. Perls: Gestalt – Wachstum – Integration, S. 253 f
202 J. D. Loori: Mountain Record of Zen talks, S. 151
203 M. Ende: Die Unendliche Geschichte, S. 90 ff
204 Yasutani Roshi, zit. in R. Aitken: Zen als Lebenspraxis, S. 80
205 J. Beck: Zen im Alltag, S. 248
206 W. Metzger: Schöpferische Freiheit, S. 100
207 David Loy: Das Vermeiden der Leere, New Jersey 1996, S. 5

208 Teupke, Andrea: Theologie der Achtsamkeit – in: Publik Forum Nr. 3 / 9. Jg. 2007, S. 62

209 Deng Ming-Dao, Tao im täglichen Leben, Goldmann Verlag, München 1998, S. 222

210 Ludwig Frambach hat an verschiedenen Stellen über seine Erarbeitung der Werke Friedlaenders berichtet; die drei wichtigsten seien hier genannt:
Ludwig Frambach: Identität und Beziehung in Gestalttherapie, Zen und christlicher Spiritualität
Ludwig Frambach: Schöpferische Indifferenz – Die Philosophie von Salomo Friedlaender; in: Reinhard Fuhr, Milan Sreckovic, Martina Gremmler Fuhr (Hrsg.): Handbuch der Gestalttherapie, S. 295 ff
Ludwig Frambach: Salomo Friedlaender – Mynona – Ausgrabung einer fast vergessenen Quelle der Gestalttherapie; in: Gestalttherapie, 10 Jahrg. Heft 1, 1966, S. 5 ff

211 Salomo Friedlaender: Schöpferische Indifferenz, S. XV

212 Salomo Friedlaender: Schöpferische Indifferenz, S. XIV

213 Frederick Perls: Gestaltwahrnehmung, S. 8

214 Salomo Friedlaender: Schöpferische Intelligenz, S. 337

215 Salomo Friedlaender: Schöpferische Intelligenz, S. 24

216 Salomo Friedlaender: Schöpferische Intelligenz, S. 30

217 Salomo Friedlaender: Schöpferische Intelligenz, S. 32

218 Salomo Friedlaender: Schopenhauer, S. 40

219 Sylvia Wetzel: Das Herzsutra – Ein Kommentar von Sylvia Wetzel, S. 114

220 Frederick Perls: Gestaltwahrnehmung, S. 73

221 Frederick Perls: Gestaltwahrnehmung, S. 79

222 Salomo Friedlaender: Schöpferische Indifferenz, S. 83

223 Frederick Perls: Das Ich, der Hunger und die Aggression, S. 19

224 Frederick Perls: Das Ich, der Hunger und die Aggression, S. 19

225 Frederick Perls: Das Ich, der Hunger und die Aggression, S. 65

226 Frederick Perls: Gestaltwahrnehmung, S. 22

227 Peter Cardoff: Friedlaender – Mynona – zur Einführung, S. 76

228 Jean Gebser: Gesamtausgabe – Band II und III: Ursprung und Gegenwart, Schaffhausen, 1986 – Besonders im Band II werden die einzelnen Strukturen genau beschrieben und ausführlich erörtert: Die archaische, die magische, die mytische und die mentale Struktur.

229 Die Darstellung der Entwicklungsstufen orientiert sich an E. Lassalle: Am Morgen einer besseren Welt – Der Mensch im Durchbruch zu einem neuen Bewusstsein, S. 43 ff / Wobei sich Lassalle auf Jean Gebser beruft.

230 E. Lasalle: Am Morgen einer besseren Welt, S 52

231 G. Wehr: Jean Gebser, S. 163 ff.

232 E. Lasalle: Am Morgen einer besseren Welt, S. 26 f

233 J. Gebser: Gesamtausgabe – Band VI: Asien lächelt anders, S. 183

234 H. Heime: Der Superhase

235 Daniel Hell: Leben als Geschenk und Antwort – Weisheiten der Wüstenväter, S. 85

236 F. Perls, zit. in: G. C. Goldner: Zen in der Kunst der Gestalttherapie, S. 25

237 F. Perls: Das Ich, der Hunger und die Aggression, S. 117 f

238 F. Perls: Gestalttherapie in Aktion, S. 47

239 Der japanische Zen Meister Shoten Minegishi im Interview

240 Elie Wiesel: A Bagger in Jerusalem, S. 15

241 Sehr empfehlenswert in diesem Zusammenhang ist das Buch von Verena Kast: Sisyphos – Der alte Stein – der neue Weg, Zürich 1986. Aber auch: Albert Camus: Der Mythos von Sisyphos, Hamburg 1961

242 Erwin Moser: Der einsame Frosch – Fabelhafte Geschichten, S. 67 ff

243 A. Schimmel: Meine Seele ist eine Frau, S. 154 f

244 Über das Thema des Unterwegsseins, des Suchens, habe ich in meinem Buch: „... Und was soll das Ganze? – Von Suchen und Finden – Vom Unterwegssein und Ankommen" (St. Augustin 1995) ausführlich geschrieben.

245 M. Foreman: Pandas große Entdeckung, Köln 1977

246 L. Wittgenstein: Tractatus logico – philosophicus, Abschnitt 6.5 – 6.51

247 Nan Shin: A diary of a Zen nun, S. 198

248 D. Tannen: Du kannst mich einfach nicht verstehen, Hamburg 1971

249 R. Gernhardt: Die Blusen des Böhmen, S. 151

250 E. Fromm / D. T. Suzuki: Zen-Buddhismus und Psychoanalyse, S. 148

251 ebd., S. 160

252 ebd., S. 175

253 L. Wittgenstein, zit. in: J. Track: Lebensform, Bild und innere Erfahrung, S. 153

254 Wolfgang Müller: Inseln der Zukunft – Menschliche Entwicklung in Zeiten der Globalisierung, S. 124 f.

255 E. Wiesel: Den Frieden feiern, S. 85

256 Gerald Hüter: Biologie der Angst – Wie aus Stress Gefühle werden, S. 88

257 Schwarzer Hirsch, zit. in: U. Wittmann: Leben wie ein Krieger, S. 208

258 H. Blüher, zit. in: P. Orbahn: Die Reise des Helden, S. 13

259 H. Mynarek: Mystik und Vernunft, S. 12

260 Hierzu der Versuch einer Worterklärung. Die ist strittig. Cicero, im 1. Jh. v. Chr., leitet das Wort *religio* von *relegere* ab, was soviel wie „aufmerksam befolgen" oder „gewissenhaft beachten" bedeutet. Der Wortsinn von *religio* bzw. Religion wäre dann „Gewissensscheu". So steht es im „Deutschen Wörterbuch" von G. Wahrig. Um 300 n. Chr. führt der christliche Schriftsteller Lactantius das Wort *religio* auf *religare* zurück, was „wieder verbinden" bedeutet. Diese Bedeutung von Religion als Rückbindung vertritt auch der Kirchenvater Augustinus, der um 400 n. Chr. lebte.

261 H. Beaumont: Gestalttherapie und die Seele, in: Gestaltkritik, Heft 2 – 1999, S. 9

262 E. Lasalle: Zen-Buddhismus, S. 300

263 Wherever You Are, Enlightenment Is There – Lecture by Suzuki Roshi; Reprint aus den Berkeley Zen Center Newsletter, Oktober 2000, S. 21

264 F. Perls: Ego, Hunger und Aggression, S. 257

265 Koshi Uchiyama Roshi: Zen für Küche und Leben, S. 49 f

266 E. H. Erikson: Einsicht und Verantwortung, S. 191 f

267 Die Sprache von Klages und die Fachsprache der gegenwärtigen Psychologie; in: Zeitschrift für Menschenkunde Jg. 31 / 32, 1967 / 68, S. 278

268 Peter Handke in: Achim Seidl: Psychosophie, S. 153

269 F. Perls: Gestalt – Wachstum – Integration, S. 170 f

270 R. Aitken: Ethik des Zen, S. 150

271 A. Arkin: Halfway through the door, S. 17

272 Pir Vilayat Inanyat Khan: Der Ruf des Derwisch, S. 212

273 R. Aitken und D. Steindl Rast: Der spirituelle Weg, S 231 f

274 S. Kopp: Back to one, S. 13

275 Helmuth von Glasenapp: Die Weisheit des Buddha, S. 112 f

276 Taisen Deshimaru: Fragen an einen Zen Meister, S. 39 f

277 S. W. Alpert: What to do until enlightenment? Healing ourselves – healing the earth, New Jersey 1991

278 Kohtes, Paul: Sie wartet schon vor Deiner Tür, Bielefeld 2006, S. 111

279 Shunryu Suzuki: Zen Geist – Anfänger Geiste, S. 33

280 Frederick S. Perls: Das Ich, der Hunger und die Aggression, S. 76

281 Hilarion Petzhold: Psychotherapie der Zukunft – Reflexionen der Zukunft und Kultur einer korrespondierenden und evidenzbasierten Humantherapie; in: Integrative Therapie Jg. 4 / 1999, S. 391

282 R. Habito: Barmherzigkeit aus der Stille – Zen und soziales Engagement, S. 101

283 E. Braun: Gegenseitigkeit als konstitutives Element der Vernunft, S. 13 f

284 Sigmund Freud in einem Brief an James Jackson Putnam; zitiert in: John Kerr: Eine höchst gefährliche Methode – Freud, Jung und Sabina Spielrein, 489

285 F. Perls in einem Vortrag, den er Ende 1946, Anfang 1947 in New York hielt. Im amerikanischen Original erstmals erschienen in: Gestalt Journal 2, 1979; in deutscher Übersetzung: Planvolle Psychotherapie, in Gestalttherapie – Zeitschrift der Deutschen Vereinigung für Gestalttherapie, 10 Jahrgang, Heft 1, Juni 1996, S. 40

286 Interview mit Claudio Naranjo geführt von Emilio Diaz-Miranda; nachzulesen unter: http://www.wrage.de/kgs/enneagramm_naranjo.htm

287 Taisen Deshimaru: Fragen an einen Zen-Meister, S. 134 f

288 WDR 5; Tischgespräch vom 10. 10. 2007 – 20.05 – 21.00 Uhr – Kirsten Pape im Gespräch mit dem Benediktiner und Zen-Meister Willigis Jäger

289 Laura Perls, zitiert in: M. Friedman: Der heilende Dialog, S. 138

290 M. Friedman: Der heilende Dialog, S. 138

291 Laura Perls, zitiert in: M. Friedman: Der heilende Dialog, S. 138 f

292 vgl. hierzu: Werner Müller: Indianische Welterfahrung, S. 15 ff
293 Bernhard Taureck: Emmanuel Lévinas zur Einführung, S. 107
294 Yoshiko Oshima: Nähe und Ferne – Mit Heidegger unterwegs zum Zen, S. 7
295 Charles v. W. Brooks: Erleben durch die Sinne, S. 178
296 Offensichtlich wird bei dieser Bibelstelle immer wieder geflissentlich übersehen, dass der Auftrag sich die Welt untertan zu machen, an eine Menschheit vor dem Sündenfall ging, an eine Menschheit also, die eins mit allen Kreaturen war, die in einer Umwelt lebten, in der Lamm und Löwe friedlich nebeneinander leben konnten
297 E. Benz: Der Mensch in christlicher Sicht, S. 376
298 E. Benz: Der Mensch in christlicher Sicht, S. 381
299 Uchiyama Roshi: Weg zum Selbst – Zen Wirklichkeit, S. 19 f
300 K. Schneider: Meine Wildnis ist die Seele des anderen, in: Ch. Freler u.a. (Hrsg.) 100 Jahre Fritz Perls, S. 105
301 Meister Eckhardt, zit. in: P. Orban: Die Reise des Helden, S. 11
302 Carl Gustav Jung: Zivilisation im Übergang, S. 117
303 A. Görres: Kennt die Psychologie den Menschen?, S. 152
304 F. Perls: Gestalt – Wachstum – Integration; Aufsätze, Vorträge und Therapiesitzungen, S. 112
305 Martin Heidegger: Sein und Zeit, S. 163
306 Martin Heidegger: Sein und Zeit, S. 163
307 Medard Boss: Martin Heidegger und die Ärzte – Martin Heidegger zum 70. Geburtstag, S. 289
308 Medard Boss: Martin Heidegger und die Ärzte – Martin Heidegger zum 70. Geburtstag, S. 200
309 B. Resnick, zit. in C. G. Goldner: Zen in der Kunst der Gestalttherapie, S. 54
310 Kristine Schneider: Widerstand in der Gestalttherapie; in: Hilarion Petzhold (Hrsg.) Widerstand – Ein strittiges Konzept in der Psychotherapie, S. 231
311 Frederick Perls: Grundlagen der Gestalttherapie – Einführung und Sitzungsprotokolle, S. 66
312 Michael Ende: Momo, S. 36 f
313 G. Apollinaire, zit. in: M. Ferguson: Die sanfte Verschwörung, S. 340
314 Erasmus v. Rotterdam, zit. in: E. Meueler: Wie aus Schwäche Stärke wird, S. 105
315 K. Schneider: Widerstand in der Gestalttherapie, in: H. Petzhold (Hrsg.): Widerstand – Ein strittiges Konzept in der Psychotherapie, S. 242
316 Takeo Doi: Amae – Freiheit in Geborgenheit – Zur Struktur japanischer Psyche; Frankfurt a. M. 1982
317 Takeo Doi: Amae – Freiheit in Geborgenheit – Zur Struktur japanischer Psyche, S. 11 f
318 Takeo Doi: Amae – Freiheit in Geborgenheit – Zur Struktur japanischer Psyche, S. 13
319 A. Miller: Das Drama des begabten Kindes, S. 60 f

320 J.D. Loori: Hat ein Hund Buddha-Natur?, S. 108 f

321 G.Ch. Binder: Rivalen der Verkündigung, S. 279 f

322 Desmond Tutu: Keine Zukunft ohne Versöhnung, S. 233

323 Desmond Tutu in seiner Rede anlässlich der Ernennung zum Vorsitzenden der Wahrheits- und Versöhnungskommission am 30. 11. 1995; im Internet unter: http://www.dadalos-d.org/deutsch/Vorbilder/Vorbilder/tutu/zitate.htm

324 Desmond Tutu: Keine Zukunft ohne Versöhnung, S. 224 f

325 Zit in: Anton Bucher: Psychologie der Spiritualität, S. 159

326 Ich habe meine Gestalttherapie-Ausbildung in Amerika gemacht und denke oft als Therapeut in der Therapie in Englisch / Amerikanisch.

327 C.J. Beck: Zen im Alltag, S. 216 f

328 F. Perls: Das Ich, der Hunger und die Aggression, S. 11

329 F. Perls: Grundlagen der Gestalttherapie, S. 96

330 F. Pers: Gestalttherapie in Aktion, S. 43

331 D. Bromdon: Zen in Kunst des Helfens, S. 104

332 Ven Maha Shavira Sangharakshita: The essence of Zen, S. 26

333 Ken Wilber: Wege zum Selbst – Östliche und westliche Ansätze zu persönlichem Wachstum, S. 31

334 F. Perls: Das Ich, der Hunger und die Aggression. Die Anfänge der Gestalttherapie, S. 113 und 118

335 Lehrrede Buddhas, in: E. Urban (Hrsg.) Fernöstliche Lebensweisheiten, S. 185 f

336 Wittgenstein, zit. in: W. Vossenkuhl: Von Wittgenstein lernen, S. 141 – in diesem Zitat möchte ich das Wort ,Wissenschaft' durch das Wort ,Therapie' ersetzen.

337 Wittgenstein, zit. in: W. Vossenkuhl: Von Wittgenstein lernen, S. 140

338 F. Perls: Gestalttherapie in Aktion, S. 73

339 D. Katagiri: Rückkehr zur Stille, S. 187

340 Taisen Deshimaru, Satori, Yoka Daishis Shodoka, S.6

341 B. von Caesarea, zit. in: E. Bock: Meine Augen haben dich geschaut, S. 382

342 Michael Buchholz: Entwicklungsdynamik psychotherapeutischer Kompetenzen, Vortrag auf dem Dritten Berliner Psychotherapeutentag am 1. September 2007; überarbeitete Fassung veröffentlicht in: Psychotherapeutenjournal – Organ der Bundespsychotherapeutenkammer, 4 / Dez. 2007, S. 373 ff

343 Th. Cleary: Die drei Schätze des Dao, S. 160

344 Sinngemäße Übersetzung: M. Joslyn: Figure – Ground: Gestalt – Zen, in J. Stevens (Hrsg.): Gestalt is ..., S. 245

345 S. Kopp: Triffst du Buddha unterwegs ..., S. 8

346 Wolfgang Müller: Inseln der Zukunft – Menschliche Entwicklung in Zeiten der Globalisierung, S. 151

347 F. S. Perls: Gestalttherapie in Aktion, S. 45 f

348 F. Perls: Grundlagen der Gestalttherapie – Einführung und Sitzungsprotokolle, S. 125

349 F. Perls: Grundlagen der Gestalttherapie – Einführung und Sitzungsprotokolle, S. 134 f

350 F. Perls: Gestalt – Wachstum – Integration, S. 171

351 Stefan Blankertz und Erhard Doubrawa: Fritz Perls – Laura Perls – Paul Goodman: Die Begründer der Gestalttherapie; in Gestaltkritik 2 / 2006

352 Isadore From: Gestalttherapie und „Gestalt" Betrachtungen über Gestalttherapie nach 32 Jahren Praxis; in: Gestalttherapie – Zeitschrift der Deutschen Vereinigung für Gestalttherapie, 1 Jahrg. Heft 1, Oktober 1987, S. 8 f.

353 Sylvia Wetzel: Das Herz-Sutra – Ein Kommentar, S. 98

354 Stephan Schuhmacher: Zen, S. 66 f

355 Tobin, Stephan, A.: Gestalttherapie mit frustrierenden Klienten, in: Eric H. Marcus (Hrsg.): Weiße Indianer – Entwicklungen in der Gestalttherapie, S. 117

356 F. Perls: Gestalt – Wachstum – Integration, S. 172

357 F. Perls: Gestalt – Wachstum – Integration, S. 172

358 H.E. Lasalle: Zen-Weg zur Erleuchtung, S. 16

359 E. Kästner: in Probepackung, S. 8 ff

360 Vorab muss als erstes gesagt werden, dass die Bezeichnung „Psychopath" in der Psychologie überhaupt nicht mehr verwendet wird. Der Begriff stammt aus dem 19. Jahrhundert und wurde 1941 von dem Psychiater Hervey Cleckley genauer beschrieben. Nach dieser Definition handelt es sich um eine intelligente Person, deren Emotionen verarmt sind und die kein Schamgefühl besitzt. Psychopathen sind demnach oberflächlich charmant, aber verlogen, manipulativ und rücksichtslos. Es fehlt ihnen an menschlichen Bindungen, andere bedeuten ihnen im Grunde nichts, sie kreisen nur um sich selbst. Seit den 1950er Jahren wurde der Begriff Psychopath nach und nach durch soziopathische Persönlichkeit ersetzt. Heute ist in den Kriterienkatalogen von anti-sozialer oder dissozialer Persönlichkeitsstörung die Rede:
Eine Persönlichkeitsstörung, die durch eine Missachtung sozialer Verpflichtungen und herzloses Unbeteiligtsein an Gefühlen für andere gekennzeichnet ist. Zwischen dem Verhalten und den herrschenden sozialen Normen besteht eine erhebliche Diskrepanz. Das Verhalten erscheint durch nachteilige Erlebnisse, einschließlich Bestrafung, nicht änderungsfähig. Es besteht eine geringe Frustrationstoleranz und eine niedrige Schwelle für aggressives, auch gewalttätiges Verhalten, eine Neigung, andere zu beschuldigen oder vordergründige Rationalisierungen für das Verhalten anzubieten, durch das der Betreffende in einen Konflikt mit der Gesellschaft geraten ist.

Gestalttherapie – Einführungen

Erhard Doubrawa und Stefan Blankertz, **Einladung zur Gestalttherapie**: Einführung mit Beispielen, 104 Seiten, € 10,50

Erhard Doubrawa, **Die Seele berühren:** Erzählte Gestalttherapie, 123 Seiten, € 11,90

Gestalttherapie – Bibliothek

Stephen Schoen, **Die Nähe zum Tod macht großzügig:** Ein Therapeut als Helfer im Hopiz, 103 Seiten, € 12,90

Stephen Schoen, **Wenn Sonne und Mond Zweifel hätten:** Gestalttherapie als spirituelle Suche, 118 Seiten, € 11,90

Stephen Schoen, **Greenacres:** Ein Therapie-Roman, 289 Seiten, € 16,90

Arnold Beisser, **Wozu brauche ich Flügel?** Ein Gestalttherapeut betrachtet sein Leben als Gelähmter, 156 Seiten, € 13,90

Barry Stevens und Carl R. Rogers, **Von Mensch zu Mensch,** 261 Seiten, € 18,90

Daniel Rosenblatt, **Zwischen Männern:** Gestalttherapie und Homosexualität, 204 Seiten, € 13,90

Judith R. Brown, **Zwei in einem Sieb:** Märchen als Wegweiser für Paare, 192 Seiten, gebunden, € 18,90

Gestalttherapie – Klassiker

Frederick S. Perls, **Was ist Gestalttherapie?**, 140 Seiten, € 14,90

Laura Perls, **Meine Wildnis ist die Seele des Anderen:** Im Gespräch mit Daniel Rosenblatt u. a., hg. von Anke und Erhard Doubrawa, 248 Seiten, gebunden, € 21,90

Erving und Miriam Polster, **Gestalttherapie:** Theorie und Praxis der integrativen Gestalttherapie, 352 Seiten, € 18,90

Erving und Miriam Polster, **Das Herz der Gestalttherapie:** Beiträge aus vier Jahrzehnten, 389 Seiten, € 21,90

George Dennison, **Gestaltpädagogik in Aktion,** hg. und mit einem Nachwort von Stefan Blankertz, 393 Seiten, € 24,90

James S. Simkin, **Gestalttherapie:** Minilektionen für Gruppen und Einzelne, 136 Seiten, € 12,90

Barry Stevens, **Don't Push the River:** Gestalttherapie an ihren Wurzeln, 261 Seiten, € 19,90

Anke und Erhard Doubrawa (Hg.), **Erzählte Geschichte der Gestalttherapie**: Gespräche mit Gestalttherapeuten der ersten Stunde, 256 Seiten, € 14,90

Gestalttherapie – Arbeitsbücher

Bernd Bocian, **Fritz Perls in Berlin 1893-1933**: Expressionismus – Psychoanalyse – Judentum, 380 Seiten, € 28,90

Gordon Wheeler, **Jenseits des Individualismus:** Für ein neues Verständnis von Selbst, Beziehung und Erfahrung, 348 Seiten, € 29,90

Gordon Wheeler / Stephanie Backman (Hg.), **Gestalttherapie mit Paaren**, 376 Seiten, € 25,50

Michaela Pröpper, **Gestalttherapie mit Krebspatienten:** Eine Praxishilfe zur Traumabewältigung, 202 Seiten, € 22,90

Stefan Blankertz, **Gestalt begreifen:** Ein Arbeitsbuch zur Theorie der Gestalttherapie, 160 Seiten, € 20,50

Stefan Blankertz und Erhard Doubrawa, **Lexikon der Gestalttherapie**, 347 Seiten, € 19,90

Erhard Doubrawa und Frank-M. Staemmler (Hg.), **Heilende Beziehung:** Dialogische Gestalttherapie, 230 Seiten, € 21,90

Frank-M. Staemmler und Werner Bock, **Ganzheitliche Veränderung in der Gestalttherapie**, 150 Seiten, € 21,90

Robert L. Harman (Hg.), **Werkstattgespräche Gestalttherapie:** Mit Gestalttherapeuten im Gespräch, 191 Seiten, € 20,90

GIK-Business

Hans Emge, **Wie werde ich Unternehmer?** GIK-Businessguide Existenzgründung und Selbständigkeit, 247 Seiten, € 20,00

Stefan Blankertz, **Wenn der Chef das Problem ist:** Ein Ratgeber, 249 Seiten, gebunden, € 24,90

Heilende Texte

Heilende chassidische Schriften: Martin Buber für Gestalttherapeutinnen und Gestalttherapeuten, herausgegeben und kommentiert von Cornelia Muth, 105 Seiten, gebunden, € 14,90

Meister Eckhart, ausgewählt und kommentiert von Stefan Blankertz, herausgegeben und eingeleitet von Erhard Doubrawa, 171 Seiten, gebunden, € 14,90

432